100세 시대의
부자학

최민서 편저

형설출판사
www.hyungseul.co.kr

머리말

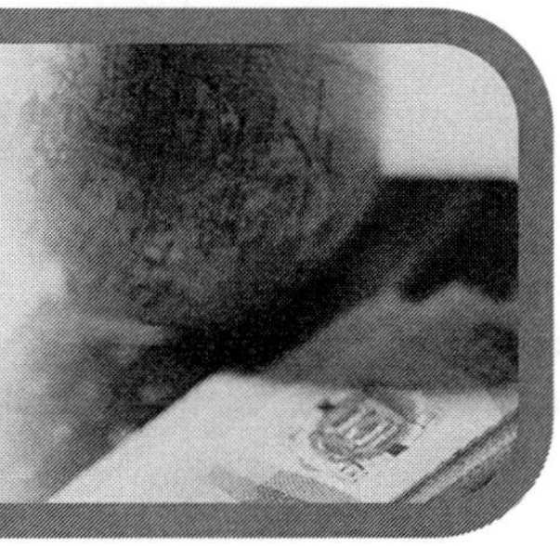

빌 게이츠, 워렌 버핏 이들이 공통적으로 이야기하는 성공의 공통조건이 있다고 한다. 그 조건이란 것은 자신이 좋아하는 일을 찾아내고, 그것을 열심히 하는 것이라고 한다. 그러나 실제로 그렇게 사는 사람은 그렇게 많지 않다.

고령화 사회가 진행 중인 우리나라에서도 최근 들어 행복한 삶에 대한 연구가 많이 이뤄지고 있다. 많은 학자들이 '행복의 조건'이 무엇인가에 대한 연구를 하였는데, 가장 중요한 조건으로 일, 건강, 그리고 돈을 꼽았다고 한다. 이 세 가지를 동시에 가진 사람은 일단 행복하게 살 수 있는 조건을 갖추고 있다는 것이다. 그러나 이 세 가지 전부를 갖추고 있는 사람은 많지 않다.

유대인 속담에 이런 말이 나온다.

"어려운 일을 당하면 여자는 거울을 들어 얼굴을 들여다보고, 남자는 지갑 속의 돈을 센다."

이처럼 예전부터 돈과 미모의 위력은 대단했던 것이다. 요즘 우리나라에서도 돈의 위력은 막강하다. 돈이 있으면 못 할 일이 없고, 반대로 돈이 없으면 사람 대접도 받지 못한다. 우리 주변을 보면 돈 때문에 고통받는 사람도 의외로 많다. 교육비, 혼수비용, 노후 자금 등을 마련하기 위해 매일을 돈의 노예가 되어 살아가고 있는 사람이 많은 것이다. 이러한 이유로 지금 대한민국은 재테크 열풍에 휩싸여 있다. 일반인의 재테크에 대한 관심은 가히 폭발적이라 할 만큼 높으며, 그것을 입증하듯 재테크 관련 서적은 나오기가 바쁘게 팔려 나가고 재테크 강좌가 가장 인기 있는 강좌로 자리매김하고 있다.

이제 사람들의 공통적인 소망 중 하나는 돈 걱정 없이 사는 것이다. 그렇다면 인생을 살아가면서 ‘돈이 없는 시기’를 택해야 한다면 언제가 좋을까? 아무래도 그건 어릴 때일 것이다. 어릴 때 고달프고 부족하더라도 나이 들어서는 편안하고 풍족한 것이 더 나을 것이다. 과거에 힘들었더라도 현재 풍요한 것이 나으며, 현재 다소 힘들더라도 미래에 안락한 것이 더 낫다. ‘노후’는 바로 그러한 미래인 것이다. 경제능력이 상실되는 노후에 돈마저 없다면 너무 초라하지 않을까? 그렇기에 하루라도 빨리 돈 걱정 없는 노후를 준비해야 하는 것이다. 은퇴 후 고정 수입이 없는 수십 년 동안 자력으로 생계를 꾸려 나가려면 평생 동안 재테크를 할 수밖에 없는 것이다. 자녀가 노후의 보장자산에서 사라진 만큼 이제 누구나 스스로가 자신의 노후를 준비하지 않으면 안 되는 시대가 된 이상 평생 재테크는 우리 모두의 숙제인 것이다.

이 책은 돈에 대한 이야기를 하고 있는데, 앞에서 말한 돈 걱정 없는 노후를 위한, 행복한 노후를 위해 모자라는 돈은 채우고 또 수중의 돈을 잘 지키는 방법에 대한 이야기라고 할 수 있다. 따라서 이 책은 재테크의 여러 가지 기술과 방법을 설명하고 있다는 점이 현실에 바탕을 둔 실용서라고 할 수 있겠다. 또한 개인 투자자도 전 생애에 걸친 재무계획하에서 종합적인 자산관리가 필요하다는 것과 하나의 투자대상에서만 집착할 것이 아니라 재테크 시야를 폭넓게 가져가야 한다는 필자의 당위성을 바탕으로 서술되었다. 불과 몇 년 전만 해도 상상할 수 없었던 다양한 투자상품이 국경을 넘나들면서 우리 앞에 선보이고 있다. 그러나 기존의 재테크 습관 때문에 새로운 투자대상을 외면하거나, 이제까지 볼 수 없었던 새로운 개념의 투자상품이기 때문에 접근하기 힘들어 아직까지 투자에 나서지 못하고 있는 투자자들이 적지 않다. 그런 이들이 쉽게 접근하고 활용할 수 있는 가이드북이 되고자 노력하였다. 이 책을 계기로 새로운 투자대상에 관심을 가지면서 상품의 본질을 파악하고 실전 재테크에 유용하게 활용한다면 성공적인 재테크를 이룰 수 있을 것이라고 확신하는 바이다.

마지막으로 이 책이 나오기까지 도움을 주신 이현호 교수님과 사랑하는 남편, 그리고 형설출판사 관계자분들께 감사의 마음을 전하며, 재태크에 관심을 가지고 있는 많은 사람들이 이 책을 읽고 환하게 웃게 되길 바란다.

저자 씀

차 례

제1장 재테크의 이해

제5장 : 주식 재테크

제6장 : 보험 재테크

제7장 : 생활 속의 재테크

제1장 | 재테크의 이해

제1절 재테크 올바로 이해하기
제2절 투자와 재테크법칙
제3절 재테크 마인드

평균수명이 연장되면서 '장수'가 공포의 대상이 되고 있다. 당당한 노후를 위해서 튼튼한 경제력이 뒷받침돼야 한다는 명제만은 확실해졌지만, 실제 얼마나 많은 사람들이 효과적으로 노후를 준비하고 있는지에 대해서는 의문을 재기할 수밖에 없다.

"집 한 채만 있으면 노후 걱정 없다", "왕족처럼 노후를 즐길 수 있는 동남아 국가로 이민 가면 된다"와 같은 외침은 현실성이 떨어진지 오래다. 그렇다면 우리는 이제 어떤 대책을 세워야 할까? 최소한의 노후 자금이 3~4억 원이라고 하지만, 사실상 일반 서민들은 3억 원이 아니라 1억 원 모으기도 힘들다. 주위에서 하도 '억, 억'하니까 마치 내가 '억'을 가진 것 같지만 현실은 전혀 그렇지 않다. 하지만 효과적으로 재테크하면서 돈을 꾸준히 모아가면 3억 원이 아니라 그 이상의 돈도 모을 수 있다.

자, 이제 우리도 3억 원 아니, 그 이상의 돈을 모으기 위해 재테크의 원리와 원칙을 배워보도록 하자.

제1절 재테크 올바로 이해하기

1 경제 · 금융지식이 풍요한 삶을 이끈다

재테크를 왜 해야 하는가?

머리 좀 써서 돈 좀 불리려고? 그렇다면 귀찮은 사람은 굳이 재테크를 안 해도 될 것이다. 그런데 그런 이유 때문이 아니다. 매년 나의 재산이 알게 모르게 빠져나간다는 사실을 아무도 말해주지 않는 그 무서운 사실 때문에 재테크는 필요하다. 다시 말해, 재테크는 선택의 문제가 아닌 필수사항인 것이다.

예를 통해 살펴보자. 여기 1억 원을 가진 네 사람이 있다.

한 사람은 1억 원을 금고 속에 고이 모셔두었고(a), 또 한 사람은 은행 일반통장에 예치하였고(b), 다른 한 사람은 정기예금에 넣어두었으며(c), 나머지 한 사람은 만기가 1년 남은 회사채에 투자하였다(d).

일반적으로 1년 후, 이들은 어떻게 되었을까?

a는 1억 원을, b는 1억 10만 원을, c는 1억 350만 원을, d는 1억 600만 원을 손에 쥘 수 있었다. 다들 본전 이상은 건진 셈이다.

당신도 그렇게 생각하는가? 정말 그렇게 생각한다면 당신에게 재테크는 반드시 필요하다.

여기서 중요한 것은 물가상승률을 감안해야 한다는 것이다. 매년 대부분의 물가는 오르기 마련이다.

우리나라는 대략 3～4% 정도 물가상승률을 보이는데, 이 말은 쉽게 얘기하자면 금년 100원짜리 상품이 내년엔 103～104원 수준까지 오른다는 뜻이다.

즉, 현재 100원으로 살 수 있는 물품이라 하더라도 1년 뒤엔 103원을 지불해야 살 수 있다. 거꾸로 생각해보면 현재의 100원은 100원으로써의 구매력이 시간이 흐를수록 떨어진다는 것을 알 수 있다.

그럼 물가상승률을 4%라 가정하고, 위 네 사람의 경우를 다시 살펴보자(이 경우 1억 원은 1년 뒤 1억 400만 원이 되어 있어야 과거 1억 원과 같은 화폐가치를 지닌다는 점을 떠올릴 줄 알아야 한다).

a는 안전한 금고에 고이 모셔두었다.

보관된 화폐액은 1억 원 그대로지만 물가상승률 4%를 감안한다면 1억 원의 가치는 4% 정도 떨어졌다고 볼 수 있다. 그러므로 사실은 400만 원의 손해를 보고 9,600만 원이 된 셈이다. 앉아서 도둑맞은 기분이다.

b는 은행 일반통장에 넣어두었다.

많은 사람들이 착각하는 부분 중 하나가 바로 뉴스나 기타 매체에서 다뤄지는 은행 금리가 일반통장의 금리라고 착각하는 것이다. 보통 일반인들이 은행가서 만드는 입·출금통장의 경우 거의 이자가 붙지 않는(0.15～0.1%) 통장이다. 뉴스 등 매체에서 대표적으로 다뤄지는 은행 금리는 정기예금, 적금 등의 상품에만 적용된다. 어쨌든 b는 10만 원의 이자를 받고 좋아했지만 사실은 390만 원의 손해를 본 셈이라 1억 원은 9,610만 원이 된 셈이다.

c는 안정성 있는 은행의 정기예금 상품을 가입했다.

최근 은행 정기예·적금의 금리는 3～4%대이다. c의 경우 일반적으로 3.5%의 금리를 받는다고 계산했었다. 하지만 물가상승률은 4%이고, 은행의 안정적인 수익상품에 가입을 해도 0.5%의 손해를 보는 셈이다. 따라서 9,950만 원이 되었다.

이것을 흔히 말하는 '마이너스 금리'라고 한다. 은행에 적금을 부어도 돈의 가치는 매년 떨어지는 상황인 것이다. 이자수입 생활자들은 이자만 쓰면 본전은 늘

지키는 것 같지만, 사실 돈은 항상 까먹고 있는 셈이다.

마지막으로 d의 경우는 어떨까?

d는 재테크에 조금 더 관심을 두고 시야를 넓혀 채권이란 것을 구입했다. 연수익은 6% 수준이고, 물가상승률을 감안해도 2%의 이익을 본 셈이다. 1억 원의 가치를 지켰을 뿐만 아니라 200만 원의 진정한 이자수익을 냈다. 즉, 네 사람 중에서 진정한 이자수익을 낸 사람은 d뿐이란 것이다.

마이너스 금리 시대에 과거처럼 은행만 믿고 있다간 위의 경우처럼 재산은 빠져나가 버릴 것이다. 조금만 안목과 시야를 넓히면 은행의 예 · 적금뿐만 아니라 세상엔 수많은 금융상품이 존재한다. 하지만 대다수의 사람들은 그것을 어려워하고 은행 외에는 무조건 위험한 것이라고 얘기한다. 늘 손해를 보면서 말이다.

당신은 재산이 빠져나가는 것을 지켜보기만 할 것인가? 이제 더 이상 재테크는 돈 많은 사람들이나 하는 특별한 행동이라 생각하지 마라. 재테크는 자본주의 사회의 시민이면 누구나 반드시 해야 하는 필수불가결한 경제행위이다.

또 하나의 이야기를 들어보자.

재미있는 이솝 우화가 있다. 곰 세 마리가 맛있는 먹이를 구해서 아무도 모르는 곳에 숨겨두기로 했다. 첫째 곰은 커다란 느티나무 아래에 땅을 파고 먹이를 숨겨두었다. 둘째 곰은 커다란 바위 아래에 먹이를 숨겨두었다. 셋째 곰 역시 먹이를 숨겨두기 적당한 장소를 찾았다. 그러다 문득 하늘을 보니 푸른 하늘에 솜사탕 같은 흰 구름이 둥실 떠 있었다.

"옳거니 저 솜사탕 구름을 올려다볼 수 있는 이 언덕에다 묻어두면 되겠네."

시간이 지난 후, 곰 세 마리는 자신이 숨겨놓은 먹이를 다시 찾으러 갔다. 첫째 곰과 둘째 곰은 별 어려움 없이 먹이를 찾았다. 하지만 셋째 곰은 아무리 하늘을 올려다봐도 전에 봐두었던 솜사탕 구름을 찾을 수가 없었다.

"아니 저 하늘의 솜사탕 구름이 어디로 도망간 거야?"

우리는 셋째 곰의 어리석음에 실소를 금할 수가 없다. 구름은 정처 없이 떠돌아다닌다는 사실을 미리 알았더라면 그런 어리석은 일은 하지 않았을 텐데 말이다. 하지만 우리 역시 이러한 어리석은 일을 저지르며 살고 있다. 고도로 발달된 자본주의 사회에서 경제활동을 하면서 살고 있는 많은 사람들이 의외로 경제에 대해 잘 모르고 있다. 매일 돈을 벌기 위해 뛰어다니고, 또 그만큼 많은 돈을 쓰고 있는 사회인들이 뜻밖에도 돈에 대한 지식이 빈약하다. 마치 자동차 조작법을 모르면서 시속 100km나 달려야 하는 고속도로를 질주하고 있는 듯한 느낌이다. 그러다 보니 금리가 오르는데도 여전히 채권형 펀드에 돈을 묶어 두는 어리석은 짓을 범하고 있다. 금리와 채권가격은 서로 반대로 움직인다는 사실을 알면 적절한 조치를 취할 수 있을 텐데 말이다.

이렇듯 금리가 오르면 어떤 일이 벌어지는지, 환율이 떨어지면 어떤 현상이 일어나는지를 알고 있다면 어떻게 행동해야 하고 무엇을 해야 하는지를 좀 더 효율적으로 가늠해 보고 현명하게 대처해 나갈 수 있을 것이다. 아니, 그렇지 않다고 하더라도 금리나 환율의 속성을 알고 있다면 셋째 곰과 같은 그런 어리석은 판단은 하지 않을 것이다.

가끔 중 · 고등학생들이 이런 질문을 한다.

"어려운 미적분을 배워서 사회에 나가면 무슨 쓸모가 있나요? 내가 수학자가 될 것도 아닌데……."

하지만 학창시절에 배운 수학 덕분에 인생을 살면서 논리적 사고를 하는 데 도움이 된다는 사실을 우리는 잘 알고 있다. 경제 · 금융지식도 마찬가지이다. 비단 재테크뿐만 아니라 자본주의 사회에서 경제활동을 하는 우리에게 합리적이고 효율적인 사고를 할 수 있도록 도와준다.

모름지기 경제는 충분하지 않은 자원을 어떻게 하면 효율적으로 사용할 수 있을까에 대한 물음에서부터 시작한다. 화수분을 가지고 있어 언제나 필요한 것을 충분히 꺼내 쓸 수 있는 사람이 아니라면 누구나 경제흐름에 대해 관심을 가져야 할 것이다. 이는 희소한 자원을 이용하여 살아야 하는 우리에게 던져진 어쩔 수 없는 운명인 것이다.

구름은 이미 어디론가 흘러가 버렸는데도 불구하고 자신이 숨겨놓은 먹이를 찾기 위해 여전히 헤매고 있는 셋째 곰이 어쩌면 당신의 모습이 아닌지 한번 반성해 보길 바란다.

2 변화와 투자를 두려워하지 마라.

배는 항구에 있을 때 가장 안전하다. 자동차는 차고에 있을 때 가장 안전하다. 돈은 금고에 보관되어 있을 때 가장 안전하다.

하지만 항구에만 정박해 있는 배는 더 이상 배가 아니며, 차고에만 있는 자동차는 더 이상 자동차가 아니다. 단지 모양을 갖추었을 뿐 그 기능을 활용하지 않고 있으니 무슨 쓸모가 있겠는가?

마찬가지로 돈도 굴려야 이자가 붙는 것이지 안전하게 보관만 하고 있다면 돈으로서의 역할은 하지 못하는 것이다.

세상에 안전하게 돈을 많이 버는 방법은 하나도 없다. 굴리는 돈에는 금액의 많고 적음에 상관없이 늘 위험이 있기 마련이다.

가난한 사람은 '돈을 잃는다는 두려움' 때문에 부자가 되지 못한다. 로버트 가요사키는 "사람들은 부자가 되는 꿈을 꾸지만 돈을 잃는 것을 더 무서워한다"고 말한다. 많은 사람들이 부자가 되기 위해 어떤 사업이 좋을지 연구를 하고, 재테크를 위한 금융지식을 배우고, 주식 투자방법, 부동산 투자방법 등에 대하여 배우고 있지만 정작 돈을 벌지 못하는 이유는 투자한 돈을 잃을지 모른다는 두려움 때문이다.

부자들도 돈을 잃는다는 두려움은 다 가지고 있다. 하지만 두려움을 다루는 방식, 즉 돈 잃는 것을 다루는 방식이 삶의 차이를 만들어낸다고 한다. 따라서 부자가 되고자 한다면 돈 잃을 것을 걱정하지 말고 투자수익을 얻기 위해 어떤 투자를 어떻게 해야 할지, 그리고 그곳에는 어떤 위험이 있으며, 위험을 관리하기 위해서는 무엇을 해야 할지를 연구해야 한다. 즉, 투자와 위험을 동시에 연구해서 위험을 최소화시키는 투자를 하라는 것이다.

은행에서 대출을 받아 주식 투자를 한다면 아마 일반인들의 생각은 미친 짓이라고 할 것이고 어떤 재테크 전문가라도 이를 만류할 것이다. 하지만 부자들은 다르다. 배당수익률이 세금공제 후 연 7% 이상 되고 향후에도 지속적으로 배당률이 높아질 것으로 예상되는 가치우량주를 발견했다면 부자들은 과감히 은행에서 연 6%의 대출을 받아 장기 투자를 한 은행 대출이자는 주식배당금으로 정리하면 되고, 가치우량주는 최소한 3년 이상 보유하면 주식의 가격이 많이 올라 큰 수익을 안겨 준다는 것을 알고 있기 때문이다.

부자들은 돈이 많아도 은행 대출을 매우 적절히 이용한다. 레버리지 효과를 이용하는 것이다. 임대수익용 부동산 등을 살 때 은행에서 대출을 받은 후 대출이자는 임대수익으로 갚아나간다. 그리고 부동산은 시간이 지나면서 그 가치가 올라가는 것이다.

반면에 부자들은 매월 고정 수익이 발생하지 않는 토지 등에 투자할 때 은행 대출을 받는 등 남의 돈으로 절대 투자하지 않는다.

돈을 잃는 것도 두려워하지 말라고 해서 카지노나 '바다이야기'와 같은 도박장에서 돈을 잃는 것을 두려워하지 말라는 이야기가 아니다. 투자와 도박은 분명히 구별해야 하는 것이다.

2000년대 초 '화장하는 최고경영자'로 유명한 유상옥 회장은 30년 가까이 일하던 안정된 직장을 박차고 나와 퇴직금을 털어 55세의 나이에 1988년 말에 코리아나 화장품을 창업했다. 편안한 노후가 준비되어 있었음에도 불구하고 내 인생 한번 부딪혀 보자는 젊은 열기가 코리아나 화장품을 만들었다.

2004년 6월 부도가 나서 지금은 무너진 신화가 되었지만, 2000년대에는 연간 100억 원대의 매출을 기록한 '서전안경'은 육군 장성 출신인 육동창 회장이 1985년 55세의 나이로 설립한 회사였다. 잘 나가던 서전안경의 부도를 시장에서는 IMF 외환위기 이후 가속화된 소비 양극화 현상의 변화를 읽지 못해 고가 명품도 아니고 저가 대중화 제품도 아닌 어정쩡한 중간의 입장에 있었고, 고성능 고가전략에서 브랜드파워를 키우지 못했고 패션과 유행에 둔감했기 때문에 비운을 맞은 회사로 평가하고 있다.

유상옥 회장이나 육동창 회장 모두 편안한 노후보다는 55세의 나이에 20대 청년의 마음으로 회사를 창업한다는 도전정신만큼은 높이 평가할 일이다. 20대의 마음가짐으로 도전해서 성공했다면 현실에의 안주보다 주변의 변화를 빨리 읽고 변화에 대응하는 젊음을 계속 유지함도 중요한 부자요인이라고 할 수 있다.

❸ 재테크란?

재테크에 대한 용어설명부터 우리가 재태크를 왜 해야 하는지까지 설명하고 마지막으로 이 글을 읽는 모든 이에게 질문을 던져보겠다.

1. 용어해설

사전적 의미로는 재테크는 財tech로 한문과 영어로 조합한 신생어로서 tech는 technology의 준말이고 기술이라는 의미를 가진다. 다시 말해서 재무 테크놀로지(financial technology)의 준말로서 쉽게 풀이하면 '돈 굴리는 기술'이라는 표현인 것이다.

돈을 어떠한 방법을 활용하여 수익률을 창출하느냐는 것으로, 우리는 적금, 증권, 부동산, 펀드 등을 주로 말한다, 그러나 넓은 의미로 그 돈을 사업을 하거나 친구의 사업에 동참하여 수익을 나누어가지는 것도 재테크에 포함되며, 공공기관의 주식매입이라든가 우리나라의 북한 쌀 지원도 재테크가 될 수 있다.

혹자는 '어떻게 그게 재테크냐 퍼주는 것이지'라고 말할 것이다. 장기적인 통일을 대비한 투자의 개념으로 차후 지원보다 지금 지원하는 것이 비용이 적게 들고 나라의 부국을 위하는 것이고, 또한 쌀 지원하는 것이 군사비용보다 적게 든다라는 논리라고 생각한다면 그것도 재테크인 것이다.

2. 재테크의 목표

1) 기업의 재테크

기업에 있어서 재테크는 기업의 최대 목표인 이윤의 극대화와 기업가치의 극대화에 있다. 이를 실현하기 위해서 저비용으로 자금을 조달하고 조달된 자금을 효율적으로 운용하는 재무기법을 말한다. 특히 금리변동의 심각한 상황에서의 자금운용의 선택과 환율변동에 따른 수출전략 또는 수입원자재 가격변동에 대한 적절한 헤지전략의 수립, 즉 무역거래에 있어서 필수적인 환율변동에 대한 효율적 대처방안 등도 매우 중요한 재테크수단이 될 것이다.

기업의 재무관리자의 목적은 기업가치의 극대화, 미래 현금흐름의 극대화, 또는 주주의 부의 극대화, 구체적으로는 주식가치, 즉 주가의 극대화에 두는데 이의가 없다. 그리고 기업의 재무관리 담당자가 해야 하는 일로는 세 가지의 의사결정으로 초점을 맞춘다. 즉, 기업의 자금조달결정, 조달한 자금의 투자결정, 기업이 번 돈의 분배결정이다.

2) 개인의 재테크

개인에게 있어서 재테크는 개인의 보다 안정되고 여유 있는 미래생활을 위하여 자신이 보유한 여유자산이나 일정한 차입금을 이용하여 개인의 생활목표나 노후를 위한 재산의 증식을 위한 저축 또는 투자기법, 나아가 각종 세금에 대한 적절한 절세방안의 수립 등까지 포함된다.

개인이 돈을 관리하는 것에 대한 목적을 어디다가 두어야 할까? 개인이나 가정의 관리주체인 투자자들의 자금관리의 목적을 개인의 삶의 가치 극대화, 삶의 질의 향상, 행복의 추구, 개인의 가치의 극대화, 또는 부자가 되는 것으로 할 수 있을 것이다. 속된 말로는 "더 잘 먹고 잘 사는 것"으로 해도 될 것 같다. 더 잘 먹고 더 잘 사는 것이 바로 부자가 되는 것에 자금관리의 목적을 둘 수도 있을 것이다.

모든 개인들은 크게는 세 가지 의사결정 문제, 즉 선택의 문제를 염두에 두고서 살아가고 있을 것이다. "벌기(earning)"와 "쓰기(spending)", "주기(giving)"의 세 가지 "3기"의 문제이다.

첫 번째 의사결정은 어떻게 돈을 벌 것인가에 대한 의사결정 및 선택의 문제이다. 그러나 어떻게 돈을 벌 것인가는 직업선택의 문제이므로 이미 직업을 갖고 있는 사람은 별 상관이 없는 문제가 될 것이다. 물론 더 많은 돈을 벌기 위해서 전직을 하거나, 부업을 하거나, 사업을 하는 것을 생각할 수 있을 것이나, 이러한 문제는 이 책에서는 다루지 않기로 한다.

두 번째 의사결정은 번 돈이나 은행에서 빌린 돈을 어떻게 사용할 것인가? 소비는 얼마나 하고, 저축이나 투자는 얼마나 할 것인가의 문제이다. 바로 재테크의 문제로 어떤 금융상품이나 어떤 부동산을 선택할 것인가의 선택의 문제이다.

세 번째 의사결정은 번 돈을 어떻게 나누어 줄 것인가, 벌어들인 돈을 여러분 자신은 노후에 얼마나 사용하고, 후손들에게는 얼마나 나누어 줄 것인가의 선택의 문제가 될 것이다.

4 재테크가 필요한 현실

■ 저금리가 계속된다.

2007년 은행의 정기예금 금리는 연 4.5% 정도였다. 1억 원을 은행에 맡길 경우 받을 수 있는 이자는 한 달에 37만 5,000원이다. 그나마 이자소득세를 빼고 나면 실제 손에 쥘 수 있는 돈은 31만 3,000원 정도였다. 앞으로 은행 이자로 먹고 살기는 어렵다는 얘기다.

저금리는 한국만이 아닌 세계적인 현상이다. 또 저금리는 결코 일시적인 현상이 아니다. 여기에는 노령화에 따른 수요 감소와 보수적 자산운용, 정보기술(IT) 산업과 수출 중심의 경제구조, 과학기술의 발달에 따른 생산성 향상이 초래한 공급 과잉 등에 의한 국제적인 "저성장, 저물가, 저투자" 등이 배경이 되고 있기 때문이다. 이에 따라 전문가들은 지금은 과거 고금리시대에 대한 집착을 버리고 새로운 투자전략을 세워야 할 시기라고 입을 모으고 있다.

투자매력을 잃은 은행, 보험상품은 저금리 시대에서 기존의 재테크수단으로 점차 매력이 떨어지고 있다. 가장 일반화되어 있는 은행 예 · 적금은 목돈 마련 수단으로서의 유용성이 점차 떨어져가고 있다. 실제로 국내에서 물가상승률을 감안한 예 · 적금의 실질금리는 이미 마이너스로 돌아서 실질구매력이 감소하고 있다. 보험 또한 저금리 시대에서 저축기능이 점차 사라져가고 있다.

최근 들어 질병보험, 사망보험 등의 가입률은 늘고 있지만 연금보험, 저축성 보험, 교육보험 등에 대한 가입률은 하락하고 있다. "노후생활의 보장"에서 "재난 시 대응수단"으로 역할을 바꿔나가고 있다는 얘기다. "불패신화"로 통해 왔던 부동산 역시 투자매력을 점차 잃어갈 것으로 예상된다. 전국 주택보급률은 이미 100%를 넘어섰다. 2006에 나온 "10.29 부동산대책"에 의하면 2012년엔 110%를 초과하게 된다. 대우증권에 따르면 부동산세제가 강화돼 1주택 보유자가 투기지역에서 6%의 금리로 대출을 받아 45%의 전세를 끼고 5억 원짜리 아파트를 매입해 1년 후 매각할 경우 집값이 10%는 올라야 400만 원의 초과수익이 가능해진다. 비투기지역에서도 8%는 상승해야 700만 원의 수익이 생긴다.

■ 노후대책이 흔들린다.

이런 상황에서 한국 사회는 점점 고령화되고 있다. 우리나라도 본격적인 고령화 사회에 진입하고 있다.

이로 인해 노후를 준비하는 젊은층의 고민은 커지고 있다. 과거엔 연금과 저축만으로도 노후생활에 대한 설계가 가능했지만 앞으론 불투명해졌기 때문이다. 노년층이 늘어나면서 기대할 수 있는 연금수령액이 줄어들고 있는데다 저금리가 상당기간 지속될 태세여서 새로운 노후설계대책이 절실해지고 있다.

고령화 사회 진입속도도 빨라 통계청에 따르면 한국은 지난 2000년에 이미 고령화 사회(aging society)에 접어들었다. 65세 이상 인구가 총인구에서 차지하는 비중이 7.2%나 된다. 오는 2019년이면 65세 이상 인구비중이 14%를 넘어서 고령화 사회가 아닌 고령 사회(aged society)에 진입할 것으로 전망되고 있다. 2026년께는 이 비중이 20%를 웃돌아 초고령 사회(super-aged society)가 될 것이란 관측이 나오고 있다. 고령화 사회가 되면 자연히 노년부양비가 증가하게 된다. 2002년 기준으로 만 60세 이상 고령자는 생활비의 40%를 자녀 또는 친척에 의존하고 있다. 통계청은 노년부양비가 2003년 11.6%에서 2030년 35.7%로 급증할 것으로 내다보고 있다.

연금과 저축만으론 한계가 있지만 젊은층의 노후준비는 지나치리만큼 소극적이다. 가구주의 64.5%만이 노후준비를 하고 있다. 그나마 노후준비를 하는 가구주는 연금과 저축에만 집착하고 있다. 연금이 69%, 저축은 21%에 이른다. 주식과 채권 투자를 통한 노후준비는 불과 0.3%다. 연금과 저축이 상당한 수익을 가져다 줄 수 있다면 문제가 없다. 하지만 현실은 그렇지 못하다. 국민연금의 경우 연금 혜택을 받는 사람이 내는 사람과 비교했을 때 2008년 현재 5% 정도에 그치고 있지만, 2030년이면 41.9%에 이르고, 2060년엔 103%가 될 것으로 추산되고 있다(국민연금관리공단). 이로 인해 2047년에는 기금이 완전히 고갈될 것이란 우울한 보고서가 나와 있다. 저축 역시 연 4% 수준의 낮은 금리로 인해 전적으로 의존하기엔 무리다.

5 재테크 대상 자산

1. 금융자산

1) 저축성 자산(확실성 자산)

저축성 자산이란 이를 보유함으로서 원금과 발생하는 수익의 발생이 확실한 자산으로, 각종 예금과 부금, 채권 등이 이에 속한다. 확실성 자산은 안정성과 유동성에는 뛰어나지만 기대수익률은 상대적으로 낮다.

2) 투자성 자산(불확실성 자산)

투자성 자산이란 이를 보유 · 운용하여도 발생하는 수익이나 투자원금의 회수가 확실하게 보장되지 않는 자산으로, 주식, 수익증권, 뮤추얼펀드, 선물과 옵션, 나아가 보장성 보험 등이 이에 속한다.

투자성 자산은 개별자산별 특징에 따라 고수익성을 기대할 수 있는 상품이 다양하나 이에 따르는 위험성 또한 크다.

2. 실물자산

1) 부동산

부동산(不動産)이란 특성상 그 자산의 위치를 물리적으로 옮길 수 없는 자산을 말한다. 이에 아파트, 단독주택, 상가, 오피스텔, 일반 택지, 임야 등이 있다. 부동산의 자산가치로서의 특성은 장기적으로 물가상승에 대한 방어적 기능, 즉 인플레이션 헤지 기능은 뛰어나지만 유동성, 즉 환금성은 금융자산에 비해 상대적으로 떨어진다는 점이다.

2) 동산

동산(動産)이란 그 위치를 쉽게 이동시킬 수 있는 자산으로, 재테크의 대상으로는 귀금속, 골동품, 그림 등을 들 수 있다. 이들 자산은 세계적으로 통용되는 자산으로 비실명거래가 가능하지만, 감정평가 등에 전문성이 요구되며 거래가 제한되어 유동성이 낮다. 따라서 일반 투자자들의 투자대상으로는 적절하지 않다.

6 재테크 실전전략

1. 마인드를 바꿔라.

- 갑 : 2008년에 중국 베이징 올림픽이 열린다는 소식을 2년 전 처음 접하고 중국펀드에 투자했다.
- 을 : 중국 베이징 올림픽이 열리면 휴가를 내서 직접 가서 축구 경기를 관전할까 고민하고 있다.
- 병 : 올 들어 기대하던 1월 랠리는 고사하고 주가가 떨어졌지만 월급과 상여금을 보태어 추가로 보유하고 있는 주식을 사들였다.
- 정 : 보유 주식이 떨어지자 놀라서 모두 팔아버렸다.

당신은 어느 쪽인가? 중요한 것은 갑과 병은 숫자로는 소수이지만 재테크에서는 훨씬 도사라는 점이다.

그렇다면 양쪽을 확연히 구분 짓는 특징은 무엇일까? 바로 재테크 마인드가 있느냐, 없느냐의 차이다.

그렇다면 마인드는 어떻게 길러지는 것일까? 결정적인 요인은 관심이다. 관심이 있느냐 없느냐에 따라 마인드가 있느냐, 없느냐가 결정되는 것이다.

그렇다면 이제 재테크 마인드를 가진 사람들이 구체적으로 어떤 것에 관심을 가지는지 알아보자.

1) 복리의 위력을 잊지 마라.

재테크 도사들의 가장 큰 특징은 남들보다 일찍 시작한다는 점이다. 이 사실은 재테크에 있어서 대단히 중요한 의미가 있다. 그것은 바로 복리다.

복리는 이자(수익)에 이자(수익)가 붙는 것으로, 이른바 눈덩이 효과가 있다. 저축이나 투자에 상관없이 그 기간이 길어질수록, 즉 일찍 시작할수록 복리 효과 때문에 수익금은 커진다. 세계 2위의 부자인 워렌 버핏은 자신을 부자로 만들어 준 것은 바로 복리라고 할 정도다.

당신이 만약 재테크 마인드로 무장하고 싶다면 첫 번째 명심해야 할 것은 하루라도 빨리 재테크에 관심을 갖고 실천에 옮기는 것이다.

2) 레버리지에 익숙해져라.

재테크에 익숙하지 않은 사람들은 곧잘 두 가지 핑계를 댄다. 재테크할 돈이 없고, 아는 게 없어서 못한다는 것이다. 이 두 가지 모두 레버리지를 활용해 극복할 수 있다. 비록 돈을 빌려 쓴다 하더라도 이자보다 수익률이 높다면 큰 문제가 아니다.

부동산 재벌인 도널드 트럼프를 들먹이지 않아도 부동산으로 돈을 벌었다는 사람들은 대개 타인자본, 즉 남의 돈을 활용해 투자수익률을 극대화했다.

몰라서 못한다는 핑계는 요즘 흔히 얘기하는 멘토나 전문가를 통해서 훌륭히 극복할 수 있다. 멘토는 꼭 사람만 말하는 것이 아니다. 도움이 될만한 책이나 인터넷사이트 등이 모두 총망라된다.

3) 남과 다르게 생각하는 연습을 하라.

재테크에 어느 정도 도통하게 되면 남들과는 다른 생각과 시각을 갖게 된다. 남들과 똑같아서는 더 나은 수익을 기대하기 힘들기 때문에 자신도 모르게 남들과 다른 생각, 즉 역발상에 강해지는 것이다.

실제로 재테크 전문가들은 남들이 관심을 가지지 않는 허름한 아파트, 쓰러질 듯한 주택을 싼 가격에 사들이며 모두가 "이제는 틀렸다"며 주식시장을 떠날 때 주식을 사들인다. 왜냐하면 남들이 거들떠보지 않을 때가 좋은 물건을 가장 싸게 살 수 있기 때문이다.

역발상 투자의 대가 존 템플턴은 "비관이 최고조에 달했을 때 투자하라"는 명언을 남겼다.

4) 항상 상식적으로 생각하라.

착각하지 말아야 할 것은 재테크 마인드를 가진 사람들이 지극히 상식적이라는 점이다. 무슨 비법이나 기교가 있을 것이라고 생각하는 것은 착각이다. 우선 그들은 자신이 잘 알지 못하는 분야에는 결코 투자하지 않는다. 부자들은 손해 보는 것을 끔찍이도 싫어하는데 잘 모르는 분야에 투자해 성공할 수 있다고 생각하지 않기 때문이다. 또한 많이 벌려고 하기보다는 잃지 않으려고 노력한다. 이는 달리 말해 수입 이상으로 지출하면서 더 큰 수입에 매달리는 것을 경계해야 한다는 것을 말한다.

2. 인터넷에 답이 있다.

"적금을 하나 부어야겠는데 어떤 은행이 가장 이자를 많이 줄까?", "내가 지금 청약할 수 있는 아파트는 어떤 것들이 있지?", "종신보험은 어느 회사 것이 가장 좋을까?" 등 가정에서 가장 흔하게 하는 질문들이다.

보통은 집과 가까운 금융사의 상품을 선택하거나 주변의 지인을 통해 보험을 드는 것이 일상의 모습이다. 그렇지만 조금만 노력을 기울이면 발품을 팔지 않고서도 인터넷에서 정보를 얻을 수 있다.

별 차이가 나지 않는다고 여길 수도 있지만 티끌 모아 태산이라는 재테크의 기본 마인드를 가지고 있다면 금융상품을 꼼꼼히 살피는 것은 기본이라고 할 수 있다.

재테크 포털로 불리는 모네타(moneta.co.kr)에서는 국내 예금상품의 금리, 대출금리 등을 검색할 수 있다. 또 매월 불입할 금액과 기간에 따라 최종 수령액이 얼마나 되는지 직접 계산해 볼 수 있다.

대출상품도 검색할 수 있다. 주택 담보 대출, 모기지론, 국민주택기금 등 대출 종류별로도 최소 금리를 검색해 볼 수 있다.

모네타 증권정보에는 토론게시판이 마련돼 있어 각 주식종목마다 개인들이 올리는 글과 댓글들을 참고할 만하다. 다소 정제되지 않은 '악플러'들의 글들도 있지만 '개미'들의 생생한 목소리를 들을 수 있다.

증권 게시판을 운영하는 곳으로는 38커뮤니케이션(38communication.co.kr)도 있다. 펀드에 투자하고자 한다면 모닝스타코리아(morningstar.co.kr)와 펀드닥터(fund-doctor.co.kr)를 참고할 만하다. 미국의 모닝스타 본사 웹페이지(morningstar.com)는 전 세계 금융 웹사이트 10위권에 들어가며 펀드 주식을 비롯한 금융정보를 제공하고 있다. 펀드닥터는 펀드평가사로 잘 알려져 있는 제로인의 웹사이트다.

초보자들이 이용하기에는 모닝스타가 조금 더 쉬운 편이다. 간략하게 정리되어 있는 편이라 쉽게 검색할 수 있고 '펀드ABC'를 통해 펀드의 기초지식을 쌓을 수도 있다.

펀드닥터는 검색 분류 항이 훨씬 복잡하지만 세밀한 검색이 가능하다. 펀드닥터에는 펀드에 대한 정보뿐만 아니라 CD, 예금, 채권, 어음금리의 변동사항도 매일매일 업데이트되고 있다.

전문가들은 부동산 정보가 잘 나와 있는 곳으로 국민은행 홈페이지(kbstar.com)를 꼽고 있다. 현재 분양 중인 아파트, 분양 예정인 아파트가 지역별·시기별로 잘 정리되어 있고 아파트 시세도 확인할 수 있다. 대한주택공사의 홈페이지(jugong.co.kr)가 공공분양 아파트에 대해서만 청약정보를 제공하고 있는 것에 비해 국민은행 홈페이지는 일반 분양 물량정보도 제공하고 있어 활용도가 넓은 편이다.

인터넷 청약도 홈페이지를 통해 가능하다.

부동산뱅크(neonet.co.kr)와 부동산114(r114.co.kr)는 아파트 외에도 일반주택, 오피스텔, 상가 등 모든 부동산 영역을 다루고 있다. 시세정보뿐만 아니라 등록된 매물들을 사진을 통해 확인할 수 있다. 토론게시판에서는 익명으로 부동산과 관련된 갑론을박이 벌어지는데, 옥석을 가려낼 수 있다면 참고할 만하다.

부동산 경매는 온비드(onbid.or.kr 또는 onbid.co.kr)와 법원경매정보(courtauction.go.kr)에서 정보를 얻을 수 있다. 온비드는 한국자산관리공사가 운영한다. 국유재산을 매각하는 경우 온비드를 통해 매각하도록 의무화되어 있다. 주로 행정기관이나 교육기관에서 내놓는 물건들이 올라와 있다. 법원경매정보에서는 법원의 경매일자와 경매물건을 온라인으로 확인할 수 있다.

세금과 관련된 곳으로는 한국납세자연맹(koreatax.org)이 있다. 예를 들면 교통분담금 환급분은 개별통보하지 않아 이를 찾으려는 개인의 적극적인 노력이 필요하다.

초보 수준을 넘어 경제 전반의 흐름을 알고자 한다면 경제연구소들의 홈페이지를 참고하면 좋다. 전문가들은 삼성경제연구소(seri.org)나 LG경제연구소(lgeri.co.kr)의 홈페이지를 추천하고 있다.

3. 공개강좌를 활용하라.

"속이 시원해지는 느낌이 들어요. 책이나 신문에선 느낄 수 없는 후련함 같은 거요. 들은 대로만 하면 다 잘 될 것 같아요."

서울시 노원구에 거주하는 A씨는 공개강좌 팬이다. 증권사, 컨설팅업체, 언론사, 백화점 등에서 재테크 강연회를 연다고 하면 열 일을 제쳐 두고 뛰어간다. 주위에선 '중독'됐다고 말할 정도로 열심이다.

최근 들어 재테크 강연회가 급증하고 있다. 금융사는 물론 백화점과 할인점 등 유통업체들도 재테크강좌를 확대하고 있다. 1주일에 2~3회 정도 공개강좌의 강사로 나서고 있는 한 증권사의 수석연구원은 "1년 전보다 30~50% 정도 강의 요청이 증가했다"며 "과거에 비해 참석자들의 수준이 정말 높아진 데다 공개강좌에 대한 관심이 커져 올해는 공개강좌 요청이 더 많아질 전망"이라고 말했다.

공개강좌의 강연자는 대부분 업계에서 실력이 검증된 베테랑들이다. 주제도 다양하다. 거시경제에 대한 설명에서 재무설계, 실전 투자전략, 상품소개 등 재테크 전 분야를 망라한다. 이 가운데에는 무료강좌도 상당수 있어 알뜰하게 재테크정보를 수집할 수 있는 기회로 삼을 수 있다.

백화점과 할인점의 강좌에도 재테크 관련 과정이 늘고 있다. 거의 유료 강의지만 대부분 과정이 조기 마감될 정도로 반응이 좋다. 3개월 과정이 기본이지만 1회짜리 특강도 제법 많다. 이 밖에 재테크 교육업체나 컨설팅업체, 언론사들이 주최하는 재테크 강연회나 세미나도 관심을 가져볼 만하다.

공개강좌의 가장 큰 매력은 일반인들이 접하기 힘든 유명인들의 노하우를 직접 접하고 질의응답을 통해 평소의 궁금증을 즉각적으로 풀 수 있다는 점이다. 특히 본 강의가 끝난 후 뒤풀이 등을 통해 인적 네트워크를 구축할 수 있는 기회를 얻을 수도 있다. 이를 통해 강의나 책으로는 얻을 수 없는 고급 정보를 확보할 수 있는 것이다.

수강자들끼리 모임을 꾸려 정보를 공유할 수 있다는 점도 장점이다. 다양한 분야에서 모인 사람들에게서 자신이 평소에 소홀히 했던 부분을 보충할 수 있는 것이다. 강의로만 만족할 것이 아니라 적극적으로 인적인 관계를 맺기 위해 노력해야 한다는 말이다.

오프라인 강좌의 효과를 배가하기 위해선 사전 준비가 필수적이다. 공개강좌의 핵심은 질의응답시간이라고 할 수 있으므로 무엇을 묻고 상담할지 미리 생각해 놓는 게 좋다.

주의할 점도 있다. 무엇보다 강사가 유망 투자대상으로 추천할 경우 이를 맹신해서는 안 된다. 전문가들은 "투자에 대한 책임은 본인이 질 수밖에 없는 만큼 관련 데이터를 수집하거나 주위 의견을 좀 더 청취해 스스로 판단의 근거를 마련한 후 투자해도 늦지 않다"며 "기본적인 소양은 스스로 쌓고, 강좌는 평소 궁금증을 해결하는 차원에서 접근하는 것이 좋다"고 당부한다.

4. 잘 고른 책, 열 컨설턴트 안 부럽다.

재테크 전문가들은 "재테크 초보자는 일단 책을 많이 읽어야 한다. 관심 분야나 저자에 제한을 두지 말고 여러 가지 주제와 스타일의 책을 섭렵해야 한다. 읽다 보면 어느새 자신만의 눈이 떠지게 되어 있다"라고 재테크 내공 향상의 첩경으로 다독을 권했다. 투자의 대가들은 어김없이 독특한 노하우를 가지고 있는데 일반 투자자들이 이런 혜안을 얻기 위해선 열심히 읽는 것만 한 방법이 없다는 말이다. 책 한두 권을 읽고 투자에 나서다가는 낭패를 볼 수도 있다고 경고한다.

사실 재테크 초보자들이 실력을 쌓을 수 있는 가장 쉬운 접근법은 책이라고 할 수 있다. 가격도 저렴하고 종류도 다양해 선택범위도 넓다. 하지만 책도 책 나름이다. 1주일에도 수십 권씩 쏟아져 나오는 재테크 서적의 홍수 속에서 '임자'를 찾는 게 쉬운 일은 아니다.

자신에게 꼭 들어맞는 책을 고르는 요령을 적어본다.

먼저 과장되고 선정적인 제목의 책을 피하는 게 좋다고 전문가들은 조언한다. 한때 유행처럼 번졌던 '얼마로 얼마 버는 법' 식의 책이 대표적이다. 이런 책들은 대부분 출판사들이 상업적인 이유로 내는 것들이어서 실속이 없다는 설명이다. 같은 이유로 유행에 치우친 책을 고를 때도 신중을 기해야 한다.

이와 관련해서 북코치들은 "재테크 방법의 효과는 대개 일정한 시간이 지난 후에야 나타나기 때문에 단기간에 큰돈을 벌 수 있다고 주장하는 책은 피하는 게 좋다"며 "특히 초보자의 경우 스킬을 다룬 책보다는 차근차근 짚어주고 생각하고 연구할 계기를 주는 책을 선택하는 게 순서"라고 말했다.

실력이 검증되지 않은 저자들의 책도 회피 대상이다. 실제로 시장에서 실력을 보여주지 못한 저자의 책은 일단 제쳐 두라는 설명이다. 젊은 나이에 부자가 된 저자의 노하우도 위험하기는 마찬가지라고 전문가들은 지적한다. 한두 번 성공으로 목돈을 만들었다고 그 방법이 옳다고 단정할 수는 없다는 것이다. 결국 오랜 세월 수많은 성공과 실패를 거듭하며 일가를 이룬 대가들의 책을 먼저 고르라는 설명이다.

독서의 목표가 재테크라고 재테크 책만 읽는 것은 어리석은 생각이라고 전문가들은 꼬집는다. 재테크도 큰 경제의 흐름을 이해해야 성공할 수 있기 때문이다. 이런 이유로 전문가들은 경제학에 대한 기본적인 지식을 제공하는 책을 읽으라고 권한다. 최근 여성, 20대, 30대 등 특정 대상을 위한 교양 경제학 서적이 범람하고 있는데, 이런 책들도 초보자들에게 도움이 된다고 말한다. 내용 자체는 대동소이하지만 독서 동기를 부여하기 때문이다.

경제 경영 전문출판사인 한 출판사의 주간은 "외환위기 당시 10대였던 사람들이 이제 20대가 됐는데, 이들의 특별한 경험은 재테크에 대한 관심으로 자연스레 이어지고 있다"며 "20대, 여성 등 특정 계층과 독자들을 위한 출판은 더욱 확대될 것"이라며 자신에게 맞는 책을 찾아 읽을 것을 주문했다.

같은 책을 읽어도 100을 얻는 사람이 있고 50을 얻는 사람이 있다. 독서에도 재테크 못지않은 '기술'이 있다는 얘기다.

그렇다면 효과적인 독서 습관은 어떤 것일까?

먼저 집중적인 독서다. 관심 분야의 책을 최소한 10권 정도 연속해서 읽는 게 좋다. 이를 통해 머릿속을 관심 분야로 채워 '집중력'과 안목을 키울 수 있다. 여기에 '반복 독서'를 더하면 금상첨화다. 일단 많이 읽고, 그 중의 '백미'를 골라 다시 읽으면 독서의 효율성이 높아진다는 설명이다.

실제 투자를 병행하는 것도 독서의 효율을 높인다. 투자를 해봐야 자신의 부족한 면을 알 수 있고, 이를 보완할 수 있기 때문이다. 투자하기가 두렵다면 은행이나 증권사를 자주 들러 신상품의 팸플릿을 살펴보고 직원과 상담을 나누는 것도 좋은 방법이다. 같은 맥락에서 경제신문, 잡지, 방송을 꾸준히 접해 현실 경제와 투자의 흐름을 체크하는 것도 필수적이다.

재테크 마인드에 초점을 맞춘 책들도 독서의 출발점으로 삼기에 제격이다. 전장에 나가기 전 마음을 단련해 흔들리는 시장에서 중심을 잃지 않기 위해서다.

5. 온 · 오프 동아리에서 상생하기

'집을 구매하는데 과연 얼마간의 시간을 투자해야 할까? 단순 계산으로 100만원짜리 컴퓨터 사는 데 10시간을 투자해야 한다면 2억 원하는 아파트는 그것의 200배는 생각해야 된다는 결론이 난다. 그러면 시간상으로는 2000시간이고 날

짜로는 83일간 밥도 먹지 않고 잠도 자지 않고 집에 대해서만 알아봐야 한다는 결론이 난다.'

인터넷 포털 다음의 '맞벌이 부부 10년 10억 모으기' 카페 게시판에 올라있는 글의 서두다. 이후 글은 5회에 걸쳐 최초의 집을 장만하기까지의 구구절절한 사연과 고민이 이어진다. 신문이나 잡지에 나오는 기사는 이에 비하면 토막글에 불과할 정도로 자세하다. 집을 사 본 경험이 없는 사람에게 유용한 참고가 되는 것은 물론이다.

인터넷 커뮤니티가 재테크 정보의 젖줄이 되고 있는 것이다. 10만 개 이상의 커뮤니티를 통해 주식, 부동산, 펀드 등 다양한 재테크 정보가 흘러다닌다. 회원의 수는 어림잡아도 수백만 명에 이른다. 다음에 개설된 '짠돌이' 카페 회원이 56만 명, '맞벌이 부부 10년 10억 모으기' 카페는 50만 명을 넘어선다.

인터넷 재테크 커뮤니티가 이렇게 활성화된 이유는 무엇보다 정보의 양과 질에서 다른 매체를 압도하기 때문이다. '선한 부자' 카페를 운영하고 있는 운영자는 "흔히 '재야의 고수'라고 불리는 사람들은 노출을 극도로 꺼리지만 인터넷 커뮤니티에서는 얼마든지 만날 수 있다"며 "금융사나 컨설팅업체의 상담은 이해관계가 얽히게 마련이지만 인터넷은 금전적 관계가 없어 오히려 신뢰할 수 있는 답을 들을 수 있다"며 인터넷 커뮤니티의 장점을 소개했다.

인터넷 커뮤니티가 단순히 정보공유의 장으로만 이용되는 것은 아니다. 뜻이 맞는 사람들이 삼삼오오 모여 오프라인 모임을 만들어 네트워크를 구축하기도 한다.

이들끼리 공동 투자를 하는 경우도 있다. 이를 통해 꽤 많은 수익을 거둔 사람도 있는 것으로 알려져 있다. 말하자면 투자의 기초부터 실행까지 원스톱으로 이뤄지는 셈이다.

회원이 수만에서 수십만에 이르는 대형 커뮤니티들의 회원들은 대개 일반인들이다. 직장인은 물론 학생들도 적지 않다. 연령은 20대 중 · 후반에서 30대 후반이 주축을 이룬다.

대형 커뮤니티들은 오프라인 공개강좌를 진행할 정도로 힘이 세졌다. 금융사 등 기업의 후원을 받기 때문에 비용도 들지 않는다. 회원들은 정보를 얻고 기업은 이미지 제고 효과가 있어 '윈윈'할 수 있다.

최근 알리안츠와 공동으로 공개강좌를 실시하고 있는 '맞벌이 부부 10년 안에 10억 만들기'의 한 운영자는 "경쟁률이 10대 1에 이를 정도로 회원들의 반응이 폭발적"이라며 "후원 기업들이 더욱 늘어날 것"이라고 전망했다.

오프라인에서 출발한 모임도 적지 않다. 관심사가 같은 직장 동료들끼리 모여

스터디그룹을 만들거나 공동 투자를 하는 식이다. 공식적인 모임인 경우 회사의 지원을 받기도 한다.

하지만 대부분은 비공식 모임이다. 업무 집중도를 떨어뜨릴 수 있다는 이유로 회사측이 금하고 있기 때문이다.

인터넷 커뮤니티를 100% 활용하기 위해서는 무엇보다 적극적인 참여가 지름길이라고 관계자들은 입을 모은다. 글쓰기는 물론이고 관련 행사에도 꾸준히 참여해야 자신이 원하는 수준의 정보를 얻을 수 있다는 설명이다.

하지만 함께 투자할 때는 신중할 필요가 있다고 경고한다. 과거 사례로 봤을 때 대부분 결말이 행복하지 않았다는 설명이다. 모임의 리더가 투자를 권할 경우 한 번쯤 의심해 볼 필요가 있다는 충고다.

전문가들은 "인터넷 커뮤니티는 관심을 유발하고 동기를 부여하기 때문에 재테크의 좋은 출발점"이라며 "하지만 실제 투자할 때는 신뢰할 수 있는 사람과 상의하는 것이 안전하다"고 말했다.

6. 자격증이 최고

재테크의 두 가지 축을 이론과 실천으로 본다면 자격증 취득은 재테크 이론을 단기간에 확실히 익힐 수 있다는 면에서 재테크 고수가 되기 위한 중요한 과정 중 하나다. 금융권 종사자, 그 중에서도 은행권 PB들이 금융 관련 자격증에 도전하는 일이 일반화된 것은 바로 이런 이유 때문이다. 특히 자격증을 따면 개인적인 재테크 노하우를 쌓는 데에도 도움이 되기 때문에 대학생을 중심으로 금융권 종사자가 아닌 일반인이 자격증에 도전하는 일도 종종 있다. 또한 재테크에 대한 관심이 전 사회적인 이슈가 된 상황에서 대학생들은 취업의 선택권을 늘리거나 고액 연봉을 보장받는 금융권에 진출하기 위해서라도 금융 자격증에 도전하는 경우가 많다.

대표적 자격증은 증권업협회가 주관하는 증권투자상담사, 금융자산관리사(FP), 재무위험관리사(FRM), 선물거래상담사와 금융연수원이 주관하는 자산관리사(FP), 그리고 국제공인 자격증인 CFP, CFA 등이 있다.

이 중 은행권 PB들이 승진이나 이직 등을 위해 가장 많이 도전하는 CFP는 국제공인 재무설계사, 국제 재무설계사, 국제공인 개인 재무설계사 등으로 불린다. 미국에서 시작된 자격제도로 국내에서는 한국 FP협회(KFPA)가 주관한다. CFP를 따기 위한 일종의 자격시험인 AFPK는 재무설계의 6단계 중 3단계를 할 수 있는 능력을 갖췄는지 테스트한다. 증권 애널리스트에게는 거의 필수로 여겨지는 CFA(Chartered Financial Analyst)는 미국 투자관리연구협회가 자격을 부여하는 공인 재무분석사다.

사실 무엇보다 재테크 자격증의 대표적인 예는 공인중개사 자격증이다. 창업의 기본이자 안정적인 노후 대비 수단의 '0순위'라는 점에서 가장 손쉽게 접근할 수 있는 자격증이다. 최근 '장롱 자격증'으로 전락한 공인중개사 자격증에 대한 뉴스가 보도되기도 했지만 공인중개사는 여전히 인기 있는 자격시험이다.

공인중개사는 최소 6개월에서 1년가량 학원이나 동영상 강의를 꾸준히 듣는 수험생활을 거쳐야 합격할 수 있다는 게 중론이다. 이미 노량진 일대는 재수학원의 메카에서 공인중개사, 공무원 시험 관련 학원가로 변한 지 오래다.

이렇다 보니 아예 부동산 수험서 전문 출판사도 등장했다. 리북스(www.rebooks.co.kr)는 2001년에 문을 연 인터넷 부동산 전문 서점으로 수험서 중에서도 부동산 관련서만 특화한 곳이다. "창업 당시만 해도 부동산 관련 수험서 분야가 대중적인 관심에서 벗어나 있었다"는 리북스 대표는 "최근에는 부동산 공인중개사뿐만 아니라 감정평가사 수험생도 빠른 속도로 늘고 있다"고 말했다. 그는 또 "비단 공인중개사 자격 취득뿐만 아니라 대학 내 사회교육원 등에서 부동산 관련 강좌를 듣는 인구가 많아지면서 강의교재로서 자격증 수험서에 대한 수요도 늘었다"고 덧붙였다.

기본적으로 금융이나 부동산 관련 자격증에 대한 도전은 관련 업종 종사자, 또는 창업 준비자들 위주로 이뤄지게 된다. 그렇지만 단기간 내에 이론을 습득하고 이를 완벽히 익히는 데 시험만큼 빠른 길이 없다는 점을 감안할 때 자격증이 재테크 달인의 지름길을 제시하는 수단이 되는 것만은 분명한 사실이다.

7. 전문가와 친해져라.

환경이 수시로 변하는 부동산시장에 대처하기 위한 방법으로 시장의 흐름을 가장 잘 파악하고 있는 사람들과 친해지는 것을 빼놓을 수 없다. 소위 부동산 전문가, 중개업소 종사자, 건설업계 해당 부서 등은 시장변화상황을 파악하고 능동적으로 대처할 수 있지만 대다수 일반인들은 그렇지 못하다.

우선 언론에 자주 등장하는 부동산 전문가와 최대한 가까워지려고 노력해 볼 만하다. 아무래도 언론을 통해 능력이 상당 부분 검증됐기 때문에 보다 투명하고 정확한 정보를 제공하려고 노력하는 이들이다. 부동산 전문가들은 대개 한경닷

컴, 매경, 조인스랜드, 스피드뱅크, 부동산뱅크 등 여러 인터넷 부동산 사이트에 글을 기고하거나 상담을 맡고 있다. 친하고 싶은 전문가가 활동하는 인터넷 부동산 사이트에 부지런히 방문해 실명을 이용한 댓글로 전문가들의 기고문에 대한 느낌을 솔직히 표현해주면 그들에게 좋은 인상을 남길 수 있다.

전문가들은 또 일반인들이 쉽게 드나드는 백화점 문화센터의 단골 강사이기도 하기 때문에 하루짜리 특강코스나 3～10주간 정규강좌에 등록하는 것도 좋은 방법이다. 전문가들도 본인의 강좌나 글에 애정을 가지고 있는 사람에게 우호적인 감정을 느낄 수밖에 없다. 이메일이나 전화로 상담을 의뢰할 때도 낯익은 이름이라면 최대한 성의를 가지고 대하려고 노력하는 게 인지상정이다. 간혹 고가의 상담료를 받지 않고 결정적인 조언을 하는 경우를 볼 수 있는 것도 이런 배경 때문이다.

언론에 자주 비치는 전문가들은 본인이 투자한 곳을 잘 얘기하지 않으려는 경향이 있다. 하지만 이들과 자주 어울리다 보면 유망한 투자처나 상품을 덤으로 알 수 있다. 아무래도 일반인들보다 미래를 보는 선견지명과 여론을 주도하는 능력이 있는 만큼 전문가들이 투자한 대상이 알짜일 수밖에 없다. 따라서 함께 '묻어가기 전략'을 사용하는 것도 좋은 방법이다.

물론 아주 기본적인 인간관계도 염두해 둬야 한다. 전문가를 만났을 때 기억에 남고자 한다면 조그마한 선물이나 기억하기 쉬운 장치를 마련하면 될 것이다.

유명한 부동산 전문가와 친해지기가 왠지 부담스럽다면 동네에 있는 부동산 중개업소나 은행 창구를 찾는 방법도 좋다. 부동산 중개업소의 경우 가급적 지역에서 오랫동안 부동산 중개업을 하면서 터줏대감으로 정평이 나 있는 곳을 선택하는 게 현명하다. 오며가며 방문해 지역 시장동향을 물어보다 보면 감이 잡힐 것이다. 이때도 친분을 쌓기 위한 최소한의 예의를 갖춘다면 금상첨화다.

부동산 중개업을 하는 사람은 대개 타지의 부동산뿐만 아니라 은행, 세무사, 법무사, 변호사까지 사업상 직접적으로 연결되어 있다. 이 때문에 필요한 경우 효율적으로 서비스를 받을 수 있다. 거래가 되었을 때 수수료를 후하게 주겠다는 말을 곁들이면 더욱더 좋은 인상을 남길 수 있다.

부동산 중개업소와 친분을 쌓았을 때 얻을 수 있는 이점은 이뿐만이 아니다. 본인이 매수하고자 하는 후보지를 미리 점찍고, 이들을 활용해 레이다망을 잘 깔아 놓으면 급매물이 나왔을 때 먼저 연락을 받을 수 있다. 반대로 매도를 할 때도 좋은 조건으로 거래를 할 수 있는 발판을 깐 것이나 다름없다.

이런 과정을 거쳐 전문가와 친해졌다면 그들의 행동을 따라서 해보는 것도 좋다. 우선 하루에 적어도 세 종류 이상의 신문에서 부동산 · 금융 · 증권면을 2번 이상 정독하는 습관을 길러보자. 투자 초보자라면 이 훈련이 매우 유용하다.

일주일에 한 번 정도는 인터넷을 뒤져 신문에서 보지 못한 부동산 관련 뉴스나 이슈를 챙겨보자. 또 주말을 이용해 지도와 카메라를 챙겨 이슈가 될 만한 현장을 방문해서 현장 분위기를 파악하는 것도 권할 만하다. 흔히 재테크 달인이라고 불리는 이들은 휴가를 갈 때도 목적지 부동산정보를 모두 꿰차고 돌아온다.

각 대학에 개설되어 있는 부동산 대학원이나 사회교육원, 최고 경영자과정에 등록해서 지식함양과 함께 인적 네트워크를 만드는 것도 좋은 방법이다.

7 재테크시 고려할 위험

효율적인 자산운용을 위한 재테크에서 성공을 하려면 이에 수반되는 위험에 대한 이해가 선행되어야 한다.

위험(Risk)이란 자금운용의 결과 미래의 수익률이 기대수익률보다 모자라거나 손실로 나타날 가능성을 말한다. 투자원금이 보장되는 저축이 아닌 모든 투자행위에는 위험, 즉 원금손실의 가능성이 수반되기 마련이다. 이 위험은 투자의 대상자산에 따라 그 정도가 다르게 나타난다.

1. 신용 위험

신용 위험이란 특정 기업에 대출을 하거나 주식이나 채권 등에 투자할 경우 그 기업이 경영부실로 인하여 부도가 나서 이자뿐만 아니라 원금의 회수까지 불가능한 경우의 위험으로 기업 위험이라고도 한다. 이러한 위험은 내적으로 기업경영의 부실이 원인이 되지만, 외적으로는 경제적 제반사항의 악화가 원인이 될 수 있다.

2. 구매력 위험

우리는 항상 투자원금이 보존되는 안전한 투자대상을 원한다. 그러나 원금보존이 반드시 안전한 투자방법이 아니다. 구매력 위험이란 예상되지 않은 인플레이션에 따른 화폐의 실질가치, 즉 구매력이 하락할 위험을 말한다. 인플레이션으로 물가가 오르면 일정한 화폐로 구입할 수 있는 구매력은 줄어든다. 따라서 우리가 투자를 할 때에는 물가상승률 이상의 수익을 얻어야 실질적인 손실을 입지 않게 될 것이다.

예를 들면 현재의 1억 원이 3년 후의 가치는 3년간의 물가상승률을 감안한 수준이 되어야 그 원래의 가치가 유지된다는 말이다. 그러므로 우리가 투자할 때에는 최소한 인플레이션률 이상의 수익률을 얻어야 성공적인 투자라고 할 수 있다.

3. 금리 위험

구매력 위험과 함께 고려하여야 할 또 하나의 위험은 금리 위험이다. 금리 위험은 시중금리의 변동으로 인하여 자산가치가 하락할 위험이다.

금리 변동에 대한 자산가치 하락이란 금리가 상승하면 채권의 가치가 하락하고 주가도 떨어지게 된다. 반대로 금리가 하락하면 채권의 가치가 상승하고 주가도 오르게 된다.

4. 유동성 위험

유동성 위험이란 투자자산을 현재의 가격에서 별도의 손실 없이 신속하게 현금화할 수 있는 정도를 말하며, 시장성이라고도 한다.

위의 네 가지 위험을 투자대상 자산별 위험의 상대적 크기로 나타내면 일반적으로 다음 표와 같이 나타낼 수 있다. 가장 위험이 높은 것을 5로, 위험이 낮은 것을 1로 표시한 것이다.

위험 종류	투자 대상 자산				
	현금	주식	채권	펀드	부동산
유동성 위험	1	4	3	3	5
구매력 위험	4	2	3	3	1
신용 위험	1	4	4	3	1
금리 위험	1	2	4	3	1

제2절 투자와 재테크법칙

1 (투자ABC) 투자(投資)와 저축(貯蓄)

'저축의 시대'가 지나고 이제는 '투자의 시대'가 도래했다고 한다. 그러나 '저축'의 개념은 언뜻 잡히는데, '투자'는 왠지 딱 부러지게 설명할 사람이 많지 않아 보인다.

사전적인 의미로 저축(貯蓄)은 '쌓다'라는 뜻의 저(貯)와 축(蓄)이 합쳐진 말이다. 절약해서 모은다는 뜻이다. 투자는 '던지다'의 뜻인 투(投)와 '자본'이란 의미의 자(資)가 결합된 단어로, '이익을 얻기 위해 자본을 던진다' 또는 '자본을 쏟아붓는다'는 의미를 담고 있다.

좀 더 구체적으로 살펴보자.

저축 '돈을 모은다.' : 안정성	→	투자 '돈을 늘린다.' : 수익성

저축은 미래에 무엇인가를 구입하기 위해 미래 지출에 대비해서 지금 쓸 수 있는 돈을 아껴서 은행과 같은 금융기관에 쌓아놓는 것을 말한다. 아주 특별한 경우가 아니라면 원금은 보전된다. 맡긴 시간에 비례해 이자도 붙는다.

투자란 달리 표현하면 가능성을 믿고 자금을 쏟아붓는 것을 말한다. 투자를 잘하면 큰돈을 벌 수 있다. 반대로 투자를 잘못하면 원금을 날릴 수 있다. 이 때문에 '리스크(Risk, 위험)'와 '리턴(Return, 수익)'이 공존하는 곳이 투자의 세계다.

정리하면 저축은 원금을 잃을 위험이 없어 안전하다. 확정금리도 받을 수 있다. 그러나 저금리로 인해 이자수익에 만족하는 사람이 많지 않다. 투자의 경우엔 운영성과에 따라 결과가 달라진다. 운용을 잘하면 은행이자보다 높은 수익을 얻을 수 있다. 그러나 운용에 실패하면 원금이 줄거나 모두 잃을 수도 있다.

대표적인 저축상품으로는 예금, 지급액이 확정된 보험, 지급액이 확정된 연금을 꼽을 수 있다. 투자상품은 주식, 채권, 주식보다는 위험이 더 높은 선물과 옵션, 펀드나 변액보험, 변액연금이 대표적이다.

그렇다면 전문가들은 저축과 투자를 어떻게 활용하라고 조언할까?

전문가들은 "단기간 내에 써야 할 자금, 원금이 깨져서는 안 되는 자금은 저축을 하라"고 말한다. "이처럼 단기간 내에 써야 할 자금이 따로 있는 상황에서 ① 자금을 장기간 묻어둘 자신이 있고, ② 단기적인 시황변동을 참고 견디겠다는 각오가 돼 있다면 비로소 투자에 나서라"고 조언한다.

이것이 곧 "이제는 저축의 시대에서 투자의 시대로 바뀌었다"며 "우리나라 정도의 소득수준과 금리수준에서는 위험관리도 가능하다"고 말한다. 특히 어느 정도 여유자금이 축적된 상황에서는 고정금리상품(확정된 금리를 정기적으로 지급하는 상품)에만 투자하기에는 금리 수준이 너무 낮다는 것이다.

즉, "자산을 축적하기 위해서는 확정금리만 지급하는 상품뿐만 아니라 시장전망에 따라 기대수익률(투자했을 때 얻을 수 있는 수익)이 높은 상품에도 적극적으로 투자해야 한다"는 것이다.

결국 '저축'과 '투자', 어느 한쪽에만 집중할 것이 아니라 저축을 통해 모은 자산을 '투자'를 통해 더욱 키워가야 한다는 것이다. 물론 투자를 통해 늘린 자산은 다시 안정적인 저축을 통해 보전할 수도 있다.

1. 투자와 수익률

투자와 수익률이란 일정기간 동안 발생한 투자수익을 투자원금으로 나눈 비율을 연수익률로 환산한 비율이다. 이 수익률은 현재의 투자액에 대한 미래가치의 증가율로도 볼 수 있으므로 미래에 획득이 가능한 모든 투자수익의 현재가치와 현재의 시장가치를 일치시켜주는 할인율이다. 이 투자수익률은 투자의 성과를 측정하는데 사용하는 보편적인 지표로서 다른 금융상품의 수익률과 비교하여 투자 여부를 결정하는데도 이용된다.

그럼 복리의 개념과 화폐의 시간가치의 개념을 알아보자.

1) 단리와 복리

단리는 원금에 이자만이 지급되는 방식이며, 복리는 원리금에 이자가 붙는 방식이다.

어떤 사람이 연 10%의 이자를 받는다는 조건하에서 현금 1,000만 원을 2년간 빌려주고, 채권자는 2년 후에 원금 1,000만 원과 이자 200만 원(1년에 100만 원씩 2회)을 합하여 총 1,200만 원을 받았다고 하자. 이와 같이 이자를 만기에 일시에 지급받는 방법은 단리법에 의한 계산법이라고 한다.

그러나 일반적으로 1년 후에 100만 원을 받고, 2년 후인 만기에는 이자 100만 원을 재투자하여 얻은 10만 원과 원리금 1,200만 원을 합하면 1,210만 원이 되어 10만 원을 추가로 얻게 되는 셈이 된다. 이는 복리법에 의한 계산방법이다.

금리계산에 있어서 복리 계산방법과 단리 계산방법에는 그 결과에 있어서 상당한 차이가 있다.

복리 계산이란 만기 이전에 1회 이상 이자를 받을 때 이를 재투자하여 발생한 이자까지도 총수입으로 계산되므로 채권자에게 보다 유리한 계산방법이 된다. 앞의 예에서는 계산기간이 짧으므로 단리 계산과 복리 계산의 수입차이가 10만 원에 불과하지만 기간이 10년, 20년 등 장기간일 경우에는 복리계산의 경우는 이자가 새로운 이자를 낳으므로 전체이자는 엄청나게 큰 금액으로 증가된다.

일반적으로 채권 투자는 최초에 투자된 금액이 매입당시 수익률로 만기시까지 재투자된다는 전제하에 이루어지는데, 회사채의 경우 매 3개월마다 이자가 지급된다. 이 경우에도 3개월마다 지급받는 것이 6개월마다 지급받는 경우보다 채권자 입장에서 당연히 유리하다.

수익률의 계산은 다음과 같은 공식으로 계산된다.

단리 : $S = P(1+nr)$

복리 : $S = P(1+r/n)nm$

S : 원리금, P : 원금, r : 연이율,

n : 연수, m : 이자지급회수

은행의 예 · 적금은 모두 단리상품이며, 일부 제2금융권에서 만기에 따라 이자율은 다르지만 복리상품을 판매하기도 한다. 그리고 위의 경우는 세금을 고려하지 않았으나 일반적으로 늘어난 이자에 15.4%가 이자소득세로 원천징수되어지며, 금융소득이 연 4,000만 원 이상일 경우에는 종합소득세로 과세되어진다.

흔히들 비과세상품이라 함은 이자소득세 15.4%를 내지 않아도 되는 상품을 말하며 금융소득에 합산되지도 않는다. 또한 세금우대상품은 이자소득세가 9.5%로 계산되어진다. 단, 연간 2,000만 원 한도 내에서만 우대받을 수 있다.

참고로 아무때나 입출금이 가능한, 우리가 흔히 사용하는 입 · 출금식 통장은 연 이자율이 1%도 안 된다는 걸 참고하기 바란다.

2) 금리와 할인율

(1) 금리(이자율)

금리란 우리들이 일상생활을 하다 보면 돈이 부족하여 은행이나 다른 사람에게 돈을 빌려야 할 때도 있고 남은 돈을 은행에 예금을 하거나 다른 사람에게 빌려주는 경우도 있다. 이 경우 돈을 빌린 사람은 일정기간 동안 돈을 쓰고 난 다음 갚을 때에 당초에 빌린 원금 외에 돈을 쓴 데 대한 대가를 지급하는데, 이를 이자라 하며, 이자의 원금에 대한 비율을 이자율 또는 금리라고 한다.

이처럼 오늘날 이자는 돈을 빌려 쓴 대가로 지급하는 금전이자의 의미로 사용되고 있지만 경제생활에서 돈이 사용되기 전에는 곡식이나 귀금속 등이 이자로 지급되기도 하였다.

화폐의 시간가치(time value of money)란 일정기간 동안 화폐를 보유하게 됨으로써 화폐를 이용하여 제반 경제활동에 투자하여 증식시킬 수 있는 가치를 말한다. 이 경우 현재시점의 가치를 현재가치라고 하며, 증가된 미래시점의 가치를 미래가치라고 한다. 따라서 화폐의 미래가치(future value)는 현재가치(present value)보다는 크다고 할 수 있다.

여기서 우리는 현재가치와 미래가치의 차이를 금리(이자율)이라는 개념으로 이해할 수 있다. 이러한 현재가치에 대한 미래가치를 계산하기 위해서 다음과 같은 복리식이 이용할 수 있다.

$$FV = PV \times (1 + r \times 1/m)nm$$

FV : 미래가치, PV : 현재가치, r : 이율,
n : 연수, m : 연간이자지급회수

예를 들어 연이율 10%를 6개월 복리로 2년간 재투자할 경우 현재의 100만 원을 2년 후에는 100만$(1+0.10\times1/2)^{2\times2}$ = 1,215,000원이 된다. 이것은 100만 원이란 투자금액이 만기에 21.5% 증가하였다는 것을 의미하며, 1,215,000원은 현재의 100만 원에 대한 2년 후의 미래가치라고 한다.

이와는 반대로 미래에 받은 금액은 현재의 가치로 평가한 것이 현재가치이다. 이 현재가치는 미래가치의 역수로 구할 수 있다.

$$PV = FV\times(1/(1+r/m)^{nm}) = FV\,/\,(1+r/m)^{nm}$$

앞의 예에서 2년 후의 1,215,000원의 현재가치는 100만 원이 된다. 따라서 미

래가치와 현재가치의 관계를 환산할 때 가장 중요한 역할을 하는 것이 바로 할인율로 사용되는 이자율(r)이다.

(2) 할인율

미래가치를 현재가치로 환산할 때 사용하는 금리는 수익률이라고 하지 않고 할인율(discount rate)이라고 한다. 할인율과 현재가치는 반대방향으로 변화한다. 즉, 할인율이 높아지면 현재가치는 낮아지고, 할인율이 낮아지면 현재가치는 높아진다.

현재가치를 미래가치로 환산할 때 사용하는 할인율은 수익률이라고 한다. 결국 수익률과 할인율은 동일한 개념이지만 금융시장에서 말하는 시장수익률은 미래가치를 현재가치로 환산하는데 쓰이는 할인율이다. 연금금리의 경우 우리는 매기간마다 일정금액으로 지급받게 되는데, 이 금리를 투자자의 입장에서는 연금지급액으로도 볼 수 있다.

2 투자세계에도 고수와 하수가 있다.

예전 무협지에서나 나오던 고수와 하수란 단어가 요새는 재테크에서도 사용되어진다. 그렇다면 재테크에서 고수와 하수는 누구일까? 다음과 같이 정의할 수 있다.

투자의 세계에도 등급이 있다. 전설적 고수가 널렸다는 월가(街), 그 중 최고수는 단연 워렌 버핏(75세)이다. 미국의 경제잡지 포브스가 19일(현지시간) 4,000여 명에게 물어봤더니 44%가 버핏을 '돈에 대해 가장 잘 알고 있는 사람'으로 꼽았다. 지구상의 모든 사람에게 넉넉한 점심을 살 만큼 많은 돈을 갖고도 빌 게이츠는 8위에 그쳤다.

버핏은 1956년 첫 투자조합을 만든 뒤 50년간 연평균 약 28%의 수익을 올렸다. 당시 그가 투자한 14만 달러는 지난해 440억 달러로 불어났다. 엄청난 성과지만 그가 최고수 자리에 오른 것은 불린 돈 때문만은 아니다. 그는 눈앞의 돈만 좇는 다른 투자자들과는 달랐다. 좋은 주식을 골라 오래 보유했다.

장기 · 가치 투자로 불리는 이런 투자철학은 오랜 실전과 경험에서 나왔다. 그는 5세 때 집앞에 가판대를 차려놓고 껌을 팔았다. 주식을 처음 산 것은 11세 때다. 3주를 주당 38달러에 샀는데, 사자마자 27달러로 떨어졌다. 주가가 다시 오르자 5달러의 이득을 보고는 팔아치웠다. 그러나 이 주식은 얼마 뒤 200달러까지 올랐다. '장기 투자'의 교훈을 배운 것이 이때다. 그는 이때의 교훈을 잊지 않고 1965년 19달러에 사들인 버크셔해서웨이 주식을 한 주도 팔지 않고 갖고 있다. 이 주식은 현재 약 9만 달러로 4700배 넘게 올랐다.

흔히 버핏의 성공만 부러워하지 이면에 깔린 지독한 절약과 성실함은 외면한다. 그는 1958년 3만 1,500달러를 주고 산 집에서 지금껏 살고 있다. 그간 늘어난 것이라고는 방 몇 개와 라켓볼 코트 정도가 전부다. 여전히 맥도널드 식사를 즐기고, 가장 싼 음료수를 찾아 전 오마하를 뒤지고 다닌다. 그래서 붙은 별명이 '오마하의 현인'이다.

버핏은 투기꾼과 투자가를 분명히 갈랐다. 기업의 앞날에 관심을 가지면 투자가로, 주가에만 관심을 가지면 투기꾼으로 봤다. 투기꾼은 돈은 벌지 모르지만 결코 고수의 반열에 오를 수 없는 하수로 취급했다.

월가의 전형적인 기업 사냥꾼 칼 아이칸은 버핏과는 다르다. 얼마 전 KT&G 주식을 사들여 경영간섭에 나서는 바람에 한국에서도 유명세를 탔다. 지배구조가 약한 기업, 돈 되는 기업만 노린다. 한번 물리면 치명적이라고 별명도 '상어'다. 기업은 나 몰라라고 주가에만 관심이다. 버핏의 기준대로면 영락없는 투기꾼이요, 하수다. 그런 하수가 맘대로 쥐락펴락하는 게 한국 대표기업의 현주소다.

3 재테크의 기본 – 72의 법칙

돈을 모으고 싶고 많이 벌고 싶은 마음은 누구에게나 똑같이 있다.

한 달에 고정적으로 받는 월급쟁이의 입장에서도 꾸준하게 투자 수익률을 높여서 부자가 되고 싶은 꿈은 있을 것이고, 장사를 하는 사람도 일시에 들어오는 목돈보다는 꾸준하게 돈을 벌고 싶은 욕망이 있을 것이다. 그러나 현실에 있어서 월급쟁이의 경우에는 큰돈을 모으겠다는 욕심이 사라진지가 오래이고, 장사를 하는 사람의 경우에는 목돈보다는 제발 망하지만 않았으면 좋겠다는 것이 희망이 되었다. 이러한 사람들에게 재테크에 대해서 이야기를 한다거나 투자에 대하여 이야기를 한다면 먼 나라 사람들의 이야기이거나 우주인들의 이야기로 단정짓고 만다. 그런 상태에서 어제가 오늘이고, 오늘이 내일인 삶을 살고 있다.

필자의 지인의 경우에는 은행에서 잠자고 있는 돈을 깨워서 투자를 하고 싶어 했다. 투자를 하는 이유는 지금보다 더 많은 돈을 벌고 싶었고 부자가 되고 싶은 마음에서였을 것이다. 이런 와중에 여러 잡다한 재테크 공식을 터득하는 중에

72의 법칙을 알게 된 것이다.

72의 법칙, 일단 법칙이라고 하니까 많은 사람들이 부담감을 느낀다. 먼저 72라는 숫자가 나오고 법칙이라는 딱딱한 단어가 나오니까 학교 다닐 적 억지로 이해해야 했던 산수 · 수학공식을 기억해야 된다는 의무감에 의하여 어렵게만 느껴질 것이다. 하지만 72의 법칙은 그렇게 어렵지도 않고 너무나 쉬운 법칙이다. 하지만 너무나 쉬운 법칙임에도 불구하고 너무나 큰 의미를 부여하는 멋진 법칙이다.

먼저 72의 법칙에 대하여 알아보면 현재 내가 가진 자산을 가지고 재테크를 통한 특정 %의 수익률일 때 내 자산이 2배가 되는 시간이 언제인가를 알 수 있는 법칙이며, 내가 가진 자산을 가지고 재테크를 통하여 특정기간 동안 얼마의 수익률일 때 나의 자산이 2배로 증가하냐의 계산법이다.

그럼 재테크를 통하여 특정한 수익률일 때 나의 자산이 2배로 되는 시점을 살펴본다면 현재 나의 자산이 1억 원이라고 하고, 이 1억 원을 정기예금에 맡겼는데 정기예금의 수익률이 만약 5%라고 한다면 몇 년이 지나야지 내 자산 1억 원이 2억 원이 되냐의 문제이다. 그렇다면 72를 5%로 나눈다면 14.4년이 나온다는 것을 알 수 있다. 즉, 5%의 수익률이라면 1억 원이 2억 원이 되는 시점은 14.4년 뒤에 2억 원이 된다는 말이다.

투자금	연수익(%)	계산식	걸린 기간
1억 원	3%	72÷3	24년
1억 원	5%	72÷5	14.4년
1억 원	10%	72÷10	7.2년
1억 원	20%	72÷20	3.6년

만약 월세 등으로 인하여 매년 10%의 수익률이 발생한다면 내 자산 1억 원이 언제 2억 원, 즉 2배로 되냐의 문제라면 72를 10으로 나누면 7.2년이 된다. 만약 월세와 부동산 투자로 인하여 매년 20%의 수익률이 발생한다면 내 자산 1억 원이 2억 원이 되기 위해서는 72를 20으로 나누면 3.6년이 되는 것이다.

즉, 동일한 조건에 수익률만 5%, 10%, 20%로 책정하여 자산이 2배로 되기까지의 시간을 확인해보면 다음과 같은 재미있는 결과가 나온다.

1억 원을 은행예금 5%인 정기예금에 가입해서 자산이 2배로 되는 기간은 14.4년이 1억 원을 월세 등을 통하여 10%의 수익률일 때, 자산이 2배로 되는 기간은 7.2년 1억 원을 재테크를 통하여 20%의 수익률일 때 자산이 2배로 되는 기간은 3.6년이다.

똑같은 1억 원 현금자산이라고 하여도 투자를 하는 사람과 투자를 하지 않는 사람과의 차이는 10년이라는 세월을 뛰어넘는다는 중요한 사실을 일깨워주는 사례이다. 또한 72의 법칙은 목표수익률을 정했을 때 나의 자산이 언제 2배가 되는지에 대하여 쉽게 계산해 주는 법칙이다.

예를 들어서 1억 원이라는 자산을 가지고 5년 안에 1억 원을 만들고 싶다면 72를 5년으로 나눈다면 14.4가 나오는데, 여기서 14.4는 수익률 14.4%를 의미한다. 즉, 1억 원을 가지고 5년 안에 2억 원으로 만들기 위해서는 연수익률이 14.4% 정도를 해야 된다는 말이다. 현재 나의 자산이 5억 원이라면 10년 안에 나의 자산을 2배로 만들고 싶다면 연수익률 7.2%, 현재 나의 자산이 5억 원인데 5년 안에 나의 자산을 2배로 만들고 싶다면 연수익률은 14.4%, 현재 나의 자산이 5억 원인데 3년 안에 나의 자산을 2배로 만들고 싶다면 연수익률은 24%의 수익률을 올리면 되는 것이다.

이처럼 막연한 수익률이 아니며, 막연하게 언제쯤이면 나도 10억 원대 부자가 될 수 있을까가 아니라, 구체화된 목표수익률과 구체화된 기간설정을 통하여 부자의 꿈을 앞당길 수 있는 동기부여가 되는 것이다. 이 세상에 막연하게 해서 잘 되는 경우는 없다. 모든 결과는 동기가 있기 때문에 결과가 있듯이, 재테크 또한 구체적인 계획과 목표설정, 기간설정 등이 한꺼번에 이루어 질 때 그 결실을 맺게 되는 것이다.

이러한 72의 법칙을 알게 된 순간 필자는 가슴 떨리는 것을 알게 되었다. 72의 법칙이 암시하는 것은 하루라도 빨리 재테크를 하라는 이야기이다. 예를 들어서 똑같은 1억 원이라는 돈이 있다고 하여도 수익률에 따라서 자산이 2배로 되는 기간이 다 틀리다는 말이다. 1억 원이 정기예금으로 들어간 경우에는 자산이 2배로 되는 기간이 14.4년이라는 시간이 걸리는 반면에, 재테크를 통하여 연 10%의 수익이 창출하는 경우에는 7.2년, 연수익률이 20%를 창출할 경우에는 3.6년이라는 짧은 기간에 자산이 2배로 증가하는 경우이다. 따라서 재테크에 대한 입문은 빠르면 빠를수록 좋다는 것이다.

현재 종자돈이 없다고 투덜거리기보다는 현재 가진 돈을 가지고 조금이라도 돈을 키우는 방법이 무엇일까를 생각해 보기 바란다.

본인이 아는 지인의 경우에는 이러한 72법칙을 알고 그다지 많지 않은 돈으로 작은 아파트를 2,800만 원에 싸게 구입하여 전세보증금 500만 원에 월세 30만 원을 수령하였으므로 실제 매매가격 2,800만 원에서 전세보증금 500만 원을 빼면 실제 투자금액은 2,300만 원, 등기비용과 복비 등을 포함하여 2,500만 원을 실투자하여 월세가 매달 30만 원씩 들어 왔으므로 연수익률이 14.4%를 차지하였다. 즉, 2,500만 원을 은행에 예금하였다면 당시의 금리를 8%로 잡으면 매년 6.4%의 이윤이 더 추가로 나왔다는 사실이다.

그것보다 더 중요한 것은 72의 법칙을 응용하여 2,500만 원을 2배로 키우는 기간을 계산하면 다음과 같다.

2,500만 원 은행이자 8%시 자산이 2배로 증가하는 시간은 9년이고, 2,500만 원 임대사업 14.4%시 자산이 2배로 증가하는 시간은 5년이다. 즉, 9년과 5년의 차이이므로 거의 2배나 가까운 차이가 나는 것이다.

물론 이것만으로 끝나는 것이 아니다. 은행이자는 가면 갈수록 떨어진 반면에, 작은 아파트의 가격은 계속 올라 3년 보유 만에 6,400만 원에 매도하였으므로 2,500만 원에 월세수익률이 매년 14.4%, 게다가 2,500만 원 투자한 아파트의 시세가 6,400만 원으로 올라갔으므로 오른 차액은 3,900만 원이며, 이를 3년으로 나누면 매년 1,300만 원의 가격상승을 보였으므로 매년 수익률은 52%이다.

즉, 임대수익률 14.4%와 집값 상승에 따른 수익률 52%를 더하면 매년 66.4%의 수익률이 발생된 것이다. 이를 은행에 예금한 사람과 다시 수익률을 비교한다면 2,500만 원, 은행이자 8%시 자산이 2배로 증가하는 기간은 9년이 소요 2,500만 원 임대사업과 부동산 투자수익률 66.4%일 때 자산이 2배로 증가하는 시간은 1.084년이 걸린다는 것이다.

비단 수익률을 높게 잡았다고 트집을 잡지 말기 바란다. 또한 이러한 경우가 많지는 않다라고 주장하는 사람이 있을 것 같은데, 이렇게 말하는 사람들은 대부분 투자를 하지 못하고 은행에 예금만 하는 사람들이 이렇게 말하는 것일 것이다.

진정으로 투자를 해서 수익을 창출하는 사람이라면 대부분 이 정도의 이론 정도는 알고 있을 것이다. 비단 부동산 투자의 수익률이 이렇게 높게 책정되는 것은 아니다.

현재 대한민국 정부가 아파트 가격을 공시하는데 특정지역의 아파트 공시가격이 무려 50%를 상회하는 지역이 어디 한두 군데인가? 투자수익률이 50%가 되면 거짓말이라고 말하는 사람들에게 묻고 싶다. '정부의 아파트 공시가격이 일년에 50% 상승시키는 것도 거짓말인가?' 하고 말이다.

모든 것은 자신이 보고자 하는 방향으로 볼려고 하는 것이 사람의 심리인 것 같다.

4 레버리지 효과

흔히 재테크의 첫 단추는 빚을 없애는 것이라고 한다. 이 말은 재테크 초보에게는 절대적으로 맞는 말이다. 하지만 너무 내 돈만 고집하다보면 '총알'이 부족해 매수시기를 놓치거나 다음 단계로 이동하기 어려운 경우도 많다.

'내 돈'으로 할 수 있는 투자에만 국한한 투자자라면 '레버리지 법칙'을 곱씹어 볼 필요가 있다. 레버리지 효과(Leverage Effect)란 타인의 자본을 이용해 보다 적은 자기자본으로 수익을 늘리는 것을 말한다. 지렛대의 힘을 빌어 무거운 짐을 더 적은 근력으로 움직이는 것과 같다.

재테크에 성공하는 사람들의 공통적 특징 중 한 가지는 이러한 '레버리지 효과(Leverage Effect)'를 잘 활용한다는 점이다. 레버리지 효과는 '지렛대 효과'라고도 불린다. 이것은 남의 자본을 이용하여 적은 자기자본으로 수익을 늘리는 것을 말한다.

오늘날 가위, 병따개, 손톱깎이 등에 응용되고 있는 지렛대(지레)의 원리를 이용하면 크고 무거운 물건도 쉽게 들어 올릴 수 있다.

무주택자가 은행에서 대출을 받아 내 집 마련 시기를 앞당기는 것이나, 유주택자가 전세금제도를 이용해 주택 소유와 거주를 분리, 오를 만한 부동산을 소유하고 투자가치는 낮지만 주거 만족도가 높은 지역에 거주하는 것은 모두 레버리지 효과를 이용한 것이다.

특히 임대업자를 비롯한 부동산의 달인들은 은행을 투자금을 내주는 금고로 적극 활용한다. 대출 끼고 부동산을 산 후 가치가 오르면 가치상승분만큼 추가대출을 받아 또 다른 부동산을 매수하는 이른바 '꼬리에 꼬리를 무는' 투자법이다.

블루칩 상가만 골라서 투자하는 추모씨는 "대출을 받아 투자를 시작한 이후 10년간 자산이 커지는 것과 함께 부채도 늘었다"며 "재투자를 위한 대출인 만큼 부채 자체는 문제가 아니니다"라고 말한다.

예를 들어 김모씨가 지난 2005년 초 분당에 사 놓은 시가 5억 원짜리 아파트가 1년 후 6억 원이 됐다고 가정하자. 이 경우 은행 대출을 전혀 받지 않고 5억 원을 모두 자신의 자금으로 아파트를 샀다면 자기자본수익률은 20%(= 1억 원 ÷ 5억 원)가 된다.

공교롭게도 그의 친구 박모씨도 5억 원을 들여 비슷한 시기에 구입한 아파트가

1년 후 6억 원으로 올랐다. 그런데 박씨는 친구와 달리 3억 원만 자기자본으로 충당하고, 나머지 2억 원은 은행 대출을 받았다. 따라서 박씨의 자기자본수익률은 33.3%(= 1억 원 ÷ 3억 원)로 친구의 자기자본수익률보다 13.3% 높아진다. 결국 박모씨가 레버리지 효과를 더 많이 본 셈이다.

시가가 3억 원짜리 아파트가 1년 후 3억 5,000만 원이 됐다고 가정하자. 대출 없이 자기자본 3억 원으로 매입했다면 자기자본수익률은 16.67%(= 5,000만 원 ÷ 3억 원)가 된다. 하지만 자기자본이 2억 원이고, 1억 원은 대출을 받아 매입했다면(혹은 전세를 놓고 보증금으로 충당했다면) 자기자본수익률은 25%(= 5,000만 원 ÷ 2억 원)로 높아진다.

이처럼 최소의 비용으로 최대의 효과를 얻는 것이 경제의 원리라면 레버리지 효과를 이용하는 것만큼 경제원리에 충실한 재테크 기법도 없다.

다음의 사례를 살펴보자.

사례 1

50대 중반의 퇴직자인 C씨는 최근 법원 경매를 통해 충남의 소도시에 있는 18평짜리 아파트 5채를 분양받아 임대 사업자로 등록했다. 모두 전세를 놓았기 때문에 실제 투자된 금액은 얼마 되지 않았다.

한 채당 실제 들어간 투자금은 대략 400만 원 선으로 총 2,000만 원이 넘지 않았다. C씨는 향후 시세차익은 별로 기대하지 않고 있다. 서울이나 경기도처럼 개발바람이 세지 않기 때문이다. 대신 C씨는 여윳돈이 생기는 대로 월세로 전환, 두 자리수가 넘는 임대 수익을 받을 생각이다.

사례 2

명동의 모 증권사 객장에서 만난 40대 후반의 한 주부는 주문 모니터 앞에 서서 불편하게 계속 거래를 하고 있었다. 지점에서 관리를 안 한 탓인지 고장이 나지 않은 모니터는 한 대뿐이었다.

이 주부는 "일하는 틈틈이 들러 거래를 하는데 불편하다"고 말했다. "그럼 옮기면 되지 않느냐?"는 기자의 반문은 곧바로 납득으로 바뀌었다. 주식담보대출 덫에 걸려 옴싹달싹 할 수 없다는 것이다. "주식시장이 좋을 것 같아 주식담보대출을 많이 받았는데 주가가 떨어져 팔지도 못하고, 담보로 잡혀 있으니 증권사도 옮길 수 없다"는 하소연이다.

두 사람의 사례에서 보듯 재테크를 잘하는 사람과 못하는 사람을 가르는 잣대 중 레버리지(leverage)를 얼마나 효과적으로 사용하느냐를 빼놓을 수 없다. 레버리지 효과는 남의 돈(타인자본)을 사용하여 자기 돈(자기자본)의 수익률을 극대화하는 것으로 지렛대 효과라고도 불린다. 예컨대 어떤 집이 1,000만 원이 올랐을 때 A와 B의 자기자본이 각각 5,000만 원과 1억 원이었다면 자기자본 대비 수익률은 각각 20%와 10%로 다르다. 이때 둘 중에 레버리지를 잘 활용한 사람은 A가 된다. 그러나 레버리지는 양날을 가진 칼이다. 한없이 유리할 것처럼 보이지만 잘못 다루면 크게 다칠 수도 있다. 부동산과 주식 투자 전반에서 활용되는 레버리지의 양면성을 따져보고 제대로 활용하는 지혜를 발휘해야 하는 것이다.

1. 부동산 레버리지 활용례

부동산에서 레버리지의 가장 흔한 사례는 전세를 끼고 집을 사는 것이다. 재테크에 전혀 관심이 없는 사람은 전세를 끼고 집을 산다는 말을 잘 이해하지 못한다.

예컨대 매매가격이 3억 원짜리인 아파트가 전세로는 1억 6,000만 원을 받을 수 있다면 남에게 전세를 내주는 대신 자신의 돈 1억 4,000만 원만 있어도 자기 소유의 집을 살 수 있는 것이다.

은행 등 금융기관에서 주택담보대출을 받거나 주택금융공사에서 모기지론을 받아 집을 사는 것도 보편적인 레버리지 활용 사례다.

여기서 한발 더 나가면 기존의 주택을 담보로 대출을 받은 돈과 새로 살 집에서 대출을 받는 방법으로 집을 한 채 더 늘리는 보다 공격적인 레버리지 활용 사례를 볼 수 있다.

고양 일산의 30대 후반의 주부 K씨는 기존의 아파트에서 3억 원의 대출을 받아 4억 원대의 아파트 한 채를 더 샀다. 새 아파트는 전세를 낀 상태에서 샀기 때문에 자기자금은 거의 들지 않았다. K씨는 세금 때문에 지금 살고 있는 집은 앞으로 조금만 더 가격이 오르면 팔 생각이다. 그 뒤 전세를 얻어 나가거나 새로 산 아파트로 입주할 계획이다.

최근 몇 년 새 아파트에 투자한 사람은 꼭 K씨가 아니라도 가격폭등으로 금융비용(이자)을 넘는 투자수익을 거둬 레버리지 효과를 봤다.

또 다른 K씨도 지난해 20평형대 소형 아파트를 1억 6,000만 원에 샀다. 자기자본은 6,000만 원에 불과했지만 담보대출을 활용했다. 잠잠하던 아파트 가격이 최근 급등해 수익률이 적잖다. 1년 새 7,000만 원이 올랐다. 물론 이것은 아직 실현

되지 않은 이익에 불과하지만 다른 어떤 투자수단에 비해 나은 실적을 거둔 것은 분명해 보인다.

그러나 전문가들은 "부동산 가격이 이자비용을 충당하고도 남을 만큼 수익이 나지 않는다면 큰 손해를 볼 수 있음을 잊어서는 안 된다"고 지적했다. 부동산 가격하락이나 금리인상 같은 외부적인 요인 외에도 퇴직으로 인한 소득감소 등 내부적인 요인변화를 놓치지 말아야 하는 이유다.

2. 주식 레버리지 활용례

주식 투자로 돈을 번 사람들 중에도 부동산 투자처럼 남의 돈을 활용, 수익을 극대화한 경우가 적잖다.

40대 초반의 직장인 P씨는 초기 자본은 적었지만 주식담보대출로 주식 물량을 늘려 수익을 극대화했다. 주식 투자가 변동성이 커 위험이 적잖지만 자본이 적어서는 과실이 크지 않다고 생각했기 때문이다. 물론 전제는 있다. 공부를 충분히 하고 적은 돈으로 실전을 거쳤다. 그런 뒤에야 퇴직금을 담보로 대출을 받아 주식을 사고 그 주식을 담보로 또다시 대출을 받아 주식을 늘리는 방법을 썼다.

그러나 명동에서 만난 주부가 힘들어 하듯 제약도 만만찮다. 담보로 잡힌 주식은 출고가 불가능하다. 또한 주가가 떨어져 담보비율에 미달되면 추가 담보를 제공해야 한다. 만약 3일 이내에 더 돈을 내지 못하면 다음날 반대 매매가 나간다. 꼼짝없이 손해를 볼 가능성이 높다.

웰시안닷컴 대표는 "레버리지를 얼마나 잘 활용하느냐에 따라 자산 축적 속도나 규모가 결정된다"며 "재테크에 필요한 결단력이나 수익률 계산 능력, 노하우 등이 레버리지의 성공에 영향을 미치기 때문"이라고 말했다. 또한 "결국 레버리지를 제때 잘 활용할 수 있는 능력을 평소에 키워놓아야 한다"고 덧붙였다.

하지만 상승하리라 믿었던 투자자산의 가치가 예상과 달리 떨어진다면 레버리지 효과로 기대했던 추가 수익만큼 추가 손실을 보게 된다. 자신이 감당하기 어려울 정도로 차입금을 키워버리면 레버리지 효과는 약이 아닌 독이 된다. 자기자본으로 수익을 늘리려다 빚만 늘어나면 대출기관만 좋은 일시키는 셈이다. 금리상승으로 금융비용이 추가적으로 증가하는 것도 레버리지 효과의 함정이다. 이 때문에 레버리지 효과는 보수적으로 접근하는 것이 바람직하다.

특히 부동산 경기 침체기에는 레버리지 효과를 통해 돈을 벌려다가 큰 손해를 볼 수도 있으므로 주의해야 한다.

레버리지 효과를 이용하고 싶다면 자산가치 상승 가능성이 크지는 않아도 실거주 주택처럼 수요자 입장에서 꼭 필요한 투자대상이나 금리 이상의 가치상승이 확실시되는 핵심자산에 국한하도록 하자. 아무리 가치상승에 대한 확신이 있어도 가격 변동폭이 크고 투기성이 있는 투자대상이라면 레버리지 비율을 낮추는 것이 좋다.

제3절 재테크 마인드

1 재테크의 시작은 관심으로부터 시작한다.

우리 주변에는 흔히 어떻게 재테크를 해야 하는지 방법을 몰라서 못하는 경우를 볼 수 있다. 정말 널려 있는 황금을 줍기만 하면 되는데 있는 곳을 몰라서, 하는 방법을 몰라서 그냥 지나쳐 버리는 경우가 많다.

그러나 현실은 냉정하다. 내 주머니에 돈이 없을 때 단돈 100만 원 빌리기도 어려운 것이 현실이다. 그 현실 속에서 나의 삶을 꾸려가기 위한 수단이 바로 재테크이다.

재테크는 자신의 미래를 준비하는 것이며, 이러한 재테크의 시작은 관심인 것이다. 관심을 가지고 사물을 볼 때 그 사물의 실체가 보이듯이 재테크 역시 그 자체를 알기 위해서는 재테크에 관련된 모든 것을 관심있게 관찰하다 보면 결국 그 가치를 알게 되고 서서히 재테크의 눈이 뜨이게 될 것이다.

지금 시작하면 늦지 않을까? 절대 늦지 않다. 당신의 미래는 아직 존재하지 않는가? 당신에게 미래가 없다면 그것은 삶의 종말인 것이다. 그 미래를 준비하는 것이 재테크이다.

나의 소비성향은?

＊ 항목별로 □ 안에 안에 표시해보세요.

1. 가계부를 써본 적이 없다. □
2. 유행은 따라야 하고, 유명 브랜드 아니면 안 산다. □
3. 빚을 내서라도 해마다 바캉스와 스키는 즐긴다. □
4. 연말 소득공제를 어떻게 받는지 모른다. □
5. 구매계획을 세우지 않고 되는대로 대충 사는 편이다. □
6. 매달 카드 사용 대금 결제 때문에 허덕인다. □
7. 모범택시를 타는 경우가 많다. □
8. 점심값 또는 술값은 내가 내야 직성이 풀린다. □
9. 적금을 들어본 적이 없다. □
10. 노후대비 저축계획을 세워본 적이 없다. □

＊ 소비성향 진단

- 7개 이상 – 하루살이파. 파산하지 않도록 조심해야 합니다.
- 5～6개 – 기분파이시군요. 낭만과 기분을 중시하시죠?
- 3～4개 – 알뜰살뜰파. 당신의 좌우명은 아마 '근검절약'일 겁니다.
- 1～2개 – 미래확실파라고 이름을 붙이죠. 언젠가 반드시 부자가 됩니다.

2 먼저 종자돈부터 만들자.

눈앞에 탐스러운 사냥감이 나타났어도 탄알 없는 빈 총으로는 발만 동동 구를 수밖에 없다. 이와 마찬가지로 제아무리 좋은 투자처가 생겨도 종자돈 없이는 아무것도 할 수가 없다. 그래서 종자돈 만들기는 부자의 첫걸음, 재테크의 기본 중 기본이라고 할 수 있다. 이런 기본을 마련하는 데 나에게 맞는 특별한 비법이란 게 있으면 얼마나 좋을까? 하지만 애석하게도 그런 비법은 없다.

스포츠에서는 고수가 된 후에야 비로소 자신의 성향에 맞는 폼을 잡아간다. 처음 기본을 배울 때는 교과서에 충실해야 하는데, 종자돈 만들기도 마찬가지이다. 급여 생활자라면 자신의 월급 절반 정도를 쓰지 않고 모은다고 생각해야 한다. 그런데 세상을 살다 보면 돈 들어갈 일이 한두 가지가 아니다.

따라서 그렇게 무지막지하게 종자돈을 모은다는 게 쉽지가 않다. 이럴 때는 적금 들어가는 날을 아예 월급날과 맞춘 다음 자동이체까지 설정해 놓을 것을 권한다. 종자돈을 어느 정도 모을 때까지는 이런 강제적인 방법이 필요하다. 그래서 사실 종자돈 만들기는 20대 후반에서 30대 초반의 미혼 직장인들이 유리하다. 일단 결혼해서 아이가 생기면 강제적으로 돈을 모은다고 해도 한계가 있으니까 말이다.

공부도 때가 있듯이 재테크도 그 단계별로 때가 있다. 하지만 자신이 조금 늦었더라고 포기해서는 안 된다. '늦었다고 생각할 때가 가장 적당할 때'라는 말도 있지 않는가.

종자돈 만들기 24가지 원칙

1. 최소한 두 가지 이상의 신문이나 경제잡지를 매일 읽고 부자되는 공부를 한다.
2. 저축이 최고의 지름길, 최소한 월급의 50%는 저축한다. 맞벌이 부부일 때는 한 사람의 월급은 몽땅 저축한다.
3. 작은 액수를 목표로 세운다. 즉, 1억 원을 모으기 위해서는 100만 원, 500만 원, 2,000만 원, 5,000만 원, 1억 원 이런 순서로 작은 목표를 세우고 계속 달성해가며 모아야 한다.
4. 이자율이 높은 적금과 저축에 기본으로 가입한다.
5. 지출내역서를 적고 절약할 수 있는 부분은 최대한 절약한다. 짠순이, 짠돌이 소리를 듣는 순간, 부자의 꿈이 눈앞에 보일 것이다.
6. 안전할수록 이자율은 낮다. 은행보다 저축은행, 신협, 새마을금고, 투신사 등의 상품을 조사해서 유리한 곳에 넣는다.
7. 불필요한 지출을 막기 위해 절약노트를 적어본다.
8. 월 저축액의 30% 정도는 주식에 투자한다. 주식으로 한몫 잡는 것이 아니라 경제에 대한 개념을 키우는 데 필수적이다(모의 투자를 통해 기본기를 쌓은 후).
9. 항상 단기목표를 세운다. 1개월, 6개월, 1년 단위로 돈 모으는 계획을 세워야 긴장감이 생긴다.
10. 퇴직금은 소중한 종자돈, 사업의 기회가 오면 과감하게 직장생활을 접고 퇴직금을 활용한다.
11. 종자돈을 모을 때까지 차에 대한 욕심을 접는다. 차가 있으면 기본적으로 보험료와 연료비, 주차비로 연 400~500만 원이 소비된다. 차를 없애면 목표달성기간을 1/3 정도 줄일 수 있다.
12. 적금은 1년 만기로 붓는다. 우리나라 금융시장은 매우 유동적이라 그 이상 묶어두면 손해일 수도 있다.
13. 만기된 적금을 고스란히 금융상품에 투자한다. 목표한 종자돈이 다 모이기 전까지 부동산이나 주식으로 분산 투자를 하면 영원히 종자돈을 모을 수 없다.
14. 내가 살 집을 위해 마련하는 돈은 종자돈으로 치지 않는다. 돈을 얼마를 벌든 가족이 살 곳은 안정적으로 있어야 한다. 주택구입자금을 종자돈에 포함시키는 것은 위험한 전략이다.
15. 대출이 있다면 저축을 하기 전에 은행대출부터 먼저 갚아나간다. 대출이자 부담이 크면 재테크

전략을 세우는 일도 어렵다.

16. 적금은 항상 자동이체, 손도 대보지 못하고 눈에서 사라져야 쓰고 싶은 유혹도 이길 수 있다.
17. 재테크에 관심이 있는 친구를 사귄다. 소비성향은 친구들을 따라가게 되어 있다. 남들이 짠돌이라고 놀려도 함께 절약하고 투자방법을 고민할 수 있는 친구가 있으면 돈 모으는 재미가 2배가 된다.
18. 경매사이트를 통해 안 쓰는 물건을 팔면 짭짤한 수익을 올릴 수 있다. 그것으로 경매사이트에 종자돈이 마련되면 경매에서 물건을 산 다음, 이름을 새로 붙이고 깨끗하게 손질해 높은 값에 다시 팔아 돈을 불린다.
19. 간단한 아르바이트로 월급 외에 부수입을 올린다. 직장인이나 주부들이 가장 많이 하는 것은 외국어 초벌 번역. 파트 타임 아르바이트 부수입만 따로 모아두는 통장을 마련한다.
20. 보너스와 성과급도 연봉에 포함시켜 지출계획을 세운다. 월급만 수입이라고 생각하고 보너스를 정말 보너스로 받아들이면 돈은 눈 깜짝할 새 사라지고 만다. 보너스와 성과급도 월급처럼 적금이나 투자방법을 미리 생각해둔다.
21. 아내만 가계부를 써서는 절약하는 데 한계가 있다. 남편도 디지털 가계부로 단돈 10원까지 적는 습관을 들인다.
22. 증권회사 금융상품을 적극 활용하라. 은행보다 금리가 높아 이자 측면에 있어 유리하다.
23. 아는 사람이 부탁한다고 덜컥 보험을 들어주지 않는다. 다달이 나가는 보험료는 배보다 배꼽이 더 큰 경우도 많다.
24. 저금리 시대에 이자 대신 세금이라도 따먹는 노력이 필요하다. 연말정산 빠뜨리는 항목 없이 꼼꼼히 체크하자.

3 재테크의 첫 걸음 - 지출 완전정복

무슨 일이든 차근차근 해야 한다. 급히 먹은 물에 체할 수도 있다. 특히 돈을 벌고 부자가 되기 위해서는 천천히, 꾸준히, 부지런히 등 이 세 가지를 잊지 말자.

1. 중요성만 강조하지 말자. 실제로 써 보자.

많은 재테크 전문가들이 재테크를 잘 하기 위해서는 가계부를 꼭 써야 한다고 말을 한다. 그런데 그 많은 전문가들이 실제 가계부를 쓰고 있을까? 아마 가계부 쓰는 사람이 없을 것 같다.

재테크 상담을 해줄 때도 가계부의 중요성만 강조했을 뿐 내 스스로도 가계부를 쓰지 않았다. 예전에 동아일보에서 이모든과 네오머니의 금융전문가와 좌담회를 본 적 있는데, 이모든의 가계부 담당자가 침 튀겨가며 가계부를 자랑할 때도 나는 '그렇구나'하는 정도였다. 그때까지도 가계부에 크게 관심이 없었다. 물론 전자가계부를 써 보려고 시도했지만 처음부터 막혀 중도에 포기한 적도 몇 번 있었다.

전문가의 말이 아니더라고 지출을 줄이기 위해서는 가계부만 한 것이 없다는 사실이다. 요즘은 금융사이트 내에서 무료로 가계부를 다운받아 쓸 수 있도록 해주는 곳이 많이 있다.

꼭 전자가계부가 아니라 일반 노트에라도 자신의 소비를 적어보고 반성하며 아끼는 습관이 재테크의 기본인 것이다.

2. 직접 써 봐야 잘 안다?

가계부는 써 보지 않은 사람은 잘 모른다. 가계부를 쓰면 쓸수록 얻어가는 것이 얼마나 많은지……. 종이가계부의 경우 한정된 공간에 적기만 하기 때문에 항상 한계에 부딪치게 된다. 다소 불편하기도 하다. 하지만 엑셀이나 전자가계부의 경우는 다르다. 다양한 보고서, 지출분석이 자동으로 이뤄지니 오래 쓰면 쓸수록 얻는 것이 너무 많다.

백번 말한들 무슨 소용이 있겠는가? 백문이 불여일견이라고 하는데 직접 시도해 보시기 바란다.

부자는 10원도 아낀다고 한다. 10원이라도 아낄 수 있는 방법은 지출을 관리하는 일이다. 그건 가계부뿐이다.

3. 가계부 쓰기보다 더 중요한 게 있다?

가계부를 쓴다고 해서 무조건 지출을 줄일 수 있는 건 절대 아니다. 더 중요한 것은 가계부를 쓰는 일이 아니라 지출에 대해 정확한 그림을 그리고 있어야 한다는 것이다.

가계부를 쓰면서 자신의 지출형태를 정확히 파악해 어느 한 곳에 지출이 과다한지를 자주 체크해야 한다. 머릿속에 지출내역이 그려져야 한다.

또 미리 예산을 짜서 지출을 조금이라도 줄일 수 있는 구체적인 행동이 필요하다. 이번 달에는 식료품비에서 5만 원을 줄이고, 다음 달에는 의복비에서 5만 원을 줄여가는 구체적인 실천이 중요하다. 이런 건 지출에 대한 꾸준한 관심과 반성에서 나올 수 있다. 한 달에 5만 원씩 줄여가면 연간 얼마를 줄일 수 있을까?

바로 지출을 줄이는 노하우는 여기에 있다.

개인적으로 모든 사람들이 가계부를 통해 지출을 절제하고 부자의 기초를 쌓기를 바란다. 이왕이면 좀 더 쉽게 가계부를 쓰고 잘 활용할 수 있는 방법을 찾는 것도 필요할 것이다.

4 금융기관을 자주 이용하자.

우리는 돈을 찾을 일이 있을 때만 은행에 방문한다. 그것도 대부분은 현관 입구에 마련된 현금지급기를 이용하는데 그칠 뿐이다. 하지만 제대로 된 재테크를 하기 위해서는 은행이나 증권사를 자주 이용해야 한다.

거기서 업무를 보란 이야기가 아니다. 윈도쇼핑을 좀 하자는 얘기인 것이다. 백화점 등에서는 굳이 옷을 사지 않더라도 윈도쇼핑 삼아 매장에 들어가 신상품이 어떤지 물어도 보고 입어도 보고 하지 않는가? 그러다 보니 특히 여성 고객들 중에는 웬만한 유행은 쫙 꿰고 있는 분도 많다.

은행이나 증권사도 똑같다. 꼭 현금을 인출할 때만 찾아가지 말고 시간 날 때 들러서 창구 직원에게 적립식 펀드는 어떤 것인지, 청약예금은 어떤 효과가 있는지를 문의해야 한다.

요즘 창구 직원들은 정말 친절하게 알려준다. 세상에서 가장 빠르고 좋은 공부는 직접 물어보는 것이 아닐까?

5 돈은 독서량과 상상력이 만들어낸다.

주식시장에서 남보다 높은 수익을 얻으려면, 상을 받으려면 남들이 하지 못한 어떤 일을 해야 한다. 시장이 미처 알지 못하거나 미처 평가하지 못한 가치를 자신만이 먼저 알 수 있을 때 수익을 올릴 수 있다. 주식 투자에서 완벽한 성공은 언제 오나? 바로 시장과 반대의 입장에 서 있는데, 시장이 틀리고 자신이 옳았다는

[재테크는 이렇게] 대학생은 경제 기초지식부터 쌓아야 한다.

대학생 재테크 어떻게 할까?

서울에서 대학을 다니는 대학생 K군은 요즘은 겨울방학이라 강릉 집에 와 있지만 매일 아침 일간지 경제면을 정독하는 일로 하루를 시작한다. 새로운 경제원리를 익히기 위해 이번에 주택청약과 적립식 펀드에 가입했기 때문이다. 평소엔 주식 투자도 한다.

주변에서 '젊은 학생이 돈버는 데에만 너무 관심 있는 것 아니냐'는 지적도 있지만, 약간의 용돈으로 재테크의 기초를 쌓고 있는 중이라고 당당히 말한다. 미래를 차곡차곡 준비하는 계획된 재테크인 셈이다.

요즘 대학생들의 중요 화두 가운데 하나는 재테크다. 재테크에 대해 전혀 관심이 없었던 대학생까지도 조금씩 돈을 굴리는 재미를 배워가고 있는 것이다. 자본시장이 발달되어 있기 때문에 주식이나 채권운용 등에 대한 중요한 지식을 습득하는 과정이라고 볼 수 있는데, 때로는 위험에 빠질 수도 있다.

대학생 재테크는 어떻게 하면 좋을까?

첫째, 경제신문이나 경제방송을 보면서 기초지식을 쌓고 직접 해본다.

은행에 방문해 적금 등에 대한 상담을 해보고 주식을 직접 해보는 것도 좋다. 물론 종자돈은 자신의 수입과 지출을 관리해 만들 것을 권한다. 절약이 재테크의 출발이다.

둘째, 자기 자신에게 쉼 없이 투자해야 한다.

주식이나 펀드를 통해 경제개념을 일찍 배우는 것도 의미 있지만 자기계발을 통해 자신의 가치를 높이는 것이 장기적인 관점에서 가장 수익률이 높다. 20대에 재능을 닦지 않으면 살아가면서 큰 돈을 벌 기회를 잡을 수 없기 때문이다. 자수성가한 부자들의 상당수는 40대 후반에서 50대 초반에 돈을 벌었다는 통계가 있는데, 이는 나름대로 투자 철학은 물론 정보와 경험이 뒷받침되어야 한다는 것을 의미한다.

셋째, 제대로 된 투자 철학을 세우자.

자신만의 투자 철학을 확실히 세우고 시장상황과 무관하게 꾸준히 나아가는 전략이 필요하다. 재테크는 정말 필요하고, 중요하고, 또 꼭 해야 한다. 하지만 비현실적인 수익률을 기대하면서 소중한 시간을 너무 뺏기지 않았으면 한다.

넷째, 체크카드도 잘만 활용하면 훌륭한 재테크 수단이 될 수 있다.

일정한 수입이 없는 대학생에게 체크카드 사용을 적극 권유한다. 체크카드는 계좌 잔고 범위 내에서 신용카드처럼 사용할 수 있는 것으로, 연체 위험이 없고 신용카드와 맞먹는 각종 부가서비스를 제공받을 수 있다. 대학생의 주 수입원은 부모에게서 받는 용돈이나 아르바이트로 번 돈 등 소액인 경우가 대부분이다. 비록 큰 금액은 아니지만 대학생활을 통해 번 돈을 현명한 저축과 소비를 통해 체계적으로 관리할 필요가 있다. 바로 소중한 인생을 위해서 말이다.

2008년 1월 21일, 강원일보 지준옥 농협중앙회 강릉지부 FC

것이 밝혀질 때 최고의 수익을 올릴 수 있다. 이런 경우 다른 이가 모두 틀리고 나만 맞았기에 큰 상을 받을 수 있는 자격이 생긴 것이다.

남과 달라야 한다는 것은 무조건 시장과 반대 입장에 서라는 건 절대 아니다. 시장이 미처 평가하지 못한 면을 볼 수 있는 안목을 가져야 한다는 것이다. 시장이 미처 알지 못한 가치를 자신이 발견하려면 어떻게 해야 하나? 대부분의 정보가 시장에 공개되어 있고 동시에 정보를 접하는 경우 내가 어떻게 시장과 다른 입장을 가질 수 있나? 어떻게 똑같은 재료(정보)를 가지고 남과 다른 결과(시각)를 가질 수 있나?

그 비밀은 바로 남과 다른 해석능력에 있다. 같은 정보를 가지고도 해석능력이 달라야 한다. 나의 예를 들어보자.

나는 삼성중공업 주식에 투자해서 많은 수익을 거두었다. 삼성중공업을 사게 된 계기는 선박펀드가 인기라는 기사가 제공해주었다. 선박펀드의 수익률이 높아서 개인 투자자의 돈이 많이 몰린다는 기사였다. 선박펀드가 인기라는 것은 해운회사들이 배가 모자랄 정도로 잘된다는 증거가 아닌가? 배가 많이 필요하단 증거다. 나는 그래서 선박펀드에 투자할 것이 아니라 선박을 만드는 조선회사에 투자해야 한다고 생각했다. 삼성중공업은 적자상태이며 주가가 5,000원대였다. 6개월도 채 안 되어서 투자수익률은 100%가 났다. 이처럼 한 줄의 관련기사가 나의 상상력을 자극해서 삼성중공업에 투자할 수 있었다.

남과 다르게 해석할 수 있는 능력은 어디에서 오나? 바로 독서량과 상상력에서 나온다. 나의 경우 좋은 투자성적은 언제나 독서와 상상력에서 나왔다. 또 다른 예가 롯데칠성이다.

롯데칠성의 경쟁사인 해태가 망했을 때다. 인수업체가 일본 히카리 인쇄 컨소시엄인데 히카리 인쇄업체가 롯데와 관련이 있다는 기사를 읽었다. 나는 롯데가 일본 업체를 내세워서 우회적으로 해태를 소유하고 조종해서 업체 간 경쟁을 자제하고 기술개발비, 판촉비를 줄여서 엄청난 이익을 거둘 수 있겠단 상상을 했다. 이러한 상상력에 따른 투자는 3배의 투자수익률을 가져다주었다. 계속 보유했다면 10배를 벌 수 있었는데 너무 일찍 팔았다.

워렌 버핏도 닥치는 대로 책을 읽는 독서광으로 책에서 많은 아이디어를 얻을 수 있었다고 한다.

아마존, AOL, 델 컴퓨터 같은 주식에 투자해서 큰 수익을 얻은 새로운 가치투자의 지평을 열었다고 평가받는 윌리엄 밀러라는 펀드 매니저는 이렇게 말한다.

"남들과 똑같은 정보를 보고, 남다르게 해석할 수 있는 능력이 나의 투자 경쟁력이다.”

이처럼 주식시장에서 좋은 수익을 거두려면 남과 달라야 하며, 남과 다른 시각을 가지려면 남다르게 해석할 수 있는 능력을 갖추어야 하고, 남다른 해석 능력을 가지려면 독서와 상상력이 필요한 것이다

6 멀리 보고 마음에 담아라.

> 문동(북송 때의 시인이자 화가)은 북송시대의 사람이다. 인품이 고결하고 학자로서 유명했으며, 동시에 시와 문장에도 뛰어났고, 글씨와 그림에도 능했다. 그는 특히 대나무 그림에 뛰어나서 그가 그린 대나무는 마치 정말로 살아 있는 듯 생동감이 넘쳐 흘렀다고 한다.
>
> 문여가는 대나무 그림을 잘 그리기 위해 창가에 수많은 대나무를 심고 매일 정성껏 가꾸었다. 잎이나 가지가 자라는 모습들을 자세히 관찰하고 사계절의 다른 모습, 비 올 때나 맑을 때나 안개 속의 서로 다른 자태를 살폈다. 오랜 세월이 흐르자 대나무의 모든 것을 훤히 알게 되어 눈을 감으면 대나무의 모든 것이 눈앞에 수없이 펼쳐졌다고 한다. 그래서 그림을 그릴 때는 붓을 쥐고 그저 손을 몇 번 휘두르는가 싶으면 종이 위에는 이미 절묘한 대나무 그림이 완성되었다. 그의 이런 경지를 문인인 친구가 흉유성죽(胸有成竹)이라고 표현했다.
>
> 소동파의 「조보지의 시」

사람이 정해진 시간, 정해 놓은 계획에 맞춰 기계처럼 살 수 있을까?

흉유성죽이란 대나무를 그리기 전에 마음속에 이미 완성된 대나무 그림이 있다는 뜻으로, 어떤 일이든 시작하기 전에 그 일에 대한 계획과 방침 등이 이미 마음속에 결정되어 있어야 한다는 의미이다. 기계처럼 살 수만 있다면 돈을 모으고 부자가 되는 건 아주 쉬울 것이나 사람이기에 기계처럼 될 수는 없을 것이고, 종교적으로 수행하는 사람도 계획한 대로 하지 못하는 것이 세상사인 것이다.

1. 미래를 예측하는 부자들의 마음가짐

10년 안에 5억 원을 벌고 15년 안에 10억 원을 벌겠다는 계획이야 누구나 세울 수 있지만 계획을 세운지 3개월 3주만 지나면 흐지부지 되는 것이 세상사인 것

을……. 하지만 3일, 3주, 3개월, 3년에 한 번씩, 10년 안에 5억 원을 벌겠다는 생각을 하면서 미흡했던 부분을 반성하면 어떻게 될까? 막연히 부자가 되겠다는 사람보다는 더 빨리 돈을 모을 수 있지 않을까?

부자들은 멀리 내다보기를 원하고 미래를 예측해 보고자 노력한다. 고속도로에서 자동차를 고속으로 운전하면서 멀리 보지 않고 바로 앞만 보고 운전한다면 앞차와의 추돌사고뿐만 아니라 내가 가고자 하는 목표지점을 알려주는 이정표가 있었음을 인식하지 못하고 앞만 보고 달려갈 것이다. 따라서 부자들은 단기적인 재테크 목표보다는 장기적인 부자 목표에 전념한다.

단기적인 재테크 목표는 뜻대로 되지 않았을 때 실망감이 크고 목표를 자주 변경하다 보니 엉뚱한 방향으로 흐를 수 있다. 재테크는 국내의 정치 · 경제상황에 따라 변하고 시간에 따라 변하기 때문에 투자의 대상(주식, 채권, 부동산 등) 역시 수시로 바뀐다.

부자 목표는 일생의 금전계획과 어떻게 돈을 모을 것인가 하는 실천계획을 세우는 것이다. 장기적으로 실천 가능한 금전계획은 세운 후 1년에 한 번씩 피드백을 하면서 투자를 하게 되면 정기적 안목으로 투자를 하게 된다. 지금 당장 부자 목표를 세운다고 1년 안에 부자가 되고, 10년 안에 부자가 되는 것은 아니다.

부자들은 다르다. 투자는 항상 장기적 관점에서 투자한다. 장기목표를 설정하기 때문에 장기 투자를 할 수 있는 것이다. 부동산을 살 때에는 나의 재테크 수단보다는 자녀들의 미래를 생각하는 매우 장기적인 시점에서 부동산을 산다. 재테크 수단으로 부동산을 사기보다는 먼 훗날 자녀들의 생계를 생각해서 부동산을 사는 것이다. 그러다 보니 20~30년 뒤에 부동산 가격이 올라 더 큰 부자가 될 수 있었던 것이다.

주식이나 펀드에 투자할 때에도 장기적으로 안전한 회사나 펀드에 투자한다. 단기에 크게 수익을 내는 투자보다는 단기에 급락할 가능성이 적은 주식이나 펀드에 투자한다. 부자들은 기다림이 곧 돈이라는 사실을 잘 알기 때문이다.

2. 기다림은 곧 돈이다.

가난한 사람은 단기적인 주식의 수익률에 연연한다. 가지고 있는 주식이 며칠 오르면 주식을 팔지도 않고 평가이익에 들떠서 기분 좋다고 술도 거나하게 산다. 반면 투자한 주식이 손실나면 안절부절 못하고 매일 증권회사에 전화해서 물어본다. 이렇듯 부동산을 사더라도 단기 시세차익에 목적을 둔다.

그러나 부자들은 자신들이 포부를 크게 장기적으로 잡는다. 그리고 장기 목표의 달성을 위해 더디지만 차근차근 계획을 실천한다. 장기 목표가 고정되어 있으면 단기적인 시장변화에 어떻게 대응할 것인가의 결정을 빨리 내릴 수 있다. 따라서 부자들은 변화를 두려워하지 않고 오히려 기회로 삼는다.

IMF 부자라는 말이 있다. IMF 외환위기 때 사람들은 주변의 갑작스런 변화에 주식을 팔고, 펀드를 해지하고, 가지고 있던 부동산도 팔았다. 대한민국이 부도나서 망하는 것으로 생각한 것이다. 그러나 현명한 사람은 이때 남들과는 거꾸로 주식을 헐값에 사들이고, 아파트, 상가건물, 토지 등 돈을 전부 모아 투자했다. 얼마 지나지 않아 이들은 평생에 걸쳐 모을 수 없는 돈을 벌 수 있었다.

그들은 끊임없이 학습하고 지식을 습득해 왔기에 IMF 외환위기 같은 변화를 두려워하지 않았으며, 긴 안목으로 보았을 때 장기적으로는 대한민국이 안정화될 것이란 확신을 가지고 있었기에 과감한 투자를 한 것이고, 결국에는 이익을 얻을 수 있었던 것이다.

7 내게 맞는 재테크를 찾아라.

몇 해 전부터 일기 시작한 '부자 아빠 신드롬'이나 '10억 만들기 열풍'은 이제 약간 식상한 면도 없지 않으나, 그래도 우리 주위에서 그 위력을 발휘하고 있는듯하다. 누구나 부자 아빠가 되고 10억 원을 만들고 싶지만 그게 말처럼 쉬운 것은 아니다.

평범한 급여소득자가 정상적인 방법으로 10억 원을 모은다는 건 어쩌면 불가능한 일인지도 모른다. 아무런 밑천 없이 시작해서 10억 원을 모으는 데는 재테크에 대한 상당한 지식과 노력도 필요하지만 솔직히 말해 천부적인 재능과 운도 따라야 한다고 생각한다. 축구를 하는 사람은 많지만 국가대표가 되어 월드컵 경기에 출전하는 영광을 누리는 사람은 몇 명 안되듯이 10억 원을 모으는 일도 마찬가지인 것이다. 아무나 모을 수 있는 그리 호락호락한 숫자가 아닌 것이다.

그렇다면 그동안의 이러한 열풍은 우리 서민들에게 완전히 무위미하고 허황된 꿈일까? 그렇지 않다. 몇 해 전부터 우리 사회에 일었던 '부자 아빠'와 '10억 만들기'는 자본주의 사회에 살면서 가장 중요한 요소 중 하나인 돈에 대해 공개적으로 관심을 갖게 되는 계기를 만들었다는데 그 의미를 부여하고 싶다. 원래 뭐든지 공개적으로 이야기할 때 그 내용은 건전해지기 마련이다. 예전에도 우리는 돈을 좋아했다. 하지만 항상 돈 이야기를 하는 것은 천박한 모습으로 비하시키는 경향이 있었다. 실제로는 좋아하면서 겉으로는 무관심한 척하는 것은 결코 건전하다고 볼 수 없다. 공개적으로 논의하고 공개적으로 지식과 정보를 공유해야만 좀 더 건전하고 발전적일 수가 있는 것이다.

그런 관점에서 '10억 만들기' 같은 재테크 열풍은 돈에 대한 우리의 관점을 좋은 방향으로 바꾸는 데 일조했다고 생각한다. 10억 원을 만들기 위해 먼저 종자돈을 모으고, 금융상품에 관심을 가지면서 근검절약과 규모 있는 가계를 꾸려나가는 알뜰파들이 많이 생겨났으니 말이다.

하지만 무슨 일이든지 동전의 양면은 있는 법이며, 또한 과정을 무시하고 결과만 좇으면 언제나 문제가 발생하기 마련이다. '10억 만들기' 열풍도 마찬가지이다. 건전한 사고방식으로 차근차근 미래를 준비하는 자세가 아니라 10억 원이라는 결과에만 치중해서 대박만을 꿈꾸다가 사회에 물의를 일으키는 일도 비일비재하다.

그리고 금융기관을 비롯해 출판, 방송 등에서조차 이러한 10억 열풍을 너무 상품화하는 경향이 있는 것 같다. 사실 열풍을 만들기 위해서는 다소의 과장이나 대박 스타들이 필요한 것이 사실이다. 그러다 보니 10억 원 이상의 부자들을 소개하면서 그 사람들의 노력과 과정보다는 너무 결과만 강조한 나머지 일반인에게 괜한 괴리감만 조장시키고 있는 것이다. 하지만 현실과 드라마를 구분해야 하듯이 이런 10억 열풍에도 좀 더 냉철하게 대처할 필요가 있는 것이다.

강의를 하다 보면 돈을 좇는 사람들을 많이 보게 된다. 하지만 정작 부자들은

그림 1-1 ▶ 라이프사이클과 필요자금

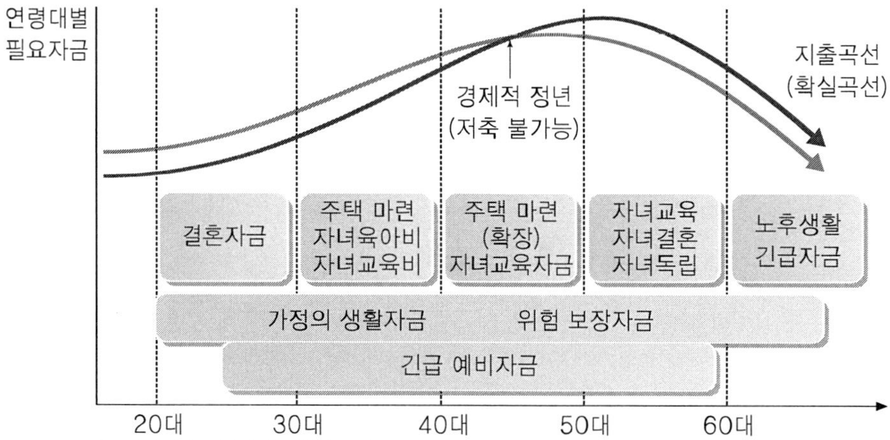

*경제적 정년은 첫째 대학 입학 시점

이런 사람들이 아니다. 얼마 전 큰 돈을 번 선배에게 돈 버는 비결을 물었더니 그 선배가 이런 말을 했다. "솔직히 나도 잘 모르겠다. 그냥 열심히 하다 보니 기회가 찾아왔다"고 말이다. 정말 싱거운 비결이 아닐 수 없다. 하지만 그게 진실이고 현실이 아닐까 생각된다. 일확천금보다는 자기 그릇에 맞게, 자기 환경에 맞게 열심히 삶을 이끌어 나간다는 자세가 더 중요한 것이 아닐까?

연령별 재테크

❙ 나홀로 준비기(25~28세) ❙

- 결혼자금 준비
- 레저비용 마련
- 자신에 대한 투자연수비 마련

① 미혼자는 먼저 세대주로 독립하라. 비과세 가계저축과 주택청약부금도 가입 가능하다. 재테크는 독립선언에서 출발한다.
② 내 집 마련을 위해 청약저축(내 집 마련 주택부금)에 가입하라. 청약과 대출이 모두 가능하다.
③ 학생이라면 학자금 대출받는 요령을 알아둔다.
④ 미혼 워킹우먼이라면 비과세 가계신탁으로 목돈을 굴리자. 중도퇴직 위험과 이직 유혹이 있다면 더욱더 가입해두자. 이 상품은 이럴 경우 중도해지를 해도 약정이자를 다 받고 비과세 혜택도 받을 수 있으니까!
⑤ 핸드폰이 울리지 않는다면 먼저 자신을 매력 만점의 실력파 남자와 센스 있고 섹시한 여자로 만들자. 그러기 위해선 연수비와 미용비에 인색하지 말자.
⑥ 결혼자금을 대출하는 적금 하나쯤 별도로 준비하자.

❙ 신혼시기(28~33세) ❙

- 전세자금 마련 및 대출
- 주택구입자금 마련 및 대출
- 출산비 및 육아비용 마련

① 사랑의 보금자리를 마련하자. 전세나 구입자금 대출길을 찾아놓자. 전세자금 대출상품으로는 국민은행의 내 집 마련 주택부금, 국민은행의 빅맨평생통장, 씨티은행의 전세금 대출 등이 있다.
② 무리해서라도 집을 구입하겠다면 부모님 집을 담보로라도 은행에서 주택구입자금을 빌리자. 거래실적이 없어도 대출이 가능한 하나은행의 가계 대출, 신한은행의 신탁 대출, 씨티은행의 대출을 눈여겨보자.

③ 사랑하는 사람이 있다면 보험은 필수! 가슴이 따뜻한 사람이 보험에 든다. 부부 중 수입이 많은 사람 명의로 들되 보장성 보험에 가입한다. 보험은 저축이 아님을 명심하라. 보험에 많이 들어서 부자된 사람은 없다. 보험료는 자기 소득의 5% 이내로 하라.

| 가족 및 재산형성기(33~45세) |

- 자녀 교육자금 마련
- 목돈 마련
- 집 크기 늘리기
- 연말 소득공제 대상 늘리기

① 지금은 목돈 만들기에 몰두할 시기로 티끌 모아 태산이다. 시작은 보잘 것 없으나 그 끝은 창대하리라. 소득의 30%는 무조건 저축하라.
② 목돈 마련에는 비과세 금융상품이 최고다. 개인연금, 신탁, 비과세 가계저축(신탁)을 이용하자.
③ 비과세상품에 한껏 넣고도 더 여유가 있다면 세금우대상품을 추천한다. 은행의 적립식 목적신탁, 투자신탁의 우대형 공사채신탁, 상호신용금고의 정기적금을 주목하자.
④ 집 크기를 늘리려면 수도권 등의 중대형 아파트 분양정보를 동아일보 부동산 면을 통해 꼼꼼히 파악한다. 중대형 분양조건의 청약예금 가입은 필수이다.
⑤ 샐러리맨은 연말 소득공제 방법을 잘 알아둬야 손해가 없다.

| 정년퇴직시기(45~58세) |

- 창업자금 마련
- 노후설계 및 자금 확보
- 목돈 운용
- 절세작전

① 명예퇴직과 정년퇴직은 제2의 도전 기회다. 소규모 창업과 부업을 희망한다면 창업을 지원하는 금융상품을 주목하라.
② 목돈 굴리는 법을 궁리하라. 금리상승기에는 짧게 투자하고 하락기에는 길게 투자하라. 금리하락기에는 은행의 확정금리 금융상품이나 장기채권에, 상승기에는 MMDA, CMA, MMF를 이용한다.
③ 노후자금 대비도 지금부터는 의무적이다. 개인연금, 기업연금보험, 국민연금보험 등 세 가지를 모두 준비한다.
④ 자녀의 결혼자금도 생각해야 한다. 자녀 1인당 2,000만 원은 기본이다.
⑤ 재산을 균형 있게 분산 투자해야 한다. 예금, 부동산, 주식 등으로 분산하자.
⑥ 금융소득이 4,000만 원을 넘는다면 금융소득 종합과세를 고려해 절세에도 관심을 가져라.

| 실버 노후기(58세 이후) |

- 전원주택 마련
- 매달 생활비 마련
- 노후 질병치료비 마련
- 해외여행비 마련

① 남은 인생을 즐기자. 건강과 친구가 필요하다. 노후생활 및 질병치료비가 준비돼야 한다. 58세에는 퇴직한 노부부의 노후생활비는 3억 원 정도가 필요하다고 한다.
② 위험도 높은 주식 투자는 건강을 해칠 수도 있다.
③ 재산의 유동성(환금성)을 높이는 게 좋다. 부동산처럼 환금하기 어려운 투자대상도 재고려 대상이다.
④ 금융상품은 매달 이자지급식이 가장 편리하다. 세금우대로 매달 이자지급식 상품을 주목하라.
⑤ 노후의 의료비와 생활비에 대한 막연한 불안으로 필요 이상 돈을 아낄 수 있다. 보험가입이 가능한 만 60세 이전에 생명보험에 들어 여유자금을 안심하고 쓰자.
⑥ 도심을 떠난 전원주택에서 살 길을 찾아보자.

8 가정의 행복이 부자를 만든다.

옛날 어느 마을에 두 노인이 살았다. 한 노인은 부자이고, 한 노인은 몹시 가난했다. 어느 날 가난한 노인이 부자 노인 집으로 놀러 갔다. 두 노인은 이런저런 이야기를 주고받으며 지나온 옛날을 되새기고 있었다. 그러다가 가난한 노인이 부자 노인에게 이상한 질문을 했다.

"여보게, 자네와 나는 옛날에 살림살이가 비슷비슷하지 않았는가? 그런데 말야, 자네도 알다시피 내가 게으르거나 돈을 헤프게 쓴 것도 아닌데, 자네는 이처럼 부자가 되어 있고, 나는 가난뱅이가 됐거든. 아, 이게 다 무슨 조화인가?"

그러자 부자 노인은 피식 웃어 보이더니 말을 받았다.

"응, 그건 자네가 게을러서도 아니요, 돈을 헤프게 써서도 아니네. 허나 내가 보기엔 우리 집은 온 가족이 다 뜻이 맞아 화목하고, 자네 집 식구들은 뜻이 맞지 않아 늘 아옹다옹 싸우기만 하니 가난해진 것 같다네."

"아니, 이 사람아. 그게 무슨 소리야? 가정이 화목하면 부자가 되고, 화목하지 못할 때는 가난뱅이가 된다는 것이 어느 나라 풍습인가?"

가난한 노인은 부자 노인의 말을 이해할 수 없다는 듯이 되물었다.

"내 알아듣도록 자네에게 이야기해줌세. 가족이 뜻이 맞으면 온 집안에 웃음이 꽃피고 일하는 재미도 생겨 더 열심히 일하게 되거든. 그러면 자연히 살림이 붙어 부자가 되는 걸세. 자네 집과 같이 가족이 뜻이 맞지 않으면 서로 자기가 옳다고 주장하여 싸우기만 하니 일할 용기도 안 날 것 아닌가? 그러니 자꾸 살림만 까먹게 되고, 백만장자도 며칠 못 가서 가난뱅이가 되는 걸세. 그건 뻔한 이치 아닌가?"

부자가 되지 못하는 이유

1. 수신제가는 부자의 필요충분조건

요즘 아빠들은 너무 바쁘다. 가족들을 위해 돈은 벌어야 하고, 회사에서는 실적 때문에 스트레스 받고, 사업을 하는 사람은 사업이 부진할까 봐 종업원 때문에 이런저런 고충을 겪는다. 그러다 보니 너무 바쁘게 산다고 한다. 그런 사람은 사무실에서 아주 오래 일하며, 업무상 술도 마셔야 하고 주말에도 출근하거나 일을 갖고 퇴근한다.

일 때문에 바쁘지 않을 때는 집에서 TV를 보거나, 비즈니스 관계로 골프를 치거나, 혼자 낚시를 가거나 하면서 바쁘게 보낸다. 가족들과의 대화는 점점 멀어지고, 부인과 아이들은 아빠의 말을 듣지 않는다. 정작 중요한 가족과 함께 바쁜 시간을 보내는 것이 아니라 가족을 위한다는 핑계로 엉뚱한 곳에서 바쁘게 보내는 사람이 많다.

「부자 아빠, 가난한 아빠」에서는 이것을 바쁘게 지내면서 게으른 가장 흔한 형태의 게으름이라고 한다. 이런 사람들은 가족과의 대화가 없다 보니 가족의 재산을 돌볼 겨를도 없는 것이다. 가족을 위해 돈을 번다는 핑계로 바쁘기만 했지 사실 얼마의 재산을 가지고 있는지, 얼마나 더 벌어야 하는지 잘 알지도 못한다.

가난한 사람들은 이런 말을 자주 한다고 한다.

"밖에서 힘들게 일하면서 돈을 벌어다 주는데 당신은 집에서 살림을 어떻게 하는 거야?"

"이 아빠는 너희들 가르치고 먹여 살리기 위해 허리가 휘도록 고생을 하고 있단다."

가정이 화목하지 않으면 일이 잘 풀리지 않을 때 가족에 대한 미안함으로 좀 더 열심히 잘하겠다는 마음가짐보다는 그 잘못된 탓을 '당신 때문에!', '아빠 때문에', '너 때문에'와 같이 가족에게 돌린다고 한다.

부자들은 다르다. 항상 가족 우선이다. 가정이 화목해야 밖에서 일하는 재미도 느끼고, 밖에서 스트레스를 받아도 즐거운 가정이 기다리고 있기에 스트레스를 풀 수 있다고 말한다.

부자들은 가족들과 함께 즐기는 시간에 많은 투자를 한다. 자연히 가족과의 대화도 많아지면서 가족의 향후 미래에 대하여 어떻게 준비하고 있는가를 자주 점검한다는 것이다. 부자들의 얼굴이나 피부를 보면 매우 부드럽고 주름이 적다. 그것은 돈이 많아 잘 살기 때문이 아니라 가정이 화목하니 주름살 생길 일이 적기 때문일 것이다.

2. 사람 관리가 우선이다.

직장에서도 마찬가지이다. 성공하는 사업가들은 사업을 하면서 사원들을 가족처럼 대한다. '사람 낳고 돈 낳지, 돈 낳고 사람 낳지 않았다'는 말은 이 사회가 돈으로 만들어진 사회가 아니고 사람들이 모여 만든 사회라는 뜻이라는 것을 누구나 알고 있다.

따라서 돈 관리보다 사람 관리가 중요하며, 그것을 잘하면 더 많은 돈이 들어온다는 것을 잘 알고 있다. 그래서 사업가들은 화합이 잘되는 직장을 만들기 위해 사람 관리에 많은 투자를 하는 것이다.

성공하는 사업가들은 자신만 바라보고 사는 사원들의 처지를 잘 알고 있다. 사원 1명이 4명의 가족 생계를 꾸려 나간다고 할 때 사원이 10명이면 사업가 1명이 적어도 40명의 가족들을 먹여 살리고 있음을 잘 알고 있다.

사업가는 자신의 전 재산을 털어서 회사를 경영하는 경우가 많다. 회사가 부도나면 자신의 전 재산뿐만 아니라 자신만 바라보고 사는 사람들의 생계까지도 어려워지기 때문에 회사 사장은 항상 노심초사다.

회사 사장과 사원이 서로의 어려움을 알고 서로 협력하는 회사는 잘될 수밖에 없을 것이다.

서로가 남을 탓하지 않고 자신의 위치에서 최선을 다하는 회사, 회사가 부자가 되면 종업원도 부자가 된다는 당연한 진리가 현 사회에서는 많은 사례로 나타나고 있다.

나는 부자 될 자격이 있을까?

점수 매기는 방법

(점수) × (배수) = (총계). 제시한 문항을 읽고 스스로 1~5점까지 점수를 준다. 채점할 때는 각 문항에 주어진 배수만큼 곱해서 점수를 더한다. 제시한 문항과 나의 생활을 비교하여 점수를 매겨보자.

- 5점 – 생활이 일치하고 항상 정확하게 지키고 있다.
- 4점 – 생활이 대부분 일치하지만 더 잘할 수 있었다고 생각한다.
- 3점 – 생활이 어느 정도 일치한다.
- 2점 – 생활이 일치하는 것이 거의 없거나 하나도 없다.
- 1점 – 정반대로 생활하는 경우가 자주 일어난다.

1. 계획

(1) 장기 재무계획을 가지고 있는가? (×3)
재무계획을 세운 사람이 그렇지 않은 사람보다 평균 25% 이상 순자산을 더 많이 가지고 있다. 재무계획에 대한 우선순위를 정하고 목표에 맞추어 자금을 모으고 있는가? 3년 안에 집을 사고 10년 안에 자녀교육자금을 마련하고, 60세에 은퇴한다는 등 자신에게 알맞은 계획을 세우고, 이 목표에 맞추어 저축을 하고 있는가?

(2) 단기 재무계획을 마련했는가? (×2)
매월 적어도 전체 수입액 가운데 30%는 정기적으로 저축을 하거나 투자를 하는 데 사용하고 있어야 한다(참고로 우리나라 직장인들의 평균 저축률은 23%이다). 매월 초에는 지출계획을 수립하고, 괴롭고 성가시겠지만 1개월 후에는 그동안의 저축과 소비를 모니터링하는 습관이 필요하다.

(3) 신용카드와 사랑에 빠져 있는가? (×3)
'외상이라면 소도 잡아먹는다'는 속담이 있듯 신용구매만큼 우리의 재산을 갉아먹기 쉬운 것도 없다. 신용카드를 이용한 무리한 신용구매는 자칫 당신의 미래를 망칠 수 있다. 현금서비스, 사치성 옷 구매 등 신용카드를 통한 지출액이 월수입의 20%를 넘지 말아야 한다.

(4) 내 집은 마련했는가? (×1)
집은 단순한 투자자산이 아니라 미래를 위한 훌륭한 보험증서이다. 일반적으로 집을 산 이후부터 재무설계에 더 진지하게 임하게 된다. 집을 소유하고, 집 마련을 위해 받았던 대출금을 계획대로 상환하고 있다면 만점을 준다.

(5) 투자보다 저축에 관심을 더 두고 있는가? (×1)
저축은 스스로 조절이 가능하지만 투자에 대한 성공은 우리 뜻대로 할 수가 없다. 따라서 투자로 수익을 얻기보다 저축을 통해 목돈을 마련하는 것이 더 안전하고 확실하다. 지금까지 투자보다 저축이 더 중요하다고 생각했고, 매월 일정액을 적금이나 연금저축에 붓고 있다면 당신은 만점을 받을 자격이 있다.

(6) 당신이 소유한 순자산의 가치를 알고 있는가? (×2)
내 집, 연금, 주식, 채권, 현금 등 전체 자산을 더한 뒤, 신용카드 대출금, 주택 담보 대출금, 자동차 구입 대출금 및 개인 부채 등 부채 총액을 빼본다. 매년 순자산가치를 계산하고 그것을 꾸준하게 추적했는가? 한 번도 자산가치를 계산해 본 적이 없다면 0점이다.

(7) 최근 저축액이 늘어나고 있는가? (×3)
수입이 많을수록 저축액이 늘어나겠지만 합리적으로 계획을 세워 소비와 저축을 한다면 저축액을 조금씩이라도 늘려나갈 수가 있다. 최근 저축액이 조금씩이라도 늘고 있다면 만점의 50%를 준다. 순자산가치까지 증가하고 있다면 만점을 받을 자격이 있다.

(8) 자녀의 대학 등록금을 위한 저축을 우선으로 하고 있는가? (×1)
'예'라고 대답을 했다면 이번에는 답이 틀렸다. 이기적인 이야기로 들릴지 몰라도 은퇴를 위한 저축이 제일 우선해야 한다. 대학 등록금을 보조받을 수 있는 방법은 얼마든지 있다. 하지만 노년을 위해서 대출을 해주거나 보조금을 줄 사람은 아무도 없다. 자녀가 하나도 없는 사람은 5점을 준다.

2. 재정관리

(9) 비상자금을 준비하고 있는가? (×2)
실직이나 가족의 질병 등 응급상황이 발생할 수 있기 때문에 비상자금은 있어야 한다. 이를 위해 머니마켓펀드(MMF)나 저축계좌 등 당장 현금화할 수 있는 저축이 있어야 한다. 6개월 정도 유동적으로 활용할 수 있는 비상자금이 있으면 만점을 준다.

(10) 물건을 살 때 가격을 다 주고 사는가? (×2)
'협상할 수 없는 것은 없다'라는 말이 있다. 적당한 가격에 협상을 하는 데 필요한 정보로 무장한다면 원하는 가격에 물건을 살 수 있다는 이야기다. 물건을 구입하기 전에 다리품을 팔거나 인터넷 서핑을 충분히 해야 한다.

(11) 잘 속는 스타일인가? (×1)
사기꾼은 사람들로 하여금 자신이 내부사정을 잘 알고 있다고 믿게끔 만든다. 일반인이 잘 모르는 정보나 기회들을 당신만 알게 되었다고 믿게 하는 것이다. 하지만 확실한 이익이 있다면 왜 당신을 끼워주겠는가. 세상에 공짜로 얻을 수 있는 것은 없다.

(12) 직장의 복지제도를 최대한 이용하고 있는가? (×2)
웬만한 회사라면 직원과 가족들을 위한 복지혜택이 있다. 대학원 학비, 양육비, 의료비를 지원해 주기도 하며, 주택자금 대출을 지원하기도 한다. 이런 제도를 알고 있고 충분히 활용하고 있다면 만점을 준다.

(13) 당신의 가치에 걸맞은 급여를 받고 있는가? (×2)
내가 기업의 실질적 수익에 기여하는 바가 연봉을 능가한다고 믿는다면 임금협상 때 당연히 임금인상을 요구해야 한다. 이를 위해서는 회사에 기여한 가치를 구체적으로 직접 제시해야 한다. 그러나 요구한 임금인상을 거절당했다면 왜 요구한 것을 얻지 못했는지, 그리고 어떻게 해야 이후에라도 얻을 수 있는지 납득할 수 있어야 한다.

(14) 자기 사업을 하고 있는가? (×3)
자기 사업을 하는 것은 부에 이를 수 있는 가장 확실한 방법 가운데 하나다. 물론 되지 않는 사업을 하는 것은 패가망신에 이르는 지름길이다. 지속적으로 수익을 내고 계속 성장하고 있으며 아주 제한된 투자만 요구되는 사업을 하고 있다면 만점을 준다. 반대로 아직까지 제 궤도에 오르지 못하고 시간과 자원만 빼먹는 상태의 사업을 하고 있다면 0점이다. 자기 사업이 없다면 3점을 준다.

(15) 재테크 전문가를 활용하고 있는가? (×1)
최근 2년 동안 세계적으로 저금리 추세였다. 동일한 위험에서 조금이라도 더 수익을 얻었다면 당연히 그 투자방법을 따라야 한다. 합법적으로 세금을 줄일 수만 있다면 당연히 따라야 한다. 그러나 스스로 공부하고 깨우치기란 쉽지 않다. 세무 전문가나 재테크 전문가를 활용하면 된다.

3. 투자

(16) 주식 투자에는 이제 진절머리가 났는가? (×2)
최근 2년여 동안 세계적으로 주가가 하락했지만 주식 투자는 개인이 경제성장에 참여해 그 혜택을 누릴 수 있는 가장 좋은 방법이다. 주식 포트폴리오를 성장지향적(공격적)으로 구성해 놓았다면 제대로 잘하고 있는 것이다.

(17) 워렌 버핏과 같은 사람이 되고 싶은가? (×2)
투자가 워렌 버핏은 “당신은 당신의 능력 범위 안에서만 투자를 결정하면 된다. 경계를 아는 것이 중요하다”라고 말했다. 투자가들은 대개 다른 사람들보다 더 똑똑해지려고 애를 쓰다가 곤경에 빠진다. 투자자는 자기 능력 범위 안에서 늘 조심하며 투자해야 한다. 따라서 세금이 고지되거나 거래비용을 줄임으로써 수수료가 적게 드는 투자를 선택하는 것이 중요하다. 그것이 장기적으로는 큰 차이를 만들어낸다.

(18) 나의 투자수익률이 코스피 200지수 수익률을 초과할 것이라고 생각하는가? (×1)
수익률 초과달성이라는 목표를 향해 미친 듯이 달리는 사람들은 수익을 내기가 결코 쉽지 않다. 구체적 목표달성을 위한 장기적 계획을 세우고 체계적 방법으로 그 계획에 접근한다면 단시일 안에 벼락부자가 되지는 않겠지만 천천히 부자가 되는 목표를 성취할 수 있을 것이다.

(19) 분산 포트폴리오가 확실한가? (×2)
너무 많은 사람들이 투자를 할 때 장미를 사듯 한다. 다발로 사고, 다발로 판다. 만일 자기 재산을 주식이나 채권, 부동산 등 어느 한 곳에만 투자를 하고 있다면 실수를 하고 있는 것이다. 분산 투자가 항상 좋은 것만은 아니지만 시간이 경과하면서 그 효력이 나타나게 된다.

(20) 위험 회피 투자가인가? (×2)
투자와 포트폴리오 전체에 대해서 자기 스스로 어느 정도 위험을 감당해야 하는지를 이해하고, 그 책임에 현실적으로 대처해야 한다. 위험이 전혀 없는 투자는 없다. 위험에 대해 만반의 준비를 하고 실수에 대해 경계를 늦추지 않았다면 만점을 주어도 좋다.

(21) 반강제적으로 자사주에 투자하는 것은 아닌가? (×2)
미국의 엔론과 월드콤 등 굴지의 유수 기업이 무너지는 것을 보았다. 이때 가장 많은 피해를 입은 사람은 자사주를 많이 가지고 있던 회사의 종업원들이었다. 반강제로 우리사주를 보유하고 있는 것은 아닌가? 그렇다면 점수를 받을 수 없다. 즉, 가격이 상승된 자산을 높은 가격에 팔고, 부진한 자산을 좀 더 낮은 가격에 사는 노력을 해야 한다. 그렇다면 만점을 준다.

(22) 포트폴리오의 균형을 유지하고 있는가? (×2)
포트폴리오는 정기적으로 한 번씩 점검하고 균형을 맞추어야 한다. 만일 자산의 25%를 성장주로 유지하는 것이 목표인데 시장의 활황으로 그 비율이 35%까지 증가했다면, 남는 양을 팔고 그것을 실적이 저조한 분야에 다시 배치해야 한다.

(23) 포트폴리오에서 보수적 수익률을 기대하고 있는가? (×3)
최근 주식시장이 침체기에 있는 것은 사실이지만, 한때 가공할 만한 큰 수익을 올린 전적 때문에 아직도 많은 사람이 비현실적인 기대를 갖고 있다. 하지만 계획단계에서는 보수적인 것이 현명하다. 기대 수진이 이와 같이 보수적이라면 좋은 점수를 준다.

(24) 언제 팔 것인가? (×2)
사람들은 모두 자산가치가 최고 정점에 오른 순간에 자신을 팔고 싶어한다. 하지만 말이 쉽지 해보면 그리 만만한 일이 아니다. 만일 팔기 전에 미리 매도계획을 세웠다면 좋은 점수를 준다. 손절매가를 정해두거나 비즈니스 생활이 변화하면 주식을 팔 것이라는 등의 계획을 미리 세워두는 것이다.

(25) 왜 사는가? (×2)
펀드를 고를 때 장기간 실적이 둔했던 펀드들은 모두 후보에서 제외해야 한다. 주식을 선택할 때도 재정적 안정성, 지속적 수익성, 성장성 등 기업의 면면을 유심히 살펴보아야 한다. 혹시 남들 따라 묻지마 투자를 했다면 0점을 준다.

4. 미래를 위한 보장

(26) 보험을 들었는가? (×3)
보험만큼 확실한 투자도 없다. 누구나 죽기 마련이고 살다 보면 여러 가지 재앙과 마주친다. 보험은 젊어서 가입하는 것이 유리하다. 낮은 보험료로 가입할 수 있기 때문이다. 월 보험료는 수입액의 5～10%가 적당하다.

(27) 사망에 대비해 유언장을 작성해 놓았는가? (×3)
생각하면 섬뜩한 일이지만 언젠가는 누구에게나 닥칠 일이다. 천수를 누려야 하겠지만 누가 알겠는가? 유언장을 반드시 작성해 두어야 한다. 어린아이가 있다면 후견인까지 명시해 두는 것이 안전하다.

(28) 부모가 은퇴 준비를 할 수 있도록 도와주고 있는가? (×2)
부모의 은퇴생활비용을 지불하는 것은 결코 쉬운 일이 아니다. 부모의 은퇴생활비용을 준비하는 가장 좋은 방법은 부모 스스로 은퇴 이후를 준비할 수 있도록 미리 조언하는 것이다. 만약 지금까지 부모님과 그 문제에 대해서 상의를 했고, 부모가 준비를 하고 있다면 만점을 준다.

(29) 아이들이 재정적으로 독립적인 길을 가고 있는가? (×1)
아이들이 직접 저축하고, 소비하고, 투자를 하도록 권해야 한다. 또 자선활동에 참여하고 자기 돈을 자기 뜻대로 사용할 수 있는 기회를 줄 필요도 있다. 물론 그때마다 "왜?"라는 질문을 할 수 있도록 해야 한다. 용돈기입장도 반드시 기록하도록 한다. 어렸을 때부터 스스로 용돈을 조달할 수 있게 지도할 필요가 있다. 만약 한 주 또는 한 달 동안의 용돈을 한꺼번에 다 써 버렸다면 임시로나마 그들을 구제해줄 필요가 없다(아이가 없다면 5점).

(30) 인생을 즐겁게 사는 데 돈을 충분히 쓰고 있는가? (×2)
숨가쁘게 재산을 모으다 보면 왜 내가 이 일을 하고 있는지 그 이유를 잊어버리기 쉽다. 부를 축적하는 가장 큰 이유는 인생을 즐기기 위한 충분한 자원을 갖기 위해서이다. 저축을 위한 계획과 지금 당장 재미있는 생활을 한다는 목표 사이에서 얼마나 균형을 잘 유지하고 있는가? 내일을 준비하는 것은 물론이고 오늘도 충분히 즐기고 있을 때에는 최고 점수를 준다.

테스트 결과 분석

최종 점수가 250점 이상이 나왔다면 정말 축하할 일이다. 제대로 된 재테크 교육을 받았고, 지금 재산을 축적할 수 있는 궤도에 올라 있다고 볼 수 있다. 최종 점수가 100점 미만인 사람은 많은 도움이 필요하다. 자신의 점수가 그 사이에 있다면 하위 점수를 받은 카테고리에 각별한 주의를 기울여야 한다. 자신이 잘하는 부분과 그렇지 않은 부분을 깨우치고, 그것을 토대로 부족한 부분을 개선하려는 노력을 해야 한다.

1. 계획

이 부문은 재테크 수준 테스트에서 가장 중요하다. 이 부문은 재테크의 기본적 마인드와 훈련, 준비성 등을 측정한다. 이 부문에서 얻을 수 있는 최대 점수는 80점이다.

- 60점 이상 : 60점 이상을 받았다면 굉장히 잘하고 있는 것이다.
- 59~25점 : 수정할 능력이 충분히 있다는 자신감을 가지고, 점수가 잘 나오지 않는 질문 항목들을 반복해서 고치려고 노력해야 한다.
- 25점 미만 : 재테크 전문가를 찾아가 도움을 받는 것이 좋을 듯하다.

2. 재정관리

이 부문에서 받을 수 있는 가장 높은 점수는 65점이다.

- 50점 이상 : 제대로 잘하고 있는 사람이다.

- 49~35점 : 구체적인 돈 관리를 위해 가계부를 쓰는 등 내가 소비하는 곳이 어디인지 정확하게 파악하는 것이 중요하다.
- 34~20점 : 매달 몇 시간씩 시간을 따로 내서 전략을 다시 조율하도록 한다.
- 20점 미만 : 본능적으로 돈 문제에 관여하기 싫어하는 사람이라고 보아도 무방하다. 친한 친구에게 부탁해 스스로의 문제점을 개선하는 것을 도와달라고 하면 이런 태도를 바꾸기가 한결 쉬울 것이다. 대단한 수완가도 아니면서 흥청망청 쓰면 언젠가는 위험에 처하게 된다.

3. 투자

이 부문의 최고 점수는 100점이다

- 85점 이상 : 사람들은 성공적인 장기 투자철학을 잘 갖춘 사람들이다.
- 84~50점 : 잘하고 있지만 약간 훈련이 필요하다. 이런 경우에는 약간의 비상금을 따로 떼어 두는 것이 포트폴리오를 안전하게 유지하는 데 도움이 된다.
- 50점 미만 : 계속해서 투자에 관한 책을 읽고 가능한 한 많은 공부를 해야 한다. 그리고 큰 돈을 거는 도박을 한다거나 "대단히 좋은 생각"이 있다고 떠들어대는 동료들이나 친척들의 이야기를 귀담아 듣지 마라. 가급적 지수펀드와 같은 투자형태를 선택하고, 개별적인 주식종목이나 채권 투자는 피하라. 홈런을 기대하지 마라.

4. 미래를 위한 보장

이 부문의 최고 점수는 55점이다.

- 45점 이상 : 밤에 편안히 잠을 자도 된다.
- 44점~20점 : 노후 준비는 선택이 아니라 필수이다. 연금보험 등 미래를 설계하기 위한 구체적인 액션이 필요하다. 지금도 늦지 않았다.
- 20점 미만 : 빨리 대책을 세워야 한다. 그렇지 않으면 지금 쌓아 놓은 부가 언젠가는 위험에 처할 수 있다. 그 사이에 있는 사람들은 자신이 통제할 수 없는 가족적 요인(예를 들어 부모님이 비협조적이라든지) 때문에 높은 점수를 받지 못했을 가능성이 높다. 최선을 다하되 너무 강하게 밀어붙일 필요는 없다. 가족관계가 재정의 완벽함보다 더 중요하다.

주식 · 부동산 않고 무조건 저축

20년 아구찜 장사 최화자 '부산 아구' 사장 … 손님 · 거래처 가족처럼 믿어

"돈이요? 성실하게 일하면 저절로 벌리는 것 아닌가요?"

서울 신사동에서 '부산 아구' 식당을 경영하는 최화자(60) 사장은 어떻게 돈을 벌었느냐는 질문에 별것 아니라는 투로 대답했다. 재테크 전략도 간단했다.

"은행에 돈을 넣어두고 찾지 않는 게 가장 기본입니다. 넣어야 돈이 불어나지 갖다 쓰는데 어떻게 돈이 불어날 수 있어요? 일단 저축부터 해야죠."

그는 돈은 따라오는 것이지 쫓는다고 가질 수 있는 게 아니라고 한다. 열심히 일을 하다 보면 자연스레 붙는 게 돈이라는 것이다. 그의 재산을 만들어준 존재는 다름 아닌 손님들이다. 그는 장사를 하면서 몇 가지 신조가 있다. 장사를 시작한 이후 지금까지 가게 앞에서 절대 호객 행위를 하지 않는다.

"고객에게 우리 집으로 와 달라고 투정을 부려서는 안 돼요. 그러나 일단 들어온 손님에겐 최선을 다합니다."

I 좋은 재료 안 쓰면 손님 등 돌려 I

최 사장의 판매전략은 '박리다매'다. 그는 이익을 많이 남기려고 하지 않는다. '좋은 물건을 친절하게 판다'는 게 신조다. 좋은 식자재가 들어오지 않으면 퇴짜를 놓는다.

"내 자식이 먹는다고 생각하면 음식을 대충 만들거나 시원찮은 재료를 쓸 수 없죠."

식자재를 공급하는 사람도 그와 한두 해 거래를 한 것이 아니다. 까다롭지만 일단 믿으면 그 사람하고만 거래한다. 조금 싸다고 거래처를 바꾸는 건 자신의 성격과 맞질 않는다고 한다. 식당에서 일하는 사람들도 절대 의심하지 않는다. 최 사장은 돈 관리도 직원들에게 맡긴다.

"믿고 맡기지 않으면 어떻게 일을 해요? 피곤하잖아요. 믿어야죠."

물건 받아놓고 돈 늦게 주는 것도 딱 질색이다. 거래처에 줄 돈을 내 돈보다 먼저 챙긴다.

"사실 아구찜이나 꽃게는 싼 음식이 아니거든요. 술 한잔에 아구찜 하나 먹으면 적어도 25,000원입니다. 좋은 재료를 쓰지 않으면 손님들이 등을 돌리거든요. 날짜 맞춰 돈을 줘야 좋은 재료를 갖다주죠."

최 사장은 손님을 가족처럼 여긴다.

"사업 목적으로만 장사를 했다면 20년 동안 장사를 못했을 겁니다. 손님들이 집처럼 편안하게 느낄 수 있도록 해야죠. 그러면 손님도 좋고, 저도 좋잖아요."

손님들 중엔 10년이 넘는 단골들이 많다. 처음 장사를 시작할 때 학생이었던 고객들이 지금도 '부산 아구'를 찾는다. 손님들이 그를 부르는 호칭도 가족적이다. 장모, 이모, 엄마 등. 20년 전 대학생이었던 한 고객은 가족과 함께 식사한 뒤 "이모가 우리 가족보다 나를 더 많이 알아요"라고 말할 정도다.

그의 가게에는 유명인 단골들도 많다. 연예인 중에서는 최진실, 김민종, 유동근, 신구, 이영자, 조혜련 등이 식당을 자주 찾는다. 축구 국가대표 선수인 이민성과 삼성 라이온즈의 이승엽도 단골이다.

인기 축구선수인 안정환은 그를 '엄마'라고 부

른다. 그런데도 '부산 아구'에는 연예인 사인이나 사진 하나 없다. 통상 식당들은 유명인들이 오면 그들의 사인이나 사진을 홍보 수단으로 사용하는데 최 사장은 그런 데에 아예 관심이 없다.

"뭐 다 똑같은 손님인데 연예인이 왔다고 호들갑 떨고 그러는 거 별로 좋아하지 않아요. 누가 오던 그냥 가족처럼 대하면 되는 것 아녜요?"

몇 년 전에는 故 정주영 현대그룹 명예회장의 아들이 왔다고 한다. 지금도 정확히 누구인지 모른다.

"손님이 그러더라고요. 정주영 회장 아들이 왔다고……. 그래서 알았죠."

5년 전 경기도 용인에 사놓은 땅도 손님을 통해서 샀다.

"손님 중에 한 분이 매일 개미같이 일만 하지 말고 재테크 차원에서 땅을 사라고 자꾸 권하더군요. 장사하기 바쁜데 언제 땅을 사러 다닐 시간이 있겠어요. 손님이 권하는 데로 그냥 따라했죠."

최 사장은 이렇듯 장사도 투자도 모두 시작은 손님에게서 시작된다.

| 계절 타지 않은 음식 선택 |

지금은 베테랑 장사꾼(?)이지만 장사를 하기 전까지 최 사장은 평범한 가정주부였다. 지난 1970년 경기도 의정부에서 달랑 몸만 끌고 서울로 왔다. 차비 외엔 10원 한 장 없었다. 상경 2년 만에 서울 돈암동에 15평짜리 자그마한 연립주택 한 채를 마련했다.

남편이 중동 개발붐을 타고 사우디아라비아에서 고생한 결과였다. 살림만 하다 보니 몸이 근질근질했다. 어려서부터 대가족 살림을 도맡아 했던 최 사장은 음식장사를 하면 잘할 것이라는 생각이 들었다. 음식장사를 하겠다고 결심은 했는데 문제는 아이템이었다. 어떤 아이템으로 할까?

요모조모 머리를 굴렸지만 쉽게 떠오르지 않았다. 그래서 장사가 잘되는 가게를 몇 군데 돌아다녔다. 아구찜을 보는 순간, 괜찮겠다 싶었다. 아구찜을 선택한 또 다른 이유는 계절을 타지 않는 음식이었기 때문이다.

"생선회는 계절을 타고, 고기는 많이 먹으면 금세 질리거든요. 아구찜은 일 년 내내 먹을 수 있는 음식인 게 마음에 들었죠. 계절 타는 장사는 하기 힘들어요."

아구 얘기가 나오자 그의 입에선 아구 예찬론이 흘러나왔다.

"수심이 깊은 곳에 사는 아구는 간을 보호하는 기능이 있는 음식이거든요. 아구찜으로 안주를 하면 아침에 숙취도 없고요."

장사를 시작한 시기는 지난 1983년, 그는 20년 동안 한자리에서 아구찜 장사를 했다. 한 번도 다른 곳으로 옮기겠다는 생각을 해본 적이 없다.

"장사 잘 된다고 장소 옮기고 그러면 안 돼요. 손님들이 헷갈리잖아요. 한자리에서 오래오래 일해야 손님들이 쉽게 오는 법이거든요."

장사를 해서 번 돈은 꼬박꼬박 은행에 갖다넣었다. 장사를 하다 보면 힘든 일이 있겠다 싶었지만 힘든 적이 별로 없었다는 대답만 돌아왔다. 즐겁게 일했다고 한다.

"굳이 힘들었던 일을 꼽으라면 심야영업 단속할 때였어요. 신사동 아구찜 가게들은 밤새 장사를 하는데, 심야영업 단속을 하니 마음대로 장사를 할 수가 없잖아요."

그래도 그는 벌금을 물어가면서 장사를 했다. 자기를 보고 오는 손님들을 뿌리칠 수 없었기 때문이었다.

최 사장은 장사에 관해서는 일본 사람에게 배워야 한다고 말한다. 일본 사람들이 가업을 이어 장사를 하는 걸 보면 그렇게 보기 좋을 수 없다고 한다.

"장사는 하루 이틀 하다 마는 게 아니거든요. 우리나라 사람들은 너무 급해요. 너무 빨리 승부를 보려고 하죠."

그는 자식들이 아구찜 장사를 하겠다면 말릴 생각이 없었다고 한다. 하지만 자식들은 다른 길을 선택했다. 첫째는 변호사고, 둘째는 연극 공부를 위해 유학 중이다. 막내는 의대에 다니고 있다.

"저는 아이들에게 무엇을 하라고 얘기한 적이 없어요. 장사를 하고 싶으면 하고, 다른 걸 하고 싶으면 하라고 했죠."

주위에서 장사도 잘 되고, 자식 농사도 잘 지었으니 부러울 것 없겠다는 말을 자주 듣는다.

| 돈은 차곡차곡 모으는 것 |

최 사장은 장사로 돈을 벌려면 욕심을 부려서는 안 된다고 지적한다. 돈 좀 번다고 그 돈으로 주식 투자하고 부동산 투자하면 장사로 성공하기 어렵다는 것이다.

"주식이나 부동산보다 고객을 쳐다 봐야지 쓸데없이 그런데 기웃거리면 장사가 안 됩니다."

지난 1988년에 마련한 서울 역삼동 45평의 아파트 값에 대해서도 별 관심이 없다.

"주위에서 저보고 좋은 집에 산다고 하는데 저는 돈 따지지 말라고 그래요. 집 하나에 7억, 8억 원 하는 게 뭐 대수입니까. 장사하는 사람들은 그냥 열심히 좋은 물건 만들어 고객들에게 팔면 그만이에요."

로또 복권을 사는 사람들도 최 사장은 이해하지 못한다. 설사 당첨돼 돈을 벌더라도 관리가 안 된다는 게 그 이유다.

"돈은 차곡차곡 모아야 하는 겁니다. 한 번에 너무 큰 돈이 들어오면, 좀 심하게 표현하자면 똥오줌 못 가리게 돼요. 환갑이 다 되서 보니 역시 세상은 순리대로 살아야 돈이 따라오는 거 같습디다."

최 사장은 장사로 성공하려면 먼저 체면을 버리라고 말한다. 대기업에 있다가 장사를 시작하는 사람들 중에 체면을 생각해서 크게 시작하는 사람들이 많은데, 이런 사람들은 십중팔구 망한다는 게 최 사장의 얘기이다.

"경험 없이 체면 차리려고 크게 시작하면 다 망해요. 주위에서 퇴직금 날린 사람들 숱하게 봤어요. 호떡 하나 팔더라도 먼저 장사 경험부터 쌓아야죠."

작게 시작해서 경험을 쌓고 자신감이 생길 때 판을 키우라는 충고다.

"장사라는 게 쉬운 게 아니에요. 집세도 내야 하고 세금도 내야 해요. 저도 지난해 부가세를 2,700만 원 냈거든요. 이런 걸 다 따져야죠."

고객들에게 신뢰를 얻으려면 손가락질 받을 짓은 절대 하지 말라고 최 사장은 주장한다. 장사는 고객들의 신뢰 없이는 절대 성공할 수 없기 때문이다.

첫째 딸이 제일제당에 입사시험을 봤을 때의 일이다. 손님 중에 제일제당 직원들이 많았는데 입사원서를 냈다고 하니 얘기를 해주겠다는 사람들이 많았다. 그는 일언지하에 거절했다. 남에게 의지하는 습관이 들면 제대로 인생을 살아나갈 수 없다는 믿음 때문이었다.

"장사하는 사람들은 생각이 반듯해야 합니다. 조금 아는 사이라고 부탁하면 결국에 가서는 고객들하고 사이가 멀어지거든요."

자식들은 밤새 장사로 고생하는 그에게 이젠 쉬라고 말하지만 최 사장은 건강이 허락하는 한 계속 장사를 할 작정이다. 나이도 있고 먹고 살 만큼 돈도 모았지만 일하는 게 가장 즐겁다고 한다.

"사람은 부지런해야 해요. 열심히 일하면 그만큼 보상이 돌아오거든요. 돈 좀 있다고 놀고 그러면 세상이 어떻게 돌아가겠어요."

최 사장은 인터뷰 중에도 가게로 들어오는 손님들에게 "들어오세요", "어서오세요"라는 인사를 쉬지 않았다. 평생을 저렇게 살아왔겠다 싶었다. 자신의 일에 매진하는 사람들이 뿜어내는 향기를 그에게서 맡을 수 있었다.

| 최 사장의 10억 만들기 연보 |

1970년 상경
1972년 서울 돈암동에 18평 빌라 매입
1983년 신사동에서 '부산 아구' 식당 개업
1988년 역삼동 45평 아파트 매입(시가 7억 원).

경기도 용인 땅 5억 원에 매입
2003년 은행에 현금자산 5억 원가량

| 최 사장이 말하는 음식장사 성공법 |

흔히 돈에도 출신배경이 있다고 한다. 샐러리맨들은 자신의 노동력을 제공한 대가로 매월 일정금액을 받는다. 사업가나 장사하는 사람들의 돈은 고객의 호주머니에서 나온다. 고객이 자발적으로 돈을 많이 꺼내면 꺼낼수록 부자가 된다.

반면 샐러리맨들은 정해진 이상의 돈을 벌기 어렵다. 이렇듯 돈의 태생은 다르다. 그래서 샐러리맨 중에는 작더라도 내 사업을 하고 싶어하는 사람들이 많다. 탈 샐러리맨을 꿈꾸는 이들을 위해 30년 베테랑 장사꾼인 최 사장에게 음식장사 성공법을 들어봤다.

첫째, 작게 시작해라. 소위 남들이 알아주는 직장을 다녔던 사람일수록 장사를 크게 시작한다. 퇴직금 몽땅 털어넣고 여기저기서 돈도 빌린다. 최 사장은 이렇게 시작하면 반드시 망한다고 지적한다. 체면 생각하지 말고 작게 시작해서 먼저 경험을 쌓아야 한다. 장사 감각을 익힌 뒤에 크게 시작해도 늦지 않다는 것이다.

둘째, 주식이나 부동산은 쳐다보지 마라. 장사꾼은 오로지 고객만을 생각해야 한다. 고객에게 잘해야 돈도 따라온다. 조금 돈 벌었다고 주식이나 부동산만 쫓아다니다 보면 자연스레 고객들을 등한시하게 된다는 것이다.

"고객들을 만족시키면 돈은 따라오게 되어 있어요. 돈 욕심 부리지 말고 고객들이 만족할 수 있도록 최선을 다해야 합니다."

최 사장의 얘기다.

셋째, 거래처도 고객이다. 식당으로 성공하려면 먼저 좋은 재료를 확보해야 한다. 싼 재료만 찾다 보면 음식 맛이 떨어진다. 재료를 공급하는 사람도 고객이라고 생각하고 재료 값을 제때에 주어야 한다. 그래야 안정적으로 좋은 재료를 공급받을 수 있다.

넷째, 돈 귀중한 것을 알아라. 최 사장은 "10원 아까운 것을 알아야 장사꾼"이라고 말한다. 10원짜리 동전 아까운 것을 알아야 고객들에게 최선을 다하게 된다. 내 돈을 벌어주는 존재가 바로 고객이기 때문에 고객들이 내는 음식값의 귀중함을 알아야 한다는 것이다.

10억을 모은 사람들

수입의 10%는 '돈 공부'에 투자해라.

| 전직 은행원 이상기씨의 재테크 공부법 |

금융권 출신인 이상기(가명, 40세)씨, 상고 출신인 그는 10억 원 이상의 자산가다. 책 읽고 공부하는 게 취미지만 대학진학을 포기하고 곧장 취업전선에 뛰어들어야 했다. 가정형편 탓이었다. 그러니 물려받은 재산은 있을 턱이 없다. 그가 10억 원을 모으는데 삼은 밑천은 '읽고 예측해 타이밍을 잡는 취미'다. 한 마디로 '지식'이란 얘기다.

❙ 하루에 5개 이상 신문 읽어 ❙

그는 하루에 5개 이상의 신문을 읽는다.

"종합지 3개에 경제지 2개는 필수죠. 여기에 경제주간지와 부동산 전문지도 꼭 보고요. IT붐이 일기 훨씬 전인 1994년부터 전자신문도 구독했습니다. 전산 관련 부서에서 일할 때부터 들인 버릇이죠. 그렇게 4~5년을 했더니 뭔가 트렌드를 보는 눈이 생기더군요."

신문이 현재라면 책은 미래다. 그는 신문과 책 읽기를 병행한다. 그가 구입하는 책은 연간 100여 권이다. 이 가운데 30~40권은 정독하고, 나머지는 통독한다. 신문에서 얻은 현실의 단편적 지식을 책을 통해 종합·정리하고 큰 줄기를 잡는 것이다. 이런 식의 버릇을 들인지가 10여 년이나 됐다.

하지만 이런 습관이 당장 돈을 벌어다 준 것은 아니다. 그동안 직장을 다니면서 대학(경영학)에 대학원(경제학)까지 마치느라 본격적인 재테크에 신경 쓸 겨를이 없기도 했다.

금융권 근무라는 점을 활용해 빚을 내서 주식 투자도 해 봤지만 돈만 날렸다. 증권업계 직원들의 말에 너무 의존했던 게 화근이었다. 그러다 보니 직장생활 17년이 된 1999년까지도 '대출 낀' 수도권 1억 7,000만 원짜리 아파트 한 채가 그의 전 재산이었다.

"돈을 잘 쓰기 위해 번다"는 철학을 가진 그는 마냥 허리띠를 졸라매는 저축도 하지 않았던 터였다. 그러던 그가 본격적으로 나선 것은 1999년 초였다. 그 해는 이씨에게 여러 면에서 잊을 수 없는 해로 기록된다.

"IMF가 터지고 대기업들이 줄줄이 무너지면서 중소기업 육성이니, 벤처기업 지원이니 하는 얘기가 나오기 시작하더군요. 신문 등 정보를 보면서 나름대로 분석한 결과, 정부가 적극적인 중소기업 지원과 벤처 육성책을 쓸 수밖에 없다고 확신했습니다."

그는 우선 1999년 1월 추가 대출을 받았다. 유망 벤처종목을 발굴했기 때문이다. 그래픽(VGA)카드를 만드는 가산전자(현, M플러스텍)였다.

"당시 전산 관련 업무를 보다가 가산전자를 알게 됐죠. 매일 컴퓨터를 만지다 보니 그래픽카드 시장이 크게 성장하리라는 확신이 섰습니다. 다른 업체들도 있었지만 대만 업체에 지지 않을 만한 경쟁력을 갖춘 회사는 가산전자 정도였어요. 그때 주가는 200~300원 수준이었죠. 이건 확실히 된다 싶더군요."

그는 대출 받은 2,000만 원으로 이 회사 주식을 샀다. 가산전자 주가는 1999년 말 1만 원 대를 뛰어넘어 최고 1만 4,000원에 육박한 적도 있었다. 하지만, 그가 매각으로 실현한 이익은 약 2억여 원이다. 2000~2001년에 걸쳐 주당 2,500~3,000원 수준일 때 팔았다.

그래도 수익률 10배를 넘는 대박이었다. 1999년 하반기 그는 장외시장으로 옮겨갔다. 거기서 통신 관련 종목들에 총 5,000만 원을 투자했다. 이듬해 7월과 8월에 걸쳐 회수한 액수는 총 6억여 원으로 약 11배 이상 뛴 셈이다.

❙ 무조건 집부터 사라. ❙

그는 그 해 말 퇴사를 결심한다. 좀 더 본격적으로 벤처붐 타기를 위해서였다. 그는 코스닥 등록을 준비하는 중소기업의 부사장으로 자리를 옮겨 재무담당 최고책임자(CFO)를 맡았다. 구조조정과 투자유치가 그의 주된 일이었다.

연봉은 별로 높지 않지만 스톡옵션을 받아 짭짤한 재미를 봤다. 1년여 지나자 어느 정도 자신감이 붙은 그는 컨설팅 업체를 차리고 본격적인 '중소기업 주치의' 노릇을 하기 시작했다. 컨설팅 비용은 대부분 스톡옵션으로 대신 받았다.

그는 컨설팅을 '일'이자 '투자'로 활용하고 있다. 내실 있는 중소 업체를 발굴해 재포장한 뒤 투자를 유치하고 공개하는 것이다. 그 과정에서 컨설팅 대가로 스톡옵션을 받는다.

컨설팅 대상 업체를 고를 때 보는 기준은 첫째, 2~3년 후 떠오를 업종, 둘째, 자질 있는 CEO가 경영하는 기업, 셋째, 시장이 너무 급변하지 않는 업종이다. 지난 2년여 동안 그가 컨설팅한 중소기업은 6개로, 이 가운데 코스닥에 등록시킨 업체도 2곳이다.

그는 재테크에서 꼭 강조하는 말이 있다. "집은 있어야 한다"는 것이다. 한국적 상황에서는 금리가 오르면 인플레가 실물자산에 반영된다. 또 금리가 낮으면 시중자금이 부동산으로 쏠려서 집값이 오른다. 장기적으로 보면 집값은 어떤 경우에도 오르게 되어 있다는 소리다. 그래서 그는 꼭 집을 사라고 강조한다.

그가 아파트 평수를 늘려 서울에 입성한 시기도 기가 막혔다. 집값이 들썩이던 초기 2002년 1월이었다. 사실 그 무렵 집값 상승은 어느 정도 예견되어 있었다. 2001년 세계경기 동반 침체로 수출이 막히면서 정부는 내수 진정책을 쏟아냈다. 과열된 소비는 문제를 낳게 마련이다.

그는 2001년 말 전세값 상승에 주목했다. 대개 32평형 이상의 전세값이 집값의 60%를 넘어 계속 올라가고 있었다. 집값 상승의 전주곡이었다. 그는 3억 원에 43평형 아파트를 매입했다. 현재 시가는 3억 9,000만 원 정도다. 즉, 9,000만 원 정도의 차익을 본 셈이다.

| 모르는 곳엔 손 안 댄다. |

그는 원 · 환율 1,160원대에 달러를 사들여 1,300원대에서 매각했다. 총 2억 원 정도였다. 덕분에 약 12%, 1,200만 원 정도의 수익을 올렸다. 골프 회원권도 이씨가 애용하는 투자대상이다. 최근에는 지난 2000년 11월에 매입해서 이듬해 5월에 매각하면서 약 3,000만 원의 차익을 올렸다.

그가 귀띔한 골프회원권 투자법은 이렇다. 대개 11월부터는 골프회원권 시장도 동면에 들어간다. 수요가 줄어들면서 가격이 떨어지게 되어 있다. 이때 구입하면 싸게 살 수 있다. 반면, 성수기는 5월이다.

하지만 3~4월쯤 되면 골프회원권 시장은 들썩거리기 시작한다. 파란 잔디가 돋아나면 '나도 골프회원권 하나쯤 있어야 하지 않을까'하는 생각이 슬그머니 들게 마련이다. 그래서 수요가 늘어난다. 이때 내다 팔면 높은 가격에 팔 수 있다.

그는 환율, 부동산, 골프회원권 등은 현실 투자, 즉 단기 운용에 속한다고 말한다. 반면 벤처 투자는 2~3년 후를 내다보는 장기 투자다. 그가 주로 투자하는 벤처업체는 미래형 산업인 IT업종과 엔터테인먼트업체로 제한돼 있다. 소프트웨어업종 역시 투자수익률은 높지만 잘 알지 못하기 때문에 투자하지 않는다. 제대로 아는 업종 2~3종목에만 집중한다.

그에게는 낡은 '아이디어북'이 있다. 10여 년 전부터 쓰기 시작한 그 노트에는 온갖 아이디어가 다 적혀 있다. 트렌드를 예측한 메모에서 경제분석 노트, 책을 읽고 난 후의 독후감, 나이대별로 해야 할 일을 그린 그래프, 다양한 사업 아이디어까지 10여 년을 하루 5시간 이상씩 읽고 생각하고 분석한 흔적이다. 10억 원은 절대로 그냥 벌어지는 게 아니다.

| 이기수씨의 10억 만들기 연보 |

1982년 취직. 수입의 10%는 책 구입 등 자기개발에 투자
1996년 32평형 아파트 2억 원에 매입(1억 원 은행대출)
1997년 주식 투자로 3,000만 원 손실
1998년 IMF 여파로 이자 감당 못해 분당 아파트 1억 6,000만 원에 매각. 4,000만 원 손실
1999년 가산전자 주식에 2,000만 원 투자. 장외시장에서 서두인칩 등 IT 관련 주 매입. 중소기업 CFO로 전직
2000년 가산전자 매각으로 2억 원 차익. 서두인칩

등 장외시장 투자주식으로 6억 원 차익.

2001년 중소기업 컨설팅 본격적으로 시작. 3개 업체 구조조정 및 자금조달 컨설팅 수주. 일부 스톡옵션 받음

2002년 2개 업체 코스닥 등록. 3개 업체 컨설팅 수주. 서울지역 43평형 아파트 1채, 73평형 빌라 1채 매입.

2003년 2월 현재 총자산 약 13억 원, 주식 약 1억 원, 골프회원권 약 1억 1,000만 원, 아파트(43평형) 약 3억 9,000만 원, 빌라(73평형) 약 7억 원

| 이상기씨가 말하는 재테크 노하우 |

첫째, 트렌드를 읽을 줄 아는 눈을 길러라. 이씨는 자신의 수입 중 10%를 책 사는데 투자한다. 부자, 돈, 부동산, 경제, 경영 등에 대한 책을 주로 읽는다. 연초면 각종 '대예측'류의 책도 꼭 사서 본다.

시간이 없어 신문을 다 읽지 못하면 쭉 훑으면서 필요한 기사를 오려놓아 스크랩해 뒀다가 나중에 반드시 읽는다. 그는 인터넷이 아니라 반드시 신문으로 읽는다. '빨리 많이' 읽기 위해서다.

그는 "현실의 반영인 신문과 미래를 생각하게 해 주는 책을 반드시 병행해 밸런스를 유지해야 한다"고 강조한다. 그래야 큰 맥락을 제대로 짚어갈 수 있다.

둘째, 내 몸에 맞는 재데크를 찾아라. 성격 급힌 사람에게는 부동산이 맞지 않는다. 부동산은 장기적으로 보고 느긋하게 기다릴 줄 알아야 한다. 투자 결정을 하기까지 따로 시간을 내 다리품도 많이 팔아야 한다.

이런 속성을 모른 채 부동산을 주식하듯 투자했다간 낭패보기 십상이다. 반대로 앉아서 정보를 분석하고, 다이나믹하게 거래하는 걸 즐긴다면 주식을 하는 게 좋다. 남이 한다고 무조건 따라하지 말고 나한테 맞는 방법이 뭔지 찾아봐라.

셋째, 타이밍이 중요하다. 그는 인터뷰 내내 '한계적 변화(marginal change)'를 여러 차례 강조했다. 아무리 트렌드의 방향을 제대로 짚어냈어도 흐름이 바뀌는 지점을 포착하지 못하고 너무 앞서거나 너무 뒤처지면 모든 게 허사다.

그는 앞으로 3~4년 뒤에 할 사업 아이템을 대여섯 개 마음에 두고 있다. 미래의 트렌드에 맞을 만한 아이디어다. 하지만 섣불리 결정하지 않는다. 늘 몇 년 전부터 아이디어를 염두에 두면서 상황을 지켜보다가 상황이 무르익었다 싶을 때 행동에 들어간다.

넷째, 한 가지 부서보다는 여러 부서를 경험하라. 그는 "업무를 어느 정도 터득하면 새 업무로 바꿔라"고 조언한다. 한 우물만 파는 것보다는 여러 분야를 경험한 것이 소위 퓨전 시너지를 내 효율성이 높다는 것이다. 그는 샐러리맨 시절 전산, 영업, 분석 등 다양한 업무를 담당했던 경험이 재테크나 전직(轉職)에 많은 도움이 됐다고 말한다.

제2장 | 금융상품 재테크

과거에는 재테크가 아주 단순했다. 필요한 자금의 규모와 소요시기를 계산해 정기 적금을 부으면 금세 목돈이 생겼고, 노후대책도 별다를 것 없이 퇴직금과 연금으로 충분했다. 또한 아파트 하나만 잘 고르면 쉽게 몇 억은 벌 수 있었다. 하지만 이제 더 이상 저축과 부동산만으로는 충분한 수익을 올릴 수가 없다. 특히 경제가 발전할수록 부동산 같은 실물자산보다는 금융자산을 알아야만 높은 수익을 창출할 수 있다.

게다가 금융상품은 하루가 다르게 진화해 CP와 단기상품, 채권, 주식, 펀드, 선물과 옵션 같은 파생상품까지 다양한 상품이 하루가 다르게 쏟아지고 있다. 하지만 각 금융상품은 장 · 단점이 다르기 때문에 금융상품을 얼마나 효과적으로 재테크에 활용하느냐에 따라 투자 성공 여부가 달려있다고 해도 과언이 아니다.

따라서 수많은 금융상품 중에서 나의 투자성향과 가장 잘 맞는 상품이 무엇인지, 고소득을 올리기 위해서는 어떤 상품을 선택해야 할지 그 투자원리와 수익구조를 바로 알고 맥을 잡도록 하자.

제1절 금융과 생활설계

1 내일을 위한 장기 생활설계

장기 생활설계는 인생 항로의 항해계획과 같은 것이다. 목적지에 이르기까지의 항해계획을 치밀하게 세운 다음 출발한다면 조수와 풍향에 따라 진로를 조정하고 예기치 못한 악천후에 적절히 대응하면서 순조롭게 항해를 마칠 수 있다. 이러한 의미에서 장기 생활설계는 우리의 경제생활을 '현재는 알차게 하며 장래는 불안 없게'하기 위한 계획이라고 할 수 있다. 다른 말로 한정된 수입을 현재와 장래의 생활에 어떻게 배분할 것인지를 사전에 면밀히 검토해 보는 것이라고도 표현할 수 있다. 평균 수명의 연장으로 은퇴 후의 생활기간이 점점 늘어나고 있지만 사회보장제도가 충분하지 못한 점을 감안할 때 장기 생활설계 필요성은 절실히 요구된다고 하겠다.

장래를 대비한다고 해서 단순히 쓰고 남은 돈을 맹목적으로 저축하는 것만이 능사가 아니다. 언제 어느 정도의 돈을 쓰기 위하여 얼마를 저축하고 또는 빌릴 것인지에 대한 구체적인 계획을 마련해야 한다. 특히 돈이 이자 등을 통해 스스로 불어난다는 것을 이해하고 잘 활용하는 것이 필요하다. 은행 예금만 하더라도 상품별로 이자가 천차만별이다. 저축한 돈을 어떻게 운용하느냐에 따라 돈이 불어나는 속도는 크게 달라질 수 있다. 이 점을 염두에 두어 기본적인 금융지식을 갖추고 금융상품에 대해 꾸준히 관심을 기울여 나간다면 누구라도 장래에 적절히 대비해 나갈 수 있을 것이다.

대부분의 사람들은 성년이 되면 가정을 이루어 자녀를 낳아 교육시키고 자녀가 성장해 결혼하고 나면 노년의 생활을 맞게 된다. 이러한 과정에서 일상생활의 기본 생활비 외에 몇 차례에 걸쳐 상당한 목돈이 필요하게 된다. 가정생활을 중심으로 한 사람의 생애 동안 크게 소요되는 목돈은 대략 다음과 같이 예상해 볼 수 있다.

먼저 학업을 마치고 직장생활을 시작하고 나면 본인의 결혼자금이 필요하다. 물론 부모로부터 도움을 일부 받을 수 있겠으나 신혼생활의 보금자리를 꾸미기 위한 전세자금 등을 미리미리 준비해 둘 필요가 있다. 다음으로 주택 마련을 위한 목돈이 필요하다. 주택가격과 전세금의 변동이 심한 우리나라의 현실에서는 주거안정을 위하여 결혼 후 가급적 빠른 시일 내에 내 집을 마련할 필요가 있다. 또한 자녀를 낳고 난 뒤에는 자녀의 교육과 결혼을 위한 자금이 소요된다. 자녀에 대한 교육비 부담이 적지 않은 현실을 감안할 때 자녀 교육을 위한 생활설계를 적절히 세워 둘 필요가 있다. 자녀의 결혼비용은 그들 자신이 학업을 마치고 직업을 얻은 다음 스스로 준비하도록 하는 것이 바람직하지만 부모로서 많은 부담이 되는 것은 부인하기 어렵다.

마지막으로 은퇴 이후에 필요한 생활자금이다. 통계청 자료에 의하면 우리나라 사람들의 평균 수명은 2010년 기준 80.8세(남자 79.2세, 여자 84.1세)로서 지난 40년 사이에 19세 정도 늘어났으며 2050년에는 86세까지 늘어날 전망이다. 평균 수명이 늘어나 은퇴 이후 기간이 길어질수록 젊었을 때부터 노후를 대비할 필요성은 그만큼 더 커진다고 하겠다.

은퇴자금을 준비하는 과정을 살펴보면 크게 국가가 우리들의 기본적인 생활보장을 위해 시행하는 제도와 우리 스스로가 보다 여유로운 생활을 하기 위해 준비하는 것으로 나누어 볼 수 있다.

국가가 국민들의 기본적인 생활보장을 위해 시행하는 대표적인 제도가 국민연금제도이다. 국민들이 소득이 있는 동안 조금씩 돈을 내어 공동의 기금을 만들어 두었다가 나이가 들어 은퇴하거나 혹은 그 전에 병들고 다쳐 소득 능력을 상실하게 되었을 경우 본인 또는 그 가족이 일정액의 연금을 받아 안정된 생활을 꾸려갈 수 있도록 국가가 실시하는 보장제도이다. 따라서 대부분의 금융전문가들은 은퇴 설계를 할 때 국민연금이 가장 기본적인 준비과정이라고 말하면서 이를 기초로 해 다른 노후 보장을 위해 다양한 연금상품을 함께 들어 놓으면 누구보다 여유로운 노후를 보낼 수 있을 것이라고 이야기한다.

개인이 준비하는 연금상품들은 각자가 처한 입장에 따라 다르겠지만 간단히 살펴보면 금융기관에 따라 연금신탁, 연금보험, 연금펀드로 나눌 수 있다. 이런 연금상품들은 연말정산 소득공제 또는 비과세 등의 장점도 있지만 일정기간 이내에 해지할 경우 그동안 받은 혜택들을 변상해야 되므로 장기적인 목표 하에 이루어져야 한다.

이 밖에 예기치 않은 사고나 재난에 대비하기 위한 자금도 생각해 두어야 한다. 누구나 살아가면서 화재나 천재지변 등으로 뜻하지 않게 재산을 잃을 수 있으며 가족 중 누군가 질병이나 사고 등으로 일시에 목돈이 필요할 수 있기 때문이다.

그림 2-1 ▶ 장기 생활 설계

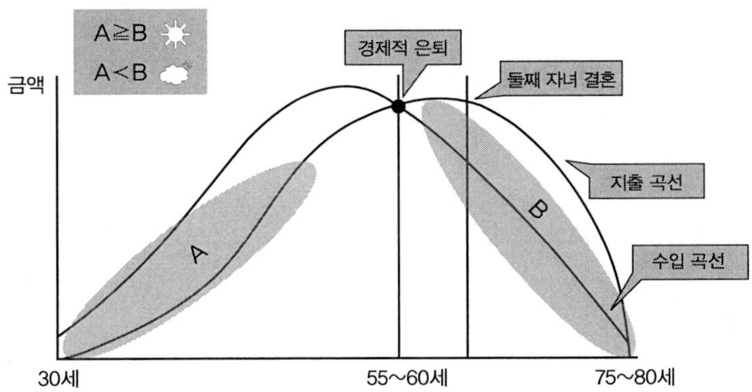

※장기 생활 설계에 따라 경제적 은퇴 이전의 저축(A)이 경제적 은퇴 이후의 지출(B)과 같거나 많아야 한다.

장기 생활설계를 통한 재산 늘리기 실천 계획

구체적으로 나에게 적용되는 장기 생활 설계를 위한 재산 늘리기 실천 계획을 마련해 보자.

| 자신의 현 위치 파악하기 |

재산 늘리기 계획을 마련할 때는 전략적인 자세로 접근해야 한다. 즉 상세하고 체계적인 계획을 세워 실천하는 것이 중요하다.

첫째 단계로 자신의 자산과 부채 그리고 순자산 현황을 파악한다. 여기서 순자산은 자산에서 부채를 차감한 것으로 자신의 현재 부(富)를 나타낸다.

자산 - 부채 = 순자산

자산은 가치가 올라가거나 수익을 낼 수 있는 금융 및 실물자산을 뜻한다. 예금, 채권, 주식, 개인연금 저축액, 주택 등을 예로 들 수 있다. 그러나 자동차, TV 등은 수익이 나거나 가치가 올라가는 자산이 아니므로 제외한다.

부채는 주택담보대출금, 신용카드 할부금, 자동차 할부금 등 갚아야 할 빚이다.

나의 대차대조표(예)

(단위 : 원)

자 산	금 액
예금	10,000,000
주식, 채권 및 기타 자산	5,000,000
개인연금 저축액	5,000,000
주택(시가 기준)	300,000,000
자산 합계	**320,000,000**

부 채	금 액
주택담보대출	50,000,000
신용카드 할부금	1,000,000
자동차 할부금	10,000,000
기타 부채	6,000,000
부채 합계	**67,000,000**

순자산(자산 - 부채)	**253,000,000**

| 재산 늘리기 목표 정하기 |

앞에서 자신의 현재 위치, 즉 순자산(富)의 규모를 파악해 보았다. 다음으로는 자동차 할부금 상환, 자녀의 대학 등록금, 은퇴 후 생활자금 등 각자의 상황에 맞추어 장 · 단기로 나누어 재산 늘리기 목표를 정할 필요가 있다.

단기 목표는 다음과 같이 세워볼 수 있다.

1. 1년 동안 자동차 할부금융 잔액을 상환한다.
2.
3.

장기 목표는 다음과 같이 세워볼 수 있다.

1. 5년 동안 주택담보대출 상환자금 50,000,000원을 모은다.
2. 10년 동안 자녀 대학등록금으로 50,000,000원을 모은다.
3. 25년 동안 은퇴 후 생활자금으로 200,000,000원을 모은다.

장 · 단기 재산 증식 계획은 자신의 현재 순자산, 가구 소득, 가장의 나이, 자녀 수 및 나이 등에 따라 달라질 것이다. 특히 노후 생활을 위한 준비는 젊어서부터 할 필요가 있는데 대략 은퇴 후의 생활비는 은퇴 전 생활비의 70% 정도가 소요된다고 한다. 기대수명을 감안하여 산출한 총생활비에서 국민연금 수령 예상액 등을 빼면 앞으로 추가로 모아야 할 금액을 계산할 수 있을 것이다.

다음의 노후 생활자금 계산 사례를 보면, 현재 나이가 35세이고 25년 후인 60세에 은퇴한다고 가정할 경우 부족한 노후 자금은 약 2억 5,600만원이다. 여기서 주의해야 할 것은 이 금액이 25년 뒤의 금액이 아니라 현재가치 기준이라는 점이다. 따라서 이를 물가 상승(연 3% 가정)을 감안하여 미래가치로 환산하면 약 5억 3,600만원이 필요하게 된다.각자의 현재 순자산 규모에 따라 추가로 모아야 할 금액은 달라지겠지만 주인공의 예처럼 주택 이외에는 별다른 자산이 없고 주택도 자녀에게 물려줄 계획이라면 부족한 이 노후자금 전액을 지금부터 모아야 할 것이다.

노후 생활자금 계산(사례)

· 현재 연령(동갑내기 부부) : 35세
· 은퇴 예상 시기 : 60세(25년 후)
· 은퇴 후 부부 공동생활 : 20년
· 남편 사후 배우자 단독생활 : 7년
· 은퇴 후 예상 월평균 생활비 : 월 200만원(현재가치, 부부 공동생활 기간)
월 150만원(현재가치, 배우자 단독생활 기간)
· 은퇴 시점에서 본 총 노후자금 (A) : 6억 600만원
(=200만원×240개월(20년) + 150만원×84개월(7년))

· 국민연금 예상 수령액 (B) : 3억 5,000만원
· 부족한 노후 자금 (A – B) : 2억 5,600만원(현재가치)
→ 미래가치 환산 : 5억 3,600만원*
(물가상승률 연 3%, 25년 후)

* 매년 물가가 오르는 것이 불가피할 것이기 때문에 예상 물가상승률을 연 3%로 잡아 현재 2억 5,600만원의 가치와 동일한 25년 후의 가치를 계산하면 약 5억 3,600만원이 된다.

통계청 가계소비자 지출자료 예상 노후생활비(2010년)

(단위 : 만원/월)

생활 수준	전국 평균	군지역	시지역	광역시	서울특별시
평균수준	136	106	141	145	169
품위있는 수준	197	150	206	209	251
풍족한 수준	238	179	250	254	306

자료 : 국민연금공단, 내연금 노후설계 · 간단재무설계 · 노후생활비 통계

국민연금 연구원 패널조사 월평균 노후생활비(2010년)

(단위 : 만원/월)

생활 수준	부부		개인	
	최소노후생활비	적정노후생활비	최소노후생활비	적정노후생활비
전체	121.5	174.6	76.3	112.0
서울	151.6	217.5	95.6	140.6
광역시	124.7	177.0	77.3	113.6
도단위	109.7	158.7	69.2	101.3

자료 : 국민연금공단, 내연금 노후설계 · 간단재무설계 · 노후생활비 통계

| 월별 지출 및 저축 계획 세우기 |

앞에서 장 · 단기 재산 늘리기 목표를 정했다면, 이제 월별 수입 및 지출 내역과 매월 저축할 목표 금액을 정한 월 예산표를 작성한다. 현재의 월별 수지로는 월 목표 금액을 저축할 수 없는 경우 지출을 줄이거나 수입을 늘려야 할 것이다.

나의 1월 예산(예)

(단위 : 만원/월)

	현재수입	변경수입	새로운 수입계획
급여	3,000,000		3,000,000
투자수익			
이자수익			
수익 합계	3,000,000		3,000,000

	현재지출	변경지출	새로운 지출계획
아파트 관리비	300,000		300,000
주택담보대출 이자	500,000		500,000
전화료(통신료)	200,000	△100,000	100,000
기타	1,500,000	△400,000	1,100,000
지출 합계	2,500,000	△500,000	2,000,000

월별 수지	500,000		1,000,000
저축 가능 금액	500,000		1,000,000

| 금융상품 현황표 작성 |

금융상품은 안전성, 수익성, 환금성 등 3가지 요소를 고려하여 적절히 분산하여 가입하며, 금융상품을 선택하기에 앞서 무엇 때문에 이 금융상품을 선택하는지 명확한 목적과 기준을 가지고 접근해야 함을 다시 한 번 강조한다. 또한 예금 및 투자 금액, 수익률 등을 언제든지 손쉽게 살펴 볼 수 있도록 자신이 가지고 있는 금융상품의 내역을 체계적으로 정리해 둘 필요가 있다.

나의 금융자산 현황(예)

(단위 : 원)

	월 저축액	잔액/투자금액	이자율/수익류	만기/예상금액
예금				
1. 정기예금	300,000	1,000,000	5.0%	3년(○○원)
2. 정기적금	400,000	2,000,000	5.5%	10년(○○원)
간접투자자산				
1. 수익증권				
2. 뮤추얼펀드	–	5,000,000	6.0%	1년(○○원)
3. 금전신탁				
4. 적립식 상품	400,000	8,000,000	6.5%	5년(○○원)
채권				
1. 회사채				
2. 국공채				
주식				
1. AAA				
2. BBB				
기타 금융상품				
1.				
2.				

노후 대비 자금				
1. 개인연금				
2. 호사 퇴직금	100,000	6,000,000	5.0%	20년(ㅇㅇ원)
합 계	1,200,000	22,000,000		

지금까지 살펴본 재산 늘리기 실천 계획은 상황 변화에 맞추어 수시로 수정해야 하며, 무엇보다 계획대로 달성하려는 강한 의지를 갖고 생활화해 나가는 것이 중요하다.

2 재산을 지키고 늘리기 위한 금융생활의 기본 준비

재산을 지키고 늘리기 위해 금융상품을 선택하는 일은 기본적으로 위험을 감수하고서라도 높은 수익을 추구할 것인가 아니면 위험을 회피하고 안정적인 수익을 추구할 것인가를 선택하는 문제라고 할 수 있다. 예를 들면 금융상품 중에서 예금은 원금 손실의 위험이 작은 반면 이자율이 높지 않아 수익이 많지 않다. 높은 수익을 얻기 위해서는 주식이나 신용등급이 낮은 회사채에 투자할 수 있지만 이 경우엔 원금 손실의 위험도 함께 높아지게 된다. 투자에 있어 '위험이 크면 수익이 높다(High Risk, High Return)'는 기본 원리를 항상 명심해야 한다. 우리는 남의 말만 믿고 무턱대고 고수익을 얻을 수 있을 것이라는 기대로 주식을 샀다가 어렵게 모은 소중한 돈을 잃게 된 사례를 종종 보게 된다. 이것만 보더라도 고수익의 자산이 항상 좋다고 말할 수 없다. 얼핏 보아 주식이 예금상품에 비해 수익률이 높을 것 같이 생각 될지 몰라도 그에 따르는 원금 손실의 위험을 고려한다면 반드시 높다고 할 수 없다. 그렇다고 주식 등에 투자하지 말라는 뜻이 아니다. 경기 상황, 투자하려는 회사의 영업실적과 향후 성장 가능성, 경영자의 능력 등을 충분히 고려하여 투자한다면 원금 손실의 위험을 낮추면서 많은 수익을 기대할 수 있을 것이다.

금융상품을 선택할 때는 이처럼 안전성과 수익성을 고려하여 어느 한 쪽에 치우치지 않으면서 자신이 보유한 자산을 다양한 금융상품에 적절히 배분하는 것이 바람직하다. 이를 포트폴리오라고 한다. 이처럼 포트폴리오를 구성해 분산하여 투자를 하면 돈을 잃을 수 있는 위험을 줄이고 적정한 수익을 얻을 수 있다. 또한 실제로 포트폴리오를 구성할 때는 안전성과 수익성 이외에 환금성도 고려할 필요가 있다.

3 장기 생활설계에 필요한 금융상품

금융기관은 고객의 수요에 맞추어 다양한 형태의 금융상품을 개발하여 판매하고 있으며 고객들은 이들 금융상품 중 자신의 상황에 가장 알맞은 금융상품을 선택하게 된다. 금융상품은 크게 예금, 증권 그리고 보험 상품으로 나누어 볼 수 있다. 예금상품은 대부분 예금하는 기간 동안 확정된 이자가 보장되어 있다. 따라서 정해진 이자 이상의 수익을 얻을 수 없으며 이자를 못 받을 위험 또한 거의 없다. 좀 더 많은 수익을 얻고자 하면 어느 정도의 위험을 감수하고 주식, 채권과 같은 증권상품에 투자할 수 있다. 한편 보험상품은 불의의 사고나 재난에 따른 경제적 손실에 대비하기 위해 만들어진 금융상품이다. 이제 다양한 금융상품의 특징을 유형별로 살펴보자.

1. 수익이 적으나 안전한 예금

예금은 크게 요구불예금과 저축성예금으로 구분된다. 요구불예금은 고객이 요구하면 언제라도 지불해야 하는 예금이다. 은행의 입장에서는 고객이 맡긴 돈을 언제 찾아갈지 예상하기 어렵기 때문에 그 돈을 이용하여 기업에 장기간 대출한다든지 해서 추가적으로 수익을 내기가 곤란해 낮은 이자를 주게 된다. 고객의 입장에서도 손쉽게 돈을 맡겼다가 찾을 수 있는 장점을 취하는 대신 이자를 포기하는 셈이다. 따라서 요구불예금은 재산을 늘리기 위한 상품이라기보다는 수시로 필요한 생활자금이나 회사 운영자금 등을 금융기관에 안전하게 보관하는 예금이라고 할 수 있다. 요구불예금에는 개인이 많이 이용하는 보통예금, 가계당좌예금, 기업이 주로 이용하는 기업당좌예금 등이 있다.

이와 달리 저축성예금은 이자 수입을 주된 목적으로 하는 예금이다. 이 저축성예금은 돈을 불리는 목적에 따라 다시 몇 가지로 나누어 볼 수 있다. 먼저 목돈 마련을 위한 정기적금을 들 수 있다. 정기적금은 일정 기간을 정하여 매월 정기적으로 일정한 금액을 입금하고 만기일에 원금과 이자를 지급받는 예금이다. 만기 전에 중도 해지하면 가입 시 받기로 한 것에 훨씬 못 미치는 이자를 받게 된다. 그러므로 정기적금에 가입할 때는 자신의 수입 등을 고려하여 무리하지 않는 범위에서 적절한 입금액과 기간을 정하는 것이 중요하다.

이렇게 하여 만들어진 목돈을 굴리는 데 적합한 상품으로 정기예금이 있다. 정기예금은 금리를 미리 정하여 목돈을 금융기관에 일정기간 맡기는 예금이다. 보통 만기는 1개월, 6개월, 1년, 2년, 3년 등으로 다양하게 있으며 기간이 길수록 대부분은 더 높은 이자율이 적용된다. 정기예금도 정기적금과 마찬가지로 만기 이전에 예금을 찾을 경우 가입 시 정했던 이자율보다 훨씬 못 미치는 이자를 받게 된다. 정기적금과 정기예금은 은행은 물론 상호저축은행, 새마을금고, 우체국, 상호금융 등 대부분의 금융기관에서 취급하고 있다.

저축성예금 중에는 내 집 마련에 요긴한 상품도 다양하게 있다. 주택청약예금, 주택청약부금, 주택청약저축, 주택청약종합저축, 장기주택마련저축은 보통 가입하고 일정기간이 지나면 새로 짓는 아파트를 분양받을 수 있는 자격과 이자에 대한 세금감면 등의 혜택을 주고 있다. 장기주택마련저축은 이자에 대하여 과세하지 않으며 연말정산시 소득공제 혜택이 있다.

2. 고수익 고위험인 증권

위에서 살펴본 예금상품은 위험이 낮은 반면 정해진 금리 이상의 수익을 기대할 수 없다. 따라서 어느 정도 위험을 안고 좀 더 많은 수익을 얻고자 할 경우에는 증권 상품을 고려해 볼 수 있을 것이다. 대표적인 증권상품으로는 주식과 채권이 있으며 수익증권 등과 같은 간접투자상품도 있다.

일반인이 주식 · 채권 등과 같은 금융상품에 직접 투자를 하려면 이에 대한 지식뿐만 아니라 주식시장 등 금융시장의 변동 상황을 늘 살펴보아야 한다. 그리고 전문지식이 부족하고 시간 여유가 없는 사람이 직접 증권에 투자하는 것은 원금 손실의 위험도 높고 자칫 자신의 주된 업무에 충실하지 못할 수 있다. 이러한 경우 금융기관에 돈을 믿고 맡겨서 대신 투자하도록 하는 간접투자 방법을 이용할 수 있다. 간접투자상품의 수익은 예금이자보다 높을 수 있으나 자산 운용의 결과에 따라서는 원금 손실이 날 수도 있으며 이 경우 손실의 책임은 고객에게 있다. 또한 수익의 발생 여부에 관계없이 자산운용회사 등에 별도의 수수료를 지급하여야 한다. 이러한 간접투자상품은 크게 수익증권, 뮤추얼펀드 그리고 금전신탁 등이 있다.

수익증권은 투자자가 자산운용회사에 돈을 맡겨 이 돈을 운영하여 발생한 이익을 돌려받을 수 있는 권리를 표시한 증서다. 흔히 ㅇㅇ펀드라고 하는 것이 바로 수익증권인데 펀드는 무엇을 하려고 돈을 모은 것을 의미한다. 자산운용회사가 다수의 고객을 대상으로 돈을 모아 채권에 주로 돈을 운용하면 채권형 수익증권이라 하고 주식에 주로 운용하면 주식형 수익증권이라고 한다. 채권과 주식에 혼합하여 운용하는 혼합형 수익증권도 있다. MMF(money market fund)는 가입기간에 제한이 없어 환금성이 좋은 데다 일정한 수준의 수익도 기대할 수 있어 단기자금을 운용하는데 인기가 높은 수익증권이다. MMF는 CP, CD 등 단기금융상품에 주로 돈을 운용하여 얻은 수익을 실적대로 돌려준다.

또한 수익증권의 투자대상이 금융상품뿐만 아니라 실물자산으로 확대됨에 따라 부동산에 주로 투자하는 '부동산간접투자형 수익증권'과 선박 등 실물자산에 투자하는 '실물간접투자형 수익증권' 등도 있다. 한편 최근에는 소수의 투자자로부터 자금을 모아 다양한 투자대상에 다양한 투자전략 등을 운용할 수 있는 헤지펀드가 도입된 바 있다.

뮤추얼펀드(mutual fund)는 투자자로부터 돈을 모아, 즉 펀드를 만들어 운용한 후투자수익을 실적대로 돌려준다는 점에서 수익증권과 유사하다. 다만 뮤추얼펀드는 자산운용회사가 펀드마다 하나의 서류상 회사를 만들어 관리하는 것으로서 사람들이 뮤추얼펀드에 투자하는 것은 돈을 주고 회사의 주식을 사는 것과 같다. 주식 발행으로 모은 돈을 채권형은 채권에, 주식형은 주식에 주로 운용하여 돈을 벌어 배당하게 된다. 일정기간 환매가 금지되는 폐쇄형 뮤추얼펀드는 증권거래소나 코스닥 시장에 상장되어 있으므로 중간에 돈이 필요하게 되면 주식시장에서 서류상 회사의 주식을 매도하여 현금화할 수 있다.

표 2-1 ▶ 간접투자증권(수익증권과 뮤추얼펀드) 비교

구 분	수익증권(투자신탁)	뮤추얼펀드(투자회사)
설 립 형 태	신탁계약	펀드자체가 주식회사
발 행 증 권	수익증권	주식
투자자의 지위	수 익 자	주 주
운 용 대 상	주식, 채권, 파생상품, 실물자산 등	
취급 기관	운용 : 자산운용회사 판매 : 은행, 증권회사, 보험회사	

금전신탁은 은행이 일반 예금과 분리된 신탁계정을 통해 운용되는 금융상품이다. 자산운용회사의 수익증권처럼 투자 결과에 대한 책임은 돈을 맡긴 사람이 지게 되어 있다. 운용결과에 따라서 원금손실이 날 수도 있으나, 운용결과가 좋으면 예금이자보다 높은 수익을 받을 수도 있다. 은행은 일반 예금과 구분하기 위해 이러한 금융상품을 실적배당상품이라고 부르고 있다.

3. 예기치 않은 사고 등에 대비한 보험

보험은 기본적으로 예기치 않은 사고나 재난으로 인한 경제적 손실을 보전할 목적으로 다수의 사람이 분담금을 모아서 공동 준비재산을 마련하고 불행을 당한 사람에게 약정된 금액을 지급하는 금융상품이다. 보험에는 크게 생명보험과 손해보험이 있다. 생명보험은 생사(生死), 상해, 장해, 질병 등으로 개인이 소득상실의 위험에 처했을 때 보험금을 지급하는 금융상품이며, 손해보험은 화재, 도난 등 우연한 사고 등으로 재산상의 손해를 입었을 때 보험금을 지급하는 금융상품이다. 보험에 가입할 때에는 소득수준과 자신이 처해 있거나 예상할 수 있는 위험 등을 신중히 고려하여 자신에게 필요한 상품을 선택해야 한다. 보험상품은 장기간 위험을 담보하므로 중도에 해약하면 받을 수 있는 돈이 통상적으로 이미 납입한 보험료보다 적을 수 있으므로 일단 보험상품에 가입한 후에는 장기간 유지하는 것이 바람직하다. 이는 납입한 보험료의 일부가 보험계약 모집 비용 및 다른 가입자에 대한 지급 보험금으로 사용되기 때문이다.

4. 또 하나의 투자상품, 부동산

일정한 장소에 고정되어 존재하고 있는 토지, 건물 등을 부동산이라고 부른다. 부동산 투자에 따른 수익은 해당 부동산을 빌려주고 받는 임대수익과 부동산의 가격 상승으로 얻는 자본이익의 두 가지로 나누어 볼 수 있다. 부동산 투자는 큰 금액이 소요되고 환금성이 떨어지기 때문에 접근하기 쉽지 않았다. 그러나 최근에는 이러한 점을 보완할 수 있도록 부동산과 금융을 접목하는 시도가 많이 나오고 있다. 대표적인 것이 리츠(REITs : real estate investment & trusts)와 부동산간접투자형 수익증권이라는 상품이다. 이 상품들은 금융기관이 가입자들의 돈을 모아 부동산에 투자하고 그로부터 얻은 운용 수익을 가입자에게 나누어 주도록 되어 있다. 이러한 부동산 간접투자 상품은 거액이 소요되는 부동산 투자자금을 소액으로 증권화 함으로써 투자를 활성화하는 한편 부동산 개발 · 투자에 따른 이익을 다수의 사람에게 나누어 주는 기능을 하고 있다.

4 금융과 신용

개인이 합리적인 금융생활을 영위하려면 항상 신용이 수반되어야 한다. 금융생활에 있어서 신용이란 한마디로 말해 돈을 빌려 쓰고 약속한 대로 갚을 수 있는 능력이다. 개인이나 기업이 신용이 좋다는 것은 곧 빌려간 돈을 제때 갚을 능력이 충분하다는 뜻이다. 돈을 빌려주는 사람은 항상 돈을 빌려가는 사람의 신용이 좋은지 여부를 따져보고 빌려준다.

현대사회를 특징적으로 표현하는 용어 가운데 하나가 신용사회일 것이다. 신용사회에서는 현금을 보유하지 않아도 신용이 있으면 돈을 빌려 물건을 사거나 생활에 필요한 각종 서비스를 제공받을 수 있다. 개인의 입장에서 보면 신용을 매개로 하여 더 많은 물질적 · 정신적 풍요를 누릴 수 있게 된 것이다.

신용카드가 그중 대표적인 것이다. 그러나 소비자가 신용거래를 이용하려고 할 때 꼭 명심해야 할 사항이 있다. 신용거래를 통해 당장 물질적 · 금전적 혜택을 누릴지라도 여기에는 반드시 비용이 뒤따른다는 사실이다. 예를 들어 신용카드를 이용하여 할부로 물건을 사는 경우 금융기관에 수수료나 연회비와 같은 비용을 지불해야 하고 기한 내에 갚지 못할 경우에는 연체료와 같은 높은 이자를 부담해야 한다.

또한 개인의 신용은 등급이 매겨지고 관리된다. 은행, 카드회사, 보험회사, 이동통신회사 등에서 보낸 각 개인의 금융거래 정보를 전국은행연합회 등 신용정보집중기관에서 집중 관리하고 있다. 여기에는 대출금액, 보증제공 내역, 신용카드 사용과 현금서비스 이용실적, 금융거래대금 연체 사실에 대한 내용 등이 포함된다. 고객이 대출을 받거나 신용카드를 발급받고자 하는 경우 금융기관은 개인의 신용상태를 조회하여 거래 신청의 승인 여부와 함께 이자율 등의 거래조건을 결정한다. 그러므로 신용이 우수한 사람은 대출금리, 할부수수료, 신용카드 이용한도 등에서 혜택을 받게 되나 신용이 좋지 않은 사람은 거래 신청이 거절될 수도 있으며 신용이 양호한 사람에 비해 불리한 조건으로 거래할 수밖에 없다.

개인이 연체자로서 불이익을 받지 않기 위해서는 무엇보다 먼저 자신의 현재와 미래 소득수준을 감안하여 그 범위 내에서 지출해야 한다. 그리고 금융기관으로부터 대출을 받아야 할 필요가 있는 경우에는 자신의 상환능력을 감안하여 부채한도를 설정한 후 그 한도 내에서 대출을 받아야 한다.

다음으로 신용카드대금 결제일, 대출금 이자 납부일, 이동통신 사용요금 납부일 등을 사전에 인지하고 있어야 하며 수시로 결제계좌의 잔고를 확인하여 본의 아니게 연체가 발생하지 않도록 하는 것이 중요하다.

연체자는 금융거래를 포함한 사회생활에서 매우 큰 불이익을 받을 수 있다. 금융거래에 있어서는 대출을 받으려고 할 때 대출이 거절되거나 높은 이자를 부담해야 하는 등의 불이익을 받으며 신용카드의 발급 및 사용에 있어서도 제약을 받게 된다. 나아가 사회생활에서도 각종 생활용품의 신용 할부구매시 제약을 받게 되며 취직에도 불이익이 따를 수 있다. 이러한 점에서 개인신용을 철저히 관리하는 것이 매우 중요하다. 개인의 신용정보는 자신이 거래하는 금융기관이나 전국은행연합회, 개인신용조회업자 등을 통해서 확인할 수 있다.

마지막으로 보증도 채무에 해당하므로 다른 사람의 채무를 보증할 경우에는 그 사람의 신용 상태를 잘 고려하여 제공하되 만일의 경우에 대비하여 자신이 대신 갚을 수 있는 범위 이내에서만 해야 한다.

제2절 금융상품 고르는 요령

금융상품은 취급하는 금융기관도 다양하고 종류가 매우 많은데다 저마다의 장단점이 있어 어떤 금융기관의 어느 금융상품을 선택해야 할지 몰라서 난감할 때가 많다.

일반적으로 금융상품을 선택할 때에는 서로 상반되는 관계에 있는 안전성, 수익성 그리고 환금성의 3가지 요소를 적절히 고려해야 한다. 이 밖에도 저축의 목적이나 기간, 부대서비스의 내용 등 현실적으로 고려하여야 할 사항이 한두 가지가 아니므로 자기의 형편과 사정을 감안하여 적합한 상품에 가급적 분산 투자하는 지혜가 필요하다. 그리고 현재 자기의 수입이나 재산상태, 그리고 앞으로 필요한 자금의 규모 등을 고려하여 주택마련, 자녀교육, 노후생활 준비 등 구체적인 장기저축목표를 세운 뒤 이를 달성하려는 강한 의지를 갖고 저축을 생활화해 나가는 것이 무엇보다 중요하다 하겠다. 이제 장기 생활설계를 위한 재산 늘리기의 첫 걸음인 금융상품 선택을 위한 다섯 가지 요령에 대해 알아보자.

1 목적을 고려한 선택

금융상품의 선택기준은 돈을 모으려는 목적에 따라 달라야 한다. 돈을 모으려고 하는지 아니면 모은 돈을 불리려고 하는 것인지, 돈을 모은다면 왜 모으려고 하는지에 대해 먼저 생각해 봐야 한다. 금융상품에는 주택마련자금, 노후생활자금 등 목적에 따라 특화되어 개발된 장기 저축상품이 있고 가계 여유자금을 단기간 운용하는데 적합한 상품도 있다. 또한 일상생활을 편리하게 할 수 있도록 도와주는 기능을 가진 상품도 있다.

우선 목돈을 모으려고 한다면 적금과 같은 금융상품을 선택하고 주택마련자금을 모으려면 주택청약예금, 장기주택마련저축 등을 선택하는 것이 유리할 것이다. 적금을 열심히 부어서 목돈을 마련했는데 이를 좀 더 불리고 싶다면 은행의 정기예금이나 금전신탁, 자산운용회사의 수익증권이나 뮤추얼펀드 등을 선택할 수 있을 것이다.

표 2-2 ▶ 저축목적별 주요 금융상품

저 축 목 적	주요 금융상품
주택자금 마련	주택청약예금, 주택청약부금, 주택청약저축, 주택청약종합저축, 장기주택마련저축, 장기주택마련펀드 등
노후생활자금 마련*	노후생활연금신탁, (개인)연금신탁, 연금보험, 역모기지론 등
목돈 늘리기	정기예금, 금전신탁, 수익증권, 뮤추얼펀드, 변액보험 등
자녀교육비 마련	장학적금, 교육보험 등
생활안정성 확보	생명보험, 상해보험, 질병보험(암보험), 손해보험 등
대출을 받기 위한 저축	상호부금, 신용부금 등

* 노후생활연금신탁, 개인연금신탁은 신규가입이 중단되어 있음

2 기간을 고려한 선택

자신의 목적에 맞는 금융상품을 찾았다 하더라도 그 돈이 언제 필요할 것인지를 예측한 다음 금융상품에 가입하는 것이 중요하다. 높은 금리만 보고 무조건 장기 금융상품에 돈을 맡겼다가 급한 사정 등으로 만기 이전에 중도해지하게 되면 중도해지 수수료를 내거나 약정금리보다 낮은 중도해지 이율을 적용받게 되어 손실을 볼 수 있다. 따라서 금융상품을 선택할 때에는 자금 지출계획과 저축기간을 일치시키는 원칙을 지키는 한편 장기 저축자금과 단기 운용자금을 구분하여 기간을 분산시키는 것이 유리하다. 또한 만기가 도래한 금융상품을 그냥 놓아두면 만기 후에 약정금리보다 낮은 이자가 적용되거나 이자가 추가로 전혀 지급되지 않는 경우가 있으므로 목돈이 언제 필요한지에 대하여 계획을 잘 세워 적절히 선택해야 한다.

표 2-3 ▶ 저축기간별 주요 금융상품

구분	은행	자산운용회사*	증권회사	보험회사	종합금융회사	우체국	상호저축은행 신용협동기구
1개월 이내	저축예금, MMDA	MMF	RP, CMA		CP, CMA	저축예금	예탁금, 보통예금
1~3개월 이내	표지어음, RP, CD, 정기예금	MMF, 단기수익증권 (채권형)	RP, 단기수익증권 (채권형),CMA		표지어음, CP, CMA		예탁금, 표지어음 (상호저축은행)
3~6개월 이내	표지어음, RP, CD, 정기예금, 특정금전신탁	단기수익증권 (채권형)	RP, 단기수익증권 (채권형),CMA		발행어음, 표지어음, CP, CMA	RP	예탁금, 표지어음 (상호저축은행)
6개월~1년 이내	표지어음, 정기예금, 특정금전신탁	중기수익증권 (채권형/주식형)	중기수익증권 (채권형/주식형)		발행어음		정기예금, 예탁금
1년 이상	정기예금, 금융채, 연금신탁, 맞춤형 특정신탁, 주택관련저축	장기수익증권 (채권형/주식형), 연금투자신탁, 뮤추얼펀드	증권저축, 회사채, 국공채, 장기수익증권 (채권형/주식형)	장기저축성 보험, 연금보험, 변액보험		정기예금, 연금보험	정기예금, 예탁금, 연금 보험(공제)

* 자산운용회사의 수익증권은 은행이나 증권회사, 보험회사 등 판매회사에서 가입할 수 있음

❸ 금리를 고려한 선택

금융상품을 선택할 때 주의 깊게 살펴보아야 하는 것이 금리다. 금리란 돈을 빌린 사람이 일정기간 돈을 빌려 쓴 것에 대한 대가로서 지급하는 이자의 원금에 대한 비율을 말한다.

금리는 각각의 기준에 따라 다양하게 분류된다. 대표적으로 단리와 복리로 나눌 수 있으며 확정금리와 변동금리로 나눌 수 있다. 이하에서는 금융상품 선택시 중요하게 고려해야 할 단리와 복리, 확정금리와 변동금리에 대해서 살펴보자.

1. 단리와 복리

단리란 예금의 만기에 이자를 1회 계산하여 지급하는 방식이고 복리는 만기이전에 일정기간 단위(1개월, 3개월, 6개월, 1년 등)로 이자를 계산하여 원금에 가산하는 방식이다.

즉 단리는 단순히 원금에 대한 이자를 계산하는 방식이며 복리는 이자에 대한 이자도 함께 감안하여 계산하는 방법이다. 예를 들어 100만원을 연 10%의 금리로 은행에 2년간 예금할 경우 만기에 받게 되는 원금과 이자의 합계액은 단리 방식으로는 120만원〔100만원×(1+0.1×2)〕이 되지만 복리 방식으로는 121만원〔100만원×$(1+0.1)^2$〕이 된다.

2. 고정금리와 변동금리

고정금리와 변동금리는 만기까지 동일한 금리가 적용되는지 여부에 따른 금리 구분법이다. 즉 고정금리란 가입시점부터 만기까지 동일한 금리가 적용되는 것을 의미하는 반면에 변동금리는 가입 후 만기이전에 적용되는 금리가 변동하는 것을 의미한다. 따라서 상품 가입 후 금리가 상승할 것으로 예상될 경우 변동금리 상품에 투자하는 것이 유망하며, 그렇지 않다면 고정금리 상품에 투자하는 것이 유망하다고할 수 있다.

4 안전성, 수익성, 환금성을 고려한 선택

안전성은 어떤 금융상품에 있어서 원금과 이자가 보전될 수 있는 정도를 뜻한다. 어떤 금융상품이든 절대적으로 안전할 수는 없다. 모든 금융상품은 정도의 차이가 있으나 원금과 이자를 보전하는 데 위험이 따른다. 금융거래 위험에는 거래 금융기관 또는 증권 발행기업의 파산 등으로 인한 채무불이행 위험과 금융상품의 시장가격 변농에 따른 가격하락 위험의 두 가지가 있다. 따라서 금융기관을 정할 때는 부실화 가능성은 없는지 또 해당 금융상품이 예금자보호법에 의한 보호대상(제 5절 예금자 보호제도 참조)인지 여부를 미리 확인해 볼 필요가 있다. 주식이나 회사채를 사는 경우에도 최소한 원금을 지켜 줄 수 있는 회사인지를 따져 본 후 결정해야 한다.

또한 실적배당형 금융상품은 확정금리형 상품과 달리 운용실적에 따라 투자원금까지 손해 볼 수 있는 위험을 안고 있는 데다 예금자보호 대상에서도 제외된다는 점에 유의해야 해다. 일반적으로 수익성이 높은 금융상품일수록 위험도 큰 만큼 여유자금을 특정 금융상품에 집중시키지 말고 안전성이 다른 몇몇 상품에 분산하는 것이 바람직하다.

표 2-4 ▶ 우량 금융기관 판단지표

구 분	주요 경영지표	공 통 사 항
은행, 종합금융회사	· BIS기준 자기자본비율 · 부실여신비율	– 경영공시 내용 – 감독당국의 경평평가 결과 – 국제신용평가 기관의 신용등급 – 최근의 주가수준 등
증권회사	· 영업용순자본비율	
자산운용회사	· 위험대비 자기자본비율	
보험회사	· 지급여력비율	

수익성은 금융상품의 가격 상승이나 이자 수익을 기대할 수 있는 정도를 뜻한다. 주식의 경우 향후 주식 가격의 상승에 대한 기대와 주식발행 회사가 결산 후 지급하는 배당 수익에 대한 기대가 있다. 채권의 경우에는 채권 가격이 상승하고 이자 수입이 매 정해진 기간마다 안정적으로 지급되는 것에 대한 기대를 의미한다. 금융 기관에서 판매하는 여러 가지 금융상품을 비교해 보면 비교적 높은 수익을 기대할 수 있는 상품을 찾을 수 있다. 그러나 수익이 높은 것은 위험이 높든지 환금성이 떨어지든지 분명히 이유가 있다는 점을 유념하여 잘 살펴보아야 한다.

한편 각 금융기관이 수익률을 다양한 형태로 제시하고 있는 점에 유의하여야 한다. 표면금리 이외에 이자지급 방법, 세금우대 여부 등 수익률에 실질적으로 영향을 미치는 요인을 함께 고려하여 수익률을 이해할 필요가 있다. 수익을 극대화하기 위해서는 수익에 영향을 미치는 요소들을 모두 반영한 다음의 세후 실효수익률이 높은 금융상품을 선택하는 것이 바람직하다.

표 2-5 ▶ 수익률 관련 용어

종 류	주요내용	비 고
명목금리	돈의 가치변동, 즉 물가 변동을 고려하지 않은 금리	돈의 가치 즉 물가 변동 고려 여부
실질금리	명목금리에서 물가상승률을 뺀 금리	
총수익률	만기까지 받는 총수익의 투자원금에 대한 비율	–
연평균 수익률	만기가 1년 이상인 상품에 있어서 만기까지의 총수익률을 계약 년수로 나누어 산출한 수익률	
표면금리	예금증서, 채권 등의 표면에 기재된 이자율을 말하며, 단순히 연간 이자수입만을 나타내는 금리	–
실효수익률 (연수익률)	원금, 이자 및 그 이자의 재투자수익 등을 모두 더한 총수입금액의 원금에 대한 1년 단위 증가율	실효수익률에서 세금까지를 고려한 세후 실효수익률이 금융상품 선택 기준이 됨

환금성 또는 유동성이란 돈이 필요할 때 언제든지 보유 자산을 별다른 손해 없이 현금화할 수 있는 정도를 말한다. 생활을 하다 보면 당장 현금이 필요한 경우가 생기게 마련이다. 만기가 장기인 적금이나 예금 등은 중도해지에 따른 불이익이 크므로 환금성이 낮다고 할 수 있다. 반면 은행의 수시입출금식 예금은 손쉽게 현금으로 인출할 수 있으므로 환금성이 높은 상품이다. 그러나 환금성이 높으면 일반적으로 수익성은 낮아지게 된다. 따라서 투자를 위한 단기 대기성 자금이나 일상의 생활자금에 한해 수시 입출금이 자유로워 환금성이 높은 상품을 이용하는 것이 바람직하다.

표 2-6 ▶ 환금성 수준별 주요 금융상품

구 분	주요 금융상품
환금성이 높은 단기 금융상품	– 은행의 MMDA, RP, CD – 입출금이 자유로운 상품 : 보통예금, 저축예금, 가계당좌예금 등 – 만기 1년 이내의 상품 : 종합금융회사나 증권회사의 CMA, 증권회사 · 자산운용회사의 MMF, 단기수익증권, 개방형 뮤추얼펀드 등
환금성이 낮은 장기 금융상품	– 은행의 만기 1년 이상 상품 : 저축성예금, 신탁상품 및 금융채 – 증권회사 · 자산운용회사의 장기 수익증권, 폐쇄형 뮤추얼펀드 등 – 보험회사의 저축성 보험상품 등

5 대출의 현명한 활용

현대를 사는 대부분의 사람들에게 빚을 얻는 것은 피할 수 없는 일이 되었다. 큰돈이 필요한데 모아 놓은 돈으로 부족하다면 빌려서 충당하고 나중에 갚을 수밖에 없을 것이다. 장기 생활설계에 따라 돈을 모으더라도 목표했던 금액보다 돈이 덜 모아졌다든지 당초 예상보다 지출금액이 많아진다든지 하여 돈을 빌려야 할 상황은 언제든지 발생할 수 있다.

돈 빌리는 것에 대하여 거부감을 가진 사람도 많이 있다. 물론 돈을 빌리지 않고 세상을 살아갈 수 있다면 더 이상 바랄 것이 없을 것이다. 그러나 내 집을 마련하기 위해 일시에 큰돈이 필요할 경우에는 부족한 부분을 빌릴 수밖에 없는 상황이 발생하게 된다. 꾸준히 돈을 모아 빚을 지지 않고 주택을 마련하는 것이 바람직하나 경우에 따라서는 어느 정도의 종자돈이 모이면 장기주택담보대출 등을 이용하여 빚을 지고 주택을 마련하는 것이 경제적으로 유리할 수도 있다. 물가상승은 돈을 빌려준 사람에게 불리하나 돈을 빌린 사람에게는 유리할 수 있기 때문이다.

그러나 돈을 빌릴 때에는 반드시 자기가 갚을 능력이 있는 데까지만 빌리고 또한 이자와 원금은 약속한 대로 정해진 날짜에 반드시 갚아야 한다. 이자나 원금을 기한 내에 갚지 않아 연체가 일정기간 이상 지속되면 새로운 대출을 받기 곤란하며 기존 대출금에 대해서도 상환을 독촉 받게 되는 등 많은 불이익을 감수하여야 된다. 따라서 자신의 현재 소득으로 정해진 시기에 대출 이자를 지급하면서 장래에 갚아야 할 대출 원금을 모을 수 있는지 계산해 보아야 할 것이다.

대출금 상환방법에는 이자만 지급하다가 만기에 원금을 한꺼번에 갚는 방식과 이자와 원금의 일부를 함께 갚아 나가는 방식이 있다. 규칙적인 수입이 있다면 원금과 이자를 일정하게 갚아 나가는 방식이 일반적으로 유리하다. 대출 만기도 무작정 만기가 긴 상품을 선택하는 것보다 자금계획에 맞추어 정하는 것이 바람직하다. 대출상품도 예금과 마찬가지로 만기가 길수록 금리가 높으며 중간에 돈이 생겨 대출금을 상환하면 중도상환 수수료를 무는 경우도 있기 때문이다. 물론 대출상품의 이자율 수준이 무엇보다 중요하다. 따라서 각 금융기관 별로 대출상품을 꼼꼼히 비교하여 다른 조건이 동일하다면 이자가 낮은 기관의 상품을 선택해야 한다.

하루가 다르게 변모하고 있는 금융환경 속에서 각 금융기관들이 고객을 유치하기 위해 새로운 종류의 다양한 금융상품을 수시로 개발 · 판매하고 있다. 또한 대부분의 금융기관들은 단골 고객에 대하여 수수료 면제, 예금 또는 대출시 우대금리 적용 등의 서비스를 제공하거나 전문가의 재테크 상담 서비스를 제공하기도 하고 있으므로 건전한 금융기관을 주거래 기관으로 정해 놓고 수시로 재산 증식과 관련한 자문을 구하는 것이 바람직하다.

그림 2-2 ▶ 금융상품 선택시 고려사항

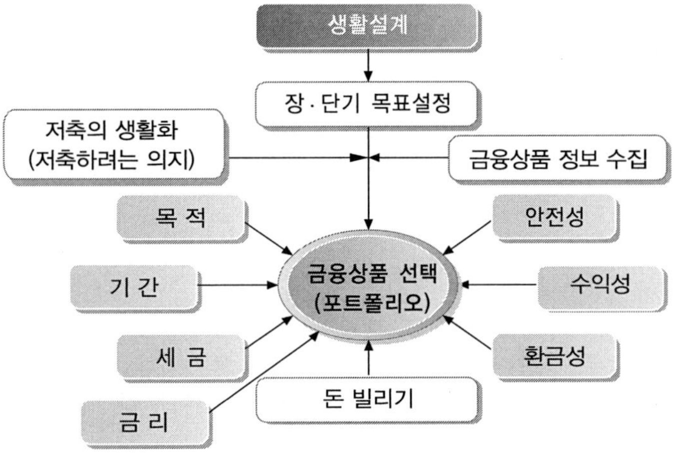

제3절 금융상품 종류

현재 각 금융기관에서는 국민들의 다양한 저축수요를 충족시키기 위해 여러 형태의 금융상품을 취급하고 있다. 금융상품을 그 특성에 따라 분류해 보면 ① 수익률이 낮은 반면 입출금이 자유로운 상품 ② 적은 돈을 매월(매분기) 적립하여 목돈을 마련하는 상품 ③ 일정규모 이상의 목돈을 불려나가는 상품 ④ 주택자금, 노후자금, 교육자금 등 특정한 목적을 달성하기 위한 상품 등이 있다. 그리고 확정이자를 지급하는 상품이 있는가 하면 실적에 따라 수익을 배당하는 상품이 있고 이자소득 등에 대해 비과세하거나 우대세율을 적용하는 상품도 있다.

아울러 최근에는 하루가 다르게 변모하고 있는 금융환경 속에서 각 금융기관들이 고객을 유치하기 위해 새로운 종류의 다양한 금융상품을 수시로 개발 · 판매하고 있다. 따라서 저축을 할 때에는 금융기관의 선택 못지않게 수익성, 환금성, 안전성 및 부대서비스 내용 등 여러 금융상품의 특성을 서로 비교해 보고 각자의 저축목적에 부합되는 금융상품을 선택하려는 노력이 무엇보다도 중요하다 하겠다.

이하에서는 국민들이 금융상품 선택시 참고할 수 있도록 각 금융기관에서 취급하고 있는 개별 금융상품에 대한 세부정보를 상품의 특성별로 분류하여 수록했다.

1 입금과 출금이 자유로운 금융상품

1. 저축예금

보통예금처럼 예치금액, 예치기간 등에 아무런 제한이 없고 입출금이 자유로우면서도 보통예금보다 높은 이자를 받을 수 있는 예금이다. 가계우대성 금융상품으로 가계의 여유자금을 초단기로 예치하거나 입출금이 빈번한 자금을 운용하기에 적합하다.

■ **상품특징 :** 수시입출금식, 복리이자 지급

- 취급기관 : 은행(농 · 수협중앙회 포함), 상호저축은행, 우체국
- 가입대상 : 실명의 개인
- 가입좌수 · 예치기간 · 가입한도 : 제한 없음
- 금 리 : 연 0.1~4.0%(2011. 12월 현재)
  * 대부분의 은행이 금액별로 차등금리를 적용
- 이자계산 : 통상 결산기(매 3개월 또는 6개월)마다 평균 예금 잔액에 대하여 이자를 계산 후 원금에 가산
- 세금혜택 : 일반과세(15.4%), 세금우대(9.5%), 생계형 비과세 중 선택 가능
- 예금보호 여부 : 예금자보호법 등에 의거 보호
- 참고사항
  - 일부 금융기관에서는 입출금이 자유로운 예금(보통예금, 저축예금, 자유 저축 예금 등) 중 일부상품만 취급하거나 이들을 통합하여 운영하기도 하며, 일정기간 동안의 평균잔액이 일정액 이하인 경우 이자를 지급하지 않거나 계좌

유지 수수료를 부과하는 제도를 시행하는 경우도 있음

– 상호금융, 신용협동조합, 새마을금고 등은 은행의 저축예금과 유사한 상품인 '자립예탁금'을 취급하고 있는데, 이 상품은 대월약정을 맺으면 약정한도까지 대출을 자동으로 받을 수 있음

표 2-7 ▶ 세금혜택 비교

구분	일반과세	세금우대	생계형비과세
적용세율	15.4% (소득세14% + 지방소득세[1] 1.4%)	9.5% (소득세9% + 농어촌특별세0.5%)	0%
가입한도	–	· 일반인: 1,000만원 · 노인 및 장애인: 3,000만원 · 미성년자: 1,500만원[2]	3,000만원
대상	–	· 노인, 장애인 등[3]	· 노인, 장애인 등[3]

주 : 1) 지방소득세는 소득세의 10%
2) '05년말까지 가입분에 한함
3) 노인(남녀 만 60세 이상), 장애인, 국가유공자, 고엽제 환자, 5 · 18운동 부상자 외 독립유공자와 그 유족 또는 가족, 기초생활 수급자

2. 가계당좌예금

가계수표를 발행할 수 있는 개인용 당좌예금이며 무이자인 일반 당좌예금과는 달리 이자가 지급되는 가계우대성 요구불예금이다. 가입대상은 일정 자격요건을 충족하는 개인이나 자영업자로 제한된다.

■ **상품특징 :** 가입대상 제한, 수시입출금식, 가계수표 발행용, 복리이자 지급

- 취급기관 : 은행
- 가입대상 : 신용상태가 양호한 개인, 자영업자(일반적으로 신용평가 결과 평점이 60점 이상인 자에 자격 부여)
- 예치한도 : 제한 없음
- 수표 1장당 발행한도 : 자율화(일반적으로 봉급생활자 100만원 이내, 자영업자 500만원 이내임)
- 금 리 : 연 0.1% 내외(2011. 12월 현재)
- 이자계산 : 통상 결산기(매 3개월 또는 6개월)마다 평균 예금 잔액에 대하여 이자를 계산 후 원금에 가산
- 대월한도 : 예금자의 신용을 감안하여 설정

• 대월기간 : 일반적으로 30일 이내(은행별로 1개월에서 1년까지 다양)
• 세금혜택 : 일반과세(15.4%), 세금우대(9.5%), 생계형 비과세 중 선택 가능
• 예금보호 여부 : 예금자보호법에 의거 보호
• 참고사항
  – 모든 은행에 걸쳐 1인 1계좌만 거래 가능
  – 예금잔액이 부족할 경우 대월한도 범위 내에서 자동대월이 가능하며 거래실적이 양호한 경우에는 소액가계자금도 대출받을 수 있음
  – 가계수표는 예금잔액 및 대월한도 범위 내에서 발행하여야 하며 대월한도를 초과하여 발행하게 되면 거래정지처분을 받을 수 있음

3. 시장금리부 수시입출금식예금 (MMDA : Money Market Deposit Account)

시장실세금리가 적용되고 입출금이 자유로운 단기상품이다. 통상 500만원 이상의 목돈을 1개월 이내의 초단기로 운용할 때 유리하며 각종 공과금, 신용카드대금 등의 자동이체용 결제통장으로도 활용할 수 있는 예금이다.

■ **상품특징 :** 수시입출금식, 다양한 부대서비스, 복리이자 지급
• 취급기관 : 은행
• 가입대상 : 제한 없음
• 예치기간 · 가입한도 : 제한 없음
• 금 리

구 분	500만원 미만	500만원 이상	1,000만원 이상	3,000만원 이상	5,000만원 이상
금리(연 %)	0.1~0.2	0.1~0.5	0.2~2.1	0.4~2.2	0.8~2.3

* 2011. 12월 현재

• 이자계산 : 통상 매일의 잔액에 해당금리를 적용하여 이자를 계산 후 매일 원금에 가산
• 세금혜택 : 일반과세(15.4%), 세금우대(9.5%), 생계형 비과세 중 선택 가능
• 예금보호 여부 : 예금자보호법에 의거 보호

• 참고사항
 – 환매조건부채권(RP), 양도성예금증서(CD) 등 다른 단기 시장성상품에 비해서는 수익률이 낮은 수준임
 – 예금거래 실적에 따라 마이너스대출, 수수료 면제, 대출 · 예금금리 우대, 각종 공과금 및 신용카드대금 결제, 타행환 송금 등 부대서비스를 제공하고 있음(다만, 일부은행의 경우 이를 불허하거나 자동이체 설정 건수를 제한)
 – 증권사, 종합금융회사의 어음관리계좌(CMA), 자산운용회사의 단기금융상품펀드(MMF) 등과 경쟁 상품임

4. 단기금융상품펀드(MMF : Money Market Fund)

자산운용회사가 여러고객이 투자한 자금을 모아 이를 주로 양도성예금증서(CD), 기업어음(CP), 잔존만기 1년 이하의 국채 및 통화안정증권 등 금융자산에 투자하여 얻은 수익을 고객에게 배당하는 채권투자 신탁상품이다. 최저 가입금액의 제한이 없고, 환금성이 높은데다 시중 실세금리 수준의 수익을 올릴 수 있어 소액 투자는 물론 언제 쓸지 모르는 단기자금을 운용하는데 유리한 저축수단이다.

■ **상품특징 :** 수시 입출금 가능, 실적배당
• 취급기관
 – 운용회사 : 자산운용회사
 – 판매회사 : 은행, 증권사, 보험사
• 거래금액 : 제한 없음
• 저축기간 : 제한 없음
• 배 당 률 : 실적배당
  * 은행의 6개월 정기예금 금리 수준
• 수익계산 : 인출시 원금과 배당금 지급
• 세금혜택 : 없음(일반세율 15.4% 적용)
• 예금보호 여부 : 비보호
• 참고사항
 – 은행의 MMDA, 증권사/종합금융회사의 CMA 등과 경쟁상품이며, 증권계좌와 연결하여 대기자금을 예치시 상대적으로 높은 수익을 얻을 수 있는 상품임
 – MMF의 경우 운용가능한 채권의 신용등급을 AA등급 이상(기업어음 A2 이

상)으로 제한하여 운용자산의 위험을 최소화 하도록 하고 있으며, 유동성 위험을 최소화하기 위하여 운용자산 전체 가중평균 잔존 만기를 90일 이내로 제한하고 있음

2 목돈마련을 위한 금융상품

1. 정기적금

매월 일정금액을 정기적으로 납입하고 만기일에 원리금을 지급받는 예금으로 푼돈을 모아 목돈을 마련하는 데 적합한 가장 보편적인 장기 금융상품이다. 정기적금은 일반 정기적금과 가계우대 정기적금으로 구분되며, 필요시 적금을 담보로 납입한 적금잔액의 일정범위(통상 95%) 이내에서 대출을 받을 수 있다.

1) 일반 정기적금

■ **상품특징 :** 적금담보대출 허용

- 취급기관 : 은행, 상호저축은행, 상호금융, 신용협동조합, 새마을금고, 우체국
- 가입대상 : 제한 없음
- 예치기간 : 일반적으로 6개월 이상 60개월 이내 월단위로 정하며, 자유적립식의 경우 일단위로 정할 수도 있음(최고 36개월로 제한한 은행도 있음)
- 저축한도 : 최저 1만원 이상 원단위로 저축한도 제한은 없음
- 금 리

기 간	6개월	1년	2년	3년
금리(연 %)	2.4~3.6	2.9~4.1	3.3~4.4	3.6~4.6

* 2011. 12월 현재 예금은행 기준

- 세금혜택 : 일반과세(15.4%), 세금우대(9.5%), 생계형 비과세 중 선택 가능.신용협동기구는 2012년말까지 이자소득세 비과세(예 · 적금 합계 3,000만원 한도, 농어민 · 저소득근로자가 아닌 경우 농어촌특별세 1.4% 과세)

• 예금보호 여부 : 예금자보호법 등에 의거 보호
• 참고사항
  – 만기 후에는 적용금리가 가입 당시 약정이율의 1/2 이하로 크게 낮아지는데 유의하여야 함
  – 만기이전에 중도해지하면 약정금리보다 낮은 중도해지이율이 적용됨

2) 가계우대 정기적금

– 개인만 가입할 수 있으며 적금담보대출을 받지 않는 경우 통상 특별금리를 가산해 줌
– 기타 조건은 일반 정기적금과 동일하며 가계우대 정기적금을 따로 취급하지 않는 금융기관도 일부 있음

2. 농어가목돈마련저축

농어민의 생활안정과 재산형성을 지원하기 위해 도입된 특별우대 비과세 저축으로 목돈마련에 유리한 3년 이상의 장기금융상품이다. 가입자에게는 기본금리 이외에 법정장려금리를 가산하여 원리금을 지급한다.

■ **상품특징 :** 가입대상 및 한도 제한, 법정장려금리 가산, 비과세
• 취급기관 : 단위농협, 지구별 · 업종별 수협
• 가입대상

일반 농어민	저소득 농어민
■ 1~2ha 이하 농경지 보유 농민 ■ 20t 이하 어선 소유 어민 ■ 일정규모(예:젖소 20마리) 이하 가축 소유 양축가	■ 1ha 이하 농경지 보유 농민 ■ 무동력선 또는 비어선 사용 어민 ■ 일정규모(예: 젖소 10마리)의 가축을 사육하거나 타인의 양축업에 종사하는 양축가

• 예치기간 : 3년 또는 5년
• 납입방법 : 월납, 분기납, 반기납
• 가입한도 : 월 5,000원 이상부터 12만원(연 144만원)까지 단, 저소득 농어민의 경우는 월 10만원(연 120만원) 이내

• 금 리(연 %)

구분	기간	기본금리(A)	장려금리(B)	계(A+B)
일반 농어민	3년	5.5	1.5	7.0
	5년	5.5	2.5	8.0
저소득 농어민	3년	5.5	6.0	11.5
	5년	5.5	9.6	15.1

* 2011. 12월 현재

• 세금혜택 : 비과세(2014년말까지 가입자에 한함)
• 예금보호 여부 : 자체적인 상호금융예금자보호기금으로 보호
• 참고사항
  – 농어민의 계절적인 자금 사정을 고려하여 분기 또는 반년 납부도 가능함
  – 저축의 계약기간 만료 또는 특별중도해지시 이자소득세, 상속세 부과되지 않음
  – 가입한도는 가구단위로 계산하며 한도 내에서는 여러 계좌로 나누어 가입할 수 있음

3 목돈을 불려 나가는 금융상품

1. 정기예금

계약시 저축기간과 금리를 미리 정하여 일정금액을 예치하는 장기 저축성예금이다. 대개 약정기간이 길수록 높은 확정이자가 보장되므로 여유자금을 장기간 안정적으로 운용하기에 좋은 금융상품이다. 이자를 매월 지급받을 수도 있으므로 목돈을 맡겨 놓고 이자로 생활하고자 하는 경우 등에 적합한 상품이다.

■ **상품특징 :** 월이자 또는 복리이자 지급, 중도해지시 낮은 금리 적용
• 취급기관 : 은행, 상호저축은행, 우체국
• 가입대상 · 예치한도 : 제한 없음
• 예치기간 : 1개월 이상 5년 이내

• 금 리 : 확정금리

구 분		3개월	6개월	1년	2년
금리(연 %)	예금은행	1.9~3.7	2.2~3.8	2.6~4.2	2.7~4.3
	저축은행	2.1~4.2	3.2~4.4	4.0~4.9	4.1~5.1

* 2011. 12월 현재

• 이자계산 : 매월마다 이자 지급 또는 이자를 원금에 가산(복리)
• 세금혜택 : 일반과세(15.4%), 세금우대(9.5%), 생계형 비과세 중 선택 가능
• 예금보호 여부 : 예금자보호법 등에 의거 보호
• 참고사항
  – 만기 이전에 중도해지하면 약정금리보다 낮은 중도해지이율이 적용되므로 만기까지 예치하는 것이 바람직함
  – 통상 예금잔액의 95% 범위 내에서 담보대출을 받을 수 있음

2. 정기예탁금

은행의 정기예금과 유사한 금융상품으로 상호금융, 새마을금고, 신용협동조합 등 신용협동기구들이 취급하고 있다. 비과세 혜택이 있으며 은행권보다 상대적으로 높은 금리를 지급하므로 일반 서민들의 목돈 운용에 적합한 저축수단이다.

■ **상품특징 :** 가입대상 제한, 비교적 높은 금리, 비과세 또는 저율과세
• 취급기관 : 상호금융, 신용협동조합, 새마을금고
• 가입대상 : 조합원 · 준조합원 또는 회원
• 예탁금액 : 제한 없음
• 예탁기간 : 5년 이내
• 금 리 : 확정금리

기 간	3개월	6개월	1년	2~3년
금리(연 %)	2.5~3.6	3.2~5.1	3.8~4.8	3.9~5.0

* 2011. 12월 현재 신용협동조합 기준

- 이자계산 : 매월 이자지급식 또는 만기 일시지급식
- 세금혜택 : 3,000만원까지 비과세, 비과세 시한은 2012년까지 (단, 농어민 · 저소득 근로자가 아닌 경우에는 농어촌특별세 1.4% 부담)
- 예금보호 여부 : 별도의 기금에 의해 5,000만원까지 보호
- 참고사항
  - 은행권의 비과세혜택 수혜여부와 관계없이 신용협동기구를 통틀어 1인당 3,000만원 범위 내에서 가입기간과 관계없이 비과세(농어민 · 저소득 근로자가 아닌 경우에는 농어촌특별세 1.4% 부담)되므로 여유자금을 장기는 물론 1년 미만의 단기로 운용하기에도 좋은 상품임

신용협동기구 출자금

상호금융, 신용협동조합, 새마을금고와 같은 신용협동기구의 조합원 또는 회원이 되기 위해서는 누구나 1좌 이상 출자하여야 한다. 이렇게 모아진 출자금은 이들 신용협동기구의 자본금이 되며, 조합원 등은 출자금액에 따라 매년 조합의 이익을 배당받게 된다. 신용협동기구의 출자금에 대하여는 1인당 1천만원 이하인 경우 배당소득에 대해 비과세 혜택이 주어지기 때문에 저축수단으로서도 매우 유용하며, 출자금액에 따라 대출 등 다양한 서비스도 받을 수 있다.

■ **상품특징 :** 조합원 등의 자격 취득, 비과세

- 취급기관 : 상호금융, 신용협동조합, 새마을금고
- 가입대상 : 지역 또는 직장 등의 상호유대를 가진 거주자
- 가입좌수 · 금액 : 1좌 이상(1좌당 금액은 보통 1천~1만원)
- 배당방법 : 매년 조합 등의 이익을 출자금액에 따라 배당
- 세금혜택 : 비과세(1인당 1,000만원 한도)
- 예금보호 여부 : 비보호
- 참고사항
  - 출자금을 내고 조합원 등이 되어야 신용협동기구 예탁금에 대한 이자소득세 비과세(3,000만원 한도) 혜택을 받을 수 있음

3. 실세금리연동형 정기예금

가입 후 일정기간마다 시장실세금리를 반영하여 적용금리를 변경하는 예금으로 금리상승기에 적합한 금융상품이다.

■ **상품특징 :** 실세금리 연동형
- 취급기관 : 은행
- 가입대상 : 제한 없음
- 가입한도 : 제한 없음
- 가입기간 : 통상 3년 이내(은행별 상이)
- 금 리

기 간	1개월	3개월	6개월	1년
금리(연 %)	2.0~3.2	2.3~3.5	2.7~3.6	3.0~3.6

* 2011. 12월 현재

- 이자계산 : 만기지급식, 월이자지급식, 회전기간별이자지급식 등 (계산방법별로 이율이 다소 차이가 날 수 있음)
- 세금혜택 : 일반과세(15.4%), 세금우대(9.5%), 생계형 비과세 중 선택 가능
- 예금보호 여부 : 예금자보호법에 의거 보호
- 참고사항
  - 실세금리 연동형 상품으로 금리상승기에 가입하면 유리함
  - 중도 해지시에는 약정금리보다 훨씬 낮은 이율을 적용받게 되는데 유의해야 함

4. 양도성예금증서 (CD : Certificate of Deposit)

은행이 양도성을 부여하여 무기명 할인식으로 발행한 정기예금증서를 말한다. 통상 1,000만원 이상의 목돈을 3개월 내지 6개월 정도 운용하는 데 적합한 단기상품이다. 은행에서 발행된 증서를 직접 살 수 있고 증권회사에서 유통되는 양도성예금증서를 살 수도 있다.

■ **상품특징 :** 무기명 양도가능, 할인식 발행, 확정금리 발행
• 취급기관 : 은행, 종합금융회사, 증권회사
• 발행대상 : 제한 없음
• 예치기간 : 30일 이상 제한없음 (90일이 일반적임)
• 예치한도 : 제한이 없으나 500만원 이상이 일반적임
• 수 익 률 : 실세금리 연동형 금리

기 간	30일	60일	90일	180일
금리(연 %)	1.4~2.3	1.7~2.9	1.8~3.0	2.1~3.2

* 2011. 12월 현재

• 이자계산 : 할인식
  *예치기간 동안의 이자를 액면금액에서 차감(할인)하여 발행한 후 만기지급시 증서 소지인에게 액면금액을 지급
• 세금혜택 : 없음(일반세율 15.4% 적용)
• 예금보호 여부 : 비보호
• 참고사항
  – 중도해지가 불가능하며 만기전에 현금화하고자 할 경우에는 유통시장(종합금융회사, 증권회사)에서 매각할 수 있음
  – 할인식으로 발행되는 CD의 특성상 만기 후에는 별도의 이자 없이 액면 금액만을 지급받게 되는데 유의하여야 함

5. 환매조건부채권 (RP : Re-purchase Paper)

금융기관이 보유하고 있는 국공채 등 채권을 고객이 매입하면 일정기간이 지난 뒤 이자를 가산하여 고객으로부터 다시 매입하겠다는 조건으로 운용되는 단기 금융상품이다. 투자금액과 기간을 자유롭게 선택할 수 있는 시장금리연동형 확정금리 상품으로서 단기여유자금을 운용할 때 유리한 저축수단이다.

■ **상품특징 :** 실세금리 연동형
• 가입대상 : 제한 없음
• 취급기관 : 은행, 종합금융회사, 증권회사, 증권금융회사, 우체국
• 대상증권 : 국채, 지방채, 특수채, 상장법인 및 등록법인이 발행하는 채권

- 약정기간 : 제한 없음
- 최소거래금액 : 제한이 없으나 1,000만원 이상이 일반적임
- 수 익 률 : 실세금리 연동형 확정금리

기 간	30일	60일	90일	180일
금리(연 %)	1.9~3.4	2.2~3.6	2.3~3.9	2.6~3.9

* 2011. 12월 현재

- 세금혜택 : 없음(일반세율 15.4% 적용)
- 예금보호 여부 : 비보호
- 참고사항
  - 예금자보호 대상은 아니지만 국채, 지방채 등 우량 채권에 투자되므로 안정성이 높은 편임
  - 대부분 만기가 지난 후에는 별도의 이자를 가산해 주지 않는다는 점에 유의하여야 함
  - 주로 통장거래로 이루어지며 중도 환매시에는 당초 약정금리보다 훨씬 낮은 금리를 적용받게 됨

6. 기업어음 (CP : Commercial Paper)

기업이 자금융통을 위하여 발행한 단기어음을 종합금융회사, 증권회사가 할인 매입한 후 이를 기관이나 일반투자자에게 다시 매출하는 단기상품이다. 1억원 이상의 거액자금을 1개월 이상 3개월 미만의 단위로 운용하기에 유리하며 자금의 반복예치를 통한 장기운용에도 적합한 금융상품이다.

■ **상품특징 :** 실세금리 연동형, 선이자 지급, 배서양도 가능
- 취급기관 : 종합금융회사, 증권회사
- 투자금액 : 제한 없음(보통 1,000만원 이상)
- 예치기간 : 1년 이내 (91일이 일반적임)
- 수 익 률 : 실세금리 연동형 확정금리
- 이자계산 : 할인매출 또는 만기에 원리금 지급

• 세금혜택 : 없음(일반세율 15.4% 적용)
• 예금보호 여부 : 비보호
• 참고사항
 – 원칙적으로 중도환매가 불가능하지만 배서양도의 방식으로 제3자에게 중개회사(증권회사)를 통해 양도할 수 있음(그러나 이 경우도 보통 10억원 이상의 거액만 취급)

7. 발행어음

종합금융회사나 증권금융회사가 영업자금 조달을 위해 자체 신용으로 융통어음을 발행하여 일반투자자에게 매출하는 형식의 금융상품이다. 자기발행어음 또는 자발어음이라고도 한다.

■ **상품특징 :** 실세금리 연동형, 선이자 지급
• 취급기관 : 종합금융회사, 증권금융회사
• 가입한도 : 제한 없음 (보통 최저 거래금액이 100만원~500만원 이상)
• 예치기간 : 1년 이내(보통 90일)
• 수 익 률 : 실세금리 연동형 확정금리

기 간	30일	60일	90일	180일
금리(연 %)	3.0~3.5	3.1~3.6	3.2~3.9	3.2~4.2

* 2011. 12월 현재 종합금융회사 기준

• 이자계산 : 할인매출 또는 만기에 원리금을 지급
• 세금혜택 : 일반과세(15.4%), 세금우대(9.5%), 생계형 비과세 중 선택 가능
• 예금보호 여부 : 예금자보호법에 의거 보호
• 참고사항
 – 금융기관이 직접 발행하는 어음인 만큼 투자자 입장에서 예치기간이나 금액에 적합한 상품을 언제든지 구할 수 있다는 장점이 있음
 – 중도환매가 가능하나 일정 수준의 중도해지이율이 적용됨
 – 기업어음(CP)에 비해서 수익률은 다소 낮으나 기업어음과는 달리 예금자 보호 대상임

8. 표지어음

금융기관이 기업으로부터 매입(할인)해 보유하고 있는 상업어음이나 외상매출 채권을 다시 여러 장으로 쪼개거나 한데 묶어 액면금액과 이자율을 새로이 설정해 발행하는 어음이다. 은행 및 저축은행의 대표적인 단기상품 중 하나로 3개월 이상 6개월 이내의 단기 여유자금 운용에 유리한 상품이다.

■ **상품특징 :** 금융기관 발행어음, 실세금리 연동형, 선이자 지급, 중도해지 불가

- 취급기관 : 은행, 종합금융회사, 상호저축은행
- 거래금액 : 제한 없음(보통 500만원 이상)
- 저축기간 : 원어음의 최장만기일 범위 내
- 수 익 률 : 실세금리 연동형 확정금리

구 분		1개월	2개월	3개월	6개월
금리(연 %)	예금은행	1.3~2.3	1.5~2.8	1.7~2.9	2.0~3.1
	상호저축은행*	3.0	3.1	3.1	3.8

* 2011. 12월 현재 H 저축은행 기준

- 이자계산 : 할인식(이자 선지급식)
- 세금혜택 : 없음(일반세율 15.4% 적용)
- 예금보호 여부 : 예금자보호법 등에 의거 보호
- 참고사항
  - 금융기관이 표지어음의 발행인 및 지급인이 되므로 안전성이 높은 편이며 일반적으로 일정금액(1억원 정도) 이상이면 우대금리를 적용함
  - 만기전 중도해지가 불가능하나 배서에 의한 양도는 가능하며 할인매출의 특성상 만기 후의 경과기간에 대해서는 별도의 이자없이 액면금액만을 지급하는 데 유의하여야 함

9. 어음관리계좌 (CMA : Cash Management Account)

종합금융회사나 증권회사가 고객의 예탁금을 어음 및 국공채 등 단기금융상품에 직접 투자하여 운용한 후 그 수익을 고객에게 돌려주는 단기 금융상품이다. 예탁금에 제한이 없고 수시 입출금이 허용되면서도 실세금리 수준의 수익을 올릴 수 있는 장점을 가지고 있다.

■ **상품특징 :** 수시 입출금 가능, 실적배당

- 취급기관 : 종합금융회사, 증권회사
- 가입대상 · 예탁금액 : 제한 없음
- 예탁기간 : 1년 이내
- 수 익 률 : 실적배당

기 간	30일	60일	90일	180일
금리(연 %)	2.3~3.3	2.3~3.4	2.3~3.5	2.4~3.7

* 2011. 12월 현재

- 이자계산 : 인출시 원금과 배당금 지급
- 세금혜택 : 없음(일반세율 15.4% 적용)
- 예금보호 여부 : 예금자보호법 등에 의거 보호(증권회사의 경우 비보호)
- 참고사항
  - 거래방법은 실물이 아닌"어음관리계좌"통장으로만 거래됨
  - 만기 후 인출하지 않으면 원리금이 자동 재예탁되는 방식으로 예탁기간이 연장됨
  - 은행의 시장금리부 수시입출금식예금(MMDA) 및 자산운용회사의 단기금융상품펀드(MMF)와의 경쟁상품임

10. 특정금전신탁

투자자가 신탁재산의 운용을 지정하느냐 여부에 따라 특정금전신탁과 불특정 금전신탁으로 구분된다. 즉 투자자가 신탁재산의 운용을 지정하지 않았을 경우 불특

정금전신탁이라고 하며 신탁재산의 운용을 지정한 경우 특정금전신탁이라 한다. 특정금전신탁에는 대표적으로 맞춤형 특정금전신탁과 분리과세 특정 금전신탁 등이 있다.

1) 맞춤형 특정금전신탁

투자자는 자신이 맡긴 돈의 운용대상, 운용방법 및 운용조건 등을 은행에 지시하고, 은행은 고객이 지시한 내용대로 운용하고 운용수익에서 일정한 비용(신 탁보수 등)을 차감 후 실적배당하는 상품이다.

■ **상품특징 :** 고객의 투자성향, 투자기간, 기대수익률 등에 따라 맞춤형 투자 가능

- 취급기관 : 은행, 증권회사, 보험회사 등
- 가입대상 : 제한 없음
- 종 류 : 채권형, 주식형, Wrap Account*형

  * 랩어카운트(Wrap Account) : 고객이 예탁한 자산에 대한 포트폴리오 구성 및 투자 자문 등의 자산관리서비스를 제공하고 이에 대해 일정률의 수수료를 받는 형태

- 예탁한도 : 5,000만원 이상(취급기관에 따라 다름)
- 예탁기간 : 제한 없음(일반적으로 3개월 이상)
- 수 익 률 : 실적배당
- 수익계산 : 만기 일시지급식 또는 이자지급식 등
- 중도해지 : 가능(단, 운용자산의 처분이 가능한 경우에 한함)
- 세금혜택 : 일반과세(15.4%), 세금우대(9.5%), 생계형 비과세 중 선택 가능
- 예금보호 여부 : 비보호
- 참고사항
  - 특정금전신탁에 발생한 수익은 고객이 직접 유가증권 등에 투자한 것으로 가정하여 과세함. 즉 유가증권의 매매차익은 비과세하고, 유가증권이자는 이자소득으로, 주식배당금은 배당소득으로 과세함.
  - 운용자산의 안전성(신용도)을 감안하여 가입하여야 함.

2) 분리과세 특정금전신탁

특정금전신탁 상품 중 발행일로부터 상환일까지의 기간이 10년 이상인 장기채권에 투자하는 경우, 동 채권에서 발생하는 이자소득에 대하여 분리과세를 신청할 수 있는 상품이다.

■ **상품특징**
- 주로 국가 · 지방자치단체가 발행한 채권에 운용하므로 안전한 투자 가능
- 예치기관에 관계없이 분리과세 신청 가능

• 취급기관 : 은행, 증권회사, 보험회사 등
• 가입대상 : 제한 없음
• 종 류 : 국공채형, 회사채형
• 예탁한도 : 1억원 이상(취급기관에 따라 달리 함)
• 예탁기간 : 제한 없음(일반적으로 1년 이상)
• 수 익 률 : 실적배당
• 수익계산 : 만기일시 지급식, 이자지급식 등
• 중도해지 : 가능(단, 운용자산의 처분이 가능한 경우에 한함)
• 세금혜택 : 일반과세(15.4%), 분리과세(33.0%) 선택 가능
• 예금보호 여부 : 비보호
• 참고사항
- 분리과세 특정금전신탁에 가입하였더라도 투자자는 분리과세 또는 일반과세 중에서 선택할 수 있음
- 분리과세의 신청은 연간 금융종합소득 과세표준이 8,800만원을 초과하는 경우 신청하는 것이 유리함
- 분리과세 특정금전신탁에 가입한 후 33% 세율로 납세하면 금융소득 종합과세 대상 소득에 포함되지 않음

11. 주택청약종합저축

2009년 5월부터 출시된 금융상품으로 주택 소유나 가구주 여부에 관계없이 누구나 가입할 수 있고, 공공 · 민영주택에 모두 청약할 수 있어 '만능통장'으로 불리우는 금융상품이다.

■ **상품특징 :** 공공 · 민영주택에 모두 청약 가능
• 취급기관 : 우리, 신한, 하나, 기업은행, 농협 등에서 취급
• 가입대상
- 무주택 세대주 여부 및 연령에 관계없이 1인 1계좌 가입 가능

– 주택청약종합저축, 청약예금, 청약부금, 청약저축 중 1계좌만 가입 가능
– 전 금융기관 1인 1계좌

• 계약기간 : 가입한 날로부터 주택입주자로 선정되는 날까지
• 금 리

기 간	1개월 이내	1년 미만	2년 미만	2년 이상
금리(연 %)	무이자	2.5	3.5	4.5

* 2011. 12월 현재

• 청약대상 주택 규모에 따른 지역별 예치금액

청약대상주택규모 (전용면적기준)	예 치 금 액 (만원)		
	서울 · 부산	기타광역시	기타 시 및 군
85㎡이하[1)]	300	250	200
102㎡이하[2)]	600	400	300
102㎡초과 135㎡이하	1,000	700	400
135㎡초과	1,500	1,000	500

주: 1) 해당 전용면적뿐만 아니라 60㎡ 초과 85㎡ 이하 민간건설 중형 국민주택도 청약 가능함
2) 해당 전용면적뿐만 아니라 102㎡ 이하 가입자는 85㎡ 이하도 신청이 가능함

• 청약 우선순위
– 1순위 : 주택청약 종합저축 가입 후 2년이 경과된 자
– 2순위 : 주택청약 종합저축 가입 후 6개월이 경과된 자

• 세금우대 : 일반과세(15.4%), 세금우대(9.5%), 생계형 비과세 중 선택 가능
• 예금보호 여부 : 국민주택기금에서 별도 관리
• 참고사항
– 소득공제 대상자는 무주택자인 세대주로서 연간 납입액의 40% 한도 내에서 48만원까지 소득공제 가능

표 2-8 ▶ 기존 청약저축 및 청약 예·부금과 비교

구 분		주택청약종합저축	청약저축	청약예금	청약부금
가입 방법	대상지역	전국		시·군 지역	
	가입대상	연령, 자격제한 없음	무주택 세대주	20세 이상	
	저축방식	매월 일정액 적립식·예치식 병행	매월 일정액 불입	일시불 예치	매월 일정액 불입
	저축금액	월2~50만원	월2~10만원	200~1,500만원	월5~50만원
청약 방법	대상주택	모든 아파트	전용면적85㎡ 이하 공공아파트 등	모든 민영아파트	전용면적85㎡ 이하 민영아파트
	1순위	가입 후 2년 경과(24회 이상 납입) 단, 민영아파트 청약시 지역별 예치금 예치	가입 후 2년 경과(24회 이상 납입)	가입 후 2년 경과(지역별 예치금 예치)	가입 후 2년 경과(매월 약정일 납입하여 지역별 예치금액 도달)
	주택규모 선택	최초 청약시	통장 가입시		

12. 장기주택마련저축

무주택자 또는 소형주택을 소유한 서민의 주택마련을 돕기 위한 자유적립식 장기 금융상품으로 일정요건을 갖추면 비과세혜택이 주어지고 주택구입이나 신축 자금을 장기로 대출받을 수 있는 특별우대 상품이다.

■ **상품특징 :** 가입대상 제한, 장기주택자금 대출 수혜, 비과세 및 소득공제 혜택

- 취급기관 : 전 금융기관
- 가입요건 : 만 18세 이상으로 ① 주택을 소유하지 아니한 세대의 세대주이거나 ② 가입 당시 주택의 기준시가가 3억원 이하인 국민주택규모 이하의 주택을 한 채만 소유한 세대의 세대주
- 계약기간 : 7년 이상(취급기관별로 상이)
- 적립방법 : 분기당 300만원 이내에서 1만원 단위로 자유적립 가능
- 금 리 : 연 3.2~4.3%(7년만기 이율, 2011. 12월 현재)
- 주택자금 대출
  - 자금용도 : 주택구입자금, 신축자금
  - 대출금액 : 저축원금과 이자 합계액의 최고 2배 이내

– 대출기간 : 저축기간에 따라 20년 이상 33년 이내
– 상환방법 : 원리금 균등분할상환
– 대출자격 : 가입 후 만 5년 이상 경과하고 대출신청일 현재 연체가 없는 자
* 세부기준은 취급기관별 상이

• 세금혜택 : 7년 이상 유지시 비과세(2012년말까지 가입자에 한함)
• 소득공제 : 연간 납입액의 40% 범위 내(최고 300만원), 2009년 말 이전 가입자로서 총급여 8,800만원 이하인 자에 대해서만 2012년까지 소득공제
• 예금보호 여부 : 예금자보호법 등에 의거 보호
• 참고사항
– 20년 이상의 장기주택자금을 대출받는 데에 유리한 상품이며 비과세 효과를 감안하면 실효수익률도 높은 편임
– 소득공제를 받은 가입자가 가입 후 1년 이내 중도해지시에는 저축액의 8% (연간 60만원 한도), 5년 이내 중도해지시에는 저축액의 4%(연간 30만원 한도)의 금액을 추징함. 다만, 소득공제에 의해 감면받은 세액이 중도해지 추징세액에 미달하는 경우에는 실제 감면받은 세액만 추징함
– 금융기관에 따라 (신)비과세장기저축, 장기주택마련저축보험 등의 다양한 명칭을 사용하기도 함

13. 장기주택마련펀드

무주택자 또는 소형주택을 소유한 서민의 주택마련을 돕기 위한 금융상품으로서 장기주택마련저축과 비과세혜택, 소득공제 혜택이 같은 펀드상품이다.

■ **상품특징 :** 비과세, 소득공제
• 취급기관
– 운용회사 : 자산운용회사
– 판매회사 : 은행, 증권회사, 보험회사
• 가입요건 : 만 18세 이상으로 ① 주택을 소유하지 아니한 세대의 세대주이거나 ② 가입 당시 주택의 기준시가가 3억원 이하인 국민주택규모 이하의 주택을 한 채만 소유한 세대의 세대주
• 저축한도 : 일반적으로 제한이 없으나 최저가입금액을 두는 경우도 있음

• 저축방법 : 정액적립식, 자유적립식 중에서 선택 가능
• 판매수수료 : 가입금액의 1~2% 내외
• 저축기간 : 1년 ~ 10년
• 신탁재산 운용 : 주식형, 혼합형, 채권형 중에서 선택
• 수 익 률 : 실적배당
• 중도환매 : 환매 가능
• 세금혜택 : 7년 이상 유지시 비과세(2012년말까지 가입자에 한함)
• 소득공제 : 연간 납입액의 40% 범위 내(최고 300만원), 2009년 말 이전 가입자로서 총급여 8,800만원 이하인 자에 대해서만 2012년까지 소득공제
• 예금보호 여부 : 비보호
• 참고사항
  – 장기주택마련펀드는 가입좌수에 대한 제한이 없으므로 본인의 투자성향에 맞게 분산투자 가능
  – 당해 펀드의 가입일로부터 7년 이내에 이를 해지하는 경우 감면세액 추징
  – 펀드 가입일부터 5년이 경과하기 전에 당해 펀드를 해지하는 경우 소득공제 추징(1년 이내 해지시 펀드납입금액의 8%(60만원 한도), 5년이내 해지시 펀드납입금액의 4%(30만원 한도))

14. 장기주택마련저축보험

생명보험회사와 손해보험회사에서 판매하는 장기주택마련저축보험은 가입 후 7년 이상 계약유지시 이자소득세가 면제되는 비과세 혜택과 근로자에게 소득공제 혜택을 부여한 저축기능과 보장기능을 겸비한 보험상품이다.

• 취급기관 : 손해보험회사, 생명보험회사
• 가입요건 : 만 18세 이상으로 ① 주택을 소유하지 아니한 세대의 세대주이거나 ② 가입 당시 주택의 기준시가가 3억원 이하인 국민주택규모 이하의 주택을 한 채만 소유한 세대의 세대주
• 보험기간 : 7년, 10년, 15년, 20년
• 납입기간 : 전기납
• 납입방법 : 월납, 3개월납, 자유납

• 납입보험료 한도 : 월 100만원 이내

(전 금융기관을 통합하여 분기별 300만원 한도)

• 이 율 : 보험회사가 정하는 공시이율 또는 약관대출이율(2%를 최저이율*로 함)

* 보험회사별로 차이가 있음

• 만기환급금 : 적립부분의 책임준비금* 전액

* 순보험료(납입보험료–위험보험료–사업비)에 일정금리를 적용하여 산출한 원리금 합계

• 세금혜택 : 7년 이상 유지시 비과세(2012년 말까지 가입분에 한함)

• 소득공제 : 납입한 저축보험료의 40%(연 300만원이내), 단 2009년말 이전 가입자로서 총급여 8,800만원 이하인 자에 대해서만 2012년까지 소득공제

• 해지가산세

– 7년 미만 해지시 : 이자소득세

– 5년 미만 중도해지시 불입금액의 4% 추징세(연 30만원한도)

• 예금보호 여부 : 예금자보호법에 의거 보호

• 보험금 지급사유 및 지급금액

– 손해보험

구분	지급사유(예시)	지급금액(예시)
일반상해사망	상해사고로 사망시	가입금액
고도후유장해	상해사고로 80% 이상 후유장해 발생시	가입금액
일반후유장해	상해사고로 80% 미만 후유장해 발생시	가입금액의 80% 한도
상해의료비	상해사고로 의사의 치료를 받은 경우 국민건강보험법에서 정한 본인부담분(180일 한도)	가입금액한도
임시생활비	상해사고로 입원하여 치료시(180일 한도)	약정된 일당액
가족일상생활중 배상책임	본인 및 가족의 일상생활에 기인하는 사고로 타인의 신체의 장해 또는 재물의 손해에 대한 법률상 배상책임이 발생하는 경우	가입금액 한도
만기생존시	보험기간 종료시까지 생존시	적립 책임준비금

– 생명보험

구분	지급사유(예시)	지급금액(예시)
만기보험금	보험기간 종료시까지 생존시	적립부분의 책임준비금
만기보험금	사망 또는 장해지급률이 80% 이상인 장해 발생시	500만원 + 적립부분의 책임준비금

*보장내역과 지급금액은 보험회사의 상품별로 차이가 있음

15. 주택구입자금, 전세자금 대출

무주택자 등 서민의 주택마련을 돕기 위한 국민주택기금 대출, 한국주택금융공사 모기지론 등이 있다.

표 2-9 ▶ 국민주택기금 대출

구 분	근로자 · 서민주택 구입자금 / 중도금 대출	전세자금 대출	저소득자 전세자금 대출
대출대상자	부부합산 연간소득이 3천만원(2011.3.31일 이후부터 결혼한 지 5년 이내의 신혼부부는 4천만원) 이하인 근로자 및 서민으로서 대출 신청일 현재 무주택 세대주	연간급여(소득)가 3천 만원(2011.3.31일 이후부터 결혼한 지 5년 이내의 신혼부부는 3천 500만원) 이하인 무주택 세대주로서 대출대상 주택을 임차하고자 임차보증금의 10% 이상을 지불한 자	4천 만원~10천 만원(만 20세 미만 3자녀 세대는 5천 만원~11천 만원) 이하의 전세계약을 체결하고 해당지역 지자체장의 추천을 받은 무주택 세대주로서 대출대상 주택을 임차하고자 임차 보증금의 5% 이상을 지불한 자
대출대상주택	전용면적 85m² 이하인 주택(주택가격이 3억원 이하인 경우)		
대 출 한 도	1억 원 이내(구입자금은 매매 (분양)가격의 100% 범위 내, 중도금은 분양가격의 70% 범위 내) 단, 주민등록표상 자녀 수가 3명 이상인 경우 1억 5천만원 이내	최고 8천 만원 이내 (전세금액의 70% 이내) 단, 주민등록표상 자녀 수가 3명 이상인 경우 최고 10천 만원까지	전세보증금의 70% 이내
대 출 금 리 (2010. 12월 현재)	연 5.2% (단, 다자녀가구 1.0%, 다문화 · 장애인가구 0.5% 우대 가능)	연 4.0% (만 65세 이상 직계존속 부양 세대 0.5% 인하 적용)	연 2.0% (국민주택기금 운용계획에 따라 변경 가능)
대 출 기 간	20년 (1년 거치 19년 또는 3년 거치 17년 원리금 균등 분할상환)	2년만기 일시상환 (최장 6년이내에서 2회 연장 가능)	15년 원리금균등분할 상환 또는 혼합상환 (대출금의 50% 이내 만기 상환)
신청기간 (지원기간)	소유권 이전등기를 하기 전에 신청. 다만, 소유권 이전등기를 한 경우에는 이전등기 접수일로부터 3개월 이내	임대차계약서상 입주일과 주민등록등본상 전입일 중 빠른날짜로부터 3개월 이내까지	
취 급 은 행	우리은행, 신한은행, 하나은행, 기업은행, 농협		

소득공제한도	대출금의 이자상환에 대해 1천 5백 만원까지 소득공제 (단 대출기간은 15년 이상)	–	–

한국주택금융공사 보금자리론(모기지론)

무주택자 또는 1주택 소유자가 고정금리로 집값의 최대 70%까지 최장 30년간 대출을 받을 수 있는 금융상품이다.

■ **상품특징 :** 주택구입을 위한 장기 금융상품, 고정금리 소득공제 혜택

- 신청대상 : 만 20세 이상으로 무주택자, 주택 취득 15년 이내인 자(단, 대체 취득을 위한 일시적 2주택 허용)
- 대출한도 : 최대 대출금액은 주택가격의 70% 이내에서 5억원(최소 대출 금액 : 1백만원)
- 대출만기 : 10년, 15년, 20년, 30년의 기간에서 선택 가능(만 70세 이상인 경우 대출만기 10년, 15년만 선택 가능)
- 대상주택 : 9억원 이하인 주택
- 대출금리 : 고정금리(대출만기 기준으로 4.8 · 5.05%, 연소득(부부합산) 4,000만원 이하 무주택자 대상 기본형 고정금리에서 소득수준별 할인 적용
- 상환방법 : 매월 원(리)금균등분할상환(최장 3년 거치기간 선택 가능, 최대일시 상환금액은 만기에 따라 달리 적용)
- 중도상환 수수료 : 1년 이내 상환시 2%, 3년 이내 상환시 1.5%, 5년 이내 상환시 1% 부과, 5년 이후 면제
- 소득공제 : 만기 15년 이상인 주택저당차입금의 이자상환에 대해 연 1천만원까지 소득공제(상환기간은 30년 이상은 연 1천5백만원), 2012년부터 만기 15년 이상으로서 차입금의 70% 이상을 고정금리 이자로 지급하거나 차입금의 70% 이상을 비거치식 분할상환시 연 1천5백 만원까지 소득공제(여타 대출은 연 5백만원)
- 취급기관 : 은행, 보험회사

*** 한국주택금융공사 홈페이지(www.hf.go.kr) 참조**

4 노후자금 마련을 위한 금융상품

1. 연금저축

개인의 노후생활 및 장래의 생활안정을 목적으로 일정금액을 적립하여 연금으로 원리금을 수령할 수 있는 장기 금융상품이다. 2001. 2월부터 신규 도입된 상품으로 취급기관별로 연금신탁, 연금투자신탁, 연금보험, 연금공제 등의 명칭으로 판매되고 있다. 소득공제혜택이 있으나 연금수령시 소득공제분과 연금이자에 대해 세금이 부과된다.

※ 개인연금저축 : 1994.6월부터 2000.12.31일까지 판매된 상품으로 이자(배당)소득이 전액 비과세되며 소득공제 혜택도 있다. 2001년부터 신규가입이 중지되었으나 기존계약은 연금저축과 별도로 만기시까지 분기별 300만원 한도 내에서 추가 납입이 가능하며, 소득공제 및 비과세 혜택도 계속 유지 된다.

■ **상품특징 :** 노후대비 장기 금융상품, 세금우대, 소득공제 혜택

• 취급기관 : 은행(농 · 수협중앙회 포함), 보험회사 · 우체국, 자산운용회사, 농 · 수협중앙회 · 회원조합 및 신협중앙회, 증권투자회사

• 가입대상 : 만 18세 이상의 국내 거주자

• 저축한도 : 분기별 300만원까지
  * 종전 개인연금저축을 포함해서 분기별 총 600만원까지 저축 가능

• 저축(납입)기간 : 적립기간 + 연금지급기간
  - 적립기간 : 10년 이상 1년 단위로 수익자가 만 55세가 넘을 때까지
  - 연금지급기간 : 적립기간 만료일로부터 5년 이상 1년 단위로 정함

• 수 익 률 : 실적배당, 금리연동형 또는 확정형
  * 2011. 12월 현재 예금은행의 개인연금신탁(비과세) 배당률 : 연 3.38% 내외

• 연금 수령주기 및 지급방식
  - 수령주기 : 월단위(3개월, 6개월, 1년 단위로도 수령 가능)
  - 지급방식 : 정액식 지급(수익자 요청시 체증식 가능)

• 세금혜택 : 세금우대(연금수령시 소득공제분과 이자에 대해 5.5% 원천징수) 및 소득공제(연간 적립액의 100%, 퇴직연금포함 400만원까지)
  * 종전 개인연금저축은 비과세 및 소득공제(연간 적립액의 40%, 최고 72만원까지)를 받을 수 있으며, 연금저축, 개인연금저축 및 퇴직연금을 포함해 472만원까지 소득공제 가능

• 중도해지

– 연금저축 가입 후 중도해지하는 경우 해지금액(연간 300만원〈2011년부터는 400만원〉 초과 납입금액은 제외)에 대하여 기타소득세 22.0%(지방소득세 포함) 부과(단, 사망으로 인한 해지시에는 연금소득세만 부과)

– 연금저축을 가입일로부터 5년 이내 해지하는 경우 연간 납입금액(300만원〈2011년부터는 400만원〉 한도) 누계액의 2.0%를 해지가산세로 징수(가입자의 사망, 천재지변, 가입자의 퇴직, 사업장의 폐업 등 특별한 사유로 중도 해지하는 경우 제외)

• 예금보호 여부 : 금융기관별로 상이(〈표 2-11〉 참조)

• 참고사항

– 연금저축은 대부분의 기관에서 취급하고 있으므로 수익률, 연금지급방식, 부대서비스 등 제반 계약조건을 비교한 후 선택하는 것이 바람직함(취급기관별 주요 특징은 〈표 2-11〉 참조)

–개인연금저축 가입자가 기존상품에 추가로 납입할 것인지 연금저축에 가입할 것인지는 개인의 소득수준 및 가입금액 등에 따라 판단하여야 함(연금저축과 개인연금저축 간의 세부비교는 〈표 2-12〉 참조)

* 개인연금저축에는 연간 180만원까지 그리고 연금저축에는 400만원까지 납입하면 비과세, 세금 우대 및 소득공제 혜택을 최대화할 수 있으며, 연간 580만원을 초과하여 납입하고자 할 경우에는 연금 수령시 비과세 혜택이 있는 개인연금저축에 납입하는 것이 유리

– 2001. 3월부터 기존의 세제혜택을 계속 받으면서 금융기관 간(동종, 이종 모두 가능)에 개인연금을 이전할 수 있게 되었음(세부사항은 다음의 〈연금저축 및 개인연금저축의 금융기관 간 이전〉 참조)

– 가입자는 만기전에는 연금의 지급기간 및 지급방법을 변경할 수 있음

표 2-10 ▶ 연금저축 취급기관별 주요 상품특징 비교

구분	신탁형		보험형	
	은 행 (수협중앙회 포함)	자산운용회사	생명보험회사 · 우체국 · 생명공제(수협중앙회 · 회원조합 , 신협중앙회)	손해보험회사
납입방식	– 자유적립식	– 자유적립식	– 정액식	– 정액식
연금 지급방식	– 확정기간형	– 확정기간형	– 확정기간형 – 종신연금형	– 확정기간형
상품형태	– 채권형 – 주식형 (주식 10% 이내)	– 국공채형, 채권형 – 주식형 – 혼합형	– 고정금리형 – 금리연동형	– 고정금리형 – 금리연동형

수익률 및 원금 보장여부	– 실적배당 (원금보장)	– 실적배당 (수익률에 따라 원금손실 가능)	– 원리금 보장형	– 원리금 보장형
예금자 보호	– 5천만원까지 보호	– 보호대상이 아님	– 생명보험회사는 5천만원까지 보호 – 우체국은 정부에서 지급보장 – 생명공제는 보호대상이 아님	– 5천만원까지 보호
주요 특징	– 자유 적립식이므로 소득수준에 따라 신축적으로 납입 가능	– 좌동	– 원리금 보장형이므로 운용 수익률에 관계 없이 약정한 금리로 연금 수령	– 좌동
	–	–	– 추가 보험료로 다양한 보장성 특약 제공	– 좌동
	– 납입원금 보장	–	– 종신연금형의 경우 사망시까지 연금 보장	–

표 2-11 ▶ 연금저축(세금우대)과 개인연금저축(비과세)의 비교

구분		연금저축(세금우대)	개인연금저축(비과세)
가입대상		– 만 18세 이상 국내거주자	– 만 20세 이상 국내거주자
취급기관	신 탁	– 은행(수협중앙회 포함)	– 좌 동
	보 험	– 보험회사, 우체국	– 좌 동
	투자신탁	– 자산운용회사 (판매는 은행, 증권회사)	– 좌 동
	생명공제	– 수협중앙회 및 회원조합, 신협중앙회	– 농 · 수협 회원조합
	뮤추얼펀드	– 자산운용회사 (판매는 은행, 증권회사)	
계약기간	적립기간	– 10년 이상	– 좌 동
	연금지급기간	– 적립기간 만료 후 만 55세 이후부터 5년 이상	– 좌 동
가입한도		– 분기 300만원 이하	– 좌 동
소득공제[1] (적립기간 중)	범 위	– 연간 저축금액의 100%	– 연간 저축금액의 40%
	한 도	– 400만원	– 72만원
소득세 (연금수령시)	적용세율[2]	– 연금소득세(5.5%) 원천징수	– 비과세
	과세표준액	– 이자 + 소득공제를 받은 적립 원금 누계액	

중도해지 또는 일시금 수령시	적용세율 2)	- 기타소득세(22.0%) 부과	- 이자소득세(15.4%) 부과
	과세표준액	- 소득공제 받은 납입원금 (연400만원)+이자	- 이자
	5년 이내 중도해지시 추가징수	- 납입금액(연간 400만원 한도)의 2.0% 해지가산세 부과	- 소득공제분 추징 (납입금액의 4%, 연간 72천원 한도)
근 거 법		- 조세특례제한법 제86조의 2	- 조세특례제한법 제86조
적용기준		- 2001. 2. 1일 이후 가입분 - 2005. 12월 이후 가입분부터 퇴직연금 입금액을 포함하여 소득공제가 연간 240만원에서 300만원(2011년 입금액부터는 400만원)으로 한도 확대	- 2000. 12월말까지 가입분 (2001년부터 판매중지)

1) 연금저축의 소득공제는 연 240만원에서 2005. 12월 이후 퇴직연금 포함 연 300만원으로, 2011년 입금액부터는 연 400만원으로 확대

2) 지방소득세 등 포함

연금저축 및 개인연금저축의 금융기관 간 이전

- 주요내용 : 특정 금융기관에 가입한 연금저축(개인연금저축 포함)을 소득공제, 비과세 등 세제혜택은 계속 유지하면서 다른 취급기관으로 이전할 수 있음.
- 도입취지 : 연금저축(개인연금저축)은 가입기간이 최소 15년 이상 30~50년 간 유지되어야 하는 반면, 취급기관별로 위험보장여부, 운용수익률, 예금자보호법 적용여부 등이 달라 가입자의 연령이 경과하거나 경제상태가 변화함에 따라 거래 금융기관을 변경할 필요성이 발생할 수 있음. 이러한 경우 종래에는 해지로 처리됨으로써 소득공제액 추징 및 이자소득세 납부 등 재산상의 손실을 입었으나, 2001년 3월부터는 이러한 불이익 없이 연금저축을 다른 취급기관으로 옮길 수 있게 되었음.
- 계약이전의 범위

	현재 가입상품	이전가능상품
연금저축	연금신탁(시가평가) 연금보험	연금신탁(시가평가) 연금보험
개인연금저축	개인연금신탁(장부가) 신개인연금신탁(시가평가) 개인연금보험	신개인연금신탁(시가평가) 개인연금보험

• 이전금액
  – 신탁 : 평가금액 – 해지(환매)수수료 – 계약이전수수료
  – 보험 : 해약환급금 – 계약이전수수료
• 계약이전의 제한
  – 연금저축과 개인연금저축 간 상호이전 불가 : 소득공제한도, 소득세부과기준 등이 서로 다르므로 이전 불가
  – 시가평가상품을 장부가상품으로 전환불가 : 장부가평가상품은 시가평가상품으로 전환 가능
  – 계약이전 후 계좌통합금지 : 이전받은 계좌와 이전받은 금융기관에 기개설되어 있는 계좌와 통합금지
  – 계좌의 분할이전금지 : 계좌를 분할하여 이전하거나 계좌의 일부이전 금지
  – 압류, 가압류, 질권설정 등 법적 문제가 있는 계좌의 이전 금지 : 수익권담보대출이 있는 계좌는 별도의 자금으로 상환한 경우에만 계약 이전 허용(대출금 상계금지)

2. 주택연금(역모기지론)

주택연금(역모기지론)이란 고령자가 주택을 담보로 금융기관이 제공하는 노후생활자금을 매달 연금처럼 지급받는 대출을 말한다. 이러한 역모기지론은 주택을 소유하고 있으나 특별한 소득원이 없는 고령자에게 도움이 되는 상품으로 미국 등 여러 나라에서는 이미 활발하게 시행되고 있으며 우리나라에서는 2007년 7월 11일부터 시행하고 있다.

■ **상품특징 :** 노후생활 자금을 위한 주택담보 대출
• 대 상 : 부부가 모두 만 60세 이상인 고령자(1세대 1주택)
• 대상주택 : 9억원 이하인 주택
• 지급금액 : 주택가격과 가입시점에 따라 다르며 가입시점은 부부 중 나이가 적은 사람을 기준으로 함
• 지급방식 : 종신지급과 종신혼합 중 선택 종신지급 방식은 수시인출한도 설정없이 월지급금을 평생 지급받는 방식이며, 종신혼합 방식은 수시로 인출하여 사용할 수 있는 금액을 설정하고 나머지를 월지급금으로 평

생 지급받는 방식

• 대출금리 : 3개월 CD금리 + 1.1%
• 취급기관 : 국민, 신한, 우리, 하나, 기업, 대구, 광주, 부산, 전북은행, 농협
• 보 증 료 : 초기보증료로 주택 가격의 2%를 최초 대출실행시 1회 납부하고 보증잔액의 연 0.5%를 매월 납부
• 대출금 상환 : 대출금 상환은 주택연금 계약종료시 담보주택 처분가격 범위 내로 한정

상환시점	상환할 금액	비고
주택가격 〉 대출잔액	대출잔액	남는 부분은 채무자(상속인)에게 돌려줌
주택가격 〈 대출잔액	주택가격	부족한 부분은 채무자(상속인)에게 청구하지 않음

• 세제혜택
  – 저당권 설정시 등록세, 교육세, 국민주택채권 매입의무, 농어촌특별세 등을 면제
  – 주택연금 이용 중 재산세 25% 감면(단, 5억원 초과주택은 5억원에 해당하는 만큼 감면), 대출이자비용 소득공제(200만원 한도)

* 한국주택금융공사 홈페이지(www.hf.go.kr) 참조

5 교육자금 마련을 위한 금융상품

1. 장학적금

초 · 중 · 고등학교 학생들의 저축심을 고취하고 학부모에게는 자녀들의 학자금을 용이하게 마련할 수 있도록 하기 위한 적금식 금융상품이다.

■ **상품특징 :** 확정금리 지급, 일반 정기적금과 유사

• 취급기관 : 은행, 상호저축은행, 상호금융(지역농 · 축협, 지구별수협 및 지역산림조합), 신용협동조합, 새마을금고, 우체국
• 가입대상 : 미취학아동 및 초 · 중 · 고등학생
• 예치기간 : 6개월 이상 보통 3년 이내
• 가입방법 : 학교를 통한 단체가입 및 개별 가입(주민등록번호 확인)

• 가입한도 : 금융기관별로 상이
• 저축방법 : 월적립식 또는 자유적립식
• 금 리 : 자유화

기간	2년	3년
금리(연 %)	2.8~3.2	3.0~3.6

*2011. 12월 현재 예금은행 기준

• 세금혜택 : 일반과세(15.4%), 세금우대(9.5%), 생계형비과세 중 선택 가능
• 예금보호 여부 : 예금자보호법 등에 의거 보호
• 참고사항
  – 세금우대저축으로 가입 가능(단, 2006년부터 미성년자는 세금우대 가입대상에서 제외)
  – 2000. 12. 31 이전 가입 계좌는 이자에 대해 이자소득세 10.0%만 납부

2. 교육보험

자녀가 학업을 마치고 경제적으로 독립할 때까지 연령에 따라 생일축하금, 학자금, 국토순례자금, 배낭여행자금, 자립자금 등 소정의 교육자금을 수혜할 수 있도록 부모가 자녀를 피보험자로 계약하는 일종의 생존보험 상품이다. 예기치 못한 부모의 경제능력 상실(사망 등)시에도 자녀교육에 필요한 학자금 및 자립자금을 지급받을 수 있다.

• 취급기관 : 생명보험회사
• 보험기간 : 가입자녀가 일정연령(통상 만 24~27세)에 달할 때까지(회사별로 상이)
• 보험료 납입기간 : 일시납, 5 · 7 · 10년납, 12 · 15 · 18세납 등
• 보험료 납입방법 : 일시납, 연납, 6개월납, 3개월납, 월납 등
• 가입연령 : 통상 주피보험자(부모) 15세~60세, 종피보험자(가입자녀) 0세~20세
• 가입한도 : 보험회사별로 계약 · 납입방법, 특약 등에 따라 다양하게 설정
• 보험금 지급내용
  – 주피보험자(부모) 및 종피보험자(가입자녀)의 생존 또는 장해 발생 여부, 특약내용 등에 따라 상이

* 예시 : 생일축하금(1~4세), 학자금(5~23세), 국토순례자금(15세), 배낭여행자금(19세), 자립자금(27세) 등 지급

- 세금혜택
  - 비과세(10년 이상 경과시) 단, 2003년말까지 가입분에 대하여는 7년 이상 경과시 비과세
  - 소득공제(보장성보험 해당 보험료 1인당 합계액 연 100만원)
- 예금보호 여부 : 예금자보호법 등에 의거 보호
- 참고사항
  - 부모사망시 지급되는 유자녀 학자금은 대부분 부모 생존시 지급되는 생존학자금의 2배 이상 지급하고 있음
  - 보장내용 및 학자금 지급액은 회사별 · 상품별로 차이가 있으므로 해당 상품의 약관내용 참조

6 증권투자관련 금융상품

1. 증권저축

정기 또는 수시로 일정액 이상의 저축금을 납입한 후 저축자 자신이 유가증권에 투자 · 운용함으로써 소기의 저축목적을 달성하는 저축, 즉 주식에 직접 투자하는 저축상품이다.

■ **상품특징 :** 유가증권(주식, 채권)에 직접 투자하는 상품

- 취급기관 : 증권회사
- 가입대상 : 제한 없음
- 투자단위 : 제한 없음
- 투자기간 : 제한 없음
- 투자대상 : 국채, 공채, 금융채, 회사채, 주식 등
- 세금혜택 : 일반과세(15.4%), 세금우대(9.5%), 생계형 비과세 중 선택 가능
- 예금보호 여부 : 비보호. 단, 유가증권에 투자하지 않은 예탁금은 5,000만원 한도 내에서 보호

• 참고사항
 – 투자하는 회사의 신용상태가 불량하여 부도 등이 발생한 경우 원금에 손실을 볼 수 있으므로 투자하는 유가증권을 신중히 선택하여야 함

2. 금융채

한국산업은행(산업금융채권), 중소기업은행(중소기업금융채권), 일반은행(○○은행채권) 등의 금융기관이 안정적인 재원 조달을 위해 각각의 근거법을 기초로 발행하는 장기채권이다. 금융채는 금융기관이 발행한 채권이므로 비교적 안전하며 이자지급방식에 따라 할인채, 복리채, 이표채로 분류된다.

■ **상품특징 :** 금융기관발행 채권, 다양한 이자지급방식, 세금우대 가능
• 취급기관 : 은행, 증권회사
• 가입대상 : 제한 없음
• 투자단위 : 10만원 단위(복리채의 경우 10만원 이상 1만원 단위)로 제한 없음
• 투자기간 : 1년, 2년, 3년, 5년
• 이자계산 : 채권종류에 따라 다름
 – 할인채 : 할인 발행후 만기에 채권의 액면금액 지급
 – 복리채 : 만기에 원리금 일시 지급(3개월마다 복리로 계산)
 – 이표채 : 일정기간(1개월/3개월)마다 이자 지급, 만기에 원금 지급
• 세금혜택 : 일반과세(15.4%), 세금우대(9.5%), 생계형 비과세 중 선택 가능
• 예금보호 여부 : 비보호
• 참고사항
 – 원칙적으로 중도 환매되지 않으며 만기 이전에는 증권회사에 매각하는 방법으로 현금화할 수 있음
 – 채권의 발행일로부터 상환일까지의 기간이 10년 이상(2003년 말까지 발행한 채권은 5년 이상)인 채권은 금융소득 종합과세에 대비하여 채권 이자소득에 대해 분리과세(33.0%)를 신청할 수 있음

3. 후순위채

후순위채는 채권의 발행자가 파산하는 경우 주주보다는 우선하여 상환받을 수 있으나, 다른 채권자보다는 상환순위가 뒤지는 채권이다. 즉, 후순위채권의 발행자가 파산하는 경우 다른 채권자보다 상환순위가 늦어 원금손실을 볼 수도 있으나 상대적으로 금리가 높아 고수익을 올릴 수 있는 장점이 있다. 따라서, 후순위채권에 투자하는 경우에는 채권발행자의 신용도를 최우선으로 하여 투자 여부를 결정해야 한다.

■ **상품특징 :** 고수익 · 고위험채권, 다양한 이자지급방식, 분리과세 가능

- 취급기관 : 은행, 증권회사
- 가입대상 : 제한 없음
- 투자단위 : 보통 1,000만원 이상 10만원 단위
- 투자기간 : 5년 이상(채권의 발행기관 또는 발행시마다 다름)
- 이자계산
  - 할인채 : 할인 발행 후 만기에 채권의 액면금액 지급
  - 복리채 : 만기에 원금과 함께 지급
  - 이표채 : 일정기간(1개월/3개월)마다 이자 지급, 만기에 원금 지급
- 세금혜택 : 일반과세, 분리과세중 선택 가능
- 예금보호 여부 : 비보호
- 참고사항
  - 중도해지 및 담보대출은 불가능하나 양 · 수도 절차를 통해서 양도는 가능하며, 증권회사를 통하여 매도할 수 있음
  - 채권의 발행일로부터 상환일까지의 기간이 10년 이상인 채권은 금융소득 종합과세에 대비하여 채권 이자소득에 대해 분리과세(33.0%)를 신청할 수 있음

4. 수익증권

주식, 채권 등의 유가증권 또는 선물 · 옵션 등의 파생상품 및 부동산 등에 직접 투자할 전문지식이 부족하거나 시간적 여유가 없는 사람들을 위하여 전문투자기관인 자산운용회사가 투자가로부터 모집한 자금으로 펀드를 조성하여 운용하고

그 수익을 투자가들에게 운용실적대로 배당하는 간접투자상품이다.

■ **상품특징 :** 간접투자상품, 계약형투자신탁

- 취급기관
  - 운용회사 : 자산운용회사
  - 판매회사 : 은행, 증권회사, 보험회사 등
- 투자금액 : 펀드별로 정함
- 투자기간 : 펀드별로 정함
- 환매수수료 : 펀드별로 정함(환매수수료란 펀드 판매시에 정한 최소 투자 기간 이전에 인출하는 경우에 징수하는 위약금임)
- 환매대금 지급일

상품종류	환매대금 지급일	적용기준 가격	비고
MMF*	익일	익일	외국상품은 환매대금지급일이 다를 수 있으며, 운용중인 신탁재산의 처분이 곤란한 경우에는 환매를 연기하거나 일부금액만 환매할수 있음
채권형	제3영업일	제3영업일	
주식형	제4영업일	제2영업일	
혼합형	제4영업일	제3영업일	

* 환매청구 시간이 17:00 이후일 경우에는 환매대금 지급일 및 기준가격 적용일이 하루씩 늦추어짐

- 수 익 률 : 실적배당(원금손실 발생 가능)
- 세금혜택 : 일반과세(15.4%), 세금우대(9.5%), 생계형 비과세 중 선택 가능
- 예금보호 여부 : 비보호
- 상품분류

1) 운용대상에 따른 분류

(1) **증권펀드** : 투자자산의 50% 이상을 증권(증권을 기초자산으로 하는 파생 상품 포함)에 투자하는 상품

(2) **부동산펀드** : 투자자산의 50% 이상을 부동산(부동산을 기초자산으로 하는 파생상품, 부동산 관련 유가증권 등 포함)에 투자하는 상품

(3) **단기금융상품펀드** : 투자자산의 전부를 단기금융상품(CD, 단기대출 등)에 투자하는 상품

(4) **혼합자산펀드** : 투자대상자산(증권, 부동산, 특별자산)과 투자비율의 제한을

받지 않고 운용할 수 있는 상품

(5) 특별자산펀드 : 투자자산의 50% 이상을 특별자산(증권 및 부동산을 제외한 상품)에 투자하는 상품

2) 유가증권(주식)의 투자비율에 따른 분류

(1) 채권형 : 운용대상에 주식이 편입되지 아니하고 자산총액의 60% 이상을 채권(금리선물 포함)으로 운용하는 상품

(2) 주식형 : 자산총액의 60% 이상을 주식(주가지수선물 · 옵션 포함)에 운용하는 상품

(3) 주식혼합형 : 자산총액의 50% 이상을 주식(주가지수선물 · 옵션 포함)에 운용하는 상품

(4) 채권혼합형 : 자산총액의 50% 미만을 주식(주가지수선물 · 옵션 포함)에 운용하는 상품

• 참고사항

– 투자원금이 보장되지 않으며, 운용실적에 따라 원금에 손실이 발생할 수 있으므로 자산을 운용하는 회사 및 담당 펀드매니저의 과거 운용실적과 투자전략, 투자설명서 등을 점검한 후 자신의 투자성향, 투자기간 및 투자규모 등을 감안하여 투자자에게 적합한 펀드를 선택하여야 하며, 가입 후에도 펀드의 운용내역을 수시로 확인하는 것이 바람직함

5. 랩어카운트

랩어카운트(wrap account)는 "포장하다"라는 뜻의 "wrap"과 "계좌"를 의미하는 "account"가 결합된 말로 주식, 채권, 펀드, 파생상품 등 여러 금융상품 중에서 투자자의 기호에 맞는 상품을 골라 하나의 계좌를 통해 전문가가 운용해 주는 종합 자산관리계좌를 의미한다. 우리나라에서는 2001년 도입 이후 고객의 성향에 따라 투자자의 자산 포트폴리오를 증권사가 도맡아 구성하고 운용하는 일임형 랩어카운트가 활성화되면서 규모가 급격히 증가하고 있다.

■ **상품특징 :** 투자자의 성향에 맞추어 포트폴리오를 구성하고 운용

- 취급기관 : 증권회사
- 가입대상 : 제한 없음
- 종류
  - 일임형 랩어카운트 : 자산 포트폴리오 구성에서 운용까지 모두 증권사가 대행
  - 자문형 랩어카운트 : 증권사는 투자에 대한 조언과 자문만 하고 실제 주문은 투자자가 직접 함
  - 펀드형 랩어카운트 : 고객의 성향 등을 파악하여 고객에게 가장 적합한 최우수 펀드로 포트폴리오를 구성하는 투자전략을 제안
- 저축한도 : 일반적으로 제한이 없으나 최저가입금액은 10만원임
- 판매수수료 : 없음
- 환매수수료 : 없음
- 저축기간 : 제한없음
- 투자자산 운용 : 투자자의 성향에 맞추어 상의 후 운용
- 수 익 률 : 실적배당(원금손실 가능)
- 예금보호 여부 : 비보호
- 참고사항
  - 서비스의 대가로 연간 1~3%의 수수료를 내며 수시입출금이 가능

표 2-12 ▶ 랩어카운트와 펀드의 차이점 비교

	랩어카운트	펀드
판매수수료	없음(단, 서비스 수수료 부담)	있음(펀드에 따라 다름)
환매수수료	없음	있음(규약에 따라 다름)
운용방식	개별 계좌로 운용	펀드매니저가 통합 운용
맞춤형 투자	투자자 성향에 따라 조절 가능	투자자 의견 반영 어려움
단일종목투자한도	제한없음	10% 이내
목표수익률	절대수익 추종	벤치마크 추종
투자내용 확인	실시간, 온라인으로 가능	별도 요구 필요

6. 주가지수연동 정기예금 (ELD : Equity Linked Deposit)

주가지수연동 정기예금은 원금을 안전한 자산에 운용하여 만기시 원금은 보장되고 장래에 발생할 이자의 일부 또는 전부를 주가지수(KOSPI 200지수, 일본 닛케

이 225지수 등)의 움직임에 연동한 파생상품에 투자하여 보다 높은 수익을 추구하는 상품이다.

■ **상품특징 :** 이율이 주가지수에 연계되어 결정

- 취급기관 : 은행
- 가입대상 및 저축한도 : 제한없음
- 저축기간 : 제한없음(보통 1년 이내)
- 세금혜택 : 일반과세(15.4%), 세금우대(9.5%), 생계형 비과세 중 선택 가능
- 예금보호 여부 : 예금자보호법에 의거 보호
- 참고사항
  - 주가지수 전망에 따라서 주가지수 상승형, 하락형 또는 횡보형 등 다양한 구조의 상품구성이 가능함
  - 중도해지시 중도해지이율을 적용하여 산정된 금액에서 중도해지수수료를 차감하여 지급하거나 무이자인 경우도 있음
  - 동일유형의 상품으로 증권회사의 ELS(주가지수연동증권)와 자산운용회사의 ELF(주가지수연계펀드)가 있음

7. 주가지수연동증권 (ELS : Equity Linked Securities)

일반적으로 운용자산의 대부분은 국공채에 투자하여 원금을 보전하고, 나머지 일부자산을 주가와 연동되는 파생상품에 투자함으로써 초과수익을 확보하는 구조의 금융상품(유가증권)이다. 주가지수연동증권은 주식시장에 직접투자하는 것과 동일한 효과를 누리면서도 리스크 회피와 비용 측면에서 주식시장에 직접 투자하는 것보다 유리하다.

■ **상품특징 :** 투자원금과 수익이 주가지수 또는 개별주가에 연계되어 결정

- 취급기관 : 증권회사
- 투자금액 : 제한없음
- 투자기간 : 제한없음(개별 ELS별로 정함)
- 중도매매(해지) : 불가능(유가증권시장에 매도, 원금손실 발생 가능)
- 수 익 률 : 실적배당(주가지수에 따라 변동)
- 세금혜택 : 일반과세(15.4%)

- 예금보호 여부 : 비보호
- 참고사항
  - 주가지수연동증권에 따라 수익구조가 다르므로, 가입하고자 하는 상품의 특성을 정확히 파악하여야 하며, 다수의 상품에 분산투자하여 적정한 포트폴리오를 구성하는 것이 유리함
  - 예측 불가능한 주가를 대상으로 투자하는 상품이므로 만기 또는 투자기간 중의 주가지수에 대한 예측을 전제로 투자하여야 함

8. 주가지수연동펀드 (ELF : Equity Linked Fund)

주가지수 연동증권과 마찬가지로 운용자산의 대부분은 국공채에 투자하여 원금을 보전하고, 나머지 일부자산을 증권회사에서 발행한 ELS Warrant(권리증서)를 편입해 펀드 수익률이 주가에 연동되도록 설계된 펀드이다.

■ **상품특징 :** 투자원금과 수익이 주가지수 또는 개별주가에 연계 되어 결정

- 취급기관
  - 운용회사 : 자산운용회사
  - 판매회사 : 은행, 증권회사, 보험회사
- 투자금액 : 제한없음
- 투자기간 : 제한없음(개별 펀드별로 정함)
- 중도환매 : 가능(원금손실 발생 가능)
- 수 익 률 : 실적배당(주가지수에 따라 변동)
- 세금혜택 : 일반과세(15.4%), 세금우대(9.5%), 생계형 비과세 중 선택 가능
- 예금보호 여부 : 비보호
- 참고사항
  - 주가지수 연동예금이나 주가지수 연동증권의 투자시와 마찬가지로 가입하는 상품의 수익구조, 주가예측을 전제로 투자하여야 함
  - 해외 주가지수나 환율 등에 연동하는 다양한 종류의 상품이 판매되고 있음

표 2-13 ▶ 주가지수연동형 상품의 비교

구분	주가지수연동정기예금 (ELD)	주가지수연동증권 (ELS)	주가지수연동펀드 (ELF)
판매(발행)기관	은행	증권회사	자산운용회사
상품성격	예금	유가증권	투자신탁펀드
만기수익	지수에 따라 사전에 제시한 수익 확정지급	지수에 따라 사전에 제시한 수익 확정지급	운용성과에 따라 실적배당
예금보호	보호	비보호 (발행사의 신용이 중요)	비보호 (실적배당 상품)
중도해지	가능 (원금손실가능)	불가능 (유가증권시장에서 매도, 원금손실 발생 가능)	가능 (원금손실 가능)
장 점	은행이 제시한 수익 보장	증권사가 제시한 수익을 달성할 수 있도록 상품구성	추가수익 발생 가능
단 점	추가수익 없음	추가수익 없음	제시수익 보장 없음

9. 회사채펀드

일반회사가 돈을 빌리고 그 증서로 발행한 채권을 회사채라고 하는데 이 회사채에 투자하는 펀드다. 이 상품은 우량 회사채와 CP에 60% 이상 투자해 안정성과 고수익을 동시에 추구한다. 특히 3년 이상 거치식으로 투자할 경우, 1인당 가입한도 5,000만원까지 이자 소득과 배당 소득 전액에 대해 비과세 혜택이 주어지는 펀드다.

■ **상품특징** : 우량 회사채 및 CP에 투자하여 주식형 펀드와 같은 위험성을 낮추고 일정 고수익을 겨냥

- 취급기관
  - 운용회사 : 자산운용회사
  - 판매회사 : 은행, 증권회사, 보험회사
- 투자금액 : 제한없음
- 투자기간 : 제한없음(개별 펀드별로 정함)
- 중도환매 : 가능
- 수 익 률 : 장기 안정적인 이자수익과 신용스프레드 축소에 따른 추가 수익도 가능
- 세금혜택 : 1인당 5,000만원 비과세(2009년 12월 31일까지의 기간 중 3년 이상 거치식 투자를 계약한 거주자)

- 예금보호 여부 : 비보호
- 참고사항
  - 비과세 혜택으로 인해 일반 채권 펀드에 비해 실질 수익률이 1% 이상 높음

7 대출을 받기 위한 금융상품

1. 상호부금

상호부금은 전통적인 계(契)를 제도화한 것으로 일정한 기간을 정하여 부금을 납입하면 중도 또는 만기에 일정한 금액을 대출 받을 수 있는 자격이 부여되는 저축이다. 과거에는 대출을 받기 위하여 상호부금에 많이 가입하였으나 최근에는 상호부금에 가입하지 않고도 대출을 받을 수 있는 방법이 많이 있어 대출목적보다는 저축목적으로 많이 이용되고 있다.

■ **상품특징 :** 대출수혜 가능, 확정금리부 적립식 저축
- 취급기관 : 은행
- 가입대상 : 개인 및 중소기업자
- 저축방법 및 가입한도 : 은행별 상이
  - 정액적립식 : 일반적으로 월 1만원 단위로 제한 없음
  - 자유적립식 : 일반적으로 월 1~500만원 이내 수시 적립
- 계약기간 : 6개월 이상 5년 이내 1개월 단위
- 금 리

기 간	6개월	1년	2년	3년
금리(연 %)	2.2~3.5	2.7~4.0	2.8~4.2	2.9~4.7

* 2011. 12월 현재

- 중도해지이율
  - 통상 1개월 미만 예치시에는 이자가 없으나 중도 해지에 따른 적용 금리를 은행별로 달리함
- 만기후 이율
  - 가입당시 약정이율의 1/2 이하

• 대 출
 – 대출자격 발생시기 : 총 납입회수 1/4 또는 1/3회차 이상 부금 납입 후
 – 대출금액 : 상호부금 계약금액 범위 내(은행마다 상이)
• 세금혜택 : 일반과세(15.4%), 세금우대(9.5%), 생계형 비과세 중 선택
• 예금보호 여부 : 예금자보호법에 의거 보호
• 참고사항
 – 만기 후에는 금리가 가입 당시 약정이율의 절반수준 이하로 낮아진다는 데 유의

2. 신용부금

계약기간동안 일정금액을 매월(또는 매일) 적립하여 만기일에 원리금을 지급받는 적립식 금융상품으로서, 가입 즉시 계약금액 범위 내에서 대출을 받을 수있다.

■ **상품특징 :** 대출수혜 가능, 은행의 상호부금과 유사한 상품
• 취급기관 : 상호저축은행
• 가입대상 : 제한 없음
• 적립방법 및 계약기간
 – 월부금식 : 6개월 이상 5년까지 1개월 단위
 – 일부금식 : 매일 적립하여 3년 이내(보통 100일)
• 계약금액 : 1,000원 이상(저축은행별 상이)
• 금 리 : 연 2.0~5.6% (2011. 12월 현재, 1년 만기)
• 중도해지이율
 – 통상 1개월 미만 예치시에는 이자가 없으나 중도 해지에 따른 적용 금리를 금융기관별로 달리함
• 만기 후 이율 : 보통예금 금리(연 1.0%) 적용
• 세금혜택 : 일반과세(15.4%), 세금우대(9.5%), 생계형 비과세 중 선택
• 예금보호 여부 : 예금자보호법에 의거 보호
• 참고사항
 – 상호부금과는 달리 1회차 납입과 동시에 대출을 받을 수 있으며, 대출을 받지 않은 경우에는 기본금리 외에 특별금리를 가산하여 만기에 원리금을 수령하게 됨

– 부금을 1개월 이상 선납하였을 경우에는 선납이자를 지급
– 대출한도는 대체로 개인은 최대 1억원 이내, 중소기업은 최대 40억원 이내임

3. 종합통장

종합통장은 보통예금, 저축예금, 자유저축예금, 가계당좌예금 등 입출금식 예금을 기본계좌로 하여 정기예금, 정기적금 등 모든 적립식 · 거치식예금을 거래할 수 있는 상품으로서 거래실적, 신용도 등에 따라 다양하고 편리한 대출과 함께 고객 특성에 따라 특화된 우대서비스를 제공하는 종합패키지 상품이다.

종합통장 자동대출제도를 이용하면 자신의 예 · 적금 거래실적, 신용카드 이용실적, 공과금 납부실적, 급여 이체실적 등에 따라 일정범위 내에서 대출 약정기간 동안 필요한 자금을 수시로 빌려 쓸 수 있는 혜택을 받을 수 있다. 통장잔액이 마이너스(–)일 때에는 그 금액과 기간에 따라 대출이자를 내면 된다.

- 취급기관 : 은행(산업은행, 수출입은행 제외)
  * 저축은행, 새마을금고, 신용협동조합 등도 은행의 종합통장 자동대출제도와 유사한 대출을 취급하고 있음
- 대출조건 : 예금평잔(보통 3개월), 정기예 · 적금 및 부금의 납입액, 급여(연금) 이체액, 최근 2년간 신용카드 이용액, 공과금 납부액, 외환거래 등 은행 거래실적과 거래기간을 종합적으로 고려하여 산정
- 대출한도 : 보통 1,000만원 이내(신용도가 높거나 부동산 또는 예 · 적금을 담보로 제공할 경우 최고 1억원 정도까지 한도가 확대됨)
- 대출기간 : 1년 이내(거래실적에 따라 3년까지 가능)
- 대출방법 : 대출한도 범위 내에서 필요할 때마다 수시로 인출하는 회전식 자동대출로 대출기간 만료시에는 대출금액을 전액 상환한 후에 다시 대출
- 상환방법 : 여유자금이 있을 때마다 종합통장에 입금하면 입금액만큼 대출 금액이 자동으로 상환
- 대출이자 : 대출금액 및 일수에 따라 매월 정산하여 종합통장 잔액에서 정리되며 현행 대출이자율은 기본대출금리에 거래실적, 대출금액, 고객신용도 등에 따라 0~4% 정도 가산금리를 적용하여 차등 적용됨
- 채권보전 : 담보, 연대보증 또는 신용(직업, 대출금액 등에 따라 채권 보전 방법이 달라짐)

• 참고사항
  – 대출금액이 통장 잔액란에 마이너스(–)로 표기됨
  – 대출기간 중 여유자금이 있으면 즉시 상환할 수 있어 만기에 구애받지 않고 빌려 쓴 기간에 대해서만 이자를 내므로 이자부담을 줄일 수 있음
  – 카드결제, 각종 공과금 등을 종합통장에 자동이체 등록해 두면 납부일자에 잔액이 없더라도 자동으로 대출이 이루어지므로 연체에 따른 불이익을 줄일 수 있음

8 외화예금관련 금융상품

외화예금이란 우리나라 돈 이외의 타국의 화폐로 가입할 수 있는 예금을 말한다. 원화예금과 마찬가지로 보통예금, 정기예금, 부금, 예치금 등 다양한 상품이 있으며 은행은 물론 단기금융기관, 체신관서 등 비은행금융기관에서도 취급한다.

1. 외화보통예금

보통예금처럼 예치금액, 예치기간 등에 제한이 없고 입출금이 자유로운 외화 예금이다. 가계의 외화 여유자금을 초단기로 예치하거나 입출금이 빈번한 자금을 운용하기에 적합하다. 해외송금을 자주하는 기업이나 개인에게 유용한 상품이다. 원화로 외환을 매입하여 예치할 수도 있다. 향후 특정국가 통화의 환율이 오르거나 내릴 경우에는 환차익 또는 환차손이 발생할 수도 있다. 현재 은행권에서는 달러, 엔, 파운드, 유로, 스위스 프랑 등 다양한 통화의 외화정기예금이 거래되고 있다.

■ **상품특징 :** 외화로 예금 및 인출, 낮은 금리 적용
• 취급기관 : 은행
• 가입대상 : 제한없음
• 예치기간 : 제한없음
• 금 리 : 연 0.1% 내외(2011. 12월 현재, 거주자 미국달러 보통예금 기준)
• 이자계산 : 3개월마다 이자를 원금에 가산(복리)
• 세금혜택 : 일반과세 15.4% 적용

• 예금보호 여부 : 보호(원화예금을 포함하여 5천만원 한도)

2. 외화정기예금

외화정기예금은 외화로 예금하고 외화로 인출하는 정기예금이다. 정기예금(원화)과 마찬가지로 약정기간이 길수록 높은 확정이자가 보장되므로 여유자금을 장기간 안정적으로 운용하기에 좋다.

■ **상품특징 :** 외화로 예금 및 인출, 중도해지시 낮은 금리 적용

• 취급기관 : 은행

• 가입대상 : 제한없음

• 예치기간 : 1일 ~ 1년(은행별로 다름)

• 금 리

구분	1개월	6개월
금리(연 %)	0.3~0.9	0.8~2.4

* 2011. 12월 현재

• 이자계산 : 매월 이자지급식 또는 만기 일시지급식

• 세금혜택 : 일반과세 15.4% 적용

• 예금보호 여부 : 보호(원화예금을 포함하여 5천만원 한도)

• 참고사항

– 만기이전에 중도해지하면 약정금리보다 낮은 중도해지이율이 적용되므로 만기까지 예치하는 것이 바람직함

– 만기시 최초 약정기간만큼 자동으로 만기가 연장되는 만기자동연장을 신청할 수 있음(신규예치시 신청 가능)

3. 외화적립식예금

자유로운 외화적립으로 예치기간별 금리를 적용받을 수 있다. 은행별로 약간 다르기는 하나 계약기간을 1개월에서 12개월까지 자유롭게 선택할 수 있다. 원화 예금 중 정기적금과 비슷한 형태를 가지고 있지만 정기적금보다는 적립일, 적립횟수에 제한이 없는 등 자유롭게 운영되는 상품이다.

■ **상품특징 :** 적립일, 적립횟수 자유로움

- 취급기관 : 은행
- 가입대상 : 개인
- 예치기간 : 1개월 이상 1년 이내(자유적립식)
- 저축한도 : 제한 없음
- 금 리 : 자유화(은행별로 외화정기예금 금리수준으로 적용)
- 세금혜택 : 일반과세(15.4%)
- 예금보호 여부 : 보호(원화예금을 포함하여 5천만원 한도)
- 참고사항
  - 만기 후에는 적용금리가 가입당시 약정이율의 1/3 이하로 크게 낮아지는데 유의하여야 함

제4절 예금자 보호제도

금융기관이 예금의 지급정지, 영업 인 · 허가의 취소, 해산 또는 파산 등으로 고객의 예금을 지급하지 못하게 될 경우 해당 예금자는 물론 전체 금융제도의 안정성도 큰 타격을 입게 된다. 이러한 사태를 방지하기 위하여 금융기관 예금 등을 정부가 일정한 범위 내에서 보장해 주는 것이 예금보험제도다. 정부는 예금보험제도를 효율적으로 운영하기 위하여 1995년 12월 「예금자보호법」을 제정하고, 이 법에 따라 1996년 6월 예금보험공사를 설립했다.

예금자보호를 위하여 예금보험공사는 평소에 금융기관으로부터 예금보험료를 받아 예금보험기금을 적립한 후, 금융기관이 예금을 지급할 수 없게 되면 금융기관을 대신하여 예금을 지급하게 된다.
「예금자보호법」에 의한 예금자보호제도가 적용되지 않는 금융기관들은 자체적으로 안전기금 등을 적립하는 등의 예금자보호를 위한 장치를 마련하고 있다.

1 예금자보호법에 의한 예금보험제도

* 현행 예금보호제도에 관하여 자세한 사항은 예금보험공사 홈페이지(www.kdic.or.kr) 참조

1. 보호대상 금융기관

현재 은행(농 · 수협중앙회, 지구별 수산업협동조합 중 은행법의 적용을 받는 조합, 외국은행 국내지점 포함) · 「자본시장과 금융투자업에 관한 법률」 제12조에 따라 증권을 대상으로 투자매매업 · 투자중개업의 인가를 받은 투자매매업자 및 투자중개업자(동법 제78조에 따른 전자증권중개업무를 영위하는 투자중개업자 제외) · 보험회사 · 종합금융회사 · 상호저축은행 등 5개 금융권이 「예금자보호법」의 적용을 받아 예금보험공사에 예금보험료를 납부하는'예금보험 가입금융 기관'에 해당된다.
다만, 농 · 수협의 지역조합, 신용협동조합, 새마을금고는 예금보험 가입금융기관이 아니며, 관련 법률에 따른 자체기금에 의해 보호된다.

2. 금융권별 예금보험료율

구 분	은행	증권	보험	종금	저축은행
보험료율	8/10,000	15/10,000	15/10,000	15/10,000	40/10,000
법정한도	50/10,000	50/10,000	50/10,000	50/10,000	50/10,000

3. 보호대상 금융상품

예금보험에 의해 보호되는 저축상품은 예금보험 가입금융기관이 취급하는 '예금' 만 해당된다. '예금'이란 금융기관이 만기일에 약정된 원리금을 지급하겠다는 약

속하에 고객의 금전을 예치받는 저축상품을 말한다. 따라서 실적배당 신탁이나 수익증권과 같이 고객이 맡긴 돈을 유가증권 매입이나 대출 등에 운용한 실적에 따라 원금과 수익(이자 상당)을 지급하는 '투자상품'은 '예금'이 아니다. 이러한 투자상품은 운용실적이 좋은 경우에는 큰 수익을 올릴 수 있지만, 운용실적이 나쁜 경우에는 원금도 손실을 볼 수 있다.

이렇게 예금보험 가입금융기관이 취급하는 저축상품 중에서도 예금자보호법에 의해 보호되는 것과 보호되지 않는 것이 있는데, 이를 구체적으로 알아보면 다음과 같다.

표 2-14 ▶ 금융상품별 예금보호 대상 여부

구분	보호대상	비보호대상
은행 (농 · 수협 중앙회, 외은지점포함)	– 보통예금, 저축예금, 별단예금, 당좌예금 등 요구불예금 – 정기예금, 기업자유예금, 주택청약예금 등 저축성예금 – 정기적금, 주택청약부금, 상호부금등 적립식예금 – 원금이 보전되는 금전신탁 등 – 외화예금(예금자별 원화예금을 포함 하여 5천만원 한도) – 예금보호대상 금융상품으로 운용되는 확정기여형 퇴직연금 및 개인 퇴직계좌 적립금 등	– 양도성 예금증서(CD), 환매조건부채권(RP) – 특정금전신탁 등 실적배당형 신탁 – 금융투자상품(수익증권, 뮤추얼펀드, MMF 등) – 은행발행채권, 농 · 수협 중앙회 공제상품 등 – 주택청약저축
투자매매업자 · 투자중개업자	– 금융상품 중 증권 등의 매수에 사용 되지 않고, 고객계좌에 현금으로 남아 있는 금액 – 자기신용대주담보금, 신용거래계좌 설정보증금, 신용공여담보금 등의 현금 잔액 – 원금이 보전되는 금전신탁 등 – 예금보호대상 금융상품으로 운용되는 확정기여형 퇴직연금 및 개인퇴직 계좌 적립금 등	– 금융투자상품(수익증권, 뮤추얼펀드, MMF 등) – 청약자예수금, 제세금예수금, 선물 · 옵션 거래예수금, 유통금융대주담보금 – 환매조건부채권(RP), 증권사 발행채권 – 종합자산관리계좌(CMA), 랩어카운트, 주가지수연계 증권(ELS), 주식워런트증권(ELW) 등
보험회사	– 개인이 가입한 보험계약(단 변액보험 제외) – 원금이 보전되는 금전신탁 등 – 예금보호대상 금융상품으로 운용되는 확정기여형 퇴직연금 및 개인퇴직 계좌 적립금 등	– 법인보험계약(보험계약자 및 보험료 납부자가 법인인 보험계약), 보증보험계약, 재보험계약, 변액보험계약 등

종합 금융회사	– 발행어음, 표지어음, 어음관리계좌(CMA)	– 금융투자상품(수익증권, 뮤추얼펀드, MMF 등), 수익증권, 환매조건부채권(RP), 종금사발행채권, 기업어음(CP) 등
상호 저축은행	– 보통예금, 저축예금, 정기예금, 정기 적금, 신용부금, 표지어음 등 – 상호저축은행 중앙회 발행 자기앞수표 등	– 저축은행 발행 채권 등

* 정부 · 지방자치단체(국 · 공립학교 포함), 한국은행, 금융감독원, 예금보험공사, 부보금융기관이 가입한 금융상품은 보호되지 않는다.
* 보험상품은 보험계약자 및 보험료납부자가 법인이면 보호되지 않는다. 그러나 퇴직보험계약은 그렇지 않다.
* 부보금융기관의 해외 지점이 조달한 금전으로서 해당 해외 지점이 소재한 국가의 예금보험제도 등에 의하여 보호되고 있다고 공사가 인정한 금전은 보호대상에서 제외된다.

4. 예금보험금이 지급되는 경우

예금보험에 가입한 금융기관이 예금의 지급정지, 영업 인/허가의 취소, 해산 또는 파산 등으로 고객의 예금을 지급할 수 없게 되는 경우를 '예금보험사고'라 하며, 이러한 '예금보험사고'가 발생한 경우에 예금보험공사가 해당 금융기관을 대신하여 예금을 지급하게 된다. 이를 경우별로 알아보면 다음과 같다.

1) 예금이 지급정지된 경우

금융기관의 경영이 악화되어 예금을 지급할 수 없는 상태에 빠지거나 금융감독당국이 예금의 지급정지명령을 내린 경우에는 해당 금융기관에 대한 재산실사 등을 통해 향후 경영정상화 가능성을 조사하게 되며, 그 결과 경영정상화가 불가능하다고 판단되면 예금보험공사가 대신 예금을 지급한다. 이렇게 예금이 지급정지된 경우에는 재산실사를 거쳐야 하기 때문에 예금이 지급정지된 날부터 예금보험공사가 예금을 대신 지급하기로 결정하는 날까지 통상 2개월에서 3개월 정도의 기간이 걸린다.

2) 인가취소 · 해산 · 파산의 경우

금융기관이 감독당국으로부터 인(허)가를 취소당하거나 해산한 경우 또는 법원으로부터 파산선고를 받은 경우에는 예금자의 청구에 의하여 예금보험공사가 예금을 대신 지급한다.

3) 계약이전의 경우

계약이전이란 감독당국의 명령 또는 당사자 간의 합의에 따라 부실금융기관의 자산과 부채를 다른 금융기관으로 이전하는 것으로, 이 경우에는 모든 자산과 부채가 반드시 포괄승계되는 것은 아니며 구체적인 이전계약내용에 따라 승계되는 자산과 부채의 범위가 달라진다. 계약이전 결과 부실금융기관의 예금 중 일부가 다른 금융기관으로 승계되지 않을 수도 있는데, 이 경우 승계되지 않은 예금이 예금자보호법에 의한 보호대상예금이면 예금보험공사가 대신 지급한다.

4) 금융기관이 합병되는 경우

금융기관이 합병되는 경우에는 합병 전 금융기관의 모든 자산과 부채가 합병 후 금융기관으로 포괄 승계되므로, 합병 전 금융기관과 거래하던 예금자는 종전과 마찬가지로 합병 후 금융기관과 정상적인 예금거래를 할 수 있다. 다만 A금융기관과 B금융기관이 합병 시 1년까지는 각각의 보호금액한도 5,000만원에 대해서 보호한다. 그러나 1년 경과 후는 1개 금융기관으로 보아 5,000만원에 대해서만 적용된다.

5. 예금보험 지급절차

예금보험사고가 발생하면 예금보험공사가 예금 등의 지급에 필요한 준비를 마친 후 지급의 시기 및 방법 등을 신문에 공고하게 된다. 따라서 예금보험사고가 발생한 금융기관과 거래하고 있는 예금자들은 신문에 공고된 내용에 따라 예금을 지급받으면 된다.

6. 보호한도

예금자보호제도는 다수의 소액예금자를 우선 보호하고 부실 금융기관을 선택한 예금자도 일정부분 책임을 분담한다는 차원에서 예금의 전액을 보호하지 않고 일정액만을 보호하는 것이 원칙이다.

우리나라는 1997년 말 외환위기 이후 일시적으로 예금 전액을 보장하기도 하였으나 2001년부터는 예금보험 지급사유가 발생할 경우 원금과 소정의 이자*를 포함하여 1인당 최고 5천만원까지 예금을 보장받게 된다.

* '소정의 이자'라 함은 약정이자와 예금보험공사 결정이자(예금보험공사가 시중은행 1년만기 정기예금의 평균금리를 감안하여 정한 이자) 중 적은 금액을 적용

한편, 예금보험공사로부터 보호받지 못한 나머지 예금은 파산한 금융기관이 선순위채권을 변제하고 남는 재산이 있는 경우 채권자로서 파산절차에 참여하여 이를 다른 채권자들과 함께 채권액에 비례하여 배당받음으로써 그 전부 또는 일부를 돌려받을 수 있다.

앞에서 설명한 보호금액 5천만원은 예금의 종류별 또는 지점별 보호금액이 아니라 동일한 금융기관 내에서 예금자 1인이 보호받을 수 있는 총금액이다. 이때, 예금자 1인이라 함은 개인뿐만 아니라 법인도 대상이 된다.

예금의 지급이 정지되거나 파산한 금융기관의 예금자가 해당 금융기관에 대출이 있는 경우에는 예금에서 대출금을 먼저 상환(상계)시키고 남은 예금을 기준으로 보호한다.

7. 퇴직연금의 예금보호한도

확정기여형 퇴직연금에 가입하거나 개인퇴직계좌를 개설한 근로자(예금자)가 퇴직연금 적립금이 적립된 금융기관에 해당 근로자 명의의 다른 예금을 예치한 경우에는 퇴직연금 적립금과 다른 예금을 합산한 금액을 기준으로 1인당 5천만원까지 보호한다.

8. 예금보호관계 표시제도

예금자보호법에 따라 부보금융기관이 판매하는 금융상품에 대하여 보호여부 등 예금보험관계의 성립여부를 표시함으로써 금융상품을 선택하는 금융소비자들에게 예금자보호제도에 대한 정확한 정보를 제공하여 피해를 사전에 예방하기 위한 제도다.

❷ 예금자보호법이 적용되지 않는 기관의 예금자 보호

1. 상호금융(지역농 · 축협, 지구별수협 및 지역산림조합)

「농업협동조합법」에 의한 지역농업협동조합 및 지역축산업협동조합, 「수산업협동조합법」에 의한 지구별수산업협동조합, 「산림조합법」에 의한 지역산림조합은 「예금자보호법」의 적용을 받는 해당조합의 중앙회와는 달리 정부의 예금보호 대상에서 제외(단, 지구별수협 중 「은행법」의 적용을 받는 조합은 보호 대상임)된다.

그러나, 지역농협 및 지역축협, 지구별수협 및 지역산림조합은 별도의 기금을 적립하여 고객의 예금을 보장하고 있는데, 2001년부터는 「예금자보호법」 적용대상 금융기관과 형평을 맞추어 5,000만원까지 보호해 주고 있다.

2. 새마을금고

새마을금고의 경우에도 상호금융과 마찬가지로 별도의 기금을 적립하여 원리금을 합하여 최고 5,000만원까지는 지급을 보장하고 있다.

3. 우체국

우체국은 예금자보호법에 의한 보호대상기관이 아니지만 「우체국예금 · 보험에 관한 법률」에 의하여 국가가 우체국예금 및 우체국보험금 전액에 대하여 지급을 보장한다.

원 없이 번 돈 몽땅 출판에 재투자

20년 동안 '키출판사' 운영해 온 김기중 사장 … 영어회화서 · 수험서 · PC 관련 책 등 베스트셀러

'호시우행(虎視牛行)'은 소걸음에 호랑이 눈, 즉 매사를 신중하고 끈기 있게 하되 판단은 날카롭게 하라는 불가의 가르침이다.

연 매출 20억 원이 넘는 키출판사의 김기중(53세) 사장. 혼자 시작했던 출판사가 이만큼 자리잡기까지 김 사장은 소처럼 뚝심 있게 자기의 길을 걸었다. 성공하기까지 어려운 시간도 많았지만 묵묵히 사업을 계속했고, 결국 성공이라는 단 열매를 얻게 된다.

설탕가격 예측해 큰돈 벌어

김 사장은 한국전쟁으로 아버지를 잃고 유복자로 태어났다. 공부를 잘 했지만 명문 고등학교 진학을 포기하고 장학금을 받을 수 있는 시골 고등학교를 선택했다. 부유하지 못한 환경이었지만 학생회장을 할 만큼 적극적인 성격의 소유자였다.

1969년 중앙대 신문방송학과에 진학했다. 입대를 했지만 1년 정도 군생활을 한 뒤 '아버지가 없는 외아들'이라는 이유로 일찍 제대했다.

"학교에 복학하려면 돈을 벌어야 했지요. 먼저 친척들이나 지인들을 통해 과외를 했습니다."

그렇게 6개월 정도 벌었지만 많은 돈을 모으기는 힘들겠다는 판단이 섰다. 그래서 1971년 서울 군자동 어린이대공원 근처에서 4평짜리 구멍가게를 열었다. 그의 첫 사업이었다. 위치는 좋았지만 먼저 장사를 시작했던 사람들은 줄줄이 실패한 가게였다.

"너무 허름했나 봐요. 저 혼자서 차양도 만들고 진열대도 새로 만들었죠."

부지런히 일했고, 근처 건국대 학생들까지 단골이 됐다. 2개월 뒤에는 조금 무리를 해서 냉장고를 들여놨다. 냉장고가 귀했던 시절이었기 때문에 시원한 음료수는 불티나게 팔렸다. 냉장고에 투자한 돈은 몇 달 만에 회수했다.

그러나 그가 큰돈을 벌 수 있었던 것은 설탕 때문이었다. 그는 당시 이미 경제신문을 정기 구독했다. 지금은 경제신문 구독이 보편화됐지만 그때는 흔치 않은 일이었다.

"경제신문을 읽다 보니 국제 사탕수수값이 오르면 4개월 뒤 설탕값이 오르는 것을 발견했죠."

사탕수수값이 오르자 설탕을 사서 모으기 시작했다. 위험 부담은 있었지만 확실하게 오를 것이라는 판단이 섰다. 쌓아둘 곳이 없어 친척집 창고까지 빌렸다. 예상은 적중했다. 4개월 뒤 설탕값은 크게 올랐고 김 사장도 많은 돈을 벌었다.

"설탕 도매상들도 저를 찾을 정도였죠. 덕분에 당시에 40평짜리 집을 한 채 살 수 있을 만큼 큰돈을 벌었습니다."

그렇게 2년 동안 돈 버는 데 매달리다 학업을 포기했다.

"처음에는 내학을 나니려고 돈을 벌었지만 시간이 지나자 현장에서 일하면서도 성공할 수 있겠다는 생각이 들더군요."

경제적인 여유가 생기자 대신 평상시 관심이 많았던 영어를 공부하기 위해 서울 중랑구 면목동에 기원(棋院)을 냈다. 적당하게 일하면서 공부도 할 생각이었다. 가게를 판 돈과 그동안 모은 돈을 투자했다. 생계와 공부 두 마리 토끼를 잡을 수 있겠다는 처음 생각과는 달리 담배연기 자욱한 기원에서 바둑만 두고 있는 자신을 발견했다. 기원의 경영도 악화되어 갔다.

"기료만 받아서는 수입을 올릴 수 없는 구조더라고요. 밤이 되면 마작이나 돈 내기 바둑을 지원해 줘 돈은 어느 정도 벌 수 있지만 불법행위라는 점 때문에 외면했습니다."

기원은 손해만 보고 8개월 만에 접었다. 김 사장은 돈과 공부 두 가지를 다 노리는 것보다 돈을 버는 일에만 매달리는 편이 빠르겠다고 생각했다.

"돈을 벌기로 작정하고 영등포에 고기집을 냈죠. 자본금이 없었지만 설탕사업으로 성공해서 그런지 친척들이 조금씩 도와주시더군요."

김 사장은 음식점에서 주방장을 하던 고향 친구와 함께 8개월 동안 식당을 했다. 새벽 5~6시면 시장에 나가 고기를 샀다. 수입은 괜찮은 편이었지만 홀어머니의 반대로 식당을 접고 1975년 처음으로 취직을 했다. 우연히 영어학원 강사 구인공고를 보고 지원했던 것이다. 평상시 영어에 관심이 많았고 공부도 게을리하지 않아 영어에는 자신이 있었다. 그는 종로의 한 영어학원 강사로 채용됐다.

"돈은 많이 벌지 못했지만 좋아하는 영어와 관련된 일이라 만족스러웠다"고 한다. 자신만의 영어학습 노하우를 전수한 덕택인지 수강생도 많이 늘었다. 자신이 생긴 그는 5개월 만에 서울 이태원에 조그만 사무실을 임대해 책상 몇 개를 갖다놓고 독립했다.

"6개월 동안은 수강인원이 매달 10명을 넘기지 못했죠. 수업료 받아서 사무실 임대료 내기도 빠듯하더군요."

그럴수록 더욱 열심히 강의를 했고 수강생도 꾸준히 늘어났다. 1년 뒤에는 13개 반을 운영할 만큼 수강생이 늘었다. 김 사장은 "하루 10시간 이상씩 밥 먹을 새도 없이 강의를 했다"며 당시를 회고했다. 어느 정도 자리가 잡히자 그는 평소 친분이 있던 주한미군의 소개로 용산 미군기지 내에 있는 외국대학 분교에 등록했다. 이태원에 있던 사무실도 남영동으로 넓혀 이사를 갔다. 간판도 없는 허름한 학원이었지만 거의 최초로 외국인 강사를 초빙했다. 미국인 친구들이 생기자 이들을 학원강사로 끌어들인 것이다. 요즘 유행하는 외국인 강사를 25년 전 처음 시작했다. 용산에 있는 학교를 다니기 시작한 지 2~3년 될 무렵 그동안 차곡차곡 모아왔던 미국 대학에 대한 정보를 바탕으로 유학정보사업을 시작했다. 동시에 번역과 학원에 강사를 소개하는 일도 했다.

"한 회사에서 급하게 한국 사설을 영어로 번역해 오라고 하더군요. 급하게 하는 바람에 몇 가지 실수를 했죠. 그런데 그게 장기적으로 일을 맡길 수 있는지 테스트하는 거였대요. 작은 실수로 큰사업을 놓친 셈이죠."

그는 "실력이 있으면 기회가 온다"는 말을 다시 한 번 실감하는 계기가 됐다고 말했다. 일은 열심히 했지만 좀처럼 재산이 불어나질 않았다. 1981년 문화어연(정철카세트)에서 유학 안내실장으로 오라는 제의를 받고 다시 취직했다.

"사업을 하다 지쳤나 봐요. 영어와 관련된 일이라 욕심도 났고요."

나중에 교재를 제작하는 곳으로 자리를 옮겨 본격적인 영어교재 제작일을 맡았다.

"지금 출판업을 하게 된 것은 그때의 영향이었죠."

| 출판사업 6년 만에 자리 잡아 |

김 사장이 출판업을 시작한 것은 1984년의 일이다.

"정보가 큰 부가가치를 낼 것으로 내다본 거죠. 당시만 해도 출판이 거의 유일한 정보제공수단이었습니다."

출판등록증은 250만 원을 주고 샀다. 종로구 관철동 15평짜리 사무실은 역시 친척들의 도움으로 해결했다.

첫 번째 책은 영어회화 서적이었다. 책 표지 디자인은 부인이 맡고, 나머지는 자신이 담당해 제작비를 최대한 줄였다. 이렇게 1년 동안 2권의 영어책을 냈지만 시장의 반응은 영 신통치 않았다. 2명의 직원은 이미 떠났고, 돈은 바닥나고 있었다. 정말 벼랑 끝에 서 있는 심정이었다고 한다.

"서점에 들러서 구경을 하고 있는데 사람들이 한 군데 모여 북적북적하더군요. 뭘까 싶어 가 보았더니 공인중개사 수험서를 보고 있습디다."

12권으로 구성된 공인중개사 수험서가 불티나게 팔리는 것을 목격한 그는 이거다 싶었다. 문제는 자금. 강사료로 근근이 사무실을 운영하던 그에게 돈이 있을 리 만무했다. 유일한 재산인 물려받은 선산을 담보로 1,000만 원을 빌렸다. 필자는 당시 회계사였던 조카에게 부탁했다. 모든 것을 다 걸었다고 해도 과언이 아니다. 두 달 만에 나온 책이 「공인중개사 20일 합격」이라는 책이다. 이 책은 공전의 히트를 기록했다. 책을 찍어내기가 무섭게 팔려나갔다.

김 사장은 "아파트 몇 채 살 정도"로 큰돈을 벌었다고 한다. 수험서로 재미를 본 그는 이번에는 '공인노무사'에 관한 책을 펴냈다. 이번에는 대 실패다. 정부에서 각종 자격시험이 이상 과열현상을 보이자 이를 방지하는 정책을 내놓은 것이다. 수험서적에 대한 관심은 급속히 줄었고, 김 사장이 내놓은 책은 몇 권 팔리지 않았다.

공인중개사 수험서로 번 돈도 고스란히 날렸다. 이후 4~5년간 키출판사는 어려움을 면치 못했다. 변변하게 팔리는 책 한 권 없이 내리 5년을 그렇게 보냈다.

모자란 생활비는 구청이나 사회단체 등을 전전하며 영어강의를 하면서 충당했다. 그런 생활이 오래되다 보니 셋방살이 하는 집 가구에 차압딱지가 붙을 정도까지 됐다. 그는 그때 붙은 딱지를 아직까지 간직하고 있다고 한다.

"기억되지 않는 역사는 되풀이된다는 말이 있습니다. 실패의 쓰린 기억을 잊어서는 안 된다고 생각했습니다."

쓰라린 절망의 시간이었지만 출판을 포기할 수 없었다.

"이미 발을 빼긴 늦었다는 생각도 들었고, 분명 출판시장이 클 것이라는 자신감도 있었지요."

키출판사가 회생하는 계기는 컴퓨터라는 새로운 흐름이었다. 컴퓨터가 막 보급되기 시작할 1990년 무렵 「저는 컴퓨터를 하나도 모르는데요」라는 책을 냈다. 1990년부터 1999년까지 교보문고에서 팔린 컴퓨터 관련 서적 가운데 2위를 차지할 만큼 베스트셀러 중에 베스트셀러였다. 이후 키출판사는 안정된 성장을 해 오고 있다. 매년 10권 이상의 책을 내고 있고, 판매도 호전돼 적절한 수입을 올리고 있다.

김 사장은 1990년 과천에 38평짜리 아파트를 장만했다. 마흔이 넘어서야 내 집 마련을 한 것이다. 다른 재테크방법을 몰랐던 그는 한눈 팔지 않고 출판사업에만 전념하고 있다. 번 돈은 새 책을 만드는데 재투자했다.

"재테크요? 출판사업하면서 번 돈으로 건물 샀으면 10층짜리 건물 서너 개는 샀을 겁니다."

김 사장은 부동산에는 관심도 없었고, 흔한 국민주 한 번 사 본 적이 없다.

"주식을 할려면 공부도 많이 해야 하고 시간도 많이 투자해야죠. 그럴 바에야 사업을 열심히 하는 것이 낫죠."

그의 유일한 재테크수단은 사업이다. 남는 돈은 은행 PB팀에 맡겼다. 그에게 은행은 돈을 잘 간수해 주는 곳인 셈이다.

"출판사업은 자전거와 같아요. 늘 새로운 책을 내놓지 않으면 금방 쓰러집니다. 다른 재테크를 생각할 겨를이 없는 거죠."

20년간 출판사를 운영하면서 지금까지 300권의 단행본과 네 종류의 학습지를 개발했다. 그는 그것을 무엇보다 큰 재산으로 생각하고 있다.

"이제는 많이 늙었어요. 참신한 기획이 나오기 힘들다는 생각도 들죠."

김 사장은 2년 후면 은퇴하고 제주도에 가서 살 계획이다.

| 김 사장의 10억 만들기 연보 |

1971년 식품점 창업

1976년 영어학원 설립

1981년 정철영어 입사(월급 70여만 원)

1991년 과천 주공아파트 구입(31평형, 현재가 4억 5,000만 원)

2003년 강남 도곡동 타워팰리스 입주(63평형, 전세 5억 원)

1984년~현재 키출판사 경영(매출액 22억 6,000만 원. 2002년 기준)

1999년~현재 키미디어(학습지 판매) 겸업

김 사장이 말하는 사업에서 성공하는 법

'정보가 돈이다', 즉 더 이상 설명이 필요 없는 말이다. 중요한 것은 '어떻게 정보를 수집하고 활용하느냐'는 것이다. 우리는 엄청나게 쏟아지는 정보의 홍수 속에 살고 있다. 여기에서 '정보'라는 말에 유의할 필요가 있다. 이는 보다 정제되고 요약된 고품질의 정보를 의미한다. 수많은 정보 속에서 도움이 되는 정보를 얻는 것은 쉽지 않은 일이다.

김 사장은 "고품질의 정보를 얻는 가장 좋은 방법은 책 읽는 것"이라고 말한다.

"인터넷이다 해서 사실 정보는 많지만 실제로 가장 정제된 정보는 책 속에 있습니다."

책은 여러 단계의 감수를 거쳐 출판되기 때문에 어느 정보보다 다듬어진 정보라는 것이 그의 설명이다. 그는 요즘도 책 광고를 할 계획이 있으면 광고효과 관련 책을 수없이 본다고 한다.

"물론 현장에서 일어나는 일들을 꼼꼼하게 관찰하는 것도 중요하지요. 하지만 관찰한 내용을 정확하게 분석하기 위해서는 독서를 통해 얻어지는 통찰력과 분석력이 필요합니다."

그는 "독서를 하면 단순히 저자의 정보를 습득하는 것에 그치지 않고 이를 응용해 전혀 다른 아이디어를 얻을 수도 있다"고 설명했다. 일방적으로 정보를 흡수하는 다른 정보획득수단과 달리 독서는 '저자와의 대화'이기 때문에 정보를 자신에 맞게 바꿀 수 있다는 뜻이다.

김 사장은 "모은 정보를 가지고 판단이 서면 과감하게 도전하는 것도 중요하다"고 덧붙였다. 실천하지 않는 정보 역시 이미 의미를 상실한 것이라는 말이다. '책 속에 길이 있다'라는 말을 진부한 경구(警句)가 된 지 오래다. 하지만 그는 책 속에 분명 성공하는 길이 있다고 말한다.

10억을 모은 사람들

된다 싶으면 업종 가리지 않고 창업

결혼정보회사 피어리 강석 사장 … 전자제품 대리점으로 시작해 5개 사업체 운영

'4강의 꿈(★)'을 이뤄냈던 대한민국 축구 국가대표팀. 그 중심에는 명장 거스 히딩크가 있었다. 히딩크는 여러 포지션을 소화해 낼 수 있는 멀티 플레이어를 만들어 4강 신화를 일궈냈다. 그러나 멀티 플레이어는 축구경기장에만 있는 것은 아니다. 결혼정보업체 피어리의 강석(38세) 사장도 멀티 플레이어형 사업가다. 그는 한 가지 일도 버거워 하는 남들과 달리 동시에 5개의 사업체를 경영하고 있다.

3,000만 원 빌려 전자제품 대리점 차려

강 사장은 부모님이 초등학교 교사였던 평범한 가정

에서 태어났다. 당시 유망하다던 컴퓨터공학과에 다녔지만 자유분방하고 적극적인 성격을 지녔던 그에게 취직은 영 입맛에 맞지 않았다. 일찌감치 창업을 생각한 그는 방위생활을 하던 25세 무렵부터 사업을 준비했다. 첫 사업은 전자제품 대리점. 어머니가 조그마한 전자제품 대리점을 하셨던 터라 전자제품에는 자신이 있었다. 부모님께 3,000만 원을 빌려 충북 청주에 아남전자 대리점을 열게 된다. 당시만 해도 담보만 있으면 전자제품을 공급받을 수 있었다. 담보는 부모님의 몫이었다. 부모님의 도움을 받지 않겠다는 원칙을 세웠지만 최대한 빨리 갚는 쪽으로 마음을 잡았다.

본격적으로 사업에 뛰어든 그는 치열하게 하루하루를 살았다. 강 사장은 "아침 6시에 출근해 장부를 정리하고 배달과 설치를 하고 자투리 시간에 영업을 하고 나면 자정이 돼서야 가게문을 내렸다"고 당시를 회상한다. 그렇게 하기를 4년, 1년에 30억 원의 매출을 올려 아남전자 전국 판매왕까지 차지하게 된다. 그렇게 일 년에 번 돈이 1억 원을 넘어섰다고 한다. 하루 4~5시간 자면서 노력한 대가였다. 노력뿐 아니라 전략도 남들과 다르게 세웠다. 그는 A/S가 아니라 B/S(Before Service)개념을 도입했다. 제품이 고장난 다음 고쳐주기보다는 꾸준히 연락하면서 고객을 관리했던 것이다. 그는 이를 두고 '고객밀착, 고객감동'이라고 말한다. 좀처럼 가만히 앉아 있지 못하는 자신의 성격처럼 마케팅전략도 공격적이다.

"1만 세대 규모가 입주해 있는 아파트단지에 직접 전단지를 뿌리고 다녔죠. 전단지 20만 장을 뿌린 적도 있어요."

당시 50만 명 인구의 청주시에 20만 장의 전단지를 뿌린 것이다. 하지만 그에게도 시련은 찾아왔다. 건물 주인이 바뀌면서 권리금 1억 원을 고스란히 날렸던 것이다. 강 사장의 대리점이 장사가 잘 되자 이를 노렸다고 한다. 새로운 건물주는 강 사장이 나간 그 자리에 똑같은 회사의 대리점을 냈다고 한다. 억울했지만 그는 과감히 접고 새로운 사업을 시작하기로 마음을 먹었다.

다음으로 그가 선택한 것이 '패스트푸드'사업이다. 전자제품 대리점 실패를 되새기며 철저히 현금화 될 수 있는 사업을 택했다. 전자제품의 경우 외상거래가 많았던 터라 자금회전이 안 될 경우 어려움이 많았다. 아남대리점을 하면서 모은 돈 3억 원을 고스란히 쏟아부었다. 나머지는 롯데리아로부터 대출을 받았다. 그가 처음 패스트푸드점을 낸 1995년은 패스트푸드의 초창기이다. 충남 조치원읍에 처음으로 롯데리아를 오픈했다. 읍 단위에 처음으로 생긴 롯데리아였다. 2층 건물에 60평 규모의 이 매장은 요즘도 한 달에 1억 원 정도의 매출을 올리고 있다.

"처음 조치원읍에 롯데리아를 낸다고 했을 때 본사 측에서 걱정을 더 하더라고요. 당시에는 청주에도 롯데리아가 없었던 상황이었거든요."

그는 조치원의 상권을 항상 봐 왔기 때문에 어느 정도 성공할 것이라고 예상했다고 한다. 결과는 대성공이었다. 햄버거를 먹기 위해 사람들이 길게 줄을 늘어설 정도였다는 것이다. 그는 3년 동안 일당 1,600원 받는 아르바이트생과 똑같은 생활을 했다. 치킨도 튀기고 계산대에도 직접 서 있었다.

"보통 점주들은 점장에게 맡기고 편하게 살죠. 프랜차이즈 가게지만 매출의 30%는 관리자가 어떻게 하느냐에 따라 달려 있다고 생각했습니다. 제가 30%의 매출을 더 올린 거죠."

그에게 순수하게 떨어지는 이익금만 해도 한달에 500만 원을 넘어섰다.

"전혀 새로운 시도를 했다는 것이 더 중요하다고 생각해요. 읍 단위는 패스트푸드 시장이 형성되지 을 거라는 생각을 깨뜨렸으니까요."

그가 성공적인 경영을 하자 롯데리아 본사에서는 그에게 프랜차이즈점을 몇 개 더 내줄 것을 제안한다.

"패스트푸드점 3년 동안 운영하는 본사에서도 저에 대한 신뢰가 탄탄했고요. 프랜차이즈점 5개를 더 내자고 제의가 들어오더군요."

해외여행하면서 사업 아이디어 얻어

하지만 이 제의를 물리치고 여행을 떠났다.

"6년 동안 쉴 새 없이 일만 했더군요. 여행을 통해 스스로를 돌아보고 싶었어요. 여행을 하니까 세상이 얼마나 넓은지 알게 되더군요."

그는 "가맹점이나 남들이 정해 놓은 틀을 벗어나 스스로 큰 그림을 그려보고 싶다는 생각을 했다"고 말한다. 그리고 여행을 다녀온 후 서울로 올라왔다. 1997년의 일이다.

"더 큰 성공을 위해 모험을 강행한 거죠. 현실에 안주해서는 그만그만한 삶을 살 수밖에 없다는 판단이 들어습니다."

영등포에서 간판광고업을 하는 고모님의 공장 사무실에 책상 하나, 팩스 하나 달랑 놓고 사업구상에 들어갔다. 2달 동안 새로운 사업을 찾다가 정보제공 사업을 생각해 냈다. 동생이 학교 다니면서 과외자리를 찾는데 애를 먹는 모습을 보고 과외를 원하는 학부모와 대학생을 연결해 주는 사업을 하면 괜찮을 것이라는 판단이 들었다. '확신이 서면 바로 뛰어든다'는 그의 철학처럼 곧장 1997년 5월 '진솔정보통신'이라는 정보제공사업을 시작했다.

1997년 당시는 인터넷 보급 초기단계로 PC통신이 유행하던 시절이었다. 자본금은 거의 들지 않았다. 하지만 이것으로 강 사장은 나우누리 정보제공 컨텐츠 중 최고의 수입을 올리기도 했다. 1년이 지나자 500만 원의 매출을 올리게 된다. 별다른 투자비용이 없기 때문에 매출은 곧 수입으로 연결됐다. 1998년 사업이 어느 정도 궤도에 오르자 다시 여행을 떠났다. 이번에는 일본이었다. 선진국에서 새로운 아이템을 찾기 위해서였다. 그곳에서 기업화된 중매 비즈니스 사업에 흥미를 느끼게 된다. 동경대에서 박사과정을 밟고 있던 친구가 결혼정보업을 소개시켜 줬던 것이다. 당시 1,000억 원 규모의 매출을 올리던 O-NET이란 회사를 직접 방문하기도 했다.

"과외정보사업도 학생과 과외선생을 엮어주는 일종의 중매지요. 정보제공이라는 사업에는 기술이나 정보관리에 일정 부문 노하우도 쌓인 만큼 자신 있게 뛰어들었습니다."

그가 정보사업을 시작하자마자 IMF위기가 닥친다. 그에게 위기는 곧 기회였다. 경제가 어려워지자 검증된 배우자를 만나기 위해 결혼정보회사를 찾는 사람들이 더욱 많아졌다고 한다. 하지만 결혼정보회사가 잘 된다고 소문이 나자 우후죽순으로 결혼정보회사들이 생겨났다.

"수천 개가 넘는 회사들 중에서 살아남기 위한 방법을 고민했습니다. 결국 차별화라는 결론이 나왔습니다."

그가 선택한 것은 귀족마케팅! 사회의 비난도 쏟아졌지만 황금시장을 놓칠 수 없었다. 그는 결혼정보업계 최초로 프리스티지클럽을 만들었다. 변호사, 검사, 의사, 한의사 등 소위 전문직 남성들을 회원으로 끌어 모으기 시작했다.

"사법연수원, 병원을 열심히 뛰어다녔지요. 잡상인 취급을 받을 때도 많았지만 소위 말하는 전문직 남성들을 회원으로 끌어들이는 데 성공했죠."

다른 결혼정보회사들이 신청자만 접수하는 반면, 그는 공격적인 마케팅을 전개했던 것이다. 남성의 경우 고시 합격생, 전문직 종사자 등으로 엄격히 가입자격을 두고 있지만, 회원수만 해도 1,000명을 넘어섰다. 좋은 회원이 많다고 소문나자 회원은 자연히 불어났다.

"S대, 사법연수원 등 특정 집단 동문회라는 비아냥을 듣기도 했지만 성공하지 못했으면 듣지 못할 말이기에 오히려 자부심을 느낍니다."

3명으로 시작한 피어리 사업은 직원 130명에 지사만 11개까지 둘 정도로 성장했다. 작년에만 30억 원의 매출을 올려 듀오, 선우에 이어 결혼정보업계 3위로 올라섰다.

버스 타고 다니며 상권 분석

지금의 그를 만들어낸 것은 사업에 대한 끊임없는 관심이다. 그는 굵직한 사업을 진행하면서도 도넛츠

프랜차이즈, 찜닭집, PC방 사업도 하고 있다. 짬짬이 목 좋은 상권을 봐 놨다가 창업을 해 왔기 때문이다.

"여러 개를 하면 집중력이 떨어진다고 말합니다. 하지만 시간도 최적의 분배를 하면 못할 것도 없습니다."

그는 중학교 때부터 다이어리를 쓰는 습관을 키웠다고 한다. 시간을 효율적으로 사용하려면 정확한 계획이 필수적이다. 새로운 지식습득에 대해서도 투자를 아끼지 않는다. 매주 토요일이면 'M60'이라는 창업스터디 그룹활동을 한다. 프랜차이즈산업에 관심이 많거나 관련 산업에 종사하는 다양한 경력을 가진 9명의 사람들이 모인다.

9시부터 12시까지 이론 공부를 하고, 점심은 새로 창업한 식당을 방문해 직접 그 가게의 위치와 경영 방식을 평가한다. 이론과 실전이 동시에 이루어 지는 셈이다.

그는 이동할 일이 있으면 되도록 지하철보다는 버스를 타고 다닌다. 그래야 상권을 살펴볼 수 있기 때문이다. 지나가다 새로운 가게가 생겼다면 길을 멈추고 가게 주인에게 매출은 어떤지, 손님들은 주로 어떤 부류가 오는지 이야기를 해봐야 직성이 풀린다고 한다. 이런 과정을 통해 개업한 것이 삼성동의 도넛 가게다. 1년 동안 그곳을 지나며 살펴본 결과다. 젊은 유동인구가 많고 주변에 간단하게 배를 채울 수 있는 가게가 없었기 때문이다.

강 사장은 "창업에 관심이 있으면 아무 생각 없이 길을 걷지 말라"고 얘기한다. '관심을 가지고 보면 상권이 보일 것'이라는 것이 강 사장의 설명이다. 지방에 출장을 가더라도 중심 상권을 꼭 둘러본다. 지역에 따라 특성이 어떻게 다른지 알려면 직접 가보는 것이 가장 좋다는 게 그의 생각이다.

강 사장의 10억 만들기 연보

1991년 음향 통신 유통회사 창립(자본금 3,000만 원)
1993년 아남전자 청주지점 오픈(1억 원 이상)
1995년 現 롯데리아 조치원점(투자비 3억 원, 월수입 500만 원)
1997년 (주)진솔 교육정보 창업(월수입 500만 원)
1998년 (주)피어리 창업(자본금 3억 원, 2002년 매출액 30억 원, 2003년 40억 원 예상)
2001년 삼성동 던킨도너츠 오픈(투자비 3억 원, 월수입 800만 원)
2003년 피어리타워 착공(투자비 10억 원, 2004년 1월 완공 예정, 월 5,000만 원 임대수입 예상)

사람 많이 만나다 보면 좋은 정보 얻게 돼

강 사장은 "사람이 재산"이라고 강조한다. 그와 점심이나 저녁 약속을 하려면 2주일 전에 예약하는 것은 필수다. 그의 다이어리엔 항상 2주 동안의 점심과 저녁 약속이 빼곡이 적혀 있다. 그는 자연스러운 분위기 속에서 편안하게 많은 이야기를 나눌 수 있기 때문에 식사 시간을 적극 활용한다고 한다.

강 사장은 "전문서적을 10권 읽는 것보다 전문가 한 사람과 친해지는 것이 좋다"고 말한다. 잘 모르는 분야가 있어도 전문가 한 사람 알고 있으면 아는 것이나 다름없다는 말이다. 작년부터 부동산에 대한 관심이 많아진 그는 동국대 부동산학과에서 석사과정을 밟고 있다. 전문지식을 배우려는 생각도 있지만 좋은 사람들을 만날 기회를 얻을 수 있는 이점이 더 많다고 말한다. 강 사장은 "사람들과 모여 부동산에 대한 이야기를 나누다 보면 자연스럽게 고급 정보를 얻을 수 있다"고 설명한다. 조치원에 짓고 있는 건물도 부동산학과에 같이 다니는 분으로부터 입지 선정부터 자금조달까지 많은 도움을 받았다고 한다.

그렇다고 그가 받는 것만은 아니다. 도움이 될 수 있는 일이라면 아낌없이 베푼다. 후배 몇 명에게는 창업에 관한 노하우를 전수하고 있다. 강 사장은 "아직까지는 제 사업감각이 좋다고 생각해요. 하지만 제가 사업감각이 떨어졌을 때 그들의 도움을 받을 날이 오겠죠"라고 얘기한다.

'먼저 다가서라', 그가 말하는 인적 네트워크를 잘 관리하는 비법이다. 그는 어딜 가더라도 두툼한 수첩을 들고 다닌다. 틈틈히 지인들에게 전화를 하기 위해서라고 한다. 자투리 시간이 생기면 어디서든 전화기를 꺼내든다.

"직접 운전하지 않는 경우가 많아요. 버스나 택시에서는 항상 사람들에게 전화를 하죠."

그는 잠깐 지나치는 만남도 소중히 생각하고 좋은 인연으로 만들어 나간다고 말한다.

"인간관계는 화초와 같지요. 스스로 얼마나 신경 쓰고 정성을 기울이냐에 따라 결과는 확연히 달라지기 마련입니다."

모임을 만들어 이끄는 것도 그가 인맥을 관리하는 요령이다.

그는 사비를 털어가며 원래 없었던 학과 동문회를 직접 만들고 주도적으로 활동하고 있다고 한다.

제3장 | 펀드 재테크

제1절 펀드의 개념과 유형
제2절 적립식 펀드 투자
제3절 펀드 투자시 유의사항
제4절 투자목적별 펀드 선택법

증권시장이 보다 복잡해지고 지구촌에서 일어나는 각종 정보들이 투자성과에 큰 영향을 미친다. 정보의 획득이나 분석능력에서 개인 투자자들은 해외 투자자들이나 기관 투자자들에 비해 열세이기 마련이다. 이런 관점에서 증권시장이 발달할수록 개인들의 직접 투자보다는 간접 투자가 그 대안으로 각광을 받고 있다.

이러한 간접 투자방법인 펀드 투자도 시장상황의 변화에 따라 선정하는 펀드의 유형이 달라야 한다. 여기서 우리는 어떠한 경제상황에서 어느 펀드가 보다 유리한지를 생각해 보기로 한다. 이를 위해서 펀드에 대한 일반적인 이해를 높이고, 그리고 현재 시장에 제공되고 있는 각종 펀드의 속성을 알 필요가 있을 것이다.

제1절 펀드의 개념과 유형

1 펀드 투자의 개요

1. 펀드 투자의 의의

1) 펀드 투자의 정의

펀드 투자란 전문적인 운용회사가 투자자로부터 모은 자금으로 기금, 즉 펀드를 구성하여 운용을 하고 그 수익금을 투자금액에 비례하여 투자자에게 분배해주는 간접 투자에 의한 운용방법이다. 펀드(fund)란 특정한 자산 등에 공동으로 투자하여 그 결과로 얻어진 이익을 서로 분배하기 위하여 다수의 투자자들로부터 모은 자금 등의 집합체를 말한다.

직접 투자는 경제 및 증시상황에 따라 변동하는 투자대상 자산의 가치를 개인이 직접 분석하고 적절한 투자시점을 선택하여야 하므로 많은 비용과 시간이 소요된다. 그러나 펀드에 의한 간접 투자는 다수의 투자자로부터 모은 자금으로 투자하므로 운용에 관한 전문적인 인력과 시설을 보유하고 있는 전문 운용기관이 운용을 하므로 보다 효율적인 운용이 된다.

표 3-1 ▶ 수익증권과 뮤추얼펀드의 비교

구분	수익증권(계약형)	뮤추얼펀드(회사형)
설립형태	신탁계약 판매	주주모집 관계
발행유가증권	수익증권	증권투자회사의 주식
투자자의 지위	수익자	주주
의사결정기구	수익자총회	주주총회
설립규제	설립요건 엄격	상대적 용이
통제제도	감독기관의 감독	내부 자율규제
환매방법	판매회사(증권, 은행)	폐쇄형 : 시장매매, 개방형 : 판매회사(증권, 은행)

2) 펀드 투자의 유형

펀드 투자는 운용을 전담하는 운용조직의 형태에 따라 투자자가 수익증권을 매입하고 운용전문회사가 운용의 전반적인 책임을 지고 직접 운용한 결과인 수익금을 투자자(수익자)에게 직접 분배해주는 수익증권에 의한 투자와 투자자가 주주의 형태로 출자한 증권투자회사의 자본금을 운용전문회사가 운용대상 자산에 투자한 후 그 결과인 이익을 주주인 투자자에게 배당금의 형식으로 분배해 주는 뮤추얼펀드에 의한 투자가 있다.

2. 펀드 투자의 장점

'간접투자자산운용업법' 제정에 따라 우리나라에도 본격적인 간접 투자 시대가 열리게 되었다.

지금까지의 투자의 주류를 이루었던 개인에 의한 직접 투자보다는 전문운용회사에게 운용을 위탁하는 간접 투자방식인 펀드 투자는 다음과 같은 장점이 많다.

1) 공동 투자에 의한 비용절감

펀드 투자는 불특정 다수의 투자자로부터 자금을 모아 펀드를 형성하여 공동운용하는 형태이므로 정보획득 비용이나 유가증권 매매에 따른 거래비용도 절감된다.

2) 전문가에 의한 대행 투자

펀드 투자는 전문적인 지식과 경험을 보유한 펀드매니저에게 투자를 위임하는 간접 투자방식이다. 자산운용회사의 펀드매니저는 과학적인 투자분석과 효율적인 운용기법으로 다양한 고수익자산에 투자하므로 비교적 양호한 수익성을 추구할 수 있다.

3) 분산 투자

펀드 투자는 거액의 자금으로 다양한 대상 자산에 분산하여 투자함을 원칙으로 한다. 따라서 일부 투자 자산의 가격이 하락하더라도 나머지 자산의 가격은 상승하므로 전체적으로는 가격하락에 따르는 위험을 줄일 수 있다. 또한 다양한 포트폴리오 구성으로 주식, 채권, 현금성 자산뿐만 아니라 파생상품, 부동산, 나아가 실물자산까지도 운용대상이 되므로 경제상황에 따라 다양한 상품에 분산하여 투자할 수 있다.

4) 투자 수익 획득만이 목적

일반적으로 투자자가 주식을 취득하면 주주가 되고, 따라서 그 기업의 주주총회에 참석하여 의결권을 행사할 수 있게 된다. 그러나 펀드 투자는 투자로 인한 수익 획득이 주된 목적이며 기업의 경영권 행사에는 관심이 없다. 그러나 경영방침이 펀드 투자자의 이익에 반하는 경우에는 투자자보호를 위하여 주주총회에 참석하여 의결권을 행사하기도 한다.

5) 운용 및 관리의 안정성

투자자의 자산인 운용자산은 운용회사의 자체 자본금인 고유자산과 분리하여 운용되어 수탁기관(은행)에 별도로 안전하게 보관되므로 운용회사 자체의 재무상태와는 직접적인 관계가 전혀 없고, 오로지 운용자산가격의 증감에 따라 그 가치가 변할 뿐이다.

6) 운용성과의 환원

펀드운용에 의한 투자성과는 신탁보수(운용보수, 관리보수, 판매보수)를 제외하고는 전부 투자자에게 돌아간다. 즉, 운용자금은 투자자에 대한 수익증권 판매로 모은 자금이므로 그 운용결과인 수익금은 수익증권의 소유자인 투자자에게 돌아감은 당연한 일이다.

또한 중도환매시 수익자가 부담하는 환매수수료도 펀드에 편입되어 남은 투자자의 몫이 된다.

3. 펀드의 유형

펀드는 그 특성에 따라 다음과 같이 다양하게 분류된다. 이러한 유형별 구분은 실무에서 업무를 수행하는 과정에서 업무의 편의상 분류된 것이다.

1) 주식혼합비율(주식형/혼합형/채권형)

주식형은 약관상 신탁재산총액의 60% 이상을 주식에 투자하는 펀드이며, 채권형은 60% 이상을 채권과 현금성 자산에 투자하는 펀드이고, 혼합형은 주식이나 채권에 60% 미만을 투자하는 펀드이다. 그리고 MMF는 CD, CP, 통안증권 등 단기성 자산에 투자하는 채권형 펀드의 일종이다.

2) 환매가능 여부(개방형/폐쇄형)

개방형은 언제라도 환매가 가능한 펀드이며, 폐쇄형은 만기일 이전에 환매가 불가능한 펀드이다. 이 경우 펀드를 시장에 상장을 하여 투자자에게 유동성을 부여하는 것이 일반적이다.

3) 추가설정 여부(단위형/추가형)

투자신탁에 있어서 동일한 투자신탁에 의해 설정된 신탁재산의 원본규모를 수시로 증액할 수 있느냐에 따라 단위형과 추가형으로 구분한다. 단위형은 동일한 신탁계약에 의하여 펀드를 1회의 설정행위로 끝나는 형태로서 원본의 증액 불가능하므로 최초의 조성된 신탁재산에 변동이 없기 때문에 신탁기간 내에서 안정적으로 운용할 수 있다. 반면 추가형은 동일한 신탁계약으로 추가적인 설정이 자유로운 형태이다. 따라서 추가적인 자금에 대한 운용이 그때그때 이루어지므로 운용이 다소 신축적이다.

4) 운용조직의 성격(수익증권/뮤추얼펀드)

투자자를 대신하여 전문투자기관이 운용을 대행하는 점에서는 차이가 없으나, 운용조직의 법적 성격에 따라 투자신탁회사 상품인 수익증권과 증권투자회사 상품인 뮤추얼펀드로 구분할 수 있다.

뮤추얼펀드란 투자자로부터 출자금을 모아 주식회사(증권투자회사)를 설립한 후 주식을 발행하고 투자자에게 운용수익을 배당금의 형태로 분배하는 반면, 수익증권은 은행 예금과 비슷하게 투자신탁운용사와 계약관계에 의해 투자금을 납입한 후 통장을 받고 운용수익을 분배금의 형태로 받는다. 중요한 내용상의 차이는 뮤추얼펀드는 현재 폐쇄형만 허용되므로 모집이 끝난 후 펀드에 가입하고 싶으면 증권시장에서 주식을 매입하여야 하고, 만기 전에 투자자금을 회수하려면 증권시장에서 주식을 매도해야 한다는 것이다. 반면 수익증권은 상품이 다양하므로 만기 전에 환매도 가능하고 추가로 펀드에 가입할 수도 있다.

5) 자금납입방법(거치식/적립식)

펀드에 투자자금을 일시에 납입하는 거치식 투자와 투자자금을 여러 차례에 정기적으로 분할 납입하는 적립식 투자의 방법이 있다. 최근 인기가 집중되는 펀드는 이와 같이 장기간 정기적으로 분할 납입하는 투자방법이다.

4. 증권투자신탁

1) 수익증권의 의의

수익증권(beneficiary certificate)이란 투자자가 판매회사(증권회사나 은행 등)를 통해 투자신탁운용회사에 맡긴 자금을 펀드 매니저가 운용하여 거기서 발생한 수익금을 분배받을 수 있는 권리를 표시하는 증권이다. 따라서 투자신탁운용회사는 판매회사를 통하여 투자자의 자금을 받으면 그 증표로 수익증권을 발급해준다. 그러나 투자자는 수익증권을 직접 받는 것이 아니고 실제로는 수익증권의 수량과 가격이 표시된 통장이나 카드를 발급받게 된다.

2) 수익증권의 권리

수익증권을 보유한 투자자는 투자원금의 상환 및 이익분배금청구권, 수익증권의 환매청구권, 신탁재산에 관한 장부열람 등의 권리를 가진다. 또한 이 수익증권은 유가증권이므로 자유롭게 거래할 수 있는 유동성이 보장되고 있다.

3) 투자신탁 관계 조직

(1) 수익자(수익자총회)

수익자는 자신의 돈을 펀드에 투자한 자를 의미하며 수익증권의 환매청구, 이익분배금, 상환금청구권 등을 행사할 수 있다. 그리고 수탁회사나 수익증권의 5% 이상을 가진 수익자는 수익자총회를 소집하여 자산운용업법 및 신탁약관에서 정한 사항을 의결할 수 있다.

(2) 위탁회사

위탁회사는 투자자로부터 자금을 모아 펀드를 만들고, 펀드매니저를 채용하여 펀드를 운용하며, 운용결과를 수익자에게 분배하는 결정을 하는 가장 중심이 되는 업무를 담당하는 회사를 말한다.

(3) 수탁회사

위탁회사인 운용회사의 운용지시를 이행하고, 신탁재산을 보관하고 관리하며, 운용회사의 합법적인 운용을 감시하는 기능을 가진 은행 또는 신탁업법에 의한 신탁회사이다.

(4) 판매회사

판매회사는 직접 투자자를 상대하는 수익증권을 판매하는 하는 회사이다. 판매회사는 증권회사, 은행, 보험회사 등이 있다.

4) 투자신탁설명서와 투자신탁약관

(1) 투자신탁설명서

투자신탁설명서는 투자신탁약관의 내용 중 투자자에게 필요한 사항을 요약하고 운용회사가 운용과 관련하여 투자자에게 알려야 할 제반사항을 기재한 문서이다.

투자신탁설명서는 투자자에게 제공하거나 그 내용을 변경할 경우에 금융감독위원회에 사전 제출하도록 되어 있어 투자자보호에 만전을 기하고 있다. 투자신탁운용회사는 펀드를 설립한 후 수익증권을 발행하여 투자자에게 판매할 경우 반드시 투자신탁설명서를 작성하여 수탁회사의 확인을 받아 판매회사를 통해 투자자에게 교부하여야 한다.

(2) 투자신탁약관

투자신탁약관이란 자산운용회사가 수탁회사와 체결한 문서로서, 펀드 운용 조직에 관한 사항과 운용 기본방침, 이익분배 및 계리 등에 관하여 중요한 사항 등 펀드 운용에 관한 기본사항이다. 자산운용회사는 이 약관을 제정하여 금융감독위원회에 사전 제출하여야 하며, 변경시에도 사전에 보고하여야 한다. 그리고 금융감독위원회에 보고하기 전에는 펀드를 판매하거나 광고를 할 수 없다.

5) 매매기준가격과 과표기준가격

(1) 매매기준가격

수익증권을 사고 팔 때 기준이 되는 가격은 보통 1,000좌를 기준으로 하여 표시하는데, 이것을 매매기준가격이라 하며 투자자산의 가치를 표시하는 기준이 된다. 이 기준가격은 투자자산의 가격변동에 따라 결정되는데, 전체 투자자산의 당일의 종가를 기준으로 환산한 시가총액을 수익증권 총발행좌수로 나눈 것을 익일의 매매기준가격으로 결정한다.

예를 들어 어떤 투자자가 투자금액 1,000만 원으로 매매기준가격 1,000원인 펀드를 매입하면 1,000만 좌를 구입하게 된다. 그러나 1달 후 매매기준가격이 1,050원으로 되었다면 투자자는 5%의 수익이 발생하였으며 1,000좌당 평가금액은 1,050만 원이 된다. 그러나 반대로 기준가격이 990원이 되었다면 10만 원의 손실이 발생하여 평가금액은 990만 원이 된다. 또한 투자자의 계좌에 남아 있는 투자자금의 현재가치를 펀드의 평가금액이라 한다.

- 입금시 좌수 = (입금액 / 입금시 기준가격) × 1,000
- 출금시 금액 = (잔고좌수 × 출금시 기준가격) ÷ 1,000

(2) 과표기준가격

투자자의 입장에서는 수익증권거래에서 발생하는 수익금은 환매대금과 매입금액의 차이가 되지만, 세법에서는 투자자의 자본소득(capita1 gain)에 대하여 과세하지 않는 것과 형평을 맞추어 수익금 중에서 운용하는 유가증권의 매매(평가) 손익에 대해서는 비과세하고 있다. 따라서 과세의 표준이 되는 것은 보유기간 중 발생한 펀드의 매매차익에서 자본손익에 의한 부분을 차감한 금액이 된다. 이때 자본손익을 차감한 매매차익을 산출하기 위하여 신탁재산에서 자본손익을 차감한 가격을 별도로 산정하는데, 이를 과표기준가격 또는 과세기준가격이라 한다.

- 매매기준가격 = 신탁재산 순자산총액 ÷ 총좌수
- 과표기준가격 = (신탁재산 순자산총액 − 유가증권 매매손익) ÷ 총좌수
- 과세대상소득 = 좌수 × (환매시 과세기준가격 − 입금시 과세기준가격)

5. 뮤추얼펀드

1) 뮤추얼펀드의 의의

뮤추얼펀드(mutual fund)란 유가증권 투자를 목적으로 모은 주주 상호 간의 출자금으로 만든 기금을 말하며, 뮤추얼펀드에 가입한다는 말은 증권투자회사의 주식을 매입한다는 말이다. 따라서 뮤추얼펀드의 경우 주식의 양도를 용이하도록 증권시장에 상장시켜 공정한 가격에 양도가 가능하도록 되어 있다. 그리고 주식이므로 펀드 운용의 수익금을 배당금이라는 형태로 받게 된다.

2) 증권투자회사 내부조직

증권투자회사는 상법상의 주식회사로 설립되었으므로 주식회사로서의 제반형식을 갖추어야 하는 조직이다.

3) 주주총회

자산운용업법과 정관에 정한 사항을 의결한다.

4) 이사

투자회사의 업무를 집행하는 법인이사와 투자회사 관련 업무의 보고를 요구할 수 있는 감독이사로 구성한다.

5) 이사회

자산운용업법과 정관에 정한 사항을 의결하기 위하여 각 이사가 소집한다.

6) 뮤추얼펀드 관련 회사

(1) 운용회사
증권투자회사의 위탁을 받아 그 자산인 뮤추얼펀드를 운용하는 회사이다.

(2) 판매회사

증권투자회사가 발행하는 주식을 모집 또는 판매하는 자로써 증권회사, 은행, 보험회사 등이다.

(3) 사무수탁회사

등록된 증권투자회사의 위탁을 받아 일반 사무업무를 수행하는 회사로 증권투자회사의 운영에 관한 사무, 펀드계산 등에 관한 사무 등을 담당하는 회사이다.

(4) 자산보관회사

증권투자회사의 위탁을 받고 그 운용자산의 보관에 관한 업무를 수행하는 회사로서 은행 또는 신탁업법에 의한 신탁회사가 담당한다.

표 3-2 ▶ 우량 금융기관 판단지표

분류	형태	세부내용
법적 성격	계약형(수익증권)	투자신탁약관에 의해 위탁자와 수탁자가 신탁계약을 체결하고 수익증권을 발행수익자에게 판매
	회사형(투자회사)	증권 투자를 목적으로 하는 회사를 설립하여 투자자에게 주식을 판매
중도환매 여부	개방형	환매 가능
	폐쇄형	일정기간 또는 전 기간에 걸쳐 환매 제한
추가설정 여부	추가형	투자자를 자유롭게 받아들이므로 투자자의 증가에 따라 펀드 규모 증가
	단위형	일정기간의 모집기간 내 투자자를 모집하고 펀드를 설정한 후에는 추가 모집 없음
투자대상	채권형	신탁자산총액의 60% 이상을 채권에 투자
	주식형	신탁자산총액의 60% 이상을 주식에 투자
	혼합형	주식과 채권에 배분하여 투자
투자지역	국내 투자형	국내에서 발행된 채권 및 주식에 투자
	해외 투자형	해외에서 발행된 채권 및 주식에 투자
	국내 · 외 투자형	국내 및 해외에서 발행된 채권 및 주식에 투자
투자자의 투자형태	거치식	일시에 목돈을 예치한 후 운용을 맡기는 형태
	적립식	매월 정액적립식으로 투자하는 형태
	임의식	필요시마다 불특정자금을 투자하는 형태

제2절 적립식 펀드 투자

1 적립식 펀드의 의의

적립식 펀드란 투자금액을 일정액으로 분할하여 정기적으로 투자하는 펀드를 말한다. 적립식 펀드는 목돈으로 일시에 가입하던 기존의 거치식 펀드와는 달리 은행의 정기적금처럼 매달 일정금액을 분할 납입하여 유가증권 등으로 운용하는 펀드에 투자하는 상품이다. 즉, 다양한 자산에 분산 투자하는 펀드 투자의 장점과 매입시점 분할로 매입단가를 평준화하는 장점을 동시에 이용하여 투자하는 펀드이다.

따라서 함부로 주가를 예측하지 말고 일정금액을 꾸준히 적립하는 것이 보다 현명한 투자방법이다. 주가가 상승할 경우에는 매수주식의 수량이 줄어들지만, 주가가 지속적으로 하락할 경우에는 동일한 금액으로 보다 많은 주식을 살 수 있기 때문에 매입단가를 평준화시키는 '코스트 에버리징(cost averaging)' 효과가 발생하게 된다. 따라서 결국 자동적으로 분할매수라는 투자원칙을 따르는 우수한 투자방법을 실현하게 되는 셈이다.

2 매입단가 평준화 효과(Cost Averaging Effect)

일정한 금액을 꾸준히 주식에 투자하면 매입가격이 평준화되는 효과를 매입단가 평준화 효과라 한다. 적립식 펀드란 은행의 적금처럼 매달 일정금액을 정기적으로 불입하여 '펀드'에 투자하는 상품이란 의미로 쓰이고 있다. 가장 쉽게 말하면 매월 적금처럼 돈을 부어 조금씩 조금씩 주식을 사는 것이다. 하지만 엄밀히 말하면 '적립식 펀드'란 잘못된 표현이다.

일반 펀드에 대비되는 '적립식 펀드'라는 상품이 따로 있는 것이 아니고 매월 일정금액을 불입하여 펀드에 투자하는 '투자방식' 그 자체를 적립식이라고 한다.

즉, '적립식 펀드에 투자한다'는 표현보다는 '펀드에 적립식으로 투자한다'라는 표현이 맞는 얘기다(반대의 개념으로 한 번에 목돈을 넣어 펀드에 투자하는 것은 '거치식'이라고 한다).

그러면 적립식 펀드가 왜 좋은지, 은행 적금과는 어떻게 다른지 그 원리를 예를 들어 설명을 해 보자. 내가 펀드에 투자를 하면 원래는 그 돈으로 펀드 매니저가 주식을 사는 것이지만, 이해의 편의를 돕기 위해 내가 직접 주식을 사고파는 것을 가정한다.

■ 시나리오 1

만약 4만 원을 투자해서 400주를 1월달(주가 100)에 매수(400 × 100 = 40,000원)했다가 5월달(주가 100)에 매도(400 × 100 = 40,000원)했다면 수익률은 0%이다. 그러나 기회비용을 감안하면 수익률은 마이너스라고 할 수 있다.

■ 시나리오 2

만약 4만 원을 1월(주가 100)에 1만 원, 2월(주가 150)에 1만 원, 3월(주가 100)에 1만 원, 4월(주가 50)에 1만 원씩 분할해서 매수한 이후 5월(주가 100)에 매도했다면 각각의 시점에 따라 매입주식수가 달라져서 비쌀 때 적은 주식수를 사고, 쌀 때 많은 주식수를 사서 총 466주를 매수하게 되고, 5월에 매도(466 × 100 = 46,600원)했다면 수익률은 16.5% (= (46,600원 − 40,000원) / 40,000원)이다.

주가	1월 매입	2월 매입	3월 매입	4월 매입	5월 매입	수익률
150		66주				
100	100주		100주		466주	16.5%
50				200주		
주식수 누계	100주	166주	266주	466주	−	

사례 하나를 더 들어보면 매월 50만 원씩 적립식 펀드에 가입한 다음과 같은 사례를 생각해보자. 기준가격(주가)이 계속 하락하였다가 제자리로 돌아온 경우에도 큰 수익률을 얻을 수 있다.

다음과 같이 주가의 변동에 따라 매입좌수가 어떻게 변화했으며, 평균 매입단가가 어떻게 변했는가를 살펴보자.

매수시점	투자금액(원)	기준가격(원)	매입좌수(좌)	평균 매입단가(원)	평가수익률(%)
1월	500,000	1,000	500,000	1,000	0.00
2월	500,000	950	526,316	974	−2.47
3월	500,000	900	555,555	948	−4.96
4월	500,000	850	588,235	922	−7.81
5월	500,000	800	625,000	894	−10.51
6월	500,000	850	588,235	867	−1.96
7월	500,000	900	555,555	889	+1.24
8월	500,000	950	526,316	896	+6.03
9월	500,000	1,000	500,000	906	+10.38
합계	3,000,000		2,946,645		

➔ 평균매입단가는 (총투자금액/총매입좌수) × 1,000원이다.
➔ 평가수익율은 기준가격/평균매입단가이다.

위의 사례는 1월부터 9월까지 매달 말일에 50만 원씩을 적립하고, 이 기간 동안 기준가격(주가)은 최초 가입시점 1,000원에서 4개월간 매달 50원씩 하락한 후에 4개월간 매달 50원씩 다시 올라서 최초의 기준가격(주가) 1,000원으로 원상회복된 경우를 생각해 보았다. 즉, 최초 가입시점의 기준가격(주가)에서 20%가 하락한 후에 반등하여 최초 가입시점의 기준가격(주가)으로 회복한 경우이다. 이 경우에 수익률은 10.38%라는 놀라운 수익률을 얻을 수 있었다. 만약 거치식 펀드에 투자했었다면 수익률이 하나도 나지 않았을 것이다.

이와 같이 수익률이 큰 이유는 기준가격(주가)이 하락할 때는 더 많은 양을 매입했기 때문에 평균매입가격이 하락하여 906원이 되었고, 환매시점의 기준가격은 1,000원으로 되었기 때문에 10.38%라는 수익률이 난 것이다.

적립식 펀드의 경우 일시적으로 거치식 펀드보다는 수익률 면에선 떨어지지만 장기간 운용시 큰 수익률을 기대할 수 있다. 위험도 면에서도 거치식 펀드보다는 안전하다. 거치식 펀드가 마음에 들고 목돈이 있더라도 적립식 펀드로 운용하기 바란다.

적립식 펀드에 대해 좀 더 간단하게 설명하자면 상인이 볼펜장사를 하려 한다. 매달 일정한 금액(만 원)으로 볼펜을 다달이 산다고 가정할 경우

첫째 달, 만 원으로 볼펜 개당 1,000원짜리 10개 구입하였다.

둘째 달, 만 원으로 사려고 보니 볼펜시세가 2,000원으로 올라 5개만 구입하였다.

셋째 달, 만 원으로 사려고 보니 볼펜시세가 500원으로 떨어져 20개를 구입하였다.

지금까지 산 볼펜을 시중에 팔기 위해 내놓았다. 상인은 3만 원으로 35개를 구입하였다. 이것은 1만 원씩 투자를 하여 손해본 달도 있고, 또한 이득본 달도 있다라는 것이다. 하지만 평균적으로 개당 857원 정도에 산 것이 된다. 이것을 현재 시중 볼펜가격이 1,200원이라면 볼펜 35개를 42,000원에 판매하는 결과가 된다. 상인은 3만 원을 투입하여 약 1만 2,000원 이득을 본 것이다. 허나 분명 둘째 달에는 볼펜시세가 약 2배 정도 올랐다. 이것이 매입단가 평준화 효과라는 것이다. 다달이 매입을 하여 약 2~3년간 운용시 위와 같은 결과를 낳게 되는 것이다.

거치식 펀드는 위의 내용과는 다르다. 한 번에 볼펜을 대량으로 구입하여 시중가가 올랐을 때 팔아야만 이윤을 볼 수 있다라는 것이다.

매입단가 평준화 효과의 진정한 의미는 주가가 100에서 시작해서 100으로 되돌아 왔을 때, 즉 제자리로 돌아왔을 때 변동성의 크기에 따라 일정한 수익률을 달성할 수 있다는 것인데, 거치식 투자의 경우 제자리로 돌아왔을 때 수익률이 0%인 것과는 다른 결과가 나온다면 수익률은 어떻게 될까?

여기서 주의해야 할 것은 수익률의 개념이다. 적립식 투자는 분명 적금처럼 매월 일정한 금액을 투자하는 것임에도 불구하고 그 투자의 결과인 수익률은 예금처럼 원금에 대한 수익률인 것이다. 이해를 돕기 위해 은행 예금과 적금의 연리와 수익률의 차이를 짚어보자.

1. 예금 : 연리 3.7%로 1년간 거치시

		이자 444,000원
1,200만 원	1년 후 수익률 : 3.7%	

2. 적금 : 연리 3.9%로 매월 100만 원씩 1년간 불입

매월 100만 원씩	이자 253,500원
1년 후	
1년간 1,200만 원 불입	수익률 : 2.1%

매월 100만 원씩 연리 3.9%짜리 1년 만기 정기적금에 가입한 경우 첫째 달에 불입한 100만 원에 대해서는 1년치 이자인 3.9%가 적용되고, 그 다음달에 불입한 100만 원은 은행에 11개월만 예치되므로 1년치 이자의 11/12만 지급되는 것이다. 따라서 제일 마지막달에 불입한 100만 원에 대해서는 1년치 이자 3.9%의 1/12이 지급되는 것이다.

적금회차	월 불입금	금리적용	적금이자
1	1,000,000	12/12	39,000
2	1,000,000	11/12	35,750
3	1,000,000	10/12	32,500
4	1,000,000	9/12	29,250
5	1,000,000	8/12	26,000
6	1,000,000	7/12	22,750
7	1,000,000	6/12	19,500
8	1,000,000	5/12	16,250
9	1,000,000	4/12	13,000
10	1,000,000	3/12	9,750
11	1,000,000	2/12	6,500
12	1,000,000	1/12	3,250
합계	1,000,000		253,500

이를 표로 정리하면 위와 같다.

결과적으로 1년 만기 후 원금 1,200만 원에 대한 이자가 253,500원이고 이자소득세 15.4%를 제하면 214,460원을 지급받게 된다. 세후 연수익률로 환산하면 약 1.8%(－214,460/12,000,000)밖에 되지 않는 것이다.

이래도 저축 시대에 대한 타성으로 은행에 가서 적금을 들어 목돈을 마련할 것인가?

다시 적립식 투자로 돌아와서 처음의 예를 가지고 설명해 보자.

적금과 적립식 투자를 비교하기 위해 1년 금리 16.5%인 적금을 4회 불입한 후 만기에 찾는 경우의 만기 수익률을 계산해 보면 다음 표와 같다.

구분		1회	2회	3회	4회	총 납입금	만기 수익률
적금	원금	10,000원	10,000원	10,000원	10,000원	40,000원	10.3%
	이자	1,650원	1,238원	825원	412원	4,125원	
	원리금	11,650원	11,238원	10,825원	10,412원	44,125원	
적립식 투자	원금	10,000원	10,000원	10,000원	10,000원	40,000원	16.5%
	매입가격	100원	150원	100원	50원		
	주식수	100주	66주	100주	200주	466주	

1년 금리 16.5%인 적금의 세전 이자가 4,125원으로 실제 만기 수익률은 10.3%이며, 적립식 투자의 이익금은 6,600원으로 만기 수익률 16.5%가 된다. 적립식 투자는 주식매매차익에 대한 세금이 없으므로 세후 이자와 비교하면 그 차이는 더 커질 것이다.

결론적으로 적립식 투자는 은행 적금처럼 매달 일정한 금액을 불입하는 면에서는 동일하지만, 수익은 적금의 만기 수익률과는 달리 은행 예금처럼 투자 원금에 대한 연수익률이라는 측면에서 수익구조가 적금과는 다르다고 할 것이다.

1) 환매시점이 수익률 좌우

적립식 펀드의 수익률을 좌우하는 것은 첫째, 분할 매입하여 평균 매입단가를 낮추는 것과 둘째, 마지막 해지시점의 기준가격(지수)의 상승이다.

따라서 아무리 장기간 분할 매입하여 평균 매입단가를 낮추었다고 하더라도 기준가격(주가)이 낮은 시점에 해지하면 아무 효과가 없다. 기준가격이 떨어진 시점에 해지하면 수익률은 마이너스이며, 원래의 기준가격(지수)인 경우에 해지를 한 경우에는 수익률을 얻을 수 있다는 것이다.

2) 거치식 투자의 경우

투자금액을 일시에 투자하는 거치식 투자의 경우에는 매수시 가격과 매도시 가격이 같다면 수익률은 0이 된다.

3 적립식 펀드의 장 · 단점

최근 투자자들의 인기를 차지하고 있는 적립식 펀드라고 해도 무분별하게 무조건 가입할 것이 아니라 다음과 같이 장점과 단점을 종합적으로 생각해보아야 한다.

1. 장점

1) 월급생활자의 목돈 마련 투자

적립식 펀드는 일단 펀드에 가입만 하면 매당 일정금액이 자신의 계좌에서 자동적으로 인출되는 형식이며, 만기가 되면 목돈이 마련할 수 있는 투자방법이다.

2) 소액으로 다양한 자산에 분산 투자

적립식 펀드도 펀드 투자이므로 매월 몇십만 원의 금액을 투자하여도 전체로는 거액의 펀드를 만들어 투자하기 때문에 직접 투자로서는 불가능한 포트폴리오에 의한 분산 투자가 가능하므로 투자의 위험을 크게 줄일 수 있다.

3) 장기 투자가 가능

적립식 펀드는 주가가 하락할 경우에도 장기간 일정금액을 계속해서 투자하므로 평균 매입단가가 낮아지는 효과가 있다. 따라서 매입단가 평준화 효과는 적립식 펀드 투자자가 주가가 하락시점에도 투자를 계속하기 때문이다. 이러한 효과로 인하여 노후를 대비한 재산형성의 방법으로 가장 많이 이용되고 있으며, 정부도 세제 혜택까지 부여까지 적립식 펀드를 권장하고 있다.

4) 투자시점 분산으로 매입단가 평준화

적립식 펀드에의 투자는 다양한 자산에 분산 투자가 가능하여 투자 위험이 감소되며, 투자시점도 매월 일정금액을 장기간 투자하므로 매수단가를 평준화하여 고가매입에 따른 투자 위험을 방지할 수 있다.

2. 단점

적립식 펀드는 많은 장점에도 불구하고 다음과 같은 단점도 존재한다. 무조건 적립식 펀드 투자만을 고집할 것이 아니라 투자자는 자신의 재무상황이나 투자패턴에 적합한 투자패턴을 선택하여야 할 것이다.

1) 거치식 투자보다 수익률이 낮을 가능성

적립식 투자는 투자기간의 분산으로 매수단가를 평준화시킬 수 있다. 그러나 투자시점을 잘못 택하여 주가가 높은 시기에 투자를 시작한다면 오히려 손실을 초래할 수도 있다. 거치식 투자의 경우 정확한 증권분석으로 주가가 떨어진 시점을 정확하게 예측하여 집중 투자한다면 적립식 투자보다는 더욱 높은 수익률을 얻을 수 있다. 이 경우는 적립식 투자의 단점이라기 보다 모든 투자행위에 공통적으로 적용되는 단점이 될 것이다. 만일 투자 시작시점이 주가가 저점에서 계속 상승하는 기간이라면 적립식 투자보다는 거치식 투자가 보다 유리할 것이다. 왜냐하면 적립식의 경우에는 주가의 지속적인 상승으로 평균가격이 상당히 높아지기 때문이다.

2) 투자기간 예측 어려움

적립식 투자의 경우 마지막 자금이 필요한 시점에 주가가 매우 떨어져 있는 경우에는 손실을 입게 된다. 그러므로 투자의 마지막시점은 주가가 상승해 있는 시점이어야 한다. 따라서 일반 투자자가 이러한 만기시점의 주가를 예측하여 투자기간을 미리 정하기란 무척 어려운 것이 사실이다.

3) 높은 투자비용

적립식 투자의 경우 매년 수수료를 납부하여야 하므로 만기까지 유지할 경우 너무나 많은 비용이 지출되므로 상대적으로 수익률이 낮아질 가능성이 매우 높다.

4 적립식 펀드의 환매요령

적립식 펀드의 장점이 매수가격을 평준화시켜 아무리 매수단가를 낮추어도 환매시점의 주가가 더욱 하락해 있는 시점이라면 손실을 면할 수가 없다. 따라서 적립식 펀드의 위험관리를 위해서는 환매시점을 잘 선정하는 것이 가장 중요하다.

1. 분할환매

분할환매방법은 만기시점에 가까이 왔을 때 투자액의 일정부분을 분할하여 환매하는 방법이다. 환매에 가장 유리한 시점인 주가가 가장 상승한 시점을 알기란 불가능하기 때문에 분할환매가 현명한 방법이다. 이 방법에도 정기적으로 일정비율의 금액을 환매하는 방법과 주가가 상승할 때마다 일정비율을 환매하는 방법이 있다.

2. 포율러 플랜의 활용

포율러 플랜은 주가가 일정수준 이상으로 상승하면 이익을 실현하고, 하락하면 추가로 매수하여 매수단가를 낮추는 방법이다. 즉, 상승시점에 환매한 금액을 보유하다가 하락시점에 추가매수를 하면 전체적으로 매수단가를 낮추어 수익률을 더욱 높일 수 있는 전략이다.

3. 목표수익률 관리

목표수익률 관리방안은 만기 이전이라도 목표수익률이 달성되면 투자금액을 환매하고 잔여기간은 채권 등 안전한 자산으로 운용하는 방법이다. 그러나 이 방법은 만기까지 목표수익률을 달성하지 못하면 사용할 수 없다는 단점이 있다.

4. 만기인출

만기인출은 가장 일반적인 방법으로 만기시점에 일시에 환매하는 방법이다. 이 방법은 재무설계사(FP)들이 가장 많이 이용하는 방법으로 투자 시작시점에 정확하게 기대수익률과 투자기간을 잘 선정하여야 한다.

제3절 펀드 투자시 유의사항

1 펀드 투자, 이것만은 알고 하자.

1. 계란을 한 바구니에 담지 말자.

몇 년 전 "계란을 한 바구니에 담지 말라"는 문구를 이용한 광고가 있었다. 그리고 일반인들은 '어디서 이런 문구가 나오게 되었을까? 그리고 그 뜻은 무엇일까?'라는 생각을 한 번쯤 가졌을 것이라고 생각한다.

여기에서는 지금은 보편적으로 인식되어지는 이 문구가 내포하는 진정한 의미를 자세히 살펴보고자 한다.

일반적으로 투자자들이 투자를 하게 될 때 가장 중요하게 고려해야 할 사항은 '수익'과 '위험'이라는 개념이다. 통상 '수익'과 '위험'에 대한 객관적인 지표로 '기대수익률'과 '표준편차(분산)'라는 것을 사용한다.

기대수익률은 현재시점에서 투자자가 투자를 하게 되었을 때 얻을 수 있는 수익의 예상치라고 할 수 있다. 즉, 40원을 내고 1/2의 확률로 100이 나오고, 또 1/2의 확률로 0원이 나오는 게임에 대한 기대수익은 50원(=1/2 × 100 + 1/2 × 0)이 된다.

기대수익률은 투자한 원본에 대해 얻은 수익 부분을 이야기하기 때문에 여기에서 기대수익률은 25%가 된다(10원 / 40원 = 25%). 그러나 이 게임을 여러 번 반복해도 반드시 50원의 수익을 가져오지는 않는다. 왜냐하면 100원이 나올 가능성과 0원이 나올 가능성이 상존하고 있기 때문이다(물론 이 게임을 무한히 반복하면 평균적으로 50원의 수익을 가져오게 될 것이다).

이렇게 투자를 했을 때 50원이 나오지 못할 가능성을 '위험'이라는 단어로 표현한다. 이를 객관적인 측정치로 환산한 것이 바로 분산이나 표준편차가 되는 것이다. 만약 이 게임에서 위험이 크다면, 즉 0원이 나올 가능성이 훨씬 더 크다면 아마도 투자를 하지 않는 투자자들이 많이 나타나게 될 것이다. 이처럼 투자를 하는데 있어서 '수익'과 '위험'을 동시에 고려하는 것은 무엇보다 중요한 것이다.

이 두 가지 정의를 가지고 우리의 대전제인 "계란을 한 바구니에 담지 말라"라는 문구의 의미를 풀어보겠다.

남대문 시장에 다음과 같은 물건을 파는 두 사람이 있다.

- 갑 : 우산이나 선글라스를 파는 사람
- 을 : 우산과 선글라스를 파는 사람

갑과 을의 차이는 어디에 있을까?

갑은 우산이나 선글라스를 파는 사람인 반면에 을은 우산과 선글라스를 같이 파는 사람이다. 이는 아주 큰 차이를 나타낸다.

갑의 경우 만약 우산만을 팔았다면 해가 뜨는 날은 장사가 잘 되지 않을 것이다. 반대로 비 오는 날 선글라스만을 팔았다면 역시 장사가 수월치 않았을 것이다.

을은 우산과 선글라스를 같이 가지고 장사를 한다는 것이다. 이렇게 되면 비가 오든, 해가 뜨겁게 내리쬐든 적정부분의 수익은 보장될 것이다. 바로 이러한 논리가 "계란을 한 바구니에 담지 말라"라는 표현을 만들어내는 것이다.

우산을 만드는 아주 좋은 회사가 있어 이 회사의 주식에 모든 돈을 투자했는데,

그 해 따라 기상이변으로 비가 한 방울도 내리지 않는다면 아마도 이 회사에 투자한 투자자는 손실을 보게 될 것이다. 그러나 우산을 만드는 회사와 선글라스를 만드는 회사의 주식을 반반 정도씩 사게 된다면 보통의 경우에 일정부분의 수익을 보장받을 수 있을 것이다. 이렇게 분산된 투자를 하는 것은 수익을 극대화시키기보다는 위험을 나누게 되어 궁극적으로 안전한 투자를 하게 만드는 것이다.

그러면 어떻게 나누는 것이 가장 위험을 극소화시킬 것인가 하는 문제에 직면하게 된다. '무조건 많은 종목에 투자를 하게 되면 완전히 투자 위험이 감소되겠지'라고 생각하는 것은 그릇된 것이다. 왜냐하면 투자 위험은 투자대상 종목 간의 상관계수(어떠한 사건에 대하여 투자종목 간에 움직이는 방향성 및 정도)에 의해 그 크기가 결정되기 때문이다.

여기서는 위의 예로 설명해 보면, 만약 선글라스를 만드는 회사와 여름옷을 만드는 회사에 동시에 투자를 한다고 가정할 때 기대와는 다르게 날씨가 덥지 않으면 아마도 두 회사에 대한 투자결과는 만족스럽지 않을 것이다. 그러나 선글라스를 만드는 회사와 우산을 제조하는 회사에 분산해서 투자를 한다면 위의 경우보다는 손해를 보는 확률이 적을 것이다.

이것이 바로 상관계수에 의한 분산 투자의 효과이다. 여기서의 상관계수라는 것은 위에서 설명하였지만 한 개의 투자대상이 상승할 때 다른 투자자산이 어느 정도 같이 상승하는가, 아니면 어느 정도 하락하는가를 말하는 것이다. 따라서 상관계수에 의한 분산 투자의 효과는 하나의 사건에 대해 움직이는 정도와 움직이는 방향이 다르게 나타나서 위험이 줄어드는 것을 이야기한다. 따라서 투자대상을 여러 개로 나누어 투자를 하게 되면 수익은 한 개의 자산에 투자를 하는 것보다 적을지 몰라도 위험은 훨씬 더 감소되는 것이다.

펀드에 투자하는 것은 다름 아닌 계란을 한 바구니에 담는 것이 아니라 여러 개의 바구니를 구입하는 것과 같은 효과를 볼 수 있다는 것이다.

펀드는 펀드를 구성하는 종목들 간의 분산 투자 효과와 그에 따른 수익을 적절히 조합한 상품인 것이다. 바꾸어 말하면 계란을 잘 깨지지 않도록 포장을 잘해서 담은 여러 개의 바구니를 이야기한다. 이 때문에 펀드에 투자할 경우 개별종목에 투자하는 것보다 위험이 적게 나타나는 것이다.

여기서 잠깐, 다시 위험에 대해 짚어보겠다.

위험은 크게 두 가지로 분류된다. 하나는 분산가능 위험(비체계적 위험)이며, 나머지는 분산불가능 위험(체계적 위험)이다. 분산가능 위험은 분산 투자에 의해 줄어드는 위험을 말하며, 일반적으로 개별주식의 위험, 기업의 재무 위험, 산업구조 위험 등이 이에 속하게 된다. 후자인 분산불가능 위험은 전쟁, 인플레이션 등 분산 투자를 통해서도 줄어들지 않는 위험을 말한다.

자본시장에서 금융상품의 꽃인 펀드는 바로 분산가능한 위험을 최대한 제거한 상품이라고 보아도 무방할 것이다.

잘 포장된 계란을 담은 여러 바구니를 사는 것과 잘 포장되지 않은 계란을 담은 한 바구니를 사는 것은 차이가 있다. 만약 수익을 극대화하기 위해서 포장되지 않은 계란을 한 바구니에 담을 경우 일시적인 투자성과는 좋을지 몰라도 지속적인 성과는 기대하기 힘들 것이다.

2. 펀드 투자할 때 고려해야 할 경제지표들

주식이나 채권시장에 영향을 주는 요인은 다양하고 복합적이다.

시장에 일정한 영향을 주는 절대적인 지표는 없다. 특히 오늘날에는 세계 경제가 커다란 하나의 물줄기 마냥 휩쓸려 움직이는 경향이 있다.

수출의존도가 높은 우리나라의 경우 해외변수가 더욱 많은 영향을 미치기도 한다. 주식 투자의 경우 밤새 벌어지는 미국 나스닥지수의 움직임을 손바닥 보듯 알지 않고서는 더 이상 경쟁에서 이길 수 없을 정도이다.

미국의 경제 대통령이라고 불리는 연방준비제도이사회(FRB) 의장인 벤 버냉키의 말 한 마디에 전 세계가 촉각을 세우는 것은 이젠 특별한 일이 아니다. 금리인상을 간접적으로 언급한 말 한 마디에 전 세계 증시가 출렁거린다. 그리고 금리인상을 언급하기 위해 나온 각종 통계지표들, 예컨대 소비자 신뢰지수, 고용지수, 인플레이션 등의 지표들을 분석하기 위해 분주하게 움직인다.

경제지표에 대한 분석은 주식이나 채권 등 증권시장에 영향을 미치는 기초자료를 제공해 준다. 경제지표는 경제의 움직임을 한 눈에 보여주는 지표로써 향후 기업의 수익성, 성장성 등을 예측하기 위한 거시지표로 활용된다. 그러나 여러 경제변수 중에서 어떤 것이 증권시장에 영향을 미치는지 밝히고 상관관계를 규명하는 일은 쉬운 일이 아니다. 앞서 말한 대로 증권시장에 영향을 미치는 요인은 다양하고 복잡하기 때문이다.

경제지표는 한국은행이나 재정경제부, 통계청 등에서 실적치를 발표하고 KDI 등 연구기관, 삼성경제연구소 등 민간 경제연구소 등은 예측치를 주로 발표한다.

증권시장, 특히 주식시장에 영향을 미치는 주요 경제지표는 국내총생산(GDP), 산업생산지수, 인플레이션, 실업률, 경상 및 무역수지, 환율, 금리 등이다.

이들 각각의 지표들은 경우에 따라서 증권시장에 플러스 요인이 되기도 하고 마이너스 요인이 되기도 한다. 또한 특수한 경제상황이나 특정 시점에 따라서 여러 경제지표들 중에서도 특정한 지표에 민감하게 반응하기도 한다.

이러한 내용들을 따라잡기 위해서는 언론매체 등을 통해서 나오는 경제 관련 내용 중에서 이슈가 되거나 핵심이 되는 사항들에 지속적인 관심을 기울이는 방법밖에 없다.

여기서 주가를 중심으로 주가에 영향을 주는 각 요인들을 간략하게 살펴보면 주가는 앞서 말한 국내 · 외의 경기동향을 비롯해 정치, 사회, 정세 등의 외부요인, 금융기관 자금동향 등 수급관계를 중심으로 한 내부요인, 그리고 개별기업의 실적, 투자심리 등이 영향을 미친다고 생각할 수 있다. 자세한 내용은 추후 주식 재테크 부분에서 설명하기로 한다.

3. 수익률만 보고 펀드를 평가하지 말자.

조그마한 장난감 하나를 사더라도 인체 유해물질이 들어 있지는 않은지, 디자인은 괜찮은지, 이음새는 꼼꼼하게 처리되어 있는지, 강도는 높은지 등 조목조목 따져서 구매하는 사람들이 정작 펀드를 고를 때는 그렇지 않은 투자자들이 많다.

'펀드요, 그냥 수익률이 높으면 좋은 거 아닌가?'

결과적으로는 맞지만, 그 수익률은 과거의 성과였다는 것을 간과한 것이다. 오늘의 수익률은 이미 펀드에 가입했던 투자자들의 수익률이지 앞으로 투자할 당신의 수익률은 아니라는 점이다. 현재까지의 수익률 자료가 향후 투자의사결정을 내릴 때 중요한 참고자료가 될 수는 있지만 절대적인 기준이 될 수는 없다.

따라서 지금까지의 수익률이 단순히 운(運) 때문에 달성된 것인지, 진짜 실력으로 달성한 것인지를 조목조목 살펴봐야 한다. 그래야만 현재까지의 수익률에 대한 신뢰도를 높일 수 있기 때문이다.

수익률을 볼 때는 단기간의 수익률만을 보아서는 안 된다. 펀드의 수익률에는 해당 자산운용사와 펀드매니저의 혼(魂)이 담겨져 있어야 한다. 혼이 담기려면 그 펀드와 오랫동안 생사고락을 같이 해야 한다. 즉, 철저한 기업분석을 통해 종목을 고르고, 투자하고, 매도하는 과정에서 운용실력이 펀드에 흠뻑 젖어있어야 하는 것이다. 그러나 단기 성과는 겉멋만 화려할지도 모른다. 시장의 등락을 적어도 한두 차례 이상은 겪은 후라야 그나마 펀드의 수익률을 숫자 그대로 인정할 수 있다. 따라서 수익률은 장기 성과를 보아야 한다.

펀드수익률을 다양한 구간으로 잘라서 보는 것도 요령이다. MRI로 인체를 단층 촬영함으로써 몸의 구석구석을 들여다보듯이 펀드수익률도 단층 촬영해 보아야 한다.

최근 6개월 수익률, 최근 1년 수익률 등의 누적수익률은 전체 성과를 보기에는 좋으나 상황국면별 성과를 보기는 어렵다. 따라서 수익률을 월별로 쪼개서 보거나, 시장 상승기와 하락기로 나누어서 보거나, 가장 수익률이 높았던 때와 하락했던 때는 언제였는지 등을 살펴보아야 한다. 그래야만 펀드가 안정적인 성과를 기록하는 펀드인지, 수익률 변동이 심한 펀드인지, 상승장 혹은 하락장에 강한 펀드인지 등의 특징을 알 수 있다.

판매사의 펀드수익률 광고 하단에 보면 '……펀드수익률은 과거의 운용실적이며 향후 시장상황에 따라 변동될 수 있다'라는 문구를 가슴에 새겨 펀드도 조목조목 따져보는 노력이 필요하다.

1) 펀드 서류 삼 형제

"펀드를 환매하는데 수수료를 낸다고요?"

"오늘 부동산 잔금 치르려고 하는데 펀드 출금해 주세요."

다소 생뚱맞은 소리일지 모르겠지만 이러한 질문을 해오는 투자자들이 있다. 펀드는 은행의 예 · 적금 상품과는 다르게 투자되는 자산이 주식이고 많은 사람들의 돈을 모아 기금으로 운용하는 상품이므로 가입하기 전에 확인해야 할 사항이 많다.

계약기간을 채우지 못하고 출금요청을 하는 경우 수수료를 내야 하고, 투자자산인 주식이 3일 후에 결제되므로 환매신청을 하면 3일 후에 출금이 가능하다. 해외펀드는 각각 투자되는 국가에 따라 다르지만 국내펀드보다 2배 이상의 시일이 소요되기도 한다.

펀드를 판매하는 금융회사에서 이러한 구조를 명확히 설명해야 하는 의무도 있지만, 내 자산은 내가 꼼꼼히 관리한다는 생각으로 펀드 관련 서류를 꼼꼼히 확인해야 한다. 펀드 투자와 관련하여 3대 서류인 약관, 투자설명서, 그리고 자산운용보고서 등의 체크포인트를 알아보기로 하자.

(1) 약관, 투자자와 판매회사와의 계약서

우리는 수많은 계약을 통해 살아가고 있다. 버스에 타는 순간, 탑승자는 승차요금을 내야 한다는 것과 운전기사는 요금을 받았으니 지정된 장소에 내려줘야 한다는 묵시적인 계약이 성사되는 것이다. 펀드에서도 마찬가지로 펀드에 가입하겠다고 서명하는 순간, 약관에 있는 내용을 충분히 숙지를 했으며 그 내용에 동의한다는 것을 의미한다.

약관에서 담고 있는 주요내용은 '운영에 관한 총칙, 상품의 정의 및 투자범위, 판매와 환매에 관한 규정, 수익자총회, 펀드의 운용 · 보수 · 환매수수료 및 해지' 등에 관한 아주 중요한 정보를 담고 있다. 이처럼 펀드에 관한 모든 정보가 다 녹아 들어 있는 계약서이니 내가 가입한 상품에 대한 정보를 알려면 반드시 한 번쯤은 숙독을 하는 게 좋다.

약관 제일 하단의 〈부칙〉을 통해 당해 펀드 고유의 운용에 관한 사항을 열거하고 있고, 내용은 서술형으로 되어 있어서 특별히 어렵거나 까다로운 내용을 읽어야 하는 부분은 없다.

(2) 펀드의 주요 사항을 모아 둔 투자설명서

투자설명서는 운용방침과 수수료 등 약관의 내용을 쉽게 풀어쓴 것이다.

아주 사용이 복잡한 전자제품을 구입했을 때 가장 먼저 하는 일은 제품사용법이 적힌 사용설명서를 살펴볼 것이다. 그렇다면 전자제품이 아닌 펀드를 샀다고 가정한다면 펀드를 사들인 사람은 사용설명서(투자설명서)를 꼼꼼히 살펴야 한다. 투자설명서는 약관 못지않게 중요한 정보로서 펀드의 실제 운용상의 원칙과 범위 등을 사실적으로 기술한 고객설명서이기 때문이다.

이것 또한 약관처럼 펀드가입자에게 반드시 제시를 하고 확인했다는 서명을 받아야 할 만큼 중요한 문서로서 고객에게 꼭 교부해야 하고, 고객 입장에서는 선량한 투자자로서 한 번은 꼭 읽어봐야 할 중요 서류이다.

① 내가 맡긴 돈이 어디에 투자되나?

투자설명서에서 우선 확인할 사항은 내 돈이 투자되는 곳이다.

주식형 펀드는 대부분 자산총액의 60% 이상을 주식에 투자한다. 투자목적에 '자산총액의 60% 이상을 주식에 투자해 자본이득을 추구한다'라고 명기돼 있다. 나머지는 상대적으로 안전한 채권 및 수익증권 등에 투자한다.

주식에 60% 이상을 투자하기 때문에 매우 높은 수준의 투자 위험을 감수하고 중 · 장기적으로 투자하는 장기 투자자에게 적합하다고 투자설명서는 언급하고 있는 것이다. 때문에 안전한 투자를 원하는 사람은 채권형이나 주식편입비율이 낮은 혼합형 펀드를 골라야 한다.

수탁액이 어느 정도인지도 투자설명서에 나와 있다. 수탁액이 늘면 그만큼 인기가 있다는 의미다. 그동안의 투자실적도 투자설명서에 공개된다. 다만 1년 단위로 공개되기 때문에 설정된 지 1년이 안 된 펀드의 투자설명서에는 투자실적 항목이 없다. 이때는 펀드운용사의 홈페이지 등에 들어가 해당 펀드의 운용실적을 확인해야 한다.

② 환매할 때 들어가는 비용은?

만약 급한 일이 생겨 환매하는 경우 환매시 수수료를 내야 하는 펀드인지, 환매수수료 부과 기일이 지났는지를 따져봐야 한다. 투자설명서에는 이러한 환매수수료 관련 내용이 설명되어 있다. 가입한 지 90일이 되기 전에 환매하면 이익금의 70%를 환매수수료로 떼어 간다고 되어 있다면, 90일이 넘으면 수수료를 안 낸다. 일부 펀드는 환매수수료가 없고, 대신 가입할 때 일정액을 선취수수료로 떼기도 한다.

③ 펀드수수료나 향후 세금은?

투자설명서에는 펀드를 운영하면서 들어가는 돈을 어떻게 나눠 배분하는지에 대해서도 언급하고 있다. 펀드를 운영하려면 판매회사, 운영회사, 수탁회사 등에 보수를 주어야 한다. 이런 보수는 투자자가 직접 주지 않고 투자한 펀드에서 지급한다. 보통 순자산 총액의 2.5% 정도를 이런 보수 명목으로 뗀다. 보수를 많이 뗄수록 이익은 줄어들기 때문에 설명서에서 확인해야 한다. 또 투자설명서를 읽다 보면 세금 문제도 알게 된다. 주식의 매매차익에 대해서는 세금을 내지 않지만 펀드에서 투자한 주식, 채권에서 발생한 이자와 배당소득 등에 대해서는 15.4%(개인)의 세금을 낸다.

(3) 펀드 운용내역을 수익자에게 보고하는 운용보고서

운용보고서는 운용업법에 의해 3개월마다 투자자에게 발송(이메일 혹은 우편)하며, 투자자 개별수익이 아닌 펀드 전체의 운용내역, 편입 자산내역 등을 볼 수 있다.

단기적인 수익에 따라 환매할 일은 아니지만 잘 운용이 되고 있는지에 대한 투자자로서의 점검을 할 기회다.

투자되는 자산들이 엄청난 단위여서 현실감은 없지만 사랑스러운 자식처럼 쳐다보고 있으면 펀드에 대한 이해도 빨라지고 관심도도 높아지게 마련이고, 펀드에 관련된 모든 정보가 다 응축되어 있다.

① 운용보고서 읽는 법

펀드마다 세부사항은 다르지만 보고서 양식은 자산운용협회서 규정한 대로 거의 비슷하다. 이 가운데 먼저, 펀드의 특성 등이 설명된 '투자신탁의 개요'를 살펴

해당 펀드와 자신의 투자목적이 맞는지를 따져본다. 안정적인 성향의 투자자라면 주식형이라도 배당주 등의 편입비중이 높은 펀드를 고르는 편이 낫다.

'투자신탁의 현황'에서는 이 펀드의 수탁액이 얼마인지 알 수 있다. 설정된 지 꽤 지났는데도 펀드 잔고가 별로 늘지 않았다면 왜 그런지 따져봐야 한다.

'자산보유 및 운용현황'을 통해선 펀드가 어떤 종목을 사서 수익을 냈는지를 알 수 있다. 부실기업이 혹시나 포함되진 않았는지 살피자.

'매매주식총수……'에선 주식을 얼마나 자주 사고 팔았는지를 알 수 있다. 보통 회전율이 높으면 펀드 운용비용이 늘어나 손해다.

② 손익현황을 통해 수익률 점검

무엇보다 가장 궁금한 게 수익률이다. 운용보고서의 6번째 항목인 '운용의 개요 및 손익현황'에 수익률 정보가 들어 있다.

기간별 운용성과를 보면 해당 펀드의 1개월, 3개월, 6개월, 1년, 설정일 이후 등 수익률이 표시돼 있다. 수익률이 들쑥날쑥 하지 않아야 안정적이다. 주식형 펀드라면 시황에 따라 수익이 좌우된다. 그래서 살펴야 할 것이 벤치마크수익률이다. 이는 대개 같은 기간 코스피지수수익률을 나타낸다. 벤치마크수익률보다 펀드수익률이 높다면 다행이지만, 그렇지 않다면 원인이 무엇인지 점검해봐야 한다. 다만, 보고서의 수익률은 한 달여 전의 결산시점이 기준이다. 최근 수익률을 알고 싶다면 펀드에 가입한 은행 또는 증권사에 문의하거나 펀드평가회사를 이용한다.

③ 운용보고서를 살핀 뒤 투자지속 여부 결정

운용보고서는 앞으로 펀드 투자를 계속할지, 아니면 환매를 해야 할지를 결정할 수 있는 중요한 자료다. 운용보고서를 통해 자신이 가입한 펀드가 다른 펀드와 비교할 때 저조한 수익률이 지속되고 있거나, 자신이 생각했던 것과 다른 방식으로 펀드 운용전략이 바뀌었거나, 수익률이 지나치게 나빠졌다는 사실을 알았다면 해당 운용사에 원인을 알아본 뒤 환매를 하거나 투자금을 줄이는 결정을 내려야 한다.

(4) 약관, 투자설명서, 운용보고서 어디에서 보나?

투자설명서는 펀드 가입시 투자자에게 교부를 하고 있다. 판매사에 방문해 가입하는 경우 투자설명서와 핵심설명서를 교부하고 있으며, 인터넷으로 가입하는 경우 언제든지 열람이 가능하다. 운용보고서는 이메일, 우편을 통해 받아볼 수도 있지만 자산운용협회나 거래하는 증권사 홈페이지를 방문하면 언제든지 조회할 수 있다. 운용보고서의 하단에 약관, 투자설명서, 자산운용보고서, 수탁회사 보고서가 링크되어 있으며, 내용변경시 수시로 업데이트가 되고 있다.

제4절 투자목적별 펀드 선택법

간접 투자방법인 펀드 투자도 시장상황의 변화에 따라 선정하는 펀드의 유형이 달라야 한다. 여기서 우리는 어떠한 경제상황에서 어느 펀드가 보다 유리한지를 생각해 보기로 하자.

1 증시상황에 신속히 대응할 수 있는 경우(엄브렐러펀드)

엄브렐러펀드(umbrella fund)는 하나의 모(母)펀드 아래 여러 종류의 하위펀드가 있어 투자자가 시장상황에 따라 다른 하위펀드로 자유롭게 전환할 수 있는 펀드이다. 이 펀드는 시장상황의 변화를 신속하게 읽을 수 있는 투자자가 그 변화에 보다 유연하게 다른 하위펀드로 신속하게 교체할 수 있어 높은 수익률을 얻을 수 있다. 엄브벨러펀드의 하위펀드로는 MMF, 공사채 수익증권, 안전형 수익증권, 성장형 수익증권, 정보통신펀드, 코스닥 전용 펀드, 공모주 전용 펀드 등을 편입할 수 있다.

엄브렐러펀드를 이용하는 데 가장 중요한 점은 전환시점의 선택에 있다. 따라서 시장상황을 정확하게 포착하여 전환권을 행사하면 높은 수익을 얻을 수 있지만, 반대의 경우에는 오히려 손실이 발생할 수 있다.

예를 들면 주가상승 예상시에는 주식형 펀드에 투자하여 수익을 올릴 수 있고, 반대로 주가하락 예상시에는 채권형 펀드로 전환하여 안정적인 수익을 추가로 얻을 수가 있다. 또한 금리가 하락 예상시에는 채권가격의 상승이 예상되므로 채권형 펀드로, 공모주가 유리할 경우 공모주 펀드로 자유롭게 전환이 가능하다. 그러나 시장전망이 불투명할 경우 하루만 맡겨도 이자가 붙는 MMF나 채권혼합형 펀드로 전환하여 대기를 하면서 시장을 관망할 수도 있다.

내 맘대로 갈아타는 엄브렐러펀드(Umbrella fund)

삼성 글로벌 엄브렐러인덱스전환형 펀드
펀드 하나로 국가별 전환투자를 마음대로!

→ 높은 성장을 보이고 있는 해외 국가들에 분산 투자
→ 투자자의 판단에 의해서 원하는 펀드로 언제든지 전환 가능

삼성 글로벌 엄브렐러인덱스전환형 펀드 시리즈는 세계 주요 국가에 투자하는 6개의 인덱스펀드와 1개의 채권형 펀드로 구성된 신개념의 글로벌인덱스전환형 펀드이다. 이제 국가별 경제전망에 따라 유망 국가에 투자하고 자유롭게 전환 투자할 수 있는 차원 높은 투자기회를 만나자.

젊은 사람들도 펀드에 관심이 많아지고 재태크에 대한 책들도 많이 나오면서 이제는 남의 이야기만은 아닌 것 같다. 작년 말 원더걸스가 한창 뜰 때 '경제야 놀자'에도 나온 적이 있었다. 그때 원더걸스의 '텔미' 뮤직비디오에서 소희가 입고 나온 원더우먼 유니폼이 나왔는데, 그 옷이 150만 원으로 측정되었고, 텔미춤은 여러 가지 다 포함하여 6,000만 원으로 측정되었다. 그런 놀라움을 뒤로 하고 '경제야 놀자'의 답은 엄브렐러펀드이다. 원래 '경제야 놀자'에서 그런 답은 잘 안 보는데, 원더걸스의 힘이었나 그 답까지 보게 되었고 수업시간에도 한번 들었던거라 더욱 기억에 남았다.

이 펀드는 투자자의 시장전망에 따라 연 12회까지 환매수수료 없이 투자 국가 변경이 가능하며, 온라인으로 가입시 총보수가 연 0.96%로 해외 투자펀드 중 최저 수준이라고 한다.

'삼성 글로벌엄브렐러인덱스펀드'는 한국, 중국 일본 아시아 3개국과 브라질, 독일, 중부 유럽 등 총 6개 국가의 인덱스펀드와 채권형 펀드 1종으로 구성되어 있다. 이에 따라 투자자는 연 12회까지 별도의 환매수수료 없이 투자 국가를 변경할 수 있다. 실제로 해외 투자상품 중 이런 유형으로 출시된 상품은 이번이 처음이라고 한다.

삼성증권은 내년 초부터 투자 가능한 대상국을 동유럽, 인도 등 이머징마켓과 서유럽, 미국, 이머징 국채 투자 채권형 등으로 확대할 예정이며, 글로벌인덱스에 기반해 자산배분전략이 가능한 펀드도 추가로 선보일 계획이다. 삼성증권 관계자는 "그동안 해외 투자의 걸림돌이었던 높은 비용문제와 지역 간 수익률 편차문제를 해결했고, 비과세 혜택까지 주어지기 때문에 해외 투자에 관심 있는 투자자에게 새로운 대안이 될 수 있을 것"이라고 설명했다.

한편 이 상품은 국내에서 가장 큰 규모의 인덱스펀드를 운용 중인 삼성투신이 운용하며, 온라인으로 가입시 총 보수는 0.96%, 클래스 A는 연 1.16%(선취 1%), 클래스 C1은 연 1.96%다. 한편 30일 미만 환매시 이익금의 70%, 30일 이상 90일 미만인 경우 이익금의 50%가 환매수수료로 적용된다. 연 12회까지 펀드 간 전환의 경우 환매수수료는 부과되지 않는다.

네이버

1. 엄브렐러펀드(Umbrella fund)

① 우산의 중심 밑에 그 모양이 마치 우산살처럼 모여 있다 하여 붙여진 이름이다.
② 하나의 펀드 아래 성격이 다른 여러 펀드가 포함되어 있는 펀드이다.
③ 가장 큰 장점은 그 펀드들을 갈아탈 때 수수료가 없는 것이다.
④ 엄브렐러펀드로 하나의 펀드에 가입하면 다른 수십 개의 해외펀드들도 수수료 없이 전환 가능하다.

갈아타기 비용없이 시장상황에 따라 내 맘대로 투자하는 엄브렐러펀드에도 주의할 점이 있다.

2. 주의할 점

① 엄브렐러 펀드마다 하위펀드의 구성이 다르다(고정화 되어 있지 않다). 자신의 투자성향에 맞게 짜여진 엄브렐러펀드에 투자해야 한다.
② 전환횟수 제한이 있는 엄브렐러펀드도 체크해야 한다.
③ 일부 해외 엄브렐러펀드는 약간의 수수료를 부담하는 경우도 있다.

2 안정된 수익률을 원하는 경우(시스템형 펀드)

2007년 11월 판매액 1조 원을 돌파한 시스템펀드 수탁액은 이후 4개월여 만에 다시 1조 5,000억 원을 넘기며 2조 원에 육박하고 있다. 대투운용의 '클래스원오토시스템펀드'나 푸르덴셜운용의 '바운더리 혼합' 등은 이미 개인 투자자들에게 널리 알려져 있고, 최근 한투운용의 '부자 아빠 연속 분할매매' 등 새로운 펀드도 속속 출시되고 있다.

그렇다면 왜 주가가 급등락을 반복하는 시기에 시스템펀드가 강점을 갖게 되는 것일까?

시스템펀드는 일반 펀드와 달리 펀드 매니저의 주관적인 판단에 따라 운용되지 않고 사전에 미리 입력된 매매조건(자동주문시스템)에 따라 샀다 팔았다를 반복하게 된다. 미리 매매조건을 정해 두고 그에 따라 자동주문시스템을 이용해 펀드를 운용하는 것이다.

가령 주가가 3% 등락할 때마다 매매가 이루어지는 시스템펀드라고 하자. 이 시스템펀드는 일단 투자금액의 일부만으로 종목 바스켓을 먼저 매수하게 된다. 이때부터 본격적인 시스템매매는 시작되는데, 주가가 3% 하락할 때마다 계속해서 주식 투자 금액을 늘려가고(매수하고), 반대로 주가가 3% 오를 때마다 보유하던 주식을 일부씩 내다 팔게 된다.

이처럼 정해진 조건에 따라 주가가 떨어질수록 주식을 매입해 주식 잔고를 늘려가고, 주가가 오를수록 이미 사둔 주식을 내다 팔면서 매매차익을 쌓아간다. 물론 매매조건은 상품에 따라 다르며 투자자는 마음에 드는 조건의 상품을 고를 수 있다.

주식 자동매매시스템을 서비스하고 있는 전문가들은 "시스템펀드는 적당한 수준에서 매매차익을 꾸준히 누적시켜 간다는 장점이 있다"며 "단기 상승장에서는 뒤처질 수 있지만 호흡을 조금만 길게 잡으면 상당 수준의 수익을 실현할 수 있다"고 조언한다.

또 전문가들은 "다만, 가입하려는 시스템펀드의 매매조건을 잘 선택해야 한다"며 "매매조건에 따라 투자결과가 크게 좌우되기 때문에 본인이 희망하는 수준에 일치하는 상품을 택하는 것이 좋다"고 덧붙인다.

주식시장에 대한 전망도 필수다. 시스템펀드는 주식시장의 변동성이 클 때 유리한 상품으로 1년 이상 국내증시가 박스권에서 등락을 거듭할 것이라고 전망한다면 시스템펀드 선택은 매우 적절하다는 평가다.

하지만 시스템펀드가 항상 시장수익률을 상회하는 만능 펀드라고 생각하면 곤란하다. 오히려 주가가 일방향으로 상승하는 대세 상승기에는 시스템펀드의 매력은 상당히 반감된다.

시스템펀드는 특성상 주가가 오를 때마다 보유주식을 처분하게 되는데, 주가가 오를수록 주식을 팔아버린 결과 자신의 수익률은 주가상승률에 크게 못 미치게 되기 때문이다. 이럴 경우 시스템펀드 투자자는 남의 잔치를 애닯은 심정으로 바라봐야 한다.

인덱스 시스템펀드, 차익거래 시스템펀드, 위험관리형 시스템펀드 등 세 가지가 있는데, 일반적으로 이 세 가지 유형 중에서 시스템펀드라고 하면 위험관리형 시스템펀드를 말하는 경우가 많다.

1. 위험관리형 시스템펀드

위험관리형 시스템펀드는 시스템에 입력된 조건에 따라서 주가가 떨어지면 매수를 하고, 주가가 오르면 매도를 하는 방법으로 수익을 실현하는 시스템펀드이며, 위험관리형 시스템펀드의 경우 주가가 오르고 내리는 것을 반복하는 조정장에서 좋은 수익을 보여주게 되는데, 한동안 큰 인기를 끌지 못하다가 올해 대부분의 주식형 펀드들이 마이너스 수익률을 기록한 반면에, 위험관리형 시스템펀드의 경우 플러스 수익률을 보이고 있기 때문에 언론 등을 통해서 알려지면서 인기를 끌고 있다

위험관리형 시스템펀드가 조정장에서는 좋은 수익률을 보여주지만, 장기 하락을 하거나 장기 상승을 하는 장에서는 오히려 좋지 못한 수익률을 낼 수도 있다는 단점이 있다.

주가가 하락을 하면 매수를 하고, 상승을 하면 매도를 하는 방법으로 조건을 정해 놓을 경우 장기 하락장에서는 지속적으로 주식을 매수하게 되기 때문에 펀드의 수익률 자체도 계속 마이너스가 나게 되고, 장기 상승장에서는 지속적으로 보유 주식을 매도하게 되어 높은 수익을 올릴 수 있는 기회를 잃어버리게 되는 것이다.

따라서 위험관리형 시스템펀드에 투자를 할 경우에는 어느 정도는 앞으로 주식시장에 대한 예측이 필요할 것이다.

2. 차익거래 시스템펀드

차익거래 시스템펀드는 현물과 선물 간 가격차가 과도하게 벌어질 경우 현물과 선물에 동시에 투자를 하는 차익거래를 통해 가격차이만큼의 무위험수익을 확보하도록 하거나, 동일한 상품의 가격차이가 발생할 경우 상대적으로 저평가된 상품을 매입함과 동시에 고평가된 상품을 매도함으로써 같은 상품 간의 가격차 만큼 무위험수익을 얻을 수 있도록 한 펀드이며, 국내 주식시장에서 외국인 투자자들이 투자하는 대표적인 방법 중에 하나이다.

차익거래 시스템펀드의 경우 국내에서는 아직까지 활성화가 되어 있지 못하고, 현물시장과 선물시장을 전공하는 펀드 매니저가 나뉘어져 있는 상황에서 서로 간의 원활한 정보교환이나 의사소통이 이루어지지 않을 경우 수익을 내기가 어렵고, 펀드의 운용규모가 커야 원하는 수익을 달성할 수 있다는 단점이 있다.

3. 인덱스 시스템펀드

인덱스 시스템펀드는 시스템펀드 중에서는 가장 많은 투자가 이루어지고 있고, 현재 투자자가 투자를 하고 있는 대표적인 시스템펀드이다.

인덱스 시스템펀드는 KOSPI 200이나 KODI 50과 같은 특정 인덱스를 목표주가로 정한 다음에 각 인덱스에 편입된 주식의 비중만큼 주식을 매입한 후 보유하는 전략을 사용하는 펀드로 펀드의 수익이 인덱스의 변화를 따라가도록 운용을 하는 시스템펀드이다. 장기적으로 주가가 상승할 것이란 기대를 할 경우에 좋은 투자가 될 수 있지만, 하락할 경우 다른 주식형 펀드와 마찬가지로 지수가 하락한 만큼 마이너스 수익률이 날 수 있기 때문에 이 펀드에 대한 투자를 할 때도 어느 정도는 앞으로의 주가에 대한 예측이 필요하다고 할 수 있다.

4. 시스템펀드의 주의점

시스템펀드는 원칙적으로 펀드 매니저의 주관적 견해를 배제하고 입력된 시스템에 의해서 자산이 운용이 되기 때문에 일반 주식형 펀드에 비해서 펀드에 대한 보수가 매우 저렴하다는 장점이 있는 반면에, 수익을 올릴 수 있는 구조가 조금 복잡하고, 위험관리형 시스템펀드나 인덱스 시스템펀드는 어느 정도 주식시장에 대한 예측이 필요하다라는 단점이 있다.

만약 앞으로 주식시장이 올해와 같이 지속적으로 오르고 내리는 것을 반복하게 될 것으로 예상이 된다면 위험관리형 시스템펀드에 투자를 하는 것이 좋고, 장기적으로 상승을 할 것으로 예상을 한다면 인덱스 시스템펀드에 투자를 하는 것이 좋은 선택이 될 수 있을 것이다.

시스템펀드에 대한 투자는 일반 주식형 펀드에 투자를 하시는 것과 큰 차이는 없다. 일반 주식형 펀드처럼 목돈을 한꺼번에 예치를 할 수도 있고, 적립식 펀드로 투자를 할 수도 있다.

5. 시스템펀드의 장점

시스템운용이란 기업의 펀더틀즈나 주가 등 대량의 데이터를 구사하는 증권 투자이론을 시스템화하여 포트폴리오 작성 등 투자의 의사결정을 컴퓨터의 지시대로 행하는 것이다.

이런 운용형태는 ① 포트폴리오의 거래결과 손익계산 증권 잔고 등 실제적 위험부담률 분석, ② 베타 계수 등 기술 지표를 이용한 종목 펀드의 특성 분석 및 타이밍 분석, ③ 주식, 채권, 기타 금융상품과의 교체 모의실험 등 포트폴리오의 성격을 언제나 파악할 수 있으며, 펀드의 내용을 질적으로 높이기 위한 검증을 간단히 할 수 있다는 큰 이점을 가진다.

3 푼돈으로 목돈을 만들고자 할 경우(적립식 펀드)

2007년도 한해는 적립식 펀드의 해였다. 요즘 증권사뿐만 아니라 은행들의 주력 펀드상품도 적립식 펀드이다. 적립식 펀드는 목돈으로만 가입하던 기존의 거치식 펀드들과 달리 은행 정기적금처럼 매달 수만 원 혹은 수십만 원씩 돈을 장기간 일정하게 불입하여 주식 등에 투자하는 상품이다. 펀드에 가입하려고 망설이다가 이미 주가가 크게 올라 당황하게 되는 경우가 많은데, 적립식 펀드는 무모하게 한꺼번에 주식을 사지 않고 시황의 호황 · 불황을 불문하고 꾸준히 적립하는 상품이다.

주가가 지속적으로 하락한 경우에는 동일한 금액으로 더 많은 주식을 살 수 있고, 반대로 주가가 오르면 적게 사게 되므로 '매입단가 평준화 현상'인 '코스트 에버리징(cost averaging) 효과가 발생하게 된다. 따라서 결과적으로 저점매수라는 투자원칙을 따르게 되는 셈이다.

이러한 적립식 펀드를 가입하기 위해서는 노후자금 마련이나 자녀학자금 마련 등 자신의 라이프사이클에 적합한 장기적인 투자목적을 수립하는 것이 중요하다. 그리고 증권회사의 자산관리사(FP : financial planner)와 상의하여 주식과 같은 위험자산에 집중하기보다는 투자자금에 대한 분산 투자가 필요하다. 그리고 주가가 하락하더라도 처음의 투자계획을 지켜 나가야 한다. 일반적으로 주가가 하락하면 위험을 느껴 처음의 계획을 변경해 버리는 경우가 허다하기 때문이다.

적립식으로 펀드 투자를 하더라도 다음과 같은 유형의 펀드를 고려할 필요가 있다.

첫째, 엄브렐러형의 적립식 펀드가 있다. 엄브렐러펀드는 여러 개의 하위펀드를 두고 있어 시장상황에 따라 펀드 간 전환이 별도의 전환수수료가 없이 가능하다. 하위펀드로는 증권사마다 차이는 있지만 주식형, 채권형, 혼합형 등 7개 이내의 펀드가 있다.

둘째, 테마형 적립식 펀드이다. 이는 엄브렐러형 적립식 펀드와는 달리 전환은 불가능하지만 새로 불입하는 자금은 시황에 따라 적절한 하위펀드를 자유롭게 선택할 수 있다. 하위펀드는 인덱스펀드, 리버스인덱스펀드(reverse index fund), MMF로 구성되기도 하고, 주식의 비율에 차이를 둔 성장형, 안정성장형, 안정형으로 구분하기도 한다.

셋째, 무주택자의 장기주택마련저축형 펀드도 있다. 이 상품은 이자소득세가 면제되고 연말정산 때 적립금액의 40%(300만 원 한도)에 대해 소득공제를 받을 수 있다. 만 18세 이상의 무주택자나 전용면적 85m^2 이하의 1주택을 소유한 세대주면 가입할 수 있고, 저축기간은 7년 이상이다.

1. 시스템펀드와 적립식 펀드와의 차이점

그간 낯설게만 느껴졌던 시스템펀드가 개인 투자자들 사이에서 주목을 끌고 있는 가운데 정작 시스템펀드 수익구조에 대해서는 많이 헷갈려 하고 있는 것이 현실이다.

특히, 요즘 선풍적인 인기를 끌고 있는 적립식 펀드와 자주 혼동을 일으키는 경우가 많다는 게 중론이다. 심지어 시스템펀드에 투자하러 온 고객이 적립식 펀드에 가입하는 사례도 있다는 것이다.

한 마디로 말해 시스템펀드와 적립식 펀드는 완전히 다른 상품이다. 적립식 펀드는 매월 일정한 시기에 주식을 매입해 주가등락과 상관없이 평균 매입단가를 꾸준히 낮추는 '달러 코스트 애버리징' 효과가 매매의 핵심이다.

평균 매입단가를 낮춘 뒤 환매시점 주가수준과의 차이를 통해 차익을 실현하게 된다. 반면 시스템펀드는 일정한 프로그램을 통해 조건을 맞추면 매수를 지속하고, 또 일정한 조건에 따라 매도도 실현한다. 즉, 매수와 매도가 지속적으로 진행되는 것이다. 또한 시스템펀드에는 펀드 매니저의 주관적 판단이 전혀 개입되지 않는다. 처음 프로그램 입력을 제외하곤 모든 것이 시장상황에 따라 기계적으로 운용된다. 그렇다면 국내증시가 어떻게 움직일 때 각 펀드의 강점이 돋보이게 될까요?

시스템펀드는 급락과 급등을 지속적으로 반복하는 장기 박스권 장세에서 빛을 발한다. 한 번의 급락 · 급등주기 때마다 계속해서 차익실현이 가능하기 때문이다.

반면, 적립식 펀드는 주가가 상승과 하락을 반복하지만 2~3년 주기로 장기 박스권을 상승 돌파하는 장세가 유지될 때 선전할 수 있다. 특히 마지막 환매시점에서 주가가 반드시 평균 매입단가 이상이 돼야 한다는 점도 잊지 말아야 한다. 최근 국내증시가 잊혀진 악몽이었던 '롤러코스터 장세' 조짐을 나타내자 사전에 입력된 프로그램에 따라 매수·매도를 반복하는 '시스템펀드'에 사람들의 관심이 모아지고 있는 것이 사실이다.

4 금융시장이 불안할 경우(부동산펀드)

주식시장이 불안하여 많은 투자자들이 증권시장을 이탈하는 경우가 있다. 이때는 부동산시장이 상대적으로 우수한 투자대상으로 부상하게 된다. 부동산펀드는 다수의 투자자들로부터 자금을 모아 부동산개발사업이나 부동산임대사업 등에 투자하여 얻은 이익을 투자자에게 다시 분배하는 펀드이다.

기존의 리츠(REITs)가 자본금이 500원 이상이어야 하는 등 규제가 까다로운 것과는 달리, 부동산펀드는 자산운용업법이 발효됨에 따라 출시되는 상품으로 설립이 매우 자유롭다. 부동산펀드는 일반 투자자를 대상으로 자금을 조달하기 때문에 개인이 500~1,000만 원 정도의 소규모 자금으로 부동산에 투자할 수 있으며, 투자대상도 다양하기 때문에 위험도 상대적으로 감소시킬 수 있는 큰 장점이 있다. 최근 국내에 소개되는 부동산펀드는 국내 부동산시장뿐만 아니라 중국 상해 등 해외 부동산에 투자하는 펀드도 많이 등장하고 있다.

상품구성은 기존의 펀드상품과 마찬가지로 투자자의 성향에 따라 원금보장형, 절대 수익형, 고수익 추구형으로 구분할 수 있다. 수익실현방법도 공모에 참여하여 수익증권을 매입하여 수익금을 분배받는 방식과 상장된 수익증권을 주식시장에 투자하는 것처럼 가격변동을 이용하여 매매하여 차익을 추구하는 방식도 있다.

이 부동산펀드에 투자하기 위해서는 먼저 펀드와 부동산의 특징을 제대로 파악하여야 한다. 부동산펀드의 특징으로는 다음과 같이 생각할 수 있다.

첫째, 부동산펀드는 개발사업, 임대사업, 실물구입, 해외 부동산, 펀드 투자 등 부동산 관련 사업에 투자할 수 있어 투자대상이 매우 다양하다. 또한 해외 부동산에 대한 국내분양은 불가능하지만 투자자에게 분양형식이 아닌 펀드형식으로 투자하여 이익을 분배해 준다는 점에서 해외 부동산에 대한 투자도 가능하게 되

표 3-3 ▶ 부동산펀드, 리츠, 부동산투자신탁 비교

구분	부돈산펀드	리츠	부동산투자신탁
근거법	간접투자자산운용업법	부동산투자회사법	신탁업법
발행증권	수익증권	주식	수익증권
자산운용	자산운용회사	자산관리회사	은행
현물출자	가능	30%까지 가능	불가
투자대상	부동산, ABS, 개발산업, 프로젝트파이낸싱 등	부동산, 오피스빌딩 등	부동산개발사업, 자금대여
투자자보호	수익자총회, 공시제도	주주총회, 공시제도	법적 보호책 없음

었다. 따라서 투자자는 그 펀드가 위험한 사업에 투자하는지, 안전한 부동산에 투자하는지를 눈여겨 확인하여야 한다.

둘째, 동일한 부동산이라도 가격이 천차만별이기 때문에 부동산펀드는 수익률도 투자대상의 선정에 따라 수익성이 좌우된다. 만일 경기침체일 경우 임대용 부동산에 투자를 한다면 공시률이 높아져 수익을 얻기도 어렵고 원금의 환매조차도 어려울 것이다. 따라서 가입 이전에 투자대상 부동산과 환매금지사유 등의 제한사항을 검토하여야 한다.

셋째, 부동산펀드는 그 성격상 최고 5년 이상의 장기 투자를 하여야 한다. 운용기간 중에는 일정기간 환매가 금지되는 경우가 일반적이다. 상품에 따라 펀드에 유동성을 부여하기 위하여 상장을 하는 경우가 있지만, 시장에서 수요자가 적기 때문에 원금회수가 어려운 경우도 있다.

넷째, 부동산펀드는 투자 위험을 줄일 수 있는 안전시스템이 필요하다. 건설사업을 시행하였으나 사업 시행자의 부도나 건축경기의 악화로 인하여 부동산 가격이 폭락할 수가 있다. 따라서 이에 대한 위험 분산장치가 되어 있는지 그 여부를 사전에 확인하여야 한다.

부동산펀드는 일반 은행 예금보다는 높은 수익률을 안정적으로 기대할 수 있으므로 투자대상으로는 매력적이어서 저금리 시대의 투자대상으로 각광을 받고 있는 것이 사실이다. 그러나 부동산에 대한 투자이므로 부동산 가격하락에 의한 손실의 가능성도 염두에 두어야 한다. 이럴 때일수록 그 내용을 꼼꼼하게 따져보고 구입하여 알찬 수익을 얻는 지혜가 필요할 때이다.

5 달러가격의 하락이 예상될 경우(황금펀드)

새로 제정된 자산운용업법은 간접 투자대상 상품을 유가증권 등의 금융자산뿐만 아니라, 부동산, 황금, 선박, 곡물, 영화, 원자재 등 실물자산에까지 투자대상 범위를 확대하였다.

최근 미국의 서브프라임 모기지 사태나 이라크 전쟁의 장기화로 인하여 달러가격이 폭락하더라도 황금가격이 상승하자 실물자산의 대표주자인 황금이 투자대상으로 관심을 끌면서 황금펀드가 인기를 끌고 있다.

황금펀드는 물가상승으로 인한 인플레이션이 지속되면 실물자산만이 적절한 헤지수단이 되는 성질을 이용한 것이다. 실물자산의 대표주자인 황금가격의 변동특성을 이용하여 투자자로부터 모은 자금을 황금에 투자하여 얻은 수익을 투자자에게 분배하는 상품이다. 일반적으로 황금가격은 인플레이션의 압력이 커질수록 상승한다. 반면 달러가격과는 반대로 움직여 달러화가 강세이면 황금가격은 하락하고, 달러가격이 약세이면 황금가격은 상승한다. 따라서 황금가격은 인플레이션이 진행되거나 금융시장이 불안할 때에 안전한 투자수단으로 인정받고 있다.

최근 국내 펀드시장에 등장한 황금펀드는 두 가지 유형의 운용구조를 가지고 있다. 첫째는 펀드 설정 초기와 비교하여 만기시점 국제 황금가격이 하락하면 원금이 보존되고, 황금가격이 상승하면 일정한 수익률이 보장되는 펀드이다. 또 다른 운용구조는 황금가격이 일정범위 내에 유지될 때 유리한 펀드이다. 투자기간 동안 국제 황금시장가격이 가입시점에 비교하여 8% 전후의 범위에 머무르면 만기에 10% 수준의 수익률이 유지되고, 또 이 범위를 벗어나 15% 전후를 유지하면 5% 수준의 수익률을 지급하며, 이 범위를 완전 이탈하더라도 원금은 보존되는 구조이다. 이러한 운용구조는 선물이나 옵션을 이용하여 위험을 헤지하면서 수익률이 오르도록 만들었기 때문에 가능하다. 그러나 이러한 상품을 운용하기 위해서는 황금가격 변동추세에 정통한 전문가가 필요하며, 아울러 상품선물을 이용하기 위한 시스템을 갖추어야 한다.

펀드의 기준자산이 되는 황금 현물가격은 런던 귀금속시장협회(www.lbma.org.uk)가 발표하는 영국 금속거래소의 황금 현물가격이다. 투자자들은 인터넷을 통해 국제 황금가격의 변동을 언제든지 확인할 수 있다.

황금을 비롯한 실물자산 투자의 장점은 주식, 채권 등 기존 금융상품과는 달리 인플레이션에 대한 헤지가 가능하다는 점이다. 특히 황금가격은 미래의 불확실성이 커질수록, 인플레이션 압력이 높아질수록 상승하는 가격패턴을 가지고 있다.

그러나 이러한 황금펀드는 모두 만기를 1년으로 하고 있으며, 중도환매시에는 5~7%의 환매수수료를 부담하여야 하므로 1년 이내 자금을 필요로 하는 투자자에게는 적절하지 못하다.

황금값 뛰자 황금펀드도 '기지개'

국제 황금가격이 고공 비행을 이어가면서 황금과 관련된 펀드의 수익률도 상승채비를 서두르고 있다. 지난 12일(현지 시간) 뉴욕상업거래소(NYMEX)에서 거래된 12월물 황금가격은 전날에 비해 온스당 1.03달러 낮아진 720.70달러에 마감됐다. 황금가격은 최근 4일 연속 미국 기준금리 인하로 달러가 약세를 보일 것이라는 전망으로 4% 이상 올랐지만 급등에 따른 경계심으로 이익실현매물이 나오면서 소폭 하락한 것이다. 그러나 일각에서는 국제유가 등이 최고치 행진을 이어가고 있어 황금가격이 지지를 받을 것으로 전망한다. 올 들어 황금가격은 NYMEX 선물기준으로 76달러(12%) 가까이 오르면서 '황금값'의 대우를 톡톡히 받고 있다.

국제 황금시세의 상승세로 관련 펀드도 기지개를 켜고 있다. 국내 설정 펀드보다 역외펀드의 수익률이 기대를 만족시키고 있다.

황금과 관련된 투자는 황금에 투자한 후 수익을 돌려주는 펀드와 고객이 황금을 직접 사고 팔도록 하는 직접 투자로 나뉜다. 그러나 공모펀드는 황금에만 전액을 투자하는 상품이 없다. 황금이나 철광과 같은 실물자산과 주가지수를 연계한 파생상품이 대부분이다.

13일 펀드평가사 제로인에 따르면 국내에서 설정된 황금 관련 펀드는 기은SG운용의 펀드 세 종류이다. 지난 6월 29일 설정된 '기은SG골드마이닝주식자C3클래스'는 1개월 수익률(기준일 9월 13일)이 4.30%를 기록하고 있다. 이에 앞서 출시된 '주식자C1클래스'과 '주식자A클래스'는 각각 1개월 수익률 4.17%와 4.23%를 나타내고 있다. 다만, 이 기간 해외주식형 1개월 평균 수익률(446개 펀드)의 5.49%에는 1% 포인트 이상 뒤져 기대를 충족시키지는 못한다.

이와 달리 역외 황금 관련 펀드의 수익률은 메릴린치의 황금펀드가 좋은 수익률을 자랑하고 있다. '메릴린치월드골드펀드A2'는 1개월과 6개월 수익률이 각각 7.95%와 14.76%를 보인다. 1년 수익률은 22.23%의 고수익을 달리고 있다.

한국투자증권 김학균 연구원은 "중국, 인도의 중산층이 늘어나면서 귀금속 수요 증가로 국제 황금가격이 당분간 강세를 보일 가능성이 높다"고 말했다. 제로인 허진영 연구원은 "황금펀드도 실물가격 상승으로 좋은 흐름을 이어갈 것으로 본다"며 "다만, 섹터펀드의 일부로 투자해야 한다"고 지적했다.

2007년 9월 13일, 머니투데이 오승주 기자

6 국내시장이 어려울 경우(해외펀드)

저금리 기조가 지속되면서 해외 투자 펀드에 대한 관심이 꾸준히 높아지고 있다. 금리가 높았던 시절에야 굳이 해외로까지 눈을 돌릴 필요가 없었다. 그러나 은행 이자로 돈을 불리기 어려운 지금은 안전하면서도 수익률이 높은 상품이 인기를 끄는 것은 당연하다. 그러나 아직도 해외 투자 펀드에 대한 투자를 망설이는 투자자들이 많다. 해외펀드에 대한 정보가 부족한데다 과연 안전한 상품인지 자신이 없기 때문이다.

1. 해외펀드의 의의

해외펀드란 국내에서 투자자들로부터 자금을 모아 해외의 각종 자산에 투자하는 펀드를 말한다. 이 해외펀드는 성장 가능성이 높은 국가에 투자하여 수익성을 높일 수가 있고, 투자대상, 투자통화, 투자지역이 다른 다양한 펀드에 투자하여 자산배분 효과 및 국제적 분산 효과를 얻을 수 있다.

2. 해외펀드의 장점

해외펀드의 장점으로는

첫째, 국내 투자자를 대상으로 자금을 조성하여 주로 해외시장에 상장된 유가증권 등을 투자하기 때문에 소액으로 해외 유망기업에 간접적으로 투자할 수 있는 기회를 보장한다.

둘째, 해외에서 수익성이 높은 다양한 자산으로 분산하여 투자되므로 투자 위험은 줄이고, 높은 수익기회를 얻을 수 있다. 이 펀드는 국가별 포트폴리오를 구성하며, 보다 성장가능성이 높은 국가에 투자비중을 높이므로 수익성에 있어서도 상대적으로 유리하다.

셋째, 외국에서 달러를 기준통화로 하여 기준가격이 결정되어 결제되므로 환율위험에 따른 손실을 예방할 수 있게 되었다.

넷째, 투자지역과 대상을 달리하는 복수의 펀드 간에 자유로운 전환을 통하여 추가수익을 올리는 한편, 기준가격이 상대적으로 안정적인 채권형 펀드로 전환하는 경우에는 수익의 방어도 가능한 자유전환형 상품이 대부분이다.

해외펀드도 정부기관이 보증하는 안정된 채권에 투자하는 유형과 신흥시장에 장기간 분산 투자하여 고수익을 목표로 하는 이머징마켓펀드 및 미국, 영국 등 선진국의 우량기업에 투자하여 적극적인 자산증식을 목표로 하는 주식형 펀드 등 그 유형이 매우 다양하다. 특히 외국의 주식시장지수의 인덱스펀드에 투자하는 상품이 많이 출시되고 있다.

3. 해외펀드의 선정

한때 인기를 끌었던 브릭스(BRICs)펀드는 브라질, 러시아, 인도 및 중국의 앞 글자를 따서 만든 펀드이다. 이들 네 국가는 성장잠재력이 높아 이들 국가의 유가증권 등에 투자하면 보다 높은 투자수익을 얻을 수 있기 때문에 붙여진 이름이다. 그러나 이들 펀드가 항상 고수익을 낼 수 있는 것은 아니다. 왜냐하면 이들 국가의 경제가 항상 고성장이 계속될 수는 없기 때문이다. 따라서 국내시장 투자와 적절하게 분산 투자하여 국가별 포트폴리오를 구성하는 것이 필요하다.

해외펀드에 투자시 가장 중요한 사항은 국내펀드와 마찬가지로 운용회사나 펀드 매니저의 운용성과, 그리고 어떠한 자산에 투자하는지를 꼼꼼하게 살펴보아야 한다. 그리고 앞으로의 경기상황도 전망하여 적절한 자산에 투자하는 펀드를 선정하여야 한다. 해외펀드 투자에는 펀드기준가격 등락에 따른 손실 외에 펀드 표시통화와 원화환율의 변동에 따른 환차손 위험을 부담하며, 이 환차손익은 과표산정시 제외되므로 원의 가치가 상승하는 경우 불리할 수 있다는 점을 유의하여야 한다.

4. 환헤지

환헤지의 사전적 의미는 '환 위험의 방지'이다. 즉, 환헤지는 해외펀드 투자시 환율변동에 따른 리스크를 최소화하기 위해 투자원금에 확정환율을 지정해 놓은 것을 의미하며, 펀드를 환매할 때 당초 계약된 환율에 따라 돈을 돌려받는 것이다.

미국 주식에 투자하는 해외펀드에 가입한 경우 미국 주식시장이 올라 펀드의 기준가격이 상승했다면 해당 통화기준으로는 많은 수익이 발생한다. 그러나 동시에 원화환율이 하락했다면 환손실이 발생하여 원화를 기준으로 한 평가금액은 줄어들게 된다. 따라서 해외 투자 펀드는 해당 투자 유가증권의 가격상승분(기준가격상승분)과 환차익부분의 크기에 의해 수익이 결정된다.

사실 해외 투자 펀드는 최근 선물환 계약방법이 도입되면서 판매에 가속도가 붙기 시작했다. 선물환계약이란 향후 투자만기시점에 외화를 원화로 다시 환전할 때 적용되는 원화환율을 투자시점에 미리 고정시켜 놓는 계약을 의미한다.

예를 들어 현재 원화가 1달러에 1,000원일 경우 투자자금 1,000만 원을 달러로 환전하면 1만 달러를 받게 된다. 만약 선물환계약을 통해 투자만기시점인 1년 후 원화환율을 1,050원에 고정시켰다면 1년 후 원화환율에 관계없이 투자원금 1만 달러를 1,050원에 환전하게 돼 1,050원을 돌려받게 된다. 즉, 1년 후 원금 1,000만 원에 대해 50만 원의 환이익을 투자시점에 확정적으로 얻게 된다.

이러한 선물환계약은 환손실을 방어하고 환차익을 사전적으로 취득한다는 점이 부각되면서 해외 투자 펀드 판매에 일조했다. 환손실을 우려하는 투자자에게는 이러한 선물환계약을 통한 외환헤지는 분명 좋은 방법이다. 그러나 선물환계약은 향후 투자기간 만기시점에 더 많은 환차익을 얻을 수 있는 기회를 사전적으로 봉쇄하게 된다는 단점도 있다. 만일 만기시점에 원화환율이 1,100원이라면 선물환계약으로 인해 오히려 50만 원을 더 벌 수 있는 기회를 놓칠 수도 있기 때문이다.

해외 투자 펀드는 외국계 은행과 국내 증권사 등에서 판매되고 있다. 투자대상도 주식, 채권 등과 같은 유가증권에서부터 황금과 같은 실물까지로 다양하다. 분산 투자를 선호하는 투자자라면 해외펀드를 통해 다양한 투자대상 및 지역에 대한 분산 투자를 고려할 필요가 있다.

해외 투자 펀드는 분산 투자 이외에 특정 외화자산에 대한 보유를 통해 향후 환차익까지 얻을 수 있다는 장점도 있다.

환손실에 대한 두려움을 떨칠 수 있다면 해외 투자 펀드는 국내 금융시장의 변동성이 커지고 있는 요즈음 성공적인 투자를 위한 훌륭한 선택이 될 수 있다.

환헤지를 하기 위해서는 상품에 따라 상품 내에서 자동적으로 환헤지를 하는 것도 있고 제한을 두는 금융기관도 있다. 하지만 대부분의 금융기관은 가입시 환헤지를 할 건지, 안 할 건지 물어볼 것이다. 이때 신중히 고민하고 선택하면 된다. 또한 환헤지시에 소정의 수수료가 부과되거나 계약기간에 차이가 있을 경우도 있으니 전문가와 잘 상담하여 손해보는 일이 없어야 할 것이다.

5. 좋은 해외펀드 선별하기

좋은 해외펀드를 선별하는 것은 국내펀드의 선별요령과 크게 다르지 않다. 다만, 해외자산에 투자하는 만큼 추가적인 위험을 파악할 수 있어야 하고, 국내펀드에 비하여 상대적으로 정보가 부족한 만큼 충분한 정보가 제공되는 펀드를 선택하는 것이 좋겠다. 다음 내용을 충분히 확인하고 투자에 나서도 늦지는 않을 것이다.

1) 나와 잘 맞아야 한다.

예부터 선남선녀가 결혼할 때는 꼭 맞춰보는 것이 있었다. 바로 궁합이다. 궁합은 신랑 신부의 사주를 오행에 맞추어 부부로서의 좋고 나쁨을 알아보는 것이다. 궁합을 이야기하는 것은 나와 궁합이 잘 맞는 해외펀드를 골라야 한다는 것이다. 어쩌면 다음에서 얘기할 모든 내용을 포괄하는 것일지도 모르겠다. 현재를 기준으로 수익률이 가장 좋은 펀드가 미래에도 계속 수익률이 좋으리라는 보장은 없다. 다만, 내가 돈이 필요한 시점에 우수한 수익을 내고 있는 펀드를 잘 맞는 펀드라고 할 수 있다. 결국 잘 맞아야 한다는 것은 목적자금의 소요시기와 투자하는 펀드의 경기순환사이클이 일치하여야 한다는 것이다. 이 사이클을 일치시킨다는 것은 매우 어려운 일이지만 장기 투자와 분산 투자가 이것을 가능하게 해준다.

2) 복잡하지 않아야 한다.

금융상품은 갈수록 복잡해지고 있다. 저금리가 지속되면서 고금리 시절에 보지 못했던 다양한 상품들이 쏟아진다는 말이다. 과거에 경험해 보지 못했고 선진 금융기법을 도입한 상품들이 판매될 것이다. 특히, 해외펀드는 이미 금융선진국에서 개발되고 투자하는 펀드들이다. 그렇기 때문에 파생상품펀드나 실물펀드 중에는 매우 복잡한 구조를 가지고 있는 펀드들이 많다. 복잡해지는 이유는 투자환경에 낯설어하고 수익을 기대하면서도 안정적인 성향을 가진 투자자들을 위하여 위험을 줄이거나, 반대로 고위험을 감수하더라도 고수익을 기대하는 투자자들이 선택할 수 있도록 하는 것이다. 그러나 우리들은 합리적인 위험, 즉 시장 위험과 이에 따른 적절한 수익을 기대할 수 있는 펀드에 투자해야 한다. 위험을 줄였다 하더라도 아직까지는 복잡하다는 것 자체가 위험이 높다는 것으로 해석될 수 있다. 투자문화에 익숙해지기 전까지는 말이다. 따라서 복잡하지 않으면서 시장수익률을 따라가거나 초과할 수 있는 펀드를 선택하는 것이 좋다.

3) 단기적인 수익률은 무시하라(과거의 꾸준한 실적이 중요하다).

경기는 일정한 주기로 순환하는 특성이 있다. 상승과 하락을 반복하며 끊임없이 순환한다는 말이다. 경제활동이 활발해져 경기가 상승하면 결국 정점에 도달하게 되고, 이후 경제활동이 둔화되면서 경기가 하락하다가 저점에 도달하게 되면 다시 상승하는 움직임을 반복한다. 단기적으로 우수한 수익률을 보인 펀드는 경기순환사이클의 상승국면에 영향을 받았을 가능성이 높다. 섹터형 펀드처럼 특정 산업에 투자하는 펀드는 특정 산업의 상승국면이었을 가능성도 고려해야 한다. 우수한 펀드는 경기순환사이클 동안 꾸준한 수익률을 달성한 펀드를 말한다. 상승과 하락을 반복하는 과정에서도 우수한 실적을 낸 펀드라는 말이다. 따라서 좋은 펀드를 선별하기 위해서는 단기적인 수익률보다는 최소 3년 이상의 장기적인 수익률을 살펴보는 지혜를 갖춰야 할 것이다.

4) 투자기간과 펀드비용의 상관관계를 알아야 한다.

해외펀드상품에 투자하기 위해서는 부가적인 비용이 들어간다. 앞서 설명한 선취판매수수료와 판매보수, 운용보수, 수탁보수, 환매수수료 등이다. 역외펀드는 판매수수료를 선취로 부과하고 환매수수료가 없는 반면, 해외 투자 펀드는 연간 일정비율을 차감하는 판매보수 형태로 부과하고 환매시 수수료를 부과한다. 목적자금이 필요한 시기에 따라서 펀드비용이 고려되어야 한다는 것이다. 투자전략이 유사한 펀드라면 목적자금의 필요시기에 따라 수수료가 유리한 펀드가 좋은 펀드라 하겠다. 해외펀드는 소득세가 부과되므로 장기적인 투자라면 10년 이상 투자시 소득세 전액이 비과세되는 변액보험도 고려해 볼 만하다.

5) 평가사의 평가는 전문가의 조언보다 중요하다.

펀드 평가사의 평가는 일반인이 판단하기 어려운 전문적인 평가기준을 이용한다. 다양한 변수와 과거의 위험조정성과에 따라 펀드를 상대평가하는데, 위험조정성과란 동일 조건하에서 초과수익률이 높을수록, 위험수준이 낮을수록 더 높은 점수를 부여한다. 평가사마다 다른 기준을 사용하나 벤치마크와 유형평균보다 높으면서 위험이 상대적으로 낮은 펀드가 높은 등급을 받는다. 개인 투자자들이 펀드를 선택하는데 있어 평가사의 우수 펀드를 선택하는 것은 위험을 낮출 수 있고 좋은 펀드를 고를 수 있는 가장 쉬운 방법이다. 그러나 평가기간이 단기간일 경우는 다른 고려사항도 중요하게 점검하여야 한다.

6) 다른 자산과의 상관계수가 낮아야 한다.

상관계수란 두 변량 사이의 상관관계의 정도를 나타낸 계수를 말한다. 다른 자산이란 내가 보유하고 있는 자산을 말한다. 자산배분관점에서 전체 자산의 위험을 분산하기 위해서는 전체 자산과의 상관계수가 낮아야 한다는 말이다. 상관계수는 1에 가까울수록 동일하게 움직인다. 어떤 자산이 10% 오르면 비교대상이 되는 자산도 10%가 오른다는 말이다. 해외펀드를 선택하기 위해서는 내가 보유하고 있는 다른 자산과의 상관관계를 파악하여 위험이 적절하게 분산되고 있는지 살펴봐야 한다는 것이다.

7) 자금이 지속적으로 유입되고 있어야 한다.

국제 자본시장에서는 매일 펀드의 설립과 해산이 반복되고 있다. 자금이 지속적으로 유입되지 않고 빠져나가기만 한다면 펀드를 해산할 수밖에 없는 상황이 된다. 해산을 하지 않더라도 좋은 운용성과는 기대하기가 어렵다고 보아야 한다. 운용사 입장에서 관리가 소홀해질 수밖에 없는 것이다. 따라서 해외펀드의 규모가 커지고 자금이 지속적으로 유입된다는 것은 우수한 성과로 이어질 가능성이 높다고 할 수 있다.

8) 좋은 판매자를 만날 수 있어야 한다.

국내의 일반 투자자들은 폐쇄적인 성향이 강하다. 자신의 자산에 대해서 감추려드는 경향이 있으며 모든 판단을 개인이 하려는 경향이 있다는 말이다. 이러한 이유 때문에 정상적인 상담보다는 상품판매 위주의 상담으로 그치게 되고, 여건상 충분한 상담시간을 확보하기도 어렵게 된다. 좋은 판매자는 이럴 때 빛을 발한다. 불완전한 판매만을 목적으로 하지 않으면서 고객의 입장에서 조언해 줄 것이다. 좋은 판매자의 조건 중 첫 번째는 전문가적인 지식을 갖추어야 하고, 두 번째는 고객을 위한 직업적인 윤리의식이 투철한 사람이어야 한다. 그리고 가능하면 여러 가지 업무를 담당하고 있는 판매자보다는 펀드 상담만을 전문으로 하는 사람이면 더 좋다. 펀드 투자는 일회성이 아니라 지속적인 관리가 필요하기 때문이다. 좋은 판매자를 선택하는 것을 중요하게 생각한다면 투자의 반은 성공한 것이라고 할 수 있다.

9) 언론에 휘둘리지 마라.

언론 기사의 헤드라인은 매우 선정적이다. 모든 기사가 다 그런 것은 아니지만 경우에 따라서는 너무 단기적인 현상을 분석하거나 기사 작성자의 전문성과 객관성이 결여되어 있는 기사들도 있다. 우리들은 언론 기사에 휘둘려서는 안 된다. 기사를 분석하고 정확한 판단을 하는 것은 우리가 하는 것이다. 그러나 해외펀드와 관련한 기사들은 일정 수준의 지식이 있어야 분석과 판단이 가능하다. 앞서 설명한 것처럼 현재 수익률이 좋은 펀드가 미래에도 좋은 수익률을 내리라는 보장은 없기 때문에 기사화된 현재 상황만으로 판단해서는 안 된다는 것을 다시 한 번 강조하고 싶다

7 노후 안정된 생활자금이 필요할 경우(연금저축펀드)

연금저축펀드는 매월(분기) 일정금액을 일정기간 적립 후 적립금과 수익금을 연금식으로 수령하는 노후 생활자금을 마련하기 위한 연금형 상품이다. 이 펀드는 만 18세 이상 국내 투자자를 가입대상으로 하며, 주로 채권에 투자되는 국공채형 펀드, 채권과 주식에 투자하는 혼합형 펀드와 주식에만 투자하는 주식형으로 분류된다. 또한 수익자의 요청에 의하여 연 2회 종목 간 전환이 가능하며, 세제 혜택도 있다.

연금저축펀드는 적립기간은 10년 이상 연단위로 하며, 적립기간 종료일 익일부터 연금지급기준일 직전일까지를 거치기간으로 하며, 연금지급기간은 5년 이상 연단위로 한다. 이때 저축금은 매월 100만 원 또는 3개월마다 300만 원의 범위 내에서 자유롭게 저축금을 납부할 수 있다. 수익증권의 종목 간 전환은 저축기간 중 저축계약체결일로부터 연 2회에 한하여 전환청구가 가능하며, 저축계약의 타 금융기관으로 이전청구도 가능하다.

연금의 지급은 '좌수분할식'으로 지급한다. 이 '좌수분할식'이란 매회 연금지급일 현재 저축자의 수익증권 잔고좌수를 잔여연금 지급회수로 균등분할하고, 당회 지급분에 해당하는 수익증권을 평가액으로 환산하여 지급하는 것으로서 다음 방법으로 계산된 금액을 지급한다. 연금지급주기는 월 단위를 원칙으로 하되, 3개월, 6개월 또는 1년 단위로 할 수도 있다. 또한 저축자는 당초 약정한 연금지급주기보다 장기 또는 단기로 변경을 신청할 수 있다.

연금지급액 = (연금지급일 현재 수익증권 잔고좌수 ÷ 잔여연금 지급회수) × 연금지급일 현재 1,000좌당 기준가격 ÷ 1,000

그리고 당해 연도 저축불입액과 240만 원 중에서 적은 금액을 저축자의 당해 연도의 종합소득금액에서 공제한다. 연금수령시 과세는 연금소득으로 과세한다. 이때 과세 대상 소득은 연금수령액 × {1 – (연 240만 원 초과 불입금누계액) / 연금지급개시일 현재 원리금의 합계}가 된다.

1. 노후 연금저축펀드의 종류

1) 생활비펀드

퇴직을 앞둔 김은퇴 씨는 요즘 고민이 많다. 아파트 면적을 줄이면 6억 원가량 현금을 확보할 수 있지만 원금은 까먹기 싫고, 은행 예금은 금리가 만족스럽지 못하다. 펀드에 가입할까 고민도 해봤지만 생활비가 필요해 여의치 않다. 이처럼 매월 고정수입이 필요한 은퇴자를 겨냥해 생활비 형태로 매월 일정액을 지급하는 펀드상품이 '생활비펀드'다.

이 펀드는 은행 정기예금 이자처럼 매달 분배금을 받게 되는데, 주식형 분배금 펀드는 펀드를 운용해 분배금 이상 수익을 낸 달에는 분배금을 지급하고, 남은 돈을 펀드에 재투자하며, 분배금만큼 수익을 못낸 달엔 원금에서 떼 분배금을 지급하는 식이다. 이는 고정수입이 필요한 은퇴 생활자에게 유용한 투자수단이 될 전망이다.

우리보다 앞서 고령화가 진행된 일본의 경우 매월 분배형 펀드가 전체 공모펀드시장의 36%를 차지할 정도로 인기를 끌고 있다. 최근에는 격월로 분배하는 펀드비중도 늘고 있다. 퇴직자들이 일반연금을 대개 짝수 달에 수령하기 때문에 수입이 없는 홀수 달에 배당받는 펀드에 따로 가입하기 때문이다. 이들 실버형 상품은 주로 주식과 채권에 지역별로 분산 투자하는 구조가 주를 이루고 있고, 평균 연 6% 안팎의 수익률을 목표로 하고 있다.

금감원의 승인을 받아 처음 선보이는 상품이 아이투자신탁운용의 '채권형 펀드'와 캄서스자산운용의 '주식형 펀드'이다. 그동안 국내에는 '삼성인컴플러스펀드'와 '신영오딧세이분기배당펀드' 등 2개의 펀드가 분기마다 분배금을 지급하고 있을 뿐, 매달 분배금을 주는 펀드는 없었다.

칸서스운용의 주식형 분배금펀드인 '칸서스봐비우스블루칩주식투자신탁'은 펀드수익률에 상관없이 매월 투자원금의 0.7%를 지급(연 8.4%)한다. 예컨대 1억 원을 투자했다면 펀드수익률에 상관없이 매월 70만 원씩을 받고 환매할 때 펀드 이익분이나 감소분만큼 원금을 찾는 식이다. 아이투신의 채권형 분배금펀드인 '아이러브평생직장채권1호'는 매달 '원금(콜금리 + 0.25%) / 12'를 분배금으로 지급한다. 현재 콜금리 기준으로는 연 4.75% 수준이다.

이 상품은 콜금리가 오르면 분배금도 많아지고, 콜금리가 내리면 분배금도 낮아지는 콜금리 연동구조다. 주의할 점은 주식형의 경우 펀드 이익금이 없을 때엔 투자원금에서 분배금이 지급되므로 원금 손실이 있을 수 있고, 채권형 펀드는 콜금리가 낮아질 경우 월 분배금이 줄어들게 된다. 최악의 경우 지급 중단 사태가 발생할 수도 있다. 투자시에는 자신이 받을 분배금과 시기 등을 파악할 수 있도록 약관과 투자설명서에 기재된 분배기준과 분배율 등을 잘 살펴보아야 한다.

2) 라이프사이클펀드

노후를 대비한 금융상품에 관심이 높아지면서 '라이프사이클펀드'가 관심을 불러 일으키고 있다. 라이프사이클펀드는 투자자의 생애주기에 맞춰 자산을 배분한다. 젊었을 때는 주식 등 변동성이 큰 자산에, 은퇴시기가 다가올수록 안정성이 높은 자산에 투자한다.

미국은 이와 같은 특성의 펀드규모가 1,700억 달러에 달하지만, 우리나라는 아직 6,000억 원 수준에 불과하다. 얼마 전 중앙일보에서 40~50대를 대상으로 은퇴할 노후 생활자금을 마련할 수 있는지에 대한 조사통계를 발표한 적이 있는데, 미국인은 85%가 가능하다고 했고, 우리나라 사람은 그의 절반 정도인 44%만이 가능하다고 답변했다. 그리고 노후 생활자금이 얼마나 들지를 계산해 본 적이 있는지에 대해서는 34.6%만이 "그렇다"고 답했다. 이처럼 많은 사람이 노후준비를 제대로 하지 않고 있는 상황에서 고령화 속도는 점점 빨라지고 있어 머지않아 고령 빈곤층 문제가 커질 것이라는 걱정이 나오고 있다. 특히 고령자는 일단 빈곤상태로 진입하면 그 상황을 벗어나기가 어렵기 때문에 심각하다. 따라서 노후준비는 늙어서 하는 것이 아니라 젊어서부터 준비해야 하는 것이다.

그러나 아직 우리나라에서는 노후설계에 관심이 있다고 해도 개인이 노후를 염두에 둔 포트폴리오를 짜기란 쉽지 않은 일이다. 그러므로 '그냥 한번 가입하기만 하면 노후문제까지 해결해 주는 상품은 없을까?'라는 생각을 해 볼 만도 하다. 이 같은 고민을 덜어줄 만한 펀드가 최근에 출시되고 있는데, 이른바 '평생펀드'로 불리는 '라이프사이클(생애주기)펀드'다. 이 펀드는 연령대에 맞춰 투자대상을 적절히 바꿔준다. 예컨대, 직장생활을 막 시작한 투자자가 이 펀드에 가입하면 자산의 대부분을 주식에 투자한다. 이후 가입자가 나이가 들수록 주식 투자 비중을 줄이고, 안전성이 높은 채권상품 등의 비중을 높이는 방식이다.

매월 일정금액을 넣을 수 있다는 점에서 라이프사이클펀드는 소위 적립식 펀드와 비슷하다고 볼 수 있다. 그러나 적립식 펀드는 주식이나 채권 편입비율이 가입시점부터 환매 때까지 크게 변하지 않는 반면, 라이프사이클펀드는 투자자가 나이가 들수록 운용전략이 보수적으로 변한다. 투자할 시간과 여력이 부족한 초보 투자자에게 적합한 상품이라 할 만하다.

아직은 도입 초기이기 때문에 회사별 상품에 차이가 없어 꼼꼼히 비교하고 가입하는 것이 좋다. 투자방식도 라이프사이클펀드가 주식이나 채권에 직접 투자하는 방식도 있고, 주식형 펀드와 채권형 펀드에 간접 투자하는 방식도 있다. 신탁보수는 투자기간에 따라 줄어드는 펀드가 있는 등 다양하다. 만기 이전에 환매도 자유로운 편이다. 적립식이냐, 목돈을 넣는 거치식이냐에 따라 다르지만 대부분은 가입 3~12개월 뒤엔 수수료를 받지 않는다.

국내 시장규모는 아직 미미하나, 미국에서는 퇴직연금상품으로 라이프사이클펀드가 가장 큰 인기다. 1996년 60억 달러 수준이던 라이프사이클펀드 설정규모는 2005년에 1,670억 달러로 늘었다. 라이프사이클펀드는 그동안 단기 투자가 팽배했던 한국 사회에서 발붙이기가 쉽지 않았다. 그러나 최근 여러 면에서 전망이 밝다. 투자자들이 장기 투자 매력에 서서히 눈을 뜨고 있고, 국내에서 활성화되고 있는 퇴직연금이 든든한 후원자가 될 전망이기 때문이다.

라이프사이클에 맞춘 상품은 시대가 요구하는 상품이다. 급속하게 다가오는 고령화 사회에 대한 두려움과 노후문제에 대한 관심이 커지고 있기 때문이다. 최근에는 보험상품 중에서도 라이프사이클에 맞추어 설계할 수 있는 상품이 나오고 있다. 이를테면 연금을 주보험으로 하고 종신보험을 특약 형태로 부가해 보험 한 건 가입으로 가족보장과 노후보장을 한꺼번에 해결하도록 한 연금 · 종신일체형 상품이라든가, 사망보험금을 자유롭게 설계할 수 있는 특약을 만들어 고객의 인생주기별 필요자금에 맞추어 보장자산을 설계할 수 있게 만든 상품도 나와 있다.

세상은 급변하고 있고, 아무도 책임져 주지 않는 인생의 황혼은 시시각각으로 다가온다. 노후를 준비하는 첫걸음은 투자에 앞서 노후대책을 생각하는 시각의 조정이라고 생각된다. 단기적인 이익에 맞출 것인가, 장기적인 인생에 맞출 것인가에 따라서 노후 대비 전략은 달라지게 마련일 것이다. 지혜로운 사람이라면 적어도 자신의 인생 전체를 내다 보면서 투자해야 할 것이다. 그럴 때는 단기 투자도 라이프사이클 투자에 속하게 되는 것이다.

대한 부부사랑 주식형 펀드

수익성과 생애 재무설계에 따른 장기 목돈 마련을 위한 맞춤형 주식형 펀드다. 이 상품은 여성이 남성보다 평균 수명이 길다는 것에 착안, 노령화 시대에 배우자의 편안한 노후생활을 보장하기 위한 장기 투자 기획상품이다. 10년 이상 펀드에 가입하면 배우자에겐 3억 원까지 증여세가 면제되기 때문에 장기 투자를 통한 세테크 상품으로도 적합하다.

펀드 가입고객의 생일 및 결혼기념일에는 카드와 함께 케익을 제공한다. 또 추첨을 통해 관광상품권(100만 원 상당) 등 경품도 준다. 이 상품의 운용전략은 신탁재산대비 80~90% 수준의 기본 주식편입비율을 유지하면서 주식시장전망에 따라 펀드 내 주식편입비율을 탄력적으로 조정한다. 이와 함께 상향식(Bottom-Up) 접근방식에 따라 투자 유망 종목을 발굴, 수익률을 극대화한다. 반면에 3개월이 안 돼 환매할 때는 펀드 이익금의 7%에 해당하는 수수료가 부과된다.

2007년 6월 6일, 중앙일보

대한 가족사랑 짱 적립식 펀드

펀드 투자의 수익성과 연령별 맞춤보험을 통해 가입자가 상해를 입었을 때 보장을 한층 강화토록 한 퓨전형 상품이다. 주식형의 경우 약관상 주식에 60% 이상 투자하는 성장 주식형 펀드이다. 투자기간은 2~5년이고 목표금액 지정(1억 원 한도) 후 정액적립식으로 월 10만 원 이상 만 원 단위로 가입이 가능하다. 이 펀드는 중 · 장기적 관점에서 안정적 초과수익을 얻는 것을 운용목표로 삼는다. 또 기업실적이 뒷받침되는 업종 대표 우량주 및 장기적 성장잠재력이 큰 종목 중심으로 포트폴리오를 구성한다. 주식시장의 중 · 장기적 상승추세를 전제, 기본적으로 바이앤드홀드(Buy & Hold-매수 및 보유)전략을 유지한다. 이 펀드의 가장 큰 장점 중 하나는 다른 상품보다 뛰어난 보험 혜택이라고 할 수 있다. 펀드 가입 때 주어지는 보험 혜택은 '목표금액 보장형 상해보험을 기본으로 가입자의 연령에 따라 추가 혜택이 주어진다. 적립식 주식형 상품에 가입할 경우 소액으로 우량 주식에 분산 투자하는 종목 분산 효과 및 평균 매입가격 인하 효과가 발생, 안정적 투자수익을 기대할 수 있다는 점이 과거 사례를 통해 입증되고 있다. 결론적으로 이 상품에 가입하면 '자녀양육비 및 학자금, 결혼자금, 노후자금 등 목돈을 마련하는 것과 함께 위험보장도 받을 수 있다.

2007년 6월 6일, 중앙일보

8 우수한 펀드만 투자할 경우(재간접펀드)

재간접투자펀드(fund d funds)란 펀드의 운용재산의 50% 이상을 다른 우수 펀드에 투자하는 펀드로서, 이러한 펀드의 형태는 자산운용회사의 운용능력 아웃소싱을 위해 도입되었다. 즉, 어느 자산운용회사가 모든 투자자산에 대하여 전문성을 가지고 운용한다는 것은 현실적으로 어렵기 때문에 자산운용회사가 투자하기를 원하는 자산에 대하여 전문성을 가진 타 운용회사가 운용하는 펀드에 투자하여 그 자산에서 발생하는 이익을 추구하는 펀드이다.

이와 유사한 개념으로는 모자형 펀드(family fund)가 있는데, 이는 자산운용회사의 운용의 편의성을 위하여 도입된 펀드구조로서 동일한 자산운용회사에서 동일한 성격을 가진 펀드가 존재할 경우 이러한 여러 가지 펀드를 단일의 펀드로 묶어 운용하게 되면 운용의 효율성이 높아지게 된다.

국내에 판매되는 재간접 투자 펀드의 투자대상은 대부분 해외펀드를 대상으로 한다. 해외펀드 정보가 부족한 투자자들을 대신해 펀드 투자를 대행해 주는 것이다. 연초 인기몰이를 했던 시중의 브릭스(BRICs)펀드도 브라질, 러시아, 인도, 중국 주식형 펀드에 분산 투자하는 재간접 투자 펀드였다. 일본이나 미국계 부동산펀드에 투자하는 펀드와 해외 헤지펀드에 투자하는 펀드도 등장하고 있다. 저금리 시대에 투자대상도 넓히고 메릴린치, 모건스탠리 등 세계적인 운용사가 운용하는 엄선된 펀드들에 분산 투자할 수 있는 것이 이 상품의 가장 큰 매력이다.

재간접펀드 홍수시대 … '홈런 타자'보다 '안타 제조기'를 노려라.

맥쿼리IMM자산운용의 재간접펀드(펀드 오브 펀드)인 '맥쿼리IMM글로벌인프라재간접ClassA'와 '맥쿼리IMM글로벌인프라재간접ClassC1'에는 2007년 2월 27일 설정된 후 한 달 만에 각각 2,000억 원이 넘는 수탁액이 모였다. 이들 펀드는 전 세계에 상장된 인프라펀드에 투자하는 것으로 분산 투자 효과가 크다고 회사 측은 설명한다.

재간접펀드시장이 눈에 띄게 커지고 있다. 펀드 평가사 제로인에 따르면 재간접펀드는 2004년 말 94개에서 이달 27일 현재 273개로 대폭 늘었다. 같은 기간 펀드설정액 역시 2조 2,226억 원에서 12조 3,486억 원으로 급증 추세를 보이고 있다.

❙ 한 개로 여러 개 펀드 가입 효과 ❙

재간접펀드는 기존에 운용되고 있는 다른 펀드에 자산의 50% 이상을 투자하는 펀드를 말한다. 펀드이면서 다른 펀드에 투자한다고 해서 '펀드 오브 펀드'라고도 불린다.

재간접펀드는 한 펀드에 펀드 자산의 최대 20%까지만 투자할 수 있도록 했다. 이를 통해 한 개 펀드로 여러 개 펀드에 동시 가입하는 효과를 얻을 수 있다.

또 높은 수익률을 내는 등 시장에서 검증된 펀드를 활용할 수 있다는 것도 장점으로 꼽힌다. 현재 전 세계적으로 6만여 개의 펀드가 운용되고 있는데, 이를 조합해 수많은 재간접펀드를 만들 수 있다. 재간접펀드에는 뮤추얼펀드에 투자하는 것과 헤지펀드에 투자하는 형태가 있다.

최근 미국에서는 펀드 매니저가 각각 다른 펀드에 투자함으로써 위험을 분산시키는 '멀티매니저 펀드'가 인기를 얻고 있다. 재간접펀드라고 해서 운용, 판매비용 등 투자자가 부담해야 하는 총보수가 크게 늘어나는 것은 아니다.

한국투자신탁운용 마케팅본부 이은경 대리는 "재간접펀드의 총 보수는 주식형 펀드와 비교할 때 0.3% 안팎의 차이밖에 안 나 거의 비슷한 수준"이라고 말했다.

국내 재간접펀드시장은 맥쿼리IMM, 신한BNP파리바운용, PCA투자신탁운용 등 해외 운용사들이 주도하는 가운데 삼성투자신탁운용, 한화투자신탁운용, 대한투자신탁운용, CJ자산운용 등 국내 업체의 참여가 늘어나고 있다.

❙ 운용 스타일과 수탁액 등 확인 필요 ❙

재간접펀드는 설정 당시에 유행하는 펀드 트렌드를 반영해 쉽게 만들 수 있는 만큼 단명(短命)하는 경우도 적지 않다. 투자자들의 눈길을 끌기 위해 그때 그때 인기 있는 펀드를 조합해 상품을 만들 수 있지만 열기가 수그러들면 그만큼 잊혀지기도 쉽다.

국내에서 판매되는 재간접펀드는 외국계 운용사들이 해외에서 설정한 펀드에 투자하는 상품이 많은데, 이 경우 주식양도차액에 대한 비과세 혜택을 받을 수 없다.

굿모닝신한증권 이계웅 펀드리서치팀장은 "재간접펀드도 일반 펀드를 고를 때와 마찬가지로 장기간 운용되고 있고, 수탁액이 일정규모 이상인 상품을 선택하는 것이 좋다"고 조언했다.

이 팀장은 "수익률이 무조건 높은 것보다는 꾸준한 수익률을 내는 상품이 안정적이다"면서 "자산배분 등에 있어 일관된 운용 스타일을 지녔는지도 살펴야 한다"고 덧붙였다

2008년 3월 28일, 동아일보 손효림 기자

9 종합지수수익률을 따라가고자 할 경우(상장지수펀드)

상장지수펀드(ETF : exchange traded funds)란 시장수익률을 추구하는 인덱스펀드로 주식처럼 실시간으로 시장에서 매매할 수 있도록 만든 펀드를 말한다. 즉, 인덱스펀드와 동일하게 KOSPI 200지수와 같은 수익률을 내도록 설계되어 거래소에 상장되어 있어 주식과 마찬가지로 매매가 자유롭기 때문에 환금성도 매우 높다 일반적으로 종합지수와 동일한 수익률을 얻으려면 인덱스펀드에 가입을 하거나 주가지수선물에 투자를 하여야 한다. 그러나 ETF제도의 도입으로 소액의 자금으로 종합주가지수순익률의 복제가 가능하게 되어 개인 투자자에게 유용한 투자수단이 되었다.

ETF의 특징으로는

첫째, 인덱스펀드를 상장시켜 주식처럼 거래가 가능하므로 펀드와 주식의 특징을 모두 갖추고 있다.

둘째, 소액의 자금으로 지수상승률을 따라 잡을 수 있다는 장점이 있어 개인 투자자에게는 유용한 투자수단이 되고 있다.

셋째, 가입한도에 제한이 없이 자유롭게 매매가 가능하며, 중도환매라는 절차가 없이 즉시 수익을 실현할 수 있다.

넷째, 시장이 비관적일 경우 공매도(short selung)를 하여 수익을 실현할 수 있다.

마지막으로 바스켓매매의 효과로 선물이나 옵션과 연계하여 헤지거래를 하기가 용이하다.

ETF와 주가지수 선물과의 차이점은 KOSPI 200지수를 기본으로 거래한다는 점에서 지수 선물에 투자하는 것과 비슷하지만, 선물과 달리 만기가 없다. 또 선물의 경우 매일매일 손익을 정산하여 증거금의 부족분이 발생하면 마진콜에 의한 추가 증거금을 납부하여야 하지만, ETF는 별도의 정산절차가 필요없다.

거래단위도 선물의 경우 5,000만 원 정도의 금액이 거래되지만, ETF는 월 10만 원 정도로 거래가 가능하기 때문에 소액을 거래하는 개인 투자자도 손쉽게 이용할 수 있다. 또한 주가지수를 거래한다는 점에서 선물과 비슷하지만, 선물에 비하여 투자 위험이 낮고 장기 투자도 가능하다. 그러나 선물대비 단점은 레버리지 효과가 낮고 초단기 매매하기는 어렵다.

표 3-4 ▶ ETF와 인덱스펀드의 비교

구분	ETF	인덱스펀드
장중매매	장중시황을 보고 시장가격에 매매 및 이익실현 가능	자신의 매매가격을 모르는 상태에서 의사결정을 함
환매	현재 시장가격으로 매매되므로 자신의 환매가격 즉시 결정됨	환매신청 익일종가가 계산된 다음날의 기준가격으로 결정됨
공매	공매도 또는 대주에 의한 매도가 가능	공매도 또는 대주에 의한 매도가 불가능
보수	ETF는 운용보만 부담, 매매시 매매수수료 부담	일반적은 뮤추얼펀드 보수는 높음
시장충격비용	시장에서 형성되는 매매호가 간 시장충격비용 있음	의사결정과 실행 간의 불일치로 기회비용의 손실이 있음

⑩ 증권시장이 조정을 받을 경우(리버스인덱스펀드)

증권시장이 큰 폭으로 조정을 받고 변동성이 심해지면 많은 투자자들이 불안감을 느끼게 된다. 일반적으로 증권시장이 하락하면 주식형 펀드의 수익은 기대하기 어렵다. 그렇다면 시장조정기에는 주식형 펀드에서 손을 떼야 할 것인가? 시장과는 반대로 주가하락시기에도 수익을 내는 펀드들이 있다.

1. 리버스인덱스펀드

리버스인덱스펀드(reverse index fund)가 그것이다. 주가지수와 비슷한 수익률을 내도록 운용되는 인덱스펀드와는 반대로, 리버스인덱스펀드는 지수가 상승하면 오히려 상승분 정도의 손실이 발생하고, 지수가 하락해야 수익이 발생한다. 말 그대로 리버스인덱스펀드는 주가가 하락해야 수익이 나는 시장의 장기 방향성에 투자하는 것이다.

이 펀드는 운용자금의 일부(15%)는 선물매도포지션을 취하고, 나머지는 채권에 투자하여 주가지수에 정반대되는 수익률이 발생하고 채권수익률 정도의 수익률이 지수수익률에 추가될 수가 있다.

폭락 증시 즐기는 리버스펀드 … 수익률 '쑥쑥'

미국 서브프라임모기지(비우량 주택담보대출) 부실과 중국 긴축정책 등으로 글로벌 증시가 폭락하면서 주식형 펀드들이 최근 6개월 동안 커다란 손실을 봤으나, 리버스인덱스(reverse index)펀드는 12% 이상의 높은 수익률을 기록했다.

27일 펀드 평가사 제로인에 따르면 코스피지수 선물 및 옵션거래를 통해 지수가 내릴수록 수익이 높아지는 구조로 운용되는 리버스인덱스펀드 가운데 순자산액 10억 원이 넘는 5개 펀드의 최근 6개월 수익률이 12.94~17.33%인 것으로 파악됐다.

1개월 및 3개월 수익률도 각각 13.64~13.78%, 11.55~12.27%로 양호한 성적을 거뒀다. 반면 지난해 증시활황장에서 대박을 터트리는 금융상품으로 인식되면서 뭉칫돈을 빨아들였던 주식형 펀드는 최근 6개월 동안 코스피지수가 16.39% 하락한 탓에 평균 수익률 −12.62%를 기록한 것과 큰 대조를 이뤘다. 개별 리버스인덱스펀드의 6개월 수익률을 보면 우리CS운용의 '마이베어마켓파생1Classe'와 '마이베어마켓파생1ClassA'가 각각 17.33%, 17.32%이고, 다음은 '푸르덴셜프리엄브렐러BEAR인덱스파생상품1'은 17.10%, '하나UBS엄브렐러리버스인덱스파생K−1ClassC'은 13.87%, '한국 부자 아빠 엄브렐러리버스인덱스파생상품 A−1'은 12.94% 순이다.

주식형 펀드 투자자들이 지난해 8월 이후 글로벌 증시의 하락장에서 원금을 까먹고 울상을 짓는 사이에 리버스인덱스펀드 가입자는 꾸준히 불어나는 자신의 금융자산을 보고 활짝 웃을 수 있었던 것이다. 리버스인덱스펀드는 일반 인덱스펀드와 달리 수익률이 주가하락 때 높아지고, 상승기에는 떨어지도록 설계되어, 이처럼 증시폭락장에서 위험회피수단으로서 유용성이 입증됐으나 증시가 장기적으로는 상승하는 점을 감안하면 주력 펀드로서는 적합하지 않다. 실제로 코스피지수가 최근 1년 동안 17.75% 오를 동안 주식형 펀드 투자자들이 평균 29.54%의 수익을 올린 데 반해, 리버스인덱스펀드 가입자는 −12.41~−17.60%의 손실을 봤다. 따라서 시장흐름과 반대로 움직이며 수익과 손실이 발생하는 이 펀드는 포트폴리오 분산 및 리스크 헤지용으로는 안성맞춤이다.

펀드 전문가들은 "리버스인덱스펀드는 증시가 하락할 때 진가를 발휘하는 것으로 장기 투자상품으로 적절하지 않지만 증시급락장에서는 포트폴리오에 넣어두면 훌륭한 위험회피수단이 될 수 있다고 조언했다.

2008년 1월 8일, 머니투데이

2. 양방향 지수연계펀드

다음으로 양방향 지수연계펀드(ELF)가 있다. 양방향 지수연계펀드란 주가가 오를 때 뿐 아니라 내릴 때도 일정수익률을 올릴 수 있는 상품이다. 이 펀드는 원금이 보전되고 지수등락폭이 일정구간 내에 있으면 수익이 발생한다는 점 때문에 투자자들로부터 많은 관심을 받았다. 이 펀드의 운용구조는 운용자금의 95% 수준을 채권에 투자하여 원금을 보존하도록 하고 나머지 자금으로 콜옵션과 풋옵션을 매수하는 포지션, 즉 스트레들매수포지션(Iong straddle)을 취하는 펀드이다.

만일 향후 시장전망에 확신이 없다면 차라리 목표수익률을 낮추고 양방향 지수연계펀드에 가입하는 것이 낫다. 양방향 지수연계펀드는 시장의 방향성에 투자하는 것이 아니다. 향후 지수대가 일정한 박스권 내에서 등락할 것으로 기대될 때 적합한 상품이 양방향 지수연계펀드다. 양방향 지수연계펀드는 목표수익률이 은행 금리 이상은 가능하다. 또한 원금보전도 가능해서 안정적인 투자를 원하는 사람들에게 적합하다. 그러나 시장이 일정구간을 벗어나서 너무 많이 상승하거나 너무 많이 하락하면 수익은 거의 없게 된다.

리버스인덱스펀드나 양방향 지수연계펀드 모두 시장하락시에도 수익을 낼 수 있는 상품들이다. 그러나 리버스인덱스펀드는 손실이 발생할 수 있고, 양방향 지수연계펀드는 수익이 전혀 없을 수도 있다는 점을 염두해 둬야 한다. 시장이 하락한다고 해서 아무것도 하지 않는 사람보다는 시장하락기를 이용해 수익을 내고자 하는 사람들이 진정한 투자자일 것이다.

지금까지의 지수연계펀드는 종합주가지수나 KOSPI 200 또는 배당지수 등 거래소에서 발표하는 대표지수에 연계된 상품이 전부였으나, 최근 해외주가지수나 증권사에서 개발한 우량주가지수에 연계된 펀드들이 판매되고 있다.

11 심한 인플레이션이 예상될 경우(실물자산펀드)

주식, 채권 등 유가증권뿐만 아니라 부동산, 황금, 선박, 영화, 원유에까지 투자하는 펀드들이 나오고 있다. 요즘 대안 투자로 부상하고 있는 '실물자산펀드'는 말 그대로 실체가 있는 물건에 투자한다고 해서 붙여진 이름이다. 실물자산펀드(commodity fund)는 에너지, 농 · 축산물, 귀금속 등의 가격을 종합적으로 나타내는 대표적인 지수, 또는 이와 관련한 파생상품에 투자하여 그 수익을 투자자에게 분배하는 펀드이다.

최근 판매 중인 실물펀드들의 실물에 실제 투자하는 비율은 5~10% 내외에 불과하다. 그것도 실물자산과 연계된 파생상품에 주로 투자하고 있다. 나머지 90% 이상은 채권에 전량 투자하고 있다. 최근 선보인 '황금펀드'는 자산의 95%를 채권에 투자하고, 5% 내외만을 황금 관련 해외 파생상품에 투자하고 있다. 원유펀드는 원유선물과 연계된 워런트(warrant)에 5%만 투자한다. 실물펀드라기보다는 정확히 채권형 펀드라고 불러야 할 것이다. 영화에 직접 투자하는 엔터테인먼트 펀드도 있다.

실물자산펀드 투자에 성공하기 위해서는 무엇보다 기초자산인 부동산, 원유, 황금가격 등 실물자산의 가격흐름을 잘 알아야 할 것이다. 대부분이 1~3년 등 만기가 정해진 '폐쇄형' 상품이기 때문에 만기시점에 상품가격이 어떻게 될지를 예측해야 한다.

이 실물자산의 특징은 금융자산과는 달리 인플레이션 헤지기능이 강한 특징이 있다. 경기가 상승추세에 진입하여 경제활동이 활발해지면 원자재가격의 상승률이 물가상승률 이상으로 올라가게 되므로 인플레이션을 충분히 헤지할 수 있게 된다. 또한 실물자산 투자는 상품자산에 직접 투자하는 것이 아니라 상품 관련 선물 등 파생상품에 투자하는 것이기 때문에 현물자산가격의 특성상 품귀현상이 나타날 때 가격이 폭등하여 선물가격과의 괴리가 매우 커지게 된다. 이때 현물상품과 선물과의 가격괴리를 이용한 프로그램매매에 의한 차익거래를 이용하여 보다 안정된 수익을 얻을 수 있다.

이 상품펀드는 과거 통계치를 보아도 주식이나 채권보다는 높은 수익률을 보여주고 있다. 가격변동성으로 인한 위험도 높지만 수익률도 높으므로 충분한 투자대상이 될 수 있다고 하겠다. 따라서 유가증권 투자에 만족을 하지 못하는 투자자에게 투자대상 자산에 대한 선택의 폭을 넓혀 주고 있는 게 사실이며, 포트폴리오 구성에 있어서 효율성을 증대시켜 주고 있다.

그러나 이 실물자산펀드도 투자에 따르는 위험이 많다. 실물자산의 가격변동폭이 금융상품보다 크기 때문에 유가증권 투자에 못지않게 투자손실의 위험이 크게 나타난다. 따라서 상품펀드에의 단독 투자보다는 유가증권펀드 투자와 병행하여 분산 투자에 의한 효과를 충분히 활용하여야 할 것이다.

1. 세계가 주목하는 21세기의 파란 석유, 물펀드

전 세계적으로 수자원 부족 현상이 심각해지면서 수자원 관련 산업과 식수를 정화하는 산업 등이 매년 큰 성장을 보이고 있다. 물 관련 산업의 성장과 함께 장기적으로 안정된 수익률을 추구할 수 있는 매력적인 투자상품이 출시되어 관심을 끌고 있는데, 바로 물펀드이다. 물펀드는 사회적 책임투자(SRI : Socially Responsible

Investment)라는 테마로 분류된다. 물펀드에 투자하는 기업은 환경보전과 밀접한 물 산업 발전에 기여하는 바가 크기 때문이다.

삼성투신운용의 '삼성글로벌Water주식펀드'는 판매 이틀 만에 35억 원어치가 팔렸다. 큰 규모는 아니지만 판매 창구 등을 고려할 때 관심은 높은 편이란 것이 업계의 말이다. 현재 이 펀드는 삼성증권과 동양종금증권에서만 판매하고 있다. 삼성증권에 따르면 물 관련 펀드의 운용규모는 전 세계적으로 5조 원 정도이며, 골드만삭스가 추정한 2006년도 물 관련 시장은 3,650억 달러 규모이다.

물이 투자대상으로 떠오른 이유는 물이 인간의 생존에 필수적인 요소이며 희소성이 점차 커지고 있기 때문이다. 예전에는 수도요금만 내고 얼마든지 마실 물을 구했으나, 최근에는 생수라는 이름으로 물을 사는데 기름보다 많은 돈을 내고 있다.

세계은행 부총재인 이스마일 세라게딘은 "20세기의 전쟁이 석유(블랙골드)를 차지하기 위한 것이었다면, 21세기에는 물(블루골드)을 차지하기 위한 전쟁이 될 것"이라며 "인간은 석유 없이는 살 수 있지만 물 없이는 살 수 없다"고 말했을 정도다. 지구상에 존재하는 물은 14억km^3지만, 민물은 3,600만km^3로 전체의 2.6%이며, 이 중 먹을 수 있는 물은 0.1%(3만 4,000km^3)에도 못 미친다.

물펀드는 물을 공급하고 하수처리를 수행하는 기업, 물처리설비를 공급하거나 관련 부속을 공급하는 기업, 물을 정화하는 기술을 제공하는 기업, 수자원에 대한 보관과 수질관리를 담당하는 기업 등 다양한 기업이 포함되어 있다.

관련 업종으로는 유틸리, 물인프라, 물테크, 엔지니어링 등 환경업종이 해당된다. 한 증권업계 담당자는 "세계적으로 엔지니어링기업들이 각광을 받는 것도 물 등 환경변화에 무관하지 않다"라고 말했다.

물과 관련한 기업에 투자하는 것은 섹터 투자로 자리를 잡은 상태다. 2003년부터는 물 관련 산업의 주요 기업주식을 대상으로 산출한 'Bloomberg Water지수'가 발표되고 있다. 이 지수는 2003년 8월부터 2007년 4월까지 187.2%나 올랐다. 글로벌 증시상승률 74.5%와 한국의 97.6%보다 높은 수치다.

물펀드는 물 관련 기업에 투자하면서 이들 기업이 가파르게 성장하면서 글로벌주식지수를 크게 초과하는 수익을 올릴 수 있었다. 삼성투신에서 운용하는 '삼성글로벌Water주식펀드'는 우리나라에서 처음 출시된 물펀드이며, 전 세계적으로 2,700개 정도로 추산되는 물과 관련된 기업 중 환경자문위원회(EAC)의 승인을 받은 약 250개 기업을 편입대상으로 한다.

조지 W. 부시 미 대통령이 국정연설(2007. 1. 23)에서 6년 내에 에탄올 연료를 개발하겠다는 등 구체적인 실행일정을 제시하면서 바이오디젤과 에탄올, 석탄가스, 태양에너지기술을 중심으로 대체에너지분야가 각광을 받고 있다.

원유수급에 대한 불안과 지구온난화로 인한 환경문제에 대한 관심이 커지면서 각국 정부는 다양한 방법을 통해 뉴에너지(new energy) 관련 산업을 장려하고 있으며, 이로 인해 뉴에너지를 개발하고 상업화하는 최첨단 기업에 투자하는 뉴에너지펀드가 새롭게 관심의 대상이 되고 있다.

세계 최대 석유기업 중 하나인 Exxon사는 세계 원유생산량이 매년 4~6% 감소하고 있다고 분석하고 있다. 세계시장의 수요를 고려하면 대규모의 신규 생산량(2015년까지 1억 배럴/일)이 요구되는 상황이다. 석유시장에선 각종 불안요인들이 끊이지 않고 불거지면서 배럴당 100달러 시대가 다가오고 있다.

에너지섹터주식에 투자하는 대표적인 펀드로는 메릴린치에서 운용하는 '뉴에너지펀드와 '월드에너지펀드'가 있다. '뉴에너지펀드'는 전 세계 대체에너지 및 재생에너지기술과 관련된 기업에 주로 투자한다. 펀드 구성(2007년 3월 말 기준)을 보면 지역별로는 북아메리카에 40.9%, 유럽에 44.2%를 투자하고 있으며, 업종별로는 재생에너지 56.3%, 대체연료 21.2%, 에너지기술 13.2% 등에 투자한다.

거시적 상황은 재생에너지업종에 긍정적인 느낌이다. 향후 유가는 상당히 높은 수준(그러나 변동성을 보일 수 있음)을 유지할 것으로 보이며, 에너지안정성은 지속적인 이슈가 될 것이며, 정부는 재생에너지업종에 보다 큰 지원을 할 것으로 전망된다. 대체에너지 사용과 관련한 법규가 늘어날수록 대체에너지 관련 주들의 수익증대가능성은 높을 것으로 보인다.

'월드에너지펀드'는 전 세계의 에너지탐사, 개발, 생산 및 유통과 관련된 회사 및 새로운 에너지기술개발과 관련된 회사에도 투자한다. 펀드 구성(2006년 12월 말 기준)을 보면 지역별로는 북아메리카 69.1% 유럽 11.1%, 아시아 10.2% 순으로 비중을 차지하고 있으며, 업종별로는 석유 및 가스에 38%, 생산 및 조사 35.1%, 석탄 및 우라늄 10.1% 등에 투자한다. 향후 산업화, 제한적 공급, OPEC의 고유가 지지 의지 등으로 볼 때 장기적 유가 전망은 매우 긍정적인 것으로 보고 있다.

에너지섹터펀드는 변동성이 상당히 심하다. 뉴에너지펀드의 최근 1년간 수익률은 7% 정도지만, 최근 3년간 연평균수익률은 30%대에 이른다. 하지만 장기적인 투자자라면 전체 포트폴리오 중 10% 미만 한도에서 황금 및 에너지섹터펀드에 투자하는 것도 고려해 볼 만하다.

2007년 4월 16일, 머니투데이

섹터펀드(sector fund)

생소한 '섹터펀드'가 해외펀드 활황을 틈타 봇물 터지듯 출시되고 있다. 섹터는 증시상장종목을 특성별로 나눈 것으로 특정 산업 또는 특정 업종을 말한다.

이 같은 섹터펀드는 2006년 초 등장하기 시작해 2007년 4월 말 기준으로 60여 개 펀드에 운용, 규모만도 2조 원을 넘어섰다.

섹터펀드에 투자하는 이유는 업종별 특이현상을 이용해 주식시장의 수익률을 웃도는 성과를 얻기 위한 것이다. 예를 들어 글로벌경제의 활황이 장기간 지속되면 부존량이 한정된 석유 등 천연자원가격이 더 가파르게 오를 것이라는 전망 아래 천연자원 관련 기업 주식펀드에 투자하는 것이다.

그러나 섹터펀드 투자는 일반적인 주식펀드 투자와 달리 세밀한 사전검토가 필요하다. 전 세계 주식에 분산 투자하는 글로벌주식펀드는 세계경제의 지속적인 성장을 믿는다면 장기간 묻어두는 방식의 투자가 가능하다. 이에 반해 섹터펀드는 해당 업종의 현황과 전망을 분석한 뒤 투자 의사결정을 해야 하고, 상황이 종료되면 신속하게 환매하는 타이밍 투자가 필요하다. 섹터펀드는 실물경제의 특이현상으로 인해 수익률이 급등하다가도 조그만 상황변화에도 수익률이 급락할 수 있기 때문이다. 따라서 섹터펀드는 해외펀드에 처음 투자하는 고객보다 글로벌주식펀드에 이미 가입한 투자자가 몇 개의 섹터펀드에 추가 투자하는 것이 올바른 방법이다.

시중에서 판매되는 글로벌섹터펀드의 종류는 다양하다. 펀드 이름으로 나눠 보면 인프라, 천연자원, 농·수산물, 원자재, 럭셔리, 친환경, 물, 광업펀드 등이다.

문제는 펀드 이름만으로 펀드의 운용 특성을 단정하기 곤란하다는 것이다. 인프라펀드 중에는 가스, 도로, 철도, 항만 등 실제 공공서비스 관련 주식에 투자하는 펀드도 있고, 공공재는 물론 운송업, 기계, 운수장비 등 투자범위가 더 광범위한 펀드도 있다. 천연자원과 원자재는 비슷하게 들리지만 일부 업종에 대한 투자 여부에 따라 구분되고, 친환경은 물, 농·수산물업종과 상당 부분 중첩된다. 섹터펀드의 업종구분은 표준산업분류와 다른 경우가 많으므로 투자설명서를 꼼꼼히 읽어봐야 해석이 가능하다. 나아가 해당 섹터지수 및 글로벌주가지수의 10년 이상 장기 수익률 비교는 물론 업종전망자료를 검토한 뒤 의사결정을 한다면 금상첨화일 것이다.

2007년 5월 10일, 중앙일보

'카멜레온' 테마 펀드

하나의 섹터나 테마에 집중 투자하는 것이 아니라 시장상황에 따라 섹터를 변경하거나 편입비중을 조절하는 '진화형 펀드'이다. 하나가 아니라 여러 개 섹터에 분산 투자하는 만큼 특정 섹터에 집중 투자하는 펀드보다는 위험이 적다. 또 시장상황에 적절히 대응하면 높은 수익률을 올릴 수 있다. 그러나 시장상황과 맞지 않는 테마를 선택하면 상대적으로 손실을 볼 수도 있다.

주식시장의 폭락 '곡물펀드'로 눈을 돌려보는 것은 어떨까?'

"세계적인 경기침체로 곡물이 원자재 및 상품 중 가장 좋은 투자대상이 될 것이다."(퀀텀펀드 창업자 짐 로저스)

"농산물가격의 강세는 앞으로 10년간 계속될 것이다."(경제협력개발기구(OECD)와 유엔 식량농업기구(FAO)의 2007~2016년 농업전망보고서)

펀드 투자자 정모(36세, 경기도 군포시)씨는 국제 곡물값 급등으로 국내 식료품값이 들썩인다는 소식에 농산물펀드가입을 고려 중이다. 국제 곡물가격이 고공행진을 보이면 관련 상품에 투자하는 펀드수익률도 좋아질 것이란 판단에서다.

반면 음식료 등 농산물 관련 종목들에 대해서는 원가부담이 늘어 부정적인 전망이 나오고 있다.

I 곡물값 급등에 농산물펀드 '함박웃음' I

작년 한 해 옥수수, 밀 등 국제 곡물 선물(先物)가격을 지수화한 로이터CRB곡물지수는 53% 급등세를 보였다. 특히 한국과 중국을 비롯한 전 세계 주식시장이 조정을 받았던 10월 말 이후 곡물가격지수는 16% 오름세를 보였다. 이에 따라 해외주식형 펀드가 최근 3개월 −2% 수익률을 기록하는 동안 국내에서 판매중인 농산물펀드는 모두 2~12%대의 플러스 수익률을 올렸다. 농산물펀드는 농산물 관련 기업에 직접 투자하거나 국제 농산물상품지수 흐름을 쫓아가는 방식으로 운용된다.

'인덱스파생상품'은 12%대의 높은 수익률을 기록했다.

'도이치DWC프리미어에그리비즈니스주식'펀드의 경우 세계 2위 곡물종합상사인 미국 ADM 등 전 세계 농·축·수산물 생산·가공·유통 대표기업에 직접 투자한다. 여러 기업에 분산 투자하다 보니 곡물지수 급등분이 펀드수익률에 고스란히 반영되지는 않았다.

마이에셋자산운용은 '글로벌코어애그리주식투자신탁'을 이달 중 선보일 계획이다. 세계 2~3위 곡물메이저업체 등 16개 국가의 곡물생산업체에 직접 투자하는 펀드로, 농업 전문 자산운용사인 네덜란드계 로베코(Robeco)자산운용사와 공동 운용한다. 김종래 마이에셋자산운용이사는 "작년 한 해 투자 예정인 23개 관련 종목들의 수익률을 분석한 결과 32%에 달했다"며 "올해도 곡물가격 급등으로 펀드수익률이 급등세를 이어갈 것으로 기대된다"고 밝혔다.

영국계 글로벌 자산운용사인 슈로더는 농산물 수급 불균형이 심화되면서 올해 곡물가격이 50%나 오를 것으로 예상하고 있고, 미국 농무부(USDA)도 소맥과 대두, 옥수수가격이 각각 50%, 52%, 20%씩 오를 것으로 전망하고 있다.

곡물가격이 급등세를 이어갈 것으로 보는 이유는 중국, 인도 등 신흥시장을 중심으로 밀, 유제품, 곡물사료 수요가 증가하고 있는 데다 유가급등으로 바이오연료 수요가 늘면서 원재료인 옥수수 등 곡물 수요도 함께 늘고 있기 때문이다. 여기에 지구온난화와 기상이변으로 농업 재배면적이 축소되고 있어 곡물가격이 장기적으로 오름세를 보일 것이란 전망이다.

2007년 10월, 조선일보 경제면 정혜천 기자

12 연말 투자를 원할 경우(배당주펀드)

연말이 되면 투자자는 투자수익과 함께 연말정산 때 세금감면 혜택을 받을 수 있는 연말 절세형 펀드와 배당주펀드에 관심을 갖는 것이 좋다. 연말 절세형 펀드는 연말정산시 소득공제 또는 세액공제 혜택이 있는 펀드를 말한다. 소득공제를 받거나 또는 한 푼의 세금을 줄이는 것도 펀드의 실질적 수익률을 올리는데 큰 도움이 된다.

배당주펀드란 배당수익률(배당금을 주가로 나눈 것)이 높은 종목에 집중 투자하는 상품이다. 일반적으로 배당수익률이 높은 종목은 외국인들이 선호하는 주식으로 주가가 하락하는 시기에도 크게 떨어지지 않는 장점이 있다. 특히 하반기에는 외국인이나 기관들이 배당액이 높은 주식에 집중적으로 투자하기 때문에 배당수익률이 높은 종목의 주가상승폭이 다른 주식보다 높은 편이다.

최근 주가가 급락하면서 배당수익률이 정기예금 이자를 웃도는 종목이 많아 배당 투자의 매력이 상대적으로 커졌다. 그러나 개인 투자자 입장에서는 배당주를 직접 골라 투자하기엔 어려움이 많다. 또 한 종목에 집중 투자했다가 실패할 위험도 크다. 이에 따라 고배당주만 골라 투자하는 배당주펀드를 통해 간접 투자를 하는 것이 유리하다. 우선 펀드에 편입된 주식의 주가가 예상 배당수익률 이상으로 오르면 주식을 팔아 시세차익을 챙길 수 있다. 만약 주가가 오르지 않아도 배당시점까지 주식을 보유해 배당금을 받음으로써 주가하락에 따른 손실을 만회할 수 있다. 배당소득에 대해서는 비과세 혜택도 주어진다.

1. 배당주펀드의 이점

배당주펀드는 펀드 운용 시작 후 예상한 배당수익률 이상으로 주가가 상승하면 주식을 팔아 시세차익을 얻고, 반대로 주가가 오르지 않으면 배당시점까지 주식을 가지고 있다가 예상배당금을 획득함으로써 주가하락에 따른 손실을 만회할 수 있다. 또 최근 세법 개정으로 주식형 펀드의 배당소득은 비과세까지 된다.

특히 올해는 기업의 실적이 좋고 실적우량기업의 배당 여력이 높은데다가 우량기업의 경우 외국인지분이 높아 주주들의 배당요구가 높아져 배당주펀드가 매력적인 투자처로 부각되고 있다.

2. 배당주펀드의 종류

배당주펀드는 크게 배당지수펀드, 액티브형 펀드, 안정형 펀드, 해외형 배당주펀드 등 네 가지로 구별된다.

1) 배당지수펀드

배당지수펀드는 지난해 7월 발표된 한국배당지수(KODI)를 그대로 복제, 운용해 수익을 얻는 펀드로 KODI란 코스피 200 편입종목 중 수익성과 시장대표성, 유동성을 기준으로 한 배당성향, 배당수익률, 연간 현금배당금을 점수화해 선정한 50개 종목들의 지수이다. 그러므로 배당지수펀드란 결국 배당지수인덱스펀드인데, 이런 지수차익과 배당수익뿐 아니라 1년 이상 투자시 비과세 혜택까지 얻을 수 있다.

2) 액티브형 펀드

배당펀드 중 액티브형 펀드는 배당률이 높은 종목으로 구성된 배당지수를 구성종목으로 편입해 고수익을 추구하는 펀드이다. 주가상승시 주가상승에 따른 수익을 올릴 수 있고, 우량기업의 배당수익을 기대할 수도 있다.

3) 안정형 펀드

이 펀드는 주가차익보다는 안정적인 연말 배당수익을 목표로 안정적으로 운용되며, 특히 비과세 혜택을 높이기 위해 배당수익과 이자수익을 많이 얻고자 하는 펀드이다.

따라서 인덱스형이나 액티브형보다는 상대적으로 증시변화에 따른 주가하락 위험이 낮고 안정적인 수익을 내기 좋다는 장점이 있다.

4) 해외형 배당주펀드

미국이나 유럽 등 해외 고배당주에 집중 투자하는 펀드로 분산 투자로 안정적 수익을 확보할 수 있는 장점이 있다.

⑬ 확정이자를 받고 싶을 경우(선박펀드)

'바다를 지배하는 나라가 미래를 지배한다'는 말처럼 우리도 바다를 지배했던 화려한 시절이 있었다. 신라 때 동북아 바다를 지배했던 장보고의 전설과 이순신 장군의 '거북선'은 언제 생각해도 뿌듯한 우리의 자랑스러운 역사다. 최근 한국이 전 세계 선박건조량 순위에서 1, 2위를 다투고 있는 것도 이러한 역사가 축적된 결과일지도 모른다. 또한 선박펀드는 독일과 노르웨이 등 유럽지역에서 활발히 거래되고 있는 투자 펀드 형태지만 아시아에서는 한국에서 가장 먼저 첫선을 보였고 지속적으로 인기를 누리며 성공적으로 판매되고 있는 까닭도 결코 우연만은 아닌 것 같다.

저금리 기조와 부동산 투기 억제로 묶여있는 시중의 부동자금이 새로운 투자처를 찾고 게다가 해운산업 육성도 도모할 수 있어 기대를 모으고 있다.

1. 선박펀드란?

20, 30대의 재테크에서는 안전성보다는 수익성이 더 중요할 수 있지만, 40, 50대 재테크에서는 수익성보다는 안전성이 더 중요하게 여겨져야 할 것이다. 물론 약간의 수익성은 필수다.

이런 상품, 즉 중수익 저위험 또는 중수익 무위험 상품들 위주로 자산관리를 한다면 눈앞으로 다가온 퇴직과 그 이후를 효과적으로 대비할 수 있을 것이다. 이런 상품들 가운데 선박펀드가 단연 눈에 띈다.

'선박투자회사법'에 근거하여 다수의 투자자로부터 자금을 모집하여 선박을 취득하고 그 취득한 선박을 해운선사에 용선(임대)함으로써 얻게 되는 용선료(임대료)수입을 투자자에게 수입의 분배방식(채권이자형식)으로 배당하는 선박투자회사이다.

투자자는 선박투자회사에 투자하고, 선박투자회사는 이 투자자금을 해외자회사에 대여함으로써 선박을 매입하게 된다. 그리고 매입한 선박을 선박운항사(현대상선, 대한해운 등)에게 빌려주고 선박투자회사로부터 투자금에 대한 원리금을 지급받게 된다.

2. 선박펀드의 장점

시장이자율과 비교해 볼 때 높은 목표수익률과 배당금에 대한 비과세 혜택이 가장 큰 장점이다. 일반적으로 선박펀드의 수익자는 3개월마다 배당수익을 지급받으며, 2008년 말까지 3억 원 한도로 투자수익에 대해 비과세가 적용되고, 그 이상 되는 금액은 분리과세를 선택할 수 있다. 또한 선박건조 중 조선소가 파산하거나 파업 등으로 선박전고계약을 이행하지 못하는 경우에 대비해서 선박건조계약체결시 우량은행에서 발행하는 선수금보장보험(RG : Refund Guarantee)을 조선소가 발급하므로 건조기간 중의 만일의 사고에도 안전하며, 보유선박이 운항 중 사고가 나더라도 의무적으로 가입하게 된 보험 때문에 어느 정도 안정성이 보장된다고 할 수 있다.

3. 선박펀드의 단점

선박펀드의 경우 보통 만기가 10~15년으로 길기 때문에 환금성에 많은 제약을 받게 되고, 투자기간 중 더 유리한 상품이 나올 겨우 대체 투자가 힘들 수 있다. 그리고 기본적으로 실적배당형 투자상품이기 때문에 은행의 정기예금처럼 투자원금을 완전히 보장받을 수 없고, 투자한 선박을 담보로 해당 담보선박에 대한 선박보험을 가입하여 위험에 대비하고 있지만, 예측하기 어려운 국제정세라든가, 해운경기에 따라 최악의 경우 원금 손실이 발생할 수 있다. 선박펀드의 기한이 끝나고 투자원금을 돌려 받을 때 선박처분에 따른 위험요소에도 유의해야 한다. 선박의 가격은 해운경기에 따라 등락폭이 큰 만큼 중고선의 매매가격과 배를 임대하는 가격도 해운경기의 호황과 불황에 많은 영향을 받기 때문에 그만큼 투자원금에 대한 위험이 존재하게 된다.

2004년도까지 출시되었던 선박펀드의 평균 경쟁률은 약 10대 1 수준이었고, 2005년 들어서도 계속 공모 형태로 출시되는데, 만기는 10~15년, 목표수익률은 대체로 연 5.8~6.09%로서 정기예금(1년 만기 정기예금 수익율 약 3.43%)보다 높으며, 3개월 단위로 고정배당을 투자자에게 지급하고 있다. 시중 금리수준의 수익률임에도 선박펀드가 투자가치로서 인정을 받는 주된 이유는 위에서 언급한 바와 같이 비과세 부분이다. 2008년까지 한시적으로 적용되는 비과세 정책을 투자자의 입장에서 잘 따져보고 활용할 부분을 찾아내야 할 것이다.

4. 선박펀드에 투자시 유의해야 할 점

선박펀드도 기본적으로 실적배당형 투자상품이기 때문에 은행의 정기예금처럼 투자원금을 완전히 보장받을 수 없다. 펀드자금으로 투자한 선박을 담보로 잡고 해당 담보선박에 대한 선박보험을 가입하여 위험에 대비하고 있지만, 예측하기 어려운 국제정세라든가, 해운경기의 부침에 따라 최악의 경우 원금손실이 발생할 수도 있다.

또한 펀드운용시 선박 한 척에 투자자금 전부를 투자하기 때문에 일반 펀드처럼 투자자금의 안정적 배분이 어렵고, 선박펀드의 기한이 끝나고 투자원금을 돌려 받을 때 선박처분에 따른 위험요소에도 유의해야 한다. 선박의 가격은 해운경기에 따라 등락폭이 큰 만큼 중고선의 매매가격과 배를 임대하는 가격도 해운경기의 호황과 불황에 많은 영향을 받기 때문에 그만큼 투자원금에 대한 위험이 존재하게 된다.

투자성향 체크리스트

*** 객관식 문항에서 답을 선택한 후 각 괄호 안의 점수를 합산한다.**

1. 내가 생각하는 적정한 투자기간은?
① 2년 이내(5점) ② 3~5년(10점) ③ 6~9년(20점)
④ 10~14년(25점) ⑤ 15년 이상(30점)

2. 나의 투자원금(또는 수익)과 위험에 대한 생각은?
① 위험을 극도로 싫어하고 원금손실을 받아들일수 없다(5점).
② 원금보장을 우선적으로 생각하지만 약간의 위험을 감수할 수 있다(8점).
③ 높은 수익을 위해서는 지나치지 않을 정도의 위험을 감수할 수 있다(12점).
④ 높은 수익을 위해서는 기꺼이 위험을 감수할 수 있다(20점).

3. 인플레이션과 투자리스크에 대한 나의 생각은?
① 리스크를 최소화하기 위하여 물가상승률에 보조를 맞추는 투자에 만족한다(3점).
② 물가상승률을 조금 넘는 수익율을 위해 적당한 리스크를 감수할 수 있다(5점).
③ 물가상승률을 적당히 넘어서는 수익률을 위해 적당히 높은 리스크를 감수할 수 있다(8점).
④ 리스크와 관계없이 물가상승률을 상당히 뛰어넘는 수익을 추구하는 투자를 한다(10점).

4. 내가 주로 투자하고자 하는 펀드 종류는?
   ① 낮은 수준의 위험을 감내하고 안정적인 수익을 추구하는 채권형 펀드(5점)
   ② 중간 수준의 위험을 감내하고 비교적 높은 수익(정기예금 금리 초과)을 추구하는 혼합형 펀드(8점)
   ③ 높은 수준의 위험을 감내하고 높은 수익을 추구하는 주식형 펀드(10점)

5. 장기 투자에 대한 나의 생각은?
   ① 우선적으로 계좌가치를 지키는데 관심이 있고 손실을 가능한 한 최소화하고 싶다(5점).
   ② 다소 높은 이익을 위해 몇 년의 손실쯤은 감수하겠지만, 내 펀드의 대부분은 보수적으로 투자하기를 원한다(10점).
   ③ 높은 이익의 가능성을 추구하며, 잦고 중대한 손실도 감내할 수 있다(20점).
   ④ 이익 극대화에만 관심이 있으며, 이를 위해서라면 잦고 중대한 손실도 감내하겠다(30점).

＊ 결과
- 90점 이상인 경우 : 매우 공격적인 투자성향 소유자
- 80점 이상~90점 미만인 경우 : 성장성 중시의 투자성향 소유자
- 70점 이상~80점 미만인 경우 : 안정성장성 중시의 투자성향 소유자
- 70점 미만인 경우 : 안정성 중시의 투자성향 소유자

자금용도 고려해 투자전략 세워야!

대투증권 권이재 팀장

채권시장의 대표금리가 회사채에서 국고채로 바뀌고, 저금리가 정착되면서 개인들의 투자방법이 안정성 위주의 자산운용에서 위험과 수익을 고려한 유가증권 투자로 변화하고 있다.

유가증권에 투자할 수 있는 여러가지 수단 중 한 가지 방법이 펀드 투자이다. 펀드 투자에 성공하기 위한 효율적인 방법을 알아보자.

첫째, 자신의 투자성향을 잘 분석하는 것이 필요하다.

투자성향을 분석해 볼 수 있는 간단한 방법은 증권사 등을 방문해 체크리스트 방식으로 구성돼 있는 설문조사에 참여하면 투자성향을 쉽게 파악할 수 있다. 투자성향을 분석한 후에는 위험허용도는 어느 정도 가지고 갈 것이며, 투자기간은 얼마까지로 할 것인지를 결정한다. 또한 위험을 보유하면서 공격적인 투자를 할 것인지, 적은 위험을 보유하면서 보수적인 투자를 할 것인지를 결정해야 한다. 자금의 용도를 고려해 투자기간을 결정하는 것도 중요하다. 장기 투자자금이라면 주식형 중에서도 위험을 수용할 수 있는 성장형 펀드나 인덱스형 펀드에 투자하는 것이 유리하며, 쓸 곳이 정해져 있는 단기 투자자금이라면 위험을 낮춘 상품에 투자하는 펀드가 유리하다.

둘째, 펀드가입시점도 중요하지만 펀드운용 후 환매시점을 잘 선택하는 것이 더욱 중요하다.

모든 투자자들은 본능적으로 가격이 상승하는 시기에만 투자하여 고수익을 얻기를 원한다. 그러나 위험 없는 성과보상은 기대할 수 없다. 주가가 상대적으로 높은 수준이라도 앞으로 주식시장의 전망이 양호하면 펀드에 투자하고 미리 설정한 목표수익률이 달성되면 과감하게 환매하는 것이 중요하다.

셋째, 펀드운용시 투자원칙을 명확히 정하고 실행에 옮기는 것이 중요하다.

펀드 투자를 실행에 옮긴 후 자신의 예상과 반대로 주가가 하락하는 장이 지속된다면 사전에 정한 손절매원칙을 잘 지켜야 한다.

넷째, 리스크를 고려하여 펀드에 투자해야 한다.

위험을 선호하는 공격적인 투자자라면 주식편입비율이 높은 성장형 펀드나 인덱스형 펀드에 투자하는 것이 유리하다. 보수적인 투자자라면 절대수익추구형이나 주식편입비율이 낮은 안정형 펀드에 투자하는 것이 유리하다.

다섯째, 펀드에 투자했다면 운용성과에 대한 모니터링을 철저히 해야 한다.

운용실적이나 운용전략, 경제환경변화에 따라 자산배분과 주식편입비 조정은 원활하게 이뤄졌는지를 모니터링해야 한다. 모니터링은 자산운용협회(AMAK)의 홈페이지 공시를 통해 조회해 볼 수 있다. 미래의 부를 자기 것으로 만들기 위해서는 투자전략을 잘 세워야 한다.

과거에도 주식시장의 상승기와 하락기는 반복되어 왔다. 주식시장등락시 일반 투자자들의 행동은 상승기에서는 흥분에 쌓여 펀드 투자금액을 늘리고, 하락기에서는 고민에 빠져 환매하는 행동을 반복해 왔다. 그러나 시장의 버블과 붕괴의 경험을 통해 체득한 것은 하락기 때에는 하락의 공포를 이겨낼 수 있는 인내와 상승기에는 단기매매를 통한 짧은 이익실현보다는 환매유혹을 이겨내고 높은 수익률을 확보할 수 있는 인내가 필요하다는 것이다.

스탁데일리/스탁데일리 기자(webmaster@stockdaily.co.kr)

안 먹고 못배기는 빵만 만든다.

권성범 리치몬드 과자점 대표 … 제과점 보조에서 출발, 선진 제과기술 도입해 15년 만에 창업

물리학에 '임계질량'이란 용어가 있다. 핵분열물질이 연쇄반응을 일으키는 최소의 질량을 말한다. 아무리 강력한 폭탄도 임계질량에 도달 못하면 터지지 않는다. 돈에도 임계질량이 있다. 이 단계에 이르러야 비로소 돈이 연쇄반응을 일으킨다.

"돈이라는 게 매년 차곡차곡 쌓이는 게 아닙디다. 열심히 돈을 모아도 돈이 확 불어나지 않는 상태가 계속되면서 오랫동안 다져지고, 또 다져지다가 어느 순간 '확' 늘어나더라는 말이죠. 나한테는 그 시기가 1980년대 말, 1990년대 초쯤이었던 것 같아요."

❙ 단돈 2,000원 들고 무작정 상경 ❙

권상범(59세) 리치몬드 과자점 대표가 말하는 '부의 임계질량'이다. "다져지고, 또 다져지고……" 라는 이 대목에서 그의 표정이 아득해졌다. 덤덤한 듯 표현했지만 '다져진' 세월은 땀과 노력의 뒤범벅이었다. 가난탓에 중학교 진학도 포기한 채 산에서 나무하고 잔심부름하며 촌에서 보낸 10대, 외가댁이 꾸려가던 경북 의성의 다과점에서 '롤케잌'을 배우던 17세, 대구 제과점 '보조' 생활로 보낸 18세 시절. 사춘기의 질풍노도조차 삶의 현실에 빼앗긴 '잃어버린 10대'였다. 그때 권 대표는 "어떤 일이 있어도 내 후손에게는 가난을 물려주지 않겠다"고 결심했다. 가난에서 벗어나려면 장사뿐이라고 생각했다.

"서울에 가야 진짜 뭘 배우겠다 싶어 무작정 상경했습니다. 주머니에 딱 2,000원 넣고서 말이죠. 친구 작은댁에 빌붙어 자면서 일자리 얻는다고 버스타고 다녔더니 꼭 열흘만에 동이 나더군요. 다행히 돈이 떨어질 때쯤 종로5가에 있던 제과점 성림당에 취직했어요."

권 대표의 서울 진출 첫 직장 월급은 1,500원이었다. 그래도 하루 4~5시간밖에 자지 않고 누구보다 열심히 했다. 하지만 서울 생활 초년병인 열아홉의 청년 권상범에게 성림당 공장장의 고약한 성질은 참기 힘든 고역이었다.

"정말 못 견디겠더라구요. 취직한 지 2달 반 만인 1965년 2월 1일 그만두겠다고 선언했죠. 새 사람을 구해야 할 테니 보름의 여유를 주겠다고요. 2월 15일까지는 최선을 다해 일할 테니 염려 말라고 말이죠."

권 대표 표현에 따르면 이 '사표사건'은 인생의 전환점이 됐다.

"막상 그만뒀는데, 갈 곳도 없고 돈도 없고……. 겨울 끝자락 매서운 2월에 허술한 가마니 한 장 덮고 길거리에서 잔 날이 많았습니다. 낮에는 시내를 걸어 다니며 제과점이란 제과점은 다 들어가 취직자리를 알아봤죠. 그때 뼈에 사무치게 결심한 게 한 가지 있죠. '앞으로 어떤 일이 있어도 다음 직장을 구하기 전에는 절대로 그만두지 않는다.' 무모했지만 이 경험 덕에 그 후의 어려운 일도 버텨낼 수 있었습니다."

그 노숙생활 막바지에는 '무임승차라도 해서 집으로 내려가자'는 생각도 수없이 들었다. 권 대표 말대로 "그때 약해졌으면 모든 게 끝"이었을 것이다. 즉, 지금의 '대한민국 제과명장' 권상범은 존재하지 못했을 것이다.

"고생 끝에 광교 풍년제과에 취직이 됐죠. 3월 2일이었습니다. 당시 풍년제과는 장안에서 손꼽힐 정도로 큰 제과점이었어요. 공장에만 25명이 있었으니까요. 거기서 저는 설거지를 했습니다. 그래도 하루 4시간밖에 안 자면서 열심히 했죠. 슬쩍 어깨너머로 배우기도 하구요."

권 대표는 당초 월급 2,000원을 받기로 했다. 그런데 한 달 후 3,000원으로 올랐다. 열심히 하는 모습이 너무 대견해 주인이 '파격 인상'을 단행한 것이다.

입대를 불과 3개월 앞두고 아버지 없는 외아들은 군대를 면제 시켜준다는 박정희 당시 대통령의 결정 덕분에 군대 갈 3년도 벌었다. 하루 하루 한 단계씩 올라가는 재미도 쏠쏠했다.

Ⅰ 나폴레옹 제과서 8년 만에 독립 Ⅰ

"그릇 닦는 일, 한 단계 위가 오븐을 보는 일이었죠. 그 다음은 반죽치는 일, 그 다음은 케이크 시트 치고 쿠키 만드는 일, 그리고 맨 마지막이 데코레이션이었습니다. 그런데 열심히 노력해서 겨우 케이크 시트 만드는 일까지 올라가면서 공장장이 바뀌었어요. 새 공장장은 자기 사람들을 잔뜩 데리고 왔죠. 저는 고생 고생 올라갔던 자리에서 쭉 미끄러져 다시 반죽부터 시작해야 했습니다. 또 올라가면 공장장 바뀌고, 다시 또 미끄러지고."

그러길 세 번이었다. 짧은 기간이나마 인생의 밑바닥까지 경험한 후였던 권 대표는 더 이상 열아홉의 심약한 소년이 아니었다. 달라져 있었다. 그는 이렇게 생각했다.

'한 달만 지나 봐라. 나를 다시 안 쓰고 못 배길 테니.'

열심히 하는 만큼 자신감이 붙던 때였다. 이런 권 대표의 예상은 빗나가지 않았다. 그리고 당대 최고로 꼽히는 김충복씨가 공장장으로 오면서 권 대표도 안정을 찾아간다. 그 밑에서 5년간 부공장장을 하면서 실력도 크게 늘었다. 그렇게 총 8년 만에 풍년제과를 떠난다.

"당시 광화문 덕수제과와 삼선동 나폴레옹 과자점 둘 중 하나를 골라야 했습니다. 뭘로 보나 덕수제과가 한수 위였죠. 나폴레옹은 시작한지 불과 2년 됐을 때고."

하지만 권 대표는 나폴레옹을 선택했다. 장래 성장성을 본 것이다. 그때가 1972년 10월 2일이었다. 나폴레옹 제과점으로 간 권 대표는 공장장으로 화려한 시절을 보낸다. 승승장구하자 나폴레옹 사장은 권 대표를 일본으로 유학 보낸다. 1975년 권 대표는 동경 제과학교에 입학한다. 6개월 단기 코스였지만 총 350명 중 유일한 외국인으로 많을 걸 배운 시절이었다.

선진 빵 기술을 배운 덕에 그의 귀국 후 나폴레옹은 더욱 번창했다. 1979년 말 그가 독립해 나올 때 공장 직원은 무려 30명이었다. 8년 전 입사 당시 5명이었던 것과 비교하면 6배로 늘어난 상태였다. 월급 5만 원에 스카우트 된 권 대표의 몸값은 그만두던 1979년 대한민국 제과점 공장장 최고인 60만 원이 돼 있었다. 8년만에 12배의 초고속 연봉상승이었다. 그는 나폴레옹 사장의 도움으로 은행 대출 1,000만 원에 저축액 1,500만 원을 얹어 마포경찰서 옆에 '나폴레옹' 간판을 내건 제과점을 차린다. 그게 지금도 같은 장소에 있는 '리치몬드 과자점'의 전신이다. 5평 남짓 공간에 권 대표는 '마지막 모험'을 걸었다. 가격은 고가전략. 주변 빵집보다 30%나 비쌌다.

"애들 입맛은 절대 못 속입니다. 한번 우리 빵집에서 먹어보면 다른 집 빵은 안 먹으려 하죠. 예나 지금이나 자식 이기는 부모 있습니까?"

고가전략에 키드 마케팅까지 요즘 유행하는 마케팅을 권 대표는 그때 이미 체득한 셈이다. 그는 어떤 일이 있어도 하루가 지난 빵은 팔지 않았다. 하루의 장사를 끝내고 문을 닫을 때면 남은 빵을 모두 싸서 바로 옆 마포경찰서 전경들에게 기증했다.

| 여윳돈 생기면 일본 가서 기술 배워 |

9월 개점 이후 한두 달은 좀 어려웠다. 하지만 크리스마스를 고비로 입소문이 퍼지면서 고객이 본격적으로 늘기 시작했다. 매출은 늘었지만 돈이 쌓이지는 않았다. 여윳돈이 생기면 당장 일본으로 건너갔기 때문이다. 권 대표는 그때도 늘 '혁신'에 목말라 했다. 그래서 돈이 좀 모이면 일본행 비행기에 올랐다. 거기서 1~2달씩 머물면서 일본 제과점에서 일을 배우고 왔다. 아무리 적어도 1년에 2번씩은 그랬다. 욕심나는 최신 기계가 있으면 그것도 사들였다. 그런 식으로 벌어들인 돈을 재투하는 선순환이 계속되다가 1983년 11월, 홍대 앞에 2호점을 낸다. 그리고 2년 후 '나폴레옹' 상호의 그늘에서 벗어나 '리치몬드 과자점'으로 독자 간판을 내 걸었다. 세계 최고의 명문으로 꼽히는 스위스의 국립 리치몬드 제과학교에서 따온 이름이었다. 그리고 12년만인 1994년 3호점인 성산점을 열었다.

권 대표는 몇 년 전 마포점을 독립채산제로 친척에게 넘기고 현재 홍대점과 서교점 2곳과 리치몬드제과 기술학교 서교동과 천호동 2곳을 운영하고 있다. 제과점은 더 늘리지 않을 생각이다. '품질관리'를 할 수 있는 범위를 넘어선다고 생각하기 때문이다. 그만큼 그는 '빵맛' 자체에 애착이 크다.

그에게 지난 6일은 뜻깊은 날이었다. 그의 장남인 형준(29세) 씨가 동경 세과학교를 졸업하는 날이기 때문이다. 국내 대학에서 경제학을 공부했던 그는 아버지 뒤를 잇기 위해 2년 과정의 일본 유학길에 올랐다. 28년 전 '선진문물'로 권 대표를 그렇게 흥분시켰던 바로 그 학교를 아들이 졸업하는 것이다. 제과점을 아들에게 물려주고 나면 권 대표는 어떤 노후를 꿈꿀까?

"무슨 노후계획은 무슨 계획입니까? 기력이 다하는 날까지 빵을 만들어야지."

역시 그는 '제과명장'이란 타이틀이 멋지게 어울리는 사람이다.

| 권 대표의 10억 만들기 연보 |

1964년 단돈 2,000원 들고 서울 상경
1965년 2월 첫 직장 사직. 노숙 3월 풍림제과 취직. 첫 월급 2,000원
1968년 풍림제과 부공장장. 저축 100만 원
1972년 나폴레옹 제과 공장장. 월급 5만 원
1975년 일본 동경 제과학교 유학
1978년 봉천동에 대지 43평짜리(약 1,000만 원) 내 집 마련
1979년 독립. 마포에 2,500만 원 들여 나폴레옹 과자점 설립
1982년 공덕동에 대지 63평짜리 집으로 이사
1983년 나폴레옹 과자점 홍대 2호점 오픈
1985년 간판을 리치몬드로 교체
1987년 서교동 대지 150평짜리 집으로 이사
1988년 성산동에 대지 243평 구입
1993년 대치동에 리치몬드 제과 기술학원 설립. 총 자산 10억 원 넘어
1994년 성산동 대지에 지하 2층~5층짜리 빌딩 신축. 1층에 리치몬드 성산점 오픈
1998년 서교동 대지에 건물 신축. 대치동 리치몬드제과 기술학원 서교동으로 이전

| 권 대표가 말하는 부자되는 법 |

일본 유학 시절이었다. 권 대표는 일본에서 제법 컸던 '모짜르트' 제과점으로 실습을 나갔다. 거기에는 제빵 · 제과의 본고장인 오스트리아에서 온 기술자가 있었다. 권 대표는 벅찬 가슴으로 다가가 말을 걸었다. 물론 영어로 했다. 말이 통하는 게 신기했는지 오스트리아 제빵개발 책임자는 하나둘씩 권 대표에게 일을 시켜보더니 곧 전권을 주었다. 권 대표는 이렇게 해서 선진 제빵기술을 배울 수 있었다.

초등학교 졸업이 학력의 전부인 시골 출신 권 대표가 어떻게 영어를 했을까?

"17세, 경북 의주 다과점에 있을 때부터 통신강좌로 영어공부를 했어요. 뭔가 배워야 한다는 생각이 많이 들었어요. 그리고 풍년제과에서 부공장장으로 어느 정도 자리를 잡고 나서는 잠깐씩 시간을 내서 영어학원에 다녔죠."

언젠가는 필요할 것 같아 꾸준히 했다고 한다. 그 덕에 일본에서도 유럽기술을 배울 수 있었다. 그는 "준비하는 사람만이 기회를 잡는다"고 말했다. 권 대표가 배합표와 배합공정 등을 적어 놓은 옛날 과자노트에는 3개 국어가 등장한다. 한국어, 영어, 그리고 일어.

그는 풍년제과 시절 제과점 쪽방에서 먹고 자면서도 소형 카세트까지 사다 놓고 열심히 공부했다. 예순이 다 된 지금도 1년에 3~4번씩 외국에 나간다. 최신 제과점을 둘러보고 신제품을 벤치마킹한다.

부자되는 비결을 물었더니 그가 첫 번째로 꼽은 것도 "자기 분야에 대한 공부를 열심히 하는 것"이라고 강조했다. 괜히 남의 것만 부러워하지 말고 가까이 있는 일에 최선을 다하라는 것이다. 그리고 이런 말을 덧붙였다.

"부지런한 자는 누구도 지나치지 않는다."

그는 월급을 3,000원 받을 때나 60만 원으로 올랐을 때나 월급의 3분의 2 정도는 저축했다. 풍년제과에서는 2,000원으로 시작한 그의 월급은 8년간 근무하고 그만둘 때 4만 원으로 올라 있었다. 그리고 그의 통장에는 100만 원이 넘게 저축되어 있었다.

신혼 초 집을 마련할 돈도 변변히 없었지만 나폴레옹 제과점을 그만둘 때쯤 시가 1,000만 원이 넘는 집을 장만했다. 1978년 봉천동에 마련한 첫 '내 집'이었다. 얼마나 좋았던지 하루도 빠짐없이 앞마당을 쓸었다. 1주일 내내 일하고 어쩌다 쉬는 날이면 부산 등지로 세미나를 다녔다. 손꼽히는 제빵기술자가 돼 있었던 덕에 '강의요청'이 많았다. 1970년대 말에 강의료로 10만 원을 받았다. 권 대표는 내 집 마련을 위해 쉬는 날에도 세미나를 다닐 정도였다.

그 다음 옮긴 집은 당시 시가 약 6,000만 원 하던 대지 63평짜리 공덕동 단독주택이었다. 권 대표는 마포 제과점 초기 아현 · 공덕동 주변 부자집으로 '빵 배달'을 가기도 했다.

그때 그 집들을 쳐다보며 '나는 언제 이런 집에 살까?' 했었다. 그 후 불과 3년만인 1982년 4월, 권 대표는 바로 그 동네에 집을 샀다. 감개무량했다. 그리고 5년 후인 1987년 지금의 제빵학원 자리인 서교동 대지 150평을 사들여 건물을 올렸다.

그 무렵부터 몇 년간이 '자산이 크게 불어난 시기'였다고 한다. 권 대표의 현재 자산은 10억 원이 훨씬 넘는다. 하지만 주식이나 부동산, 그 어떤 것에도 돈을 굴려본 적이 없다.

오로지 빵 만드는 데서 일등이 되겠다며 열심히 일하고 우직하게 모았다. 그렇게 오랜 세월 다지고 또 다지다 보니 성실의 힘으로 '부의 임계질량'에 도달했다는 얘기다.

8개월 공부해 경매 성공률 100%

이문수 솔로몬 상호저축은행 지점장 … 돈 버는 공부하는 데 투자 아끼지 말아야

이문수(38세) 솔로몬 상호저축은행 테헤란로지점장은 돈에 관한 한 롤러코스터 같은 인생을 살았다. 부자집 아들, 기울어진 가세, 주식 투자 성공, 보증으로 빚 더미, 총 자산 10억 원 축적. 이 리스크의 고비마다 그는 '위기를 기회'로 바꾸는 능력을 발휘했다. 냉정한 판단력과 결단력 덕이었다.

"한창 감수성이 예민한 중·고등학교 시절의 경험이 돈에 대한 태도를 결정짓는 것 같아요. 강원도에서 큰 목장을 하는 부자집 아들로 태어났지만 중학교 시절 부친께서 앓아 누우시면서 집안사정이 어려워졌죠. 그때 어렵게 살면서 돈에 대한 절제를 체득했던 것 같아요."

❙ 자제력이 투자성공의 비결 ❙

대학 시절 주식 투자 스토리는 그의 남다른 절제력을 보여주는 에피소드다. 그는 대학 4학년 경제학 강의시간에 했던 모의 주식 투자대회에서 1등을 차지했다. 자신감이 붙은 그는 모험을 감행한다. 전세금을 빼서 주식 투자에 뛰어든 것. 당시 전세 600만 원짜리 자양동 반지하에 살던 그는 집주인을 설득해 전세를 보증금 100만 원에 월세 10만 원 계약으로 돌렸다. 그리고 전세금 500만 원으로 주식 투자에 나섰다. 주식 활황세의 끝물이던 1989년의 일이었다. 그는 그 돈을 5개월 만에 4,000만 원으로 불려 놓았다.

여기까지는 여느 주식 투자 성공 에피소드와 크게 다르지 않다. 그가 돋보이는 점은 그 다음부터다. 이 지점장은 마음속으로 이 4,000만 원에 '결혼자금'이란 꼬리표를 달아 은행에 넣어뒀다. 그리고 주식에서는 완전히 손을 끊었다. '5개월만에 700%의 수익'이란 강렬한 중독성 투자를 경험한 20대 젊은이로선 좀처럼 실천하기 힘든 일이다. 그 돈은 결혼 때 전세자금 밑천이 됐고, 현재 10억 원에 달하는 자산의 종자돈이 됐다.

자리를 잡아가던 그를 또 한번 끌어내린 사건이 '빚 보증'이었다. 첫 직장 동부화재에서 절친한 선배 2명에게 빚 보증을 섰다가 총 4,500만 원의 채무를 떠안게 된 것이다. 이 지점장은 1999년 회사를 그만둔다. 퇴직금으로 빚을 갚기 위해서였다. 그가 받은 퇴직금은 2,000만 원, 여기에 아내 몰래 빼낸 전세금 2,000만 원을 얹었다. 8,000만 원, 아파트 전세금을 6,000만 원 보증금에 월세 50만 원으로 바꾼 것이다. 그리고 주택금융전문회사인 뉴스테이트캐피탈로 옮겼다. 매일 아침 7시에 출근해 새벽 1~2시에 퇴근할 정도로 열성적인 영업 덕에 인센티브를 포함한 그의 연봉은 1억 원에 날했다. 그 무렵 아파트 주인은 전세금 원상복귀를 요청해 왔다. 그는 아예 대출을 받아 집을 사는 게 낫다고 판단했다. 2000년 11월, 가락동에 24평형 아파트를 1억 2,000만 원에 샀다. 가진 돈이 6,000만 원이었으니 나머지 6,000만 원은 대출을 받았다. 이 아파트 시세는 현재 2억 5,000만 원이다.

그가 부동산 경매에 취미를 붙이면서 본격적인 돈 불리기에 들어간 것도 이때쯤이다.

"빚 보증으로 돈에 몰리면서 재테크를 해야겠다는 생각이 들었습니다. 그런데 직장생활만으로

는 1~2억 원 모으기도 얼마나 힘듭니까? 부업을 하지 않고는 돈을 모은다는 게 어렵죠. 당시 주식 투자로 거액을 날려 빚더미에 앉은 친구가 있었습니다. 자살 결심까지 했을 정도였죠. 우리는 의기투합해 돈 벌 궁리를 했죠. 그래서 나온 아이디어가 경매였습니다."

| 1주일에 60만 원짜리 경매 강의도 들어 |

당시 주택금융업체인 뉴스테이트에 다녔던 이 지점장으로서는 직장일과 시너지를 낼 수 있다는 장점도 있었다. 그는 경매를 배우기 위해 공을 많이 들였다. 서점에서 경매 관련 책을 사서 읽는 것으로 워밍업을 했다. 그 후 1주일에 60만 원짜리 거액의 경매강의(건국대)도 듣고 부동산 금융전문가과정(한국생산성본부)도 100시간 이상 수료했다. 여기에 개인적인 친분이 있는 법원 경매 담당자에게 개인적인 사사까지 받았다. 그가 경매공부에 관심을 갖기 시작한 이후 실전에 돌입하기까지 들인 시간은 약 7~8개월이다.

"법원과 각종 경매사이트에 들어가 뒤져 본 뒤 마음에 드는 물건이 있으면 주말을 이용해 물건을 확인하러 다녔습니다."

그러던 그에게 2002년 하반기에 기회가 왔다. 강원도 횡성 근처에 경매 매물로 나온 밭 9,700평을 낙찰받은 것이다. 감정가만도 1억 6,000만 원이었지만 거듭 유찰된 결과 7,600만 원에 사들였다. 현재 이 땅의 시가는 7~8억 원이다.

"서울에서 110km, 스키 리조트인 피닉스파크에서 30분, 성우리조트에서 20분 거리에 있는 교통의 요충지였어요. 주변에 냇가도 있고……. 몇 년 동안 버려져 묵은 밭으로 전락해서 그 가치를 제대로 인정받지 못한 것이지, 위치로 보나 주변환경으로 보나 잠재력이 큰 땅이었습니다."

그가 이 땅을 발굴할 수 있었던 것은 오랜 준비 덕이었다. 그는 뉴스테이트 시절 20일간의 미국 출장기회를 이용해 현지 팬션을 공부했다. 그리고 한국으로 돌아와 강원도 횡성에 있는 통나무학교 과정도 수료했다. 시골에서 자라나 나무를 베고 자르는 일에는 자신이 있었다. 처음부터 팬션사업을 염두에 두고 고른 땅이었다. 앞서 2002년 1월에는 원주에 12평짜리 아파트를 1,900만 원에 경매로 사들였다. 그리고 200만 원을 들여 수리한 뒤 월세 27만 원을 받고 있다. 이 아파트의 현재시가는 3,000만 원이다. 하지만 미래가치는 훨씬 높다. 지난 85년에 지은 저층 아파트에 대지지분이 14평이나 된다. 이런 아파트의 앞길은 정해져 있다. '재개발'이다. 이 지점장은 살 때부터 이 점을 노렸고, 예상대로 최근 재개발허가가 떨어졌다. 추가비를 일정액 부담하면 28평형 아파트를 받게 된다. 주변 28평형 아파트의 시세는 7,000만~8,000만 원을 호가한다. 같은 해 3월에는 군 시설지를 공매를 통해 400만 원에 샀다. 집안 어른들의 묘자리를 염두에 둔 구매였다. 그는 줄잡아 하루 50~60명씩 고객을 만난다. 그러다 보니 얼굴만 보면 돈을 빌리러 오는 것인지, 갚으러 오는 것인지, 신용이 좋은 사람인지, 나쁜 사람인지 눈치챌 정도가 됐다. 은행문을 열고 들어올 때의 표정과 차림새를 보면 대출 여부가 70~80%는 가늠이 된단다.

"대출하러 와서 금리가 높다며 깎아달라는 분들이 계십니다. 그러면 저는 가족들이 모두 핸드폰을 갖고 있는지부터 묻습니다. 그리고 이렇게 말씀드리죠. '직장에 다니는 한 사람만 빼 놓고 모두 해지하십시오. 휴대폰 4대면 한 달에 30~40만 원 사용료가 나옵니다. 그 돈으로 이자를 내고, 적금을 부으십시오.'"

그는 "핵심은 내버려둔 채 엉뚱한 길을 찾는 것"이 돈관리에 실패하는 사람들의 고질병이라고 진단한다.

"머리가 가려운데 엉덩이를 긁는 사람이 너무 많아요. 어떤 상황에서도 핵심을 짚어 돌파하면 갈 길이 나오게 돼 있습니다."

이 지점장은 앞으로 3년 정도 직장생활을 더

할 작정이다. 그 후에는 강원도 땅에 내려가 본격적인 팬션사업을 하겠다는 계획을 갖고 있다. 그 전까지는 저축은행의 격전지 테헤란로에서 솔로몬을 업계 리더로 올려 놓는데 최선을 다할 작정이다.

"어떤 상황에서도 45세 이전에는 직장생활을 청산할 겁니다. 45세가 넘으면 정열을 잃고 생각이 굳어지기 쉽기 때문이죠. 내 사업을 해서 10년 안에 100억 원을 모으는 것, 이게 제 목표입니다."

I 이 지점장의 10억 만들기 연보 I

1989년 대학 4학년 때 전세 보증금 500만 원으로 주식 투자. 4,000만 원으로 불림
1991년 동부그룹 입사. 월급의 60~70% 저축
1999년 빚 보증으로 4,500만 원 부채 떠안음. 퇴직금과 일부 전세금으로 부채 상환
2000년 1억 2,000만 원짜리 가락동 아파트 매입(대출 6,000만 원). 현재 시가 2억 5,000만 원
2002년 원주에 12평짜리 아파트 1,900만 원에 경매로 매입. 현재 시가 3,000만 원. 군 시설지 430평 공매 통해 400만 원에 매입. 현재 시가 1,500만 원. 강원도 횡성 9,700평 밭 7,600만 원에 경매로 매입. 현재 시가 7억~8억 원

I 이 지점장의 부동산 성공기 I

"부동산을 사춘기식 짝사랑의 방식으로 보면 안 됩니다. 냉정한 눈으로 사각지대를 짚어낼 줄 알아야 합니다."

이 지점장이 꼽은 바람직한 부동산 투자태도 제1항이다. 부동산을 객관적인 눈으로 보지 못하고 '짝사랑'에 빠지게 되면 단점이 안 보이고, 결국 투자실패로 이어진다. 냉정하게 파악하기 위해서는 '발품'도 필수적이다. 그는 "부동산에 관한 한 '발품'만이 나를 성장시킬 수 있다"고 단언한다.

그가 강원도 땅을 구입할 때 그는 입찰에 참여하기 전에 강원도 땅 현지를 3번이나 갔다 왔다. 처음엔 혼자 가 보고, 그 다음엔 주변의 부동산 전문가와 함께 가 보고, 동네 어른들을 찾아가 풍수지리얘기까지 들었다.

"풍수지리상의 조건도 가격형성에 영향을 미치죠. 특정 땅의 풍수지리는 그 동네 어른들이 가장 잘 압니다. 그래서 저는 과일바구니를 사 들고 동네 어른께 찾아가 물어봅니다."

강원도 횡성 땅은 삼태기가 입을 벌리고 있는 모양으로 복이 들어오는 전형적인 터였다. 실제로 이 땅은 풍수지리적으로 최고의 조건을 갖췄다는 이점 덕에 절을 짓겠다는 등의 구매 희망자들이 끊이지 않고 있다.

시가 7억~8억 원까지 호가하는 이유 중 하나이기도 하다. 과하다 싶을 정도로 꼼꼼히 분석하는 그를 보고 주변에서 '낙찰받은 것도 아닌데, 별짓을 다한다'고 놀렸지만 결국 그 덕에 투자성공을 거둘 수 있었다.

그가 두 번째로 꼽은 점은 '경기흐름을 주시하라'는 것이다. 경기가 꺾이기 시작하면 현금확보가 최고다. 부채는 최대한 청산해야 한다. 위기는 기회라고 한다. 위기가 닥치면 생사가 갈리고, 그 재편과정에서 반드시 돈 벌 기회가 생긴다.

이때 위력을 발휘하는 게 현금이다. 경기의 흐름을 보고 현금을 미리미리 확보하면 기회로 활용할 수 있다. 하지만 그걸 못 보고 부채만 지다간 위기의 희생양이 되는 수밖에 없다.

셋째는 '자기 일을 열심히 하면 돈 벌이가 보인다'는 것이다. 동부화재 시절의 일이다. 그는 입사 1년 만인 1992년 보험설계사 4명에 불과하던 의정부 영업소장으로 발령을 받았다.

당시 의정부 영업소의 성적은 전국 250개 동부화재 영업소 중 220위였다. 그는 먼저 경기도 여성문화회관을 찾아 여성들을 대상으로 '직업을 가지면 좋은 이유'를 강의했다. 내용에 보험설계자의 장점을 슬쩍 끼워 넣은 것은 당연하다. 그 후

의정부 영업소에는 그의 부드러운 말솜씨에 설득당한 여성 보험설계사 지망생들이 잇따라 문을 두드렸다. 영업소 보험설계사들의 느슨한 시간관리에도 칼을 댔다. 그는 아침 9시 30분, 조회시간 정각이 되면 영업소 문을 닫아버렸다. 때마다 야유회도 갔지만 정각에 오지 않으면 어김없이 버스를 출발시켰다.

'시간은 돈'이라는 칼 같은 시간엄수원칙에 보험설계사들도 점차 적응해 갔다. 그 결과 이 지점장이 맡은 지 불과 1년 만에 의정부 영업소 성적은 전국 1등을 차지했다. 보험설계사도 48명으로 12배나 불어났다. 이런 실적 덕에 그가 빚 갚느라 회사를 그만두고 나서도 고액 연봉을 받고 뉴스테이트캐피탈에 스카우트될 수 있었다.

제4장 | 채권 재테크

제1절 채권의 이해
제2절 채권가격과 채권수익률
제3절 채권 투자의 과세제도

채권시장 역시 재테크를 실현할 수 있는 중요한 장소이다. 채권은 각종 부대조건에 따라 그 유형이 주식보다 더 다양하다. 이러한 다양한 채권을 개인의 재테크 수단으로 활용하기 위해서는 채권의 매매거래제도는 물론, 채권의 가격결정요인, 금리와 채권가격의 관계, 채권 투자와 관련된 과세제도에 대한 이해를 높일 필요가 있다. 일반인들이 가장 손쉽게 접할 수 있는 증권 중의 하나가 국가나 공공기관에서 발행하는 첨가소화채권이다. 새집을 사게 되면 대개 주택채권을 매입하면서 곧바로 헐값으로 할인해서 팔아 버린다. 새로운 차를 뽑고서도 마찬가지다. 그러나 제값을 받기 위해서는 증권회사 지점에 가서 팔거나 채권계좌에 입고시키는 것이 더 유리하다. 이러한 채권을 재테크수단으로 이용하기 위해서도 채권시장에 대한 이해가 필요하다.

제1절 채권의 이해

1 채권의 기본개념

1. 채권의 의의

채권(bond)이란 채권의 발행자가 불특정 다수의 투자자들로부터 일시에 대량의 자금을 차입하고 차입원금의 상환과 이자지급 등의 지급조건을 명확히 표시하여 발행하는 일종의 차용증서로서 채무를 표시한 유가증권이다. 채권의 발행자는 자금을 조달하는 정부, 지방자치단체, 특별 법인, 금융기관, 일반기업 등이 발행인이 될 수 있다.

2. 채권의 특성

채권은 발행주체에 따라 수행하는 역할을 달리하고 있으나 채권의 본질로서 다음과 같은 공통점을 가지고 있다.

1) 확정이자부 증권

채권은 발행시점에 만기까지 지급해야 할 이자와 만기 상환금액이 확정되기 때문에 발행자의 원리금 지급능력이 가장 중시된다.

2) 이자지급증권

채권은 발행자는 수익기업의 경영성과와 관계없이 이자를 지급하여야 한다. 채권의 이자지급은 채권 발행자가 부담하는 금융비용은 기업의 손익과 성장에 많은 영향을 주고 있다.

3) 기한부 증권

채권은 원리금의 상환기간이 사전에 정해져 있는 기한부 증권이다. 따라서 잔존기간이 투자결정시 중요성을 가지며 실세금리는 경제상황에 따라 변동하므로 잔존기간의 길고 짧음이 채권투자수익에 큰 영향을 준다.

4) 장기 증권

일반 은행차입이 1년이 만기임에 비해 채권은 최소 3년 이상, 5년, 10년, 나아가 영구채권까지 있다.

또한 만기가 도래하더라도 차환발행이 가증하므로 실질적인 장기 자금으로 활용할 수 있다.

5) 상환증권

채권이 주식과 다른 점은 만기가 정해져 있다는 점이다. 주식은 주주의 지분이므로 영구히 상환이 필요가 없으나, 채권은 발행시점에 만기가 정해져 있으므로 만기일에 반드시 상환절차를 거쳐야 한다.

3. 채권투자의 장점

1) 수익성

확정금리 저축시점에서 확정금리로 만기까지 수익이 보장된다.

- 절세효과 : 채권은 표면금리에 대해서만 과세, 표면금리가 매입금리(유통금리)에 비해서 일반적으로 매우 낮아서 과세대상이 적으므로 세후 투자수익률이 높아진다.
- 시세차익 : 수익률 하락시 만기일 이전에 중도매도하여 시세차익도 기대할 수 있다.

2) 안정성

발행요건 채권을 발행할 수 있는 기관은 법적으로 엄격히 제한되어 있다.

- 대상 채권 : 정부, 지방자치단체, 공공기관, 금융기관 등이 발행한 국공채와 신용등급이 높은 일반기업이 발행한 회사채 등이 있다.

3) 유동성

다양한 만기 투자기간의 선택이 자유롭다.

- 높은 환금성 : 만기 전이라도 언제든지 매도하여 현금화가 가능하다.

4. 주식과 채권의 접근현상

주식과 채권은 원칙적인 차이가 있음에도 불구하고 ① 사채와 주식의 중간형태의 채권(전환사채, 신주인수권부사채, 교환사채, 이익참가부사채), ② 제도적으로 배당을 보장하는 주식(신형 우선주), ③ 배당의 평준화 현상 중 ④ 장기 사채의 준자본화현상으로 주식과 채권의 접근화현상이 두드러지고 있다.

5. 채권과 주식의 차이점

기업이 직접 자본시장에서 자본을 조달할 수 있는 방법은 크게 채권과 주식 두 가지를 들 수 있다.

채권과 주식은 다음 표에서 보듯이 그 차이점이 많으나 금융공학의 발달과 투자욕구의 세분화, 고도화 등으로 주식과 채권의 명확한 특성이 점차 희석화되는 추세에 있다. 즉, 전환사채, 신주인수권부사채, 교환사채 등 주식과 채권의 성격이 혼합된 증권과 무의결권주식, 배당우선주식 등 사채와 유사한 주식의 발행 등 주식과 채권이 상호 접근하는 경향을 보이고 있다.

표 4-1 ▶ 채권과 주식의 차이점

구분	채권	주식
발행자	정부, 지자체, 특수 법인, 주식회사	주식회사
자본의 성격	타인 자본	자기 자본
증권 소유자 지위	채권자	주주
경영참가권 유무	없음	있음
소유시 권리	• 회사정리절차 등에서 채권단의 참여 • 확정부이자 수취 • 주식에 우선하여 재산분배권 가짐	• 의결권 • 배당금 수취 • 잔여재산분배권
증권의 존속기간	영구권을 제외하고 모두 기한부 증권	발행회사와 존속을 같이 하는 영구증권
원금상환	만기시 상환	만기 없음

6. 채권의 발행조건

우리가 타인 또는 금융기관으로부터 금전을 차입할 때 검토해야 할 가장 기본적인 사항은 차입금액, 차입기간, 차입이자, 상환방법 등이 있다. 채권에 투자할 때에도 이와 같이 발행가격, 발행금리, 상환기간 등과 같은 발행조건을 검토하여야 한다. 채권은 발행조건에 따라 채권의 투자가치가 크게 달라지며, 이 발행조건 중에서 발행금리가 가장 중요하다. 또한 이 발행금리는 발행 당시에 시장의 실세금리수준에 따라 좌우된다.

1) 액면

채권의 1매마다 권면에 표시된 금액을 말하며, 채권의 수량을 계산하거나 채권의 조건을 결정하는 기본이 된다.

2) 발행가격

발행가격은 액면상의 금액이 아닌 발행시 실제 매출되는 가격을 말한다. 이 발행가격은 발행 당시의 시장의 실세금리에 의해 결정된다. 발행금리가 시장금리보다 높으면 발행가격이 액면가격보다 높은 할증발행이 되고, 반대로 발행금리가 시장금리보다 낮으면 발행가격이 액면가격보다 낮은 할인발행이 이루어진다. 또한 발행가격과 액면가와 동일한 경우는 액면발행이다.

3) 발행이율

발행이율은 채권의 액면금액에 대한 수령이자의 비율로서 채권의 권면에 표시되어 있으므로 표면금리 또는 쿠폰금리(coupon rate)라고도 한다.

채권의 권면에는 매회 이자지급을 위한 이표(coupon)가 부착되어 있으며, 이자와 교환하게 된다. 반면, 수익률은 투자원금에 대한 수령이자의 비율을 말한다. 이 수익률은 채권의 발행조건은 아니지만 투자자에게는 채권 투자시 가장 큰 관심사이다.

4) 만기

만기란 채권발행시점부터 액면가액을 상환하기로 약정된 기간을 말한다. 또한 채권의 발행일로부터 원금상환일까지의 기간을 원금상환기간이라 하며, 이미 발행된 채권의 매입일로부터 원금상환일까지의 기간을 잔존기간이라 한다.

7. 채권의 종류

이 채권의 종류는 발행주체와 이자지급방법 보증 여부 등에 따라 여러 가지 종류로 구분할 수 있다.

1) 발행주체에 의한 분류

(1) 국채

국채는 정부가 재정적자를 보전할 목적이나 공공사업을 목적으로 그 재원을 조달하기 위하여 발행한다. 국채는 정부가 지급을 보증하기 때문에 지급불능 위험이 없다는 특징을 가지고 있으며, 그 발행인은 재정경제부장관이 된다. 또한 거래가 가장 활발한 단기 국채의 수익률은 무위험수익률의 척도로 사용되기도 한다. 국채는 그 발행목적에 따라 일반국채, 사업국채, 기금채권, 보상증권, 재정증권 등이 있다.

(2) 지방채

지방채는 지방자치단체가 발행하는 채권으로 교육, 교통, 수도와 같은 공공사업 등에 필요한 재원조달을 위해 발행하는 채권이다. 현재 지하철공채, 지역개발공채, 상하수도공채, 도로공채 등이 있다.

(3) 특수채

특수채란 관련 특별법에 의해 설립된 법인이 발행하는 채권으로 정부가 원리금의 지급을 보증하는 정부보증채권이며, 재경부장관의 지휘 · 감독하에 발행된다. 따라서 신용도도 국공채보다는 낮으나 일반 회사채보다는 높다고 할 수 있다. 이 중 특수채에는 전력채, 토지개발채권, 도로공사채권, 기술개발금융채권, 서울시지하철공사채권, 수자원공사채권, 가스공사채권 등이 있다.

(4) 금융채

금융채는 특별법에 의하여 설립된 금융기관이 발행하는 채권으로 발행형태에는 할인채, 이표채, 복리채가 있으며, 무기명 발행이 일반적이다. 우리나라의 채권시장은 금융채를 중심으로 발전하여 왔으며, 산업금융채권, 외국환금융채권, 중소기업채권, 주택채권, 통화안정증권 등이 있다.

(5) 회사채

회사채는 상법상의 주식회사가 발행하는 채권을 말한다. 국공채가 지급불능 위험이 없는데 비해, 회사채는 발행주체인 기업의 재무상태에 따라 그 위험도가 크다. 회사채는 매 3개월마다 이자를 지급하며, 원금은 만기에 상환하는 3년물이 일반적이다.

2) 이자지급방법에 의한 분류

(1) 이표채

이표채란 채권 권면에 이표(coupon)가 붙어 있어 이자지급일에 이표를 제시하고, 일정이자를 지불받는 채권으로 일반적인 채권이 이에 해당한다. 일반적으로 회사채는 3개월마다 이자를 지급하며, 특수채 중 일부는 6개월마다 지급하는 경우도 있다.

(2) 할인채

할인채란 채권의 액면금액에서 만기 상환일까지의 이자를 미리 할인한 금액으로 매출되는 채권으로 만기시점까지 보유시 수익률이 복리로 계산되며, 산업금융채권, 외국환금융채, 통안증권, 재정채권, 외국환평형채권 등이 있다.

(3) 복리채

복리채는 채권발행 후 만기까지 이자지급 단위기간수만큼 복리로 이자가 재투자되어 만기시에 원금과 이자가 한꺼번에 지급되는 채권으로 국민주택채권 1, 2종,

지역개발채권, 금융채 중 일부가 여기에 속한다. 채권 표면이율이 동일하더라도 전환횟수가 커지면 채권의 만기 상환금액은 증가하게 되는 특징이 있다.

※ 전환횟수 : 연간 발생하는 재투자빈도

3) 지급이자 변동 여부에 의한 분류

(1) 확정금리부채권

확정금리부채권이란 만기까지 사전에 확정된 이자를 지급하는 채권으로 가장 일반적인 채권의 형태이다. 따라서 국내에서 발행된 대부분의 채권이 확정금리부채권에 속한다.

(2) 금리연동부채권

금리연동부채권(FRN : floating rate note)이란 일정기간마다 대표적인 단기 기준금리(국채금리, 콜금리)에 미리 정해진 가산금리(spread)를 추가하여 이자율이 정해지는 채권을 말한다. 일반적으로(국고채 금리 + α%)로 표시하며, 향후 금리변동에 대한 확신이 부족할 경우에 많은 기업들이 금리연동부채권을 발행하고 있다.

4) 발행가격에 의한 분류

(1) 액면발행(시장금리 = 표면금리)

사채의 발행금리가 시장금리와 일치하는 경우에 발행가격을 액면가격과 일치시켜 발행하여 액면가격 전액을 납입시키는 방법이다.

(2) 할인발행(시장금리 > 표면금리)

사채의 발행금리가 시장금리보다 낮은 경우에 채권의 발행가격을 액면가격 이하로 하여 채권의 실질수익률을 시중금리와 일치시키는 발행방법이다.

(3) 할증발행(시장금리 < 표면금리)

사채의 발행금리가 시장금리보다 높은 경우에 채권의 발행가격을 액면가격 이상으로 하여 채권의 실질수익률을 시중금리와 일치시키는 방법이다.

5) 보증 유무에 의한 분류

(1) 보증채

① 정부보증채 : 보증의 주체가 정부인 경우의 채권(국채 등)

② 일반보증채 : 시중은행이나 신용보증기금 등이 지급을 보증하는 채권(일반적인 회사채)

③ 담보부사채 : 기업이 소유하고 있는 부동산 등을 담보로 발행되는 회사채

→ 1998년 이전 우리나라의 경우 대부분 보증채이지만, 현재 무보증채로 발행추세가 바뀌고 있다.

(2) 무보증채

무보증채는 회사채의 발행시 원금상환 및 이자지급에 대하여 제3자에 의한 보증이나 물적 담보의 제공 없이 발행회사의 능력과 신용에 따라 사채를 발행하고 투자자는 자기 책임하에 발행회사의 원리금상환능력을 판단하여 투자하는 회사채이다.

6) 상환기간에 따른 분류

(1) 단기채(Short-Term Bond) : 상환기간이 1년 이하인 채권이다.

• 예 : 양곡기금증권, 통화안정증권 등

(2) 중기채(Mid-Term Bond) : 상환기간이 1년 이상 5년 미만인 채권이다.

• 예 : 전력공사채권, 국민주택기금채권

(3) 장기채(Long-Term Bond) : 상환기간이 5년 이상인 채권으로 분류한다.

• 예 : 국민주택채권, 서울시지하철공채

2 신종 사채

기업은 그동안 회사채의 발행으로 투자자의 단기 유통자금을 흡수하여 거액의 장기 시설자금으로 활용하여 왔다. 그러나 국내의 회사채는 보증사채가 대부분을 차지하고 있었으나 다양한 상품의 부족으로 장기 자금 조달재원으로서의 기능수행이 미흡했다.

이러한 부족한 점을 보완하여 등장한 신종 채권은 채권에 주식의 성격을 가미한 증권으로 발행자에게는 저금리에 의한 자금조달수단이 되며, 투자자에게는 주식시장의 매력도 느낄 수 있는 투자수단이 되어 자본시장 발전에 기여하고 있다.

1. 전환사채

1) 의의

전환사채(CB : convertible bond)는 일정한 조건에서 미리 합의된 가격으로 발행회사의 주식으로 전환할 수 있는 조건이 부여되어 있는 사채를 말한다. 따라서 전환사채는 채권으로서의 특성과 주식으로서의 속성인 전환권 등의 특성을 가질 수 있는 것으로 주가의 변동에 따라 가치가 변동하지만 채권의 속성인 안전성도 함께 가지고 있으므로 위험이 적은 주식 투자라고 할 수 있다. 이때 전환조건은 전환가격, 전환비율, 전환기간, 전환시 발행할 주식의 종류 등이 그 주된 내용이다.

주식은 무섭고, 예금금리는 너무 낮다고 생각하는 사람들이 많다. 주가조정기에 섣불리 뛰어들 수 없는 일반 사람이 갖는 생각으로 뒤집어보면 위험은 떠안기 싫고, 수익은 높게 받고 싶다는 심사다. 이런 사람들에게 중간지대의 채권상품은 비교적 안전하면서 예금금리보다 높은 수익상품으로 여겨진다. 하지만 주식시장이 상승으로 돌아서면 투자를 망설인 걸 후회하게 된다.

이러한 후회를 덜 하도록 장차 주식시장에도 참여할 수 있으면서 당장은 정기예금 금리 이상의 이자를 받는 채권상품이 있다면 투자하려는 사람이 많을 것이다.

전환사채는 여기에 적합한 상품이다. 채권상품목록에서 '회사 CB'라는 CB가 붙은 채권은 향후 주식으로 전환할 수 있다는 것을 뜻한다. 발행 당시에는 순수한 회사채 형태이지만, 일정기간이 지나면 보유자의 청구에 따라 해당 기업의 주식으로 바꿀 수 있는 권리가 주어진다. 전환권을 행사하면 확정이자를 지급받는 사채로서의 생명은 잃어버리고 주식으로 거래할 수 있다. 사채와 주식의 중간형태로서 사채의 안정성과 주식의 수익성이 보장되는 셈이다.

그렇지만 이렇게 좋은 상품의 금리가 예금금리보다 높다면 이상하다. 물론 발행시에는 표면금리가 연 2~3%로 낮아 전환이란 옵션을 주는 대신 저렴한 비용으로 자금을 조달할 수 있었다.

하지만 일단 발행된 채권은 유통시장에서 계속 매매되면서 시장여건에 따라 수익률이 다시 형성된다. 현재 만기 3년 이상 전환사채의 시장수익률은 대개 연 5.5~5.7% 사이로 정기예금 금리를 웃돈다. 물론 발행시 매입하여 만기까지 보유한다면 일반예금보다 낮은 금리로 손실이다.

그러나 기 발행된 전환사채를 시장수익률이 높을 때 사들여 설사 전환권을 행사하지 못하더라도 만기까지 보유하면 일반금리보다 높은 수익을 올릴 수 있다. 발행자로서는 현재 주식시장이 안 좋아 신주발행을 할 수 없더라도 장래 성장가능성을 담보로 낮은 금리의 채권을 발행할 수 있게 되며, 투자자로서는 주가상승시 주식전환으로 매매차익과 그동안의 이자를 확보하는 셈이 된다.

이처럼 CB는 주식과 채권의 성격을 동시에 갖는 투자여서 주가변동에 따라 가치가 변하지만, 채권의 안정성도 함께 지니고 있어 위험이 적은 주식 투자를 원하는 사람에게 제격이다.

2) 특성

전환사채발행의 장점은 발행기업의 입장에서 보면 첫째, 전환권이라는 프리미엄이 있으므로 보통사채보다 저리로 발행할 수 있다. 둘째, 전환 후에는 기업의 재무구조가 부채에서 자기자본으로 바뀌므로 재무구조의 개선효과가 크다고 할 수 있다. 셋째, 전환가액이 현재의 시가에다 일정한 프리미엄을 붙여서 시가발행과 같이 발행하므로 발행회사의 자본준비금을 증대시키는 효과도 가져온다.

반면에 투자자의 입장에서는 사채로서의 안정성과 주식으로서의 수익성을 동시에 가질 수 있다. 또한 전환권의 행사시에는 주가변동에 따라 '주가상승폭 × 100 / 전환가격'만큼의 이익이 생길 수 있으며, 하락시에는 전환사채의 가격도 그만큼 하락한다.

3) 전환사채의 가격

전환사채의 가격은 일반사채로서의 가치와 주식으로 전환가치에 의해 결정된다. 전환사채의 가격은 주식의 가격, 즉 발행회사의 주가수준에 비례하여 상승하지만 주가하락시에는 완만하게 하락하여 채권가격 이상 수준까지는 항상 유지가 될 수 있다.

2. 신주인수권부사채

1) 의의

신주인수권부사채(BW : bond with warrants)란 발행회사에 대해 미리 약정된 조건에 따라 주식을 발행하여 줄 것을 청구할 수 있는 권리인 신주인수권(warrant)

이 부여된 사채를 말한다.

예를 들어 A기업의 Warrant(행사가 3,000원 가정)를 20% 프리미엄에 샀다면 이 투자자의 본전은 주가로 계산하면 3,600원(자금비용 등 모든 거래비용 제외)이 된다. 언뜻 보면 이렇게 비싼 값으로 주식에 투자할 이유가 없어 보이기도 한다. 하지만 투자자는 3,600원이란 현금을 모두 투자하는 것이 아니라, 신주인수권이란 권리만 매입하는 것이므로 프리미엄에 해당하는 600원만 투자하게 되는 것이다. 시간이 지나서 주가가 상승하는 경우와 하락하는 경우를 각각 가정해보자.

신주인수권 투자는 직접 주식에 투자하는 경우에 비해 상당한 매력이 있음을 알 수 있다. 투자수익률을 비교하면 신주인수권 투자의 경우에는 주가가 상승할수록 투자 레버리지 효과가 크게 나타나는데 비해, 주가가 하락할 경우에는 일정금액으로 손실을 제한할 수 있는 일종의 콜옵션매수와 같은 장점이 있다. 그리고 주가하락시에도 신주인수권은 만기까지의 시간가치로 인해 어느 정도의 프리미엄이 유지되므로 투자원금 전액을 손해보는 경우는 드물다.

2) 특징

신주인수권부사채의 전환사채의 특징은 발행회사 입장에서는 첫째, 저리의 조달금리로 자금을 조달할 수 있다. 둘째, 발행회사의 재무구조 측면에서는 신주인수권행사에 따른 자기자본의 증가를 통해 재무구조를 개선할 수 있다. 셋째, 신주인수권이 행사되는 경우 사채는 그대로 존속하면서 추가자금이 유입되어 그만큼 기업의 총자산이 증가된다.

투자자의 입장에서는 첫째, 전환사채와는 달리 인수권이 행사되더라도 사채권은 소멸하지 않으므로 확정이자와 원금을 확보할 수 있기 때문에 보다 안정적인 투자수단이 된다. 둘째, 신주인수권은 지렛대작용에 의하여 높은 투자효율을 생성하며 그 기대 정도에 따라 프리미엄도 형성되기 때문에 전환사채보다도 강한 투기적 기능을 가진다. 셋째, 장기 외화채권과 장기 외화부채를 동시에 보유하고 있는 기업의 경우 외화표시 신주인수권부사채는 전환사채에서는 기대할 수 없는 외환 위험을 해지할 수 있다.

3) 신주인수권부사채의 가격형성

신주인수권부사채는 사채와 인수권이 합쳐진 것이므로 그 가격도 사채가격에 신주인수권의 가격이 합쳐진 것이다. 이 중 신주인수권은 소유자가 발행 당시에 정

표 4-2 ▶ 신주인수권부사채의 장 · 단점

구분	발행자	투자자
장점	• 저금리에 의한 자금조달 • 현금납입 후 추가 자금 조달 • 리스크 헤지 기능	• 사채의 안정성과 주식수익성을 동시에 구현 • 주가상승시 투자수익 증대
단점	• 임의적 신주인수권행사로 재무구조의 불확실성 상존	• 보통 사채보다 저금리

표 4-3 ▶ CB와 BW의 비교

구분	BW	CB
투자 장점	사채의 안정성과 주식의 수익성	
발행조건	발행회사 유리(저금리, 장기)	
신주가격	발행시 주가를 기준	
권리행사	발행주식수의 증가, 사채권자가 주주	
사채부속권리	신주인수권	전환권
권리발생시점	인수권 행사시	전환권 행사시
추가 자금 소요	신규 자금 필요	신규 자금 필요
권리의 이전	(분리형) 인수권 유통	사채와 함께 권리 이전

해진 인수권 행사가격으로 주식을 매수할 수 있는 권리인 콜옵션과 같으므로 신주인수권의 가치는 행사가치인 이론가치보다 항상 크다.

3. 교환사채

1) 의의

교환사채(EB : exchangeable bonds)란 채권보유자에게 발행회사가 보유한 타 상장주식으로 교환을 청구할 수 있는 권리가 주어진 사채를 말한다.

교환사채는 전환사채나 신주인수권부사채와 마찬가지로 투자의 안정성과 주식의 투기성을 함께 가지는 투자대상이 된다.

표 4-4 ▶ 교환사채와 전환사채의 비교

구분	교환사채	전환사채
발행회사의 요건	상장회사	상장회사, 등록회사
사채에 부여된 권리	교환권	전환권
권리행사 후 사채권자의 지위	사채권자의 지위 상실, 타 회사의 주주지위 취득	사채권자의 지위 상실, 발행회사의 주주지위 획득
주주가 되는 시기	교환권 행사시	전환권 행사시
대상 증권	발행회사가 소유하고 있는 타 회사의 주식	발행회사의 신주
주주의 우선 인수권	규정 없음	규정 있음
발행한도의 특례	상법상 한도 내	증권거래법에 특례 인정

2) 특징

교환사채의 특징은 발행회사의 입장에서 보면 첫째, 발행회사가 보유한 타 상장회사의 주식을 시가보다 낮은 가격(교환가격)으로 매입할 수 있다. 둘째, 주식으로 상환가능성을 보유하고 있으므로 주가상승의 기대감에 따른 시간가치가 있으므로 발행금리를 보통 사채보다 낮게 발행할 수 있다. 셋째, 계열사 간 상호주보유 제한규정을 이용하는 수단으로 이용할 수 있다.

4. 이익참가부사채(PB : Participating Bond)

일정한 이율의 이자 이외에도 회사의 이익분배에 참가할 수 있는 권리가 부여된 사채로서 이익참가부사채 또는 참가사채라고 한다. 즉, 최소한의 확정이자를 보장하되 주주에 배당이 일정률을 상회할 때에 그 이익에의 참가를 인정하는 사채이다.

5. 옵션부사채(Bond with inbedded option)

옵션부사채란 일반채권에 옵션성격을 부가한 것으로 콜채권(Callable Bond), 풋채권(Put Bond), 연장가능채권(Extendible Bond), 단축가능채권(Retractable Bond), 담보부저당채권(Mortage-backed Bond), 감채기금채권(Sinking Fund Bond) 등 종류가 다양하다.

그림 4-1 ▶ 2007년 채권종류별 거래 위탁규모 및 소매채권 위탁거래 비중 추이

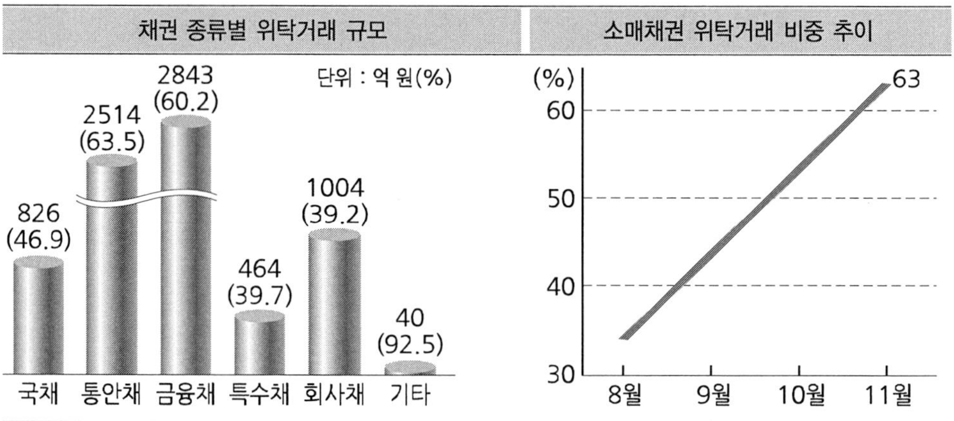

※ ( )안은 종류별 위탁거래 비중, 8월 20일~11월 19일 기준 ※ 11월은 19일 기준
자료 : 증권선물거래소

3 채권매매제도

채권이 발행되고 매매가 되어 거래가 이루어지는 시장을 채권시장이라 한다. 채권시장은 새로운 채권의 발행과 응모가 이루어지는 발행시장, 즉 기채시장과 이미 발행된 채권의 거래가 이루어지는 유통시장으로 나누어지며, 유통시장은 국공채 중심의 거래소시장과 회사채 중심의 장외시장으로 구분된다.

1. 증권선물거래소시장

1) 매매대상 채권

증권시장에 상장된 모든 채권(국공채, 회사채, CB, BW 등)이다. 단, 국고채는 거래소 내의 국채딜러 간 시장에서 별도로 거래된다.

2) 매매거래시간

9:00~15:00(공휴일, 토요일 제외)

3) 매매결제의 방법

① 외화표시채권을 제외한 채권 : 보통거래 및 당일 결제거래
② 외화표시채권 : 당일 결제거래
③ 국채지표종목인 채권 : 국채딜러 간 매매는 당일 결제거래이고, 일반매매는 보통거래이다.

4) 호가 및 매매수량

① 고객의 호가는 가격 또는 수익률로 가능하며, 증권회사 간 호가는 수익률로 하며, 거래소는 액면 10,000원당 가격으로 환산하여 매매체결을 한다.
② 호가단위는 액면 1만 원 기준 1원 단위이며, 외화표시채권은 100포인트이다.
③ 매매수량단위는 주식 관련 사채는 권종금액(권종금액이 10만 원 미만인 경우는 10만 원)으로 하고, 외화표시채권은 최소 권종금액으로 하며, 일반채권은 액면 10만 원(소액채권은 액면 1,000원)이다.

5) 결재시한

당일 결제거래는 개장일 당일 16시까지이며, 보통거래는 매매체결 후 3일째 되는 날의 16시까지이다.

2. 장외거래

1) 대상 채권

상장채권과 비상장채권 모두 거래가 가능하다. 단, 상장법인이 발행한 전환사채와 법령에 의해 첨가소화되는 채권으로서 최근 2개월 동안에 발행된 국민주택 1종 채권 및 지역개발채권 등은 장내거래를 통해서만 매매가능하다.

2) 거래장소

증권회사 영업장 내

3) 결제방법

약정과 동시에 결정되며, 당일에 현물과 현금이 소화된다.

4) 매매수량단위

호가는 수익률을 액면 1만 원 단위의 금액으로 환산한 원 단위의 가격으로 이루어지고, 가격제한폭은 없다.

5) 장외거래수수료

별도의 수수료는 없으며, 증권회사는 매수 · 매도의 가격차이, 즉 스프레드를 취한다.

6) 소액채권매매업무 취급의무

액면가액 또는 약정금액이 500만 원 미만인 채권을 소액채권이라 하며, 증권회사는 영업점에 전담창구를 설치하여 소액채권의 매매업무를 취급하여야 한다.

증권회사는 고객을 위하여 자기매매수익률을 게시하여 고객의 투자판단에 도움을 제공하여야 한다.

3. 채권매매

채권을 직접매매할 때 유의사항은 다음과 같은 점을 사전 확인할 필요가 있다. 물론 증권회사에 확인하는 것도 그 방법 중 하나이다.

1) 채권의 이표채 · 할인채 · 복리채 여부를 확인하고, 특히 이표채인 경우 이표(coupon)가 첨부되어 있는지와 표면금리 · 만기 · 지급일자 · 매출일자에 따라 매매가격과 수령이자에 차이가 나므로 유의하여야 한다.

2) 주식은 3일째 수도결제가 이루어지는데 반해, 채권은 당일결제가 이루어지고 무기명식 증권이므로 사고채권 여부를 본사에 직접 확인하는 것이 좋다.

3) 채권을 금융기관을 통해 통장이나 카드거래를 할 경우는 관계없으나, 매수 후 직접 출고할 경우 채권매출확인서를 수령하고, 개인으로부터 직접 매수시에는 공증인에 의한 공증증서를 작성하는 것이 좋다.

4) 채권매매절차

채권도 주식과 같이 증권거래소를 통해 장내에서 사고 팔 수 있을 뿐 아니라 특별히 장외에서도 사고 팔 수가 있다. 주식의 경우는 장내거래가 대부분을 차지하나 채권의 경우는 장외거래가 일반적이다. 장내 · 외거래를 막론하고 채권을 사거나 팔 때는 우선 증권회사에 채권거래(위탁)계좌를 개설해야 한다.

4. 거래계좌 개설시 필요서류

1) 준비서류

거래인감, 주민등록증, 입금할 현금이나 입고할 채권

2) 신규 서류 작성

위탁자 계좌등록 신청서, 매매거래계좌 설정 약정서

3) 입금(입고) 의뢰

입금(입고)전표를 작성하여 현금(증권)출납에 의뢰

5. 채권매수

개설된 계좌에 현금을 입금시키면 바로 채권을 매수주문할 수 있다. 증권사 지점에 비치되어 있는 현금매수주문표에 증권사 담당 직원에게 매수채권종목, 수량, 주문단가, 매매구분, 거래의 종류, 매매조건을 정확히 기재하여 주문을 하면 상담, 확인 등의 방법을 통해 이에 대응하는 매도주문이 대응되어 매매가 이루어지게 된다.

6. 채권매도

채권을 팔려고 할 때에는 보유하고 있는 채권에 대하여 증권사 담당자와 상담, 확인 등의 방법으로 사전에 매도가능 여부를 확인하고 개설된 계좌에 입고시키고 매도하게 된다. 이때에 매수 때와 같이 매도주문표를 사용, 매도채권의 종목,

수량, 단가 및 거래 종류, 매매조건을 정확히 기입하여 주문을 하면 된다. 주문단가는 소수점 이하 두 자리의 수익률로 환산 기입하고 당일 결제거래, 보통 결제거래 여부를 기록하여야 한다.

7. 매매보고서 등 교부

매매주문이 체결되면 증권사로부터 매매보고서를 교부받는다. 이때 당해 채권을 매도(수)한 후 당해 결제대금(채권)을 인출할 경우 실물(현금, 채권)과 함께 출금(고)확인서를 교부받는다.

8. 장내매매절차

1) 채권정보 수집

증권사 채권담당부서, 영업점을 통해 채권발행정보, 매매수익률, 주문상황 등을 미리 수집한다.

2) 주문방법

증권회사 영업점에서 매수(도)주문표 작성 후 전산주문 입력을 의뢰한다.

3) 체결확인

증권사 영업점을 통하여 체결확인하고, 결제는 장 종료 후에 이뤄지므로 그 이후에 출금(고)처리를 할 수 있다.

4) 장내매매절차도

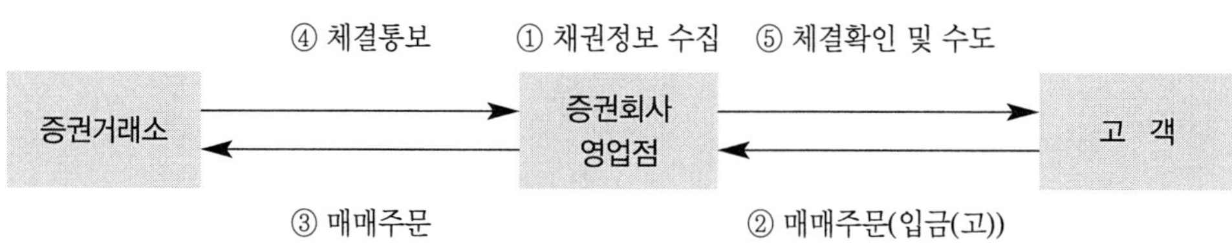

9. 장외매매절차

1) 채권정보 수집

발행조건 확인, 가격계산, 경과이자 세금계산, 최종 매매단가를 산출한다. 증권사 채권담당부서 및 영업점을 통해 채권발행정보, 매매수익률, 수량 등을 미리 수집한다.

2) 매매협의 및 주문체결

① 투자 가능 금액 및 수량, 수익률 등을 결정하여 매매주문을 낸다.
② 장외매매는 주문체결과 동시에 수도결제가 이뤄진다.
③ 현물입고 후 매도하는 경우는 증권회사에 따라 약간의 시일이 소요될 수도 있다.

3) 장외매매절차도

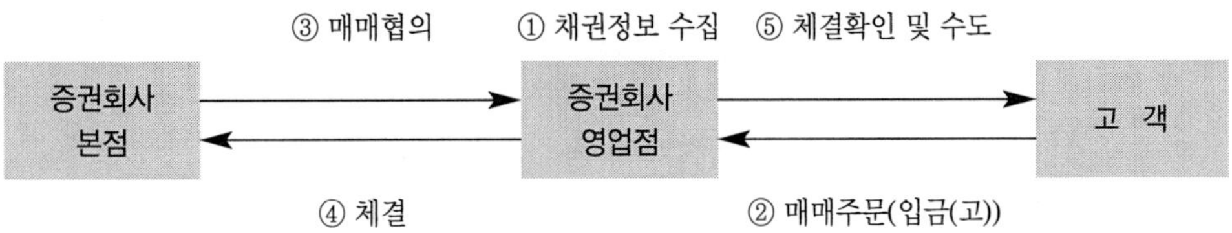

4 소액채권 시장집중거래제도

1. 의의

소액채권 시장집중거래제도란 일정금액 이하의 소액채권은 공정경쟁을 통하여 적정가격에 거래할 수 있도록 하기 위하여 반드시 거래소 시장을 통하여 거래하도록 하는 제도를 말한다. 이 제도의 취지는 법상 의무적으로 채권을 보유한 소액 투자자를 보호하기 위하여 거래소 시장을 통해 공개경쟁매매를 함으로써 공정한 가격으로 거래하도록 하는 제도이다.

2. 거래대상 채권

주문의 시장집중의무가 부여되고 있는 거래대상 채권은 주로 부동산등기나 자동차등록시점에 의무적으로 매입하는 첨가소화국공채로서 액면기준 5,000만 원 이하의 채권이며, 제1종 국민주택채권, 도시철도채권, 지역개발공채, 지방도시철도채의 당월과 전월 발행채권 등이 있다.

대개 일반인들은 이러한 첨가소화채권을 매입과 동시에 채권 매집상들에게 헐값에 팔아버리는 경우가 일반적이다. 그러나 제값을 받기 위해서는 증권회사의 지점에서 팔거나 채권계좌에 입고시키는 것이 더 유리하다.

3. 거래제도

증권거래소는 소액채권의 원활한 유통과 환금성을 보장하기 위하여 매매수량단위를 액면 1,000원으로 하향조정하고, 소액채권 전담회원이 매도자에 대한 매수주문을 의무제출하도록 하며, 장 종료시까지 미체결된 매도주문에 대해 시장신고가격으로 일괄매수토록 하여 기준가격과 시장신고가격에 의해 소액채권거래가 이루어지게 함으로써 채권가격의 적정성을 도모하고 있다. 소액채권의 매매절차는 장외채권 매매절차와 동일하다.

4. 소액채권의 기준가격 및 신고시장가격

1) 기준가격

기준가격은 종목별로 전일의 신고시장수익률과 전일의 후장 종료시점 매매거래 직전의 종가수익률을 단순평균한 수익률을 가격으로 환산한 것이다. 이 가격은 매매거래시, 시장신고가격제출시, 그리고 가격/수익률조건표에 참고자료로 이용할 목적으로 발표한다.

2) 신고시장가격

신고시장가격이란 첨가소화국공채를 의무적으로 매수하는 일반국민의 환금성을 제고하고 시장의 공정가격에 의한 채권거래를 도모하기 위하여 증권회사가 매일 장 종료 후 16시까지 거래소에 신고하는 가격이다. 이 가격은 익일 장 종료시 단일가격의 매매거래에 적용할 소액채권전담회원의 의무적 매수가격이다.

소매채권시장, 개설 이후 1개월 누적거래량 2,000억 원 돌파

2007년 8월 20일 개설된 소매채권시장의 개설 이후 1개월 누적거래량이 2,000억 원을 돌파했다. 또한 일평균 90억 원 이상 거래되고 있으며, 최근에는 개인매매가 증가하면서 일평균거래량이 100억 원을 초과하고 있는 것으로 나타났다.

증권선물거래소(KRX)는 27일 개인 및 법인의 채권거래 촉진과 국내 채권시장 활성화를 목적으로 개설한 소매채권시장의 1개월(8월 20일~9월 19일) 거래성과를 분석한 결과 이같이 조사됐다고 밝혔다. KRX 관계자는 "소매채권시장이 개설 초기임에도 불구하고 증권사(소매전문딜러)가 다양한 채권에 대한 호가를 매일 지속적으로 제시하도록 한 제도의 특성상 시장조성이 활성화됐다"며 "증권사 창구 방문 없이 HTS나 전화를 이용해 호가를 편리하게 제출할 수 있음에 따라 개인의 매매비중이 45%를 넘어서는 등 일반인들의 소매채권시장 참여가 지속적으로 확대되면서 당초 개설 취지에 부합하는 시장으로 자리매김하고 있다"고 설명했다.

KRX에 따르면 소매채권시장에서 개인의 적극적인 매수참여로 위탁거래비중이 전체의 45%에 이르고, 잔존기간 1년 미만의 단기 채권 매매비중이 78.5%를 차지했다. 또한 증권사 창구를 통해 통상 사당 20~60개 종목, 소매채권시장에서 일평균 164개 종목 등의 다양하고 많은 종류의 채권이 호가됨에 따라 개인 및 법인 투자자의 선택폭이 확대됐다. 아울러 증권사 창구보다 낮은 가격으로 채권을 매수할 기회를 제공해 소매채권시장 거래건수 기준 상위 8개 종목 중 7개 종목에서 소매채권시장 매매가격이 장외보다 낮게 형성됐다.

거래소에 호가를 집중함으로써 개별종목의 유통물량이 증가해 8개 대표종목 중 6개 종목에서 거래건수 및 거래량이 크게 증가했다. 매매건별 가격변동폭은 소매채권시장이 보다 안정적으로 2007년 9월 만기인 국공채 3년물의 경우 일별 표준편차가 장외 대비 0.23% 포인트 낮게 나타났다.

KRX 관계자는 "소매채권시장 개장 이후 개인의 매수거래가 증가하면서 시장의 관심이 고조되고 있고 증권사도 HTS나 홈페이지를 개선해 소매채권거래 활성화를 위해 노력을 경주하고 있다"며 "향후 개인 및 법인의 자산 포트폴리오 구성이 합리적으로 재편되는 경우 소매채권시장은 채권투자를 위한 더욱 매력적인 시장으로 성장할 것"이라고 전망했다.

2007년 9월 27일, 이투데이 조남호 기자

제2절 채권가격과 채권수익률

1 채권가격의 결정요인

채권의 가격은 매일매일 유통시장에서 변동하고 있다. 그 변동은 여러 가지 요인에 의하지만 내적으로는 채권의 발행조건(만기, 표면금리, 상환조건, 과세), 외적으로는 채권가격에 영향을 주는 경기동향, 정부의 재정금융정책, 채권의 수요와 공급, 금융시장의 계절적 변동 등 국내 · 외 전반적인 경제여건에 기인한다.

1. 발행인의 내적요인

채권의 수익률은 위의 기업 외적요인뿐만 아니라 채권의 발행조건(만기, 표면금리, 상환조건, 과세), 지급불능요인 등 기업의 내적인 요인에도 크게 영향을 받는다.

1) 채권의 만기(잔존기간)

채권의 만기까지의 기간에 따라 채권수익률은 달라진다. 채권금리에는 현재의 시간가치뿐만 아니라 미래에 대한 불확실성에 대한 보상이 감안된다. 따라서 장기채일수록 가격변동 위험이 큰 이유는 유동성 위험이 크기 때문이다. 채권의 만기와 수익률의 관계를 채권의 기간구조라고 하며, 이를 수익률곡선(yield curve)으로 표시한다.

2) 채권의 발행금리

채권의 수익률은 다른 조건이 일치한다면 발행금리가 높을수록 수익률이 높아진다. 발행금리가 높아지면 기업의 금융비용 부담의 증가로 결국은 시중금리상승으로 연결된다.

3) 기업의 신용도

채권은 원리금의 수입이 확실한 유가증권이지만 발행회사의 실적 부진, 돌발사고 등으로 인한 자금난으로 채권의 상환이 예정대로 이행되지 못할 가능성도 있다. 이와 같은 위험을 채무불이행 위험이라고 하며, 채권가격을 결정하는데 중요한 요인이 된다.

4) 기타 요인

채권은 유동성이 높을수록 투자자가 환금성이 있으므로 가격은 상승한다. 또한 대기업의 회사채가 중소기업의 회사채보다 유동성이 높기 때문에 가격이 높다고 하겠다. 한편 상속, 증여 등 의외의 특수 수요로 말미암아 채권가격이 급상승하는 경우도 있다. 과거 20년 만기채가 상속세 · 증여세의 과세시효를 넘길 수 있기 때문에 1만 원짜리 채권의 가격이 1,000원에서 3,000원까지 급등한 사례가 있다.

2. 발행인의 외적요인(실질금리)

1) 채권의 수급상황

채권의 가격형성도 일반제품의 가격결정원리와 마찬가지로 채권의 수급상황에 따라 결정된다. 그러나 채권의 수요는 가격에 대하여 탄력적이기 때문에 채권의 가격이 상승하면 즉시 채권의 수요는 증가하고, 채권의 가격이 하락하면 채권의 수요는 감소한다. 반면에 채권의 공급은 기업의 자금조달계획에 의해 이루어지므로 채권의 가격이 급등하더라도 공급이 즉각 늘어나지 않는다. 그러나 채권의 장기적 공급을 결정하는 것은 시중에서 실질적으로 적용되고 있는 실질금리이다.

2) 경기동향

금융시장의 자금의 수급관계가 채권의 수급에 영향을 미치는데, 금융시장의 자금의 수급관계는 근본적으로 경제활동의 여하에 달려 있다. 경기의 호황기에는 기업의 설비 투자의 활성화 등으로 자금수요가 늘어나므로 시중금리가 상승하게 되어 채권의 가격은 하락하게 된다. 그러나 경기의 침체기에는 기업의 설비 투자에 대한 의욕 저하로 자금의 수요가 감소하여 시중금리가 하락하게 되어 채권의 가격은 상승하게 된다.

3) 시중 자금사정과 금융정책

시중의 자금사정은 채권수익률과 밀접한 상관관계에 있다. 시중에 자금이 풍부하면 실세금리가 하락하고 기존의 채권수익률로 채권을 매입하는 것이 유리하므로 채권의 수요증대로 인하여 채권수익률은 다시 하락하게 된다. 반대로 법인세, 부가세 납부 등으로 일시적인 자금수요의 증대시에는 채권수익률은 상승하여 채권가격은 하락한다.

이와 같이 단기 금리는 시중의 자금사정에 많은 영향을 받으나, 장기 금리는 일시적인 자금사정보다는 정부의 재정금융정책에 많은 영향을 받는다. 이 중 특히 기준금리가 제일 중요하다. 일반금리가 내려가면 확실한 금리를 받을 수 있는 채권에 대한 수요가 증대하여 채권가격은 상승한다. 따라서 기준금리는 채권가격과 부의 상관관계를 갖는다.

4) 물가상승

물가의 상승은 채권수익률과 정의 상관관계를 가진다. 물가가 상승하면 시장의 명목금리는 상승하나 실질금리는 하락한다. 명목금리의 상승은 기존의 채권수익률보다는 다른 실물투기를 발생시켜 채권의 수요는 감소한다.

5) 기타 요인

채권의 수익률은 금융시장의 계절적 변동요인(연말, 추석)이나 주식시장이나 부동산시장의 경기에도 민감한 영향을 받고 있다.

2 금리와 채권가격의 관계

1. 채권가격변동

1) 잔존기간과 가격변동

① 표면금리가 일정한 상태에서 시중금리수준이 변하는 경우에는 잔존기간이 길수록 가격변동이 크다.

② 시중금리변동에 따른 채권가격의 변동률은 잔존기간에 비례하여 증가하며, 시중금리의 일정한 상승과 하락에 따른 채권가격의 하락률과 상승률은 상호 비례하지 아니한다.

2) 표면금리와 가격변동

① 시중금리가 변동하면 표면금리가 낮을수록 가격변동은 크고, 표면금리가 높을수록 가격변동은 작다.
② 복리채는 표면금리에 관계없이 시장수익률 변동폭이 일정하면 가격변동률도 항상 일정하다.

2. 수익률 수준의 등락과 가격변동

표면금리와 잔존기간이 일정한 채권의 수익률이 변동하는 경우 수익률 수준이 높을수록 가격은 작게 변동하고, 수익률 수준이 낮을수록 가격은 더욱 크게 변동한다.

3. 수익률의 변동상황을 예측하여 채권 포트폴리오 구성

금리상승 예상시점에는 복리채보다 이표채가 유리하며, 이 중에서도 표면금리가 높고 잔존기간이 짧은 채권을 편입한다.

그러나 금리하락 예상시점에는 이표채보다는 복리채가 유리하며, 이 중에서도 표면금리가 낮고 잔존기간이 긴 채권을 편입하여야 한다.

위의 내용을 요약하면 채권가격은 금리변동에 반비례하는데, 만기 또는 잔존기간이 길수록, 표면금리가 낮을수록, 그리고 금리변동률이 높을수록 채권가격의 변동률은 커진다.

따라서 채권 투자시에는 이들 요인의 변동상황을 항상 관찰하여야 할 것이다.

3 채권의 시가평가제도

1. 채권시가평가의 의의

채권시가평가제도란 은행 신탁상품, 투신사 수익증권과 같은 금융상품에 편입된 채권을 장부가격이 아닌 시장가격으로 평가하는 제도로, 시장금리변동에 따른 채권가격의 등락이 펀드가치에 즉시 반영되도록 하는 제도이다. 과거 장부가평가방식에서는 당시 장부가격에서 매일의 이자를 더해 평가함으로써 금리변동에 따른 채권가격의 변동은 반영되지 않았다.

2. 제도의 도입배경

채권의 시장가치에 의한 평가를 함으로써 채권 투자는 저축상품에서 운용실적에 따른 투자상품으로 성격이 전환되었다. 따라서 채권가격변동에 따른 매매요인을 제고하고 채권의 유통시장을 활성화하여 외국인의 채권 투자를 유치하여 국제적 적합성을 제고시키게 되었다.

3. 원리금 지급

펀드환매시 환매신청을 하면 운용회사가 보유 유가증권을 처분하여 자금을 마련하는 데 시간이 소요되므로 채권은 2일 후, 주식은 3일 후에 원리금을 지급하게 된다.

4. 신탁상품에의 영향

금리의 하락(상승)시 채권가격 상승(하락)으로 펀드의 추가수익(손실)이 발생한다. 즉, 시중금리의 변동에 따라 채권의 가격이 달라지므로 금리변동에 대비한 다양한 운용전략이 개발되고 보다 안정적으로 높은 수익을 얻을 수 있다.

5. 시가평가상품의 특징

① 우량 회사채 및 CP, 국공채로 운용하므로 안전성은 높아졌다.

② 주식형 펀드와 달리 급격한 금리상승이 없을 경우 원금손실 가능성은 적다.
③ 안정적인 채권이자수익과 금리차이에 따른 추가적인 매매이익실현이 가능하다.

4 채권수익률의 개념과 의의

1. 채권수익률의 개념

채권수익률이란 예금의 이자율과 같은 개념으로 채권의 투자성과를 평가함에 있어 보편적으로 사용하는 척도이다. 이것은 채권 투자에서 얻어지는 현금흐름의 현재가치와 채권의 시장가격을 일치시켜 주는 할인율로서 채권에 투자했을 때 일정기간에 발생된 투자수익을 투자원금으로 나누어 투자기간으로 환산하는 것을 말한다.

2. 채권수익률의 의의

첫째, 채권수익률은 오직 채권의 가격을 나타내는 하나의 수단으로 볼 수 있다. 따라서 채권의 시장가격을 알면 수익률을 계산할 수 있고, 수익률이 주어지면 채권가격을 알 수 있다.

둘째, 채권수익률은 예금이자율과 같은 개념으로 생각할 수 있다. 따라서 채권수익률은 표면이자율, 잔존기간, 시장가격이 서로 다른 채권을 비교하는 기준으로 이용되고 있다.

5 채권수익률의 종류

1. 표면이율

채권의 권면에 기재된 이율로 1년간 발행자가 지급하는 이자를 액면으로 나눈 단리(單利)의 개념이다.

2. 발행수익률

발행수익률이란 발행시장에서 채권이 발행되어 처음 매출될 때 매출가액으로 매입하는 경우 이 매입가격으로 산출된 채권수익률로서 매출에 응모하는 사람이 얻을 수 있는 수익률이란 뜻에서 이를 응모자수익률이라고도 한다.

예제

산업금융채권 3년 할인채의 발행수익률은?

- 발행조건
  - 표면이율 : 9.61%
  - 매출가액 : 7,117원(= 10,000 − (961 × 3))
  - 만기상환액 : 10,000원

- 발행수익률$(r) = \left(\sqrt[3]{\frac{10,000}{7,117}} - 1\right) \times 100 = 12.0\%$

3. 직접수익률(단순수익률, 경상수익률)

채권 투자원금에 대한 연간 표면이자수입의 비율을 말한다.

예제

회사채 3년짜리를 8,860원에 매입했다면 직접수익률은 ?

- 발행조건
  - 표면이율 : 13.0%
  - 매출가액 : 8,860원
  - 만기상환액 : 10,000원

- 직접수익률$(r) = \frac{1,300}{8,860} \times 100 = 14.67\%$

4. 유통수익률(만기수익률, 내부수익률, 시장수익률)

통상 채권시장에서 대표되는 수익률로서 일단 발행된 채권이 유통시장에서 계속 매매되면서 시장의 여건에 따라 형성되는 수익률이다. 이는 어떠한 자본이득이나 자본손실은 물론, 이자의 재투자수익까지도 감안하여 산출되는 채권의 예상 수익률인 만기수익률이다.

예제

국민채 89－12를 1990년 9월 25일에 6,712원(세금 48원)에 매입하였을 때 유통 수익률은?

- 발행조건
  - 발행일 : 1989년 12월 31일
  - 만기일 : 1994년 12월 31일
  - 매출가액 : 10,000원
  - 만기상환액 : 12,762원

- 유동수익률$(r) = \left[\sqrt[(4+\frac{97}{365})]{\frac{12,760}{6,760}} - 1 \right] \times 100 = 16.06\%$

5. 연평균수익률

만기가 1년 이상인 채권에서 만기까지의 총수익을 원금으로 나눈 후 단순히 해당연수로 나눈 단리수익률을 말한다. 이는 은행 등 금융기관에서 장기 저축의 수익률이 높은 것처럼 광고 선전시에 하는 방식이며, 실효수익률과 다른 연단위 산출평균수익률이다.

예제

산업금융채권 복리 5년채

- 발행조건
  - 표면이율 : 연 11.7%
  - 매출가액 : 10,000원
  - 만기상환액 : 17,800원

- 연평균수익률$(r) = \dfrac{\dfrac{17,800 - 10,000}{10,000}}{5} \times 100 = 15.6\%$

6. 실효수익률

채권의 수익을 측정하는데 있어서 재투자율을 적용하여 채권의 원금, 표면이자, 재투자수익 등 세 가지 수익을 모두 계산한 투자수익의 증가율을 나타내주는 지표가 실효수익률이다.

이것은 일정한 투자기간 중에 실제로 실현된 이자수입, 이자의 재투자수입, 자본수익의 합계인 실현 총이익에 대한 매입가격의 비율이다. 보유기간이 1년 이하일 때 다음과 같이 계산한다.

$$\text{실효수익률}(r) = \frac{\text{채권매도가격} - \text{채권매입가격}}{\text{채권매입가격}} \times \frac{365}{\text{보유일수}} \times 100$$

예제

산업금융채권 2년 만기

- 발행조건
  - 표면이율 : 연 10.06%
  - 매출가액 : 7,988원
  - 만기상환액 : 10,000원
- 실효수익률$(r) = \left(\sqrt[2]{\frac{10,000}{7,988}} - 1\right) \times 100 = 11.89\%$

7. 세전 수익률과 세후 수익률

세전 수익률이란 일정기간 동안의 채권 투자로 얻은 수익에서 보유기간 동안의 경과이자에 대한 세금을 공제하기 전의 수익률을 말하며, 세후 수익률이란 이자에 대한 세금을 공제한 후의 수익률을 말한다

$$\text{세후 수익률} = \frac{\text{세후 수익}}{\text{원금}} \times 100(\%)$$

6 채권수익률 변화와 가격변동

채권가격은 장래에 발생하는 유입자금(표면이자 + 원금)을 투자자가 기대하는 할인율로 할인한 현재가치의 합이다. 장래의 유입현금은 계약에 의해서 결정되기 때문에 장래 가격을 변동시키는 것은 할인율, 즉 수익률의 크기에 의해 결정된다. 할인율은 일반적으로 금리수준에 의해 결정되지만 할인율의 변동이 채권가격에 미치는 효과는 다르다.

이와 같이 채권수익률의 변동으로 채권가격을 변동시키는 요인으로는 ① 만기까지의 잔존기간, ② 표면이자율(coupon rate), ③ 수익률 수준(yield level) 등이 있다.

1. 잔존기간과 가격변동

일반적으로 일정한 표면이자율에서 수익률 수준이 변하는 경우에는 잔존기간이 길수록 가격변동이 크다. 또한 일정한 수준의 채권수익률변동에 따른 채권가격의 변화율은 만기까지의 기간에 비례하여 증가해 주어진 수준의 채권수익률 상승과 하락에 대한 채권가격의 하락과 상승폭이 동일하지 않음을 알 수 있다.

2. 표면이자율과 가격변동

잔존기간이 일정할 때 수익률 수준이 변화하면 표면이자율이 낮을수록 가격변동은 크고, 반대로 표면이자율이 높을수록 가격변동은 적다. 그러나 복리채는 표면이자율에 관계없이 수익률 변동폭이 일정하면 가격변동률도 항상 일정한 것으로 나타났다.

3. 수익률 수준의 등락과 가격변동

일정한 표면이자율, 일정한 잔존기간을 가진 채권의 수익률이 변동하는 경우 수익률 수준이 높을수록 가격은 더 많이 변동하고, 수익률 수준이 낮을수록 가격은 적게 변동한다.

이상에서 일정한 수익률 변동이 채권의 잔존기간, 표면금리, 변화 전 수익률의 상태에 따라 채권가격에 어떤 영향을 미치는가를 살펴보았다.

채권 투자를 효율적으로 운용하기 위해서는 수익률 동향을 예측하여 채권구성을 적절히 조정하여야 한다. 즉, 수익률 상승이 예상될 때에는 복리채보다는 이표채를, 또 이표채 중에서도 표면이자율이 높고 잔존기간이 짧은 채권을 매입하고, 반대로 수익률 하락이 예상될 때에는 복리채 중에서도 표면이자율이 낮고 잔존기간이 긴 채권을 매입하는 것이 투자수익을 높이는 방법이라 할 수 있다.

제3절 채권 투자의 과세제도

1 채권 투자의 과세제도

1. 과세대상소득

주식과 채권의 매매차익인 자본소득에는 양도소득세가 부과되지 않고 배당금에 대하여 배당소득과 이자에 대하여 이자소득세를 부과하고 있다. 채권에 대한 이자소득에 대한 과세표준은 유통수익률이 아닌 표면금리에 따라 지급되는 이자금액이 과표가 된다.

2. 과세방법

채권의 이자소득에 대한 과세는 표면금리에 따라 이자금액 지급시에 원천징수를 하며, 금융소득의 합계가 4,000만 원을 초과할 경우에는 종합소득세 신고대상이 된다. 그리고 채권의 보유기간별 발생이자는 다음의 기준에 따라 계산한다.

① 이표채 : 표면금리
② 할인채 : 할인금액
③ 복리채 : 표면금리

3. 보유기간 확인방법

채권은 채권의 보유기간에 따라 이자소득세가 귀속되고, 이에 따른 세금을 납부하여야 한다. 따라서 자신의 보유기간을 입증하지 못하면 전 기간의 지급이자가 자신에게 귀속되어 세금을 내야 한다.

따라서 증권회사 계좌를 통해서 거래를 하면 저절로 확인이 가능하지만, 채권을 매수하여 자신이 직접 보유할 경우에는 '채권 등 매출확인서'로 입증을 하고, 개인 간의 거래에는 공증증서를 작성하여 확인하여야 한다.

4. 세금우대소액채권저축

소액 투자자에게 세금 혜택을 부여하여 채권수요기반을 확충하기 위한 증권회사의 금융상품으로 이자소득에 대해 낮은 세율로 분리 과세한다. 실명의 개인이면 1인당 1계좌에 한해 누구나 가입할 수 있으며, 세금우대 전체 한도 2,000만원 범위 내에서 소액채권에 투자하며 1년 이상 보유해 상환받는 채권이자소득에 대해 9.5%의 소득세만 분리 과세된다. 수익률은 금리변동으로 증권회사마다 차이가 있다.

수입의 80% 저축, 남은 돈만 써

우거지탕집 4년 경영 강명애 '길조' 사장 … 저축 통해 재테크, 정기적금만 8개

삶이 불공평하다고 말하는 사람들이 있다. 가난한 부모를 탓하기도 하고 부잣집에 태어난 친구를 부러워하기도 한다. 하지만 모든 사람에게는 역경이 있고 시련이 다가오기 마련이다. 시련은 사람을 끝없는 좌절의 구렁텅이에 빠트리기도 하지만, 때론 강하게 단련시키기도 한다.

강남 부잣집 막내딸로 귀하디 귀하게 자란 강명애(44)씨. 그녀는 시련을 자신을 단련시키는 기회로 삼았다. 중학교 2학년 때 아버지의 사업이 부도나는 바람에 그녀의 가족은 하루 아침에 길거리로 나앉게 됐다. 부족한 것 없이 살아온 그녀의 가족들에게는 감당하기 힘든 시련이었다. 엎친 데 덮친 격으로 어머니까지 앓아눕는다.

"힘들었지만 열심히 살았죠. 최악의 상황을 생각하고 저축하는 습관이 생긴 것이 그 때쯤이었던 것 같아요. 아버지의 실패가 오히려 고맙다는 생각이 들기도 해요."

| 번 돈의 80%는 저축 |

분당 서현동에서 사골우거지탕집 '길조'를 경영하는 강 사장은 정기적금 통장만 8개를 갖고 있다. 생활비는 고등학교 교사인 남편의 월급으로 쓰고, 자신이 번 돈은 80% 이상을 저축한다. 못 믿는 사람들도 있지만 그녀의 정기적금 통장의 월 불입액을 보면 고개를 끄덕일 수밖에 없다. 매달 붓는 금액이 적금 하나하나마다 수십만 원에서 100만 원이 넘기도 한다. 그녀가 이렇게 많은 금액을 저축할 수 있는 이유는 그녀의 독특한 저축 철학 덕분이다.

"돈을 모으는 방법은 덜 쓰는 것밖에 없습니다. 쓰다가 남은 돈을 저축하는 것이 아니라 저축하고 남은 돈을 생활비로 쓰고 있어요."

일단 저축을 하고 남은 돈을 쓰다 보니 자연스럽게 절약이 되더라는 것이다. 그녀의 저축습관은 고등학교 시절에 시작됐다.

"집이 어려웠지만 그 때부터 저축을 했어요. 짠순이라는 소리를 들었지만 대학 등록금을 스스로 벌고 싶었거든요."

교육대학에 입학한 그녀는 스스로 학비를 해결했다. 그녀는 "대학시절은 아르바이트 반 공부 반이었다"고 말한다. 대학 졸업 후 시골학교로 발령이 났지만 이를 포기하고 피아노학원을 차렸다. 조금이라도 빨리 돈을 벌기 위해 안정된 직장을 포기했다. 돈을 차곡차곡 모으던 그녀는 말레이시아에서 조그만 사업을 하던 언니를 찾아갔다. 일단 새로운 세계를 경험하고 돌파구를 찾아보고 싶었기 때문이었다. 2년 동안 말레이시아에서 조그만 무역업을 하던 언니의 사업을 도와주던 그녀는 잠시 한국에 귀국해 지금의 남편을 만났다. 그녀는 유학이라는 꿈을 포기하고 1983년 고등학교 음악교사인 남편과 결혼했다. 그녀는 380만 원을 부모님께 빌려 대구에 전세 600만 원짜리 보금자리를 얻었다. 많지 않은 남편의 월급이지만 말썽꾸러기 두 아들을 키우며 10여 년을 평범한 주부로 살았다. 두 아이의 엄마였지만 부지런한 성격 때문인지 가욋돈을 버는 일도 소홀히 하지 않았다.

"활발한 성격 때문인지 여러 가지 모임이 많았어요. 집에서 모임할 때 도자기를 보고 많은 주부들이 관심을 갖더군요."

경기도 이천에서 도자기를 만드시는 선생님과

이를 원하는 사람들을 연결해 주고 조금씩 돈을 모았다.

두 아이가 어느 정도 자라 초등학교에 다니던 1996년 무렵 그녀는 시누이의 약국에서 카운터 일을 하게 됐다. 아이들 학원비나 마련해 볼 요량으로 시작한 것이 꽤 짭짤했다. 그러다가 1998년 의약분업이 실시되면서 시누이가 약국을 접고 서울로 올라갔다. 약국 일을 하면서 강 사장은 욕심이 생겼다. 한참만에 해보는 사회생활에 자신감이 생긴 것이다. 약국에서 일하면서 번 돈도 꽤 됐고, 남편 월급을 착실히 저축한 덕분인지 종자돈으로 쓸 만큼 돈도 모았다. 강 사장은 남편과 상의 끝에 음식점에 투자하기로 결심했다. 지인들과 같이 하는 일이었기 때문에 큰 망설임은 없었다고 한다. 대구에 있는 남편과 아이들이 마음에 걸리긴 했지만 좀 더 멀리 내다보자는 심산이었다. 그녀는 1억 5,000만 원을 투자해 분당구 서현동에 지인 2명과 함께 38평짜리 사골우거지탕 전문점을 냈다.

"서현동은 사무실이 많은 반면, 직장인들을 위한 음식점이 없다는 것을 간파한 거죠."

성공하는 음식점이 그렇듯 맛과 서비스로 승부했다. 그녀의 맛에 대한 집착은 유난했다. 그녀는 지금도 모든 식재료는 직접 사러 다닌다. 좋은 식재료를 구할 때까지 가락동을 헤매고 다녔다.

"전라도 고창에 들깨가루가 있다는 소식을 듣고 거기까지 달려갔습니다. 지금도 그 들깨가루를 배달해서 쓰고 있죠."

그녀는 매일 새벽 5시 30분이면 어김없이 일어나 탕국을 끓인다. 탕을 올리고 나서는 좋은 재료를 구하기 위해 가락동 시장으로 향한다. 음식이 맛있으면 잘 되리라는 생각과는 달리 홍보가 제대로 되지 않았다. 그래서 시작한 것이 택시기사들을 대상으로 한 홍보전이다.

"분당처럼 그리 크지 않은 지역에서는 택시기사들이 좋은 홍보수단이 됩니다."

홍보전략이 맞아 떨어졌는지 조금씩 손님이 늘기 시작했다.

"한 번 온 손님은 가게를 다시 찾을 수 있도록 최선을 다했죠."

음식맛이 좋다는 소문이 나면서 손님도 늘고 매출도 늘었다. 그녀는 지금도 고마움에 택시기사들에겐 일정액을 할인해주고 있다. 장사를 시작한 지 1년 만인 1998년 '길조'를 모두 인수, 공동대표에서 단독대표가 됐다. 이듬해에는 38평이던 음식점을 51평으로 넓혔다. 요즘 '길조'의 월 매출액은 대략 7,000만 원가량이다.

| 하루 24시간 365일 열린 음식점 |

'길조'의 음식점에는 잠금장치가 없다. 하루 24시간 1년 365일 항상 영업을 하기 때문이다.

"음식점을 찾았다가 돌아가는 손님이 있어서는 안 된다는 생각 때문이죠."

그녀는 항상 음식을 차려놓고 자식이 오기를 기다리는 부모의 심정으로 장사를 해야 한다고 설명했다. 강 사장은 더 큰 사업을 하더라도 '길조'만은 계속할 것이라고 했다.

"한 번은 캐나다 교포가 커다란 여행가방을 들고 음식점에 오셨더군요. 한국에 가면 제일 맛보고 싶은 음식이 우리 우거지탕이었대요."

그런 손님들을 볼 때면 힘이 절로 난다. 그녀는 "자신이 만든 음식을 맛있게 먹어주는 손님들에게 항상 고맙게 생각한다"고 말했다. 그녀는 음식장사에서 성공하려면 '한 그릇 팔면 얼마 남겠다'라는 생각부터 버리라고 충고한다. 최상의 재료를 정성을 다해 요리하면 손님은 자연스럽게 모이기 마련이라는 것이다.

그녀는 유달리 입맛이 까다로운 스타일이다. 부친의 사업이 잘되던 어린시절 좋은 음식을 많이 먹어본 것이 좋은 맛을 찾는데 도움이 됐다. 그녀는 보험을 다섯 개나 들어뒀다. 젊은 시절 아버지의 실패를 되풀이하고 싶지 않았기 때문이다.

"고속버스를 타고 대구에 내려갈 때면 아이들 생각이 많이 나죠. 혹시나 사고나 나면 어쩌나 하는 생각이 들더라고요. 그래서 생각한 것이 종신 보험이었습니다."

그녀는 지금 매달 100만 원이 넘는 돈을 종신보험으로 내고 있다. 강 사장은 "증여세 부담도 없어서 나중엔 좋은 유산이 될 것 같다"고 말했다. 벤처기업에도 조금씩 투자하고 있다. 사업성을 꼼꼼히 따진 다음 확실하다 싶은 기업의 경우 조금씩 주식을 사고 있다. 지금 투자하고 있는 한 벤처기업도 세라믹 분야에서는 국내 최고라는 것을 확인하고 투자했다.

정기적금이 그녀의 주 재테크 수단이지만 만기 2년 이상의 상품에는 많이 투자하지 않는다.

"돈을 언제 쓸지도 모르고 1년 단위로 해야 성취감을 금방 느낄 수 있어서 더욱 착실히 저축할 수 있기 때문이죠."

그녀는 사업을 하기 때문에 수입이 일정하지 않지만 저축액은 일정하다. 저축을 하고 생활비 계획을 세우기 때문이다. 꽤 많은 수입을 올리지만 흔한 명품 하나 가지고 있지 않다.

I 강 사장의 10억 만들기 연보 I

1992년 대구 수성구 지산동 35평형(현재가 1억 5,000만 원)

1997년 분당 서현동 음식점 '길조' 공동창업(1억 5,000만 원 투자)

1998년 '길조' 인수(월 매출 7,000만 원)

2001년 벤처기업 룩테크(세라믹 기술) 7,000만 원 투자

2007년 현재 정기적금, 종신보험 포함 현금 자산 3억 원

I 강 사장이 말하는 음식장사 성공법 I

"손님이 편안한 분위기로 식사를 하려면 우선 종업원들과 가족처럼 지내야 합니다."

음식장사 성공의 비결을 묻자 강 사장은 이렇게 대답했다. 그녀는 "1998년 처음 장사를 시작했을 때부터 지금까지 한 명의 직원도 바뀌지 않고 일하고 있다"고 말했다.

"같은 음식 재료라고 하더라도 누가 하느냐에 따라 달라집니다. 음식맛이 한결같기 위해서는 일하는 사람들이 바뀌지 말아야 하죠."

음식뿐만 아니라 서비스도 마찬가지다. 그녀는 "낯익은 분이 음식을 가져다주면 손님이 더 편안해 한다"고 귀띔한다. 이제는 홀에서 서빙을 담당하는 아줌마들의 단골도 생길 정도다.

강 사장의 식당은 24시간 영업을 하기 때문에 강 사장이 일일이 다 관리할 수 없다. 하지만 그녀가 가끔 자리를 비울 수 있는 것은 종업원들과 신뢰가 쌓였기 때문이다. 그렇다고 다른 업체보다 월등히 많은 급여를 주는 것은 아니다. 그녀는 "자신이 먼저 마음 열고 다가간 것이 통했다"고 얘기한다.

주인과 종업원의 상하관계가 아니라 인간적으로 대한 것이 지금까지 좋은 관계를 유지할 수 있는 비결이란다. 지금도 틈이 나면 서로의 고민에 대해 이야기를 나눈다.

"고용주라고 해서 함부로 대해서는 안 돼죠. 서로를 배려하는 마음이 가장 중요합니다."

강 사장은 "아버지의 부도로 남의 어려운 사정을 깊이 이해할 줄 알게 됐다"고 말했다. 이런 신뢰관계는 손님들이 한꺼번에 몰릴 때 더욱 빛을 발한다. 강 사장은 "같이 일하는 분들이 손님들 많으면 힘이 들고 짜증이 날 법하지만 장사가 잘된다며 오히려 더 좋아한다"고 말한다. 그녀는 "짜증을 부리는 것이 아니라 기분좋게 일하는 사람들이 고맙다"고 덧붙였다. 1년 전 서울 봉천동으로 이사간 아줌마가 아직까지 분당의 식당까지 출 · 퇴근을 하고 있다. 강 사장도 종업원들을 도와줄 수 있는 일이 생기면 제일 먼저 챙긴다. 급전이 필요한 종업원에게는 무이자로 돈을 빌려준다. "종업원과의 관계가 좋지 않으면 알게 모르게 손님들이 불편해 하더라"는 것이 강 사장의 경험담이다.

모든 경영노하우 체험 통해 배워

금속 인테리어 전문업체 15플랜 김강 사장 … 번 돈은 사업에 재투자

20세기 최고의 권투선수로 추앙받는 무하마드 알리는 '나비처럼 날아서 벌처럼 쏜다'라는 말을 남겼다. 그는 탐색전 삼아 잽을 툭툭 던지다가 기회가 보이면 혼신의 힘을 실은 결정타를 날렸다.

금속 전문 인테리어업체 15플랜의 김강(37세) 사장은 사업을 시작하기 전에 반드시 탐색전을 펼쳤다.

"하고 싶은 일이 있으면 먼저 경험해 봅니다. 가능성이 보이면 최선을 다해 덤비고, 그렇지 않으면 과감하게 포기합니다."

그는 "가능성을 검증하는 것은 자신의 몫"이라고 말한다.

| 노점상하며 장사하는 법 배워 |

김 사장은 불문학을 전공했지만 신입생 때부터 전공과 전혀 상관없는 일에만 관심을 보였다. 성격이 자유분방해서 직장생활보다는 사업이 적성에 맞다고 생각했다. 사업에 대한 첫 공부는 대학 신입생 때 시작했다. 1학년 겨울방학 때 장식초를 파는 노점상을 열었다. 과외 아르바이트를 하며 차곡차곡 모은 150만 원을 모조리 쏟아부었다.

"장사의 기초부터 배우고 싶었습니다. 노점상을 하면서 손님 응대하는 법, 물건 고르는 안목, 목 좋은 자리 고르는 법은 자연스럽게 배웠지요."

군복무를 마친 뒤 1992년 파리로 어학연수를 떠났다. 넉넉한 가정형편은 아니었지만 좀 더 넓은 세상을 경험해 보라는 부모님의 배려에서였다. 1993년 귀국하자마자 꽃상자를 꽃가게에 납품하는 사업을 시작했다. 600만 원의 자본금으로 선배와 인천 남동공단의 허름한 창고에서 사업을 시작했다. 방산시장에 들러 골판지를 사서 밤늦은 시간까지 접었다. 2,000원 정도의 원가를 들여 4,000원에 꽃가게에 팔았다. 하루 14시간씩 봉고차를 몰고 다니며 꽃상자를 배달하고, 나머지 시간은 꽃가게에 제품을 알리는 영업활동을 했다.

"파김치가 되어 창고로 돌아오면 꽃상자를 접었습니다. 한 개 접으면 2,000원 번다고 생각하니 힘든 줄도 몰랐습니다."

꽃상자에 대한 꽃가게 주인들의 반응이 좋아지면서 하루 40~50만 원의 매출을 올리게 됐다. 매출도 오르고 수요도 제법 많아졌지만 꽃상자사업은 성장에 한계가 있다는 판단이 들었다. 대학 졸업과 함께 새로운 사업을 모색하던 중 당시 막 개방된 중국시장에 주목하게 됐다. 대기업을 마다하고 그가 취직한 곳은 중소 가발업체이다. 중국에 새로운 기회가 있을 것으로 생각한 그는 중국 파견을 자청했다. 그러나 2년 만에 한국으로 되돌아왔다. "중국은 시장은 넓지만 소자본으로 해내기엔 너무 복잡한 경제구조를 가졌다"는 것이 이유였다. 새로운 사업기회를 찾던 그는 서울 을지로에서 금속 인테리어 공장을 운영하던 삼촌 밑에 들어가서 금속가구 만드는 일을 배웠다. 금속가구는 파리 어학연수시절 눈여겨봤던 품목이었다. 지금은 흔한 금속가구였지만 당시는 생소한 제품이었다.

"귀족문화가 꽃피었던 신진국의 경우 금속가구가 많이 발달했습니다. 우리나라도 고소득층을 중심으로 금속가구에 대한 수요가 생길 것으로 내다봤죠."

그는 명함 하나 들고 인테리어업체를 찾아다녔

다. 그의 선택은 시기적으로 적절했다. 프랑스에서 가져온 색다른 디자인과 저돌성을 높이 샀는지 모델하우스용으로 납품하게 된다. 모델하우스의 품격을 높여주는 인테리어 소품으로 금속가구가 각광받기 시작했다. 김 사장이 만든 금속가구가 한 모델하우스에서 주목을 받았고 전국 150개 정도의 모델하우스에 납품하게 된다. 대당 180만 원하는 금속침대를 2년 동안 400대나 팔았다. 하루 17시간씩 일하는 강행군이었지만 한 달에 1,000만 원씩 벌어들였다. 그는 금속가구와 인테리어 사업이 시간이 갈수록 더욱 커질 것이라고 판단했다. 그러나 김 사장은 창업을 하는 대신 황동산업이라는 조그만 금속가구회사 종업원으로 입사했다.

"주위에선 말렸지만 더 큰 사업을 하기 위한 준비작업이었습니다. 혼자 일해서는 조직에 대해 잘 알 수 없다는 생각이었죠. 세무업무를 배울 수 있는 기회라는 판단도 들었고요."

적은 월급 때문에 생활이 힘들었지만 장기적인 포석을 둔 셈이다. 그는 회사에서 일하며 영업 수금관계 결제시스템과 조직관리를 배웠다. 2년 동안의 수업을 마치고 2000년 4월, 그는 황동실업을 나와 '15PLAN'이라는 회사를 차리고 자기 사업에 뛰어든다. 금속가구뿐만 아니라 황동실업에서 배운 금속 인테리어분야까지 사업을 확장했다. 4,000만 원을 빌려 서울 강남의 영동시장 근처에 39평 규모의 사무실을 냈다. 김 사장은 일단 맡은 제품에 대해서는 철저하게 품질관리를 했다. 자신이 디자인한 제품을 생산해 주는 업체도 품질이 떨어지면 과감하게 바꾸었다. 우직한 김 사장의 품질관리 덕분에 15PLAN제품이 업계에서 인정받기 시작했다. 한 침구업체의 60여 개 매장의 리모델링 사업자로 선정된다. 이 사업만으로도 2년간 매출액이 12억 원을 넘었다. 2명뿐인 직원과 일을 해내야 했기 때문에 일주일에 3~4일은 밤샘작업을 했다. 그는 "제품의 질에 대한 보증과 약속된 날짜를 정확히 맞추는 것"을 세상 어떤 일보다 우선이라고 생각했다.

"저에게 지급하는 돈은 고객의 신뢰가 담겨 있다고 생각했습니다. 제품의 질뿐 아니라 정확하게 약속한 시간을 맞추는 것도 필요하죠."

수요는 늘었지만 인력은 늘리지 않았다. 조직을 철저하게 슬림화하는 전략을 선택한 것이다.

"금속가구의 경우 개당 가격이 비싸기 때문에 품질이 받쳐주지 않으면 제대로 평가받을 수 없습니다. 그런데 사람이 많아지면 정확한 품질관리가 불가능하죠."

Ⅰ 열심히 경영하는 게 최상의 재테크 Ⅰ

돈이 벌리기 시작한 2001년 무렵부터 그는 돈을 어떻게 할 것인지 고민한다. 그는 개인적인 재테크보다는 사업에 투자하는 방식을 택했다. "저금리 시대이기도 하고 사업 이외에 특별히 다른 재테크에 뛰어나지도 않았기 때문"이라는 것이 그의 설명이다. 2002년에는 서울 강남구 신사동에 86평 규모의 전시장을 열었다. 또한 5억 원을 투자해 성남에 400평 규모의 생산공장을 설립하고 금속제품을 직접 생산해 내고 있다. 이런 투자 덕분인지 지난해 15억 원 정도 하던 매출액이 올해는 25억 원까지 오를 것으로 예상하고 있다. 김 사장은 돈이 모이면 수천만 원에 이르는 새로운 금속가공기계를 들여왔다.

"열심히 경영하는 것보다 더 나은 재테크가 없다는 생각입니다."

4억 원 정도되는 현금자산은 대부분 은행에 예치해 전문가들의 손에 맡겼다. 투자를 하더라도 만기 1년 이내의 단기 상품이나 수시로 입 · 출금이 가능한 금융상품 쪽을 선택했다. 현금흐름을 항상 원활하게 가져가야 한다는 생각에서였다. 주변의 어려운 친구들이나 직원들에게도 무이자로 돈을 많이 빌려주었다.

"얼마 안 되는 은행 이자보다는 어려운 사람들을 도와주는 것이 더 의미있는 일이라고 생각합니다."

이렇게 빌려준 돈이 2억 원에 이른다.

"같이 일하는 직원들과 신뢰가 쌓이지 않으면 어떤 일도 해낼 수 없는 거죠. 좋은 대인관계를 위해 투자하는 것도 재테크 전략 중 하나입니다."

단기간에 이익을 내기보다는 멀리 내다보는 것이 중요하다는 것이 그의 생각이다. 2~3년 후면 새로운 사업을 시작할 것이라는 김 사장, 그는 "지금의 회사도 또 다른 사업을 위한 예행연습"이라고 말한다.

| 김 사장의 10억 만들기 연보 |

1993년 꽃상자 납품업체 운영 월수입 200만 원

1996년 인테리어 프리랜서 월수입 1,000만 원

1997년 황동실업 취업 월급 200만 원

2001년 이문동 43평 재개발 아파트 1억 3,000만 원, 현재 3억 5,000만 원

2002년 분당 32평 아파트 구입 1억 8,000만 원, 현재 3억 원

2003년 현재 15PLAN 사장(올해 25억 원 매출 예상) 현금 자산 6억 원가량

제5장 | 주식 재테크

증권시장을 모르고, 그리고 신문의 주식시세표를 보지 않고서는 재테크를 아예 염두에 두지 않아야 한다. 증권시장에 대한 일반적인 이해는 물론 증권 투자와 관련된 제도나 투자지표의 속성도 잘 알아야 한다. 신문은 매일매일 규칙적으로 얻을 수 있는 중요한 정보원이다. 관심있는 종목의 움직임을 알 수 있고, 신문의 뉴스를 통해서 증권시장의 전반적인 흐름은 물론 세계 경제나 국민 경제의 움직임을 파악할 수 있기 때문이다. 그리고 신문에서 다루는 각종 증권 투자 관련 용어도 익히고 있으면 더 쉽게 알 수 있는 것이다. 경제가 발달할수록 재테크의 중심이 부동산에서 증권으로 옮겨가는 것이 선진국들의 공통된 현상이므로 재테크에 성공하고자 한다면 이제는 더욱 증권시장에 관심을 가져야 할 것이다.

제1절 증권시장의 이해

1 증권시장의 개념

1. 증권시장의 의의 및 기능

1) 증권시장의 의의

증권시장이란 유가증권(주로 주식과 채권)이 거래되는 경제 · 사회적 관계를 총칭하는 것으로서 일반적으로 다음의 두 가지 의미로 쓰이고 있다.

첫째, 넓은 의미로는 기업을 비롯한 자금의 수요자가 유가증권을 발행하거나 매출하여 필요한 자금을 조달하고 투자자가 유가증권의 매수 · 매도를 통하여 자신의 금융자산을 운용하는 일련의 과정, 즉 유가증권을 매개로 하여 발행주체와 증권회사 및 투자자 사이에서 유가증권과 자금의 수급관계가 이루어지는 곳을 말하며, 이는 추상적인 개념의 시장이다.

둘째, 좁은 의미로는 구체적인 의미의 시장으로 다수의 매매 쌍방이 일정한 시간, 일정한 장소에 집결하여 일정한 조직과 거래질서하에서 증권을 거래하는 조직적 · 구체적인 시장으로 증권선물거래소의 유가증권시장과 코스닥시장이 체계적인 시장으로 존재하며, 비체계적인 장외시장으로 프리보드시장과 점두시장이 있다.

2) 증권시장의 경제적 기능

(1) 산업자본의 조달 기능

기업의 측면에서 증권시장은 증권발행이란 수단을 통하여 일반 투자자의 단기 유휴자금을 널리 모집 · 흡수하여 이것을 장기 산업자금으로 조달하게 된다. 따라서 증권시장은 기업에 대하여는 자금조달의 원천이 됨과 동시에 유휴자금을 산업자본화함으로써 기업의 체질강화 및 국제경쟁력을 증진시키는 기능을 지니고 있다.

(2) 투자수단의 제공 기능

증권시장은 일반 투자자에 대하여 저축 내지 자산의 운용을 위한 투자대상을 제공한다. 저축이나 자산을 운용하는 방법에는 부동산이나 귀금속 등과 같은 실물자산에 대한 투자와 은행 예금이나 증권 투자 같은 금융자산에 대한 투자로 분류할 수 있다.

그런데 개인의 일반적인 투자성향은 경제 · 사회가 안정되고 소득이 점차 증대됨에 따라 실물자산보다는 금융자산을 선호하게 되고, 금융자산에 대한 투자에서도 은행 예금과 같은 간접 금융을 통한 투자보다는 주식이나 채권과 같은 직접 금융을 통한 투자를 선호하는 경향이 강하게 되었다. 국민의 소득수준이 높아지면서 부의 수준이 높아질수록 실물자산의 소유보다는 증권자산의 소유가 많아지는 것을 미국 등 선진국의 예에서도 확인되고 있다.

(3) 소득의 재분배 기능

사회적 측면에서 증권시장은 주식의 분산에 의하여 소득의 재분배를 구현하는 정책수단이 되고 있다. 기업이 벌어들인 부를 배당의 형태로 그 주식을 소유하고 있는 일반 투자자들에게 재분배하게 된다.

주식을 많이 소유한 사람일수록 기업의 부를 더 많이 분배받게 되고, 기업의 생산성이나 수익성의 향상에 따른 주가의 상승에 의한 기업가치의 증가분도 재분배되는 것이다.

현대 자본주의 국가는 주식의 분산을 통한 대중자본주의를 지향하고 있으며,

이에 따라 증권시장은 기업 공개 및 주식지분의 분산을 촉진함으로써 대중의 자본소득 증대를 통한 국민복지의 향상과 사회적 안정이라는 사회적 기능을 가지고 있다.

(4) 자금의 효율적 배분 기능

증권시장에서 형성되는 주가는 장기적으로 기업의 수익성을 반영하므로, 주가변동에 따라 투자자금이 생산성이 낮은 기업에서 생산성이 높은 기업으로 이동하게 되어 자금의 효율적 배분을 촉진할 수 있게 된다.

(5) 재정금융정책의 수단 제공 기능

정부는 증권시장을 통한 재정증권의 발행과 상환을 재정정책의 보완적인 수단으로 활용한다.

또한 중앙은행은 증권시장에서 공개시장조작을 함으로써 통화량의 조절 및 경기안정 등을 도모하는 금융정책을 수행한다.

증권의 종류

▷ 주식 : 보통주, 우선주, 후배주, 혼합주 등
▷ 채권 : 국공채
- 국채 : 재정증권, 국민주택채권, 외국환평형채권, 국고채 등
- 지방채 : 도로공채, 도시철도공채, 상수도공채 등

－특수채 : 전신 · 전화채권, 전력채권, 도시개발채권 등
－금융채 : 통안채, 산금채, 중소기업채 등
－회사채 : 보증채, 무보증채 등
－주식 관련 채권 : CB, BW, EB 등

▷ 파생상품 : 선물, 옵션, 수익증권 등

주식예탁증서(DR)

주식예탁증서(DR : depository receipt)란 해외시장에 상장된 국내주식의 원주는 유통상에 상당한 제약을 받으므로 원주를 해외에 유통시키는 대신에 예탁기관에 원주를 보관시키고 예탁기관이 원주의 소유자에 대하여 예탁증서를 발행하여 유통을 도모하는 제도이다.

2. 주식의 종류

주식은 회사가 설립되면서 최초로 발행되는 증권이다. 주식을 가진 투자자, 즉 주주는 회사의 소유권을 갖는다는 증서로서 주식을 받는다. 주주는 주주총회에 나가 투표할 수 있는 의결권이 있으며, 또 배당을 받는다. 이러한 주식은 권리행사의 우선수위에 따라 보통주와 우선주로 구분하는데, 의결권이 있는 주식이 보통주, 의결권은 없지만 보통주보다 높은 배당을 받는 주식이 우선주이다.

1) 주식의 일반적인 분류

실전 주식 투자에서는 보통주와 우선주로 구분하는 것보다 다음과 같이 구분하는 경우가 더 많다. 다음의 용어를 알아야 시장의 정보를 쉽게 받아들이고 시장을 보는 안목을 키울 수 있다.

(1) 우량주

'블루칩(blue chips)'이라고도 불리는 우량주는 말 그대로 기업 내용이 우수한, 즉 규모가 크고 영업이 안정적이며 재무구조가 튼튼한 회사의 주식을 뜻한다. 주가가 안정적이고 배당률이 높기 때문에 대부분의 투자자는 우량주를 선호한다. 대표적인 우량주는 삼성전자, 포스코, 미국의 GM, IBM 등이다.

(2) 성장주

성장주(growth stock)란 매출이 급성장하는 회사의 주식을 뜻한다. 이런 회사의 매출이나 영업은 경쟁사나 업계 평균에 비해 훨씬 빠른 속도로 성장한다. 또한 영업을 공격적으로 하며 연구개발에도 많은 돈을 투자하는 경향이 있다. 기업의 성장이 목표인 만큼 이익이 생겨도 배당을 많이 지급하지 않고, 그 돈으로 공장을 짓거나 연구개발에 사용해 이익금을 회사 내에 유보시킨다. 빌 게이츠 회장이 이끄는 미국의 마이크로소프트나 국내의 NHN 등 일부 코스닥 종목이 대표적인 성장주이다.

(3) 방어주

방어주(defensive stock)란 불황에도 잘 견디는 회사의 주식을 뜻한다. 전기, 가스, 음료, 식료품 등 생활필수품을 만드는 회사의 주식이 여기에 해당된다. 아무리 경기가 침체되어도 팔릴 수밖에 없는 생활필수품이기 때문에 매출이 꾸준하다. 농심이나 한국전력, 치약이나 로션 등을 만드는 미국의 P&G가 대표적인 방어주이다.

(4) 소득주

안정적인 영업을 바탕으로 계속해서 높은 배당을 주는 회사의 주식을 소득주(income stock)라고 부른다. 수도, 전기 등 공공서비스를 제공하는 회사들이 대표적인 소득주이다. 이러한 회사는 공공서비스를 제공하고 판매대금을 세금걷듯이 받아가기 때문에 수익이 매우 안정적이다. 그만큼 배당도 안정적으로 지급한다. 공공서비스를 제공하는 회사 외에도 양호한 영업실적을 바탕으로 꾸준히 높은 배당을 지급하는 회사들이 있다. 때문에 노후에 안정적인 수입을 원하는 퇴직자, 연금수령자 등은 소득주를 선호한다. S-oil, KT&G, 한독약품, 유한양행, 한일시멘트, 롯데제과 등이 꾸준한 배당기록을 가진 대표적인 소득주라고 할 수 있다.

(5) 경기순환주

실적과 주가가 경기의 영향을 크게 받는 회사의 주식을 경기순환주(cyclical stock)라고 한다. 반도체, 자동차, 철강, 시멘트 등과 같은 업종의 주식이 대표적이다. 이러한 업종은 경기가 활황이면 기업실적이 향상돼 주가가 상승하고, 반대로 경기가 하락하면 실적이 악화돼 주가가 급락하는 경향이 뚜렷하다. 삼성전자, 현대자동차, 포스코, 쌍용양회공업과 미국의 포드의 주식은 전형적인 경기순환주이다.

투자자의 성향이나 경기동향에 따라 선호하는 주식은 크게 달라진다. 즉, 경기가 좋아지면 투자자들은 경기순환주나 성장주를 선호한다. 반대로 경기가 나빠지면 불황에도 잘 견디는 방어주나 우량주에 더 큰 관심을 보인다. 그리고 배당에 관심이 있는 투자자는 항상 소득주를 선호하는 경향을 보인다.

2) 주식의 성향에 따른 분류

이같은 주식의 일반적인 분류는 사람으로 비유하자면 밖으로 드러나는 외모에 따른 분류법이다. 이에 비해 체질이라고 할 수 있는 보다 본질적인 성향에 따라 구분하면 다음과 같이 분류할 수 있다.

(1) 성장주

앞에서 설명한 대로 매출이 급성장하는 회사의 주식을 성장주라고 한다. 신제품이나 신기술 등을 바탕으로 장차 높은 매출과 수익의 성장이 기대되는 주식이 성장주이다.

(2) 가치주

가치주(value stock)는 기업의 실적이나 자산으로 기업의 본질적 가치를 평가했을 때 실제 주가가 이보다 낮은 주식을 말한다. 흔히 저평가주라고 불린다. 같은 맥락으로 미래의 안정적인 성장이나 수익성이 현 주가에 반영되지 않은 주식도 가치주라 할 수 있다. 단기 투자자보다는 기업의 본질적 가치가 언젠가는 주가에 반영된다고 믿는 장기 투자자들이 선호하는 주식이다.

(3) 자산주

자산주(asset stock)는 말 그대로 기업이 보유한 자산이 많은 회사이다. 이런 회사의 주식은 주가가 BPS(Book-value Per Share, 주당 순자산)에 비해 높지 않고 여간해서는 그 이하로 떨어지지 않는 경향이 있다. 그러나 같은 자산주라고 해서 앞으로도 주가가 비슷하게 움직일 것이라고 생각하면 안 된다. 현금이 많거나 보유하고 있는 부동산의 가치가 큰 자산주는 좋은 M&A(인수합병)의 대상이 되므로 주가의 움직임도 좋다. 자산주의 주가는 결국 현재 보유하고 있는 자산을 얼마나 효율적으로 이용하느냐에 따라 달라진다. 대표적인 자산주로는 (주)EI, 서부트럭터미널, 삼환기업, 대한화섬, 한국화장품, 천일고속 등이 있다.

3. 증권시장의 구조

기업이 주식이나 채권 등을 통하여 조달한 자금은 장기성 고정자산에 투입되고 있는 반면, 일반 투자자들은 자신이 필요로 할 때에는 언제든지 자금이 회수될 수 있어야 한다는 서로 상반된 조건을 가지고 있다. 이러한 상반된 조건을 해결하기 위하여 형성된 증권시장은 기업이 유가증권을 발행하여 자금을 조달하고 투자자가 자금을 제공하여 당해 유가증권을 취득하는 발행시장과, 투자자가 취득한 유가증권을 자유롭게 현금화할 수 있는 유통시장으로 구성되어 있다.

발행시장(issuing market)이란 새로이 발행된 증권이 발행인으로부터 인수기관을 통해 최초의 투자자에 이전되는 간헐적 시장으로, 자금이 공급자인 투자자로부터 수요자인 발행자에게로 이전하게 된다. 이러한 의미에서 발행시장을 일차적 시장 또는 수직적 시장이라고 한다.

유통시장(circulating market)은 이미 발행된 증권이 투자자들 상호 간에 매매되는 시장으로 이차적 시장 또는 수평적 시장이라고 한다. 즉, 유통시장은 발행시장에서 발행된 유가증권이 증권거래소 상장 등을 통하여 거래를 할 수 있도록 하는 시장으로서 유가증권을 취득한 최초의 투자자는 투자한 자금의 회수가 가능하게 된 시장이다.

따라서 이 발행시장과 유통시장이 수레의 양바퀴처럼 상호 보완 · 발전되어야 증권시장이 온전한 본연의 기능을 수행할 수 있다.

이러한 증권의 유통시장은 유가증권시장, 코스닥시장, 증권업협회 프리보드시장 및 점두시장(OTC : Over The Counter market)으로 구분된다.

유가증권시장과 코스닥시장은 증권선물거래소가 개설하는 증권시장을 말하며, 프리보드(Free Board)시장은 증권업협회가 지정한 특정 종목에 대하여 매매종목, 가격, 수량이 일치되는 경우에만 거래가 형성되는 시장이며, 점두시장은 증권회사의 창구를 통하거나 투자자들 간에 직접 거래가 이루어지는 장외시장을 의미한다.

2 증권의 발행시장

1. 증권의 발행주체

1) 신주의 발행

우리는 신문이나 텔레비전에서 기업의 신주 청약광고를 보고 청약을 하기 위하여 증권회사로 가서 청약신청을 한다. 이는 자금을 필요로 하는 발행기업이 투자자들로부터 필요한 자금을 조달하기 위하여 증권을 발행하여 매각하기 때문이다. 이와 같이 새로운 증권이 발행되어 투자자의 자금과 교환되는 시장을 발행시장이라고 한다. 이 발행시장은 증권회사와 같은 발행기관을 매개로 투자자들의 여유자금을 발행기업으로 유입시켜 산업자금으로 전환시키는 중요한 역할을 하는 추상적 시장이며, 직접 금융이 실현되는 시장이라고 할 수 있다.

2) 증권의 발행조직

이러한 증권의 발행업무는 발행기업이 증권발행에 따른 관련 업무를 직접 담당하는 직접 발행과, 발행과정과 발행 위험 등의 발행업무를 전문기관인 증권회사에 위임하여 발행하는 간접 발행으로 구분한다. 일반적으로 금융기관이 자기증권을 발행할 경우는 직접 발행을 하게 되지만, 일반기업의 경우는 발행 관련 업무의 노하우가 없기 때문에 발행인, 발행기관 및 투자자의 삼자로 구성되어 유가증권을 발행하고 있다.

(1) 발행인

발행인은 자금을 필요로 하여 새로운 증권을 발행하는 발행주체이다. 증권을 발행하는 기업, 국공채를 발행하는 국가나 지방자치단체, 그리고 특별법에 의해 특수채를 발행하는 특수법인이나 은행 등도 증권의 발행주체인 발행인이 된다.

(2) 발행기관

발행기관은 증권의 발행인과 자금을 제공하는 투자자 사이에서 발행업무를 직접 담당하는 금융기관으로 증권회사, 은행 등이 이 기능을 담당하고 있다. 이 발행기관의 주요 기능은 인수 기능과 판매 기능으로 구분하여 생각할 수 있다.

① 인수 기능 : 인수(under writing) 기능은 유가증권을 판매회사를 통하여 투자자에게 판매하기 위하여 발행인으로부터 증권을 직접 인수하는 기능이다. 이 인수기관은 발행된 증권이 투자자에게 완전히 매각되지 않을 경우에는 책임을 지고 인수해야 하는 위험을 지니게 된다. 이 인수기관은 증권회사, 종합금융회사, 투자신탁운용회사, 은행의 신탁계정, 증권투자회사 등이 그 기능을 담당한다.

② 판매 기능 : 판매(selling) 기능은 인수단으로부터 취득한 증권을 투자자를 대상으로 청약업무를 직접 담당하는 기능을 말한다. 이 판매단은 단순히 청약업무만을 대행하며 인수 위험을 전혀 부담하지 않는다. 따라서 이 업무수행에는 특별한 자격요건이 필요 없으며 투자자를 모집할 수 있는 기관이면 가능하므로 주로 증권회사가 이 기능을 겸하고 있다.

③ 투자자 : 투자자는 발행된 증권을 최초로 매입하고 이를 유통시장에서 거래하는 자를 말한다. 이 투자자는 소규모의 자금을 가진 개인 투자자, 대규모 자금으로 법인의 형태를 취하고 있는 기관 투자자, 그리고 외국인 투자자에 이르기까지 그 유형은 다양하다.

특히 기관 투자자와 외국인 투자자는 증권 투자에 대한 전문적인 지식을 갖추고 있을 뿐만 아니라 투자규모도 방대하므로, 이들이 증권시장에 미치는 영향은 매우 크다. 그리고 현재 기관 투자자로서는 투자신탁운용회사, 증권투자회사, 은행, 증권회사, 보험회사, 연기금, 각종 재단 등이 있다.

2. 증권의 발행방법

증권의 발행은 투자자를 모집하는 방법에 따라 공모발행과 사모발행으로 구분한다. 그리고 발행 위험과 발행사무절차를 누가 담당하느냐에 따라 직접 발행과 간접 발행으로 구분한다. 여기서 발행 위험(發行危險)이란 발행된 증권이 투자자에게 완전히 매각되지 않고 잔여증권이 남게 될 가능성을 말한다.

1) 공모발행과 사모발행

공모발행이란 발행인이 투자자에게 균일한 발행조건으로 증권을 공개적으로 발행하는 방법이다. 이 공모발행은 일반적으로 발행인의 발행 위험과 사무절차의 복잡성으로 간접 발행의 형태를 취하게 된다. 반면 사모(私募)발행은 발행인이 특정의 기관 투자자만을 상대로 유가증권을 발행하는 방법으로, 주로 기관 투자가들이 그 대상이 된다.

2) 직접 발행과 간접 발행

(1) 직접 발행

직접 발행은 발행주체가 발행업무를 직접 담당하여 일반 투자자에게 증권을 매출하는 방법을 말한다. 이 방법은 주로 금융기관처럼 발행업무나 인력 · 시설의 노하우가 있는 금융기관만이 가능할 뿐 일반 기업으로는 불가능한 방법이다.

(2) 간접 발행

간접 발행은 발행주체(기업)가 전문 인수기관에게 위임하여 발행에 관한 구체적인 업무를 담당하도록 하는 방법이다. 이때 인수인은 은행, 증권회사 등 금융기관이며 발행기관이라고도 한다. 이 간접 발행은 발행기관이 담당하는 발행 위험의 정도에 따라 위탁모집, 잔액인수, 총액인수의 방법으로 구분할 수 있다.

① 위탁모집 : 위탁모집은 증권의 발행업무는 전문집단인 인수기관에 위임하여 시장상황에 맞추어 적절히 처리하고, 매출되지 못한 증권은 발행자에게 반환함으로서 발행 위험은 발행자가 직접 부담하게 되는 방법이다.

② 잔액인수 : 잔액인수는 인수기관이 발행자로부터 위임받은 증권의 발행 관련 사무를 모두 담당하고, 만약 일정기간 이내에 발행되지 못한 잔량의 증권에

대해서는 그 잔량을 인수기관이 인수하는 방법이다. 이 잔액인수는 발행자의 측면에서는 잔액인수 계약시점부터 실질적으로 발행이 완료된 것이나 다름이 없다.

③ 총액인수 : 총액인수는 인수기관이 증권발행에 따른 제반 사무절차뿐만 아니라 발행 위험까지도 부담하고, 증권을 자신들의 명의로 인수한 후 투자자에게 매출하는 방법으로 인수매출이라고도 한다. 우리나라에서는 1974년 잔액인수제도에서 총액인수제도로 전환하여 현재까지 사용하고 있다.

3. 증자제도

1) 유상증자

유상증자라 함은 기업의 신주를 발행함으로써 자본금이 증가하는 동시에 실질적으로 회사의 재산이 증가하는 것을 말하며, 실질적인 증자라고 한다. 유상증자는 가장 일반적인 자금조달의 형태로써 기업의 재무구조를 개선하고 타인 자본의 의존도를 낮추는 가장 기본적인 방법이라 할 수 있다. 투자자는 주가가 상승기조를 유지할 때 유상증자에 참여하면 상당한 이익을 얻을 수 있다. 반대로 증권시장이 침체되어 있을 경우에는 유상증자로 물량이 늘어나면서 주가가 오히려 내려가기도 한다.

2) 무상증자

무상증자란 이사회의 결의로 준비금 및 자산재평가적립금을 주금납입이 없이 자본에 전입시키고 증가된 자본금에 해당하는 만큼의 신주를 발행하여 옛 주주에게 소유주식수에 비례하여 무상으로 주식을 배정 · 교부하는 증자를 말한다.

무상증자의 재원은 법정 준비금(이익준비금, 자본준비금)이며, 임의 적립금은 주주총회의 결의에 의해 법정 준비금으로 항목변경을 함으로써 무상증자의 재원이 될 수 있다.

따라서 무상증자는 자본조달을 목적으로 하지 않고 자본구성과 발행주식수만을 변경하는 것이기 때문에 형식적인 증자라 한다.

무상증자시 주주권 발생의 시기는 이사회 결의에 의한 배정기준일부터이며, 신주발행은 현재 회사의 재산상태에 의거하여 주식을 발행하는 것이므로 실질적인 회사재산의 증가는 없다.

4. 기타의 주식발행

1) 주식배당에 의한 주식발행

회사의 이익을 주주에게 배당할 때 현금 대신에 신주를 발행하여 교부하는 것이다. 주식배당은 현금배당으로 사외로 유출될 이익금을 자본으로 전입하여 차기 사업년도의 사업을 위하여 자금을 사용하기 위한 목적이라고 할 수 있다. 주식배당은 주주총회의 결의에 의하여 이익배당총액의 1/2의 범위 내에서 가능하며, 상장법인의 경우에는 이익배당총액의 100%까지 주식배당이 가능하다.

2) 주식 관련 사채의 권리행사로 인한 주식발행

(1) 전환사채의 전환권 행사
전환사채의 소유자가 전환권을 행사하여 사채를 주식으로 전환 신청시 주식을 발행하는 경우이며, 이때는 전환액 상당액의 부채는 감소하고 자본금이 증가하므로 실질적으로 기업 내부로 유입되지는 아니한다.

(2) 신주인수권부사채의 인수권 행사
신주인수권부사채는 인수권 행사시 일정한 행사가격으로 일정수의 주식을 배정받을 수 있는 권리가 부여된 채권으로 유상증자와 동일한 효과가 이루어진다. 또한 인수권 행사 후에는 사채권자는 주주의 지위도 겸비하게 된다.

(3) 기업합병
기업의 합병으로 인하여 존속하는 회사가 소멸회사의 주주에게 신주를 발행하는 경우이며, 배정내용은 합병계약서에 의하며 추후 주주총회의 승인을 받아야 한다.

(4) 주식병합
주식병합은 발행한 주식의 총 수가 감소하고, 이와 반대로 1주의 금액은 증가된다. 따라서 주주의 지분은 변동이 없으며 새로운 신주권을 주주에게 교부하여야 한다.

(5) 주식분할
이는 주식병합과 반대되는 개념으로 기존 주식의 액면가를 분할하므로 발행되는 주식수는 많아지며 주주의 지분변동은 없다.

3 증권의 유통시장

1. 유통시장의 의의 및 기능

1) 유통시장의 의의

유통시장이란 이미 발행된 증권이 투자자들 간에 거래가 이루어지는 시장으로, 발행시장이 신규 증권이 발행될 때마다 간헐적으로 형성되는 시장인데 비하여 계속적으로 운영되는 시장이다. 따라서 일반 투자자들에게는 유통시장에서의 거래가 보다 큰 의미를 가진다고 할 수 있다.

2) 유통시장의 기능

① 발행된 증권의 시장성과 유동성을 높여 투자자의 참여를 확대시키므로 발행시장에서의 자본조달 기능을 원활하게 해 준다.

② 시장에서의 시장성과 유동성은 유가증권의 담보력을 제고시킨다. 이는 항상 적정가격으로 매각하여 현금화할 수 있기 때문이다.

③ 시장에서는 다수의 매도자와 매수자가 참여하여 거래가 형성되는 공개경쟁시장이므로 공정한 가격이 형성된다.

④ 현재 시장에서 형성되는 증권의 가격은 앞으로 새로이 발행할 증권의 가격을 결정하는 기준이 된다. 따라서 유통시장이 이와 같은 기능을 원활하게 수행하기 위해서는 거래대상이 되는 증권의 발행수량이 많아야 할 것이며, 증권의 거래에 따르는 특별한 제약이 없어야 할 것이며, 발행된 증권이 다수의 투자자에게 분산이 잘 이루어져야 할 것이다.

2. 유통시장의 구조

증권 유통시장의 기본적 구조는 크게 증권선물거래소시장과 장외시장의 두 시장 조직으로 구분된다. 증권선물거래소시장은 주식시장, 선물시장, 옵션시장, 채권시장, ETF 시장, 기타 시장 등으로 나누어진다. 이 중에서 장내시장은 유가증권시장과 코스닥시장으로 구분하고, 장외시장은 증권업협회가 주관하는 프리보드시장과 증권회사 창구를 통해 거래되는 점두시장으로 구분할 수 있다.

증권의 유통은 투자자 상호 간의 매매거래에 의해 이루어지지만 현실적으로는 증권회사의 중개에 의하여 성립된다. 즉, 증권회사는 투자자로부터 매매주문을 받아 거래소를 통하여 매매를 체결한 후 투자자에게 직접 전달한다.

3. 상장제도

1) 상장의 의의

상장(listing)이란 발행된 유가증권이 거래소시장에서 거래될 수 있는 자격을 부여하는 것을 말하고, 상장된 유가증권을 상장증권이라 한다. 따라서 거래소에서는 상장 대상 증권에 대하여 일정한 기준에 따라 상장심사를 거쳐야 하는데, 이는 상장유가증권의 원활한 유통과 공정한 가격형성을 통하여 선의의 투자자를 보호하기 위함이다. 그리고 상장된 유가증권의 가치는 해당 상장회사에 대한 대외적인 신뢰도를 높여주고 있는 것은 사실이다.

2) 상장의 효과

① 거래소시장에서 계속 거래가 지속되므로 상장증권의 환금성이 높아진다.
② 유상증자나 은행 등을 통한 자금조달이 용이하며 조달 코스트도 저렴하다.
③ 기업의 경영상태나 주가현황이 언론을 통해 보도되므로 홍보효과가 크다.
④ 시장에서는 다수의 거래자가 경쟁매매를 하므로 공정한 가격이 형성된다.
⑤ 상장요건을 충족하는 기업만이 상장되므로 대외적 신인도가 증가한다.

3) 상장단계

① 예비접촉
② 대표주관회사의 주식분석
③ 상장예비심사청구서 제출
④ 증권선물위원회에 대한 감리요청
⑤ 상장예비심사결과의 통지
⑥ 유가증권신고서의 제출
⑦ 예비사업설명서 제출

⑧ 수요예측 및 공모가격 결정
⑨ 사업설명서 제출
⑩ 청약 및 납입
⑪ 유가증권발행실적 보고
⑫ 주권의 발행 및 교부
⑬ 주권신규상장신청서 제출
⑭ 상장승인 및 매매개시

4) 상장요건

거래소는 국가 경제적인 측면에서 산업자금을 효율적으로 배분하고, 기업의 규모와 산업의 특성에 따라 상장요건(특히 규모 및 재무요건)을 상장희망기업이 선택할 수 있도록 하며, 투자자를 보호하기 위해 안정성, 수익성 및 건전성 등을 갖춘 기업에 대해서 상장을 허용하고 있다. 따라서 상장심사기준은 '기업자금조달의 원활화'와 '투자자 보호'의 균형을 유지하도록 설계되어 있다.

4. 매매거래제도

1) 매매거래의 기준

(1) 거래시간

① 평일 : 9:00~15:00
② 시간외 거래 : 15:10~16:00
※ 시장 종료 10분 후부터 50분간 거래된다.

(2) 매매거래의 단위

구분	호가 단위
5,000원 미만	5원
5,000원 이상 ~ 10,000원 미만	10원
10,000원 이상 ~ 50,000원 미만	50원
50,000원 이상 ~ 100,000원 미만	100원
100,000원 이상 ~ 500,000원 미만	500원
500,000원 이상	1,000원

매매거래의 단위인 호가 단위란 호가할 수 있는 최소 단위이다. 호가를 제시할 때는 유가증권의 종목별로 가격과 수량 등의 매수 · 매도를 구분 표시하여 제시하여야 한다.

(3) 매매수량 단위

① 주식, 수익증권 : 10주(좌)단주는 증권회사에서 직접 거래(코스닥시장은 1주)

② 채권 : 액면 10만 원(단, 소액채권은 액면 1,000원)

③ 신종 사채 : 권종금액으로 하되 10원 미만은 10원으로 한다.

동시호가

동시호가란 시간의 선후를 구분하지 않는 호가로서 단일가격에 의한 개별경쟁매매방법으로 가격을 결정하는 경우에 참여하는 호가를 말한다. 우리나라 시장에서는 시장 개시 전 1시간(8:00~9:00), 시장 종료 전 10분(14:50~15:00)의 호가와 매매거래 중단 후 일정시간 동안의 호가는 동시호가로 처리한다.

2) 매매거래절차

증권거래소시장에서 매매거래를 하고자 하는 자는 증권업의 허가를 받은 증권회사에 위탁하여야 하며, 위탁을 받은 증권회사는 전산매매를 통하여 고객의 주문을 체결시킨다.

3) 매매계약의 체결원칙

매매계약은 체결원칙의 다음의 네 가지 우선 원칙을 적용하여 체결된다. 여기서 우선이라는 것은 해당 호가를 먼저 체결시킨다는 의미이다.

(1) 가격우선의 원칙

저가의 매도호가가 고가의 매도호가에 우선하고, 고가의 매수호가가 저가의 매수호가에 우선한다. 또한 호가별로 시장가호가는 지정호가에 가격적으로 우선한다.

(2) 시간우선의 원칙

동일한 가격호가에 대하여는 먼저 접수된 호가가 우선한다. 단, 시간의 선후를 구분할 수 없는 동시호가시에는 적용되지 않으며, 복수가격에 의한 접속매매에서만 의미가 있다.

(3) 수량우선의 원칙

동시호가의 경우에만 적용되며, 수량이 많은 호가가 수량이 적은 호가에 우선한다.

(4) 위탁매매 우선의 원칙

동시호가의 경우 고객들의 위탁주문이 증권회사의 자기상품 호가보다 우선한다.

4) 매매거래의 관리

(1) 가격 제한폭

주문의 일시적인 폭주나 수급의 편중 또는 과다경쟁 등으로 시장이 불안정하고 가격이 단기적으로 급등락하여 선의의 투자자의 피해를 방지하기 위하여 가격의 하루변동폭을 정한다. 가격제한폭은 전일의 종가를 기준으로 하며 현재 상하 15%로 되어 있다. 미국 증권시장의 경우는 가격제한폭이 없다.

(2) 배당락

주식매매의 경우 보통 거래로부터 3일째 되는 날 결제되므로 사업연도 종료일에 전년도 배당분만큼 주가를 떨어뜨리는 시장 조치를 하게 되는데, 이를 배당락이라 한다. 따라서 배당기준일 다음날부터 주식을 매수하는 자는 전 사업년도의 영업실적에 의한 이익배당을 받을 권리가 소멸되는 것을 말한다.

(3) 권리락

권리락이란 유 · 무상증자시 신주배정기준일이 경과됨에 따라 구주에 부여되어 있는 신주인수권이 소멸된 상태를 말한다. 따라서 권리락 조치는 신주인수권을 받을 권리가 소멸됨을 조건으로 한 매매라는 내용을 알림으로써 올바른 주가가 형성되도록 하는 시장 조치이다. 권리락 조치의 시기는 매매일로부터 2일 후 결제가 되므로 신주배정기준일 전일에 조치를 한다. 예를 들어 신주배정기준일이 5월 30일이면 5월 29일에 권리락이 되고 5월 31일부터 명의개서가 정지된다.

(4) 주식시장의 매매거래중단제도

주식시장의 매매거래중단(circuit breakers)은 주가지수가 직전 거래일의 종가보다 10% 이상 하락하여 1분간 지속되는 경우 주식시장의 모든 종목의 매매거래를 중단하며, 매매거래 중단 후 20분 경과시에는 매매거래를 재개한다. 이 경우에는 선물 · 옵션시장의 매매거래도 중단한다. 이 매매의 중단은 1일 1회에 한하며 후장 종료 40분 전 이후에는 중단하지 않는다.

(5) 프로그램매매

프로그램매매는 일반적으로 시장분석, 투자시점 판단, 주문제출 등의 과정을 컴퓨터로 처리하는 매매방법을 말한다. 프로그램매매는 일반적으로 선물과 현물주가지수의 가격괴리가 심할 때(차익거래), 또는 기관 투자자가 15종목 이상을 집단적으로 동시에 매매하는 기법(바스켓거래)으로 이용된다.

(6) 프로그람매매의 일시중단(side car)

사이드카(side car)제도는 프로그램매매를 규제하는 가장 대표적인 방법으로 시장상황이 급변할 경우 프로그램매매의 호가효력을 일시적으로 제한함으로써 프로그램매매가 주식시장에 미치는 충격을 완화하고자 하는 제도이다.

(7) 공매도의 제한

공매도는 일반적으로 유가증권을 소유하지 않고 매도하거나, 소유한 경우라도 매도에 따른 결제를 자기 소유의 증권으로 하지 않고 증권을 차입하여 하는 것을 말한다. 그러나 상장회사의 내부자는 공매도를 할 수 없도록 되어 있다.

5) 시장관리제도

(1) 관리종목

증권거래소는 상장법인이 관리종목 지정기준에 해당하게 되는 경우 그 종목을 관리종목으로 지정하며, 투자자의 주의 환기를 위하여 1일간 매매거래를 정지한다.

관리종목은 주권상장폐지기준에 해당되거나 경영부실로 회생 가능성이 희박한 기업에 대하여 투자자와 이해 관계자에게 주의를 환기시키기 위하여 지정한다.

(2) 감리종목

증권거래소는 주가가 단기간에 급등할 경우 그 급등세를 진정시켜 주가의 안정을 도모하기 위하여 감리종목을 지정하는데, 이는 투자자가 해당 종목에 투자할 때보다 신중을 기하도록 하는데 그 목적이 있다.

감리종목으로 지정할 수 있는 요건은 최근 5일간 주가상승율이 75% 이상인 경우가 연 3일간 계속되고 제3일째 되는 날의 종가가 최근 30일 중의 최고 주가인 종목 또는 분석 당일을 기준으로 최근 7일간 주가상승률이 동기간 종합주가지수 평균상승률 또는 동업종 지수상승률의 4배 이상인 종목이다.

(3) 예납조치

예납조치란 유가증권시장의 과열시에 매수대금과 매도증권을 사전에 납부토록 함으로써 증시 주변 자금의 유동성을 억제하여 증시 안정화를 도모하는 조치이다. 예납조치에는 호가 이전에 납부토록 하는 호가전 예납과 결제시한 이전에 납부토록 하는 결제전 예납으로 구분된다.

(4) 대용증권 비율

대용증권은 유가증권의 활용도를 높이기 위하여 현금에 갈음하여 사용할 수 있도록 거래소가 지정한 유가증권을 말하며, 위탁증거금, 신용거래보증금, 선물거래나 옵션거래의 증거금과 각종 보증금, 공탁금, 담보증권으로 활용할 수 있는 제도이다. 이때 대응가격은 기준가액에 시정비율을 곱하여 산출한다.

대상증권	기준가격	사정비율
상장주식 주식예탁증서	적용초일 전주의 최종종가	기준가의 70%
상장채권	적용초일 전주의 최종가격	기준가의 80~95%
수익증권	매월 첫 월요일의 5매매거래일 전일	주식형(혼합형) : 70% 채권형 : 80% 주택저당유동화채권 : 80%

6) 신용거래제도

(1) 신용거래의 의의

신용거래란 주식을 거래하고자 하는 고객이 매수자금이나 매도할 주식을 보유하고 있지 아니한 경우에 증권회사에서 매수자금을 차입(신용융자)하여 주식을 매수하거나 매도할 주식을 차입(대주)하여 주식을 매도하는 매매거래를 말한다.

신용거래는 거래에서의 수급불균형을 조정하여 증권의 유통을 원활하게 하는 한편, 주가의 급등락을 막아 시장가격의 안정화에도 기여하고 있다.

(2) 신용거래의 유형

신용거래는 신용공여의 대상이 자금인 경우는 융자, 유가증권인 경우는 대주로 구분하고, 융자의 경우는 신용공여의 재원이 증권회사의 자기자금 또는 유가증권인 경우에는 자기신용, 증권회사가 증권금융으로부터 대출을 받아 고객에게 빌려주는 경우에는 유통금융으로 구분하기도 한다.

(3) 신용거래의 절차

① 신용거래계좌의 설정(신용거래보증금을 별도로 예탁)

② 신용거래종목(관리종목, 감리종목, 예납종목은 지정 중단)

③ 신용거래기간(해당 증권회사가 자율)

④ 신용거래의 상환(현금상환, 반대매매)

⑤ 신용거래 보증금(채권확보 및 신용거래 억제 수단)

⑥ 신용거래의 담보(융자시 매수주식, 대주시 매도대금과 신용거래 보증금)

⑦ 신용거래의 제한(매도종목 당일에 매수를 위한 신용거래 금지)

5. 공정거래제도

증권시장은 불특정 다수의 투자자들이 모여서 거래를 형성하는 곳이므로 공정성이 그 생명이다. 따라서 증권시장이 그 본연의 기능과 역할을 다하기 위해서 특정의 소수가 부당한 이득을 얻는 증권범죄행위(불성실 공사, 내부자 거래, 주가조작행위)가 없는 시장이 유지되어야 한다.

1) 기업공시제도

(1) 의의

기업공시제도란 유가증권발행회사의 중요한 경영상태에 큰 영향을 미치는 기업내용을 투자자를 위시한 기업의 이해관계자들에게 공개하여 당해 기업의 가치를 적정하게 평가할 수 있도록 하는 제도이다. 이 제도는 투자자에게 공정한 투자판단의 기회를 제공하여 선의의 투자자를 보호하고 공정가격을 형성한다.

(2) 공시요건

① 정보의 정확성 및 완전성 : 공시정보의 내용이 정확하고 완전하여 투자판단 자료로서 신빙성이 있어야 한다.

② 정보의 신속성 및 적시성 : 공시정보의 내용이 최선의 내용으로 현재의 상황을 잘 파악하고 있어야 한다.

③ 정보의 용이성 : 공시정보의 내용이 투자자가 투자판단을 위한 의사결정시에는 언제든지 입수할 수 있고 이해하기 쉬워야 한다.

④ 정보의 비대칭성 : 투자자 간에 정보의 비대칭성이 발생하지 않도록 모든 투자자에게 공평하게 전달될 수 있어야 한다.

(3) 발행시장의 공시

발행시장의 공시는 유가증권신고서제도, 사업설명서제도 및 유가증권발행실적 보고제도가 있으며, 정기적으로 이루어지는 공시제도가 아니라 필요시마다 수시로 이루어진다.

(4) 유통시장의 공시

① 정기 공시 : 사업보고서, 반기보고서, 분기보고서의 공시
② 수시 공시 : 경영에 중요한 영향을 미치는 사항 발생시의 공시(미래정보공시)

2) 내부자 거래의 규제제도

(1) 개념

내부자 거래란 기업의 내부자가 일반인에게 공개되지 않은 중요한 정보를 이용하여 당해 유가증권을 매매거래하는 행위이다. 여기서 중요한 정보란 주가에 영향을 미치는 미공개 정보를 의미하며, 내부자 거래는 이를 이용한 부당한 이득의 취득과 손실을 회피하는 행위를 의미한다.

(2) 내부자의 범위

내부자란 회사의 내부자, 준내부자, 정보수령자를 말한다. 또한 주요 주주와 준내부자가 법인일 경우 그 임직원과 대리인, 개인일 경우 그 대리인, 사용인, 기타 종업원도 그 범위에 포함되며, 회사 내부자, 준내부자에 해당되지 아니한 날로부터 1년이 경과되지 아니한 자도 포함된다.

(3) 회사 내부자에 대한 특별규제

① 단기차익 반환의무 : 당해 법인이 발행한 주권 등을 매수한 후 6월 이내에 매도하거나 혹은 매도한 후 6월 이내에 매수하여 이익을 얻은 경우 그 단기 차익을 말한다.
② 공매도 금지 : 공매도란 내부자가 타인으로부터 자기회사의 주식 등을 빌려서 이를 매도함으로서 부당한 이득을 얻을 목적 또는 손실회피를 목적으로 하는 행위이다.

3) 시세조종행위 및 사기적 거래의 금지

증권시장에서 유가증권의 가격이나 거래동향을 인위적으로 조작(상승 · 하락 · 고정)하는 행위로 인하여 시세차익을 얻고자 하는 시세조종행위는 시장의 공정

성과 공정경쟁의 룰을 해치는 행위이다.

또한 증권거래는 그 특성상 거래상대인 투자자가 보지 않는 거래이므로 실효성 있는 규제가 매우 어려운 실정이다. 증권시장에서는 다음과 같은 시세조종행위와 사기적 거래도 금지하고 있다.

(1) 시세조종행위

① 위장거래의 의한 시세조종(통정매매, 가장매매)
② 허위표시에 의한 시세조종(루머조작)
③ 실제거래에 의한 시세조종(작전행위)

(2) 사기적 거래

TV나 각종 보고서 등을 이용하여 타인의 오해를 유발하여 타인에게 큰 손해를 입히면서 이익을 얻는 행위이다.

4) 주가감시 및 감리

증권거래소는 공정한 가격 형성과 투자자 보호를 위하여 증권시장의 매매상황을 주시하여 불공정거래요소가 개입될 수 있는 이상매매를 적출하는 주가감시업무, 또 불공정거래와 관련된 각종 풍문정보를 수집 · 분석하는 한편, 이상매매로 적출된 종목에 대하여 불공정거래 여부를 조사한 조사결과에 따라 해당 증권회사에 조치를 하고 위법 혐의 발견시 금융감독원에 통보 조치를 하는 매매심리업무를 한다. 이러한 주가감시, 매매심리 및 조치 등의 일련의 과정을 감리업무라 한다.

6. 분쟁조정제도

2005년 증권거래법 개정에 따라 기존 금융감독원에서 해오던 분쟁조정업무 중에서 유가증권시장, 코스닥시장 관련 분쟁조정업무를 증권선물거래소가 금융감독원과 통일하게 조정할 수 있게 되었다.

증권시장에서의 매매거래와 관련하여 분쟁 당사자 일방으로부터 분쟁조정신청이 접수되면 증권선물거래소는 당해 사건에 대한 면밀한 사실조사를 수행하며, 이를 바탕으로 외부의 전문가로 구성된 분쟁조정위원회가 당사자 의견 청취, 사실관계 확인 등을 거쳐 공정하고 합리적인 조정안을 도출하고, 양 당사자가 이를 수락함으로써 조정이 성립된다.

4 코스닥시장

1. 의의 및 기능

1) 코스닥시장의 의의

코스닥(KOSDAQ)시장이란 유가증권시장 상장요건에 미달하는 중소기업, 벤처기업 등에게 자본조달기회를 제공하기 위하여 설립된 시장이다. 코스닥시장에는 성장 잠재력이 높은 벤처기업이나 유망 중소기업들이 상장되어 있기 때문에 고수익을 얻을 수 있는 반면에 고위험도 있어 투자시 주의를 해야 한다.

2) 코스닥시장의 기능

① 성장가능 기업 중심의 시장
② 유가증권시장에 대한 보완 · 경쟁시장
③ 증권회사의 역할과 책임이 중시되는 시장
④ 투자자의 자기책임원칙이 강조되는 시장

2. 코스닥시장의 상장제도

1) 상장의 의의

코스닥시장에서 매매를 하고자 하는 기업은 먼저 당해 법인의 상장절차를 완료하여야 한다.

상장은 코스닥시장에서 거래를 하기 위한 자격을 부여하는 것으로서 발행회사는 증권회사를 통하여 거래소에 상장하여야 하며, 기업의 안정성, 성장성, 업종의 특성 및 유통가능성 등의 소정요건을 갖추어야 한다.

2) 상장기준

증권거래법 또는 증권투자회사법에 의해 금융감독위원회에 등록을 한 법인이 발행한 주권으로서 코스닥시장 상장규정상 소정의 상장요건을 갖추어야 한다.

3) 상장절차

① 상장예비심사 신청
② 상장예비심사
③ 유가증권신고서 제출
④ 수요예측 및 가격결정
⑤ 청약 및 납입
⑥ 상장 및 매매개시

4) 상장 주선인

(1) 의의
상장 주선인이라 함은 코스닥시장 참여대상 기업을 발굴하여 거래소에 상장하고, 당해 상장종목에 대하여 거래중개, 의무호가제출 및 공시지도 등에 관한 업무를 담당하는 증권회사를 말한다.

(2) 자격
상장 주선인은 종합증권업(유가증권의 인수, 매출, 모집 또는 매출의 조정에 대하여 허가 또는 인가를 받은 회원사)에 한하며, 상장대상 법인과 특수 관계에 있는 증권회사는 상장 주선회사가 될 수 없다.

(3) 혜택
상장 주선인은 상장공모를 통한 인수수수료 또는 상장 주선을 통한 상장 주선 수수료 등을 징수할 수 있으며, 주식 및 회사채 발행 · 주선 또는 기업공개시 주간사회사 지정 등의 유대관계가 형성될 수 있는 면에서 유리한 점이 있다.

(4) 의무
① 기업 공시사항 지도
② 상품주식 보유(발행주식의 100분의 1 이상을 상장 후 1년간 보유)
③ 주식 재매도 제한(보유주식을 최대주주에게 다시 매도 금지)

3. 투자유의종목 지정제도

코스닥 상장법인 중 환금성이 결여된 기업 공개기업으로서의 의무를 제대로 이행하지 않는 기업 등에 대하여 투자자의 투자판단에 신중을 기할 수 있도록 투자유의종목으로 별도로 지정 · 관리하는 제도이다. 투자유의종목은 상장폐지 우려가 매우 커 투자에 주의하여야 한다.

4. 관리종목지정제도

코스닥 상장법인 중 계속 기업내용이 부실화되었거나 부도와 같은 경영파탄 위기에 처한 기업, 기타 상장폐지의 사유가 발생한 기업을 관리종목으로 별도 지정하여 운영하는 제도이다. 관리종목에 편입된 기업은 상장폐지 우려가 매우 커 투자에 신중을 기해야 한다.

5. 기타 제도

1) 매매거래 정지

코스닥 상장종목의 매매거래가 공정하게 이루어지도록 함으로써 투자자 보호를 도모코자 일정한 사유가 발생한 경우 매매거래를 정지시키고 있다.

2) 감리종목 지정

단기간에 주가가 급등한 종목을 감리종목으로 지정하여 투자자의 주의를 환기시키고자 하는 제도로서 감리종목에 대한 가수요를 억제하기 위한 제도이다.

5 주가지수

1. 국내 주가지수

1) 종합주가지수(KOSPI)

우리나라의 대표적인 주가지수인 종합주가지수(KOSPI : Korea Stock Rice Index)는 1980년 1월 4일을 산출기준으로, 기준지수는 100으로 하고 상장된 보통주 전 종목을 대상으로 시가총액식으로 산출하여 발표하고 있다.

KOSPI = 비교시점 시가총액 / 기준시점시가총액 × 100

KOSPI가 유가증권시장의 보통주 전 종목(증권투자회사를 제외)을 대상으로 지수를 산출하는 이유는 소수종목의 주가변동에 지수가 큰 영향을 받지 않기 위함이다.

현실적으로 전체 상장종목을 보유한 투자자는 없을 것이며 기관 투자자만이 포트폴리오를 시장 포트폴리오와 유사한 비율로 맞추고 있을 것이고, 개인투자자도 소형주보다 대형주를 보다 많이 보유하고 있다고 할 수 있다. 따라서 KOSPI는 우리나라 유가증권시장의 주가변동을 가장 적절하게 나타내고 있는 대표적인 지수라고 할 수 있다.

2) KOSPI 200지수

KOSPI 200지수는 주가지수 선물 및 옵션의 거래대상으로 개발된 지수로써 KOSPI 종목 중에서 시장대표성과 업종대표성 및 유동성 등을 감안하여 선정된 200종목으로 산출한 지수를 말한다. 지수의 산출기준일은 1990년 1월 3일이며, 기준지수는 100이다.

KOSPI 200지수는 KOSPI와 마찬가지로 시가총액식 주가지수의 특성을 가지고 있다. 또한 1990년 1월부터 2000년 11월까지 KOSPI와 KOSPI 200의 상관계수는 0.981로서 상호 간 매우 유사하게 움직인다. 따라서 유가증권시장 종목으로 포트폴리오를 구성하고 있는 투자자는 이 KOSPI 200지수를 이용하여 헤지거래를 할 수 있다.

3) 통합지수(KRX 100)

KRX 100(Korea Exchange 100)이란 유가증권시장 시장종목 87개 종목과 코스닥 시장종목 13종목으로 100종목을 선정하여 만든 코스닥시장을 포함한 한국증권시장 전체를 대표할 새로운 주가지수이다.

100개 종목은 시가총액과 거래대금이 큰 종목 중에서 수익성(자기자본이익률), 건전성(유보율), 안정성(부채비율)이 우량한 종목을 중심으로 모두 26개 업종에 걸쳐 선정했다.

KRX 100지수가 시가총액면에서 전체시장의 72.3%를 차지하여 소수종목으로서 지수의 시장대표성을 가지도록 했다.

또 지수 구성 종목의 자기자본이익률, 유보율, 부채비율 등 재무지표는 시장평균보다 양호한 종목으로 구성하고 있다.

4) 코스닥지수

코스닥지수는 코스닥시장에 상장된 주식을 대상으로 산정한 시가총액식 지수이다. 기준시점인 1996년 7월 1일을 100포인트로 하여 산정한 지수이다.

2. 미국시장 주가지수

우리는 매일 아침 우리나라 증권시장을 예상하기 이전에 새벽에 마친 미국시장을 보고나서야 오늘 우리나라 시장이 어떻게 변할 것인지를 점치곤 한다. 그 이유는 세계증시의 동조화현상으로 그 주체가 되는 미국시장의 영향력이 크기 때문이다.

미국의 주요 증시지수는 여러 가지가 있으나 다우존스지수, 나스닥지수, S&P 500지수 등이 대표적 지수이다.

1) 다우존스 산업평균지수

다우존스 산업평균지수(DJIA : Dow Jones Industrial Average)는 주가평균식 주가지수로서 1884년 7월 3일 월스트리스저널의 창시자인 다우존스가 처음으로 창안한 지수이다. 다수존스 30지수는 뉴욕증권거래소(26종목)와 나스닥(4종목)에 상장된 30종목으로 산출되며, 이 30종목의 시가총액은 뉴욕증권거래소(New York Stock Exchange) 상장주식 전체의 시가총액 11조 달러의 약 20%에 해당한다.

다우존스지수는 세계적으로 가장 잘 알려져 있는 지수이지만 ① 표본종목의 수가 너무 적으므로 시장전체를 잘 반영할 수 없고, ② 너무 지나치게 전통 제조업 위주로 구성되어 있으며(1999년 나스닥의 4종목을 편입), ③ 가중치를 사용하지 않으므로 가격이 높은 주식의 변동에 영향을 많이 받는다는 점에서 비판을 받고 있다.

2) 나스닥지수

뉴욕 증권거래소에 상장된 기업이 전통적인 우량 대기업 위주인 반면, 나스닥(Nasdap)시장 상장종목은 첨단 IT 기업 및 벤처기업이 주종을 이루고 있다. 이 나스닥 지수는 나스닥에 상장되어 있는 주식의 시가총액으로 계산한 지수이다.

3) S & P 500지수

S & P 500(Standard & Poors 500 Index)지수는 미국의 Standard & Poors사가 뉴욕증권거래소, 아메리카증권거래소, 그리고 나스닥에 상장된 기업 중에서 500종목을 선정하여 산출한 시가총액식 지수이다. S & P 500의 시가총액은 미국 전체 증권시장의 상장주식 시가총액 약 70%에 해당하고 있다.

업종별 분포는 제조업주 400종목, 운송주 20종목, 공공주 40종목, 금융주 40종목으로 구성되어 있으며, 이 지수는 채용종목수가 다양하여 미국증권시장 전체를 가장 잘 반영하고 있어 학문적인 연구대상으로도 가장 널리 활용되고 있다. 또한 S & P 500지수 선물과 옵션 등 파생상품도 상장되어 거래가 매우 활발히 이루어지고 있다.

3. 기타 주요지수

1) 니케이 225지수

니케이 225지수는 동경증권거래소에 상장된 대형주 225종목을 선정하여 주가평균식으로 산정한 지수로서 일본경제신문에서 발표하고 있다. 특히 니케이 225지수는 선물 · 옵션의 거래지수로서도 널리 활용되고 있다.

2) 동경주가지수

동경주가지수(TOPIX)는 동경증권시장 1부에 상장된 주식을 시가총액식으로 계산한 지수이다. 이 지수는 1968년 1월 4일을 기준시점으로 산정하고 있다. 지수대상종목이 많으므로 니케이지수보다는 시장을 잘 반영하고 있는 지수라고 할 수 있다.

6 주식 투자 절차

주식을 매매하려면 우선 가까운 증권사에 계좌를 개설하여야 한다. 계좌개설 후 주식을 사기 위해서는 주식을 사는데 필요한 투자자금을 입금시켜야 하며, 고객이 증권회사에 낸 주문은 증권거래소에서 정한 매매거래원칙에 따라 경쟁매매에 의하여 매매거래가 성립된다. 이때 주식가격의 변동으로 매매가 체결되지 않는 경우가 있으므로, 주문 후 반드시 체결 여부를 증권사를 통해 여러 가지 방법으로 확인하여야 한다.

1. 증권회사의 선택

주식 투자를 하기에 앞서 매매주문이 정확하고 신속하게 처리되며 재무구조도 좋은 증권사를 선택하는 것이 유리하다.

최근에는 데이트레이딩이 활성화되면서 온라인 매매수수료가 저렴한 증권사를 선택하기도 하며, 온라인상에서 매매를 주문하기 편하고 증권사를 직접 이용하는데 있어서 불편이 없어야 하는 점도 증권사 선택의 기준이 되기도 한다.

그리고 대부분의 증권사는 은행 간 이체거래가 되므로 자신의 주거래은행과 수수료 없이 이체업무가 되는지 여부도 체크하여 선택하기도 한다. 마지막으로 온라인상에서 빈번한 거래를 하는 투자자라면 홈트레이딩(HTS)의 속도와 기능성 및 편리성 등을 기준으로 증권사를 선택해야 할 것이다.

2. 계좌 개설하기

- 준비물 : 신분증, 도장(사인으로 대체 가능), 은행 예금통장(은행 이체시 필요)
  - 계좌 개설을 하는데는 돈이 필요하지 않다.

주식 투자를 위해서는 일단 증권계좌를 만들어야 한다. 신분증만 있으면 계좌 개설이 가능하다. 인감은 서명으로 대체해도 그만이다. 대신 남의 이름으로 차명계좌를 만들 수는 없다. 반드시 본인 이름으로 해야 한다. 만약 대리인이 방문한다면 본인 및 대리인의 신분증과 본인의 인감증명서, 인감이 필요하다. 증권계좌 개설은 매매 거래계좌 설정계약을 맺으면 되며, 증권사의 객장에 비치되어 있는 위탁계좌신청서에 기재사항을 기재하고 나서 증권 창구 직원에게 접수하면 증권카드를 교부해준다. 이것으로 주식 투자를 할 수 있는 준비가 끝나게 된다. 단, 인터넷으로 온라인 투자를 하고자 하면 PC에 해당 증권사의 홈트레이딩(HTS)시스템을 다운로드하여 설치해야 한다.

위탁계좌를 신청할 경우에 기재사항항목을 꼼꼼히 살핀 후 기재해야 한다. 특히 주식거래내역서의 수령 여부, 은행 이체 신청 여부, 온라인 증권거래 신청 여부 등은 반드시 확인하시고 기재해야 한다.

계좌를 개설하면 증권사 홈페이지나 영업점에서 주는 HTS프로그램 CD를 컴퓨터에 설치하게 된다. HTS는 집이나 사무실에서 홈트레이딩은 물론 시세정보를 한눈에 살필 수 있는 시스템이다. 전화로 주문하는 것보다 수수료도 훨씬 싸다. 보통은 전화로 주문을 하면 수수료가 0.5%지만, HTS로 하면 0.024~0.1%정도이다.

3. 종자돈 연계계좌 입금

증권계좌를 만들고 프로그램을 컴퓨터에 깔았다면 가까운 증권사의 제휴은행 연계계좌를 활용해 본인의 증권계좌로 입출금할 수 있도록 해둔다. 요즘은 주식매매자금을 자산관리계좌(CMA)에 많이 넣어둔다. CMA는 연 4~5%대의 확정이자를 주면서 은행 보통예금처럼 수시 입·출금이 가능한 상품이다. 주식을 사고 싶으면 언제든 증권 위탁계좌로 자금을 이체한 뒤 주식매매를 할 수 있다.

주식매매는 거래소시장의 종목은 10주, 코스닥시장 종목은 1주가 최저 주문단위가 된다.

따라서 거래소시장의 주식을 살 경우에는 10주가 최저 매매단위이기 때문에 1주 금액의 10배 금액이 필요하다. 예를 들어 1주의 주식가격이 1,000원인 거래소 주식을 매매하기 위해서는 1만 원의 금액을 필요로 한다.

코스닥시장은 최저 매매단위가 1주이기 때문에 코스닥시장의 주식의 매매할 경우에는 1주의 금액이 필요하다.

1) 주식매매 주문방법

① 직접 증권회사의 객장에 나가서 주문표를 작성하여 매매
② 증권회사의 전화 및 ARS를 통해서 주문
③ 인터넷의 증권사 홈트레이딩(HTS)으로 주문

➲ 매매시 주의할 점은 반드시 어느 종목의 주식을, 몇 주를, 얼마로, 사느냐, 파느냐를 미리 확인한 후 주문을 해야 실수를 줄일 수 있다.

4. 종목공부

처음 주식 투자를 할 때는 어떤 종목을 사야 할지 막막하다. 종목을 처음 선택할 때는 증권사가 발간하는 주간자료와 기업분석자료를 참고하는 것이 좋다. 1년에 두 차례 나오는 '상장기업분석'이라는 책자도 봐둘 필요가 있다. 증권사 영업점에 가면 볼 수 있다.

5. 모의 투자

실전 투자를 하기 전에 모의 투자를 해보는 것도 성공 투자의 지름길이다. 증권사들은 연중 모의 투자대회를 진행하고 있다. 증권사 홈페이지를 검색하면 참가할 수 있다. 실제로 돈이 오가진 않지만 모의 투자를 통해 주문요령과 주식 관련 정보화면 활용방법 등을 익혀두면 실전 매매에서 실수를 줄일 수 있다.

6. 투자하기

'사자'와 '팔자'는 "기업 주식을 1만 원에 100주 사겠다(팔겠다)"는 식으로 주문이 이뤄진다.

어떤 종목을, 얼마에, 몇 주 거래할 것인지를 결정해야 한다. 매매시간은 월요일부터 금요일까지 오전 9시에서 오후 3시까지이다. 매매수량 최소 단위는 거래소시장에서 5만 원 이상 되는 종목은 1주, 5만 원 미만은 10주씩 거래한다. 코스닥시장은 1주씩 거래한다. 주가변동폭은 거래소와 코스닥 모두 상하 15%다.

하지만 매입(매도)물량이 몰린다면 내가 사고(팔고) 싶어도 그렇게 할 수 없을 때가 있다. 이때는 가격－시간－수량 우선의 법칙이 적용된다.

미수거래는 일종의 외상거래다. 내가 계좌에 30만 원만 갖고 있어도 100만 원어치 주식을 살 수도 있다. 하지만 3일 내에 증권사에 돈을 갚아야 하는데 만약 그 사이 주식이 폭락하면 낭패를 볼 수 있다. 초보들은 미수거래에 손대지 않는 게 좋다.

제2절 증권분석의 필요성과 기본적 분석

소위 "BLASH"(Buy Low and Sell High)라는 명구가 시사해주듯이 증권 투자는 쌀 때 사서 비쌀 때 파는 것이 정석이지만, 일반 투자자는 현재의 시세가 싼지 비싼지를 알기가 힘들다. 따라서 투자의 판단척도로서 증권분석을 먼저 이해해야 한다. 즉, 증권분석은 기업의 내재가치를 분석하여 시가와 비교함으로써 그 기업의 주가가 과대평가(overvalued)되었는지, 혹은 과소평가(undervalued)되었는지를 판단하는데 그 목적이 있다.

본 절에서는 투자대상을 복수증권의 결합관계에서 분석하는 포트폴리오 접근법과 달리 투자대상을 개별적으로 접근하는 전통적인 기본적 분석 및 기술적 분석법을 알아보도록 한다.

1 증권분석의 필요성

주가분석은 현재의 주가를 분석해 주가가 더 상승할 것인지, 혹은 하락할 것인지를 예측하는 과정이다. 때문에 주식 투자의 핵심은 바로 이 주가분석에 있다. 주식 투자에서 높은 수익을 내려면 주식을 싸게 사서 비싸게 팔아야 하는데 주식이 더 오를지, 혹은 더 내릴지 판단하지 못하면 투자에 성공할 수 없기 때문이다. 합리적인 접근 없이 막연한 감만 갖고 투자해서는 10% 수익률을 올리기는커녕 쪽박을 차기 쉽다.

물론 주식시장의 수많은 전문가들이 내놓는 주가분석을 일정기간이 지난 후에 조사해 보면 절반 이상이 빗나간다고 한다. 그만큼 주가를 정확하게 예측하기가 어렵고, 또 제대로 훈련받은 전문가가 많지 않기 때문이다.

절반도 넘지 못하는 예측성과에도 불구하고 지금도 수많은 전문가들이 주가분석에 대한 노력을 아끼지 않고 있다. 왜 그럴까? 그것은 주가분석의 과정이 없으면 투자에 대해 어떤 설명이나 조언도 할 수 없기 때문이다. 검증된 주가분석기법을 통해 왜 지금 주식을 매도해야 하는지, 혹은 왜 지금 MMF에서 돈을 빼내 주식형 펀드를 사야 하는지 등을 설명하지 못한다면, 그것은 이미 합리적인 투자가 아니다. 이른바 묻지마 투자나 투기적인 도박과 크게 다를 바가 없다.

게다가 많은 개인 투자자들이 전문가들의 예측이나 권고를 따른다. 사람들 역시 전문가가 내놓는 주가나 지수의 흐름이 모두 옳다고 생각하지는 않지만, 그래도 막연한 투자보다는 전문가들의 분석과 논리를 따르는 것이 위험부담을 최소화하는 합리적인 투자법이라고 생각하기 때문일 것이다.

문제는 전문가들 간에 상반된 예측을 하는 경우가 많다는 것이다. 전문가들의 의견이 엇갈릴 때 일반 투자자는 혼란에 빠져 허둥거리게 되는데, 이럴 때일수록 냉정해져야 한다. 주식시장의 특성 자체가 그렇다는 것을 이해하고 편안하게 받아들여야 하는 것이다. 어떤 시장에서는 상반된 예측이나 입장이 있어야 사고 팔 사람이 생겨 거래가 이루어지니까 말이다.

일반 투자자의 입장에서 보면 모든 전문가들이 주식이 오를 것이라고 예상한다거나 내린다고 한 목소리를 낼 때가 오히려 판단하기 더 어려운 상황이다. 서로 다른 의견이 존재해야 이성적으로 판단할 수가 있다. 곰곰이 생각해보면 판단은 어디까지나 투자자 본인의 몫이다. 그러니 주가분석의 과정을 더욱 잘 이해해야 하고, 그래야만 더욱 현명한 판단을 내릴 수 있게 된다. 자신이 없거나 시간의 없는 사람은 펀드를 통한 간접 투자를 하는 것이 더 바람직할 것이다.

2 증권분석의 방법

투자대상들의 투자가치를 분석하는 증권분석의 방법은 여러 가지로 분류될 수 있겠으나, 투자대상을 개별적으로 분석하는가 아니면 둘 이상의 복수증권들의 결합관계에서 분석하는가에 따라 개별자산 접근법과 포트폴리오 접근법으로 구분된다.

먼저 개별자산 접근법(asset by asset approach)은 투자대상들을 독립적 · 개별적으로 분석하여 선택하는 것을 말하는데, 기본적 분석(fundamental analysis)과 기술적 분석(technical analysis)이 이에 속한다. 반면에 포트폴리오 접근법(portfolio approach)은 증권을 두 개 이상의 복수증권들 간의 결합관계에서 투자가치를 평가하여 투자결정에 이용하는 방법인데, 효율적 분산 투자의 원리를 다루는 포트폴리오 이론적 분석방법이 이에 속한다.

3 기본적 분석의 의의

기본적 분석(fundamental analysis)은 시장에서 객관적으로 형성되는 시장가격(market price)이 증권이 본래 지니는 내재적 가치(intrinsic value)에 접근해 가지만 단기적으로는 동일하지 않을 수 있다는 전제하에서 증권의 내재적 가치를 중점적으로 분석하는 방법이다. 내재적 가치가 추정되면 이를 시장가격과 비교함으로써 내재적 가치가 시장가격보다도 큰 과소평가된 증권 또는 내재적 가치가 시장가격보다도 작은 과대평가된 증권을 발견하여 이에 따라 매입 또는 매도의 투자결정을 하면 초과수익(abnormal return)을 얻을 수 있다는 입장이다. 투자결정에 있어서 가격이 잘못 형성된 종목 선택(mispriced asset selection)을 통하여 초과수익을 얻고자 하는 적극적 투자관리의 분석기법이다.

그러므로 기본적 분석에서는 내재적 가치를 평가하는 작업이 주가 되는데, 내재적 가치를 결정짓는 요인 중 주당이익, 배당, 재무구조, 경영진의 능력, 산업의 경쟁적 구조와 같은 재무요인 혹은 경영요인들이 중시되고 있다.

이들 내재적 가치를 결정짓는 요인들인 재무요인과 경영요인은 재무제표와 같은 공개적으로 이용 가능한 정보(public information)에 의해서 평가되는 경우가 대부분이다. 따라서 내재적 가치의 규명에 초점을 두는 기본적 분석방법은 재무제표분석과 가장 밀접한 관계를 가지고 있다고 볼 수 있다. 따라서 재무정보가 가장 많이 이용되고 있는 증권분석의 방법은 기본적 분석방법이다.

4 기본적 분석의 방법

기본적 분석을 수행하는 절차는 크게 질적 분석방법과 양적 분석방법이 있다. 질적 분석방법은 기업의 재무제표나 주가 등에 영향은 미치고 있지만 계량화하기 힘든 영향요인에 관한 분석이다. 질적 분석은 구체적인 수치로 표시할 수 없지만 기본적 분석방법에서 매우 중요한 비중을 차지한다. 또한 양적 분석은 재무제표에 나타난 정보나 주가자료, 배당자료 등을 기초로 구체적인 기업가치를 구하는 내재가치 평가방법이다.

기본적 분석의 접근방법에는 기업분석－산업분석－경제분석의 순서로 분석시각을 점차 확대시키는 미시적(bottom－up) 접근방법과, 역으로 점차 분석대상을 축소시키는 거시적(top－down) 접근방법을 사용하여 투자종목의 선택에 중점을 두는 분석방법이 있다. 일반적으로 기본적 분석방법에서는 거시적 방법을 많이 이용하고 있는데, 이를 정리해보면 다음과 같다.

1. 경제분석

모든 기업활동은 궁극적으로 GNP 성장률, 경기순환의 국면, 통화량, 물가상승률, 이자율 등과 같은 거시경제요인의 영향을 받는다. 즉, 대부분의 경제변수가 직 ·

간접적으로 주가에 영향을 미치고 있다. 특히, 외국과의 교역이 증대되고 세계가 하나의 시장으로 통합되어 가고 있는 오늘날에는 세계경제의 흐름도 영향요인으로 작용한다. 근래에는 뉴욕, 동경, 런던, 싱가포르 등 세계 각국의 증권시장이 서로 동조적인 움직임을 보이는 현상이 뚜렷해지고 있다.

경제분석의 경우는 그 분석의 범위가 넓고 다양하기 때문에 전형적인 분석의 틀이 있는 것도 아니며 많은 경험과 종합적 판단이 요구된다.

1) GNP 성장률

국민총생산(GNP)은 한 나라의 국민이 1년간 생산한 최종 생산물의 시장가치이다. GNP 성장률은 기업의 성장과 밀접한 관계를 가진다. 일반적으로 기업의 성장이 촉진되면 GNP 성장률이 높아지고 증권시장이 활성화된다. 반면 기업의 성정이 둔화되면 GNP 성장률이 낮아지고 증권시장이 침체된다.

2) 경기순환의 국면

경험적으로 주가는 실물경기에 대해 선행성을 가진다. 실증분석결과에서도 적어도 3개월 내지 6개월 이상 선행하는 것으로 분석된다. 따라서 실물경기사이클이 회복기, 호황기, 후퇴기, 침체기를 거치는 동안에 주가사이클은 실물경기사이클보다 먼저 움직인다는 것이다.

3) 통화량

일반적으로 적정 통화량의 증가와 주가는 양(+)의 관계를 가지고 움직이는 경향이 있다. 즉, 확대 금융성책으로 통화량이 증가하면 시중의 자금이 풍부해지고 주식투자수요가 확대되어 주가는 상승하게 된다. 반면에 긴축정책으로 통화량이 감소하면 시중의 자금이 경색되어 주식시장은 위축된다. 그러나 장기적으로 볼 때는 과도한 통화량의 증가는 인플레이션을 유발해 결과적으로 주식시장에 나쁜 영향을 미칠 수도 있다.

4) 물가상승률

인플레이션은 물가지수의 변화율로 측정하는데, 우리나라에서 물가지수는 재경부에서 작성하는 소비자 물가지수와 한국은행에서 작성하는 도매 물가지수와 수출 · 입 물가지수가 있다.

일반적으로 완만한 인플레이션(creeping inflation)하에서는 기업의 투자의욕을 북돋우고 기업의 내재가치를 증대시켜 주가상승에 긍정적인 영향을 미치지만, 반면에 급격한 인플레이션(galloping inflation)하에서는 경제주체들이 인플레이션 해지를 하려고 실물자산을 선호하게 되어 금융시장에서 자금이탈로 주가를 하락시키게 된다.

실증분석결과에서도 대체로 주식투자의 실질수익률이 인플레이션과 음(−)의 관계를 보이는 것으로 분석된다. 이는 주식의 인플레이션 위험회피(hedge)수단이 적절치 못함을 의미한다.

5) 이자율

금리자유화가 진행된 오늘날에도 각국의 중앙은행은 금융정책의 한 가지 수단인 기준금리의 운영목표치를 조정함으로 경기가 침체되면 금리인하를 통해 경기를 부양하고, 반대로 경기가 과열되면 금리인상을 통해 경기과열을 방지한다.

일반적으로 이자율과 주가는 반대로 움직인다. 왜냐하면 금리인상은 자금의 수요자인 기업의 투자의욕을 떨어뜨리고 금융비용 부담의 증가로 기업의 순이익은 감소되어 경영압박을 초래하게 된다. 또한 금리인상은 주식 투자자들의 경우에는 주식의 대체 투자수단으로서 상대적으로 안전자산인 예금이나 채권에 투자하게끔 함으로써 주가는 떨어진다.

6) 환율

환율(exchange rate)은 앞에서도 설명했지만 자국통화와 외국통화와의 교환비율을 의미하는 것이다. 예를 들면 1달러의 가격을 우리나라 통화인 원화의 수량으로 표시할 때 1,000원이라고 하면 원/달러 환율은 1,000원이라고 한다.

한편 환율의 변동은 두 나라 통화의 상대적인 가치의 변동을 나타내는데, 환율상승(depreciation)이란 국내통화의 가치가 외국통화의 가치에 비해 떨어지는 것을 의미하며, 반면에 환율하락(appreciation)이란 국내통화의 가치가 외국통화의 가치에 비해 상대적으로 올라가는 것을 의미한다.

일반적으로 환율하락(원화가치의 상승)은 기업의 수출경쟁력을 약화시켜 수출감소로 인해 주가는 하락하게 되며, 반면에 환율상승(원화가치의 하락)은 기업의 수출경쟁력을 강화시켜 수출증가로 인해 주가는 상승하게 된다.

7) 원자재가격

부존자원이 많은 국가는 국제 원자재가격의 상승이 주가와 정(+)의 관계를 가지지만, 우리나라처럼 대부분의 원자재를 해외로부터 수입해야 하는 나라에서는 원자재가격의 상승이 주가와 역(−)의 관계를 가지는 경향이 있다.

국제 원자재가격이 상승할 때에는 원자재 수입액이 증가하여 국제수지를 악화시킬 뿐만 아니라 물가상승의 요인으로도 작용하므로 경제여건이 악화되어 주가는 하락하게 된다.

2. 산업분석

모든 기업의 수익성과 위험은 기업 자체의 특성이나 능력 이외에도 그 기업이 속한 산업의 특성과 동향에 큰 영향을 받게 된다. 그런데 산업 중에는 성장산업이 있는가 하면 사양산업이 있고, 경쟁이 별로 없는 산업이 있는가 하면 경쟁 정도가 매우 치열하며 망하는 기업이 속출하는 산업도 있다. 따라서 중 · 장기에 걸쳐 특정 기업에 자금을 빌려주거나 특정 기업이 발행한 사채의 인수를 고려하고 있는 금융기관은 물론이고, 유망한 종목을 선택하고자 하는 주식 투자자의 경우에도 특정 기업이 속한 산업을 분석하는 일은 매우 중요하다.

산업분석시 검토해야 할 요인들로는 산업의 연력, 수요구조, 생산구조, 판매구조, 재무구조, 정부의 산업에 대한 정책, 해외 산업동향, 산업의 경쟁상황 등이 있다. 산업분석시 검토해야 할 요인들로는 산업의 연혁, 수요구조, 생산구조, 판매구조, 재무구조, 정부의 산업에 대한 정책, 해외 산업동향, 산업의 경쟁상황 등이다.

1) 산업의 연혁

특정 산업이 언제 시작되었으며, 시작된 이후 어떠한 발전단계를 거쳤으며, 또 현재는 어떤 상태에 있는가를 검토한다. 구체적인 검토사항은 매출액신장률, 수익성, 수출비중, 국민경제 내에서의 중요성 등이다.

2) 수요구조

산업제품에 대한 수요가 단기적인 관점, 장기적인 관점에서 볼 때 어떻게 변화해 갈 것인가를 제품별, 이용자별, 지역별로 검토한다. 아울러 이같은 수요가 경기변동에 의해서 어떤 영향을 받을 수 있는지를 분석한다.

또한 최근의 급속한 기술혁신, 소비자 욕구의 다양화에 비추어 볼 때 산업제품이 제품 라이프사이클상 어느 단계에 위치하고 있는가, 그리고 산업제품 주요 수입국의 수입규제동향도 분석해야 한다.

3) 생산구조

제조공정, 생산기술, 생산능력, 가동률 등에 대하여 업계 전체의 동향을 파악하는 한편, 설비 투자의 내용과 규모, 원자재가격의 동향, 생산량 카르텔의 유무, 해외 진출상황 등도 검토해야 한다.

4) 판매구조

판매조직 및 물적 유통구조를 명확하게 파악하는 한편, 유통과정의 재고수준, 판매가격의 추이, 가격 카르텔의 유무 등을 검토해야 한다.

5) 경영성과와 재무구조

산업의 성장성, 수익성, 자본구성, 원가구조 등에 대하여 검토하고, 필요하다면 관련 산업과의 비교를 실시한다.

6) 정부의 산업정책

특정 산업에 대하여 정부가 어떤 태도를 가지고 있는가를 검토한다. 예컨대 정부가 정책적으로 육성시키고자 하는 산업이라면 세제, 재정, 금융상의 지원을 받게 된다.

7) 해외의 산업동향

분석대상 업종에 대한 주요국의 동향을 검토한다. 이때는 주요 제품별로 가격, 품질, 기술력, 생산방식 등을 검토한다. 또한 기업별로 규모, 수익력, 연구개발 투자, 시장점유율 등을 조사한다.

8) 산업의 경쟁상황

특정 산업 내의 경쟁이 얼마나 치열한가에 따라 그 산업의 수익성과 위험이 결정된다. 그러므로 특정 산업의 경쟁환경을 파악하기 위해서는 신규 진입, 도산, 철수, 전업, 폐업, 합병 등에 의한 기업수의 변동추이, 규모별 · 지역별 기업의 분포, 기업별 시장점유율, 그리고 자본, 기술 판매 등에 의한 계열기업의 존재 유무 등을 분석하여야 한다.

9) 산업의 라이프사이클

특정 산업의 시장규모와 투자기회의 크기는 그 산업이 라이프사이클의 어떤 단계에 있는가에 따라 달라진다. 예를 들어 생명공학산업은 아직 도입기에 있기 때문에 자동차산업보다 작은 시장규모를 갖고 있지만 풍부한 투자기회를 갖고 있다. 그 결과 생명공학산업은 큰 투자규모와 높은 투자수익률, 낮은 배당성향으로 특징지을 수 있다. 또 자동차산업은 거의 성숙단계에 이르렀기 때문에 산업 내 경쟁이 치열하고 투자수익률은 낮다.

일반적으로 산업은 다음 그림과 같은 라이프사이클에 따라 성장 또는 쇠퇴해가며 4단계에 따른 특징을 보인다.

(1) 도입기

1980년대의 VCR이나 PC, 1990년대의 생명공학 등과 같은 산업이 해당된다. 도입기에는 산업 전반은 매우 빠르게 성장하지만 어떤 회사가 산업을 주도하게 될 것인지 불분명하기 때문에 산업 내에서의 투자종목 선택이 매우 어렵다.

그림 5-1 ▶ 산업의 라이프사이클

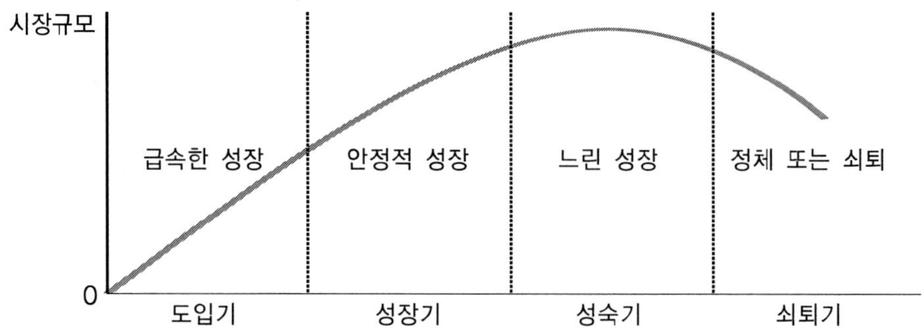

(2) 성장기

제품이 확고한 시장기반을 형성하게 되고, 산업 내 선도기업이 점차 명확해진다. 선도기업의 위치가 안정되므로 시장점유율의 예측이 보다 용이해진다. 산업 전체 및 선도기업들의 성장률과 투자수익률은 경제 전반보다 훨씬 높은 수준이다.

(3) 성숙기

제품이 충분한 시장을 확보하게 되어 성장률이 현저히 둔화되어 경제 전반의 성장률 수준에 머무르게 된다. 제품이 표준화되고 기업 간의 가격경쟁이 격화된다.

(4) 쇠퇴기

제품의 진부화, 대체적인 신제품의 등장, 비용 절약적인 신기술의 등장 등으로 산업의 규모가 쇠퇴한다. 기존 업종 내에서는 수익성이 좋은 투자기회가 드물기 때문에 기업은 산업에서 완전히 철수하거나 다각화를 모색하게 된다.

3. 개별기업분석

1) 질적 분석

기업을 종합적으로 분석하기 위해서는 기업의 양적요인, 즉 재무제표상의 회계정보 뿐만 아니라 기업의 질적 요인도 포괄적으로 분석해야 한다.

기업에 대한 질적 분석이란 기업의 성장성, 사업내용과 전망, 기업의 연혁, 경영자의 능력 및 경영진의 구성, 업계에서의 지위, 노사관계, 금융관계, 기업문화, 연구개발(R&D) 등을 분석하는 것이다. 기업에 대한 질적 분석은 객관화할 수 있는 방법과 기준이 없지만 양적 분석에 못지않게 중요하다. 특히 질적 분석의 대상 중에서 기업의 성장성과 경영자 및 경영진의 평가는 매우 중요하다.

기업의 성장성에 대한 분석은 산업분석에서와 마찬가지로 개별기업이나 그 제품이 도입기, 성장기, 성숙기, 쇠퇴기의 과정을 거치게 되므로 그 중 어느 단계에 있는가를 판단하는 것을 말한다. 또한 불확실성과 위험이 증대되고 있는 현대 경영에서 경영자의 역할(CEO 효과)은 더욱 중요시되고 있으며, 따라서 경영자 및 경영진의 분석 또한 매우 중요하다고 하겠다. 즉, 경영진의 경력, 능력, 인격, 신용, 그리고 최고경영진의 팀워크 등이 분석되어야 한다. 또한 그 기업의 노사관계는 안정적인지, 자금조달방식은 어떤지, 연구개발비 비중은 얼마나 되는지 등도 매우 중요한 질적 분석요인이라고 하겠다.

그러나 질적 분석의 한계는 관련 정보 및 자료의 수집도 쉽지 않고 정보 및 자료에 대한 객관적인 평가가 매우 어렵다는 것이다.

2) 양적 분석

기업에 대한 양적 분석은 기업이 공시한 재무제표를 중심으로 한 분석방법을 말한다. 즉, 양적 분석은 주로 재무제표를 통해 수익성, 안정성, 성장성 등을 분석하는 것이다. 상장기업의 재무제표는 기업분석에 있어서 기초적인 자료로 공인회계사의 감사를 받아야 한다. 우리나라 기업회계 기준상의 재무제표는 대차대조표, 손익계산서, 이익잉여금처분계산서, 현금흐름표를 가리킨다.

기업에 대한 양적 분석은 보고된 회계정보에 의거한 비율분석을 기초로 하는데, 여기서는 증권시장에서 경제적 의미가 있는 중요한 것만 설명하기로 한다.

(1) 총자본 순이익률

총자본 순이익률(net profit to total assets)은 기업에 투자된 총자본(자산)으로부터 어느 정도의 당기 순이익을 얻었는가를 나타내는 지표로서 수익성분석의 대표적 비율이다.

$$\text{총자본 순이익률} = \frac{\text{당기 순이익}}{\text{총자본(자산)}} \times 100$$

이 비율은 투자수익률(Return On Investment : ROI)이라고도 하며, 일반적으로 총자본 순이익률이 높을수록 기업의 수익성이 양호하다는 뜻이 된다. ROI는 경영자가 이 비율을 극대화해야 하는 목표라는 점에서 기업분석에 있어 가장 중요한 지표라고 할 수 있다.

(2) 자기자본 순이익률

자기자본 순이익률(return on equity : ROE)은 기업에 투자된 자기자본에 의하여 얻어지는 납세 후 이익이 얼마인가를 측정하는 것으로, 당기 순이익을 자기자본으로 나눈 것이다.

$$\text{자기자본 순이익률} = \frac{\text{당기 순이익}}{\text{자기자본}} \times 100$$

자기자본 순이익률은 주주들의 투자자본인 자기자본에 대해 어느 정도의 이익을 올렸는가를 나타내는 지표로서, 최소한 은행의 정기예금 금리 이상이 되어야 효율적이라고 할 수 있다. 특히 ROE가 높은 기업들이 배당을 많이 하는 경향이 있으므로 배당 투자를 목적으로 하는 투자자들에게 관심있는 지표이다.

(3) 부채비율

부채비율(debt of equity ratio)은 기업이 타인자본에 의존하고 있는 정도를 나타내는 비율로서, 특히 장기 부채의 상환능력을 판단하는 지표이다.

$$\text{부채비율} = \frac{\text{타인자본}}{\text{자기자본}} \times 100$$

부채비율은 주주나 채권자의 입장에서 재무위험을 나타내는 지표이기 때문에 일반적으로 100% 이하를 표준비율로 보고 있다. 그러나 이론적으로 높은 부채비율이 언제나 나쁜 것만은 아니다. 타인자본 사용에 따른 재무비용이 지렛대(level) 역할을 하여 기업의 순이익을 증대시키는 재무 레버리지 효과(financial leverage effect)가 있기 때문이다. 자기자본 이외에 추가적인 타인자본을 사용함으로써 매출액이 증가하고 추가이익이 발생하게 되는데, 이때 발생한 추가이익의 크기가 부채 사용에 따른 이자를 상회하면 이익의 확대 효과가 발생한다.

이와 반대로 경기침체로 매출액이 감소하고 타인자본 조달에 따른 이자가 추가이익을 초과하게 되면 손실의 확대 효과가 발생한다. 이와 같은 의미에서 부채비율을 레버리지 비율(leverage ratio)이라고도 한다.

(4) 이자보상비율

이자보상비율(interest coverage ratio)은 기업의 영업이익이 타인자본의 사용으로 인해 발생하는 이자의 몇 %가 되는가를 나타내는 비율이다.

$$\text{이자보상비율} = \frac{\text{영업이익}}{\text{이자비용}} \times 100$$

이자보상비율이 100% 이하라면 영업이익으로 이자도 갚지 못하는 상황이므로 기업 퇴출의 대상이 된다는 점에서 투자자가 유의해야 한다.

(5) 유동비율

유동비율(current ratio)은 유동자산을 유동부채로 나눈 비율로서 기업의 단기 채무에 대한 지급능력을 나타내는 비율이다.

$$\text{유동비율} = \frac{\text{유동자산}}{\text{유동부채}} \times 100$$

유동성이란 보유자산을 단기간 내에 현금화할 수 있는 가능성을 말하는데, 유동성이 부족하면 단기 채무에 대한 지급불능으로 기업이 도산할 위험이 높아지기 때문에 유동비율은 기업분석에서 가장 중요시된다. 그러나 유동성 분석에 대한 평가는 업종, 규모, 투자자의 주관 등에 따라 다를 수 있다. 채권자의 입장에서는 높은 유동성을 요구하겠지만, 주주의 입장에서는 과도한 유동자산은 기업의 수익성을 저해하는 요인이 될 수도 있기 때문이다.

(6) 매출액 증가율

매출액 증가율은 기업의 성장성을 나타내는 대표적 지표이다.

$$\text{매출액 증가율} = \frac{\text{당기 매출액} - \text{전기 매출액}}{\text{전기 매출액}} \times 100$$

매출액 증가율이 높다는 것은 시장점유율이 높아지는 것을 의미하므로 기업의 외형적 성장을 나타내는 주요지표의 하나라고 할 수 있다. 매출액 증가율은 클수록 좋으며, 적어도 물가상승률보다는 높아야 성장하는 기업이라고 평가할 수 있다.

(7) 주당 순이익

주당 순이익(Earning Per Share : EPS)은 주식을 평가할 때 가장 기본이 되는 지표로서 발행주식 1주당 순이익이 얼마인가를 나타내는 수치이다

$$\text{주당 순이익} = \frac{\text{당기 순이익}}{\text{발행주식수}} \times 100$$

자본금 규모가 다른 기업과의 수익성을 비교할 때 이익의 절대적 규모만으로는 비교를 할 수 없기 때문에 주당 순이익(EPS)을 사용한다.

보통주 1주당 순이익을 계산할 때에는 당기 순이익에서 우선주 배당금을 빼며, 분모의 발행주식수에서도 우선주식수를 차감한다. 또한 전환사채나 무상증자가 있었던 경우에도 발행주식수가 증대함으로 그것을 고려하여 주당 순이익을 산출해야 한다.

(8) 배당성향, 배당률 및 배당수익률

배당성향(dividend payout ratio)은 당기 순이익 중 현금배당으로 지급되는 비율로, 이 비율은 배당금 지불능력 또는 기업의 배당정책을 나타내는 지표이다.

$$\text{배당성향} = \frac{\text{현금배당}}{\text{당기 순이익}} \times 100$$

배당성향이 높다는 것은 배당금 지불능력이 크고, 배당정책상 현금배당의 비중을 높인 결과라고 볼 수 있다.

배당률(dividend payout)은 배당금을 주식의 액면가격으로 나눈 것으로, 배당투자를 목적으로 하는 투자자들에게 의미있는 지표이다.

$$\text{배당률} = \frac{\text{배당금}}{\text{액면가격}} \times 100$$

배당수익률(dividend yield)은 배당금을 당해 주식의 시장가격으로 나눈 것으로 투자자의 입장에서는 더 의미가 있는 지표이다.

$$\text{배당수익률} = \frac{\text{배당금}}{\text{시장가격}} \times 100$$

예를 들어 삼성전자와 국민은행의 주가가 각각 300,000원과 50,000원이고 보통주 1주당 배당금이 2,000원과 600원이라고 할 때 배당수익률은 삼성전자가 0.67%이고, 국민은행은 1.2%이다. 따라서 주가는 삼성전자가 높지만 배당수익률은 국민은행이 거의 2배가 되어 국민은행에의 투자가 상대적으로 유리하다고 할 수 있다. 일반적으로 1주당 배당금(DPS : Dividend Per Share)은 전기의 현금배당금을 반영하여 산출하며 보다 정확한 지표를 산출하자면 미래의 배당금을 반영하여야 할 것이다.

(9) 주가 수익비율

주가 수익비율(PER : Price Earning Ratio)은 주식시장 투자지표 중에서 가장 널리 활용되고 있는 대표적인 지표로서 현재의 주가를 주당 순이익(EPS)으로 나눈 비율로써 주가가 주당 순이익의 몇 배가 되는지를 측정하는 지표이다.

PER은 기업의 단위당 수익력(수익가치)에 대한 투자자들의 질적 평가로서 상대적인 주가수준을 평가하는데 활용되고 있다 일반적으로 현재의 PER와 과거 평균 PER를 비교함으로써 현재 주가의 지나친 상승으로 PER이 과거 PER의 평균치보다 낮을 경우 매수를 한다. 이는 향후 PER이 적정수준으로 회귀할 것이라는 주가의 속성을 이용한 매매방법이다. 뿐만 아니라 어느 한 시점에서 산업 또는 시장 평균 PER 수준과 비교하여 해당 기업의 주가수준의 고평가 또는 저평가 정도를 판단하는데 활용하기도 한다. 특히 최근에 배당금의 안정적 지급의 경향으로 배당금은 큰 변동이 없으므로 배당수익률보다는 PER이 주가수준을 측정하는데 보다 적절한 척도가 된다.

(10) 주가 순자산비율

주가 순자산비율(PBR : Price Book value Ratio)은 주가를 1주당 순자산가액으로 나눈 것으로 주가가 1주당 순자산(자기자본)가치의 몇 배인가를 나타내기 때문에 PER과 마찬가지로 주가의 상대적 수준을 나타내는 지표이다.

순자산액 가치란 대차대조표의 자산총액에서 부채총액을 차감한 것으로 회사가 청산시 주주에게 분배 가능한 금액을 의미한다. 따라서 PBR이 1 미만인 회사는 시장가액(주가)이 장부가격을 하회한다고 할 수 있으므로, 주가가 저평가되어 있다고 할 수 있어 매수대상이 될 수 있다.

또한 PER이 기업의 수익가치측면에서 주가를 판단하는 지표인 반면에, PBR은 기업의 재무상태측면에서 주가를 판단하는 지표라고 할 수 있다. 그러나 순자산가치는 자본금과 각종 준비금을 포함하는 것이기 때문에 이익이 증가하는 한 PBR도 증가한다. 따라서 PBR은 주식을 수익성뿐만 아니라 자산가치로 평가하고자 하는 의도에서 만들어진 지표이다.

(11) 주가 현금흐름비율

주가 현금흐름비율(PCR : Price Cash flow Ratio)은 주가를 주당 현금흐름으로 나눈 비율로서 주당 이익을 중시하는 PER의 보조지표로 사용된다. 주당 현금흐름이란 당기 순이익에 감가상각비와 같은 현금지출이 없는 비용은 더하여 이를 발행주식수로 나눈 것으로 영업활동에 의해 얻어진 1주당 자금의 양을 말한다. 부채상환, 설비의 확장 및 대체를 위하여 기업의 자금조달능력을 측정하는 지표로 이용된다.

(12) 경제적 부가가치

경제적 부가가치(EVA : Economic Value Added)란 기업이 영업활동을 통하여 창출한 순가치의 증가분으로, 세후 순영업이익(NOPAT : Net Operating Profit After Tax)에서 투입된 자기자본에 대한 자본비용을 차감한 이익을 말한다. 즉, 주주들이 투자한 자본을 활용해 기업이 부가가치를 얼마나 창출했느냐를 측정하는 지표로 사용되며 잔여 이익의 개념이다.

지금까지의 주가모형이 단기 이익지표에만 초점을 맞춘 것인데 반해, EVA모형은 대차대조표 순자산항목과 기업자기자본에 대한 기회비용 이상의 이익창출능력에 초점을 맞춘 것이다. 적정주가는 주당 순자산에 미래 발생할 EVA를 모두 현재가치로 환산하여 더한 금액으로, 기업이 자기자본비용 이상으로 이익을 창출하여야 EVA > 0가 되며, 적정주가는 주당 순자산보다 높아진다.

- 적정주가
  = 주당 순자산 + 주당 미래 EVA의 현재가치
- 경제적 부가가치(EVA)
  = 세후 순영업이익(NOPAT) − 자본비용
  = 투자자본 × 투자자본 수익률(ROIC) − 투자자본 × 가중평균자본비용(WACC)
  = 투자자본 × 양적 측면(ROIC) − 질적 측면 초과수익률(WACC)

(13) 시장부가가치

시장부가가치(MVA : Market Aalue Added)는 미래에 발생할 수 있는 EVA를 현재가치로 할인한 가치이다. 이러한 미래시점에서의 EVA를 추정하는 것은 현실적으로 불가능하므로 과거의 EVA를 누적한 것을 MVA의 대용치로 사용하고 있다. 이것은 미래 EVA는 과거에 발생한 EVA만큼 창출할 것이라고 가정한 것이다.

(14) EV/EBITDA

EV/EBITDA는 해당 업체의 내재가치(수익가치)와 기업가치를 비교하는 투자지표로 이비에비타 비율라고 부른다. EV는 기업가치(Enterprise Value)로서 보통 기업의 시가총액(주가 × 발행주식수)과 순부채(총차입금 − 현금예금)로 나타난다. 이를 EBITDA(earning before tax, depreciation, and amortization), 즉 지급이자, 세금, 감가상각비(유 · 무형 고정자산의 감가상각비를 모두 포함), 지출 전 이익으로 나눈 것을 말한다. 이는 기업이나 주주의 수익성을 중시해 각광받기 시작한 투자지표이다. 분자에 들어가는 EV는 '기업의 총가치'로 '기업매수자'가 기업을 매수할 때 지불해야 하는 금액을 의미하며, 분모의 EBITDA는 기업이 얻는 이익에서 세금, 이자, 감가상각비용 등을 제하기 전의 이익률이므로, 이 비율이 낮다는 것은 기업 규모는 큰데 거기에서 나오는 순이익이 작다는 것으로 비효율적인 경영을 하고 있다고 해석하면 된다.

이 비율은 PER, PCR과는 달리 기업이 자기자본과 타인자본을 이용하여 영업활동을 통하여 창출할 수 있는 이익의 개념으로, 국가별 · 회사별 차이가 있는 회계상의 왜곡을 없애준다는 점에서 기업가치를 평가할 때 많이 이용하는 적정주가 평가모델이다.

어느 기업의 이 비율이 8배라면 기업의 시장가치는 1년간 벌어들인 EBITDA의 8배에 해당하는 기업임을 의미한다. 또는 그 회사를 시장가치(EV)로 매수했을 때 그 회사가 벌어들인 이익(EBITDA)을 8년간 합하면 투자원금을 회수할 수 있다는 의미이다.

(15) 토빈의 q비율

토빈의 q비율(Tobin's q－ratio)은 주식시장에서 평가된 기업가치, 즉 주가를 기업 자신의 현재가치로 나눈 값이다.

$$q = \frac{\text{기업의 시장가치(주가)}}{\text{기업자산의 현재가격(대체원가)}} \times 100$$

기업자산의 현재가치는 기업이 현재 보유하고 있는 모든 실물자산을 새로 조달한다고 할 때 소요되는 대체원가(replacement coast)를 가리킨다. 만약 주가가 자산의 현재가치보다 높다면 주식을 팔아 그 자금으로 새로 기업을 창설하는 것이 더 많은 이익을 얻을 수 있다.

q비율이 1 이하인 기업은 저평가되어 아직 성장 잠재력이 있을 가능성이 크기 때문에 M&A의 대상이 되기도 한다.

5 기본적 분석의 유용성

기본적 분석이 경제분석－산업분석－개별기업분석의 체계로 진행되는 것은 실제적인 투자결정의 단계에서 유용한 의미를 지닌다. 구체적으로 투자결정의 단계별로 의미를 분석해 보면 다음과 같다.

투자결정의 첫째 단계는 예금, 채권, 주식, 부동산, 귀금속 등의 여러 가지 자산 중에서 어느 곳에 얼마를 투자할지를 선택하는 것이다. 특히 주식과 부동산은 대체적인 관계를 지니며 경기순환의 국면이나 지가상승률 등의 거시경제변수가 주요한 분석자료로 활용된다.

투자결정의 둘째 단계에서는 주식 중에서 어느 산업에 속한 주식을 대상으로 할 것인지를 선택하는 것이다. 산업도 개별제품과 마찬가지로 도입－성장－성숙－쇠퇴의 변천과정을 겪으므로 과연 어떤 산업이 성장성이 있는지를 알기 위하여 산업분석을 실시하여야 한다.

투자결정의 마지막 단계는 구체적으로 어느 기업의 주식을 구매할지를 결정하는 것이다. 같은 산업에 속하더라도 업계에서의 경쟁력, 소비자의 인지도, 최고경영자의 경영능력 등이 서로 다르며, 이에 따라 투자가치도 달라진다.

제3절 기술적 분석

1 기술적 분석의 의의

1. 기술적 분석의 개념

기술적 분석(technical analysis)은 과거의 증권가격 및 거래량의 추세와 변동패턴에 관한 역사적 정보를 이용하여 미래의 증권가격을 예측하는 방법이다. 이 분석방법은 과거의 증권가격 움직임의 양상이 미래에도 반복된다는 가정을 하고 있고, 증권의 가격이 이성적 요인뿐만 아니라 비이성적인 요인, 심리적 요인에 의해서도 결정된다고 보는 입장이어서 증권가격패턴을 결정짓는 증권의 수요와 공급, 그 자체에 대한 분석을 중요시한다.

기본적 분석은 다우이론(Dow theroy)에서 발전되었는데, 증권시장의 시황이 약세시장(bear market)이나 강세시장(bull market)으로 전화하는 시점을 미리 포착하여 초과수익을 얻고자 하는데 분석의 초점을 두고 있다.

적절한 투자시점(timing)은 주로 과거의 증권가격이나 거래량의 움직임을 도표(chart)로 표시하거나 이동평균, 투자심리선과 같은 기술적 투자지표를 이용하여 포착하고 있다.

예를 들어 설명하면 다음 그래프는 두 회사의 주가를 3년 동안 추적해서 기록

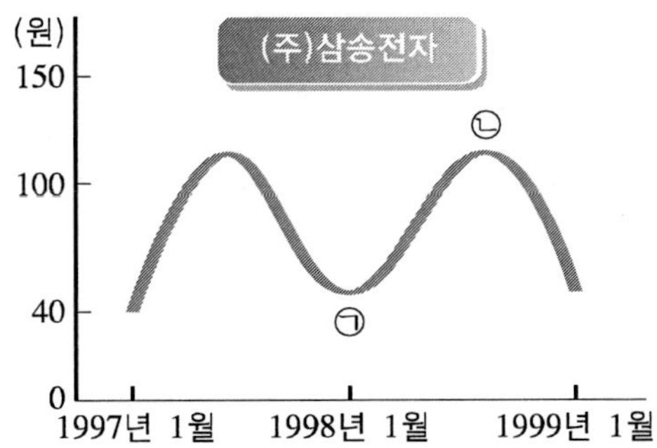

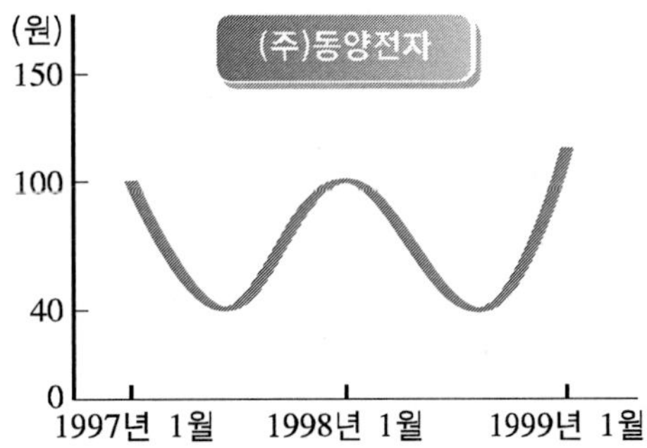

한 것이다. 여러분이 1998년 1월에 주식을 구입한다면 어떤 회사의 주식을 구입하겠는가? 당연히 (주)삼송전자의 주식을 구입해야 한다.

만약 여러분이 (주)삼송전자의 주식을 구입했다면 언제 팔아야 할까? 당연히 주가가 ⓛ시점에 가까워지면 팔아야 한다.

위의 예에서 살펴본 것처럼 기술적 분석을 이용하면 PER, 자기자본 수익률 등을 몰라도 손쉽게 종목을 선정하고 매매타이밍을 결정할 수 있다.

역사가 반복되고 인간의 행위가 반복되듯이 주가 역시 반복된다는 기본 가정에서 출발하는 것이 기술적 분석이다. 기술적 분석을 전문으로 하는 사람들의 주장에 의하면 PER, 자기자본 수익률 등의 모든 투자지표도 그래프 속에 포함되어 있다고 한다. 따라서 기술적 분석을 사랑하는 사람이 추구하는 것은 그래프 속에서 일정한 규칙성을 찾고, 그 규칙성을 이용해 종목을 선정하고 투자시점을 결정하는 것이다.

하지만 현실세계에서는 전적으로 기술적 분석에 의존해 종목을 선정하고, 매매타이밍을 결정하는 사람은 별로 없다. 대체로 기본적 분석을 통해 종목을 선정하고, 기술적 분석을 이용해 매매타이밍을 결정하게 된다.

즉, 기본적 분석을 통해 괜찮은 주식을 선정하고 나서 그래프를 이용해 매매타이밍을 결정한다. 예를 들어 (주)삼송전자의 가치가 10,000원인데 주가가 5,000원이라면 일단 매입을 결정한다. 그런데 이때 매입을 하면 장차 5,000원의 이익을 올릴 수 있지만 그래프를 이용하면 좀 더 높은 수익을 올릴 수 있게 된다. 과거의 (주)삼송전자의 주가가 다음의 그래프처럼 움직였다면 좀 더 있다가 주식을 매입하는 것도 괜찮은 전략이 될 수 있다.

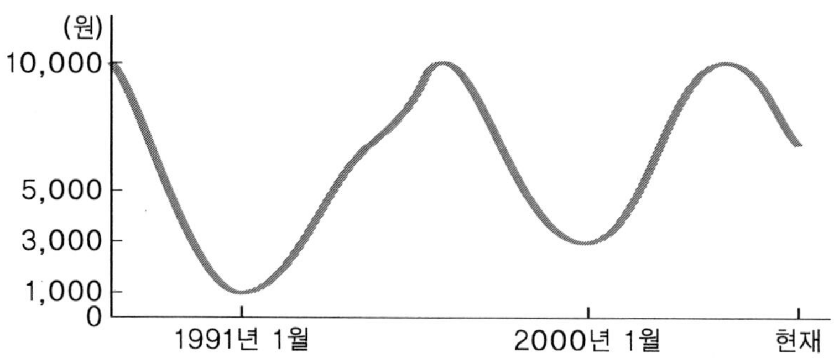

이제 기술적 분석의 유용성을 대충 알게 됐을 것이다. 철저하게 기본적 분석을 통해 종목선정과 매매타이밍을 결정할 수도 있지만 기술적 분석에 대한 공부를

해 놓으면 많은 도움을 받을 수 있는 것도 사실인 것이다.

하지만 기술적 분석의 간단함에 빠져 기본적 분석을 무시해서는 절대로 주식시장에서 살아남을 수 없다. 주식시장에서 떼돈을 벌었던 대부분의 사람들은 기본적 분석을 중심으로 주식 투자를 한 사람들이기 때문이다.

2. 기술적 분석의 가정

주가는 경제적 변수뿐만 아니라 시장환경이나 투자자들이 심리상태 등이 모두 반영되어 나타나므로 주가가 항상 내재적 가치와 일치한다고 보기는 어렵다. 기술적 분석가들은 주가와 거래량을 주의 깊게 살펴보면 수급상황과 투자심리의 변화를 읽을 수 있으며, 이로부터 매매시점을 포착할 수 있다고 믿는다.

또 기술적 분석가들은 주가는 술 취한 사람의 걸음같이 아무렇게나 움직이는 것처럼 보이지만, 잘 살펴보면 일정한 추세와 패턴을 가지고 움직인다고 생각한다.

주가에 영향을 미치는 정보가 발생하였을 때 주가가 즉각적으로 완전하게 조정되는 것이 아니라 일정기간에 걸쳐 서서히 정보를 반영한다면 주가변동에 특정한 추세나 패턴이 형성된다.

기술적 분석에서는 주로 도표를 이용해서 주가변동의 패턴이나 대세 전환점을 찾고자 한다.

기술적 분석은 다음과 같은 가정을 토대로 하고 있다.

① 주가에는 시장이나 기업에 관한 모든 것이 반영되어 있다. 그리고 이 주가는 수요와 공급에 의해서만 결정된다.

② 주식에 대한 수요와 공급은 이성적 요인뿐만 아니라 비이성적이거나 심리적인 요인들도 복합적으로 작용해서 결정된다.

③ 수요와 공급에 따라 주가변동은 서서히 진행되며 장기적으로는 특정한 추세를 형성한다.

④ 도표에서 주가변동의 모습을 분석하면 변화의 추세를 파악할 수 있으며, 이러한 추세는 반복되는 경향이 있다.

이러한 가정 중에서 핵심은 주가가 장기적으로 특정한 추세를 형성한다는 데 있다. 기술적 분석으로 추세를 찾아내면 앞으로 주가가 올라갈지 떨어질지를 미리 예측하는 것이 가능하며, 이로부터 초과수익을 올릴 수 있다고 본다.

3. 기본적 분석과의 비교

기본적 분석가들이 주식의 내재적 가치를 수리적 모형을 이용하여 계산하는 데 대하여 기술적 분석가들은 비판적인 태도를 취한다. 주가는 경제적이거나 계량적인 요인뿐만 아니라 비경제적 또는 질적인 요인들에 의해서도 영향을 받으므로, 수리적 모형으로 계산되는 내재적 가치가 믿을 만한 값이 못 된다고 본다. 반면에 주가의 과거 기록은 주가에 영향을 미치는 모든 요소가 반영되어서 나타난 결과이므로 보다 종합적이고 믿을 수 있다고 주장한다.

그러나 과거의 기록에서 미래의 변화를 찾을 수 있다는 기술적 분석가들의 주장에 대한 비판도 거세기는 마찬가지이다. 주가는 미래에 발생하는 새로운 정보에 의하여 결정되는 것이지 과거의 변화패턴에 따라 반복적인 움직임을 보이는 것은 아니라는 지적이 그것이다.

기본적 분석과 기술적 분석은 서로 대치되는 것이 아니라 보완적인 관계에 있다고 보아야 한다. 기본적 분석은 개별주식의 가치평가에 유용하고, 기술적 분석은 전반적인 시장동향의 파악에 도움이 된다. 미래의 주가에 대한 예측이 완전할 수는 없으며, 다양한 자료를 서로 다른 각도에서 보았을 때에 보다 유용한 정보를 얻을 수 있기 때문이다. 어느 한 가지 방법만을 맹신하고 기계적으로 적용해서는 판단을 그르치게 될 것이다.

2 선차트와 봉차트

차트란 무엇인가? 차트는 기술적 분석의 기본도구이다. 기술적 분석에는 많은 종류가 있다. 이동평균과 RSI, 스토캐스틱과 같은 통계적인 방법을 이용하는 방법, 파동을 이용하는 방법과 패턴이나 추세를 이용하는 방법 등이 있다. 이러한 많은 종류의 기술적 분석에서 가장 기본이 되는 것은 바로 여기에서 설명할 봉차트분석이다.

봉차트란 가격의 기본이 되는 시가, 고가, 저가, 종가를 이용하여 차트를 만드는 방법이다. 이러한 차트를 기본(Base)차트라고 하면 기본(Base)차트 내에서도 여러 가지 종류들이 있다.

봉차트의 주요 종류로는 어떠한 방법에 따라 그리느냐에 따라 그 종류가 나뉘어진다. 기본적으로 봉차트라 하면 일본식 봉차트인 음양초봉(Candlestick) 차트가 있으며, 미국식 차트인 Bar 차트와 Point & Figure 등이 있다.

또한 기본(Base)차트들은 그리는 시간에 따라 일봉, 주봉, 월봉으로도 분류된다. 더욱 단기적으로는 틱봉, 초봉, 분봉, 시간봉으로까지 나뉘어진다. 가령 일봉차트라 하면 하루 중 처음 시작한 시가와 최고 높은 가격인 고가, 최저로 거래된 저가와 마지막에 형성된 종가로 하나의 봉이 완성되게 되며, 이러한 하나의 완성된 봉을 연속적으로 그려나가면 기본차트가 되는 것이다.

주봉이나 월봉 역시 주간 단위로 그렸느냐, 월간 단위로 그렸는냐에 따라 그 의미가 달라지게 되는 것이다.

먼저 차트의 종류에 대해서 알아보기로 하고 어떻게 그리는 것인지 설명해보도록 하겠다(일봉 기준 설명).

1. 선차트(Line Chart)

선차트는 일명 연속(Continuous)차트라고도 불려진다. 연속적으로 한 종류의 가격만을 연결해서 그려나가기 때문이다.

만약 종가 선차트를 그린다면 매일매일의 종가를 연결하여 선으로 계속 그려나가면 된다.

종가란 하루 중 거래된 가격 중 마지막 가격이다. 즉, 하루 중 거래된 수많은 가격 중에서 최종가격인 종가를 가장 중요하다고 생각하여 그리는 차트이다.

물론 반드시 종가만을 연결하여 차트를 만들 필요는 없다. 시가나 고가, 저가만을 연결하여 만들 수도 있지만, 보통의 경우 일반 투자가들은 시장에 전해지는 가장 마지막 정보까지 반영되는 가격이 종가이므로 가장 중요한 가격은 종가이며, 따라서 종가야말로 시장동향에 가장 유용한 정보를 제공한다고 생각한다.

2. 미국식 봉차트(Bar Chart)

Bar 차트는 크게 일본식과 미국식이 있다. 흔히 Bar 차트라고 하면 미국식을 의미하여, 일본식 Bar는 음양초봉이라고 한다.

미국식 Bar 차트는 가장 오래되고 전 세계적으로는 널리 쓰이고 있는 차트 중의 하나이다.

Bar 차트의 일봉이라면 하루 중의 시가, 고가, 저가, 종가 등을 나타낸 차트이며, 주봉이라면 해당 주의 처음 시작한 가격인 시가와 주중 최고가인 고가, 최저가인 저가, 주의 마지막날의 최종가격인 종가로 그려진다. 그 작성법은 다음과 같다.

① 고가와 저가를 파악하여 저가와 고가를 수직으로 연결한 직선을 긋는다.
② 시가를 파악하여 고가와 저가를 연결한 직선상에 짧은 좌측선을 수평으로 긋는다.
③ 종가를 파악하여 저가와 고가의 연결 직선상에 우측으로 짧은 수평선을 긋는다.
④ 위의 방법으로 사용자의 기준(일별, 주별 등)에 따른 시간별 Bar 차트를 계속 작성해 나간다.

봉이란 우리에게 익숙한 막대그래프를 말하며 일정 기간의 시가와 종가, 저가, 고가를 하나의 봉에 나타낸다. 이 기간에 따라 주로 일봉 · 주봉 · 월봉으로 나누어지며, 주가흐름을 파악하는데 가장 유용한 지표가 된다. 단기 투자에서는 일봉이나 분봉이 사용된다.

미국식 차트와 일본식 차트가 있으나, 우리나라는 보통 일본식 차트를 사용한다.

봉차트의 막대모양의 기본모형에는 시가, 종가, 고가, 저가 등의 정보들이 담겨 있다.

① 시가 : 주식시장이 시작할 때 형성되는 시작 가격(Opening price)
② 종가 : 장 마감 때 형성된 마지막 가격(Closing price)
③ 고가 : 하루 동안의 가장 높은 가격으로 길이는 주가의 크기를 의미한다(High of each bar).
④ 저가 : 하루 동안의 가장 낮은 가격으로 길이는 주가의 크기를 의미한다(Low of each bar).

[그림 5－2] 그래프를 보면 먼저 양봉일 때

① 하루 동안의 주가는 장이 시작할 때의 가격인 시가에서 출발한다.
② 주가가 올라 장이 마감할 때 가격인 종가가 시가보다 높다.
③ 또 장 중에는 하루 동안 최고가와 최저가가 존재한다. 이를 막대 위아래로 선을 그어 표현한다. 종가가 시가보다 높으면, 즉 주가가 오르면 '양봉'으로 붉은색 막대로 표현한다

[그림 5－3] 그래프를 보면

① 하루 동안의 주가는 장이 시작할 때의 가격인 시가에서 출발한다.
② 주가가 내려 장이 마감할 때 가격인 종가가 시가보다 낮다.

그림 5-2 ▶ 양봉(시가 < 종가)

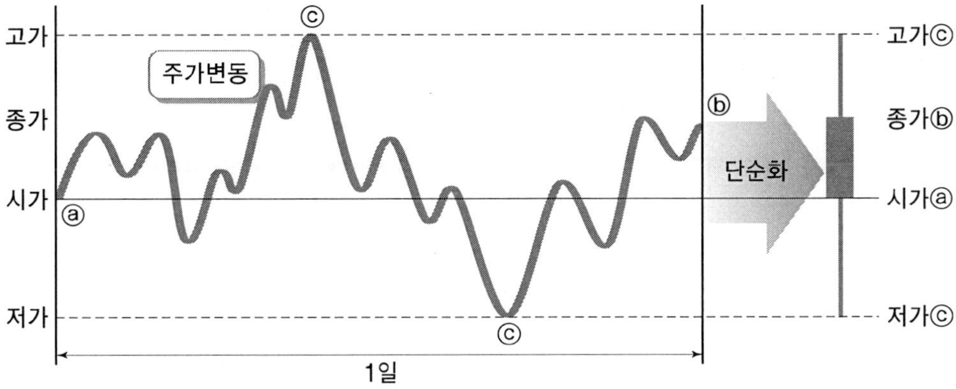

출처 : http://cafe.naver.com/soan7

그림 5-3 ▶ 음봉(시가 > 종가)

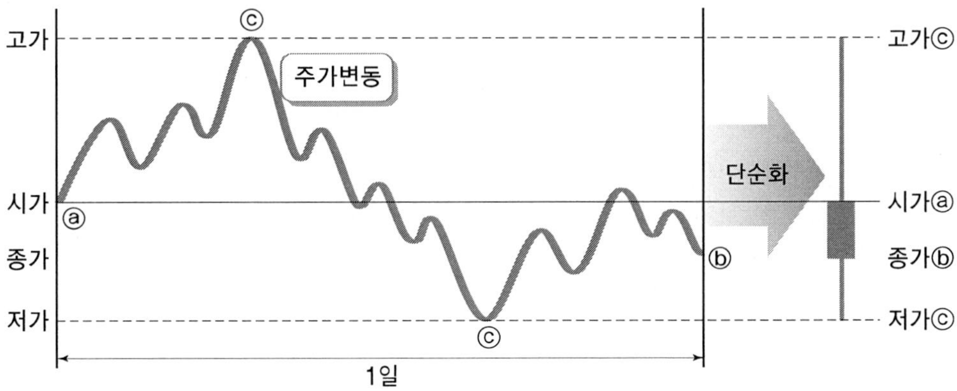

출처 : http://cafe.naver.com/soan7

③ 또 장 중에는 하루 동안 최고가, 최저가가 존재하며, 이를 막대 위아래로 선을 그어 표현한다. 종가가 시가보다 낮으면, 즉 주가가 내리면 '음봉'으로 파란색 막대로 표현한다.

다시 이 용어를 해설해 보면

① 시가 : 처음으로 형성된 가격, 즉 시작가라 하며 전장 동시호가 때 결정된다.
② 고가 : 하루 중의 가장 높았던 가격이다.
③ 저가 : 하루 중의 가장 낮았던 가격이다.
④ 종가 : 주식시장이 문을 닫을 때 형성된 최종가격으로 후중 종료 때 동시호가로 결정된다.

⑤ 양봉 : 종가가 시초가보다 높을 때 하얗게 표시되는 막대이다.
⑥ 음봉 : 종가가 시초가보다 낮을 때 검은색으로 표시되는 막대이다.

이러한 봉을 기초로 캔들(모양이 초와 같다 하여)이 만들어지는데, 우리는 이것을 캔들분석이라 한다.

다음의 내용은 캔들분석을 하는 형태에 대해 적어보았다.

3. 캔들패턴의 활용

일반적으로 캔들패턴은 크게 반전형과 추세지속형 패턴으로 나눌 수가 있다. 여기에는 기본적인 패턴에서 변형한 수많은 패턴들이 있지만, 가장 기본이 되고 일반적인 패턴들을 살펴봄으로써 패턴 응용력 향상에 초점을 맞추고자 한다.

1) 지속형 패턴

지속형 패턴의 가장 중요한 개념은 GAP이다. 일본식 표현으로 창(Window)이라고도 하는데, 갭은 상승시 지지의 의미를 가지며, 하락시 저항의 의미로 받아들여지는데, 추세가 지속되지 않고 갭이 메꾸어졌을 경우에는 지지가 저항으로, 저항이 지지의 의미로 반전됨이 중요하다.

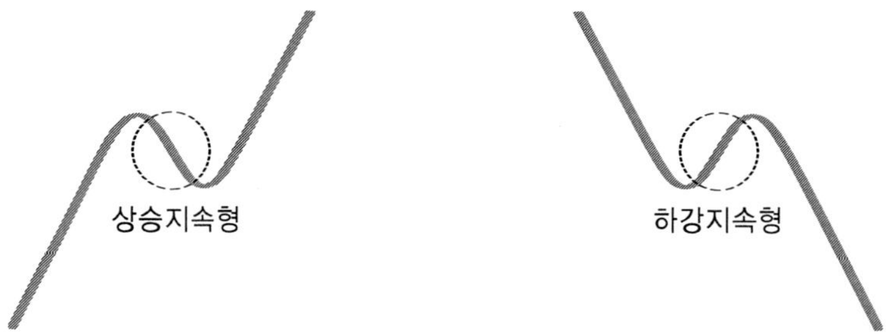

2) 상승 갭

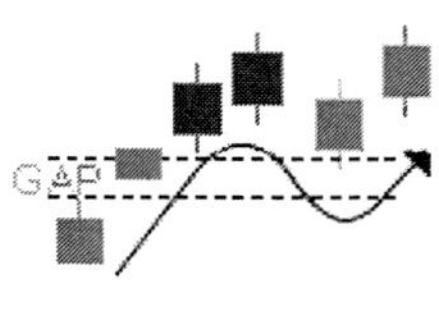

① 상승 갭은 고가와 저가 사이에 공간이 생기는 것을 의미
② 갭을 메꾸고 하락하면 매도세력이 강력하다는 의미로 하락반전의 신호로 해석함
③ 갭 하락 이탈 후 상승 갭은 저항선으로 작용함

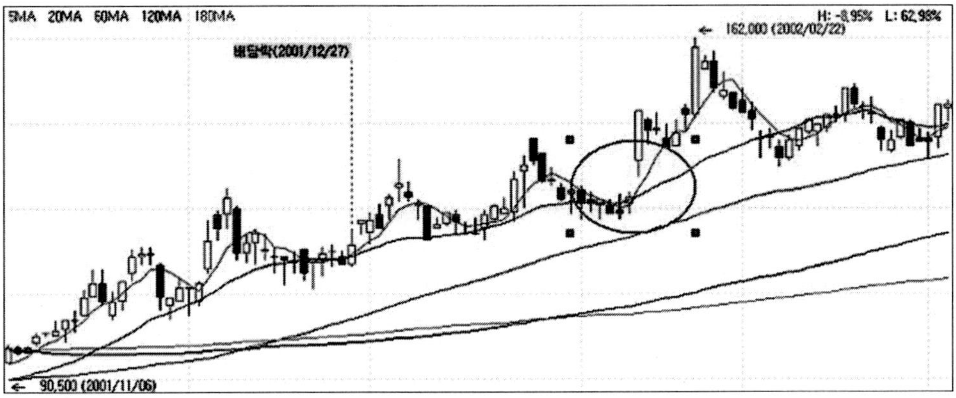

3) 하락 갭

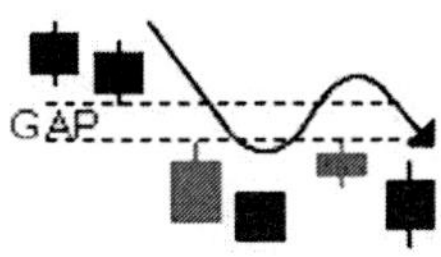

① 하락추세에 저가와 고가 사이에 생기는 공간을 의미
② 갭은 저항선으로써 하락추세가 계속된다는 의미
③ 하락 갭을 메꾸고 상승하면 상승반전의 신호로 해석함
④ 갭 상승 이탈 후에는 하락 갭은 지지선으로 작용함

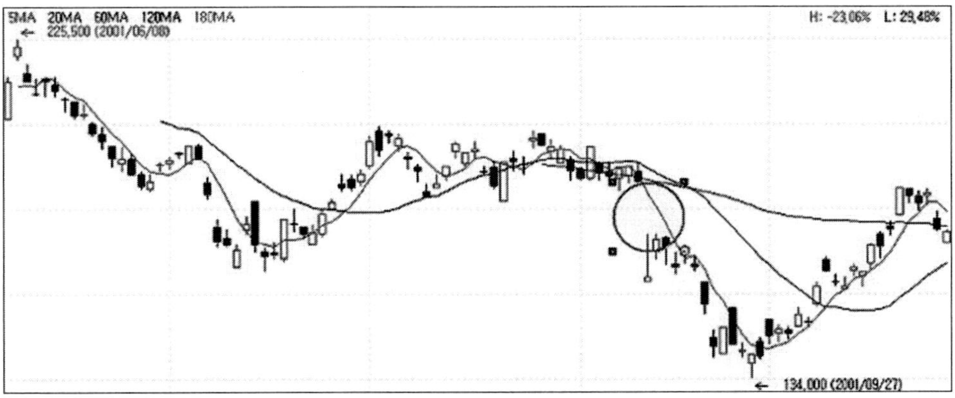

4) 상승 삼단형

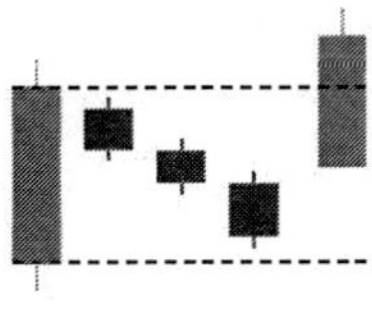

① 상승추세에서 긴 양봉 출현
② 첫째 날 몸통 안에서 흑삼병형태의 짧은 봉 3개 출현 (음봉은 그림자를 포함)
③ 다섯째 날 시가는 셋째 날 종가보다 높게 형성되며, 종가는 첫째 날 종가보다 높게 형성되는 양봉 출현

④ 첫째 날과 넷째 날 거래량이 증가하고 짧은 일봉들의 조정권에서는 거래량이 감소함

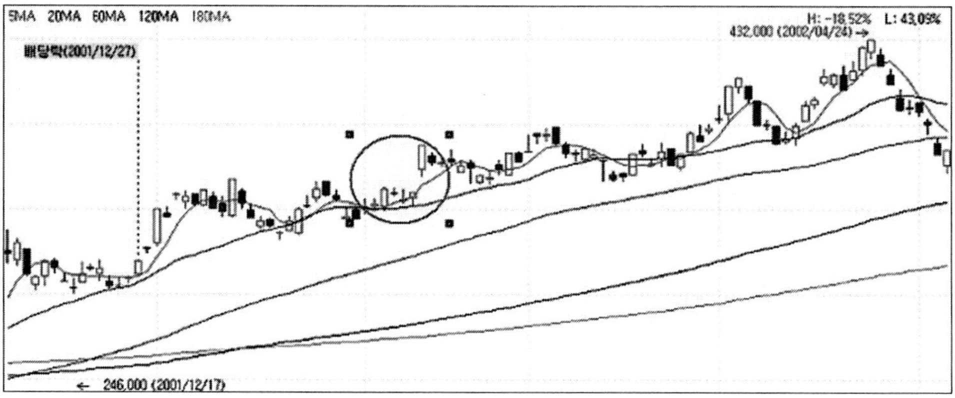

5) 하락 삼단형

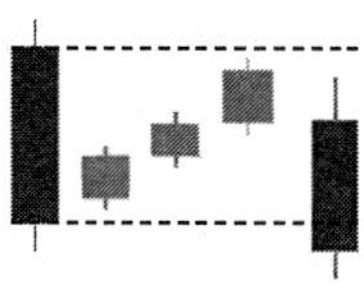

① 하락추세에서 긴 음봉 출현

② 첫째 날 몸통 안에서 적삼병형태의 짧은 봉 3개 출현 (양봉은 그림자를 포함)

③ 다섯째 날 시가는 셋째 날 종가보다 낮게 형성되며, 종가는 첫째 날 종가보다 낮게 형성되는 음봉 출현

우리는 캔들분석을 통해서 미래의 주가흐름을 예측할 수 있다. 하지만 모든 기술적 분석기법이 그렇듯이 캔들분석이 완벽히 주가흐름을 말해줄 수는 없다. 일부 일반 투자가들은 몇 번의 실전을 통해 캔들분석의 정확성을 경험하고는 캔들분석이 전부인 양 맹신하고는 있지만, 캔들분석에도 많은 속임수가 있기 마련이고 오히려 이것을 역이용하는 작전세력들로 인해 큰 손해를 볼 수 있기도 하다.

따라서 우리가 캔들에 접근하는 바람직한 자세는 주가에 영향을 미친 매수, 매도세력이 어느 정도인지 해석하며, 캔들의 모양을 통해 그 세력들이 가진 의도를 유추함으로써 미래의 주가를 예측하는 확률을 높일 수 있다는 사실을 받아들이는 것이다. 프로야구에서 3할을 치면 국민타자가 될 수 있다. 매일 방망이를 가지고 피땀 흘려 노력하는 프로야구 선수들도 3할을 제대로 때리지 못하는 현실을 이해하며 겸손한 마음으로 캔들과 시장에 접근하는 자세가 필요한 것이다.

시중에 판매되는 여러 캔들분석의 서적들은 대부분이 캔들패턴이라는 형식에 너무 치중해 있다. 사실 중요한 것은 캔들이 가지고 있는 수많은 숨겨진 의미를 찾아내는 것인데, 패턴형식의 이름이나 딱 고정된 패턴을 수학공식 암기하듯이 외우고 있는 것이 현실이다.

현실이 이렇다 보니 암기한 캔들의 모양은 시간이 지나면 기억 속에 흐릿하게 되고, 비슷한 캔들이 출현하였을 때 아무 생각없이 매수나 매도해 버리는 단순매매로 투자자들은 많은 속임수에 속아 넘어가고, 결국엔 캔들의 의미를 부정하기에 이른다.

따라서 우리는 캔들차트분석을 다음과 같은 절차(4단계)로 이해함으로써 좀 더 실전에 유용하게 대처할 수 있는 능력을 키우는 것이 중요하다.

캔들 출현 (Check)	→	확인(Check)	→	분석(Analysis)	→	매매타이밍 (Timing)
차트분석 실시		캔들 형태 확인		캔들 패턴의 의미를 파악		매수와 매도시기 결정

위의 흐름표는 우리가 캔들차트분석을 하는데 무의식적으로 행하여지는 흐름을 표현한 것뿐이다.

앞으로 살펴볼 캔들의 여러 형태들을 학습할 때 위 흐름표의 네 가지 단계를 꼭 머릿속에 그리며 이해하게 되면 단순한 암기 위주의 분석에서 벗어날 수 있을 것이다.

3 기술적 지표

기술적 분석에 사용되는 기법은 이루 헤아릴 수 없을 정도로 많이 있다. 여기서는 실무적으로 흔히 이용되고 있는 주가지표와 거래량지표 몇 가지를 설명한다.

1. 주가지표

1) 이동평균

이동평균(moving average)이란 일정기간 동안의 주가를 단순평균하여 계산한 것으로서 오래된 자료가 삭제되고 최근의 자료가 추가되면서 매일 계산된다. 이와 같이 계산된 이동평균값을 그린 것이 이동평균선이다. 이동평균의 계산대상으로는 개별주가 또는 종합주가지수가 이용되며, 계산기간으로는 5일, 25일, 75일, 150일 등이 이용된다.

이동평균선을 구하는 방법을 자세히 설명하면 다음과 같다.

예를 들어 A라는 종목의 주가가 이런 식으로 형성된다면

×월 1일 – 100원

×월 2일 – 200원

3일 – 300원

4일 – 400원

5일 – 500원 → 5일 이동평균(100 + 200 + 300 + 400 + 500/5) = 300원

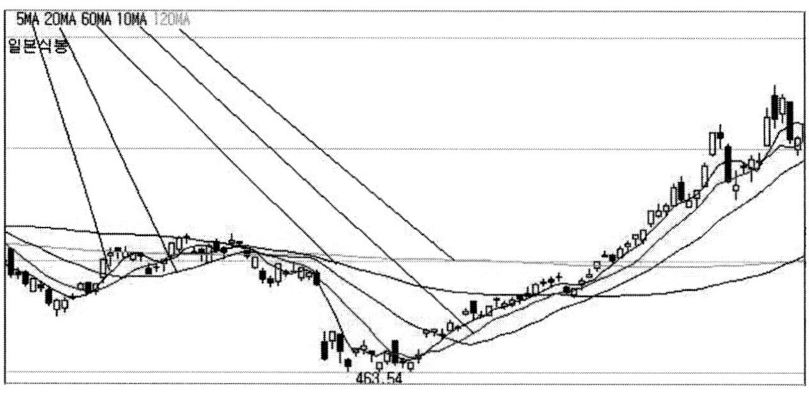

6일 − 600원 → 5일 이동평균(200 + 300 + 400 + 500 + 600 / 5) = 400원

이동평균선을 보면 주가의 변동추세를 보다 쉽게 파악할 수 있다. 매일의 주가는 상승과 하락을 반복하면서 어지럽게 움직이는데 반하여 이동평균주가는 완만한 형태의 움직임을 보여준다. 이동평균의 계산기간이 길수록 추세선이 보다 완만하게 나타난다. 즉, 이동평균선에 의한 분석은 매일매일의 미세한 주가변동을 배제시키고 전반적인 대세의 움직임을 읽는데 그 목적이 있다.

증권 투자에 관심이 있는 사람이라면 골든 크로스(golden cross) 또는 데드 크로스(dead cross)라는 말을 들어보았을 것이다. 이는 주가의 25일 이동평균선과 75일의 이동평균선을 나타내고, 75일 이동평균선은 주가의 중기적인 추세를 나타낸다.

골든 크로스는 25일선이 75일선을 상향 돌파하는 형태를 말한다. 이는 매수세력이 응집되고 있어서 앞으로 주가가 계속 상승할 것이라는 신호이므로 주식매입의 기회로 해석한다.

데드 크로스는 25일선이 75일선을 하향 돌파하는 형태를 말한다. 이는 매수세력이 분산되고 매도세력이 우세하여서 앞으로 주가가 계속 하락할 것이라는 신호이므로 주식매도의 시점으로 분석한다.

이동평균선을 이용하여 주가를 분석하는 경우에 다음과 같은 기본적인 성격을 파악하는 것이 중요하다.

① 강세장에서는 주가가 이동평균선 위에서 곡선 운동을 계속하면서 상승하는 것이 일반적이다.

② 약세장에서는 주가가 이동평균선 아래에서 곡선 운동을 하면서 하락하는 것이 일반적이다.

③ 주가가 상승하고 있는 이동평균선을 하향 돌파할 때는 조만간에 반전할 가능성이 크다.

④ 주가가 하락하고 있는 이동평균선을 상향 돌파할 때에는 조만간에 반전하여 상승할 가능성이 크다.

⑤ 이동평균선의 평균치 기간이 길어지면 이동평균선은 더욱 완만한 곡선이 된다.

⑥ 주가가 이동평균선으로부터 너무 떨어져 있을 때는 다시 붙으려는 성질을 가진다.

⑦ 주가가 이동평균선을 상향 또는 하향 돌파할 때에는 매입 또는 매도의 신호가 될 수도 있다.

⑧ 주가가 장기 이동평균선을 돌파할 때에는 주추세 반전을 기대할 수 있다.

(1) 이동평균선을 활용한 매매방법

① 한 가지 이동평균선만을 활용하는 방법

주가와 한 개의 이동평균선만을 이용하는 가장 간단한 매매로서 주가가 이동평균선을 상향 돌파하면 매입신호로, 주가가 이동평균선을 하향 돌파하면 매도신호로 판단하는 매매방법이다. 이 방법은 가장 간단하여 이용하기가 편리한 반면, 주가와 이동평균선이 서로 교차할 때마다 모두 매매시점으로 판단하기에는 주가의 일시적이고 비정상적 등락의 속임수를 모두 매매시점으로 판단해야 하는 실수를 범할 수 있다.

따라서 이 방법은 가장 간단하게 이용할 수는 있지만 빈번한 매매와 속임수로 손실 가능성이 높아질 수도 있다. 이러한 매매시점에 관한 착오를 줄이기 위하여 주가와 이동평균선이 서로 교차하더라도 다음과 같은 조건들을 미리 점검하면서 매매에 임하여야 할 것이다.

- 하루 중의 최고가와 최저가가 이동평균선을 완전히 상향 또는 하향 돌파하여야 매매의 시점으로 판단한다.
- 종가와 이동평균선이 서로 교차하더라도 미리 정해둔 특정비율을 넘어서는 돌파폭을 보여야만 매매시점으로 인정한다.
- 주가와 이동평균선과의 교차로 매매시점이 결정되더라도 하루에서 3일 정도의 여유를 가지고 비정상적인 거래로 인한 속임수를 방지한다.
- 주가와 이동평균선의 교차로 매매시점이 확인되어도 다른 보조지표를 이용하여 상호교차 확인과정이 필요하다.

이상의 거래조건을 바탕으로 강 · 약세장에 따른 적절한 검증과정을 거쳐 자기만의 독특한 매매기법을 만들어야 할 것이다.

② 두 가지 이동평균선의 활용법

단기 이동평균선은 매매시점 포착에, 중 · 장기 이동평균선은 추세파악에 주로 이용한다.

단기간의 이동평균선일수록 주가의 변동에 민감하게 반응하여 시세전환을 가장 빨리 나타내주는 장점도 있지만, 주가의 일시적이고 비정상적인 움직임에도 예민하게 반응하여 속임수에 걸릴 경우가 많다는 단점도 있다.

이와 반대로 중 · 장기 이동평균선은 시세전환을 늦게 나타내주는 단점도 있지만 미세한 주가변동에는 거의 영향을 받지 않으므로 주가흐름을 확인하는 데는 신뢰할 수가 있다.

두 가지의 이동평균선을 활용하여 매매시점을 포착하는 방법으로

• 장기와 단기 이동평균선이 서로 교차하는 시점을 매매시점으로 판단하는 방법이다. 단기 이동평균선이 장기 이동평균선을 아래에서 위로 상향 돌파할 때를 매수시점으로, 반대로 단기 이동평균선이 장기 이동평균선을 위에서 아래로 하향 돌파할 때 매도시점으로 인식하는 방법이다.

• 주가와 두 이동평균선과의 위치에 따라 매매시점을 파악하는 방법이다. 주가가 두 이동평균선 위에 있을 경우를 매입시점으로, 주가가 두 이동평균선 아래에 있을 경우를 매도시점으로, 그리고 주가가 두 이동평균선 사이에 있을 경우를 관망시점으로 인식하는 방법이다.

③ 세 가지 이동평균선의 활용법

세 가지 이동평균선은 기간에 따라 단기 이동평균선, 중기 이동평균선, 장기 이동평균선으로 구분된다.

각 이동평균선의 특징으로는 기간에 따라 주가의 움직임에 대한 반응이 달라지는데, 단기 이동평균선은 주가의 움직임이 가장 빨리 움직이고, 그 다음이 중기 이동평균선, 마지막으로 장기 이동평균선이 가장 늦게 서서히 움직이게 된다.

세 가지 이동평균선을 활용하여 매매시점을 포착하는 방법은 상승추세와 하락추세에서의 두 가지 투자전략으로 나눌 수가 있다.

④ 상승추세에서의 투자전략

㉠ 단기 이동평균선이 아래에서 위로 중 · 장기 이동평균선을 급속히 상향 돌파할 경우에 매입신호로 본다.

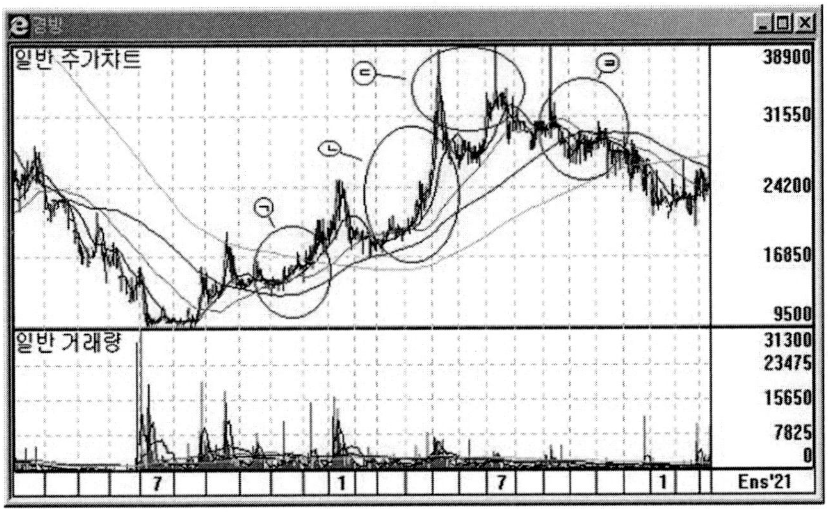

㉡ 위로부터 주가, 단기선, 중기선, 장기선의 순으로 정배열되어 나란히 상승 중일 경우에는 강세국면으로 본다.

㉢ 단기 · 중기 · 장기 이동평균선의 정배열상태가 상당기간 지속된 이후 단기 이동평균선이 더 이상 오르지 못하고 약해지면 천정권이 예상되는 시점으로 인식한다.

㉣ 단기 · 중기 · 장기 이동평균선이 밀집되어 서로 혼란하게 얽혀 있을 때는 장세의 방향이 불투명함으로 매입을 보류하는 것이 좋다.

⑤ 하락추세에서의 투자전략

㉤ 단기 이동평균선이 위에서 아래로 중 · 장기 이동평균선을 급속히 하향 돌파할 경우에 매도신호로 본다.

㉥ 위로부터 장기선, 중기선, 단기선, 주가의 순으로 역배열되어 나란히 하락 중일 경우에는 약세시장으로 인식하는 게 좋다.

㉦ 단기 · 중기 · 장기 이동평균선의 역배열상태가 상당기간 지속된 이후 단기 이동평균선이 더 이상 하락하지 못하고 상승하기 시작하면 바닥권으로 인식하는 게 좋다.

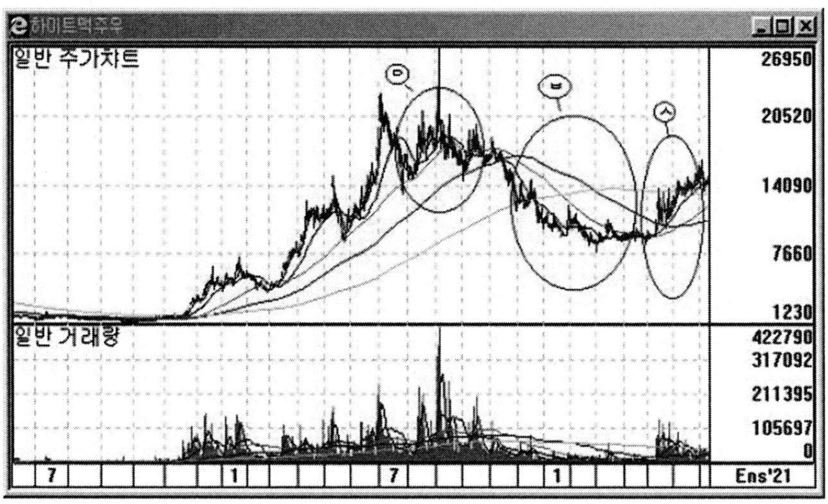

2) 이격도

이동평균은 과거의 자료를 이용해서 계산되기 때문에 이동평균선을 이용하여 매매시점을 포착하고 투자하면 시간적으로 이미 늦게 된다는 결점이 있다. 이를 보완하기 위한 수단으로 개발된 것이 이격도(disparity) 지표이다.

이격도란 현재 주가가 기준 이동평균선으로부터 얼마나 떨어져 있는가를 나타내는 지표인데, 이것을 통해 현재 주가가 일정기간의 주가에 비해 얼마나 과열되어 있는가, 침체되어 있는가를 보여준다.

주가가 기준 이동평균선으로부터 위로 많이 올라가 Divergence가 확대될 경우, 다시 말해 주가가 평균가격으로부터 멀어져 이격도가 높아질 경우, 과열되어 하락전환될 가능성이 높아지고, 주가가 기준 이동평균선으로부터 아래로 많이 떨어질 경우, 다시 말해 주가가 평균가격보다 많이 낮아져 이격도가 낮아질 경우, 다시 평균가격 근처로 복귀하려는 힘이 강해져 상승할 가능성이 높아진다는 개념이다.

결국 이격도를 활용한다는 것은 '평균으로의 회귀법칙'(Regrssion to the mean)을 활용한다는 의미이다.

현재 주가의 과열 정도를 비교하는 기준 이동평균선으로는 주로 20일, 20주, 20월 이동평균선을 사용하며, 이격도를 계산하는 공식은 다음과 같다.

$$\text{이격도} = \frac{\text{당일 주가}}{\text{25일 이동평균}} \times 100$$

현재 종합주가지수의 월봉 이격도는 140 수준으로, 이는 20개월(1.67년) 평균 종합주가지수보다 40% 높다는 것을 의미한다. 상당히 높은 수준으로 과열권이라고 할 수 있는 위치이지만, 1980년대 중반, 그리고 1999년의 이격도 180에 비하면 낮은 수치이다.

그림 5-4 ▶ 20월 이동평균선과의 이격도

그림 5-5 ▶ Dow 지수 월봉차트(1975~2005)

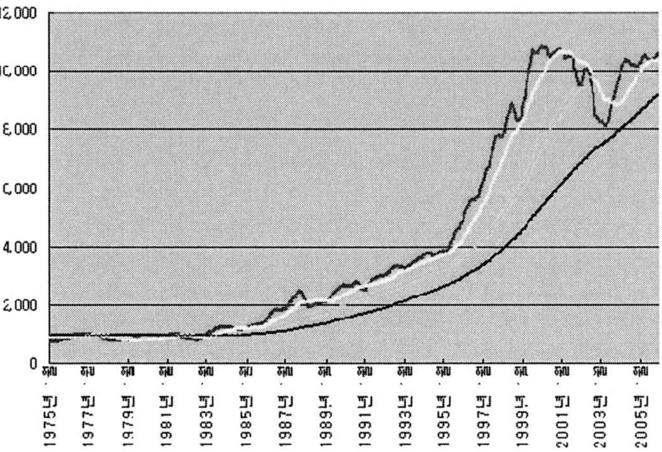

그림 5-6 ▶ Dow 지수 월봉 이격도(20월 이동평균선과의 이격도)

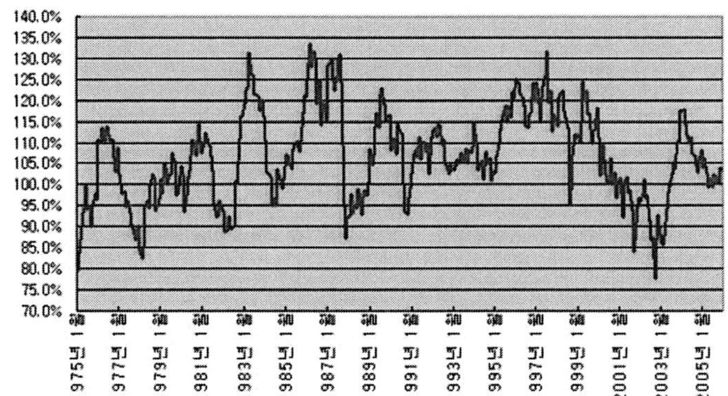

참고로 미국 Dow 지수의 경우는 20월 월봉 이격도가 130을 넘어설 때 큰 조정이 뒤따랐다. 하지만 각 국가, 각 주식의 성질이 다르니 꼭 동일하게 볼 필요는 없을 것이다.

당일의 주가가 이동평균선보다 위에 있으면 이격도는 100% 이상이 되고, 당일의 주가가 이동평균선보다 아래에 있으면 이격도는 100% 이하가 된다. 흔히 25일 이동평균선의 이격도가 150% 이상이면 매도시점으로 해석하고, 50% 이하이면 매입시점으로 해석한다.

사실, 기술적 분석에 있어서 완전무결한 지표는 없다고 할 수 있다. 이격도도 그 기준수치를 정하는데 있어서는 주관이 개입될 수밖에 없다. 따라서 이격도의 단순 수치를 결정적인 투자판단의 잣대로 삼는 것은 무리가 있다. 여러 차트들을 살펴보면 알겠지만 급등주의 경우에 이격도가 150% 또는 200% 이상 웃돌면서도 계속 상승하는 경우가 있고, 부도나 악재가 터져 급락하는 주식의 경우에는 60% 이하의 이격도를 보이는 경우도 많다. 이렇게 급등주나 급락주의 경우에는 이격도가 무용한 지표가 되는 경우도 있으니 주의해야 한다. 이격도는 장기적으로 보합권을 유지할 때 적중도가 높고, 주가의 대세 전환기에서는 참고지표로만 활용하는 것이 바람직하다.

3) 투자심리지표

주식 투자를 심리전이라고도 하는데, 이는 주가는 수많은 요인에 의해 영향을 받지만 최종적인 주가결정은 이런 요인을 투자자들이 어떻게 받아들이느냐에 달려 있기 때문이다. 주가는 주로 경제적 요인에 의하여 움직이지만 정치상황이나 시장분위기와 같은 비경제적이고 심리적인 요인에 의해서도 상당한 영향을 받는다. 이러한 모든 요인이 결국은 종합주가지수에 반영되므로 투자심리지표를 보면 증시가 과열되었는지, 침체되었는지를 파악할 수 있는 것이다.

즉, 실제 수익을 얻기 위해서는 주가에 영향을 주는 수많은 요인들을 분석하는 것이 바람직하나 사실상 이렇게 하기란 매우 어려우며 또한 분석하였다고 하더라도 단기적인 매매전략에 이용하기에는 너무 늦은 경우가 많다.

따라서 이러한 문제점을 극복하고 수많은 요인들이 반영된 투자자의 행동이 어떻게 집결되었는가를 한 눈에 알 수 있도록 고안한 것이 투자심리선이다.

이것은 특정주식에 대한 인기의 변화, 즉 투자심리의 변화를 파악하고자 하는 지표로 최근 12일간의 주가가 전날보다 상승한 일수에 하락한 일수를 계산하여 12일 중에서 상승일수가 차지하는 비율로 계산한 값으로 다음과 같은 계산식으로 산출된다.

$$\text{투자심리지표} = \frac{\text{최근 10일 중 상승일수}}{10} \times 100$$

예를 들어 오늘이 6월 18일이라면 오늘부터 계산하여 12일 전인 6월 7일부터 주가상승일수를 세어서 12로 나눈 후, 이 기간 중 주가상승일수가 6일이면 투자심리도는 50%이고, 주가상승일수가 9일이면 투자심리도는 75%가 되는 것이다.

이와 같은 방식으로 매일매일 계산한 값을 선으로 연결한 것이 투자심리선인 것이다.

만약 투자심리도가 75% 이상이라면 과열상태로 볼 수 있는데, 이를 경계지대

라고 하고, 25% 이하이면 침체상태라고 보아 안전지대라고 한다. 그리고 25%부터 75% 사이의 구간을 중립지대라고 한다.

이 차트는 코스닥에서 발췌한 한 종목의 투자심리선을 표현한 것으로 75% 이상과 25% 이하일 때 매매시기로 본다면 매도가 매수보다 오류가 큰 것을 볼 수가 있는데, 이는 강세시장의 심리가 좀처럼 매도로 전환되기가 어려움을 알 수가 있고, 매수신호의 경우 약세시장의 심리는 약간의 재료에도 반응 정도가 큰 것으로 나타난다고 분석할 수가 있다.

이와 같이 투자심리선을 이용한 매매시기의 선택은 오류의 확률이 여타 지표보다 크다. 그러므로 단지 투자심리선 하나로 매매시기를 결정하는 것은 극히 위험한 일이다. 그래서 투자심리선은 단지 현재시점의 심리파악 정도로 사용하고 매매의 시기는 다른 지표와 함께 분석하여 결정하는 것이 오류를 크게 줄일 수가 있다.

대체로 투자심리도를 이용하여 투자전략을 수행할 때에는 참고로 투자심리도는 직접 산출할 필요없이 경제신문이나 증권회사에서 배포하는 간행물이나 사이버트레이딩시스템 등에서 제시되는 경우가 많으므로 이를 이용하면 될 것이다.

4) 거래량 지표

증권시장이 생긴 이래 주가분석이나 예측기법들이 수없이 개발되어 왔으나 어느 하나 투자자들의 욕구를 100% 충족시켜주는 것은 없었다. 그러나 제멋대로 움직이는 주가에도 어떤 속성이 있게 마련이어서 과거의 추세성향을 앞으로도 반복할 가능성이 있음을 통계적으로 수치화하여 주가를 예측하는 기법들이 꾸준히 개발되어 왔다. 이것이 바로 기술적 분석지표인 것이다.

어떠한 지표라도 표준해석기법을 참고로 하여 과거 3~5년간 그 주식의 습성에 잘 맞는 지표가 무엇인지, 어떤 특성이 나올 때 바닥이고, 어떤 특성이 나올 때 상투를 형성했는지 잘 관찰해 봐야 한다.

거래량이 늘면 주가가 상승하고, 줄면 주가가 하락하는 것이 정상이다. 따라서 주가가 상승하고 거래량이 줄면 매수신호, 주가가 하락하면서 거래량이 줄면 매도신호라고 생각하면 된다. 매집물량과 매도물량 확인을 해볼 필요가 있다. 이는 10분 단위의 주가와 거래량 체크로 하며, 증권사 단말기에서 10분 단위로 바뀌는 주가와 거래량을 보고 판단한다.

또한 거래량은 주가에 선행하는 속성이 있으며, 주가 바닥에선 거래량도 최저가 되며 주가 상투에선 거래량도 최대가 된다. 주가가 바닥권이고 거래량이 바닥 수준에서 투매가 일어날 경우는 투매 직전의 주가 수준으로 주가가 회복되는 것은 빠르게 이루어지므로 절호의 매수찬스가 된다. 따라서 주식의 매수는 거래량 바닥수준에서 거래량이 늘 때 매수해야 하고, 거래량 바닥에서 주식을 매도해서는 안 된다.

주가와 거래량의 상관관계를 알아보도록 하자.

(1) 거래량과 주가의 상관관계

① 거래량이 감소추세에서 증가추세로 전환되면 앞으로 주가는 상승할 것으로 예상한다.

② 거래량이 증가추세에서 감소추세로 전환되면 앞으로 주가는 하락할 것으로 예상된다.

그림 5-7 ▶ 거래량

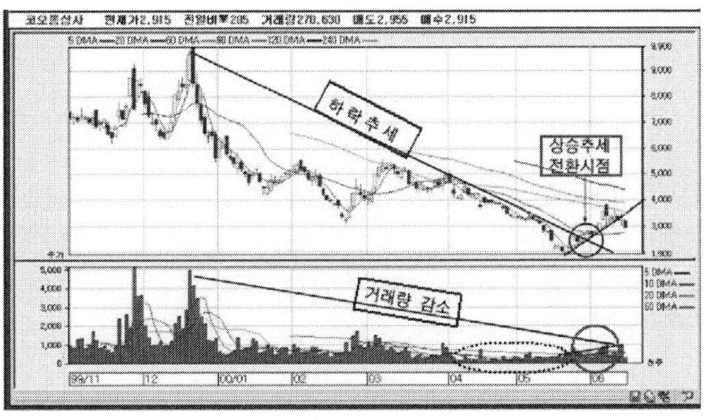

③ 주가가 천장국면에 진입하면 주가가 상승함에도 불구하고 거래량은 감소하는 경향을 보인다.

④ 주가가 바닥국면에 진입하면 주가가 하락함에도 불구하고 거래량은 증가하는 경향을 보인다.

[그림 5－7]을 보면 2000년 1월 중순 이후부터 3월 초까지 주가는 하락하는 반면, 거래량은 서서히 늘고 있는 것을 볼 수 있다. 이것을 Divergence(추세역전현상)라고 하는데, 거래량은 주가보다 선행한다는 정설처럼 조만간 주가가 하락에서 상승 반전할 수 있는 것을 보여주고 있다. 이후 3월 초 대량의 거래량을 동반하면서 주가는 하락에서 상승으로 추세 전환하는 모습을 보여준다. 이후 주가는 급격한 상승을 보여주며 주가 상투에 근접을 하는데, 그때 최고의 거래량을 동반하며 주가는 다시 하락곡선을 긋는다. 일반적으로 주가가 상투에 근접하면 저점에 주식을 사 모았던 사람들이 더 이상 주가가 오르기 힘들다는 인식하에 차익매물을 대량으로 팔고 나가므로 거래량이 최고조에 오르는 것이 일반적 현상이다. 이때 거래량이 늘어서 주가가 상승할 것으로 판단하여 매수를 한다면 주가 상투에 몰리게 되는 것이다.

[그림 5－8]을 보면 1999년 12월 말 주가와 거래량 모두 상투를 만들며 장기 하락국면에 진입하게 되며, 2000년 5월 말까지 주가는 끝없은 하락을 한다. 거래량을 보면 꾸준히 거래량을 감소시키면서 주가하락을 보여주고 있는데 2000년 4월과 5월 사이 거래량이 바닥을 보여주고 있다. 그 후 5월 중순 이후 바닥에서 서서히 거래량이 늘어나는 모습을 보여주면서 주가 역시 하락추세를 멈추며 상승추세로의 전환을 보여주고 있다.

그림 5-8 ▶ 하락추세에서의 거래량 그래프

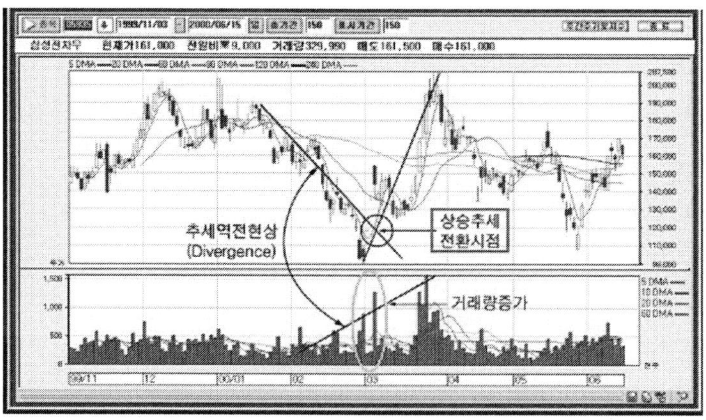

모든 '기술적 분석'이 나름대로 각각의 의미와 중요성을 가지고 있지만 주식 투자에 있어서 '거래량 분석'은 매우 중요하다.

주식은 어떻게 보면 철저히 수급에 의하여 움직인다 하여도 과언이 아니다. 앞서 배웠던 '이동평균선' 등은 메이저에 의하여 어느 정도 속임수 패턴이 만들어 질 수 있는 여지가 많다. 하지만 거래량만큼은 매우 정직하여 수급에 의한 '거래량 분석'만 가지고도 성공적 투자를 하는 투자자들이 많다.

그만큼 주식의 '거래량 분석'은 주가의 향후 움직임을 선 반영하는 선행적 분석이며 매우 신뢰도가 높은 분석기법이다.

(2) 거래량 회전율

거래량 회전율은 거래량을 상장주식수로 나눠 백분율한 수치이다. 주식의 주인이 얼마나 바뀌었는가를 나타낸다. 즉, 일정기간 동안에 상장주식이 몇 회전되었는가를 나타내는 지표로서 회전율이 높을수록 강세시장으로 해석된다. 거래량 회전율은 개별종목의 회전율과 전체시장의 회전율로 구분된다.

거래량은 하루 동안 거래된 규모를 이용하기도 하나 주간, 월간, 분기, 연간 등의 누적거래량을 주로 이용한다. 회전율이 높다는 것은 손바뀜이 활발하며, 아울러 거래가 많아 인기있다는 얘기다.

개별종목의 거래회전율을 구할 때는 일반적으로 연간 개념을 이용한다. 거래량에다 장이 열리는 입회일수를 곱해 이를 상장주식수로 나눈다. 거래량 회전율이 100%라면 상장주식이 연간 1회전한 것을 의미한다. 20% 수준이면 바닥, 50%는 보통, 130% 이상이면 과열을 나타낸다.

$$\text{거래량 회전율} = \frac{\text{거래량 누적값}}{\text{상장주식수}} \times 100$$

(3) 거래성립률

거래성립률은 주가의 상승이나 하락과는 관계없이 당일에 거래가 성립된 종목이 전체 상장종목 중에서 몇 %나 되는가를 측정한다.

일반적으로 거래성립률이 65% 이상이면 강세시장, 55% 이하이면 약세시장으로 해석된다.

$$\text{거래성립률} = \frac{\text{거래성립 종목수}}{\text{상장종목수}} \times 100$$

5) OBV 지표

On Balance Volume(OBV)은 가격의 변화에 거래량을 관련시킨 모멘텀 지표인데, 조 그랜빌(Joe Granville)에 의해 개발되었다. 이 지표는 거래량은 시세의 원동력이며 주가는 그의 그림자에 지나지 않는다는 이론을 그 배경으로 하고 있다.

따라서 거래량은 항상 주가에 선행한다는 특징을 강조한 것이 OBV선(線)에 의한 매매기법이다. 즉, OBV선(線)은 거래량 이동평균선과 마찬가지로 거래량의 동향에 따른 주가분석이다. OBV선(線)은 매일의 주가와 거래량의 변동을 함께 기록해 나가는 것으로 차트상에는 보통 섬세한 지그재그형태로 나타난다.

작성방법은 어느 특정일을 기준일로 하여 주가가 상승한 날의 거래량 누계와 하락한 날의 거래량 누계와의 차를 구한다. 즉, 주가상승일의 거래량은 더하고, 하락일의 거래량은 뺀 것을 누계하여 도표화한 것이 OBV선(線)이다.

또한 OBV선상에서 직전의 정상(peak)을 상회해서 주가가 올라가는 경우는 다음 그림에서와 같이 U마크(up)를 표시하고, 직전의 바닥(bottom)을 하회해서 주가가 떨어지는 경우는 D마크(down)를 나타낸다.

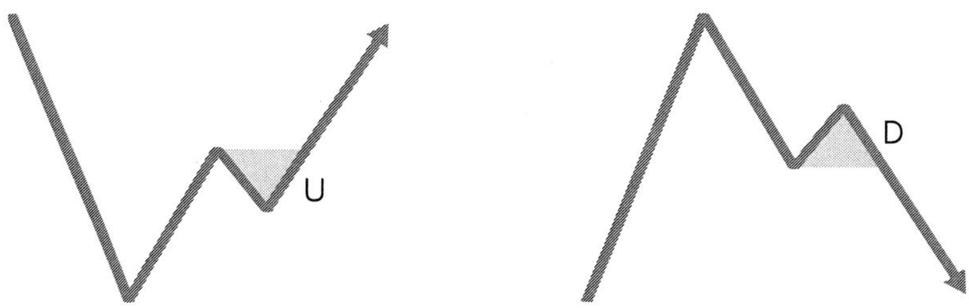

(a) U마크　　(b) D마크

OBV선에 의한 그랜빌의 주가법칙을 요약하면 다음과 같다.

(1) OBV선의 기본법칙

① OBV선이 상승추세에 있는 것은 매입세력의 집중을 나타내고 장차 주가상승을 기대할 수 있다. 반대로 OBV선이 하향경향이 있으면 이것은 매입세력의 분산을 나타내고 앞으로 주가의 하락을 예고한다.

② OBV선이 장기적인 상승추세선 가운데 저항선을 뚫고 올라가는 경우는 주가흐름의 기조가 강하고, 반대로 OBV선이 장기적인 하향추세선을 하회한 경우는 주가흐름의 기조가 약하다고 판단되는 시점이다.

③ OBV선의 상승에도 불구하고 주가가 하락하고 있을 때는 앞으로 주가는 상승

할 것이 예상되고, 반대로 OBV선의 하락에도 불구하고 주가가 상승하고 있을 때는 앞으로의 주가는 하락으로 전환될 시점이다.

④ OBV선이 보합을 이루면 주가도 보합으로 움직이는 경향이 있다.

⑤ OBV선이 직전의 정상(peak)을 상회해서 상승하는 경우에는 U마크를, 직전의 바닥을 하회해서 하락할 경우에는 D마크를 기입한다. U마크 및 D마크는 각각 단기적인 주가의 상승 및 하락을 나타내는데 U마크는 단기적인 매입신호, D마크는 매도신호로 볼 수 있다. U마크 다음에 D마크가 나타나든가, D마크 다음에 U마크가 나타나면 장기적으로 주가는 반전하는 방향으로 움직이는 경향이 있다.

(2) 매매신호

① 매수신호

- OBV선의 장기 추세가 상향하고 있는 경우 도중에 D마크가 나타나면 매입신호이다.
- 진행하고 있는 상승추세선상에 나타나는 최초의 U마크는 매입신호이다.
- D마크가 나타난 수일 후, 만약 OBV선이 중요한 지지선상에 있으면 매입신호이다.
- U마크가 하나 혹은 둘 나타나면서 OBV선이 하향추세선을 상향 돌파할 때는 매입신호이다.

② 매도신호

- 장기 추세선이 하향으로 가고 있는 경우 도중에 U마크가 나타나면 매도신호이다.
- 하락을 계속하고 있는 추세선상에 나타나는 최초의 D마크는 매도신호이다.
- U마크가 하나 혹은 둘 나타나면서 OBV선이 지지선을 돌파해서 하향할 때는 매도신호이다.

이상의 네 가지의 매매신호 가운데 장기 투자자는 특히 네 번째의 매매신호에 유의할 필요가 있다.

6) 번한지표

주가는 상승국면의 마지막 단계(천정권)에 접어들면 거래량이 급격하게 증가하고 거래형성 종목수도 급격히 증가하는 활황국면을 맞게 된다. 반대로 하락국면의 마지막 단계(바닥권)에서는 거래량이 급속하게 감소하고 거래형성 종목수도 줄어드는 침체현상을 보이는 것이 보통이다. 이와 같은 주식시장의 속성을 이용하여 현재의 시장이 활황장세인지, 침체장세인지를 파악하고자 하는 것이 번한지표이다.

번한지표는 거래량 회전율과 거래성립률을 곱하여 측정한다. 거래량 회전율이 거래의 양을 나타낸다면, 거래성립률은 거래의 질을 나타낸다. 따라서 번한지표는 거래의 양과 질을 동시에 고려한다는 의미를 지닌다.

$$\text{번한지표} = \text{거래량 회전율} \times \text{거래성립률}$$

번한지표가 높게 나타날수록 시장이 활황을 보인다고 할 수 있다. 일반적으로 번한지표가 15%가 평상적인 수준이고, 30% 이상이 되면 과열상태로 경계를 요하고, 5% 수준이 되면 바닥수준을 나타낸다. 번한지표는 거래의 양과 질을 동시에 분석할 수 있는 지표로서 거래의 양을 나타내는 거래량 회전율과 거래의 질을 나타내는 거래성립률을 곱하여 산출하므로 이 두 지표의 단점을 보완할 수 있다.

이머징마켓 금융시장, 특히 자본시장 부문에서 새롭게 급부상하는 시장을 말한다. 자본시장에서 이머징마켓이 중요한 의미를 지니는 것은 그것이 개발도상국이나 저개발국의 자본시장 발전 정도를 반영하고 있기 때문이다.

4 기술적 분석의 한계

1. 기술적 분석의 특징

월스트리트 저널의 창시자 다우(C. Dow)는 주가는 제멋대로 움직이는 것이 아니라 중 · 장기 추세와 사이클(강세시장 3국면, 약세시장 3국면)을 나타낸다는 가설을 제시하였다. 또 엘리어트(R. N. Elliott)는 장기간의 주가흐름은 상승 5파와 하락 3파를 보이며 끝없이 순환한다는 파동이론(wave principle)을 주장하였다. 이외에도 기술적 분석가들이 실전에서 활용하는 기법은 이루 헤아릴 수 없을 정도로 많다.

이들은 모두 주가 움직임과 관련된 투자자들의 심리와 형태를 세심하게 관찰해서 얻은 경험의 산물이다. 이런 지표와 기법을 잘 활용하면 장세흐름파악과 매매시점의 선택에 있어서 유용한 참고가 될 것이다.

그러나 기술적 분석이 지나치게 도식화되면 오히려 판단을 그르칠 수도 있다는 점을 유의하여야 한다. 수많은 기술적 분석기법들이 개발되고 있다는 사실이 기술적 분석의 유용성을 의심하게 하는 역설적인 증거이기도 하다. 그러나 기술적 분석은 기본적 분석에서 고려하지 못하는 시장의 수급요인을 다루고 도표를 통하여 간단하게 시장동향을 파악한다는 장점이 있다.

2. 기술적 분석의 약점

기술적 분석은 동일한 자료를 가지고 분석하더라도 분석가마다 서로 다른 해석이 나오며 시장이 변동한 원인이나 변동추세를 설명할 수 있는 논리적 기반이 없다는 약점을 지니고 있다. 또 과연 기술적 분석을 통하여 초과수익을 얻을 수 있는가에 대하여 실증분석한 결과를 보면 대개 부정적으로 나오고 있다. 대부분의 나라에서 증권시장은 상당히 효율적이어서 과거의 자료를 분석하는 기술적 분석으로는 초과수익을 실현시킬 수 없는 것이다.

3. 기술적 분석의 평가

이상에서 설명한 기본적 분석과 기술적 분석은 개별적으로 투자가치를 분석 · 평가하는 개별자산접근법에 속한다는 점 이외에도, 증권시장의 비효율성을 전제로 초과수익을 얻고자 하는 분석방법이라는 점에서 적극적 투자관리에 활용되고 있다는 공통점을 지닌다. 이들 방법은 전통적 투자방법(traditional approach)으로 불리고 있다.

현대 자본시장이론은 기본적 분석을 토대로 하여 포트폴리오 투자를 행하는 쪽으로 정립되고 있으며, 기술적 분석은 참고자료 정도의 수준으로 활용되고 있다.

5 주식시장에서 살아남는 지혜

가계자산운용에 있어 변화가 일어나고 있다. 일단 첫째 변화는 '실질금리가 마이너스 시대'를 맞은 것이다. 은행 예금 중 상당액의 자금이 부동산과 펀드시장을 기웃거리고 있다. 부동산 시장에서도 변화가 일어나고 있다. 글로벌 주택경기가 호황국면에서 기울기 시작했고, 우리나라도 세제 강화 등 정부의 각종 부동산대책이 현실화되면서 부동산 시장으로의 자금이동이 주춤하고 있다.

시중자금이 부동산으로 못 가면 어디로 갈까? 둘째 변화는 여기에서 출발한다. 물꼬는 일단 해외에서 트였는데, 당분간 해외 투자는 지속적으로 늘어날 전망이다. 이런 흐름은 가계자산운용에 있어 부동산의 비중이 줄고 금융자산의 비중이 늘어나는 결과를 낳은 것이다. 과거 선진국 사례를 살펴보면 금융자산에 대한 비중확대가 대세로 자리잡은 상황에서는 해외와 국내시장을 구분할 것 없이 주식에 대한 편입비중이 증가하였다. 특히 자국 증시가 상승하는 경우, 증시로의 자금유입속도가 더욱 가속화되는 경향을 보였다. 국내 주식시장도 과거 선진국 경험을 답습할 경우 부동자금이 주식시장으로 방향을 돌릴 것이다. 지금처럼 부동자금이 새로운 투자처를 찾지 못해 단기화되는 상황에서는 더더욱 그러할 것이다.

이런 분위기에 편승하여 우리나라 경제활동인구 6.5명 가운데 1명은 주식을 보유하고 있는 것으로 나타났다. 특히 20~30대 청 · 장년층을 중심으로 한 개인들의 코스닥시장 참여가 급증했다.

이렇듯 많은 사람들이 주식시장에 참여하고 있고 주가가 최고치를 경신한다고 해도 손해보는 패턴을 반복하는 삶은 반드시 있다. 특히 기관 투자가나 외국인보다는 일반 투자자, 일명 '개미'들의 손해는 하늘과 땅만큼 그 기복이 심하고 수익보다는 손해가 더 크게 발생한다. 왜 개미 투자자들은 똑같이 '손해보는' 패턴을 반복할까? 소문에 따라 사고, 주가가 조금 오르면 단기 이익을 위해서 매도하는 전형적인 개미 투자자들의 패턴은 가치와 장기적인 이익을 창조해 내지 못하고 투기에 가까운 미수외 몰빵으로 손해를 자초하기 때문이다.

처음 주식시장이라는 곳에 발을 들여 놓게 될 때, 많은 사람들은 환상을 갖고 임하게 된다. 급등주, 대박주, 수익률 몇 백 % 등 쉽게 단시일 내에 큰돈을 만져 볼 수 있는 시장으로 알고 뛰어든 사람이 한둘이 아닐 거라 생각된다. 누구는 어떤 주식을 사서 몇 백 % 수익을 냈다는 소문을 들으면 삼성전자 같은 초우량 주식 10% 상승으로 성이 찰 리가 있겠는가. 주식시장에서 10년, 20년 이상 투자해 온 사람들도 많지만, 그 중에 실제 수익을 내는 사람은 총 주식인구의 5%나 될까. 일류대 나오고 유학 갔다 오고 박사학위까지 가지고 있는 사람들이라고 해서 주식시장에서 성공하는 것도 아니다. 아니 오히려 실패확률이 더 높을지도 모른다. 아집과 고집이 남들보다 더 세기 때문이다. 그렇다면 주식 투자에 실패한 95%의 투자자들은 왜 실패하는 것일까? 실패원인은 여러 가지가 있겠지만 그 중에서도 '욕심' 때문이 아닌가 싶다. 자신이 매수한 종목이 오르면 계속 오를 것 같은 환상에 사로잡혀 이성을 잃게 되거나, 빠지게 되면 끝까지 보유하다 결국

기다리다 지쳐 손실이 많이 나 있는 상황에서 울며 겨자먹기 식으로 매도를 하게 된다. 이런 악순환이 반복되다 보면 어느새 자신의 계좌는 서서히 바닥을 드러내게 되고 마는 것이다.

잘 모르면 주식 투자를 하지 않는 것이 상책이겠지만, 이왕에 뛰어 들었다면 생존확률을 높여야 하고, 그러기 위해서는 수많은 시행착오와 시련을 극복하고 피나는 노력을 통해서 자기 자신을 정확히 알고 마음을 다스릴 수 있어야 한다. 주식시장은 철저하게 준비한 자만 승리할 수 있는 냉혹한 시장이다. 주식시장에서 초보인지 경력자인지는 그리 중요하지 않다. 절대로 많은 경험이 성공으로 이어지는 요인은 아니다. 잘못된 경험과 매매습관은 차라리 주식을 모르는 사람보다 결과론적으로 더 큰 아픔을 안겨줄 수 있기 때문이다. 옛말에도 있듯이 '선무당이 사람 잡는다', 즉 어설프게 아는 투자자가 아집과 맹신으로 더 큰 손실을 보게 된다.

그렇다면 이와 같이 생존이 불확실한 주식시장에서 살아남는 최선의 방법은 무엇일까? 한 마디로 말해 원칙에 충실하는 것이다. 적정 수익률에 만족하고 위험관리에 무게를 두는 전략이 필요하다. 정신과 의사이자 최고의 테크니션 투자자로 알려진 알렉산더 엘더는 그의 저서 「주식시장에서 살아남는 심리 투자법칙」에서 시장에 휘둘리지 않는 성공적인 매매는 3M－마음(Mind, 심리상태), 기법(Method, 시장분석과 매매시스템), 돈(Money, 자금관리)－에 달려 있다고 말한다. 주식 투자를 해본 사람이라면 누구나 장이 끝난 후 '왜 내가 그런 행동을 했을까?'하는 생각에 가슴을 쳐본 경험이 있을 것이다. 많은 트레이더들이 왜 시장은 언제나 자신들이 팔면 오르는지 의아해 한다. 이는 알고 보면 대중이 똑같은 공포에 사로잡히기 때문에, 즉 모든 사람이 동시에 자신이 가지고 있는 주식을 내던지기 때문에 일어난다.

이렇듯 주식 투자시 탐욕과 두려움은 우리의 판단력을 흐리게 하여 우리의 계좌를 0으로 만들어 버린다. 매매에서 성공하는 유일한 길은 이성(理性)을 따르는 것이다.

개미 투자자들의 실패원인을 분석해 보면 대체로 다음과 같다.

① 남의 성공이 부러워 연구도 하지 않고 무작정 뛰어든다.
② 원금에 연연해 손절매원칙을 지키지 않는다.
③ 주식시장에서 큰 흐름을 읽지 못해 매수 · 매도시점을 놓친다.
④ 하락기에도 쉬지 않고 투자를 한다.
⑤ 손해를 만회하기 위해 투자원금을 늘리거나 돈을 빌려 투자를 한다.

⑥ 작전성 루머의 주식을 산다.

⑦ 데이트레이딩에 매달린다.

그렇다고 성공비결이 없는 것은 아니다. 실패원칙과 반대로 하면 되는 것이다.

① 실패를 바탕으로 자기 나름의 투자원칙을 개발하고 실천한다.

② 주식에 대해 끊임없이 연구한다.

③ 하락기 때는 시장을 떠나 기다린다.

④ 대세를 파악해 한발 앞선다. 즉, 남들이 떠날 때 들어가고, 남들이 뛰어들 때 빠진다.

⑤ 여윳돈으로 투자하여 큰 욕심을 부리지 않는다.

⑥ 손절매원칙은 철저히 지킨다.

⑦ 최종 판단은 자신이 한다.

주식에 직접 투자를 하기 위해서는 해당 기업에 대한 이해와 분석능력을 지녀야 하고, 충분한 투자경험과 함께 주가전망을 할 수 있어야 한다. 기업과 주식에 대한 이해가 없는 사람이 직접 투자를 한다는 것은 불나방이 불을 향해 뛰어드는 것과 같다. 즉, 높은 수익 대신 오히려 커다란 손실로 끝날 때가 많기 때문이다.

펀드를 통한 간접 투자는 전문가에게 맡겨 운용을 위임하는 대신 적절한 비용을 부담하는 방식이다. 위임을 맡은 전문가들이 분산 투자를 통해 안정적인 자산운용에 주력하므로 수익률은 대부분 주가지수와 유사한 방향으로 움직이게 된다. 따라서 간접 투자를 할 때는 향후 주식시장이 좋으냐 나쁘냐를 전망해야 한다. 전망이 좋을 때 투자를 하고, 전망이 안 좋을 때는 발을 빼야 한다.

우리나라 투자자들의 성향과 직 · 간접 상품의 특성을 고려했을 경우에 직접 투자시장보다는 간접 투자시장의 인기가 높다. 지수의 상승에도 투자손실을 볼 수 있는 직접 투자의 위험을 투자자들이 기피하기 때문이다. 주식은 신(神)도 모른다지만 원칙만 철저히 지킨다면 대박은 몰라도 쪽박차는 일은 없을 것이라고 입을 모으는 전문가들(삼성, 우리, 현대, 한국, 대우 등 5개 증권사의 리서치센터장)이 말하는 '하늘이 두 쪽 나도 끝까지 지켜야 할 10가지 투자원칙'을 알아보자.

① 반드시 여유자금으로 하라.

개인 투자자에게 주식 투자는 본업이 아니라 부업이다. 집 살 돈으로 주식을 사거나 마이너스 통장으로 대출받아 투자하는 일은 없어야 한다는 얘기다. 잃어도 될 만한 돈으로 주식을 사야 된다. 생활자금으로는 절대로 투자하지 마라.

② 목표 수익률을 정하라.

주식에 실패하는 대표적인 이유는 '조금만 더' 하는 투자심리 때문이다. '플러스(+) 마이너스(−) 10%면 무조건 판다'는 식으로 목표 수익률을 정하고 '손절매(손해를 보고 파는 것)'에 주저하지 말아야 한다.

③ 남의 말은 절대로 듣지 마라.

시장 루머나 정보에 의존해서 재미를 본 사람은 많지 않다. 귀가 얇아서는 안 된다. 뒤늦게 추격매입하다가 작전세력에 걸려 땅을 친 사람들이 한둘이 아니다. 소신을 지켜라.

④ 좋은 회사라고 주식도 반드시 좋은 것은 아니다.

삼성전자는 좋은 회사지만 좋은 주식은 아니다. 비싸기 때문이다. 주식 투자는 저평가된 종목을 골라 투자하는 것에 목표를 둬야 한다.

⑤ 투자일지를 쓰라.

주식을 매입할 때 그 이유를 적고, 차익을 실현하거나 손절매할 때 그 이유를 적어라. 투자일지를 통해 자신의 투자성향과 매매횟수를 점검함으로써 단점을 확인할 수 있다. 하루 10분 정도만 투자하면 된다.

⑥ 신문을 보라.

인터넷으로 주식시세표를 들여다 볼 시간에 신문의 경제면과 산업면을 꾸준히 정독하면 경제의 흐름을 이해할 수 있다. 이는 좋은 주식을 고를 수 있는 안목을 키울 수 있는 가장 좋은 방법이다.

⑦ 회사를 알아보고 투자하라.

시장에서 생선이나 수박을 살 때도 좋은지 나쁜지 알아보는 방법이 다 있다. 요즘 같은 세상에 맘만 먹으면 회사에 대한 정보는 얼마든지 구할 수 있다. 어떤 회사인지 파악하는 건 '기본 중의 기본'이다. 금융감독원 전자공시에 들어가면 모든 회사의 재무제표를 볼 수 있다.

⑧ 분산 투자하라.

귀에 못이 박이도록 듣는 말이다. 적어도 세 종목 이상, 그것도 업종이 다른 종목들에 투자하면 위험을 낮출 수 있다. 투자의 기본은 위험을 회피하는 것이다.

⑨ 잘 아는 회사부터 투자하라.

생활 주변에서 잘 팔리고 있는 제품을 만드는 회사나 친구가 다니는 회사 등 평상시에 친숙한 기업부터 투자를 하면 재미있다. 주부라면 기저귀를 만드는 회사나 가전제품 제조사들에 관심을 가져도 좋다.

⑩ 그래도 자신없으면 간접 투자를 하라.

아무나 주식 투자하는 게 아니다. 속 편하게 전문가에 맡겨라. 여러분 돈을 굴려 주기 위해 전문가들이 줄을 서 있다. 펀드에 돈을 넣고 맘 편하게 살아라.

사람을 잘 사귀는 것도 재테크

4년 만에 10억 번 샐러리맨 김필수씨의 투자기

음식맛은 '손맛'이란 얘기가 있다. 분명 똑같은 조리법대로 했는데도 초보주부의 음식맛은 어딘지 허전하기 십상이다. 투자에도 손맛이 있다. 같은 원칙과 공식을 따라해도 투자자마다 결과는 다르다. 투자시점과 배합의 그 미묘한 차이가 투자의 맛을 가른다. 김필수(가명)씨의 투자솜씨는 제대로 된 조리법에 손맛까지 얹은 품이다. 물론 실패를 통해 단련된 손맛이지만 말이다.

그는 대학 졸업 3달 전인 1990년 말, 한 대기업 계열사에 입사했다. 회사에 들어간 후부터 당시 월급의 절반 정도에 해당하는 월 30여만 원을 꼬박꼬박 저축했다. 그런데 그 용도가 좀 색달랐다. 결혼자금 마련이 아니라 '주식 투자 자금'이었다. 대학시절부터 주식에 관심이 많았던 그는 실전 주식 투자를 위해 월급으로 종자돈을 모은 것이다. 돈 벌 욕심보다는 주식 자체에 대한 '호기심'이 출발점이었다. 서울의 중산층 가정에서 부모님과 함께 사는 덕에 자신이 모은 돈은 모두 주식 투자에 쓸 수 있었다.

| 첫 투자로 모은 돈 다 날려 |

입사 이후 5년여는 '실패의 연속'이었다. 월급이 모이면 투자하고, 잃으면 또 월급을 모으는 일이 반복됐다. 매달 12만 원씩 부어 3년 만에 탄 재형저축 500만 원도, 월 18만 원씩 역시 꼬박 3년을 모은 근로자증권저축도 증시가 삼켜버렸다. 그는 이 기간 동안 "참 비싼 수업료를 냈다"고 표현했다. 하지만 빚을 내서 투자한 적은 없었다. 그러던 중 1996년 5월 주가지수선물, 1997년 7월 옵션거래시장이 개설되면서 그의 재테크 인생은 계기를 맞는다. 그는 선물시장이 개설된 1996년 하반기 500만 원으로 선물거래에 뛰어든다. 1년 후 옵션거래도 개시했다.

"새로운 투자라서 호기심이 갔습니다. 그래서 공부를 했죠. 원론 책을 보면서 1년여 독학을 했습니다. 틈틈이 관련 강좌도 다니고요. 잔재주보다는 주로 상품구조를 이해하는 데 초점을 맞췄습니다. 이때도 돈이 최우선 목적은 아니었어요. 워낙 금융 투자에 관심이 많아 배워보고 싶었죠."

그 후 속칭 IMF시대로 불리는 경제위기 때 짭짤한 재미를 봤다. 증시 대세 하락기에는 투자자들도 손해볼 수밖에 없는 주식 투자와는 달리, 선물 · 옵션은 주가하락기에도 돈을 벌 수 있기 때문이다. 그는 약 2년여 만에 1억 원을 벌어들였다. 그가 선물 · 옵션시장에서 한창 승승장구하던 1998년 6월, 주가는 280선까지 곤두박질쳤다. 그는 '이 정도면 거의 바닥에 왔다'고 생각했다. 그래서 주식시장으로 서서히 발길을 옮겼다.

그 후 1999년 6월, 종합주가지수가 850선에 이르는 1년여 동안 또 다시 3배 이상의 수익을 올릴 수 있었다. 그 사이에 선물 · 옵션 투자도 일부 병행했다. 그가 선물 · 옵션에서 완전히 손을 뗀 것은 2000년부터였다.

"내 경우 선물 · 옵션으로 종자돈을 모은 셈이죠. 그런데 선물 · 옵션은 리스크가 크기 때문에 오랫동안 가져갈 투자는 아니라고 생각합니다. 그래서 어느 정도 자산이 모인 다음에는 중단했죠."

그는 투자 삼분법으로 불리는 주식 · 채권 · 부동산 전방위로 돈을 불렸다. 1998년 IMF 구제금융신청 이후 수익률이 20%대를 넘었던 회사채 등 일부 채권상품에 투자해서 짭짤한 재미를 봤다. 그가 아파트를 산 시기는 1999년이었다. 그는 주식에는 전문가 수준이지만 부동산에는 거의 문외한이었다. 샐러리맨이 주식 · 부동산 · 채권을 모두 한다는 것은 사실상 불가능하다. 대신 그에게는 친하게 지내는 부동산 전문가가 있다. 가끔씩 술 한 잔하면서 자신은 금융정보, 상대방은 부동산정보를 맞교환하곤 했다. 그가 아파트에 투자한 것도 그 친구의 조언 덕이었다.

"지금 아파트값이 지나치게 떨어졌으니 무조건 사라고 하더군요. 평소 알고 지내던 친구라 거의 100% 신뢰했습니다. 그래서 그 친구의 조언을 그대로 믿고 급매물로 나온 아파트를 한 채 샀죠."

I 사람을 잘 사귀는 것도 재테크 I

당시 매입가는 2억 원, 전세를 끼고 샀기 때문에 실제 투자된 돈은 1억 원을 조금 넘었다. 그 아파트의 시세가 지난해 4억 원을 돌파했다. 아무래도 과열되는 느낌이었다. 정부에서도 부동산 시장을 잡겠다고 각종 정책을 쏟아내는 판이니 부동산 시장도 상투에 왔다는 판단이 섰다. 그래서 지난해 말 팔아치웠다. 매도가는 4억 2,000만 원, 2배 이상의 차익, 실제 투자금액을 기준으로 보면 4배 정도 수익을 본 셈이다. 그는 지금도 무주택자다. 지난 1995년 결혼한 이후 죽 전세를 살고 있다. 아이가 학교갈 때까지는 내 집 마련을 하지 않을 생각이다. 물론 좋은 기회만 있다면 '재테크'로서의 구입은 계속할 것이다. 다만, 당분간은 부동산도 '내 집 마련'의 차원이 아니라 '가장 합리적인 투자처' 중 하나일 뿐이다.

이렇게 재테크로 승승장구한 그였지만 정말 독특한 게 있다. '목표 수익률'이 없다는 점이다. 그는 주식 투자를 하든, 채권을 하든, 부동산을 하든 얼마 정도 수익을 올리겠다는 목표를 정하지 않는다.

"돈을 그냥 현금으로 들고 있을 수는 없잖아요. 그러니까 뭔가 투자를 해야 하는데, 지금 당장의 현실에서 어떤 투자처가 가장 유리한가만 생각합니다. 예를 들어 금리가 더 높은가, 증시의 수익률이 더 높은가 하는 식으로 가장 합리적인 투자처를 비교해 보는 거죠. 사전에 얼마를 벌겠다는 식의 목표는 없습니다."

그의 비교 기준은 금리와 주가의 '기대수익률'이다. 주식시장 기대수익률계산법은 1을 예상 PER(주가수익률)로 나누는 것이다. 예를 들어 올해 예상 PER(주가수익률)이 7~8%, 즉 주가가 주당 순이익의 7~8배 가격으로 거래될 전망이라고 치자.

1을 7~8%로 나누면 13~14%가 된다. 현재 예금금리는 대개 5% 내외다. 그러니 당연히 주식시장으로 가야 한다. 그래서 그는 최근 주식 투자 비중을 대폭 끌어올렸다. 현재 그의 포트폴리오는 주식 60%이다. 은행 금융상품의 이자율은 워낙 낮아 한 푼도 투자하지 않는다. 대신 어음 관련 상품에 20%를 넣어뒀다. 나머지 20%는 현재 살고 있는 전세금이다.

그는 증시에서 투자종목을 선택할 때도 깐깐하게 조건을 따진다. 그가 정한 세 가지 조건을 두루 갖춘 종목만을 엄선한다. 3대 조건 중 첫째는 이익이 나는 회사다. '잠재력' 운운은 그의 앞에서는 헛소리다. 반드시 이익이 나는 회사여야 한다.

둘째, 배당을 주는 회사다. 더 정확히 표현하면 금리 이상의 배당을 주는 회사에만 투자한다. 주식시장의 예상 수익률이 금리 이상이어야 주식 투자를 결정하는 것처럼 개별 종목에서도 최소한 금리만큼의 수익은 보장돼야 움직인다는 얘기다. 예를 들어 1만 원짜리 주식을 샀는데 500원 배당을 준다면 연간 5% 금리의 금융상품에 투자한 만큼의 수익은 확보된 셈이다. 하지만 주가가 2만 원으로 뛰었는데 배당금을 500원 준다면 김씨는 이 주식을 매각한다.

주가 대비 배당률이 2.5%로 줄어들어 금리보다 훨씬 뒤떨어지기 때문이다. 그래서 그는 한국 최우량 종목으로 꼽히는 삼성전자 주식도 사지 않는다. 배당을 안 주기 때문이다.

그의 마지막 기준은 저평가된 주식이다. 그가 투자하는 종목 중 '첨단'이나 '성장' 업종은 거의 없다. 대개 저성장업종이다. 한마디로 미인주는 없고 남들이 잘 안 쳐다보는 박색주만 있다고 보면 맞다. 그는 이런 중소형 우량주를 오래 보유한다. 소위 가치 투자다. 그는 이 원칙을 지킨 이후로 손해본 적이 거의 없다고 한다. 선물 · 옵션 투자도 흔히 책에 나오는 상식적 수준의 원칙만 지키면 누구나 돈을 벌 수 있다고 강조한다. "그렇게 쉽게 얘기하니 허탈하다"고 했더니, 웃으며 이렇게 말했다.

"인내를 갖고 원칙을 지키는 게 중요합니다. 그러면서 순간순간 시장상황이 바뀔 때마다 적절한 판단을 해야죠. 그건 어떻게 공식화할 수 없는 순간의 제 판단입니다. 하지만 한 가지는 확실합니다. 제가 특별해서가 아니라 누구나 관심을 갖고 꾸준히 노력하면 가능하다는 점이죠."

| 김필수씨의 10억 만들기 연보 |

1990년 말 취직. 매월 30만 원 이상 저축. 근로자증권저축 월 18만 원, 재형저축 월 12만 원씩 불입 시작

1992년 주식 투자 시작. 원칙 없는 투자로 자금 거의 다 날림

1994년 적금으로 마련한 목돈 1,000여만 원 주식 투자로 날림

1996～1997년 500만 원의 자금으로 선물 · 옵션 투자 시작

1998년 종합주가지수 280선에서 주식 투자 시작

1999년 선물 · 옵션 투자로 2년여 만에 1억 원 벌어들임. 채권 투자 시작(20～30%의 수익률) 종합주가지수 850선에서 처분(300～400% 수익률) 급매물 아파트 2억 원에 매입

2000년 총자산 5억 원대로 불어남. 선물 · 옵션 투자에서 완전히 손 뗌

2001년 주가 400포인트대에서 주식 투자 재개

2002년 아파트 4억 2,000만 원에 매각. 총자산 9억 원대로 불어남

2003년 1월 현재 총자산 약 10억 원 – 주식 평가액 약 6억원, 어음 약 2억 원, 전세금 약 2억 원

| 김필수씨가 말하는 재테크 원칙 |

첫째, 현실적으로 가장 '합리적인 돈 관리'가 뭔지만 생각하라. 김필수씨는 "이번 투자에서 꼭 얼마 이상은 벌어야지"하는 결심을 한 적도 없었다고 한다. 현재 가능한 투자처의 기대수익률을 비교해 그 중 가장 높은 곳을 선택한 것뿐이다.

그는 이 원칙을 철저히 지켰다. 1999년 주식 투자 때도 그는 주가지수가 850포인트쯤 가자 팔아버렸다. 그 후에도 주가가 1,000포인트 이상으로 끓어올랐지만 냉정함을 잃지 않았다. 금리 이상의 수익률이 보장되지 않는 증시였기 때문이다.

2001년 9월, 500포인트가 무너지자 그는 다시 투자에 들어갔다. 증시가 '금리 이상의 증시기대수익률'이라는 원칙을 충족시켜줘서이었다. 하지만 지난해 4월, 한때 주가가 900포인트를 넘자 그는 순간적으로 주식 비중을 확 줄였다. 이런 식으로 늘 시장을 보면서 언제라도 기대수익률이 떨어지는 시점에 오면 순간 순간 투자 포트폴리오를 조정한다.

둘째, '과다한 정보'는 성공 재테크의 최대 적이다. 김필수씨는 실패도 많이 했다. 입사 직후 5년여간은 돈만 날렸다. 그 후 장외시장에 투자했다가 수천만 원을 날리기도 했다. 그는 이 실패의 최대 원인은 "정보가 많았기 때문"이라고 단언한다.

과다한 정보는 실패의 지름길이라는 것이다. 그가 성공의 길로 들어선 분수령은 '원칙 고수'였다.

"원칙이 중요하지 정보는 중요하지 않습니다. 물론 투자회사의 사업과 관련된 정보는 중요하죠. 하지만 명심해야 할 사실이 있습니다. 증시는 경쟁시장이고, 따라서 허위정보도 많다는 사실입니다. 내 경험으로 봐도 공개되지 않은 정보로 투자해서 돈을 번 적은 없었습니다."

셋째, 내가 모르는 분야는 주변 전문가를 활용하라. 그는 부동산 전문가 친구를 100% 활용했다. 그는 금융 투자에 관한 한 어느 정도 자신이 있다. 하지만 부동산은 문외한이다. 그렇다고 한국 재테크의 황금 알 부동산을 무시할 수는 없다. 그래서 그가 사용하는 방법은 '전문가 100% 활용법'이다.

"사실 부동산까지 제가 스스로 공부해서 하기는 현실적으로 어렵습니다. 그래서 그건 전문가와 정보교류를 통해 해결하지요."

넷째, 참고 기다리는 자가 승리한다. 시행착오를 거쳐 효과적인 원칙을 세우고, 거기에 따르면서 버텨야 투자의 손맛을 깨우칠 수 있다. 김필수씨의 '배당금' 장치도 인내를 가능케 해주는 요인 중 하나다. 투자를 하다 보면 주가가 떨어질 수도 있다. 그럴 때 기다리기란 쉽지 않다. 하지만 이때 손해는 '미실현 손실'이다. 주가를 처분하기 전까지는 이익도 손해도 '장부상'일 뿐이다. 하지만 금리만큼의 배당이 손에 쥐어지면 장부상 주가손실도 버티기가 쉽다. 투자자마다 어떤 방식이든 '버틸 힘'이 있어야 투자의 열매를 맛볼 수 있다.

10억을 모은 사람들

경제 흐름 따라 주식 · 부동산 번갈아 투자

아내 퇴직금 3,500만 원 갖고 10년 만에 10억 번 건설회사 과장 김민철씨
… 인적 네트워크 있어야 정보도 얻어

IMF 직후인 1998년 초, 당시 건설회사 대리였던 김민철(가명 · 38세)씨는 아내의 명예퇴직금 3,500만 원의 운용방법을 놓고 작은 실랑이를 벌였다. 증권회사에 근무했던 아내는 주식으로 돈을 까먹은 사람을 숱하게 본 탓인지 안전한 예금에 넣자고 주장했다. 반면 그는 "일시적인 유동성 위기에 따른 주가폭락이므로 지금은 주식을 살 때"라는 입장이었다. 팽팽히 대립했지만 결국 그가 이겼다. 그 돈으로 김씨는 SBS(서울방송), 한국기술투자, 대한해운 주식을 샀다.

주가는 그의 기대 이상으로 올라 20배에 가까운 투자수익을 남겼다. 단 한 번의 의사결정으로 인생 역전이 된 것이다. 그러나 그 의사결정의 이면에는 6년여의 경제신문과 잡지읽기가 숨겨져 있다.

| 빚 내서 주식하면 안 돼 |

지난 1992년 한 건설회사의 대구지사에서 근무했던 그는 7개월 후 서울로 발령을 받았다. 그의 수중에 있는 돈이라곤 26만 원이 전부였다. 전세집을 구할 형편이 안 돼 그는 하숙생활을 시작했다.

하숙비 내고 가끔 고향인 대구를 다녀오고 친구들을 만나다 보면 남는 돈이 없었다. 대학생활을 할 때는 몰랐던 돈의 존재를 절감했던 시기다.

"서울에서 살려면 돈이 있어야 합니다. 돈이 없으니 전혀 사람 구실을 할 수가 없더라고요. 그래서 본격적으로 재테크에 관심을 갖게 됐죠."

이런 생활이 반복되는 와중에 그는 선배의 소개로 만난 지금의 아내와 결혼을 하게 된다.

막상 결혼을 하더라도 문제였다. 돈이 없었기 때문이다. 집에서 도와준 것은 결혼비용이 전부였다. 그래서 자신과 아내의 명의로 전세금 3,300만 원을 전액 대출받아 서울 송파구 방이동에 15평짜리 연립을 얻었다. 1994년 12월의 일이다. 이때까지만 해도 맞벌이 생활을 하면서 차곡차곡 은행이자를 갚아나가는 게 재테크의 전부였다.

하지만 그는 가만히 있지 않았다. 사회생활과 더불어 구독하기 시작한 경제신문과 경제주간지를 퇴근 후 집에서 숙독했다. 매일 꼼꼼히 읽다 보니 경제흐름이 어느 정도 윤곽이 잡히기 시작했다. 6년간 경제신문과 경제주간지를 읽은 결과가 바로 1998년 초의 주식 투자였던 것이다.

"재테크를 하기 위해 따로 공부하는 것은 없었습니다. 하지만 신문과 잡지는 열심히 봤습니다. 이렇게 6년 정도 했더니 경제에 대한 감(感)이 생기더군요."

주식으로 종자돈이 생기자 그는 본격적인 재테크에 나섰다. 이번에는 부동산이었다. 부동산 시세를 자세히 들여다 보니 주가는 IMF 이전 수준을 회복했지만 부동산은 그렇지 못했다. 그는 부동산이 꿈틀거리기 전 단계라는 판단이 들었다.

"공적자금이 투입되면서 통화량이 엄청 늘어났더군요. 시중에 돈이 많아지면 금리가 낮아지고 실물자산인 부동산값이 오른다는 것은 하나의 상식에 속하는 것이거든요. 그래서 주식을 일부 처분해 집을 사기로 마음먹었습니다."

그런데 이번에도 아내는 반대하고 나섰다. 더 이상 집값이 오를 것 같지 않은데 굳이 집을 왜 사느냐는 게 이유였다. 하지만 이번에도 그는 밀어붙였다. 종자돈은 마련됐고, 문제는 어느 부동산을 사느냐였다. 그는 부동산 투자정보도 주식과 마찬가지로 신문에서 얻었다. 한 경제신문의 '부동산 재테크 코너'에 실린 서울 한강변 투자전망에 대한 기사에 주목했다. 기사의 요지는 '앞으로는 한강 조망이 가능한 부동산이 투자 유망하다'는 것이다. 한강변 아파트에 사는 한 가정주부가 우울증으로 자살한 사건도 주의 깊게 살폈다.

"강변에 살면 주부들이 우울증에 걸린다는 기사도 나오고 투자 유망하다는 기사도 나왔습니다. 부정적이든 긍정적이든 '강변'이라는 게 하나의 테마로 등장한 것에 주목했습니다."

그래서 1998년 10월에 재개발 가능성이 높은 서울 금호동의 연립주택을 1억 1,500만 원에 매입했다. 지금 이 연립의 시세는 1억 6,000만 원으로 약 5,000만 원 오른 상태다. 재개발로 아파트를 배정받으면 아파트에 입주에 살 생각이었지만 그는 전략을 수정하게 된다.

"재개발 투자는 시간이 지날수록 조합원이 늘어난다는 사실을 몰랐죠. 조합원이 많아지니 당초 32평을 기대했는데 24평밖에 받을 수 없다고 하더군요. 아파트에 살려면 최소 32평이 돼야 합니다. 그래야 아이들이 크더라도 이사하지 않고 안정적으로 살 수 있거든요."

그래서 다시 아파트를 찾아나섰다. 이번에는 경매였다. 경매는 처음이었지만 어느 정도 자신이 있었다. 대학에서 법학을 전공한 탓에 권리분석을 할 수 있었기 때문이다. 인터넷 경매사이트와 신문에서 추천하는 경매물건을 꾸준히 살폈다.

서울 강동구 고덕동의 아파트가 눈에 들어 왔다. 아내의 직장 근처라 경매만 받으면 출 · 퇴근도 편할 것이라는 판단이 들었다. 현장을 방문해 보니 세들어 사는 임차인이 없어 세입자를 내보내야 하는 명도문제도 없을 것 같았다. 수중에 있던 현금 5,000만 원과 은행의 경락자금 대출을 받아 1억 6,800만 원에 낙찰을 받았다. 첫 경매치곤 대

성공이었다. 그런데 갑자기 변호사 사무실로부터 전화가 왔다. 당초 살던 임차인이 소송을 걸었다며 집을 비운 기간 동안 이자를 달라는 것이었다.

"지금은 제도가 바뀌었지만 2년 전만 해도 임차인이 경매를 넣을 경우 임차인은 집을 비워줘야 한다는 규정이 있었거든요. 그래서 그 임차인이 집을 비운 기간 동안의 이자를 낙찰자인 저에게 달라고 했던 거죠."

그는 이에 당황하지 않고 법 조문을 조목조목 따져봤다. 따져본 후 이자를 줄 필요가 없다는 걸 알게 됐다. 그래서 이는 경매와 별개의 사건이니 다시 소송하라고 답변을 한 후 집을 비워달라는 명도소송을 제기했다. 결국 명도소송을 취하하는 조건으로 임차인과 합의한 후 2001년 6월에 입주를 했다. 현재 이 아파트의 가격은 낙찰가의 두 배 이상인 3억 5,000만~3억 7,000만 원에 거래되고 있다.

세 번의 투자로 10억 원에 가까운 재산을 모았지만 그에게도 실패의 경험은 있다. 1998년 초 대대적인 벤처붐을 타고 그는 주식으로 번 돈을 상당부분 벤처주식에 투자했다. 엔젤로 참여하고 장외주식도 매입했다. 결과는 참담했다. 일부 자금은 회수했지만 아예 회사가 망해 날린 돈도 많다. 그는 이 과정에서 많을 걸 배웠다고 말한다.

"내재가치분석 없이 열기에 도취해 투자를 해선 절대 돈을 벌 수 없다는 걸 알았죠. 그나마 저는 다행입니다. 빚을 내지도 않았고, 그동안 주식으로 벌었던 돈으로 샀으니까요."

그는 절대 주식은 빚을 내서 투자하지 않는다는 원칙을 갖고 있다. 어떻게 변할지 모르는데 남의 돈으로 했다가 손실을 두 배로 떠안을 수 있다고 생각하기 때문이다.

❙ 지식과 종자돈은 재테크의 두 축 ❙

최근 그는 금호동 연립을 내놓았다. 부동산 중개업소에서는 더 오를 가능성이 높은데 왜 파느냐고 얘기하지만 그는 이미 팔기로 결심한 상태다.

"늘 머릿속에서 최악의 상황을 가정해 봅니다. 운이 좋아서 주식과 부동산으로 돈을 벌었지만 금리가 여기서 더 오른다면 어떻게 되겠습니까? 금리상승은 부동산에 치명적이거든요."

당분간 금리상승은 없을 것이라는 데 자신도 의견을 같이 하지만 만일의 리스크를 줄이기 위해 집을 판다는 것이다. 시장상황이 불확실하다는 점도 그가 현금화의 필요성을 느끼는 이유다.

"기회는 또 오는 법이거든요. 어느 정도 수익이 났으니 포트폴리오를 조정할 필요가 있습니다. 벤처 투자로 얻은 경험이죠."

그는 최근 부동산에 대한 지식을 더 쌓기 위해 대학원을 다니고 있다. 단순한 인맥형성을 위한 경영대학원보다는 인맥과 지식 모두를 해결할 수 있다는 장점 때문에 부동산 대학원을 선택했다. 거기서 그는 대학원 동료들과 땅도 보러 다니고 부동산에 대한 얘기를 많이 나눈다.

"샐러리맨들은 정보를 얻기가 어렵습니다. 자신의 인적 네트워크를 확대할 필요가 있습니다. 그래야 정보도 얻고 투자를 할 수 있거든요."

그는 샐러리맨이 재테크로 성공하려면 '지식과 종자돈과 인적 네트워크'가 있어야 한다고 강조한다. 이 세 가지만 있으면 큰 부자는 아니더라도 경제적 불편함 없이 인생을 살 수 있다는 게 그의 믿음이다.

❙ 김과장의 10억 만들기 과정 ❙

1992년 대학 졸업 후 건설회사 입사, 7개월 후 서울 발령

1994년 3,300만 원 대출받아 서울 송파구 방이동 15평 연립 전세 입주

1998년 아내 명예퇴직금 3,500만 원 주식 투자. 20배 투자 수익

1998년 보유 주식 일부 팔아 서울 금호동 재개발 지분 1억 1,500만 원에 매입(현 시세 1억 6,000만 원)

2001년 서울 강동구 고덕동 32평 아파트 1억 6,800만 원에 경매로 매입(현 시세 3억 5,000만~3억 7,000만 원)

2003년 현재 은행 예금 등 현금자산 6,000만 원, 주식 투자 원금 3억 2,000만 원

| 김 과장이 말하는 샐러리맨 재테크 |

김 과장은 샐러리맨들이 재테크를 할려면 먼저 '종자돈'을 만들어야 한다고 강조한다.

"도둑질을 하지 않는 이상 종자돈이 없으면 재테크는 불가능합니다."

그는 자신도 맞벌이를 하지 않았다면 종자돈을 만들 수 없었을 것이라고 말한다. 그래서인지 그는 '맞벌이 예찬론자'다.

"결혼을 앞둔 후배들에게 결혼하더라도 가급적 맞벌이를 하라고 권합니다. 집에서 물려받은 것 없는 샐러리맨들이 종자돈을 빨리 모으려면 맞벌이 외에 달리 방법이 없다고 생각합니다."

종자돈과 더불어 그가 강조하는 것은 '지식'과 '실행력'이다. 먼저, 그는 경제신문과 잡지를 꾸준히 읽으라고 권한다. 신문과 잡지만큼 현실적인 게 없다고 여기기 때문이다. 그는 지난 1992년 사회생활 시작과 더불어 지금까지 경제신문과 잡지를 정기 구독하고 있다. 퇴근 후 집에 들어가서 신문과 잡지를 읽는 게 일상이다.

주식 투자도, 부동산 투자도 그는 신문에서 정보를 얻었다. 여기에 어느 정도의 전문지식이 있으면 금상첨화다. 서울 강동구 고덕동의 아파트를 경매로 낙찰받을 때 그는 '미래가치'를 꼼꼼히 따졌다.

통상 서울지역 32평 아파트의 대지지분은 평균 13평 정도이다. 그러나 고덕동 아파트의 대지지분은 17평이었다. 대지지분이 많은 아파트는 시간이 지날수록 가치가 높아진다는 것에 주목했던 것이다.

다음은 실행력이다. 그는 "생각은 누구나 할 수 있지만 실행에 옮기는 사람은 적다"고 말한다. 행동을 하느냐 마느냐에 따라 재테크의 명암이 달라진다는 것이다. 판단이 맞다고 생각되면 설사 실패를 하더라도 투자할 자세가 되어 있어야 재테크로 성공할 수 있다고 한다.

그리고 늘 리스크 관리를 염두해 두어야 한다고 충고한다. 주식에 투자할 때는 반드시 여유자금으로 해야 리스크를 관리할 수 있다. 집도 마찬가지다. 그는 집이 두 채가 되자 리스크 관리 차원에서 한 채를 팔 작정이다.

"모든 상황을 만족시키는 투자처란 없는 법입니다. 늘 최악의 상황을 가정하고, 그 시나리오에 맞게 포트폴리오를 재조정해야죠."

제6장 | 보험 재테크

보험(Insurance)은 미래에 발생할지도 모르는 사고를 대비하여 미리 일정액의 보험료를 납입함으로써 재해가 발생했을 때의 위험을 회피할 목적의 금융상품이다. 그런데 다양한 보험회사들이 많은 상품들을 소개하고 있으며, 최근에는 방카슈랑스의 등장으로 어떤 상품이 자신에게 적합한지를 판단하기가 더욱 어려운 실정이다.

본 장에서는 생명보험과 손해보험을 비교하고, 우리나라의 주요 보험상품을 소개하며, 재테크상품으로서 각종 보험상품을 비교해 본다.

제1절 생명보험과 손해보험

보험기관은 계약형 저축기관(contractual savings institutions)으로서 장기 계약에 의거하여 자금을 조달하고, 이를 장기적인 투자에 운용한다. 계약형 저축기관은 계약관계에 의거하여 정기적으로 자금을 조달한다는 점에서 다른 금융기관과 구별된다. 이들 기관은 자금유입이 안정적일 뿐만 아니라 보험금의 형태로 발생하는 자금유출도 확률적으로 예측할 수 있다. 이러한 자금유입과 유출의 특성은 그들의 자산관리에 있어서 유동성 문제를 최소화하고 그들로 하여금 장기적인 투자를 행할 수 있게 한다.

1 생명보험

생명보험은 손해보험과는 달리 보험사고 발생으로 인한 손해의 유무와 관계없이 일정기간 만료 또는 경과 후 보험금을 가입자에게 지급하는 정액보험주의를 원칙으로 하고 있어 저축의 성격을 띠고 있을 뿐만 아니라 자산운용에 있어서도 장기 보험 계약준비금을 금융자산형태로 보유하는 차이가 있다.

생명보험회사는 인체와 관련된 사고에 대하여 보험금을 지급하기로 약속한 계약(保險證書)을 매각하고 보험증서에 대한 보험료로부터 투자자금을 축적한다. 개인의 입장에서 보아 보험사고의 발생은 심각한 경제적 손실을 초래할 수 있으나, 보험회사는 동일한 사고위험을 가진 다수의 개인들에게 보험증서를 매각하기 때문에 회사자산에 비하여 보험금의 지급규모는 그리 크지 않을 것이다.

보험회사는 보험사고가 발생할 확률을 추정손실액으로 곱하여 기대손실액을 계산하고, 여기서 보험료의 투자로부터 생기는 추정손실액을 공제한 후, 이 금액에 다시 영업비용 및 목표이윤을 가산함으로써 보험료의 크기를 결정한다. 따라서 기대손실이 클수록 그 보험사고에 대한 보험료는 더 높아진다. 마찬가지로 보험료의 투자로부터 생기는 수익이 커질수록 보험료는 낮아진다. 보험회사는 이처럼 분산을 통해 위험을 감소시킬 수 있지만, 뜻밖의 재앙이 발생할 경우 손실위험을 일정수준으로 유지하기 위하여 재보험(reinsurance)을 이용하기도 한다.

우리나라의 생명보험회사가 취급하고 있는 보험상품은 피보험자를 기준으로 개인보험과 단체보험으로 구별되며, 또한 개인보험은 보험금의 지급조건에 따라 사망보험, 생존보험 및 양로보험으로 분류된다.

첫째로 사망보험(term insurance)은 피보험자가 일정한 기간 내에 사망할 경우에만 지정된 수혜자에게 보험금을 지급하기로 약속한 증서이다. 피보험자가 이 기간을 지나 생존하면 보험계약이 소멸하는 대신에 비교적 낮은 보험료를 지불한다는 이점이 있다.

둘째로 생존보험(endowment)은 자녀의 교육이나 결혼 또는 자신의 은퇴에 대비하여 일정한 계약기간을 정하고 피보험자가 계약기간의 종료시까지 생존시 계약액을 지급하기로 약속한 증서이다. 생존보험은 피보험자의 사망시에도 계약액을 지급하는 특약이 부가되는 것이 일반적이기는 하지만, 일정시점에 있어서의 자금확보가 주목적이므로 보장성 기능보다는 저축성 기능이 강하다. 우리나라에서 이에 속하는 보험상품으로는 자녀의 학자금을 마련하기 위한 교육보험과 노후 생활자금을 마련하기 위한 연금보험이 있다.

셋째로 양로보험(whole life insurance)은 저축성 기능과 보장성 기능을 절충한 형태로서 피보험자가 사망시 계약액과 동일한 보험금을 수익자에게 지급하거나 일정한 연령까지 생존시 피보험자에게 생존이행금을 지급할 것을 약속한 증서이다.

생명보험회사는 계약자가 납입하는 보험료에 의해 자금을 조달하고, 이를 예금, 유가증권, 대출금, 부동산, 신탁 등에 운용하는 한편, 보험금이나 환급금의 형태로 보험증서의 소유자에게 돌려준다.

2 손해보험

손해보험회사는 화재, 도난, 사고나 부주의로 인하여 발생하는 재산상의 손실에 대하여 보험금을 지급하기로 약속한 증서를 판매하며, 이로부터 조달된 자금을 본원적 증권에 투자하는 금융기관이다.

손해보험회사는 손실 위험에 대한 보험을 제공한다는 점에서 생명보험회사와 동일하지만 업무성격에 있어서는 상당한 차이를 보이고 있다.

첫째, 손해보험은 생명보험에 비하여 그 만기가 대체로 짧다는 점이다. 예를 들면 여행기간, 연예인의 공연기간, 영화제작기간 등과 같이 단기간의 보험이 있고, 화재, 도난, 자동차, 가옥 등에 대한 보험증서도 대개 1년을 단위로 한다.

둘째, 손해보험의 경우 사고의 발생확률을 추정하기가 어려운 것이 보통이고, 따라서 현금유입 및 유출은 생명보험회사의 경우에 비하여 예측하기 어렵다.

셋째, 생명보험의 경우 보험증서의 대부분이 저축성 기능을 갖추고 있는데 반하여, 손해보험은 저축금을 징수하지 않는다.

손해보험회사가 취급하고 있는 종목은 그 보험가입대상에 따라 화재보험, 해상보험, 자동차보험, 보증보험, 특종보험, 장기 저축성 보험 및 해외 원보험 등으로 구분된다.

보증보험은 보험회사가 보험계약자인 채무자를 대신하여 채권자에게 채무불이행에 따른 손실을 보전할 것을 약속한 증서이다.

특종보험은 항공보험, 운송보험, 상해보험, 도난보증, 원자력보험 등을 포함하며, 장기 저축성 보험은 보험기간 중 보험사고가 없더라도 만기시 환급금을 지급할 것을 약속한 증서이다.

해외 원보험은 해외에 진출한 국내 손해보험회사가 외국인과 체결한 각종 보험계약을 말한다.

제2절 우리나라의 주요 보험상품

1 자동차보험

1. 자동차보험의 의의

대표적 손해보험인 자동차보험은 차량 소유자가 의무적으로 가입해야 하는 책임보험과 임의로 가입 여부를 결정할 수 있는 종합보험이 있다. 일반적으로 종합보험을 자동차보험이라고 부르고 있다. 자동차보험계약은 피보험자가 자동차를 소유, 사용, 관리하는 것과 관련한 사고로 인해 생긴 손해의 보상을 목적으로 하는 손해보험계약이다. 자동차보험은 [표 6-1]과 같이 구성되어 있다.

2. 자동차보험의 가입전략

자동차보험료가 완전 자유화된 현재 자동차보험도 이제 재테크의 필요성이 되고 있다. 보험회사 간 치열한 경쟁으로 잘만 선택하면 보험료를 적게 낼 수 있는 틈새가 그만큼 많아졌기 때문이다. 자동차보험료의 정가(定價)가 사실상 무너진 것이다. 물론 '싼 게 비지떡'이 될 수 있기 때문에 무작정 싼 보험료를 추구하는 것은 합리적인 태도가 아니다. 하지만 현명하게 고른다면 자동차보험료를 수십

표 6-1 ▶ 자동차보험의 구성

자손보험	차량보험	충돌 등의 사고로 차량에 생긴 손해를 보상받는 보험
	자기신체사고보험	사고로 보험가입자가 상해를 입었을 경우에 보상받는 보험
배상책임 보험	대인배상책임보험	보험가입자가 타인의 재물에 손해를 입혔을 경우 보상해 주는 보험
	대물배상책임보험	보험가입자가 타인의 사망이나 상해를 초래하였을 경우 보상해주는 보험

%까지 절약하면서도 필요한 보장 기능을 빠짐없이 챙길 수 있다. 특히 2002년 10월 24일부터 금융감독원에서 모든 손해보험사들의 자동차보험료를 금융감독원 홈페이지(www.fss.co.kr)를 통해 공시하고 있어 각 보험사들의 자동차보험료를 비교하기가 쉬워졌다. 자동차보험 가입시 다음 사항들을 살피기 바란다.

1) 자동차 사양, 정확히 파악

자신이 소유한 자동차보험료가 올라가는 등급에 해당하는지, 그 반대인지 아는 것 못지않게 사양도 정확히 알아두는 게 중요하다. 배기량이 적은 승용차일수록 보험료가 저렴하고, 또한 ABS, 도난방지장치(GPS, 내비게이션, 이모빌라이저), 자동변속기, 에어백 등을 단 차는 보험료를 할인받을 수 있다. 보험료 할인율은 보험사마다 차이가 있으나, 자동변속기와 ABS는 전체 보험료의 3% 안팎이다. 또 차의 사양을 보험가입 때 정확히 알려주면 나중에 해당 장치가 파손되거나 도난당했을 때 손쉽게 보상받을 수 있다. 반면, 사양을 몰라 해당 장치를 보험사에 얘기하지 않으면 나중에 보상받는 데 문제가 생긴다.

2) 운전자 한정특약조건 확인

운전자 한정특약은 운전할 수 있는 사람을 제한하는 대신 보험료를 최대 35%까지 낮춰주는 효과가 있다. 운전연령 한정특약의 경우 2004년까지는 전 연령, 만 21세, 23세, 24세, 26세 이상뿐이었으나, 2005년부터 만 30세, 35세, 38세, 43세, 48세 이상이 나오는 등 세분화됐다. 운전자 범위도 누구나 운전, 가족·형제·자매 한정, 가족 한정, 가족 외 1인, 부부 한정, 커플 한정(기명 피보험자 플러스 1인), 1인 한정 등이 있고, 운전자 범위가 좁아질수록 보험료는 낮아진다. 그러나 무조건 보험료만 낮춰주는 한정특약을 선택하면 제대로 보상을 못 받을 수 있으므로 운전상황에 맞춰야 한다. 또 운전자를 추가할 때는 운전자의 연령과 범위를 고려해야 한다. 1인 한정 운전자 특약으로 가입한 뒤 동생을 형제 운전자로 추가할 경우, 운전자 연령을 낮추는 것뿐 아니라 운전자의 범위도 넓혀야 보상에 문제가 생기지 않는다.

3) 운전경력 및 보험 가입경력확인

군대 운전병, 관공서 및 법인체 운전직, 외국에서의 자동차보험 가입경력, 공제조합의 보험 가입경력, 관공서 및 법인체에서 운전직으로 근무한 경력 등 모든 증명서류를 제출하면 보험료를 할인받을 수 있다. 이 사실을 모른 채 가입했더라도 병적 또는 경력증명서, 보험증권 사본 등의 서류로 입증하면 보험료 차액을 받을 수 있다.

4) 교통법규를 잘 지키면 일거양득

교통사고가 나지 않았더라도 중대한 교통법규를 위반한 경우는 보험료가 할증된다. 교통법규를 지키는 것은 나와 내 가족의 안전을 보장할 뿐 아니라 보험료까지 절약하는 일석이조의 효과가 있다.

5) 개인사업하다 취직하면 가입조건 변경

개인사업을 하면서 자가용 승용차를 '개인사업용'으로 가입했다가 보험기간에 취직했다면 '출 · 퇴근 및 가정용'으로 바꾼다. 나머지 보험기간의 차액 보험료를 받을 수 있다. 그러나 개인사업자라도 처음부터 '출 · 퇴근 및 가정용'으로 들었다면 용도변경 대상에 해당하지 않는다.

6) 차가 2대면 동일증권으로 가입

운행하는 차가 여러 대라면 보험기간을 같이해 하나의(동일) 증권으로 들어야 좋다. 이 경우 당장 보험료를 할인받지 못하더라도 사고가 났을 때 좀 더 유리한 할인할증률을 적용받는다. 만기날짜가 같아 관리도 편하다.

7) 단기간 운전도 1년 가입으로

자동차보험료는 1년 미만으로 가입할 때 비싸진다. 단기간 쓸 차라도 일단 1년으로 든다. 보험료가 부담된다면 분할납부를 하면 된다. 차를 팔 때는 매매계약서를, 폐차할 때는 말소증명원을 첨부해 보험을 해약하면 나머지 보험료를 돌려받는다. 매매계약서나 말소증명원을 내지 않는다면 보험료 공제액이 커지므로 주의해야 한다.

8) 보험료와 약관은 상관없다.

보험사는 일반 자동차보험(플러스보험, 고보장보험은 제외)에 똑같은 약관을 적용하면서 보험료에만 차등을 둔다. 보험료가 저렴하다고 보험약관이 부실한 건 아니니 걱정할 필요없다. 그러나 보험약관 중 긴급출동서비스 등은 보험사별로 내용이 조금씩 다르다. 또 가입자가 느끼는 각 보험사의 서비스 품질은 다를 수 있으므로 보험료 할인에만 신경쓰지 말고 보험사의 서비스 품질도 따져보면 더욱 좋다.

9) 가입 후 15일 이내면 보험사 변경 가능

보험에 가입한 뒤 보험료나 보상서비스에서 유리한 보험사를 알게 돼 후회하는 가입자들이 종종 있다. 그러나 가입한 지 15일이 지나지 않았다면 문제없다. 우선 유리한 보험사에 중복가입한 후, 이전 보험사의 계약을 철회하면 된다. 중복가입하는 보험은 이전의 보험과 가입조건이 동일해야만 보험료를 손해보지 않는다.

10) 자기부담금제도 이용

자기부담금이란 차량이 파손되었을 때 차량 수리비 일부를 자기가 부담하는 제도이다. 5만~50만 원 사이에서 금액을 선택할 수 있으며, 자기부담금이 많을수록 보험료가 싸진다. 만약 자동차보험료를 줄이고 싶다면 적절한 수준까지 자기부담금을 높이는 방법도 효과적이며, 특히 비싼 차량인 경우에 더욱 유리하다.

11) 보험사별 보험료 차이 비교

보험료는 가입조건에 따라 온라인 보험사가 쌀 때가 있고, 기존 보험사가 쌀 때도 있다. 또 보험사가 수시로 보험료를 바꾸므로 가입시마다 보험료 차이를 비교해야 보험료를 알뜰하게 절약할 수 있다. 보험료 비교견적사이트와 온라인보험사사이트를 이용하면 보험료를 쉽게 알 수 있다.

12) 승용차를 추가로 구입할 때에는 기존 보험에 끼워 넣어라.

개인소유 자동차의 사고 할증률은 보험 가입자의 주민등록번호로 관리되기 때문에 차를 여러 대 소유했을 경우 한 대라도 사고가 나면 다른 차량도 할증이 된다. 이런 때에는 여러 승용차를 하나의 보험증권으로 묶어서(동일증권제도) 계약하는 것이 좋다.

이 제도를 이용하면 자동차 사고가 난다 해도 할증점수가 보험가입 차량의 대수(1/N)로 나누어진다.

13) '플러스 고보장' 등의 추가는 과소비가 될 수 있다.

특별한 경우가 아니라면 자동차보험은 그 자체로 충분하다. 더욱이 개인적으로 생명보험이나 상해 관련 보험에 들어 있다면 추가 보험은 불필요한 과(過)보장이 될 수 있다.

2 종신보험

1. 종신보험의 의의

종신보험은 각 개인의 재무상황 및 필요성에 따라 맞춤형으로 설계하여 각종 특약을 조합함으로써 다양한 보장을 해주는 보험이다. 한 가정의 생계를 이끌어가는 가장이 예기치 못한 사고나 질병으로 사망할 경우 유족들이 경제적으로 힘들어질 가능성이 높다. 이런 상황에 대비하기 위한 목적의 종신보험은 가입기간이 평생이며, 가입자가 어떠한 원인으로 사망했는지에 관계없이 보험금을 지급하는 보험이다. 실제로 가족들이 아파트나 부동산과 같은 재산을 상속받더라도 상속세를 납부하기 위하여 재산을 처분해야 하는 경우가 발생할 수 있다. 하지만 가족들이 종신보험료를 지급받는 경우에는 상속세의 재원이 될 수도 있다.

종신보험에는 약관에 따라 정액보험, 변액보험 및 변동금리형 보험이 있다. 첫째로 정액보험은 보험가입시점에 적용하는 이자율이 보험기간이 종료될 때까지 그대로 적용된다. 둘째로 변액보험은 보험회사에서 가입한 보험료를 주식이나 채권 등에 투자해서 그 성과에 따라 보험금을 지급하는 실적배당형 성격의 보험상품이다. 셋째로 변동금리형 보험은 시중실세금리에 따라 매년 보험금의 금리가 변화되는 보험이다. 자신의 성향 및 가족의 상황에 적합한 유형을 선택하여야 할 것이다.

2. 종신보험의 가입전략

1) 나이가 적을 때 일찍 가입

종신보험은 나이가 많아질수록 사망 가능성이 높아지기 때문에 일찍 가입할수록 보험료가 낮아진다.

2) 연령 적용방식을 고려

보험을 가입할 때는 주민등록상의 나이와 가입 당시의 날짜를 차감하여 반올림하여 보험연령을 결정한다. 따라서 12월 1일이 생일이라도 6월 1일부터 한 살이 더 추가된다. 따라서 6월 1일 이전에 종신보험에 가입하는 것이 보험료를 절감할 수 있다.

3) 신체검사로 할인 혜택을 활용

보험사마다 차이가 있지만 신체검사를 받아서 건강한 사람으로 판정될 경우에는 보험료를 할인해 주고 있다.

4) 보험회사의 안전성을 고려

종신보험은 가입자가 살아 있는 기간이 보장기간이므로 보험회사가 부실로 인하여 퇴출된다면 보험을 가입한 의미가 없어진다. 따라서 다른 보험보다도 보험회사의 안전성을 충분히 고려해야 한다.

5) 가입 후 중도해약은 불리

종신보험의 경우에는 중도에 해약을 할 경우 손해를 보게 된다. 따라서 자금이 필요할 경우에는 약관대출이나 감액제도 등을 이용하는 것이 더욱 효과적이다.

3 연금보험

1. 연금보험의 의의

연금보험이란 정년퇴직 후 노후기에 경제력 부족으로 인한 문제를 해결하기 위해서 경제활동기에 매월 급여의 일정액을 납입하는 보험을 말한다. 우리나라의 경우 모든 국민이 국민연금에 의무 가입되어 있지만, 노후 생활비가 충분하지 못하며, 또한 노인들의 평균수명이 큰 폭으로 높아져 고령화 사회로 가고 있는 추세이기 때문에 추가적인 노후대책이 필요한 실정에 맞춘 상품이 연금보험이다. 연금보험을 가입할 경우에는 소득공제 및 세제 혜택과 같은 추가적인 장점이 있다.

2. 연금보험의 가입전략

1) 연금보험상품별 비교

연금보험상품에 가입시에는 금융기관별 상품별로 소득공제 혜택의 범위, 비과세 여부와 정도 및 중도해지시의 불이익 등에 대한 비교·검토가 먼저 이루어져야 한다.

2) 적정 연금개시 연령의 선택

자신의 라이프사이클을 잘 고려하여 자신의 정년퇴직시기, 가족상황 건강상태 등을 고려하여 연금이 개시되는 시기를 결정하여야 한다. 연금의 개시가 빠를수록 연금액수가 적어지기 때문에 신중한 결정을 할 필요가 있다.

3) 납입기간은 길수록 유리

납입기간이 길수록 납입보험료가 많아지기 때문에 연금액도 많아지게 된다. 납입기간 동안 소득공제 혜택도 지속적으로 주어지기 때문에 납입기간은 길수록 유리하다.

3. 연금보험의 유형

연금보험의 유형에는 국민연금, 기업연금(기업퇴직금), 개인연금의 세 가지 유형이 있다.

1) 국민연금

1988년부터 시행된 국민연금은 사회복지를 위한 공적연금으로써 가입이 의무화되어 있다. 소득활동을 할 때 급여의 일부분을 납부하여 두었다가 나이가 들어 예상하지 못한 사고로 사망이나 장애를 입게 되어 소득활동을 할 수 없을 때 연금을 지급받을 수 있는 제도이다.

국민연금을 40년 동안 불입하고 퇴직 후 급여수준의 60% 정도에 해당되는 연금을 수령하려면 최소한 13～16%를 납부하여야 하지만, 제도시행 초기라는 점을 고려하여 최소 3%에서 시작하여 9%까지 점진적으로 보험료를 인상하도록 만들어져 있다.

(1) 개인연금과 국민연금 비교

개인연금이란 노후 생활보장을 위해 개인의 선택에 따라 일정기간 저축금액을 적립한 후 만 55세부터 연금식을 지급받는 장기 저축형 상품이다. 국민의 노후 생활보장을 위한 공적연금(국민연금 등)을 보충하는 사적 연금제도로, 자신의 노후를 준비하는 국민에게 정부가 세제 혜택을 주고 있다. 이 개인연금상품은 2001년부터 그 제도가 변경되어 기존 상품에는 계속 저축금을 불입할 수는 있으나, 신규 가입은 신상품만 가능하다.

(2) 국민연금제도의 도입배경

국가가 운용의 주체가 되는 공적 연금제도는 일찍이 19세기 말 독일에서 시작된 것으로, 근대 산업사회에서 가장 기본적인 소득상실 위험으로 지적되고 있는 노령, 장애, 사망이라는 세 가지 사건이 발생한 경우에 국민에게 생계를 보장해주기 위한 목적을 가진 제도로써, 의료보험제도와 함께 사회보험의 2대 지주로서의 역할을 수행하는 공적연금이 국민연금이다

표 6-2 ▶ 국민연금과 개인연금의 차이점

구분	국민연금	개인연금
가입방법	법률에 의한 의무 가입	본인 희망에 따라 가입
보험료	표준 소득월액의 5～9%	월 100만 원 범위 내
연금급여	노령, 유족, 장애연금 반환일시금	노령연금, 중도해지 일시금
가급연금액(가족수당)	배우자 : 연간 약 17만 원 선 부모 · 자녀 : 연간 약 11만 원 선	없음
연금 지급기간	평생 지급, 수급자 사망시 유족에게 승계	계약시 별도 설정
가입 중 사망 · 장애발생시	유족 · 장애연금 지급	중도해지 일시금 지급
급여 실질가치	실질가치 항상 보장	실질가치 보장 미흡
세제 혜택	소득공제 : 지역가입자에 한해 연간 납입 보험료의 100%(상한액 없음) • 연금급여 과세 • 연금급여 압류 불가	소득공제 : 신개인연금의 경우 보험료 전액에 대해 소득공제 • 연금급여 비과세 • 일정기간 이내 해약시 납입보험료에 대한 소득공제 추징

➔ 자료 : 국민연금관리공단, http://www.npc.or.kr

(3) 국민연금의 연혁

우리나라의 공적 연금제도는 1960년에 공무원을 적용대상으로 하는 연금제도가 실시된 이후 1963년에 군인, 1975년에 사립학교 교직원을 대상으로 하는 연금제도가 실시되었으나, 이는 특수 직업을 대상으로 한 것이었다. 전 국민을 대상으로 하는 연금제도는 1973년 "국민복지연금법"이 제정되어 그 기초가 마련되었으나, 내외 경제여건의 미성숙으로 그 실시가 연기되었다. 그 후 경제성장과 지속적인 물가안정에 따라 1986년 동법을 전면 수정한 "국민연금법"이 제정되었으며, 이를 근거로 국민연금관리공단이 설립되어 1988년 1월에는 10인 이상 사업장 근로자, 1992년 1월에는 5인 이상 9인 미만의 사업장 근로자, 1995년 7월에는 농어민 및 농어촌지역가입, 1999년 4월에는 도시지역에 거주하는 자영업자 및 임시직 · 일용직 근로자에까지 확대 실시하였다.

(4) 국민연금의 기능

국민연금제도는 기능적 측면에서 보면 국민의 기본생활보장을 위한 적절성, 연금기여의 공평성, 계층 간 또는 세대 간 소득재분배를 통한 평등성, 경기의 자동적 안정기능 등이 대표적인 특성이 될 수 있을 것이다.

① 적절성 : 적절성이란 최저생활수준, 즉 의 · 식 · 주 및 의료를 포함한 기본적인 욕구를 충족시킬 수 있는 정도를 적절히 보장해 주는데, 그 목적을 두고 있다고 할 수 있다.

② 공평성 : 공평성이란 연금기여에 비례하여 급여를 받는다는 것을 의미한다. 즉, 많이 기여한 사람은 많은 급여를 받고, 적게 기여한 사람은 적은 급여를

표 6-3 ▶ 연금의 종류와 시행연도

구 분	대 상	시행연도
공무원 연금	국가 및 지방 공무원, 법관, 경찰관, 교육공무원	1960.
군인연금	장기 복무 하사관 및 장교	1963. 1.
사립학교 교직원 연금	사립학교 교직원	1974. 1. 1.
별정 우체국법이 정하는 연금	별정 우체국 직원	1982. 1.
국민연금	10인 이상 사업장 5인 이상 사업장 농어촌 지역 거주자 도시지역 거주자	1988. 1. 1. 1992. 1. 1. 1995. 1. 1. 1999. 4. 1.

➔ 자료 : 국민연금관리공단, http://www.npc.or.kr

받게 되는 것이다.

③ 소득재분배 기능 : 소득재분배 기능이란 소득수준이 낮은 저소득층이 기여금에 비하여 상대적으로 많은 연금급여를 받게 되는 것을 의미한다.

④ 경기의 자동적인 안정장치 : 경기의 자동적인 안정장치란 호경기 또는 불경기 국면에 따라 연금급여액 및 지급액이 변함으로써 자동적으로 경기를 안정시키는 역할을 한다는 의미이다. 그러나 우리나라 국민연금의 경우 연금주체에 별개의 법적 실체성 부여에 대한 인식이 크게 부족할 뿐만 아니라, 연금기금의 성격에 대해 합의점을 찾지 못한 채 정치권 및 이해집단들이 연금기금을 다른 목적으로 사용할 것을 주장하는 경향이 많다. 그래서 연금제도, 그 본래의 설립목적에 부합되는 이러한 기능들을 충실히 수행하기 위해서는 참여기관들로부터 독립되고, 또 이를 제도적으로 보장해 줌으로써 여러 정치적 이해집단들이 연금기금을 전용, 유용 또는 다른 목적으로 이용하려는 것을 사전에 예방할 수 있을 것이다.

(5) 국민연금의 필요성

① 노령인구의 증가 : 지속적인 경제개발에 따른 경제성장의 결과 생활수준의 지대한 향상을 가져왔고, 이에 따른 평균수명의 연장과 출산율의 저하는 우리 사회가 부양하여야 할 노령인구를 급격히 증가시켰다.

② 노후생활에 대한 대비 부족 : 우리 사회는 노인이 된 부모는 그 자손이 잘 모시고 부양하는 것이 당연지사인 동시에 미덕으로 되어 왔고, 이러한 유교적인 전통은 우리 사회의 하나의 특징이기도 하였으며, 앞으로도 당분간 계승될 것이 예상된다.

그러나 산업사회의 진전으로 인한 핵가족화가 급속히 진전됨에 따라 위와 같은 부모에 대한 부양예절도 상대적으로 퇴조의 경향에 있으며, 일부 새로운 젊은층에 있어서는 무의식적인 서구 사조에의 감염으로 노인부양에 대한 문제가 가정에서 해결되지 못하게 됨은 필연적인 현상으로 보인다.

따라서 예비노인들은 스스로 젊었을 때에 노후에 대비할 단단한 각오와, 또한 그러한 대비수단이 필요하다고 할 것이다. 선진국의 경우는 오히려 오래 전부터 공적 연금제도가 합리적인 제도로서 실시되고 있어 노인들이 경제적으로 걱정 없는 노후생활을 보내고 있는 것은 잘 알고 있는 바와 같다.

③ 사회적 위험의 증대 : 공업화와 도시화의 급속한 진전은 각종 사고 등으로 인한 사망 및 장애를 증대시키고 있으므로, 불의의 위험에 대비하여 본인 및 부

양가족의 생활안전대책을 철저히 마련해 둘 필요가 있게 된 것이다. 이처럼 현대의 복잡한 사회구조 속에서 생활하는 현대인의 공통된 위험에 대한 일종의 대비책으로 범사회적인 제도화가 필요하게 된 것이다.

④ 노후 생활을 위한 제도의 미비 : 공적 연금제도는 공무원 및 군인과 사립학교 교직원 등 극히 일부 직종의 사람들만을 대상으로 실시되고 있기 때문에 일반 근로자를 포함한 여타 국민은 그 보호대상에서 제외되고 있어, 이들을 위한 제도의 마련이 시급한 과제로 등장하게 되었다. 다만, 일반 근로자를 위한 퇴직금제도가 퇴직 후의 소득보장의 기능을 일부 담당하고는 있었으나, 절대 다수의 근로자가 한창 소비가 많은 50세 이전에 일시금형태의 퇴직금을 받는 등의 문제로 인하여, 흔히 은퇴 후의 노후 생계보장을 위한 실질적인 대책은 거의 없는 결과가 되는 것이 보통이었다.

⑤ 실시여건의 성숙 : 국민연금제도의 성패요건 중 하나는 국민의 부담능력이라고 할 수 있을 것이다. 지난 1973년의 경우 동 제도의 실시를 위하여 국민복지연금법의 제정까지 하여 놓고도 부득이 그 실시를 연기하지 않을 수 없었던 것은 이러한 여건 미성숙에 그 원인이 있었던 것이다. 그러나 그간의 지속적인 경제성장으로 소득수준이 향상되어 국민의 부담능력이 크게 향상되었다고 할 수 있어서 국민연금제도 실시를 위한 제반여건이 크게 성숙되었다고 볼 수 있게 되었다. 또한 여러 선진국의 경험에 비추어 보더라도 경제 · 사회면에서의 안정적인 발전을 위해서는 공적 연금제도의 도입 등 사회보장제도의 확충은 절대적으로 필요하다고 하는 결론에 도달하게 되었던 것이다.

⑥ 국민의 생활안정 · 복지증진 : 우선 국민연금은 그 실시의 결과 소득보장의 측면에서는 최소한의 목적을 달성할 수 있다고 판단되었기 때문에 생활의 안전이 그 제1차 목표가 됨은 물론이며, 또한 더욱 한 걸음 나아가 기타의 적극적인 국가의 사회보장시책과 조화되어 국민 전체의 복지증진을 기하게 되는 기초적인 제도가 됨은 물론, 이로써 국가의 최종목표인 복지증진을 실현하게 된다고 본 것이다.

2) 기업연금

기업연금(pension)은 사회보장의 역할을 수행하기 위한 제도인데, 선진국에서는 이미 오래전부터 도입되었으나, 우리나라에서는 2005년 12월 퇴직연금제도란 이름으로 기업연금제도가 도입되었다. 이전에는 근로기준법에 의한 퇴직금제도가 있었지만, 기업이 도산할 경우 근로자들이 일자리도 잃고 퇴직금도 받지 못하는 경우가 있었다. 그리고 이직이 발생할 경우 퇴직금을 일시 수령함으로 인하여 노후 소득보장 기능이 미비했다.

기업연금제도는 퇴직금이 은행 계좌에 적립되지 않고 투신운용사 등의 전문기관이 관리하는 펀드에서 운용하기 때문에 기업이 도산하더라도 연금이 지급된다는 장점이 있다. 아직은 퇴직연금제도를 실시하는 기업이 많지 않은 실정이며, 특히 중소기업의 경우에는 퇴직금을 안정적으로 운용할 수 있는 능력을 가진 사업자를 선정하는 것이 중요하다.

3) 개인연금

개인연금이란 퇴직 후에 일정한 금액을 지급받을 수 있도록 사회활동기에 금융기관에 일정액을 납입하는 제도를 말하며, 우리나라에서는 1994년 6월부터 시행하고 있다.

개인연금의 필요성은 정년퇴직 후에 국민연금과 기업연금을 수령하더라도 여유있는 노후 생활을 유지하기에는 그 금액이 부족하기 때문이다. 두 가지 연금을 수령하더라도 월 생활비에서 부족한 부분은 개인연금을 통해서 준비해야만 한다.

일반적으로 스위스와 같이 사회복지제도가 잘 정비된 국가일수록 기업연금이나 개인연금보다 국민연금에 의존한다. 그러나 우리나라의 퇴직자들은 약 40%의 금액을 개인연금을 통해서 마련하고 있어서 개인연금에 대한 의존도가 가장 높으며, 상대적으로 국민연금이나 기업연금에 대한 의존도는 낮은 실정이다.

개인연금을 취급하는 금융기관별로 개인연금의 상품 종류에는 은행의 연금신탁, 보험회사의 연금보험, 투자신탁회사의 연금투자신탁 등이 있다. 은행과 투자신탁회사의 연금신탁은 실적배당 및 확정연금지급형이기 때문에 수익률이 높다는 공통점이 있다. 그러나 보험사의 경우 위험에 대한 보장성이 있고, 종신연금의 경우에는 사망할 때까지 연금이 지급된다는 차이점이 있다.

(1) 은행의 연금신탁

은행의 연금상품은 정기적금과 유사한 성격을 띤다. 2001년 이전에는 개인연금신탁으로 판매되었으나, 세법 개정으로 그 이후에는 연금신탁으로 판매되고 있다. 개인연금신탁은 연간 적립액의 40% 한도 내에서 최고 72만 원까지 소득공제가 가능하며, 만기해지 및 5년 이상 연금수령 후 중도해지시에 신탁이익에 대해 전액 비과세 혜택이 있는 반면에, 연금신탁은 비과세 혜택은 없지만 연간 적립금액의 100% 이내(최고 300만 원)에서 소득공제 혜택을 받을 수 있다. 그러나 중도해지시 일시금 수령액은 기타 소득으로 보아 22%(주민세 포함)로 과세되며, 연금수령시에도 연금소득세가 5.5%(주민세 포함)로 과세된다.

은행의 연금신탁은 분기마다 300만 원까지 납입이 가능하며, 만 55세 이후부터 5년 이상의 기간 동안 연금을 받을 수 있다.

펀드 유형에는 안정형과 채권형이 있으며, 안정형은 주식과 주식 관련 파생상품을 10% 이하로 편입한 포트폴리오를 구성한다. 채권형은 100% 모두 국공채 및 기타 유가증권으로 포트폴리오를 구성한다.

(2) 투자신탁회사의 연금투자신탁

투자신탁회사의 연금투자신탁은 매월 100만 원 또는 3개월마다 300만 원 금액을 납부할 수 있으며, 10년이 지난 후 만 55세부터 연금을 지급받을 수 있다. 상품의 종류에는 주식형과 채권형이 있다. 주식형의 경우 40% 이상을 주식에 투자하기 때문에 원금의 손실이 발생할 수도 있다. 투자의 위험성으로 인하여 100%를 국공채 및 기타 유가증권으로 포트폴리오를 구성하는 채권형 자산이 더욱 많은 실정이다.

연금투자신탁의 가장 큰 특징은 1년에 두 차례 주식형 펀드나 채권형 펀드로 전환할 수 있다는 것이다. 따라서 주식시장이 상승세일 때 주식형으로 운영하다가 목표수익률을 달성한 후에는 다시 채권형으로 전환하게 되면 높은 수익률을 유지할 수 있다.

(3) 보험회사의 연금보험

연금보험의 종류에는 고정 금리형, 변동 금리형, 변액연금형 등이 있다.

① 고정 금리형 : 고정 금리형은 시중금리의 변화에 관계없이 확정된 이자를 지급하는 형태이다. 고정 금리형은 금리하락기에 유리하다. 원금보장이 되며, 세제 혜택이 있다.

② 변동 금리형 : 변동 금리형은 시중금리가 변화함에 따라 보험에 적용되는 이율도 연동하여 변화하는 형태이다. 연금보험의 대다수는 변동 금리형으로 운영되고 있다. 금리변동의 위험을 회피할 수 있으나 원금보장은 되지 않고 세제 혜택도 없다.

③ 변액연금형 : 변액연금형은 납부된 금액의 일부분이 주식이나 채권에 투자되고 투자자금에서 발생한 이익금을 배당의 형태로 나누어주는 방식이다. 투자결과에 따라 손실이 발생할 수도 있지만, 주가상승기에는 높은 이익률을 올릴 수 있다. 그러나 원금보장은 되지 않고 세제 혜택도 없다.

4 암보험

1. 암보험의 의의

암이 원인이 되어 입원 · 요양 또는 사망한 피보험자에게 보험금이 지급되는 보험으로 암보험은 기존의 생명보험과는 달리 만기가 되거나 사망시에 일정액의 보험금이 지급되는 것이 아니라, 가입자에게 보험기간 중 암 치료비를 지원하고, 암으로 사망하면 다시 보험금이 지급되는 일종의 인체에 대한 보장성 손해보험이다.

저렴한 보험료로 막대한 암 치료비를 보장받을 수가 있으며, 또 가족까지도 보장되고 무진단으로 가입이 된다는 점 등이 특징이다.

2. 암보험의 가입전략

1) 보장기간은 길게

연령이 증가할수록 암에 걸릴 확률은 높아지게 된다. 우리나라 노인의 평균수명이 길어지고 있는 점을 고려할 때 70～80세가 적당하다.

2) 나이가 적을 때 빨리 가입

나이가 많을수록 암 발생확률이 높아지며, 당연히 보험료도 비싸지게 된다. 그러므로 젊은 나이에 가입할수록 지급하게 되는 보험료는 저렴해진다. 만 60세가 넘을 경우에는 암보험가입이 불가능하다.

3) 진단보험금이 많이 지급되는 상품의 선택

암보험에서는 진단, 입원, 수술, 요양, 통원 등에 대한 보험금이 지급되는 것이 일반적이다. 하지만 요양이나 통원으로 인하여 비용이 발생할지의 여부는 불투명하다. 따라서 보험진단시 많은 보험금이 지불된다면 여러 가지 용도로 활용할 수 있다.

4) 보험금 지급에 제약이 있는지 확인

일부 보험의 경우 수술과 입원이 있을 경우에만 보험금을 지급한다는 조항이 있을 수 있다. 이러한 제약이 있는지 여부를 확인하고 상품을 가입한다.

5) 보장기간 등 약관의 숙지

암보험은 가입 후 90일이 경과해야 보장을 받을 수 있다는 점을 알고, 미리 신체검사 등에 유의할 필요가 있다.

5 변액유니버셜보험(Variable universial insurance)

저금리 시대의 장기화로 고금리 투자처를 찾는 고객들이 늘어남에 따라 보험을 통해서도 고수익을 추구하려는 소비자의 욕구를 충족시키는 상품이 있다. 펀드의 운용실적이 좋으면 기본 보험금에 투자수익을 추가로 받고, 투자수익이 저조하더라도 최저 사망보험금을 보장받을 수 있는 장점이 있는 상품이 바로 변액유니버셜보험이다.

변액유니버셜보험은 중간에 돈을 인출하더라도 대출이자나 상환의무가 없다는 편리성과 함께 마지막으로 10년 이상 유지하면 보험차익에 대한 비과세 혜택도 누릴 수 있어 인기를 끌고 있다.

1. 변액유니버셜보험이란?

변액유니버셜보험은 고객이 납입한 보험료를 모아 펀드(기금)를 구성한 후 주식, 채권 등 유가증권에 투자하여 발생한 이익을 배분하여 주는 실적배당형 보험을 말한다.

투자실적에 따른 실적배당형 상품으로 투자실적이 좋을 경우는 사망보험금과 환급금이 증가하나, 투자실적이 악화될 경우에는 환급금이 원금에도 미치지 못할 수 있는 전형적인 투자형 상품이며, 따라서 투자결과에 대한 책임 역시 투신사 상품처럼 전적으로 계약자가 부담하는 "자기책임의 원칙"이 적용되는 보험이다.

변액유니버셜보험(VUL : Variable Universial Life)은 변액보험에 유니버셜 기능을 합한 건데, 1984년에 미국에서 판매되었다.

1980년대 초에 미국의 금리는 저금리로 떨어지면서 물가 상승대비 자산가치 보존이 어려워지자 안정적이면서도 고수익이 가능한 상품이 필요하였고, 이에 맞추어 출시된 상품이 변액유니버셜보험이다. 상품 출시 이후 장기적으로 안정적이면서도 두 자릿수의 수익이 이루어지자 선진국에서는 노후 보장 및 장기 목적자금 마련을 위하여 가장 많이 활용하고 있다.

우리나라에서도 IMF 이후 은행 금리가 한 자릿수로 떨어지면서 안정적으로 개인자산운영이 어렵게 되었으며, 이로 인해 2003년부터 변액유니버셜보험이 출시되었다.

변액유니버셜보험은 장기 상품으로 고객의 나이, 연령, 소득수준, 가족사항, 목적 등에 따라 다양하게 맞춤형으로 설계가 가능하며, 기본적으로 보장 + 은행(인출, 추가) + 투자(펀드, 채권)를 장착한 다기능 복합 금융상품이라고 할 수 있다. 장기 상품으로서 10년 이후에는 비과세 혜택이 주어지고, 중도인출(해약환급금 범위 내에서)시에도 과세가 되지 않는다.

2. 변액유니버셜보험 선택법

변액유니버셜보험도 보험회사의 경쟁력 있는 투자형 상품이다(투자형이므로 원금손실이 투자자에게 귀속되는 것이다). 그렇기 때문에 각 회사마다 비교 · 분석하고 가입하여야 한다. 단지, 아는 사람이 이 회사니깐 가입한다, 이건 앞으로 어떻게 될지도 모르는 회사의 주식을 아는 사람 말만 믿고 투자하는 것과 같다. 그러므로 각 회사의 변액보험상품을 비교해서 가입을 해야 되는 것이다.

변액상품은 고객의 투자성향에 따라 회사마다 정해 놓은 상품유형에 매칭시켜서 설계를 하게 된다. 여기서 변액보험을 해부해 보면 가입자의 매달 적립금액 중 일부분은 사업비, 특약보험료, 기본보험료로 편입되게 되고, 나머지 금액이 특별계정으로 편입되어 운용된다. 이 특별계정 편입금액이 투자되는 부분이다. 여기서 그 금액이 투자되는 펀드와 그 운용사에 따라서 수익을 좌우하게 된다. 대부분의 생명보험회사는 따로 운용사를 가지고 있지 않으나, 대형 외국계 생명보험회사의 경우엔 계열사에 운용사를 가지고 있어서 그 운용사에서 특별계정자금을 운용하는 경우가 있다.

결국 생명보험회사가 아닌 그 생명보험회사의 특별계정이 어느 펀드에 소속되어 운용되는지, 운용회사가 어딘지가 중요한 것이다. 투자목적의 시각에서 볼 때 생명보험회사는 어떻게 보면 판매회사에 불과하다. 그럼 어떤 운영회사를 고르는 것이 좋을까? 운영회사의 재무건전성을 따져보는 것이 중요하다.

그렇다면 운영금융회사의 재무건전성을 판단하는 기준은 무엇일까? 보통 은행의 경우 위험자산에 대한 자기자본비율, 즉 BIS 비율을 점검해야 한다. 통상 BIS 비율이 8% 이상이면 재무적으로 건전한 기업으로 평가한다.

투신사의 경우 자본금에 대한 순자산비율로 판단하며, 보험사의 경우 지급여력을 확인해야 한다.

3. 변액유니버셜보험의 수익률은?

변액유니버셜보험은 장기 투자형 보험상품으로 일반 보험상품과 같이 보험료에서 계약비, 유지비 등 부가보험료와 위험보험료를 차감하기 때문에 단기적으로 투자할 때는 수익률이 낮다. 그러나 10년 이상 유지한다면 세금을 내지 않아 수익률이 높아진다. 또한 납입한 보험료 전체가 투자되는 게 아니라, 보장보험료와 사업비 등 일부를 제외한 금액을 적립하기 때문에 장기적으로 투자해야 복리와 비과세 효과로 수익률이 높아진다.

4. 변액유니버셜보험의 펀드 형태 선택과 수익률 관리법

변액유니버셜보험은 가입할 때 단기적인 측면보다는 장기적인 측면에서 채권형과 혼합형 등을 잘 선택해야 한다. 가입한 후 수익률 관리는 시장상황에 따라 채권형과 혼합형을 수수료 없이 한 해 12번까지 바꿔 탈 수 있는 옵션을 행사하는 것이 좋다. 주식상승기에는 주식형을, 하락기에는 채권형을 선택하지만, 주식시장의 흐름을 제대로 따라가지 못하면 상승장에서도 수익을 못 챙길 수 있기 때문에 펀드를 변경할 때 신중해야 한다.

5. 변액유니버셜보험의 중도인출은?

변액유니버셜보험은 적립식 펀드에 비해 인출이 자유롭다. 한 해 12번까지 인출이 되는데, 중도인출은 계약자 적립금에서 인출된다. 이자 없이 2,000원~5,000원의 일정 수수료를 내면 계약을 깨지 않고 필요한 자금을 융통할 수 있다. 그리고 중도인출금액이 원금을 넘지 않고, 10년 이상 유지하면 발생한 이자에 대해 세금을 내지 않아도 된다.

6. 변액유니버셜보험과 적립식 펀드의 차이

"월 여유자금이 있는데 이 돈을 적립식 펀드에 투자할까? 아니면 변액유니버셜 보험에 투자할까?"

많이 줄어들었지만 아직도 이런 질문을 하는 분들이 심심치 않게 있다. 특히, 이제 막 사회에 진출한 사회 초년생들이나 재테크 초보자들에게 변액유니버셜보험과 적립식 펀드의 구분은 모호하게 느껴질 수밖에 없을 것이다. 주위에서 젊은 시절에는 투자에 중점을 두어야 한다고 하는데, 적립식 펀드와 변액유니버셜보험 두 상품 모두 투자형 상품(운용실적에 따라 투자자가 받는 수익이 결정되는 상품)으로 분류된다. 매월 일정금액을 적립식으로 투자하고, 추가 납입이 가능하여 지속적인 관리가 필요하다는 점에서도 두 상품은 유사하다. 투자대상에 따라 매우 다양한 유형이 존재한다는 점 역시 마찬가지이다.

그렇다면 이들이 생각하는 것처럼 두 상품은 정말 대체효과가 있는 상품일까? 적립식 펀드의 수수료가 현 수준보다 대폭 낮아지고, 투자자들이 지금보다 훨씬 더 장기적인 관점에서 적립식 펀드 투자를 하게 된다면 그럴 수도 있을 것이다. 2007년 연말 한 조사결과에 따르면 국내 펀드 투자자들의 펀드계좌 유지기간은

표 6-4 ▶ 변액유니버셜보험과 적립식 펀드의 비교

구분	변액유니버셜보험	적립식 펀드
펀드운용방법	전문대행사(자산운용사)	전문대행사(자산운용사)
투자대상	주식, 채권, 국내 · 외 유가증권	주식, 채권, 국내 · 외 유가증권
수수료	사업비, 운용수수료, 수탁보수	판매수수료, 운용수수료, 수탁보수
기간	10년 이상 장기	1~5년 중단기
운용/수익율	특별계정/실적배당	특별계정/실적배당
리스크	계약자 부담	계약자 부담
보장	기본계약(사망/후유장애)	없음
은퇴자금이용	연금수령 가능	없음
자금의 인출	중도인출 가능	해지(환매)
세제 혜택	10년 이상 유지시 비과세	없음
펀드이동	제공펀드 내에서 펀드이동 및 펀드구성비율 변경 가능, 펀드이동 불가	해지 후 타 펀드로 재가입
투자기간	장기	중단기

아직도 2년이 채 안되는 것으로 나타난 바 있다. 이러한 점들을 감안해 본다면 아직까지 두 상품은 대체관계보다는 상호 보완관계가 있는 상품으로 접근하는 것이 바람직해 보인다.

금융상품 선택시 중요한 기준으로 수익성과 안전성이 있다. 안전한 확정금리형 상품에 저축할 것인지, 수익성을 고려하여 투자형 상품에 투자할 것인지를 결정하는 것이다. 그런데 이를 결정하기 위해서는 운용기간을 고려해야 한다. 일반적으로 3년을 기준으로 그 기간 미만으로 자금을 운용하는 경우는 확정금리형 상품을, 그 이상으로 기간을 가져갈 경우는 투자형 상품을 활용하는 것이 바람직하다. 투자형 상품 내에서도 다시 한번 기간별 상품선택과정을 거쳐야 한다. 적립식 펀드는 3~5년 중장기 투자에 적합한 상품으로, 변액유니버셜보험은 10년 이상 (초)장기 투자에 적합한 상품으로 분류가 가능하다.

변액유니버셜보험이 적립식 펀드와 차별화되는 중요한 기능은 가계재정에 예상치 못한 어려움이 발생했을 경우 변액유니버셜보험은 중도인출이 가능하다. 펀드 변경 또한 변액유니버셜보험이 가지는 특유의 장점(펀드 중 엄브렐러펀드는 펀드 변경이 가능하지만 일반적인 경우 변경 불가)으로, 이 기능을 잘 활용한다면 펀드보다도 높은 수익을 기대할 수 있다는 점에서 투자자들의 관심이 요구되는 기능이다.

변액유니버셜보험의 이러한 기능들은 제대로 알고 활용할 경우 큰 도움이 되지만, 잘못 이해하거나 활용할 경우는 독이 될 수도 있다. 중도인출은 예상치 못한 재정적인 어려움이 닥쳤을 때에 한하여 활용하는 기능으로 이해해야 한다. 단기나 중기에 미리 예측 가능한 지출자금을 변액유니버셜보험의 중도인출로 메우려 하는 것은 매우 위험한 접근방식이다. 이러한 예상지출은 별도의 저축이나 적립식 펀드 투자로 해결하는 것이 바람직하다. 펀드 변경 역시 가능하다고 해서 너무 자주 단기적으로 변경하는 것은 장기 적립식 투자의 기본 취지에도 어긋날 뿐 아니라, 방향을 잘못 선택할 경우 오히려 큰 화를 부를 수 있다는 위험이 존재한다.

7. 변액유니버셜보험의 주의점

① 이 상품은 실적배당형 투자상품으로써 예금보험대상에선 제외가 된다. 그러나 운용실적이 마이너스로 떨어지더라도 연금형인 경우엔 불입원금을, 보장형인 경우엔 기본 보험금을 보장해주는 최소한의 안전장치는 가지고 있다.

② 보험가입시 자신의 투자성향에 맞춰 성장형, 혼합형, 안정형 등 투자형태를

선택해야 한다. 또 남이 좋다고 해서 가입할 것이 아니라 자신에게 정말 필요한 상품인지 가입목적도 분명해야 한다.

③ 이 상품은 10~20년 이상의 장기 투자상품이므로 초기 보험사의 선택이 중요하다. 따라서 가입하려는 보험사의 펀드운용능력을 면밀히 살펴보는 것이 중요하다. 변액유니버셜보험의 수익률은 생명보험협회 홈페이지 변액보험 공시실에서 매일 확인할 수 있다.

④ 상품의 특성상 시장상황에 맞게 펀드를 변경할 수 있는 기회가 있으므로 최초 가입시 펀드 변경가능 여부와 횟수, 펀드 변경 수수료 등의 회사별 차이를 확인해보는 것이 좋다. 또 중도인출시 수수료, 추가 납입한도 및 보험료 증액 가능시기, 보험료 납입을 중단할 수 있는 보험료 휴지상태에 대한 최소 의무기간 등도 꼼꼼히 체크해두어야 한다.

'변액보험' 인기, '변함없이' 지속 새해 보험 트렌드 · 재테크전략

금융환경이 변하면서 영역 철폐와 무한 경쟁의 바람이 불고 있다.

2008년의 보험상품 트렌드는 2004년 이후 주식시장 활황에서 출발한 변액보험의 판매가 지속적으로 증가할 것으로 예상되며, 이에 따라 2008년에도 변액연금보험과 변액유니버셜적립보험의 판매가 보험권에서 가장 큰 비중을 나타낼 것으로 보인다.

금융소비자의 입장에서 볼 때 급격한 노령화와 의료기술의 발전으로 예상되는 은퇴기간이 점차 연장되는 추세이므로 은퇴자금 마련을 위한 장기적인 접근이 필요한 시점이다.

과거 주식시장에 대한 편견이 점차 사라지고 젊은층의 투자형 자산에 대한 선호도 증가로 보험영역에서도 변액연금보험과 변액유니버셜적립보험에 가입하는 고객이 더욱 증가할 전망이다.

하지만 지난해 판매증가율이 크지 않았던 전통형 상품 중 사망보장에 관련한 종신보험의 판매는 개인소득의 증가 및 방카슈랑스 4단계 도입이 예정대로 시행이 된다면 꾸준한 증가세를 보일 가능성이 높다.

2008년도에도 소비자의 투자형 자산의 선호도의 증가 및 제도적인 판매처의 확대로 선택의 폭의 다양해질 것이나 소비자의 금융상품에 대한 정확한 지혜가 필요한 시대로 다가서고 있는 것도 주지의 사실이다.

지난 2007년을 돌아보면 '1가구 1펀드 시대'가 된 지금의 상황에서 개인들이 재테크에 성공하기 위해선 단편적인 선택과 단기적인 관리로는 부의 형성이 힘들어지는 상황으로 변해가고 있다.

따라서 개인의 재무목표를 명확히 하고, 이에 맞는 상품을 선택해 장기간 현명한 관리를 통해 재산을 모으는 과정이 필요하다고 판단된다.

2008년에도 경제성장률이 4~5% 내외를 유지하고, 경상수지가 소폭 적자, 상하고저의 경기를 보일 것으로 예상된다. 이로 인해 금융 소비자들의 선택은 2007년처럼 투자형 금융자산에 대한 선호도가 지속될 것으로 보인다.

현재의 개인 금융상품 중에서 주식 관련 상품 투자비중의 급격한 변동은 장기적인 자산관리에 좋은 결과로 이어지기를 기대하기 어렵다.

2008년에 새정부의 출범으로 국민적인 기대심리가 고조되고 있다. 그러나 일반 개인의 자산관리 전략은 단기적인 투자보다는 장기적인 투자로 우량한 자산에 투자하는 것이 바람직하다는 점을 잊지 말아야 한다.

조급하게 루머나 이벤트에 따른 투자보다는 본인의 정확한 정보와 판단으로 투자를 실행해야 한다.

또한 간접 투자상품에도 수많은 상품이 있고 현재의 수익률이 미래를 보장하는 것이 아니므로 일시적인 수익률 저하에 직면한 펀드를 성급히 환매하는 경우 더 큰 손실을 볼 수도 있다.

마찬가지로 현재 높은 수익률이 내일의 높은 수익으로 연결되는 것은 아니므로 철저하게 분산투자를 통한 위험관리로 경기의 변동에 대비해야 한다.

장기적으로 대부분의 사람이 시장의 평균수익률을 뛰어넘기는 힘든 일이므로 본인의 금융상품을 선택할 경우 비용을 최소화하는 전략을 구사해야 한다. 따라서 가입하는 상품의 운용수수료 및 판매보수를 정확히 알아보고, 가능하면 낮은 비용이 지출되는 상품을 선택해야겠다.

마지막으로 최근의 금융상품은 시장의 환경에 따라 자산의 비중을 조절할 수 있으므로 본인 주변에 좋은 재무설계사를 두고 정기적인 모니터링을 통한 자산관리를 상호 협력해 실행하면 고객 스스로 원하는 목표에 달성할 가능성이 높아질 것이다.

대한생명 강남FA센터 이명헌 팀장

6 통합보험

1. 통합보험이란?

통합보험이란 말 그대로 하나의 증권에 가족 모두를 묶어서 가입을 할 수 있고, 가족 구성원이 추가될 때마다 새로운 보험에 가입을 할 필요없이 추가가입으로 모든 보장을 받을 수 있으며, 생명보험에서 보장하는 정액급부와 손해보험에서 보장하는 실비급부를 한꺼번에 보장받을 수 있는 보험을 말한다.

통합보험은 장점인 의료실비를 80세까지 질병 · 상해 각각 3,000만 원 한도로 보장하고 통원비와 입원비, 암, 뇌졸중, 급성심근경색증에 대한 진단비와 각종 성인병에 대한 보장을 추가담보로 보장받을 수 있기 때문에 생명보험을 추가로 가입할 필요가 없을 만큼 완벽한 보장을 받을 수 있다. 그러나 통합보험의 단점은 입원의료비, 통원의료비, 일당, 운전자, 어린이보험, 암진단(갱신용) 등 매 5년마다 의료비가 갱신되면서 피보험자는 80세가 될 때까지 오르는 보험료를 납입하여야 하기 때문에 처음에는 저렴한 보험료로 가입을 하는 것처럼 보이지만, 의료비가 갱신이 되면서 처음에 납입하는 보험료보다 나중에는 훨씬 많은 보험료를 납입해야 한다.

그리고 각 손해보험사마다 판매하는 통합보험들은 특징이 있는데, 질병사망보험금을 기본적으로 3,000만 원 이상(메리츠 제외, 현대해상은 입원비와 진단비에 따라 달라짐) 의무로 부가해야 경우가 있어서 의료실비를 위주로 가입하려고 하는 사람들에게는 보험료가 비싸지기 때문에 선뜻 가입하기 곤란한 경우가 생길 수 있고, 사망보험금을 의무로 부가하지 않는다고 하더라도 최저보험료라는 기준이 있어서 월 보험료가 일정한 금액 이상으로 되어야만 가입이 되기 때문에 이 역시 일반 사람들이 가입을 함에 있어 주저하게 되는 요인이기도 하다.

따라서 각 보험사별로 통합보험을 비교할 때에는 질병사망보험금을 일정금액 이상으로 의무부과해야 하는지 또는 최저 보험료의 기준이 있는지를 반드시 살펴야 하며, 각종 질병담보를 부가할 때 질병사망보험금을 비례적으로 부과해야 하는지도 꼼꼼히 알아봐야 한다. 그리고 통합보험은 100% 소멸성 상품이고, 입원의료비를 1억 원 이상 사용하면 갱신이 거절되기 때문에 가입에 신중을 기해야 하는 상품이기도 하다.

2. 통합보험과 종신보험의 차이

종신보험은 주보험인 사망보장의 보험기간이 종신이며, 나머지 선택특약은 최장 80세까지로 종신보험의 주보장을 뺀 보장기간은 통합보험과 동일하다. 주보험인 사망보장만 종신이고 나머지 특약의 보험기간은 통합보험과 동일함으로 큰 차이가 없다고 생각할 수 있지만, 이는 커다란 차이점을 가지고 있다.

두 보험 모두 주보험이 사망보장으로 경제활동기에 본인이 사망할 경우 유가족에게 생계비를 남겨주기 위한 목적으로 가입하는 것은 동일하지만, 종신보험의 경우 경제활동기가 지나면 쌓여진 책임준비금을 연금으로 전환하여 연금 혜택을 누리거나, 또는 그대로 보험을 종신까지 유지하여 사망시 유족의 상속자금으로 활용하는 등의 저축기능의 특징을 가지고 있다. 하지만 통합보험은 비슷한 보험료를 가지고 보다 다양하고 높은 보장 혜택을 누리는데 초점을 맞춘 순수보장형 보험이라는 점에서 큰 차이점이 있다.

한마디로 통합보험은 80세까지 보장받고 내가 낸 보험료가 소멸되어버리는 순수보장성 보험이므로 종신보험보다는 정기보험에 가까운 보험이라 할 수 있다.

종종 종신보험의 보장과 통합보험의 보장을 늘어놓고 같은 보장대비 납입보험료를 비교하면서 종신보험을 비판하는 사람들을 본 적이 있는데, 이는 적절한 비교가 아니다. 굳이 비교를 해야 한다면 정기보험과 통합보험을 비교하는 것이 오히려 맞다 하겠다. 요약하면 종신보험이 경제활동기의 유가족생계비 + 경제활동기 이후 활용자금(노후자금 또는 상속자금 중 택 1) + 재해 · 질병특약형태의 종합형 보험이라면 통합보험은 경제활동기의 유가족생계비 + 재해 · 질병 · 운전자 · 배상책임특약 + 화재 · 도난(재물)특약 + 자동차보험형태의 경제활동기의 보장범위 극대화에 초점을 맞춘 보험인 것이다.

보장내용을 살펴보면 종신보험과 통합보험의 이러한 컨셉의 차이를 더 확연하게 느낄 수 있다. 우선 종신보험은 주보험인 사망보장에 초점이 맞추어져 있으며, 특약 또한 정기특약, 재해사망특약 등의 사망보장 위주로 구성되어 있다. 암, 2대 질병 정도 이외에 골절특약 등 5~6개의 질병 · 재해특약이 있지만, 역시 이 보험의 주목적은 사망보장이라는 컨셉이 명확함을 지울 수 없다. 반면, 통합보험의 경우 주보험 + 100여 개에 가까운 특약의 구성만 보아도 사망보장이 주가 아니라는 것을 알 수 있다. 사망보장을 목적으로 가입할 수도 있겠지만, 그리하면 높은 보험료로 인해 수많은 특약이 화중지병(畵中之餠)이 되어버릴 테니 무의미하다고 할 수 있다. 또한 통합보험은 현존하는 거의 모든 보장을 나열해 놓고 원하는 것만 골라서 가입하라는 식이다. 일종의 '뷔페보험'인 셈이다.

하나로 합쳐놓은 것이 뭐가 좋으냐고 할 수 있겠으나, 이렇게 여러 가지 보장을 하나의 보험으로 통합하게 되면 여러 가지 장점이 있다. 우선 보험을 여러 개 가입하여 불필요하게 중복지출해야 하는 사업비나 저축보험료 등 불필요한 비용부담을 줄일 수 있다. 여러 개의 보험을 가입하다 보면 꼭 필요한 보장만 가입하고 싶어도 그렇지 못한 경우를 많이 볼 수 있다. 수술보장만 필요한데, 그를 위해서 불필요한 특약까지 같이 가입해야 하는 경우가 생각보다 꽤 많다.

두 번째, 여러 증권으로 관리하는 것에 비해 보험을 관리하기가 편리하다. 4인 가족의 경우 남편, 배우자, 자녀들의 보험증권을 합쳐보면 10개 정도는 족히 될 것이다. 이를 하나하나 관리하는 것도 바쁜 요즘 세상에 그리 쉬운 일만은 아니다.

마지막으로 납입관리가 간편한 것도 큰 장점이 될 수 있다. 가끔 통장정리를 하다 보면 수없이 찍혀있는 자동이체항목으로 인해 머리가 아파지는 경험이 한번

씩은 있을 것이다. 또한 보험의 경우 두 달 간 보험료를 납입하지 않게 되면 자동으로 보험효력이 상실되어 보험 혜택을 전혀 받을 수 없다. 이러한 보험의 특성을 생각하면 납입관리가 쉬운 점 또한 큰 장점이라 할 수 있을 것이다.

제3절 방카슈랑스와 보장자산

1 방카슈랑스

1. 방카슈랑스의 의의

금융혁신과정에서 만들어진 상품인 방카슈랑스(bancassurance)는 프랑스어로 은행(banque)과 보험(assurance)이 결합되어 만들어진 용어이다. 방카슈랑스는 은행이 보험회사와 연계하여 상품을 판매하는 형태의 새로운 금융서비스이다.

방카슈랑스는 1986년 프랑스 아그리콜은행이 프레디차생명보험사를 자회사로 설립하면서 최초로 등장하였으며, 프랑스에서는 방카슈랑스가 50% 이상의 보험을 판매하고 있다. 우리나라에서는 2003년 8월 1일부터 방카슈랑스가 도입되었는데, 향후 2008년까지 완전한 선진국형 방카슈랑스제도로 이행할 전망이다. 방카슈랑스는 은행창구에서 예금, 보험, 투자를 종합적으로 서비스 받을 수 있다는 장점이 있다.

2. 방카슈랑스의 활용전략

1) 노후설계와 연계

자신이 몇 살부터 퇴직하게 되어 노후생활을 할 것인지를 예상해 보고 필요예상금액을 산출해 본다. 산출된 금액을 연금보험을 통해서 마련하기 위해서 얼마씩 납부해야 하는지를 분석하여 가입한다.

2) 금리변동 여부의 확인

대부분의 방카슈랑스상품은 이율변동에 따라 환급금이 달라지는 특성을 가지고 있기 때문에 가입시점에 제시된 금액이 실제 수령액과 달라질 수 있다. 따라서 가입 당시에 금리가 확정형 또는 기본금리를 보장하는 상품이 유리하다.

3) 연금전환 가능형 저축보험의 활용

방카슈랑스에서 판매하고 있는 저축보험들의 경우에는 가입 후 일정한 기간이 지나면 연금으로 전환할 수 있다. 이러한 상품의 경우 저축성 기능과 보장성 기능의 혜택이 모두 주어진다는 장점이 있다.

2 보장자산

1. 보장자산이란?

건강하게 경제활동을 하고 있는 동안은 소득에서 생활비, 교육비, 주거비용 등을 지출하면서 저축과 투자를 통해 자산을 늘려가며, 자녀결혼과 은퇴 후의 생활을 준비하게 된다.

그렇지만 우리는 원치않는 사고와 질병으로 일찍 사랑하는 가족 곁을 떠나거나 활동에 제약을 받아 기대하던 가족의 평화로운 생활을 위협받고, 자녀들의 꿈이 훼손당하는 위험 속에 살고 있으며, 이런 위험으로부터 자유롭다고 장담할 수 있는 사람은 없을 것이다.

자신이 제어할 수 없는 위험이 존재함을 알기에 사람들은 가족의 행복을 운명에 맡겨두기보다는 미리 예방하여 두려움 없이 마음의 평화를 누리며 살아가기를 원하는 것이다. 이를 위해 자신을 대신하여 경제적 후견인역할을 할 수 있고, 언제든지 실현 가능한 자산이 필요한 것이다. 이것이 보장자산이다.

2. 보장자산이 필요한 시기와 적정규모는?

〈그림 6-1〉을 보면 라이프사이클에 맞는 필요자금 종류와 그 규모를 쉽게 파악할 수 있을 것이다.

〈표 6-5〉를 보면 사회 초년생은 보유자산이 적으므로 보장자산을 미리 준비하여 예기치 않은 생활 위험에 대비할 필요가 있으며, 은퇴시점에는 보유자산의 증가와 함께 자녀독립 등으로 인하여 예측하지 못했던 생활 위험의 비중이 작아지므로 보장자산의 비중이 적은 것을 알 수 있다(가족이 현재의 주거수준을 유지하기를 원한다면 주거용 자산은 보유자산에서 제외해야 한다).

그림 6-1 ▶ 라이프사이클에 맞는 필요자금의 종류와 그 규모

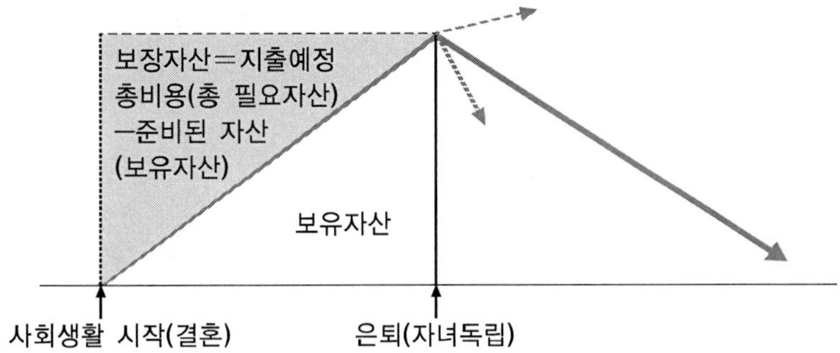

➔ 지출예정 총이용(총필요자산) : 질병치료 및 건강관리비, 교육 및 결혼자금, 가족의 생활비, 부부의 은퇴 후 생활비 등

표 6-5 ▶ 위험종류별 준비방법

위험종류	일상생활에 미치는 영향	준비방법
생활 위험	• 질병과 사고로 인한 고액의 치료비, 신체장애 및 요양이 필요한 경우 경제적 부담과 소득 상실	• 수술, 입원, 통원 의료비 : 민영보험 • 요양, 간병, 장기 휴직이 필요한 암, 뇌졸중, 심장, 신장 질환 등 중대한 질병 : 소득 대체 가능한 수준의 진단비 보장보험(CI보험 또는 특약 활용) • 사고로 인한 신체장애 : 재해상해특약
사망 및 중증장애 위험	• 가족의 사망 후 수입 상실에 따른 가족의 생활, 자녀교육에 심각한 위험이 초래되며 저소득 계층화 및 자녀양육 부담 가중	• 미래 지출규모를 감안하여 필요기간과 금액을 기준으로 종신보험과 정기성 특약을 가입하되 비용절감을 위해 정기성 특약 활용이 중요하며, 주보험은 아내만의 노후 생활을 고려하여 결정
장수 위험	• 준비없는 장수는 축복이 아니라 고통이며, 자녀세대로 부담을 전가하여 빈곤의 순환고리 발생 우려	• 수입과 지출 추이, 교육비 집중시기 등을 고려하여 20~30년 장기저축 plan을 활용(금액보다 계획과 시작이 중요) • 아내만의 노후 생활비용 반영

3. 효율적인 준비방법은?

보장자산의 원칙은 언제 어떤 경우든 가장의 소득을 대신할 수 있고, 일상생활수준을 초과하는 비용을 충당할 수 있어야 한다는 것이다.

따라서 보장기간은 길수록, 보장내용은 많을수록, 보장금액은 클수록 좋은 것이다. 하지만 비용 또한 상당한 것이므로 한꺼번에 준비하기보다는 경제적 상황, 자신의 연령, 가족구성, 미래계획 등 라이프사이클을 고려하여 정기적으로 수정·보완하는 것이 좋다.

4. 라이프사이클에 따른 준비방법

1) 결혼 전 – 결혼 및 주택자금 마련을 위한 저축 portfolio에 기본보장자산을 추가한 자신을 위한 보장설계

① 질병치료와 일정기간 소득을 대체할 수 있는 진단비를 포함한 민영의료보험
② 왕성한 활동기이므로 각종 사고 대비 재해상해 및 사망 대비
③ 평균수명연장에 대비하여 유리한 연금지급율을 선구매하는 기본적인 수준의 연금을 준비하고 추가납입 등 다양한 부가기능 활용

2) 결혼 후 – 주택확장자금 중심 portfolio에 보장자산을 증액하는 가족을 위한 보장설계

① 가장이 사망할 경우 아내의 2~3년간 사회생활 준비 또는 아내의 노후 생활을 대비하기 위하여 가장은 종신보험을 준비하고, 자녀의 출생시에는 자녀를 위한 보장자산이 추가적으로 필요하므로, 그때는 비싼 종신보험을 늘리기보다는 자녀독립시점까지의 정기보험을 추가 가입하여 보장자산을 효율적으로 늘릴 필요가 있다.
② 자녀의 교육비 부담이 커지기 전에 목적과 시기에 맞는 자산을 준비하기 위한 portfolio를 수립하여 계획에 맞게 저축과 투자를 본격화
- 단기 저축 : 적립식 펀드 및 세금우대 저축, 소득공제 활용
- 중·장기 저축 : 주택확장, 중·고·대학 교육비, 은퇴 후 생활계획을 반영하여 변액유니버셜저축보험 및 변액연금 준비

3) 40代 이후 – 은퇴 준비, 자녀독립지원 자산 준비

① 중도인출 및 자유납입 기능 등 유연성을 갖춘 금융상품을 활용하여 과도한 교육비지출, 자녀결혼 및 은퇴 준비
② 은퇴 후 질병으로 인한 간병, 요양 등을 대비한 건강 관련 보장자산 증액

예전, 모 연예인이 TV에서 "보장자산이 뭐예요?", "보장자산이 얼마에요?"라며 궁금증을 자아내었다.

보장자산은 말 그대로 내가 없으면 남아있는 가족에게 얼마나 돈이 나오냐는 것이다.

가장이 없으면 아내와 아이들의 생활이 힘들어질 수밖에 없다. 아내가 없어도 남편과 아이들의 생활이 힘들어지는 것도 마찬가지이다. 집안에만 있던 아내가 돈을 벌러 가야 하고, 아이는 엄마가 아닌 다른 사람의 손에서 자라야 하는 것이다.

2007년 발표자료에 따르면 아이 한 명당 유치원부터 대학교까지 순수교육비만 1억 8,000만 원이 든다고 한다. 여기에 먹고 입히는 양육비를 더하면 아이 한 명당 3억 원이 넘게 드는 것이다. 무자식이 상팔자다라는 말이 절로 나올만하다.

그럼 한 집안의 가장이 잘못되었을 때 최소 3억 원 정도는 있어야 아이가 별 어려움 없이 대학교까지 졸업할 수 있는 것이다. 보장자산 3억 원을 가져가려면 보험료를 엄청 많이 내야 할 것이다.

우리나라 국민 중 보험 하나 안 들고 있는 사람은 거의 없을 것이다. 하지만 내가 든 보험이 뭔지, 어떤 질병들에 혜택을 받는지, 죽으면 얼마가 나오는지, 어떻게 죽어야 사망보험금이 나오는지 잘 모르는 경우가 많다.

보험은 확률의 게임이다. 각종 질병과 사망을 통계내서 적정보험료를 산출해서 똑같은 돈을 여러 사람에게 받는 것이다. 그래서 어떤 사람은 보험의 혜택을 많이 보는 경우도 있고, 어떤 사람은 보험의 혜택을 하나도 못 받는 경우도 있다. 그래서 "보험을 1인은 만인을 위해, 만인은 1인을 위해"라고 부르기도 한다. 옛날 우리 조상들의 품앗이나 두레와 비슷하다고 보면 된다.

이렇듯 보험은 확률의 게임이기 때문에 싼 보험은 그만큼 보장의 범위가 작다고 보면 된다. 하지만 보험은 장기적으로 묶이는 자산이기 때문에 자신의 소득 중에서 가장 적절한 %를 가져가면 된다. 일반적으로 보장성 보험은 소득의 8~10% 정도가 적절하다고 한다.

문제는 보험의 필요성은 건강하고 돈이 많을 때는 느끼지 못한다. 그렇게 시간

이 흘러 몸이 안 좋고, 나이가 들면 내야 하는 보험료는 올라가고, 자칫 병원에서 어떤 진단이라도 받으면 가입조차 안 되는 것이다. 왜? 다른 보험 가입자들에게 피해를 줄 수 있으니까 말이다.

가족사랑의 마음으로 보장자산을 충분히 가져갈 수 있다면 더할 나위 없이 든든할 것이다. 하지만 자신의 소득수준에 맞게 적절한 보장자산을 가져가는 것이 더욱 중요하다. 보험이라는 상품 자체가 중도해약시 엄청난 손해를 보기 때문에 꾸준히 유지보수 할 수 있어야 한다.

더 좋은 것은 보장자산이 필요 없을 정도의 건강과 충분한 현실자산을 만드는 것이다.

흑백사진으로 웨딩시장 틈새 뚫어

지성진 JIS스튜디오 대표 … 사진 찍기 위해 무보수로 일하며 감각 익혀

나폴레옹 힐의 저서 「생각하라. 그러면 부자가 되리라」는 전 세계적으로 2,000만 부 이상 팔려 성공학의 고전으로 꼽힌다. 이 책의 저자인 나폴레옹 힐은 성공하는 사람의 조건 중 하나로 '무보수로 기꺼이 일을 할 수 있는 마음가짐'을 꼽는다. 그가 이 조건을 제시한 까닭은 자신의 경험에 따른 것이다.

그는 풋내기 기자시절 당대 최고의 갑부였던 강철왕 앤드류 카네기를 만나 인터뷰를 하게 된다. 나폴레옹은 "당신이 부자가 된 비결이 무엇이냐"는 질문을 던졌다. 카네기의 답은 간단했다. "지식이요." 답변과 동시에 카네기는 나폴레옹에 제안을 하나한다.

"내가 성공한 비결을 가르쳐 줄테니 그걸 한 번 정리해 보는 게 어떻겠소?"

나폴레옹은 선뜻 승낙했다. 그런데 조건이 있었다.

"당신은 그걸 무보수로 해야 하오. 무보수라도 괜찮겠소?"

나폴레옹은 당대 최고 거물의 제안인지라 엉겁결에 "예스"라고 대답했다.

이런 과정을 거쳐 그가 쓴 책이 바로 성공학의 명저인 「생각하라. 그러면 부자가 되리라」였다. 물론 그 책의 인세로 나폴레옹도 백만장자가 됐다.

'무보수로 기꺼이 일할 수 있는 마음가짐'은 나폴레옹 힐만 주장한 것이 아니다. 이는 많은 성공학 서적의 주요 주제 중 하나다. 이번 주 '10억을 모은 사람들'의 주인공 '지성진 포토샵'의 지성진(38세) 대표는 나폴레옹의 주장에 딱 들어 맞는 인물이다.

❙ 꿈 접고 포토하우스 열어 ❙

지금은 서울 강남구 신사동에 5층 짜리 건물을 소유하고 외제 자동차를 굴리지만 그의 첫 사회생활은 초라한 무보수로 시작했다. 건국대 농업경제학과 2학년 때 어머니가 폐암으로 돌아가시자 더 이상 학교를 다닐 형편이 아니었다.

자동차 세일즈라도 할 요량으로 이력서를 썼지만 곧 찢어버렸다. 고등학교 때부터 취미삼아 해온 사진 관련 일을 본격적으로 하고 싶었기 때문이다. 그러나 경력이 없는 지 대표가 구할 수 있는 직장은 없었다. 그래서 일단 부딪혀 보기로 마음먹고 대한매일신문(옛, 서울신문)에서 발행하는 한 잡지사를 무작정 찾았다. 1986년의 일이다.

"아는 사람도 없었지만 그냥 쳐들어 갔습니다. 사진을 찍고 싶었거든요. 내셔널지오그래픽 같은 유명 잡지에 제 사진이 실리는 게 꿈이었습니다."

그의 첫 일은 잡일을 하는 무급직이었다. 돈을 떠나 시간이 날 때마다 카메라 하나 달랑 매고 사진을 찍으러 다녔다.

"1988년 레닌그라드 아이스발레단이 내한공연차 왔어요. 회사에서 시킨 것도 아닌데 사진을 찍으러 갔죠. 편집장이 사진을 실어주더군요. 한 마디로 하늘을 날 것 같았습니다. 저 같은 사람의 사진이 잡지에 실렸으니까요."

이런 기쁨도 잠시, 그는 현실의 벽에 부딪히게 된다. 사진만 잘 찍으면 좋은 잡지사로 스카우트될 것이라는 생각이 전혀 현실적이지 못하다는 걸 알게 된 것이다. 또 자신의 사진이 데스크(최종 편집 책임자)에 의해 버려지는 것도 싫었다. 자신의 이

름을 걸고 사진을 찍고 싶었다. 그래서 독립을 결심했다. 지난 1994년 1월, 자신의 이름을 간판으로 내건 8평 남짓의 '지성진 포토하우스'를 열었다. 독립하면 자신이 원하는 사진을 실컷 찍을 수 있을 것 같았지만 현실은 만만치 않았다. 당장 사진관을 유지하는 게 문제였다. 지난 1991년 사진을 더 공부할 요량으로 경원전문대에 입학하며 대출받았던 학자금 200만 원만 남아 있었다. 너무 손님이 없어 한 명 있는 직원 얼굴 보기가 민망해 툭하면 가게 밖으로 나가 어슬렁거렸다. 한가한 모습을 보이기가 싫어서였다. 그래서 일단 잡지사들의 일을 하청받아 닥치는 대로 일을 했다. 「보물섬」, 「나나」, 「차밍우먼」 등의 일거리를 맡았다. 잡지 일을 하면서 흑백사진 프린트(인화)도 같이 했다.

"당시만 해도 흑백사진 프린트를 제대로 하는 곳이 없었거든요. 프린트만큼은 자신이 있었거든요."

장당 2,000원씩 받고 100장을 밤새워 프린트했다. 손에 떨어지는 돈은 월 20~30만 원 남짓이었지만 열심히 일했다. 그러자 서서히 소문이 나기 시작했다. 거래처에서 먼저 단가를 5,000원으로 올려주겠다는 제안을 해 왔다. 단, 자기네하고만 거래하자는 조건을 붙였다. 낮에는 잡지사진을 찍고, 밤에는 집에서 프린트하는 일이 지 대표의 일상이었다.

Ⅰ 8년 만에 빌딩 매입 Ⅰ

그러던 어느 날 그에게 웨딩이벤트 촬영의뢰가 들어 왔다. 그에게는 첫 웨딩사진 고객이었다. 고객은 목사였는데, 그 사진을 웨딩이벤트회사가 서울 삼성동 코엑스에서 열린 웨딩박람회의 홍보물로 사용했다. 저작권은 자신에게 있었지만 그는 내버려 뒀다. 자연스레 자신을 알릴 수 있는 기회였기 때문이다. 대신 그는 그 사진을 들고 각 예식장을 순례하기 시작했다. 찾아 다닌 곳만 해도 100여 곳이 넘는다. 그가 본격적으로 웨딩사진을 찍게 된 것은 지난 1994년 서울 신림동의 웨딩캐슬이란 예식장을 방문하면서부터다.

"다른 예식장에서는 잡상인이라도 되는 양 건성으로 대했는데, 그곳에선 예약실을 찾았더니 사진실로 내려가 보라고 하더군요."

사진실로 내려가 자신의 사진을 보여줬더니 프린트가 너무 좋다며 매일 뽑을 수 있느냐고 물어왔다. 그는 앞뒤 재지 않고 할 수 있다고 했다. 다음 날 예약실장으로부터 전화가 왔다. 예약실장은 "「마이웨딩」 잡지의 사진을 보니 당신 이름이 있던데 그 사람이 당신 맞느냐? 사진이 좋아서 기자 이름을 보니 당신 이름이 있길래 확인하려고 전화했다"면서 "이것도 인연이니 한 번 같이 일해보자"고 제안을 해 왔다. 그런데 문제는 보증금이었다.

"예식장 사진을 찍으려면 보증금을 내야 한다. 제가 보증금이 어디 있겠습니까? 자존심도 허락하질 않았죠. 그래서 사진만큼은 자신 있느니, 보증금을 받지 말고 예식장에서 이익을 더 많이 가져가라고 얘기했죠."

첫 일을 하고 돈을 받았다. 1만 원짜리 현찰 묶음이었다. 가방에 담아 오는데 전혀 실감이 나질 않았다.

"차를 타고 오는데 이게 내 돈 맞나 하는 생각이 들더군요. 차를 세운 뒤 누가 볼세라 차문도 잠그고 돈을 세어봤죠. 그제서야 이게 내 돈이라는 걸 느꼈죠."

그렇게 8년을 일하니 신사동의 5층짜리 빌딩이 생겼다. 이 빌딩 매입은 지 대표의 재산형성의 전환점이 됐다. 대출 4억 원을 끼고 6억 8,000만 원을 주고 산 빌딩이 지금은 15억 원이나 한다. 부동산값 상승세를 타고 2년 동안 배 이상 올랐다. 그는 이 빌딩의 리모델링에 3억 8,000만 원을 투자해 스튜디오로 변신시켰다.

치열한 웨딩사진시장에서 성공한 비결을 묻자 지 대표는 "사진은 금방 결과를 알 수 있습니다. 저는 흑백사진 프린트를 많이 했기 때문에 흑백사진에 강점을 갖고 있었거든요. 컬러사진을 하는 사람은 많지만, 흑백사진은 별로 없거든요. 주특기를 살린 게 주효했죠"라고 설명했다. 지 대표는 돈을 벌기 위해선 '일을 즐기라'고 말한다. 즐기지 않으면 고객들이 다시 찾아올 리 없기 때문이다. 주위에선 자신에게 고생을 많이 했겠다고 말하지만 그는 10년 동안 즐겁게 사진을 찍었다고 한다.

"사실 사진은 좋은 날 찍는 거 아닙니까? 좋은 날 웃으면서 좋은 사진 찍었더니 돈이 따라 왔습니다. 직원들에게도 '즐겨라. 즐기면 고객들이 돈을 더 준다'고 늘 강조합니다."

야외촬영을 할 때 고객들 뒤로 사람들이 지나가도 그는 비켜달라는 말을 절대 하질 않는다. 좋은 날 싫은 소리를 해서는 안 된다고 생각하기 때문이다.

"저 혼자 잘 찍는다고 좋은 사진이 나오는 게 아니거든요. 모델인 고객들의 협조가 절대적으로 필요하죠. 뒤에 사람들이 지나간다고 인상 쓰면서 비켜달라고 하면 모델들의 기분이 상할 수도 있습니다."

그는 장사꾼이 되려면 프로가 돼야 한다고 강조한다. 사진관을 하는 사람은 일단 사진을 잘 찍어야 한다는 것이다. 영업은 그 다음이다.

"주위에서 저보고 영업을 잘 한다고 하는데 사람들은 거꾸로 알고 있는 겁니다. 맛있는 메뉴가 있는 식당이 장사가 잘 되는 것처럼 사진관도 마찬가지입니다. 일단 잘 찍어야 합니다. 그래야 고객들이 다시 사진을 찍고 싶은 생각이 들 게 아닙니까?"

I 노력하는 모습 보이면 고객 몰려 I

노력하는 모습을 보이면 고객들이 다시 찾는다고 한다.

"약혼식 사진을 저희 스튜디오에서 찍고 결혼식 사진은 다른 곳에서 찍은 고객이 있었습니다. 결혼식 사진이 마음에 들지 않는다고 저희 사진관을 다시 찾아 왔더군요."

이런 고객들은 반드시 다른 고객을 데리고 온다. 이렇게 10여년 간 쌓인 고객이 있기에 그는 영업 걱정을 하지 않는다고 한다. 그의 고객 리스트에는 유명인들도 많다. 마라톤의 이봉주 선수, 전(前) 법무부 장관 안동수 변호사, 김두수 행정자치부 장관, 권영길 민주노동당 대표 등이 그의 고객이었다. 여수 애양병원, 남성패션 전문몰 와이셔츠넷, 신흥정밀, KTB네트워크 홈페이지 등의 사진도 그가 찍은 사진들이다.

지 대표는 고객 중 가장 인상 깊은 인물로 김두관 행자부 장관을 꼽았다. 김 장관의 저서인 「남해 군수, 번지 점프를 하다」의 표지 사진을 찍었을 때의 일이다.

"제 사진값이 좀 비싸거든요. 김 장관이 무슨 돈을 가지고 있겠어요? 만나서 얘기해 보니 사람이 너무 좋더군요. 그래서 돈은 필요없다고 했죠."

그랬더니 김 장관이 자기가 나중에 좋은 자리에 가면 전화 한 통 하겠다고 했다.

"까마득히 잊고 있었는데 정말 약속을 지키기 위해서라며 김 장관이 전화를 했습니다. 이런 전화 받으면 보람을 느끼게 되죠."

지 대표는 내년이면 마흔이 된다. 혼자 사진 찍고 즐기며 살면 그만이지만 그러기엔 회사의 덩치가 너무 커졌다. 요즘 들어서는 문득 '초심(初心)'이 사라지는 게 두렵다고 한다. 초심을 지키면서 직원들의 경제적 자유를 뒷받침하는 게 그의 고민거리다.

그는 사진관으론 드물게 건강보험 등 3대 사회보험을 직원들에게 모두 적용한다. 퇴직금도 근로기준법에 따라준다. 일을 잘 하면 보너스도 준다. 사장 1인 위주의 주먹구구식 사진관과는 다른 경영방식을 도입했다. 지 대표는 지하 1층에만 있는 스튜디오를 건물 3, 4층으로 확충할 계획이다. 직원들을 독립시킨 후 자신의 스튜디오를 이용하게 할 작정이다.

"제 일을 아웃소싱하는 거죠. 이렇게 되면 직원들도 돈 걱정하지 않고 좋아하는 사진을 찍을 수 있습니다. 직원들도 경제적으로 자유로워져야 좋은 사진을 만들어 내지 않겠습니까?"

| 지 대표의 10억 만들기 연보 |

1986년 대학 중퇴하고 잡지사 입사
1991년 경원전문대 사진학과 입학
1992년 서울 남가좌동 10평 짜리 빌라 매입
1994년 지성진 포토하우스 개업
2001년 5층 빌딩 6억 8,000만 원에 매입(4억 원 대출 포함). 3억 8,000만 원 들여 리모델링, 현 시세 15억 원

| 지 대표가 말하는 돈 버는 법 |

"일을 즐겨라."

지 대표가 말하는 돈 버는 법이다. 그는 자신의 일을 즐길 수 없는 사람은 돈을 벌 수 없다고 말한다. 무보수로 처음 사진찍는 일을 할 때도 그는 돈보다 일을 생각했다. 그 다음이 고객이다. 사업이나 장사는 고객 없이는 존재할 수 없는 만큼 고객들을 즐겁게 하기 위해 최선을 다 한다.

프로 장사꾼이 되기 위해서는 자기 계발도 게을리해서는 안 된다.

"요즘 고객들은 눈이 보통 높은 게 아닙니다. 사진을 잘못 찍으면 금방 발길을 돌려 버립니다. 제조업체가 좋은 물건을 내 놓아야 마케팅도 힘을 발휘하듯 사진도 마찬가지입니다."

그는 월급 30만 원을 받던 생활에도 학자금 대출을 받아 사진학과에 입학했다. 계속 공부하지 않으면 실력을 키울 수 없다고 판단했기 때문이다.

그는 직장보다는 일을 선택하라고 주장한다. 좋은 직장, 좋은 자리는 안정감을 주지만 자신을 발전시키지는 못한다. 자신이 좋아하는 일을 선택하면 어려움이 닥쳐도 인내심을 발휘해 극복할 수 있다.

지 대표는 잡지사 생활의 한계를 느끼자 곧바로 자신의 일을 찾아 떠났다. 꿈을 꽃피울 수 없다면 자신의 몸에 맞는 직장이 아니라고 판단했다.

또한 '시간이 돈'이라는 확고한 인식을 가져야 한다. 그는 아침 일찍 일을 할 때면 자동차를 두고 자전거를 타고 출근한다.

"서울 강남에선 자동차보다 자전거가 더 좋은 교통수단일 때가 많습니다. 시간을 아끼면 더 많은 고객을 만날 수 있습니다."

신사동에서 도산공원에 갈 때도 무거운 카메라 장비를 들고 걸어서 간다. 약속시간에 늦지 않기 위해서다. 걸어가면서 찍을 사진을 구상할 수도 있다.

"좋은 자동차가 있다고 좋은 사진이 만들어지는 게 아니라는 말을 직원들에게 자주 합니다. 구상하는 시간을 내기 위해 자투리 시간을 어떻게든 만들어야 합니다."

경매로 땅 사 집값 낮춰 인기

신뢰 하나로 무일푼서 건설사 사장 된 김영일 하나씨이엔씨 대표

"돈 버는 방법이요? 자기 경쟁력을 높이는 데만 골몰하세요. 어느 순간부터인가 길이 보일 겁니다."

돈 버는 비결을 묻는 질문에 대한 김영일(44세) 하나씨이엔씨 대표의 대답이다. 사실 김 대표의 자산은 10억 원을 훨씬 넘는다. 1997년에 이미 자산 10억 원대에 진입했다. 그 후 돈이 본격적으로 불어나기 시작해 지금은 하나씨이엔씨를 비롯해 총 5개의 회사에서 연간 500억 원의 매출을 올리는 수준이 됐다. 물론 이런 패턴은 그가 사업, 그것도 건설업을 하기 때문이다. 차곡차곡 돈을 모으는 샐러리맨의 패턴이 아니라 사업에 매진하다가 본 궤도에 오르기 시작하면서 큰 돈을 버는 사업가의 전형적 흐름이다. 그는 흔히 말하는 의미의 재테크를 한 번도 안 했다. 주식, 채권 같은 단어는 그의 사전에 없다. 하지만 그는 누구나 할 수 있는, 그래서 많은 사람들이 간과하는 재테크의 기초를 튼튼히 쌓는 데 성공했다. 그것은 '신뢰'였다. 오랜 기간 다져놓은 신뢰의 기초 위에서 큰돈을 벌 수 있었다. 그는 사업 성공의 비결을 "돈 남기기에 욕심을 부리지 않고 신뢰부터 쌓은 것"이라고 역설했다.

I 인생 전환점 된 해외 건설현장 I

김 대표가 부자가 된 스토리는 전라남도 장성의 한 빈농에서 시작된다.

"찢어지게 가난한 집안의 8남매 중 장남으로 태어났죠. 버스값이 없어 중·고등학교 6년 내내 12km를 걸어다녔을 정도였어요. 운동화 닳는 게 아까워 고무신을 신고 걸어다녔죠. 학교 바로 앞 문방구에서 운동화로 갈아신고 들어가고, 교문을 나서면 다시 고무신으로 갈아신었어요. 운동화가 너무 신고 싶어 부모님께 사달라고 조르면 '운동화 신고 학교 그만둘래, 운동화 포기하고 학교 다닐래? 둘 중 선택해라'라고 말씀하셨죠."

시골길을 걸어갈 때면 학교 친구들을 잔뜩 태운 버스가 지나가면서 뿌연 먼지를 일으켰다. 그 먼지가 폐 속으로 한 가득 들어올 때면 그는 다짐했다.

'남보다 뒤처지는 인생은 살지 않겠다. 지금은 너희들이 버스 타고 지나가지만, 나중에는 내가 더 빠른 속도로 너희를 추월하겠다.'

상고를 졸업한 그는 1980년 작은아버지가 근무하던 동아건설에 입사했다. 첫 월급은 15만 원으로 월급 받아 밥 먹고 외상 술값 갚고 나면 없어졌다. 입사 후 3년은 그런 생활의 반복이었다. 군대에 다녀온 뒤는 '지독한 방황'의 시기였다. 모든 게 답답했다. 머리를 빡빡 깎고 다니며 싸움질도 많이 했다. 그렇게 10개월을 허송세월하다가 퍼뜩 이런 생각이 들었다.

'어차피 피할 수 없다면 즐기자.'

그는 동아건설에 재입사해 리비아 대수로 공사 현장으로 간다. 해외 건설현장을 '인생의 전환점'으로 삼겠다는 각오였다. 그곳에 시도 때도 없이 불어닥치는 '할라스' 열풍은 공포였다. 컨테이너 숙소 안으로 뛰어들어가 40~50도의 살인적 더위 속에서 모포를 꽁꽁 뒤집어쓰고 있어도 뜨거운 모래바람이 입안으로 들어왔다. 그렇게 3년을 버텼다. 월급 80만 원에 시간외 근무수당까지 합치면 120만 원 이상이 매월 서울의 통장에 쌓였다. 그 돈을 사업 밑천으로 새 출발하겠다는 희망에 귀국

했지만, 돈은 한 푼도 남아 있지 않았다. 동생들 학비와 부모님 생활비로 다 써버린 것이다. 처음부터 다시 시작했다. 그는 그 출발점을 '결혼'으로 삼았다. 안정된 가정을 꾸리고 사업을 시작하자고 생각했다. 그가 결혼한 과정은 뭐든 마음먹으면 앞뒤 안 보고 돌진하는 스타일을 엿볼 수 있게 해주는 대목이다. 김 대표는 지금의 아내와 선 보던 날 '착하다' 싶어 결정을 내렸다고 한다.

선을 본지 한달 만에 불과 세 번 만나보고 결혼식을 올렸다. 1989년 보증금 100만 원에 월세 6만 원짜리 방을 얻어 신혼생활을 시작하면서 그는 아내에게 한 가지 선언을 했다.

"먹고 사는 집안 생활은 내가 책임 못 지겠으니 당신이 알아서 해."

그리고 500만 원을 따로 빚을 내 양품점을 차려줬다. 그 후 아내는 양품점, 미용실 등으로 업종을 바꿔가며 집안 살림을 꾸려갔다. 불과 4년 전까지도 미용실을 운영해 남편 휴대전화요금까지 내줬다.

| 사업 6개월 만에 첫 주문받아 |

생활의 부담에서 벗어난 김대표는 건설업을 시작했다. 말이 건설업이지 사실상 남의 사무실에 얹혀 사는 백수나 다름없었다. 친분이 있던 지인의 건설회사에 찾아가 '명함 하나만 찍어달라'고 부탁했다. 회사도 없고, 지명도도 없는 개인에게 집 짓는 일을 맡길 리 없었기 때문이다. 김 대표는 그 명함을 들고 광명, 독산동, 봉천동, 대림동 등지로 서울 시내 헌집이 모여 있는 동네를 온종일 헤매고 다녔다. 재건축할 만한 집이 눈에 띄면 무조건 들어가 명함을 돌렸다. 하루 평균 100~200장씩 뿌려댔다. 그렇게 6개월이 지나자 드디어 첫 공사 주문이 들어왔다. 10명이 모여서 다세대주택을 짓는 프로젝트였다. 그는 돈을 남기겠다는 생각을 버렸다. 성실하게, 잘 지어야겠다는 생각만 했다. 1주일에 닷새를 밤을 새워가며 일했다. 집이 제대로 지어졌다며 만족한 집 주인들의 입소문을 타면서 1건, 2건 주문이 들어오기 시작했다. 그 후 연간 3, 4건의 공사를 따내면서 매년 1억~2억 원씩 벌어들이기 시작했다. 그 돈으로 땅을 사고, 부동산 개발을 시작했다. 그러는 동안 흐름을 보는 눈이 생겼다. 우선 반드시 역세권에서만 부동산 개발을 했다. 지하철 노선도가 발표되면 즉각 움직였다. 지하철이 완공되기까지 오랜 시간이 걸리기 때문에 발표 직후 움직여도 충분한 개발차익을 볼 수 있었다. 그는 또 땅을 살 때는 대부분 경매를 이용했다. 경매로 시가의 60~70% 값에 땅을 구입하면 싸게 산 만큼 분양가를 낮출 수 있었다. 여기에 땅 구입에서 설계 · 건자재 · 시공 · 분양까지 모든 과정을 직접 함으로써 중간 마진을 절감했다. 덕분에 좋은 자재를 써서 튼튼하게 시공하고도 시세의 70%에 분양할 수 있었다. 그는 "지금까지 단 한 채도 미분양기록이 없었다"고 자부했다. 그가 브랜드 파워가 약한 중소 건설사라는 핸디캡 속에서도 미분양 전무 기록을 세운 비결은 차별화였다.

"마감재, 가격, 분양시점 등 전방위로 차별화전략에 주력합니다. 경매 등 원가절감을 통해 분양가를 경쟁업체의 70%로 낮추고, 착공시점 분양 일변도에서 벗어나 건물이 90% 정도 올라간 상태에서 분양하는 등 분양시점을 차별화하고 색다른 마감재로 고객의 눈길을 끌기도 합니다. 늘 좀 색다르게 하려고 고민하고 노력했지요."

그는 1996년 오피스텔, 주상복합, 아파트형 공장 등으로 눈을 돌렸다. 2000년 구로동에서 분양한 주거용 오피스텔 가드리움은 보름 만에 전량 분양될 정도로 대히트를 쳤다.

"외국에 다니면서 모든 가구가 붙어 있는 빌트인 아파트를 많이 봤습니다. 한국에서도 1인당 국민소득 1만 달러 시대가 열리고 독신자가 늘어나고 편리를 추구하는 젊은 세대가 등장하면서 그렇게 가겠구나 싶었죠. 그래서 1999년 땅을 매입해서 고급 주거용 오피스텔을 짓기 시작했습니다.

그게 맞아떨어진 거죠.”

그는 돈을 벌어보니 ‘돈 자체는 의미가 없더라’고 했다. 오히려 고생하던 시기가 성취감이 있어 더 즐거웠단다. 그는 50대 초반까지 최선을 다해 돈을 벌 작정이다. 그리고 쉰두세살 쯤 전문경영인에게 회사를 맡기고 본인은 사회사업을 하고 싶다고 했다. 그의 자산관리를 맡고 있는 이춘우 신한은행 대리는 “교회를 한 채 지어 기부한 적도 있고 지금도 매년 1억 원 정도 기부한다”고 귀띔했다.

| 김 대표의 10억 원 모으기 |

1980년 동아건설 입사. 건설현장에서 실무 경험
1985년 군 제대 후 방황하며 백수로 지냄
1986년 동아건설 재입사. 리비아 대수로 공사현장 합류 위해 출국. 월 120만 원의 급여를 그대로 서울 통장에 입금. 리비아 건설현장 총 3년 간 받은 급여 5,000여만 원에 달함
1989년 월 6만 원짜리 월셋방에서 신혼생활 시작. 500만 원 대출로 아내 양품점 차림. 개인사업자로 다세대 · 다가구 건축사업 시작
1990년 연간 3, 4건의 안정적 수주. 연간 1~2억 원씩 벌어들임
1994년 13평형 빌라를 3,000만 원에 구입
1996년 23평형 상가주택을 9,300만 원에 구입. 개인 총 자산 10억 원 수준에 달함
2001년 대지 100평, 건평 88평짜리 단독주택으로 옮김
2003년 현재 하나씨이엔씨 등 5개 계열사 소유. 총 매출 500억 원

| 김 대표의 돈 벌기 포인트 |

김 대표는 돈 벌고 싶은 사람들에게 두 가지를 강조한다.

첫째, 자신을 상품화시켜 경쟁력을 높이라는 점이다. 가장 큰 자산인 자신을 갈고 닦아 매력있게 만들지 않고는 성공할 도리가 없다는 것이다. 그는 그래서 늘 차별화를 고민하고 공부한다. 김 대표는 동아건설 근무시절 방송통신대학 경영학과에 입학했다. 리비아에 다녀오고, 건설사업에 뛰어들면서 우여곡절 속에 10년 만에 졸업했다. 그는 지금도 동국대학교 대학원 부동산학과 ‘학생’이다.

둘째, 신뢰를 생명처럼 여겨야 한다는 점이다. 자신의 상품가치를 높이고, 신뢰를 쌓다 보면 주변에 사람이 모이고 돈도 자연스레 함께 온다는 게 그의 지론이다. 그는 “돈은 쫓아다니면 도망간다”고 강조한다. 김 대표는 건설사업을 처음 시작하면서 ‘돈을 벌겠다’는 게 아니라 ‘내 일을 잘 하자’는 데 초점을 맞췄다. 그러다 보니 입소문이 나고 사업이 번창해 돈을 벌게 됐다. 돈에 초연한 덕에 큰돈을 번 셈이다. 여기에는 처음부터 “생활은 당신이 책임져라”며 아내에게 책임을 넘긴 전략이 주효했다. 당장의 생계에서 자유로워졌기에 눈앞의 작은 이익이 아닌, 장기적인 사업의 토대를 갖출 수 있었다. 그는 “변화 없는 삶은 재미 없다”고 말한다. 그래서 사업이 일정 궤도에 올랐고, ‘부자’로 경제적 안정도 얻은 지금보다 고생했던 과거가 더 재미있었다고 한다. 한마디로 ‘변화’를 즐기고, 난관에 부딪쳐 그걸 해결할 때 희열을 느끼는 사람이다. 그런 면모 덕에 남들과 다르게 생각하고, 다양한 차별화 아이디어를 낼 수 있었다. 무일푼에서 지금의 부를 일궈낸 원동력이기도 하다. 그는 부자가 된 뒤에도 흥청망청하지 않는다. 사회환원, 교육, 자기 개발 등에는 돈을 아끼지 않지만, 쓸데없이 낭비하는 법이 없다. 그가 10억 원대 자산을 모았을 때도 그는 23평짜리 상가주택에 살았다. 지금의 100평짜리 주택으로 옮긴 것도 불과 2년 전이다. 매출 500억 원대 사업을 하는 김 대표의 ‘사모님’은 자동차도 따로 없다.

제7장 | 생활 속의 재테크

1 신용카드 알뜰하게 사용하자.

대부분의 사람들이 하나 둘쯤, 많은 사람은 열댓 개씩도 가지고 있는 신용카드는 요즘 신용불량에 따른 불이익, 자살, 범죄 등 사회적으로 문제가 되는 부분도 많이 있다. 그렇다고 과거로 돌아가 카드를 싹뚝 잘라버리고 현금만 사용하자니 불편하고 여러 가지 혜택도 놓치게 된다.

현명하게 사용하기만 하면 훌륭한 재테크 수단이 될 수 있는 신용카드의 알뜰 사용방법과 신용카드를 통한 절세방법에 대해 알아보자.

1. 다양한 서비스

신용카드를 일시불로 쓰면 최장 50일 정도, 외상으로 쓰면 2개월부터 18개월까지 할부로 물품을 구입할 수 있다. 또 급한 돈은 현금서비스로 뽑아 쓸 수도 있고, 카드 사용실적과 신용상태에 따라 최고 3,000만 원까지 카드대출을 받을 수도 있다. 특히 요즘은 인터넷이나 홈쇼핑 등에서는 장기간 무이자 할부 혜택도 받을 수 있어 이자의 절약 효과도 있다.

이러한 금융서비스 이외에 카드사가 항공사, 호텔, 정유사, 이동통신사 등과 제휴하여 제공하는 서비스도 받을 수 있는데, 제휴카드를 쓰면 마일리지가 적립되어 무료 항공여행을 할 수도 있고 호텔, 주유소, 휴대폰을 이용할 때도 할인을 받을 수 있다

이렇게 자신의 생활패턴에 적합한 신용카드를 쓰면 여러 가지 편리한 부가서비스를 받을 수 있고, 또 신용카드를 사용하면 카드 사용실적을 점수로 환산해서 현금으로 돌려주기도 한다.

2. 신용카드 알뜰 사용법

① 신용카드는 하나만 사용하는 것이 좋다. 한 카드를 써야 실적이 집중되고, 그래야 서비스를 제대로 받을 수 있기 때문이다.

② 신용카드 결제를 습관화하자. 신용카드로 쓸 수 있는 곳이라면 반드시 신용카드를 이용하도록 하자. 음식값이나 기름값 등을 지불할 때에도 신용카드를 이

용하는 것을 생활화하자. 카드실적이 많아야 마일리지나 누적점수가 많이 적립되어 다양한 서비스를 무료로 받을 수 있기 때문이다.

③ 카드 사용시기를 조절하여 카드 결제기간을 길게 하면 그만큼 이익이다. 일시불로 결제할 때 통상 카드 결제기간은 23일, 30일인데, 가능하면 결제기간이 길게 되도록 카드 사용시기를 맞추는 것이 좋다.

④ 할부로 살 때는 할부개월수를 잘 고르면 이자부담을 다소 줄일 수 있다. 대부분의 신용카드는 할부기간이 2~5개월, 6~11개월, 12개월 이상으로 구분되어 있고, 기간에 따라 수수료율이 다르다. 통상 기간이 길수록 수수료율이 높아진다. 예를 들면 할부기간이 2~5개월이면 연 13~15%, 6~11개월이면 연 16~17%하는 식이다. 이런 경우엔 할부기간을 6개월보다는 5개월로 하는 것이 유리할 것이다. 또 가맹점 중에는 3~6개월 정도는 무이자 할부로 물건을 팔기도 하므로 이런 곳을 잘 이용하는 것도 요령이다.

2 신용카드 포인트 관리법

최근 들어 포인트에 대한 내용이 신용카드 광고에 부쩍 자주 보인다. 지난 20여년 동안 카드사들이 고객에게 제공한 다양한 부가서비스 중 가장 만족도가 높은 것이 포인트 적립에 따른 혜택으로 분석됐기 때문이다.

카드사의 포인트가 사용하기가 어렵다고 생각하는 사람이 많지만 포인트를 잘 쓰기 위해서는 두 가지만 기억하면 된다.

"잘 쌓고, 잘 쓰자!" 포인트를 잘 쌓는 법은 첫째, 각 카드사 포인트 특약 가맹점에서 집중적으로 이용하는 것이다. 포인트 특약 가맹점을 이용해야 높은 포인트를 쌓을 수 있다. 포인트 특약 가맹점은 각 카드사 홈페이지 등을 통해 확인할 수 있다.

포인트 적립 특화 카드를 신청하는 것도 중요하다. 통상 카드사 포인트는 카드사와 제휴계약이 체결된 포인트 특약 가맹점에서만 적립된다. 카드사 상품 중에서 어느 곳에서 사용하더라도 포인트가 적립되는 카드가 있다.

포인트를 잘 쓰는 법은 우선 포인트 적립금액과 사용 하한선을 확인하는 것이다. 카드대금 청구서나 홈페이지 등을 통해 적립금액을 확인할 수 있다. 이때 포인트 사용 하한선을 미리 확인하는 것이 필요하다. 현재 삼성카드를 제외한 다른 카드사들은 1만~2만 원선의 사용 하한선이 있다. 소액이 적립되면 사용할 수 없으므로 적립금과 사용 하한선을 미리 확인해 사용계획을 세우는 것이 좋다.

다음으로 포인트 유효기간을 확인해야 한다. 각 카드사의 포인트는 보통 5년 정도의 유효기간이 있다. 유효기간이 지나면 소멸되므로 그 전에 활용해야 한다. 현재 삼성카드는 포인트 유효기간 만료 3개월 전에 이를 통보하고 있다. 다른 카드사들도 유효기간 만료 통보를 도입할 예정이다. 청구서 등을 꼼꼼히 체크해 사용하는 포인트 사용계획이 필요하다.

마지막으로 포인트 사용처를 미리 확인하고 활용하는 것이다. 카드회사 홈페이지 등을 통해 포인트를 이용할 수 있는 가맹점을 확인할 수 있다. 삼성카드는 전국 3만여 개의 보너스 포인트 가맹점이 있으며, 포인트만을 이용해 시중가격 대비 20~80% 할인된 가격으로 구매할 수 있다.

경제활동인구 1인당 신용카드 3.57장 시대, 신용카드를 효율적으로 활용하기 위해서는 다양한 부가서비스를 활용하는 것이 최선이다.

3 상품권 싸게 사보자.

할인사이트를 이용해 백화점 상품권 등 싸게 구입할 수 있는 방법이 있다.

명절 선물용으로 이용되는 상품권의 경우 상품권 할인사이트 등을 통해 구입하면 액면가보다 최고 60%까지 싸게 살 수 있으며, 비용을 적게 들이고 생색을 낼 수 있는 일석이조의 기회 아닐까?

상품권을 싸게 사는 가장 좋은 방법은 티켓나라(www.ticket4488.co.kr), 가지가지(www.gajigaji.com), 티켓코리아(www.t-k.co.kr) 등 온 · 오프라인으로 운영되는 전문 할인점을 이용하는 것이다. 매일 변하는 각종 상품권의 시세를 한 곳에서 비교할 수 있을 뿐만 아니라 동네 구두방에서 상품권을 구입하는 것보다 1~2% 더 싸게 살 수 있다.

현재 전문 할인점에서는 대표적인 백화점 상품권을 비롯해 구두, 도서, 관광, 주유상품권 등 수십 종의 상품권이 3~60% 할인된 가격으로 거래되고 있다. 특히 구두상품권의 경우 할인률이 높아 평균 액면가보다 40% 정도 할인된 가격에 판매되고 있다.

따라서 구두상품권을 할인된 가격에 구입해 세일기간에 구두를 살 경우 최고

60% 이상의 가격인하 효과를 얻을 수 있다.

최근 선물용으로 인기를 끌고 있는 신용카드사의 기프트카드도 싸게 구입할 수 있다. 현대백화점 10만 원권 상품권의 평균 구입가는 4.5% 할인된 9만 5,500원 선이고 국민, 삼성, LG, 현대카드 등 신용카드사의 기프트카드 10만 원권은 3.5% 할인된 9만 6,500원 정도에 구입할 수 있다. 이밖에 다사랑 도서생활권 1만 원권은 9,400원, 롯데월드 연간 회원권(9만 원)은 4만 5,000원, 문화상품권 1만 원권은 9,400원 등에 거래되고 있다.

4 조상의 숨겨진 재산을 찾아라.

조상을 잘 둔 덕에 투자비 한 푼 들이지 않고 땅으로 대박을 터트리는 사람들이 있어 주위의 부러움을 사고 있다. 조상이 알게 모르게 물려준 땅 덕분에 뜻밖의 횡재를 한 후손이 바로 그들이다. 이들은 파주 교하, 남양주 호평, 용인 죽전 등 대규모 택지개발지구에 종중 및 문중 땅이 편입되어 많게는 수백억 원에 달하는 현금보상을 받거나 정부의 '조상 땅 찾기 운동'을 통해 그동안 귀동냥으로 알고만 있던 조상의 숨겨진 땅을 찾아내 상당한 규모의 상속재산을 물려받은 경우다. 한 마디로 '조상 잘 둔 덕'에 돈방석에 앉게 된 것이다.

진주 강씨 C공파 대표자 강모씨는 지난해 한국토지공사로부터 99억 원의 보상금을, 김해 A공파 김모씨도 22억 원의 보상금을 각각 받았다. 이와 같은 행운은 일찍이 풍수지리가들로부터 명당 터로 꼽혀온 파주 교하지구에 종중 땅을 두고 있었기 때문이다. 또한 문중 땅이 용인 죽전지구에 편입된 경주 김씨 M공파 대지종회 총무 김모씨의 경우는 무려 170억 원이라는 거금을 움켜쥐었고, 신주 김씨 N공파 김모씨도 80억 원의 보상금을 수령했다.

조상이 남긴 유산은 세금을 제외하고 고스란히 상속인의 몫이 된다. 따라서 상속이 개시되면 우선 피상속인(사망인)의 재산을 확인하는 것이 무엇보다 중요하다. 그러나 피상속인의 재산 모두를 찾아낸다는 것은 쉬운 일이 아니다. 피상속인이 생전에 재산목록을 만들어 놓고 유산배분을 했다면 모르되, 대부분의 죽음은 예고 없이 찾아오기 때문이다.

1. 조상의 땅 찾기

서울특별시 등 지자체에서 실시하는 '조상의 땅 찾아주기 서비스'를 활용한다. 상속인은 호적 · 재적등본을 지참하고 시청 또는 구청 지적과에 직접 가서 신청한다. 지자체는 전상망을 이용해 조상의 토지 소유현황을 조회해서 결과를 알려준다.

조상의 주민등록번호를 알고 있으면 전국에 걸친 땅 소유현황을 파악할 수 있다. 주민등록번호를 모르면 신청한 지역(광역시 · 도)의 땅 소유현황만을 알 수 있다. 처리기간은 '신청즉시'이지만 성명만 알고 있을 때는 7일 정도 걸린다.

5 마일리지 활용하기

얼마 전까지만 해도 마일리지 모아 제대로 된 물건 하나 장만하려면 배보다 배꼽이 더 크다는 소리가 나왔다. 그렇지만 요즘은 각종 마일리지카드가 통합되고 업체 간의 할인전쟁이 시작되면서 조금만 약다면 꽤 많은 혜택을 누릴 수 있는 시대가 왔다. 또한 주 5일제 근무가 확대되면서 여행이나 문화생활에 드는 비용도 만만치 않아져 레저를 위한 마일리지카드를 잘 활용할 필요가 생겼다. 깐깐하게 챙기면 돈이 되어 돌아온다.

1. 쇼핑

1) 1단계 : 무조건 만들어 언제든지 내민다.

신용카드와 달리 마일리지카드는 만드는 데 따로 비용이 들지 않는다. 가능한 한 많이 만들어 언제 어디서든 쓰는 습관을 갖도록 하자. 분야별로 나누어 놓아야 나중에 찾기 쉽다. 돈 낼 때 어떤 카드가 되는지 따지지 말고, 어떤 카드가 있으니까 어딜 가야겠구나 생각하는 버릇을 들이도록 하자.

2) 2단계 : 생필품 구입으로 누적되는 마일리지 꼭 챙기기

마일리지를 쌓는다는 것은 그만큼 물건을 많이 구입한다는 뜻이다. 그렇다고 무조건 많이 살 수는 없고, 어차피 써야 하는 돈으로 마일리지를 쌓아야 의미가 있을 것이다. 캐쉬백 등 물건을 다시 구입할 수 있는 마일리지를 쌓는 것이 좋다.

3) 3단계 : 할인과 적립을 적절하게 이용하라.

예를 들어 P제과점의 경우 마일리지가 적립되는 카드와 할인되는 카드가 두 종류 모두 있다면 할인은 1년에 얼마까지 한도가 정해져 있고, 적립은 1,000원 이상 물건구입시 항상 할 수 있다. 케이크 등의 큰 금액으로 된 것을 살 때는 할인 혜택을 받고, 소액일 경우 적립카드를 내미는 것이 현명할 것이다.

4) 4단계 : 마일리지도 재테크한다.

마일리지가 어느 정도 쌓이면 현금처럼 사용할 수 있다. 이럴 땐 그곳에서 판매하는 물건의 종류에 따라 쓸 것인지 말 것인지를 판단해야 한다. 또 마일리지로는 가능한 한 다른 사람을 위한 선물을 사자. 생일에 포인트로 아이스크림 케이크를 사준다든지, 캐쉬백으로 책을 선물한다든지 하면 현금을 절약할 수 있고 생색도 낼 수 있다.

2. 여행

1) 1단계 : 늘 같은 항공사, 제휴 항공사가 많은 회사 이용

국내 항공사 중에서도 외국회사와 마일리지를 공유할 수 있는 곳을 선택하자. 어쩔 수 없이 해외에서 다른 항공편을 이용해야 하는 경우 선택의 폭이 넓어진다.

2) 2단계 : 가족 신용카드를 항공사 제휴 카드로 만들기

신용카드를 만들 때 부부끼리 혹은 가족끼리 묶어서 항공사 제휴 카드를 만들자. 가족카드를 사용하면 연말 소득공제할 때 혜택이 많고, 항공사 제휴 카드의 경우 마일리지가 한 곳에 모이는 장점이 있다.

3) 3단계 : 항공사 마일리지 가족 합산제 신청

부부, 직계가족, 며느리 등 5명까지 가족으로 등록해 마일리지를 공유할 수 있다. 제휴 신용카드를 많이 사용하거나 여행을 즐기는 가족과 묶어 신청하자. 항공사에 주민등록등본과 신청서만 팩스로 보내면 금방 신청할 수 있다.

4) 4단계 : 이벤트와 사은행사기간 수시로 체크

기본적인 준비가 끝났다면 항공사에서 실시하는 할인행사나 이벤트에 주목하자. 인터넷 회원으로 가입할 때 보너스 마일리지를 받을 수 있는지, 더블 마일리지 누적기간은 아닌지, 축적된 마일리지로 공짜 여행을 갈 수 있는 기간은 아닌지 수시로 홈페이지를 방문해서 체크해야 한다.

이 글을 읽고 '이렇게 따지고 어떻게 살아?'하며 지레 포기하는 사람도 있을 것이다. 힘들게 번 돈 조금이라도 헛되이 쓰지 않는 마음가짐을 놓치지 말자.

6 암 등 중병환자 소득세 환급받자.

우리 주변의 암이나 중풍 등으로 고통받는 사람들을 보면 병도 병이지만 치료비로 이중의 고통을 받는 것을 흔히 볼 수 있다.

연간 막대한 치료비를 지출하고 있지만, 이에 대해 세법상 장애인공제를 받을 수 있다는 사실을 몰라 혜택을 받지 못하고 있는 사람들을 위해 '한국납세자연맹'에서는 무료 환급신청운동을 전개하고 있다.

현행 소득세법에 따르면 암이나 백혈병, 중풍 등 치료기관으로 장기 치료를 요하는 중병환자의 경우 장애인으로 간주돼 연말정산시 '의료비 소득공제' 이외에도 특별히 '장애인 소득공제'를 받을 수 있도록 되어 있다. 장애인으로 간주되는 중병환자에게 의료비는 통상적 의료비 최고한도인 300만 원에 관계없이 전액 소득공제가 가능하다.

환급을 원하는 납세자는 치료(요양)기관으로부터 장기간 치료를 요하는 '중병환자'임을 입증하는 '장애인증명서'를 발급받은 후 연맹 홈페이지(www.koreatax.org)의 '중병환자 소득공제 운동' 코너를 접속해 소득세 환급신청을 하면 된다.

7 전세금 안전하게 지키자.

전세계약을 하고 이사한 지 얼마 되지 않아 경매로 집이 넘어가는 바람에 난처한 지경에 빠지는 등 전세문제로 곤욕을 치르는 사람을 주변에서 심심치 않게 보았을 것이다. 물론 주택임대차보호법에 의해 대항력이 인정되는 경우 세입자의 권리가 일정부분 보호받고 있지만 그 수준이 미흡하고, 아무튼 문제가 생기면 복잡하고 골치 아파지는 법이다.

1. 등기부등본, 확인하고 또 확인하자.

아무리 바쁘더라도 등기부등본 확인만은 꼭 하자. 이를 소홀히 하면 계약서에 도장을 찍은 뒤 '바보'가 될 수 있다. 임차인은 주택임대차계약일 또는 그 직후 임차주택의 등기부등본을 떼어 가압류, 가등기, 가처분, 경매등기, 예고등기가 있는지 확인해야 한다. 또한 토지 소유자와 건물 소유자가 동일인인지도 확인할 필요가 있다.

임대차계약은 반드시 등기상의 명의자와 임대차계약을 맺어야 한다. 부득이하게 소유자의 가족과 할 때에는 본인의 인감증명서를 첨부한 위임장을 계약서와 함께 받아야 한다. 또한 등기부등본은 공신력이 없으므로 등기부등본 확인과 더불어 실제 조사를 병행한다면 만약 있을 피해를 최소한으로 줄일 수 있다. 예전에는 등기부등본을 열람하기 위해서 법무사를 통하거나 직접 법원에 나가야 했으나, 현재는 인터넷으로도 등기부등본을 열람할 수 있으므로 반드시 계약하기 전에 등기부등본을 확인해야 할 것이다.

2. 확정일자를 받는다.

임대차계약을 한 후 전세권 등기를 하지 않더라도 임차인은 이사와 함께 주민등록을 마치고 임대차계약서상의 확정일자를 받으면 후순위 권리자, 기타 채권자보다 우선하여 보증금을 돌려받을 권리가 있다. 확정일자를 받으려면 임대차계약서 원본을 갖고 동사무소, 공증인 사무소, 법원 등기소에 가서 신청하면 된다.

확정일자는 그 날짜에 전세계약이 존재한다는 사실을 공신력 있는 기관이 증명하는 것이다. 전세계약은 당사자끼리 주고 받는 계약서로 사문서에 불과하므로 이를 제3자에게 주장하기 위한 공문서로 만드는 확정일자다. 대부분의 세입자들은 확정일자를 마치 만병통치약으로 생각하여 확정일자만 받아 놓으면 전세금을 떼일 염려가 없다고 생각하기 쉽다. 그러나 주민등록을 마치고 확정일자를 받은 후 이를 공문서로 만들었다 하더라도 확정일자보다 이전에 설정된 근저당권 등의 권리보다 우선하지 못한다는 사실에 주목하여야 한다. 임대차보호법상의 보호를 받기 위한 상가건물의 경우 세무서를 찾아 사업자등록을 변경하고 확정일자를 받아야 한다.

3. 주민등록 전입신고부터 하라.

확정일자는 대항력을 갖추었음을 전제로 하기 때문에 반드시 주민등록을 이전해야 한다. 전입신고 때 주민등록상 주소와 집의 실제주소가 맞는지 확인하고, 아파트의 경우 동 · 호수까지 정확하게 신고하여야 한다. 주민등록 전입신고는 이사 직후 하는 것이 일반적이나, 이왕이면 이사 직전일에 하도록 한다. 왜냐하면 악덕 집주인을 만나게 되면 세입자가 주민등록을 옮기기 직전에 집을 담보로 대출을 받거나 다른 사람에게 집을 팔아버릴 수도 있기 때문이다. 전입신고일과 등기부상 설정일이 같은 날인 경우 등기부상의 설정일이 권리상 우선하다.

주민등록 전입신고일은 다른 권리상의 권리와 다툼이 있을 때 신고 다음날부터 인정해 주고 있기 때문이다.

4. 전세금을 못 받고 부득이 이사를 가야 한다면

임차권 등기 명령제도는 임대차계약기한이 종료한 후에도 보증금을 반환받지 못한 임차인이 단독으로 임차권 등기를 할 수 있도록 함으로써 보증금을 받지 못한 상태에서도 자유롭게 이사를 갈 수 있는 기회를 보장하기 위한 절차이다. 임차권 등기를 하게 되면 이사를 가더라도 우선 변제권을 인정받을 수 있기 때문이다.

만약 임차권 등기 없이 이사를 가버렸다면 앞의 세 가지 요건 중 하나를 지키지 못한 결과가 되어 나중에 큰 낭패를 볼 수도 있다. 여기서 한 가지 주의할 점은 위와 같은 효과는 임차권 등기가 마쳐진 시점, 즉 등기가 된 시점부터 발생한다는 점이다. 그러므로 다른 곳으로 이사가거나 전출하기 전에 반드시 임차권 등기가 된 사실을 확인하여야 한다.

8 가계부 흑자내기

최근 경기침체가 장기화되면서 갈수록 재테크에 대한 일반인들의 관심이 뜨거워지고 있다. 그러나 증권이나 부동산 등으로 돈을 불리는 것만이 재테크가 아니다.

집안에서도 한 푼, 두 푼 모아 절약해서 얼마든지 돈을 모을 수 있고, 이렇게 작은 것부터 키워나가는 정신이야말로 재테크의 기초가 될 수 있다. 미처 신경 쓰지 못해 흘려버리는 생활 속의 재테크 비법, 가정에서 손쉽게 할 수 있는 재테크 노하우들을 알아보자.

1. 수도광열비 줄이기 – 절전형, 절수형 제품 사용

전기료의 주범인 가전제품 구입시에는 절약 효과 기능이 있는 제품을 선택해야 한다. 특히 전기소모가 많은 에어컨, 냉장고, 다리미 등은 반드시 초절전형을 사야 한다. 초절전형은 에너지효율 1등급 제품보다 약 20%가량 전기를 줄일 수 있다.

전등은 백열전등에 비해 80%나 전력소비가 적은 콤팩트 삼파장 형광등을 이용하자. 수명도 10배나 길어 경제적이다.

또 콘센트도 사용하지 않을 경우 전기가 차단돼 방전되는 것을 막아주는 절전형 오토 멀티탭을 구입하자. 연간 2만 원가량의 전기료를 아낄 수 있다.

하지만 기본은 필요없는 불은 끄고, 안 쓰는 플러그는 빼놓는 것이다. 각 가정의 TV와 오디오 플러그를 빼놓으면 연간 30kwh, TV를 한 시간 덜 보면 역시 30kwh, 60촉짜리 형광등 한 개만 끄면 연간 110kwh 등 연간 170kwh의 전기를 절약할 수 있다고 한다.

또 냉장고 문을 자주 열지 않고 음식물을 가득 채우면 전력소비가 더 많아진다. 빨래는 세탁물을 모아서 하고, 다림질도 모아서 해보자. 그러면 20% 안팎의 전기 요금을 절감할 수 있다.

2. 양육비 줄이기 – 문화센터와 보건소 활용

요즘 사교육비가 가정경제의 큰 부담이다. 그렇다고 남 다 가르치는데 우리 애만 안 하자니 불안하다. 이럴 땐 구청이나 구민회관, 백화점 문화센터에 아이들을 데려가 보자. 수영강습, 발레, 피아노, 글짓기 교실, 컴퓨터 교실 등의 수강료가 불과 2만~5만 원으로 한 곳의 학원비로 2~3개의 강좌를 들을 수 있다. 또한 이런 곳에선 굳이 아이들과 극장까지 가지 않아도 무료나 1,000원으로 영화를 볼 수 있고, 아이들과 엄마가 함께할 수 있는 프로그램도 찾을 수 있다.

또한 지역 도서관을 이용하면 아이들이 한때 보고 마는 책들을 굳이 다 구입하지 않아도 충분히 읽힐 수 있다. 역시 도서관에서도 정기적으로 영화를 상영하거나 전시회, 글짓기 대회 등의 행사를 개최하고 있는데, 이런 행사에 아이들을 참여시키는 것도 뜻밖의 성과를 부를 수도 있다.

아이들의 독감 예방 주사는 지역 보건소에서 무료 또는 저렴하게 접종시키자. 보건소 서비스가 좋아져 부담없이 의료혜택을 받을 수 있다.

3. 잡비 줄이기 - 인터넷뱅킹으로 수수료 절약

인터넷뱅킹을 아직도 모르고 있다면 이번 기회에 신청하도록 하자. 각종 수수료가 반 이상 절약되기도 하고, 월말마다 은행에서 한 시간 가까이 대기하는 시간 낭비도 아끼게 된다. 특히 최근에는 자동화기기와 인터넷뱅킹, 폰뱅킹 등만으로 할 수 있는 인터넷통장으로도 다양한 혜택을 누릴 수 있다. 인터넷을 할 수 없는 상황이면 폰뱅킹이나 은행의 자동화기기를 이용하는 것도 좋은 방법이다. 자동화기기를 이용할 땐 수수료가 없는 낮 시간을 활용하고, 주말에 사용할 돈은 미리 인출해두도록 하자.

4. 냉장고 안의 식품목록을 적어 문 앞에 붙여두자.

가정마다 냉장실과 냉동실 온도를 1년 내내 고정시켜 놓는 경우가 많다. 냉장고 온도는 계절이 바뀔 때마다 바꿔주는 것이 전기를 절약하는 지름길이다. 냉장고의 적정온도는 여름철에는 5~6℃, 봄 · 가을철에는 3~4℃, 겨울철에는 1~2℃이다. 내부온도를 1℃ 낮추는 데 7%의 전력이 더 소요된다는 사실을 아는 사람은 그리 많지 않다. 또 냉장고는 문을 열고 있는 시간과 횟수만큼 전기료가 상승하므로 냉장고 속 내용물이 어느 자리에 있는지 배치도를 그려 냉장고 문에 붙여 놓는다면 냉장고 문을 여닫는 횟수를 줄일 수 있고, 전기료도 절감할 수 있어 버리는 음식도 그만큼 줄일 수 있게 된다.

5. 조명에 반사 갓을 달아 밝기를 조절하고 자주 닦아주자.

가정에서 쓰는 백열등은 전력소모가 많고 열 발생량도 많다. 일단 백열등을 절전형 전구로 바꿔주자. 절전형 제품은 값이 다소 비싸지만 전기소비량이 백열등의 4분의 1 수준이고 수명도 6~10배나 길어서 그만큼의 값어치를 한다. 이와 함께 한 달에 한 번쯤 전구 주위를 깨끗이 닦아주면 훨씬 밝기를 증가시킬 수 있다. 특히 조명에 반사 갓을 달 경우 최고 35%의 절전 효과가 나타나므로 효과적으로 전기료를 줄일 수 있다.

6. 충전용 배터리를 사용하고 충전시간을 엄수하자.

가격이 좀 비싸긴 하지만 배터리는 무조건 충전용으로 구입해서 사용하는 것이 좋다. 그렇다고 충전시간을 너무 초과하면 배터리가 상해 수명도 짧아지고 불필요한 전기만 소비하게 되므로 충전시간은 반드시 엄수하도록 하자.

7. 컴퓨터를 30분 이상 안 쓸 때는 반드시 꺼놓도록 하자.

컴퓨터를 30분 이상 사용하지 않을 때는 전원을 끄는 것이 좋다. 절전형 모니터를 채용한 컴퓨터도 상당한 전력을 소비하기 때문에 30분 이상 사용하지 않을 때는 전원을 반드시 끄도록 한다. 사용하지 않으면서 1시간 동안 컴퓨터를 켜놓고 있으면 100w 정도의 전기가 낭비된다. 매일 밤 컴퓨터를 켜둔 채 잠이 들면 전자파로 몸에도 해로울 뿐 아니라 수백w의 전기가 낭비되는 것이다.

8. 텔레비전 화면을 자주 닦아주자.

텔레비전을 볼 때 신경 써야 할 부분이 바로 화면의 밝기조절이다. 화면의 밝기를 높일수록 전기 소모량이 많아지기 때문에 화면의 먼지를 자주 닦아주면 그만큼 화면이 밝아지므로 전력이 절약되게 된다.

텔레비전을 닦을 때는 화장을 지우고 난 티슈로 닦아주면 티슈에 유분기가 있어 잘 닦인다.

9. 쓰지 않는 가전기기 플러그는 과감히 뽑아두자.

집안에서 쓰지 않는 가전제품의 플러그를 빼는 것만으로도 전기료의 10%를 아낄 수 있다. 더구나 가전제품에서 발생하는 전자파만 생각하더라도 코드를 뽑는 습관은 중요하다. 전기코드를 일일이 뽑는 일이 번거로우면 멀티탭(플러그를 여러 개 꼽아서 쓸 수 있게 한 장치)을 이용해 한 번에 전원을 끄는 것도 좋은 방법이 될 수 있다.

10. 영수증 전용 상자를 만들어 보관하자.

슈퍼마켓에서 식품을 구입할 때 받는 영수증부터 전기세, 수도세, 전화세 등의 각종 공과금, 신문대금, 신용카드로 결제 후 받는 영수증은 꼬박꼬박 모아두었다가 한 달 가계부를 결산할 때 꼼꼼히 체크하면 다음달 알뜰절약계획을 짜는 데에 도움이 된다.

보통 영수증이 생기면 대충 서랍 안에 넣어두는 경우가 많은데, 이렇게 되면 나중에 정리하기가 힘들고 분실하는 경우가 생긴다. 그러므로 서랍 안에 상자를 넣어 영수증 전용 상자로 사용하면 영수증을 깔끔하게 보관할 수 있고, 칸을 구분해 영수증이 섞이지 않도록 보관하면 더욱 좋다.

11. 현금서비스는 월말에, 일시불 물건 구입은 월초에 하자.

현금서비스 수수료는 5일 단위로, 이용일수가 많을수록 높아지게 된다. 매월 1일부터 마지막날의 이용액이 다음달에 결재가 되므로 현금서비스는 마지막날에 가깝게 사용하는 것이 좋다. 그만큼 사용기간이 짧아지기 때문에 수수료도 절감할 수 있게 된다. 하지만 일시불로 물건을 구입할 때는 현금서비스와 반대로 사용기간이 새로 시작되는 날에 가깝게 사는 것이 좋다.

12. 연체는 무슨 일이 있어도 하지 말자.

사용대금을 제때 갚지 않으면 27~40%의 엄청난 연체료를 물어야 한다. 금액에 따라 차이가 있겠지만 연체료는 가계에 적지 않은 타격을 주게 되고, 계속 시간이 경과해 신용불량자가 될 경우 금융기관 이용에 큰 불편을 겪게 된다. 현금서비스의 수수료는 평균 25%로 연체료보다 저렴하다.

13. 현금서비스가 막히면 대출을 받기 어렵다.

카드빚이 적다면 심각할 정도는 아니지만 문제는 여유자금이 없어 현금서비스를 갚기 위해 다시 현금서비스를 받아야 하는 악순환이 계속될 때이다. 이럴 경우 계속 현금서비스를 받아 결제하는 것보다는 카드론 대출을 받아 매달 일정금액을 갚는 편이 훨씬 경제적이다. 대출시 이자율은 자신의 신용도와 카드사에 따라 각각 다르지만 아무리 높아도 현금서비스보다는 낮은 수준이다.

14. 같은 물건이면 카드사 쇼핑몰에서 이용하자.

신용카드사들은 저마다 쇼핑몰을 운영하고 있다. 카드사가 운영하는 쇼핑몰의 경우 자사 카드를 이용하는 고객에게는 파격적인 조건의 무이자 할부서비스를 제공하고 있고 결제 대행 수수료가 붙지 않아 그만큼 물건값이 싸지는 효과도 있다. 특히 다른 쇼핑몰을 이용할 때 발생할 수도 있는 개인정보유출을 염려하지 않아도 되므로 같은 물건이라면 자신이 사용하는 카드사의 쇼핑몰을 이용하는 것도 좋다

9 금값연동상품

연초에 관심을 끌었던 주가지수연동상품이 국내 증시침체로 시들해지고, 환율급락에 따라 환율연동예금수익률이 '0%'를 기록하는 요즘 '금값연동상품'이 대안으로 뜨고 있다.

1. 금값연동상품이란?

기존 주가지수연동상품처럼 만기가 돌아오기 전에 국제 금가격지수가 일정범위 안에 있으면 수익이 나고, 이 범위를 벗어나면 원금만 돌려받는 'knock-out' 구조의 금융상품이다.

2. 왜 금값연동상품인가?

일반적으로 금값은 미국경기 또는 환율과는 반대로 움직이고, 유가와는 동일하게 움직인다는 것이 통설이다. 세계적인 달러 약세에 고유가, 아라파트 사망에 따른 불안한 국제정세 등으로 안전한 금에 대한 금 수요가 늘면서 금 관련 상품의 인기가 높아질 것으로 보인다.

3. 어떤 상품이 있나?

시중은행들이 내놓은 금 관련 금융상품, '골드뱅킹'이 크게 인기를 얻고 있는데, 계좌를 통해 금을 거래하는 신한은행의 '골드리슈'의 경우 2007년 하반기 6개월간 36.43%의 높은 수익률을 냈으며, 2007년 963kg이었던 거래량도 올 들어 4배가 늘어 1,890kg을 기록했다. 신한은행 관계자는 "글로벌 금융시장의 불안과 달러화 약세로 금 관련 상품을 찾는 고객들이 계속해서 늘어나고 있다"며 "당분간 금 상한가가 지속될 것으로 보여 금 관련 상품의 인기 역시 계속될 것"이라고 전망했다.

다른 시중은행들도 금 관련 상품출시를 서두르고 있다. 하나은행은 2007년 12월 14일부터 국제 금값에 수익이 연동되는 '지수플러스 정기예금 골드연동형 3호'를 2008년 1월 24일까지 판매한다고 밝혔다. 이 상품은 '지수연동예금'으로 런던 금시장협회가 고시하는 국제 금값을 기준으로 하며 만기시점의 금값이 처음 가입할 때에 비해 20% 이상 오르면 최고 연 11%의 금리가 적용된다.

국민은행은 오는 2008년 1월 22일부터 역시 런던 금시장협회의 국제 금값에 수익이 연동되는 'KB리더스 정기예금 골드가격 연동' 상품을 내놓는다. 이 상품은 금값 상승률에 따라 최고 연 30%의 금리가 적용되며 만기를 채울 경우 원금이 보장된다.

금에 투자하는 펀드상품도 있어 주목을 받고 있다. 기은SG골드마이닝주식은 금, 은, 백금, 다이아몬드 등과 관련돼 글로벌 주식 40여 개에 집중 투자하는 상품으로 연 11%의 수익률을 내고 있다. SH골드파생상품은 투자자산의 30%를 신한은행에서 판매하는 금 실물에 투자하며, 70%는 금 관련 기업 관련 지수에 포함된 주식에 투자하는 상품으로 2007년 12월 1개월간 11%의 수익률을 냈다.

4. 투자시 유의사항은?

자원이 고갈되어 가고 있는 현재 앞으로도 유가하락을 기대하기 어렵고, 또 당분간 달러 약세도 지속될 전망이라 대부분 국제 전문기관들은 금값 상승세를 점치고 있다. 그러나 상당한 국제 단기 투기자금이 금시장에 투입되고 있고, 유럽·아시아 중앙은행의 외환시장 개입에 따라 달러가치가 재상승할 경우 금값 하락의 우려가 있다. 그래서 전문가들은 "일반인들이 가격을 예측하기 어려운 금과 같은 실물자산에 투자를 하는 것은 위험할 수 있다"며 "특히 파생 투자상품에 투자할 경우 10% 이하로 분산 투자해야 한다"고 충고하고 있다.

⑩ 골프회원권 실속 투자

요즘 골프회원권으로 재미를 보았다는 소문이 여기 저기 무성하다. 실제로 지난 6개월 새 골프회원권 시세가 20~30% 정도 급상승하여 새로운 재테크 수단으로 바람몰이를 하고 있다. 그럼 어떻게 골프회원권으로 돈 벌 수 있는지 알아보자.

1. 골프회원권 현황

국세청이 지난 2007년 12월 1일자로 고시한 전국 160개 골프장의 기준시가와 전국 골프장의 회원수에 따르면 회원권 시가 총액은 자그마치 16조 원, 회원권 총 보유자는 약 16만 명이 넘는다.

이 가운데 연간 거래되는 회원권 시가 규모는 신규 분양 1,000억 원, 시중거래를 통해 양도 · 양수되는 회원권 1조 7,000억 원 등 연간 총 2조 6,000억 원대의 현금이 오가는 거대시장을 형성하고 있다. 게다가 매년 거래량이 늘어나는 추세다.

2. 골프회원권 거래경향 및 전망

현 골프회원권의 거래추세를 살펴보면 3억 원 이상의 고가 회원권의 경우는 실수요계층이 일부 매매하고 있고, 1억 원대의 중 · 저가 회원권은 거래의 약 80%를 차지하며, 투자대상으로 가격상승세를 주도하고 있다.

주 5일제에 따른 레저산업의 발달과 골프 인구의 증가, 저금리 기조에 힘입어 골프회원권은 향후 몇 년간은 금리를 웃도는 수익률을 낼 것으로 전망되고 있다.

3. 골프회원권 투자의 장점

부동산과는 달리 수시로 현금화할 수 있어 환금성이 좋고, 현 추세로는 시세이득과 함께 은행 금리나 주식 투자보다 고수익을 올릴 수 있다. 또한 골프회원권은 최소한 분양가를 골프장에서 보장하기 때문에 주식 투자보다 투자 위험성이 적다.

4. 골프회원권의 투자요령

1) 여유자금 내에서 장기 투자하라.

골프회원권 투자는 수천만 원에서 수억 원까지 거액의 투자금이 필요하고, 또 사정이 여의치 않으면 목돈이 묶일 수 있으므로 단기 시세차익을 노리기보다는 6개월 이상 장기 보유하며 골프장 이용과 간접 투자상품 정도의 수익을 노리는 것이 좋다. 무리하게 대출까지 받아가며 투자하면 급박하게 자금이 필요한 경우 손해를 보면서 팔아야 될 수도 있다.

2) 투자대상을 철저히 분석하라.

해당 골프장의 재무구조는 튼튼한지, 접근성 및 예약, 코스 등의 시장평가는 어떠한지 따져보자. 특히 신규분양인 경우 반드시 현장답사를 해봐야 한다. 또 가족회원이나 동반자에 대한 대우와 그 이용비용을 절감할 수 있는지 알아봐야 한다.

3) 환금성이 쉬운 투자대상을 골라라.

너무 고액의 회원권은 급할 때 현금화하기 어렵다. 또 홀당 회원수가 너무 적으면 거래가 쉽사리 이루어지지 않고, 반면 회원수가 너무 많으면 부킹이 잘 안 되는 등 이용가치가 떨어져 가격상승을 기대하기 힘들다. 그러므로 홀당 회원수가 40명선인 골프장이 투자대상으로 적당하다.

4) 명의변경이 가능한지 확인하라.

골프장 중 약 30%는 회원의 명의변경이 안 되는 만기 반납형이다. 이 경우 공증거래를 해야 하는 등의 번거로움과 위험성이 따르므로 명의변경이 가능한 골프회원권에 투자하는 것이 좋다.

5) 믿을만한 전문가와 상의하라.

다른 투자와 마찬가지로 시장의 흐름을 읽지 못한다면 투자에 성공하기 어렵다. 만약 시장에 대한 충분한 사전지식이 없다면 신뢰할만한 전문가를 찾아 상의를 통해 투자를 해야 한다. 고액의 투자인 만큼 투자대상에 대한 정확한 정보가 생명이다.

11 미술품으로 돈 벌자-아트테크

50~60대 중년 및 노년층의 '황혼 여유자금'이 미술 투자에 눈을 돌리고 있다. 현재 서울옥션과 K옥션의 경매행사 때 참여하는 사람수는 평균 200~300명으로 서울옥션의 경우 유료회원수가 매년 30%씩 증가하고 있고, 경매낙찰률은 1999년 17.56%에서 작년에는 62.65%까지 올랐다. 미술품 투자가 급증했다는 뜻이다.

최근엔 경매회사나 은행이 고객들의 돈을 모아 미술품에 투자해 수익을 돌려주는 '아트펀드(그림 투자 펀드)'를 만들려는 움직임까지 일고 있다.

은행들은 미술품 투자에 대한 자문서비스를 재빠르게 시작했다. 우리은행은 작년 말 PB서비스에 '미술품 투자자문'을 추가했고, 한국증권은 지난 16일 우수 고객을 대상으로 미술품 투자설명회를 가졌다. 개별 화랑들도 몰려드는 투자자들을 놓칠 리 없다. 모 화랑은 1~2주에 한 번꼴로 40~60대 고객 10명을 초청해 미술품 감상과 투자법을 강의한다.

1. 작품감상 · 투자가치 · 세금 혜택, 1석 3조

왜 미술품에 돈이 몰리는 것일까? 전문가들은 "주식 · 채권 · 부동산과 달리, 미술은 투자하는 동안 가지고 즐길 수가 있다는 매력이 있다"며 "전 세계적으로 부자들이 분산 투자를 할 때에는 미술에 일정부분을 할애한다"고 말했다. 지난 7년간 박수근, 김환기 등 이른바 '블루칩 화가'들의 작품가격이 100%가량 올랐고, 지난 1년간은 16%의 수익률을 기록했다. 또 미술품은 양도세가 면제된다.

한 전문가는 "미술 투자는 장기 투자이고, 전문가적인 안목이 반드시 필요하므로 일반인이 투자만을 목적으로 그림을 사는 것은 위험하다"며 "블루칩 화가의 작품이 아니면 투자에 실패할 가능성이 높으니 주의해야 한다"고 말한다.

2. 초보자를 위한 아트테크 10계명

① 시장의 흐름이나 미술품이 거래되는 유통구조를 차분히, 그리고 폭넓게 숙지하라.

② 미술 관련 서적을 많이 읽고, 발품을 팔아 전시회를 자주 찾아라.

③ 마음에 드는 작가를 찾았다면 작가에 대해 공부하라. 해당 작가가 어느 미술관에서 전시회를 가졌고, 좋은 전시회에 얼마나 초대됐는지 조사하라.
④ 관심을 갖게 된 작가나 작품이 있다면 기준작, 대표작을 찾아내는 훈련을 하라. 기준작은 박물관, 미술관을 수시로 드나들다 보면 자연스럽게 깨우치게 된다. 좋은 걸 많이 봐야 내가 사고자 하는 그림의 수준을 파악할 수 있다.
⑤ 화랑의 큐레이터 등 전문가의 조언을 귀담아들어라. 단, 크로스 체크가 필요하다.
⑥ 첫 작품은 자신의 예산이나 소득수준을 감안하여 무리하지 않는 범위에서 작품을 구매하라. 한 달 월급을 초과하지 않는 게 좋다. 100만~300만 원에도 잘 고르면 좋은 작품을 만날 수 있다.
⑦ 경매가 아닐 경우 이왕이면 작가들에게 투자를 많이 하는 화랑을 통해 구매하라. 해당 화랑이 투자하는 작가라면 그만큼 비전이 있기 때문이다.
⑧ 조금이라도 진위가 의심스럽다면 과감히 포기하라. 첫 느낌이 중요하다.
⑨ 조사와 연구는 치밀하게 해도 구입결정은 빠르게 하라. 머뭇거리다 기회를 놓칠 수 있다.
⑩ 미술은 예술이다. 아트테크의 가장 큰 매력은 보고 즐기면서 투자가치도 있다는 점이다. 스스로 즐거운 마음이 드는 작품을 골라라. 사랑하는 게 먼저다

⑫ 돈과 명예 '더블 재테크' - 에듀테크

신라시대 명재상 최치원은 조기 유학으로 성공한 사람 중 하나다. 서기 869년 그는 13세에 당시 문화의 중심지였던 당나라로 유학을 떠나 당나라 과거에 급제했으며, 879년 황소의 난이 일어나자 「토황소격문」이라는 글을 써 적장 황소의 간담을 서늘하게 했다는 일화로 유명하다. 최치원은 귀국 후 6두품이 오를 수 있는 최고관직인 아찬에까지 올랐으며, 그의 명성은 국내 · 외 모두에게 자자했다고 역사는 기록한다.

'현대판 최치원'을 꿈꾸는 조기 유학 열풍이 대한민국을 강타하고 있다. 단지 몇몇 극성스러운 학부모들에게만 국한됐던 조기 유학이 중산층으로까지 확산되고 있다. 조기 유학을 보내는 부모들은 "조기 유학만 한 에듀테크가 없다"고 주장한다.

시대와 장소를 떠나 교육이 지향하는 목표는 바른 사람을 만드는 '전인교육'에 있다. 그러나 전인교육이라는 구호만 외치기에는 급변하는 현실이 녹록지만은 않다. 경제규모가 커질수록 '교육 = 부'의 등식이 선명해지고 있기 때문이다. 각 나라마다 우수 인재확보에 열을 올리고 있는 것이 이를 입증하고 있다. 사람을 키우는 일을 상품을 만드는 일로 치환하면 교육은 상품의 미래를 결정하는 가장 중요한 요소임에 틀림없다. 유학파 출신이 기업이나 학계는 물론, 관계에도 입지를 넓히고 있다. 국내파보다 높은 연봉을 받는 것은 물론 글로벌 플레이어로서의 자질을 활용해 세계 무대를 누비고 있다.

한국 학부모들의 조기 유학 열풍은 세계 최고수준이며 갈수록 연령대가 낮아지고 있는 추세다. 서울시 교육청이 조사한 자료에 따르면 2007년 3월부터 2008년 2월까지 한국을 떠난 조기 유학생은 서울지역에서만 7,001명으로 2007년 같은 기간 6,089명에 비해 15%나 늘어나 사상 최고치를 기록했다. 서울에서만 매일 19명의 초·중·고교생이 좀 더 나은 미래를 위해 유학길에 오른 셈이다.

지역별로는 미국이 2,575명으로 가장 많았고, 1,106명과 902명이 떠난 캐나다와 중국이 뒤를 이었다. 필리핀 등 동남아시아로 656명이 떠났고, 580명은 뉴질랜드와 호주를 선택했다. 이 밖에 영국과 일본으로 공부하러 나간 학생도 77명과 64명인 것으로 집계됐다. 미국 고등학교로 전학 가는 학생들은 대개 데이스쿨(Day school)과 보딩스쿨(boarding school)에 입학하고 있다. 데이스쿨은 학비가 싼 대신 옆에서 부모가 챙겨줘야 하는 불편이 있고, 보딩스쿨은 반대로 학비는 비싸지만 학교에서 대학 입시와 관련된 모든 교육을 책임진다는 점이 장점이다. E-2(비이민)비자를 발급받아 자녀를 공립학교에 입학시키는 경우도 과거에 비해 크게 늘고 있다.

중국은 학비가 저렴한 데다 영어로 모든 수업이 진행된다는 점 때문에 중산층에서 단연 인기다. 필리핀, 베트남 등 일부 동남아 국가로 유학을 떠나는 숫자도 증가세를 보이고 있다. 최근 들어서는 이러한 교육열풍이 유아기로까지 옮겨가는 양상을 보여 교육 전문기업인 베네세코리아가 서울, 도쿄 등 5개 도시에 거주하는 만 3~6세의 유아 부모 6,000여 명을 대상으로 설문조사한 결과 서울의 유아 사교육비율이 73%로 베이징(72%), 상하이(72%), 도쿄(62%), 타이베이(56%)를 제치고 1위를 차지했다.

부모들이 자녀를 조기 유학 보내려는 이유는 국내 공교육에 대한 불신 때문이다. 일부에서는 겉으로만 공교육비중을 높였지 실상은 엄청난 사교육비부담을 가중시키고 있다고 주장한다. 때문에 늘어나는 사교육비부담이 되레 조기 유학을 부추기고 있다는 지적이 설득력을 얻고 있다. 실제로 동남아, 중국 등 우리나라보다 물가가 싼 곳으로 자녀를 유학 보내는 학부모들 중에서는 국내 사교육비에 대한 부담감도 크게 작용한 것으로 판단된다. 중 · 고등학교 때 떠나는 아이들은 해외 명문대학 진학이 가장 큰 목표다.

국내 현실로는 일부 특목고를 제외하곤 한국에서 고교 졸업 후 미국의 명문대학 진학이 어렵다. 따라서 아예 중 · 고등학교 때 미국으로 유학을 가 미국 명문대학에 진학하면 졸업 후 유명한 다국적 회사에 취직할 수 있고, 경력을 쌓아 한국으로 올 경우에도 경쟁력이 있다는 생각에 많은 학부모들이 선호하고 있다. 또 이른바 패자부활전 성격도 지적하지 않을 수 없다. 국내에서 대학 진학이 어렵다고 판단할 경우 미국 등 해외로 나가 반전을 꾀하자는 노림수가 깔려 있다.

그렇다면 이 같은 조기 유학 열풍을 과연 어떻게 봐야 할까? 재테크적인 입장으로 접근해 볼 때 자녀교육이야말로 매력적인 투자상품이다. 물론 성공확률보다 실패확률이 배 이상 높으며 투자자의 의지대로 결과가 나올지도 불투명하다.

그럼에도 불구하고 많은 학부모들이 자녀교육에 열을 올리는 이유는 어떻게 해석해야 할까?

미국 보딩스쿨의 학비는 1년에 평균 3,500만 원이다. 여기에 생활비용까지 포함하면 약 5,000만 원가량 소요된다. 이에 비해 강남의 한달 과외비는 영어, 수학, 논술, 과학(선택), 사회(선택)를 합쳐 평균 200만 원으로 단순 계산해도 1년에 지출되는 사교육비는 2,400만 원이다. 여기에 회화와 토플까지 따로 배우면 월 지출되는 사교육비는 300만 원이 훌쩍 넘는다. 비용만 놓고 보면 조기 유학이 약간 비싸다. 하지만 조기 유학은 교육 효과가 높다. 미국 대학을 졸업한 후 국내로 돌아왔을 경우 사정이 달라진다. 미국 보딩스쿨에서 중위권만 유지해도 주립대학 입학은 그렇게 어렵지 않다. 주립대학 졸업장만 있으면 국내 대기업 취업은 그리 어려운 게 아니다. 실제로 유학파와 비 유학파의 연봉은 2배 이상 차이가 난다. 따라서 약간의 돈을 더 들여 유학을 보내는 것이 오히려 효율성이 높을 수 있다.

또 에듀테크는 부의 대물림과 자녀를 통한 대리만족이라는 성과물을 얻기 위한 측면이 강하다. 성공확률은 크지 않지만 성공만 하면 자녀에게 따로 재산을 물려주지 않아도 되는 데다 부모 입장에선 그 자체가 '노(老)테크'가 될 수 있다. 고소득층에 조기 유학 열풍이 부는 것은 자신이 갖고 있는 부가 후대에까지 계속 이어지기를 바라기 때문이며, 중산층에는 고소득층으로 업그레이드하기 위한 수단이 될 수 있기 때문으로 해석해야 한다. 실제로 월스트리트저널 등 해외 유수의 언론은 한국 등 아시아 국가의 눈부신 경제성장을 분석하면서 '높은 교육열'

을 첫 번째 이유로 꼽고 있다. 이에 따라 강남의 주요 학원에서는 민족사관고나 외국어고, 과학고 입시반의 규모를 줄이고 외국 유명대학이나 유명 보딩스쿨 입시반을 속속 늘려나가고 있으며, 교보문고 등 주요 서점에서는 조기 유학과 관련된 도서가 불티나게 팔려나가고 있다.

전문가들은 이런 한국 교육의 현실을 개선하기 위해선 공교육 프로그램을 개혁하는 한편, 국가적인 차원의 유학 프로그램을 마련할 것을 주문하고 있다. 이웃 중국만 해도 중앙정부 지원 아래 체계적으로 교육받은 5만 명 정도의 입시생들이 매년 미국 명문대학에 문을 두드리고 있으며, 이들의 입학률은 갈수록 늘고 있는 추세다. 미국 유명대학 입학은 '현대판 로마제국'인 미국의 주류사회로 편입됨을 의미한다.

미국 중심으로 움직이는 세계변화에 빠르게 대처하고 우수한 인재를 확보하기 위해서도 더 이상 방치해 둘 상황이 아니라는 지적이다. 하지만 준비되지 않은 유학은 오히려 화를 불러일으킬 수 있다. 따라서 검증된 유학학원과 컨설팅업체에 자문을 받아 피해를 최소화하는 지혜가 필요하다.

13 돈과 오감의 하모니 – 컬렉션 재테크

다음의 사례를 살펴보자.

사례 1

한 외국계 금융회사 사장인 K씨의 얼굴에는 항상 환한 미소가 돈다. 회사일이 잘 되는 덕분이기도 하지만, 남들이 모르는 그만의 취미가 삶에 활력소가 되기 때문이다. 그는 일상생활에서 필요한 물품 하나하나를 까다롭게 고르고 사용하는 과정에서 큰 즐거움을 느끼는 소위 '못 말리는 컬렉터'다.

일례로 그는 소파를 사겠다고 결심한 후 인터넷을 뒤져가며 전 세계 소파시장을 조사했다. 시장조사에 몇 개월이 걸리더라도 가격과 기능성, 예술적 가치를 모두 고려해 최종 구매제품을 결정하는 게 몸에 밴 그의 습성이다. 시장조사를 마치면 그는 외국에 사는 친척이나 친구에게 구매를 부탁하거나 자신의 출장길에 일정을 짜서 제품을 산다. 실제 그는 미국 LA 인근지역에서 소파를 구매했다. 운송비 등 제반 경비를 포함해 700만 원이 들었지만 국내에서 정식 수입품으로 사려면 1,500만 원 이상은 들여야 한다고 한다. 이처럼 마음에 쏙 드는 가치 있는 제품을 싼 값에 구매하면 사용하는 기간 내내 행복감을 느끼게 된다.

시계를 살 때도 마찬가지다. 철저한 시장조사를 거쳐 그가 구매한 제품은 이탈리아의 한 브랜드이다. 원래 다른 명품 시계회사에서 일하던 장인들이 회사가 팔리자 독립해서 만든 브랜드였다. 기능이나 디자인 모두 마음에 들었고 시장에 잘 알려지지 않았기 때문에 가격도 쌌다. 300만 원에 이 시계를 사서 지금도 즐겨 착용하고 다니는데, 이 시계의 가치는 지금 600만 원이 넘는다고 한다. 국내에 서서히 이 브랜드가 알려지면서 유명세를 타고 있기 때문이다. 당장 시계를 처분할 계획은 없지만 나중에 팔기 위해 시장에 내놓으면 매입가격보다 훨씬 높은 값에 팔릴 것으로 그는 확신하고 있다.

사례 2

중소 무역업체 사장인 J씨, 그는 8년 전 자신의 전원주택에 700만 원짜리 소나무를 사다 심었다. 소나무를 살 때 비싸다는 생각도 했지만 시간이 지나고 무럭무럭 커가는 소나무를 감상하면서 쏠쏠한 재미를 느끼고 있다. 작년 친분이 있는 조경업자를 전원주택에 초대했는데, 당장 이 소나무를 시장에 내놓으면 2,000만 원은 족히 받을 수 있다는 말을 들었다. 나무를 키운다는 것이 즐거움뿐만 아니라 투자수익도 가져다 준다는 사실을 절감한 그는 시간이 날 때마다 소나무 묘목을 사다 키우기 시작했다. 40대 후반인 그에게 소나무는 완상의 즐거움을 주는 재산일 뿐만 아니라 든든한 노후 대비 수단이 됐다.

1. 커지는 명품 소유 욕구

아무리 돈이 많아도 모차르트 교향곡이나 러시아 볼쇼이 발레단의 공연을 독점적으로 소유할 수 없다. 억만장자가 되더라도 뮤지컬 '오페라의 유령'을 내 것으로 만들 수는 없고, 톨스토이나 헤밍웨이의 작품도 배타적으로 소유할 수는 없다.

그러나 소유할 수 있는 게 있다. 파블로 피카소의 그림이나 반 고흐의 작품은 돈이 많다면 내 방에 걸어두고 혼자서 감상할 수 있을 뿐만 아니라 친구들을 불러 자랑할 수도 있다. 명품 보석이나 가방, 시계, 자동차도 마찬가지다. 아름다운 관상수나 분재도 내 차지다. 게다가 앞서 언급한 두 사람의 사례처럼 소유하면서 큰 가치를 느끼는 데다 되팔 때 차익을 낼 수도 있다. 만일 그 제품이 이 세상에 유일한 것이라면 '부르는 게 값'이다. 혼이 담긴 예술가의 작품이나 자연이 빚은 피조물은 일견하는 것 자체가 사람에게는 큰 가치를 준다. 따라서 이를 소유하고 독점적으로 즐길 수 있다면 소장자가 느끼는 가치는 기하급수적으로 늘어난다.

경제성장에 모든 것을 걸고 앞만 보고 내달려 온 우리 국민들도 이제 '삶의 질'이나 '행복'을 최상의 가치로 생각하기 시작했다. 먹고 사는 문제에서 벗어나면 새로운 삶의 지평이 열린다. 자신을 드러내고 싶은 욕망, 나만의 가치를 찾겠다는 욕구는 경제가 발전하면 할수록 지속적으로 커질 수밖에 없다. 이런 상황을 반영하듯 국내에서도 '컬렉터'가 급증하는 추세다. 발달된 정보통신 인프라를 활용, 자신의 취향에 맞는 품목을 찾기 위해 전 세계를 누비며 정보를 찾고 물건을 구입하는 열혈 컬렉터들을 주위에서 어렵지 않게 찾아볼 수 있다.

컬렉터가 늘어나면 시장은 커지게 마련이다. 대표적인 게 미술품이다. 국내 미술품 거래규모는 조만간 연 1조 원 규모로 커질 것으로 예상되고 있다. 보석이나 시계, 명품 가방 등 액세서리의 경매도 활발해지고 있으며, 마니아들 사이에선 수억 원대의 분재가 거래되기도 한다. 자동차와 가구, 술 같은 품목의 경우 아직 개인적인 차원의 거래가 이뤄지고 있지만 시장규모가 확대되는 추세다. 시장이 커지면 투자자는 늘어나고 수익을 낼 기회는 확대된다. 거래가 활성화하면 물품의 가치에 대한 객관적인 분석이 가능해지고 구매자와 판매자 계층 모두 신뢰를 갖고 거래에 임할 수 있다. 신뢰형성은 곧 수요기반의 확대로 연결되고, 투자를 통해 수익을 낼 기회가 이전보다 훨씬 많아진다.

2. 안정성, 수익성 모두 갖춘 컬렉션 재테크

명품은 수익성과 안정성을 두루 갖춘 최고의 재테크수단 중 하나다. 명품 등에 투자하는 이른바 컬렉션 재테크가 유망한 이유는 한두 가지가 아니다.

우선 우리 사회는 1970~1980년대 정치의 시대를 지나 경제의 시대에 진입했다. 정치가 사회질서를 만들고 유지하는 원동력이 됐던 시대가 흘러가고 경제문제가 우리 사회의 중심 화두가 된 것이다. 하지만 경제의 시대가 영원히 지속되지는 않는다. 경제의 시대가 지나면 문화의 시대가 도래한다. 구미 선진국 모두 이런 전철을 밟았다. 먹고 사는 문제가 해결되면 삶의 질을 높이고 품격 높은 문화를 향유하려는 욕구가 커질 수밖에 없다. 이렇게 되면 기능이 아닌 감성적 욕구를 충족시키는 각종 상품의 시장규모가 커진다. 그래서 문화산업은 최고의 성장산업으로 꼽힌다.

소비자의 행태도 이전과 크게 달라지고 있다. 경제의 시대에는 효율성과 합리성이 지배한다. 재산을 모으고 축적하는 것이 최선의 가치였다. 그러나 문화의 시대는 소비의 시대를 의미한다. 효율성이나 합리성보다는 자기 만족이 최고의 가치다. 확연히 달라진 소비자들의 모습을 보면 이런 변화를 쉽게 실감할 수 있다. 구내식당에서 2,000~3,000원짜리 밥으로 끼니를 때우는 사람도 차는 벤츠를 사거나, 원룸에서 월세로 사는 소비자도 수백만 원짜리 벽걸이 TV를 구매한다.

기술발전으로 인한 대량생산과 유통혁명 덕분에 저가 소비재로 얼마든지 생활을 영위할 수 있게 되면서 많은 소비자들이 남는 돈을 활용, 자기 만족을 주는 고가 제품구매에 쏟아붓고 있는 것이다. 경제가 발전할수록 이런 경향은 더 심화할 것이고 명품이나 희귀한 물품에 대한 수요는 확대될 수밖에 없다. 하지만 명품이나 문화상품의 공급은 제한되어 있다. 피카소의 그림은 절대로 다시 만들 수 없듯 작가가 사라지는 순간, 작품의 추가공급은 불가능하다. 유일한 가치를 지닌 명품도 마찬가지다. 희귀한 품종의 난이나 세상에 하나밖에 없는 분재, 사연을 지닌 자동차나 고가구 모두 높은 문화욕구를 가진 컬렉터들에게는 돈이 아깝지 않은 투자처가 되기 때문이다. 이런 시대의 흐름에 따라 '수요증가, 공급부족' 현상이 심화하고 있다.

'컬렉션 투자'도 투자임은 분명하다. 아무리 유망하더라도 부주의하거나 멀리 보는 안목이 없다면 투자에 성공할 수 없다. 리스크도 당연히 존재하기 때문에 리스크관리도 필요하다. 무엇보다 컬렉션 투자는 투자자 스스로 좋아하며 만족감을 느낄 수 있어야 한다.

3. 리스크 줄이며 저평가주 발굴해야 성공

고가의 분재를 샀는데 매일 물과 햇볕을 쬐어주는 일을 소홀히 하면 수천만 원짜리 제품이라도 불과 몇 주 안에 죽어버릴 수 있다. 아무리 비싼 미술품이나 도자기도 관리를 잘 못하면 순식간에 그 가치가 사라진다. 자연스러운 취미생활, 정보수집 등을 통해 해당 제품에 대해 나름대로의 안목과 즐거움을 느낄 수 있는 심미안을 갖는 게 문화 투자의 출발점이다.

컬렉션 투자도 주식 투자와 똑같이 저평가된 미래의 '미인주'를 사야 성공한다. 따라서 현재 가치보다는 미래의 가치를 봐야 한다. 현재는 시장에서 크게 관심을 받지 못하고 있지만 미래에 각광받을 수 있는 투자처를 찾는 노력이 선행돼야 한다. 발로 뛰며 정보를 수집하고 전문가들의 자문을 받으며 저평가주 발굴 노하우를 키워야 한다.

이론적으로나 경험적으로 완벽하게 검증된 투자이론은 '분산'이다. 특정 분야에서 한 예술가의 작품이나 한 분야에 '올인'하기보다는 다양한 투자처를 찾아 위험을 분산해야 한다는 격언은 컬렉션 투자에도 예외가 아니다. 미술품 투자에서는 고전미술과 현대미술 작품을 적절히 결합해 투자하는 게 좋고, 나무 투자도 단기적으로 수익을 낼 수 있는 수종과 장기적으로 유망한 수종을 결합해 위험을 분산하는 게 좋다. 특히 컬렉션 투자의 대부분은 초장기 투자라는 속성을 갖고 있다. 5년이나 10년 투자는 기본이고 몇 세대를 내다보는 투자도 있다.

또 시간이 지나더라도 원매자를 찾지 못하면 현금화하기 어렵다. 따라서 컬렉션 투자는 다른 투자에 비해 환금성이 떨어지기 때문에 주의가 필요하다. 이런 문제점을 극복하려면 전체 보유 자산 가운데 일정비율을 컬렉션 관련 재테크 자금으로 활용하고, 나머지는 환금성이 비교적 높은 금융자산 등에 투자하는 형태의 전반적인 자산운용계획을 함께 수립하는 것이 바람직하다.

컬렉션 투자는 여러모로 매력이 있다. 취미활동을 하면서 문화욕구도 채우고 사회적으로 신분이 상승하는 만족감에다 투자이익까지 주기 때문이다. 완벽한 투자처 같아 보이지만 아무나 할 수 있는 것으로 생각하고 무턱대고 달려들었다간 낭패를 볼 수 있다. 투자대상에 대한 애정과 열정이 없으면 물건을 구입한 후에도 가치를 느낄 수 없고, 관리 소홀로 제값을 받지 못할 수도 있다.

이 경우 되팔 때 차익을 챙기기는커녕 큰 손해를 볼 수도 있다. 따라서 돈만 쫓아 다니는 비즈니스맨이 실패할 확률이 높듯 투자수익만 바라보고 선뜻 컬렉션 투자에 나섰다가 낭패를 볼 수 있다. 돈을 추구하기 이전에 진짜 가치를 느낄 줄 아는 안목을 가져야 한다. 이런 안목을 가지면 매매차익이 설령 생기지 않더라도 컬렉션 상품을 갖고 있는 것 자체만으로도 얼마든지 큰 즐거움과 가치를 느낄 수 있다. 피곤한 재테크에서 벗어나 행복한 재테크를 만끽하려 한다면 반드시 사랑과 열정을 가져야 한다.

14 내 집 비싸게 팔아보자.

우리는 흔히들 부동산 투자하는 책들을 많이 보고 있다. 몇백만 원으로 수억 원을 벌었다, 소액 투자로 대박을 보았다, 월셋방에서 몇십억 원 벌었다 등 참 재미있는 이야기이다. 조그만 공부하면 다 대박이고, 조그만 공부하면 다 부자가 될 수 있다는 책들이다.

하지만 정말 중요한 것은 이런 책을 보아도 우리가 쉽게 부자가 되지 못한다는 사실이다. 글쟁이들의 표현대로 책만 보아도 성공할 수 있다면 이 세상 모든 서민들이 부자가 되어야 할 것이다. 책만 읽는다고 다 부자가 되는 것은 아니다. 또한 책을 꼼꼼하게 읽었다고 다 성공하는 것은 아니다. 책에 밑줄치면서 읽었다 하더라도 시간이 지나면 솜사탕처럼 까먹고 만다.

기억의 오류 속에, 망각의 오류 속에, 부자의 열정과 꿈도 결국 잊혀진 계절처럼 잊혀지고 만다. 이러한 시기에 무슨 책을 어떻게 읽어야 될 것인가가 문제가 아니다. 뜬구름 잡기 식의 책보다는 실용적이며 실체적인 "돈 버는 방법"을 터득하는 것이 중요하다. 백 마디의 말보다는, 수천 마디의 글보다는 몸으로 직접 확인하고 경험한 지식이 중요하다는 말이다.

남들이 "이러저러 하더라" 식의 간접 경험만으로는 실전에 써먹기가 힘들 수도 있다. 한번 경험한 사람들의 입장에서는 또 다른 변수가 나타난다 하더라도 경험상 쉽게 빠져나갈 수 있으나, 경험 없는 사람들에게는 변수 자체가 쓰러짐을 의미하는 것이다. 아무튼 이론 위주의 학습보다는 경험 위주의 학습이 많은 도움이 될 것이라는 말을 하고 싶다.

내 주변에 어떤 공인중개사 분은 타지에서 처음 대전에 오신 이후 한달 동안 새벽 5시부터 7시까지 대전을 돌아다녔다고 한다. 생면부지의 들판에서 살 수 있는 방법이 바로 발로, 몸으로 뛰는 것밖에 없다는 것이다. 또한 신축 중인 건물을 보고는 그냥 안 지나치시고 반드시 명함을 뿌렸다고 말하였다. 남들 보기에는 무안하고 쪽 팔리는 일이지만, 그것이 바로 "돈" 이라는 생각으로 전진한 것이다.

내 아파트, 내 집을 비싸게 파는 방법은 다음과 같다.

첫 번째, 등기부등본 발급시 '말소사항 포함'으로 발급받지 아니하고 반드시 '말소사항 미포함'으로 등기부등본을 발급받는다.

등기부등본의 발급방법은 두 가지가 있다. '말소사항 포함'과 '유효사항'인데, 먼저 말소사항 포함이란 이 부동산에 관하여 들어온 이해관계 사실, 예를 들어 가압류, 압류, 근저당권, 말소 등 복잡한 이해관계가 풀렸던 풀리지 않았던 모든 기록이 그래도 남아 있게 등기부등본이 나온다.

만약 경매로 집을 낙찰받았다고 가정한다면 그 집이 예를 들어 가압류 13건, 근저당권 3건, 압류 2건, 경매신청사건 등(망한 집들의 등기부등본은 이렇게 지저분하다) 무척이나 지저분하고 제3자의 입장에서는 하자가 많은 집으로 보여지는 것이다. 이런 경매 받은 집을 매도시 매수인 입장에서는 한 마디로 "재수 없는 집"으로 생각할 것이다. 재수가 없는 집을 살 사람은 아무도 없다고 본다. 물론 아무 생각 없이 사는 사람들도 있겠지만 말이다.

이럴 경우에는 등기부등본 발급시 '유효사항'으로 발급한다면 현재의 권리관계만 달랑 나오게 된다. 즉, 경매로 인하여 말소된 여러 가지 권리관계들이 등기부에 기재가 안 되고, 현재 유효한 권리관계만 표시되는 것이다.

매수인 입장에서는 등기부등본의 이해관계가 없으므로 안전한 물건이나 집주인이 성실한 사람으로 생각하는 계기가 되는 것이다. 아니면 재수 좋은 집으로 생각이 드는 것이다.

물론 공인중개사를 통하여 공인중개사가 등기부등본을 발급한다고 한다면 공인중개사에게 식사비라도 따로 챙겨주면 쉽게 '유효사항'으로 등본을 발급할 것이다.

두 번째, 기본적인 수리다.

예를 들어 부부싸움으로 인하여 문짝 밑 부분이 발로 차서 구멍이 난 경우에는 그냥 방치하는 경우와 기본적으로 수리하는 경우와는 하늘과 땅 차이이다. 또한 어둡고 칙칙한 조명이라고 한다면 남편을 시켜서 반드시 조명시설을 환하게 바꾸어야 한다. 이러한 부분은 시각화 마케팅이라고 하여 매수하고자 하는 사람들이 오는 곳은 늘 밝고 환해야 한다는 것이다.

한번 생각해 보자. 밝고 환하고 아름다운 집을 사겠는가? 아니면 어둡고 칙칙하고 문짝에 구멍 뚫린 집을 사겠는가?

세 번째, 청소다.

부동산에 집을 내 놓은 경우나 생활정보지에 집을 내 놓은 경우 반드시 집 구경하겠다는 사람이 오게 되어 있다. 여기서 조심할 부분은 집 보러 온다는 순간에 집을 기본적으로 정리를 해야 된다는 말이다. 예를 들어 설거지도 해 놓고, 밀린 빨래도 빨래통에 쑤셔 집어놓고 집안 청소를 해 놓아야 된다는 말이다. 이 또한 시각화 마케팅이다. 즉, 물건을 팔기 위하여 포장을 예쁘게 한다는 말이다. 기왕이면 다홍치마라고 돼지우리 같은 집을 사겠는가? 깔끔하게 정리정돈 잘 된 집을 사겠는가?

네 번째, 방향제이다. 아니, 집을 파는데 무슨 방향제를 뿌리냐고 말하겠지만, 집을 보러 온 새댁 입장이나 집 구경하는 사람 입장에서 집을 보러 왔는데 은은한 향수가 난다면 그 집에 대한 반응이 좋아지는 법이다. 예를 들어 집 구경시 은은한 향기가 나는 집을 선택하겠는기? 아니면 이제 막 청국장을 먹으려는 집을 선택하겠는가? 이것이 바로 후각화 마케팅이다. 고급 물건을 팔기 위해서는 향기에도 신경을 써야 한다는 말이다.

다섯 번째, 집주인의 복장이다.

수천만 원에서 수억 원짜리 아파트가 왔다갔다하는데 집주인의 복장도 중요하다고 생각한다. 즉, 집을 보러 갔는데 집주인 남편이 속옷차림으로 있다가 부랴부랴 옷을 입는다거나, 안방은 남편이 스포츠 중계방송을 보고 있으니 구경할 수 없다거나 등의 경우에는 매수인으로부터 감점의 대상이 되는 것이다. 이왕이면 단정한 복장으로 집 구경하는 사람을 맞이하면 좋은 결과가 있을 것이다. 그렇다고 퇴근 후 집에서 정장차림으로 있으라는 말은 아니다.

여섯 번째, 친화력이다. 즉, 설득력이다.

이왕이면 이 집에서 돈 많이 벌었다. "우리 집이 32평인데요. 우리는 이 집에서 돈 많이 벌어서 40평대로 이사갑니다"라고 말해보라. 대부분의 경우 "아! 이 집이 재수 좋은 집이네. 집주인 인상도 좋고, 복장도 좋고……"라고 생각할 것이다.

한번 생각해 보자. 이 집에서 돈 많이 벌고 나간다고 하는데 누가 뭐라고 하겠는가? 알게 모르게 우리 집이 다른 집에 비하여 비싸게 팔리거나 빨리 팔릴 수 있는 계기가 되는 것이다.

심지어 어떤 경우(예비 부부들이 집 보러 오는 경우)에는 "우리 집에서 아들 2명 낳았다. 예전에 있던 주인은 아들 3명……" 등의 이야기를 한다면 예비 부부들이 마무리 아들 딸 구별 안 한다고는 하지만 실질적으로 신경 쓰이는 말이다.

이것이 바로 청각화 마케팅이다. 이왕이면 듣기 좋은 말과 기분 좋은 말을 함으로써 매수인으로 하여금 우리 집이 다른 집에 비하여 더 매력적이다라는 느낌과 기분을 전해야 되는 것이다.

따라서 우리 집을 비싸게 매도하기 위해서는 시각화, 후각화, 청각화 등 인간이 지닌 모든 감각을 일깨워 우리 집을 홍보해야 하는 것이다.

집을 파는 것도 하나의 물건을 파는 것이다. 우리는 수십만 원짜리 물건을 팔기 위하여 많은 몸부림을 친다. 하지만 의외로 수천만 원, 수억 원짜리 부동산을 팔 때는 "팔리면 좋고, 안 팔리면 말고"의 생각이 있는 것 같다.

부동산 가격을 많이 떨어뜨리면서 집을 매도할 생각을 마시고 기본적으로 옆집과 우리 집이 동시에 시장에 나왔을 때 우리 집부터 먼저 매도하는 기술이 필요하다.

물건을 팔기 위해서만 마케팅이 필요한 것이 아니라 우리 집을 팔기 위해서도 나만의 마케팅이 있어야 우리 집이 쉽게 팔릴 것이다.

15 기름값 절약 재테크

유가가 연일 고공행진이다. 살기 힘든 서민들에게 기름값은 정말 큰 부담이 되어 가고 있다. 그렇다고 차를 사용하지 않고 살아가기는 힘든 세상이다. 재테크 차원에서는 차를 이용하지 않는 것이 좋겠지만 살아가면서 절약할 수 있는 것은 절약해야 할 것이다.

1) '만땅'은 이제 그만!

많은 운전자들이 주유소에 가면 가득 채우라고 주문하는 경향이 있다. 그러나 기름을 많이 채울수록 차는 무거워지고 연료소비도 많아진다. 또 주유원들이 1,000원 단위로 금액을 맞추려고 기름을 넘치게 주유하는 경우도 있다. 2만 원, 3만 원 등 금액을 지정해 주유하는 것이 바람직하다.

2) 차도 같이 다이어트

트렁크를 열어 필요없다고 생각되는 짐은 모두 빼라. 10kg의 짐을 싣고 59km를 달리면 50cc의 연료가 소모된다.

3) 공회전은 1분 이내면 충분

요즘 나오는 차들은 추운 날씨에도 1분 정도의 공회전이면 충분히 예열된다. 1,800cc 승용차를 10분 공회전하면 8~10km 정도 갈 휘발유를 태우는 것이나 마찬가지다. 교통체증으로 정차시간이 길어질 경우엔 엔진을 끄는 것도 방법이다.

4) 고속주행은 금물!

빨리 간다고 연료가 절약되진 않는다. 고속도로 주행시 제한속도 100km를 10% 초과하면 연료소비량은 7.2% 증가된다. 반면 속도를 20% 정도 낮추면 10~20%의 연료를 절약할 수 있다. 급가속, 급제동, 급발진도 연료낭비의 주된 요인이다.

5) 적절한 부품정비는 절약의 지름길

점화장치를 제때 점검하고 타이어의 적정 공기압(30psi)을 유지하면 최고 10~20%까지 연료를 아낄 수 있다. 차계부(차계부)를 써 가며 엔진오일과 에어필터 등 교환을 적정시기에 해주면 연료사용의 효율성을 높일 수 있다.

6) 잦은 브레이킹, 핸들링을 절제

브레이크와 핸들링은 모두 기름의 힘으로 작동한다. 많이 사용하면 사용할수록 연료낭비가 심하다. 또한 급출발, 급가속, 급정거도 마찬가지다.

7) 여름철 에어컨은 되도록 조금 사용!

에어컨은 기름이 많이 소모된다. 또 고속주행시는 창문을 닫는 지혜가 필요하다. 창문이 열렸을 때의 공기저항이 심하기 때문이다.

8) 초행길은 지도를 미리 펴보자.

잘 알지 못하는 곳을 갈 때는 지도를 미리 숙지하고 출발하는 것이 좋다. 길을 찾느라 돌아다닐 때의 연료낭비도 무시 못한다. 콩나물닷컴 등 인터넷 길찾기 서비스를 이용하자.

9) 가격이 싼 주유소와 적립과 할인되는 신용카드 이용

인터넷 기름값 비교사이트를 이용하거나 가격할인이 되는 신용카드를 사용하여야 한다.

10) 장거리 주행시는 기름을 가득 넣는다.

고속도로 주유소의 기름값은 비싼 편이므로 장거리 여행시는 기름을 충분히 채워놓는 지혜가 필요하다. 고유가 시대라도 조금만 노력하면 많은 돈을 절약할 수 있을 것이다.

양조장 머슴생활 잊은 적 없어요.

고졸 영어강사에서 강남 입시학원 원장 된 유운규씨

서울 강남구 신사동 사거리 부근의 지하 2층 지상 7층짜리 건물, KOSEI & 신대일학원이란 간판이 내걸린 이 건물의 주인은 유운규(49세) 원장이다. 이 건물의 꼭대기 펜트하우스가 그의 집이다. 홈시어터에 노래방 시설까지 갖춘 이곳의 한쪽 벽에는 이상한 액자가 하나 걸려 있다. 길이가 1m는 됨직한 액자 안에 전시된 물건은 헤지다 못해 삭아서 으스러질 듯한 청바지 한 벌, 그 액자 오른쪽 아래에는 이런 영어 문구가 붙어 있다.

My by gone days(나의 지나간 날들, 1967~1970년) · Don't forget your past(과거를 잊지 말자).

I Don't forget your past(과거를 잊지 말자). I

1967년은 유 원장이 초등학교를 졸업하던 해였다. 찢어지게 가난한 집안에 5남 2녀 중 4남인 유 원장이 전북 진안에서 양조장 겸 인삼밭을 하던 먼 친척집으로 머슴살이를 떠나던 해이기도 하다. 매일 시장으로 술을 나르고, 돼지 똥을 치우고……. 그 속에서도 학구열만은 식지 않았다. 주경야독으로 이듬해 인근 중학교에 합격했지만 학비가 없었다. 주인집에서는 먹여줄 뿐 땡전 한푼 주지 않았다. 우여곡절 끝에 겨우 입학금을 마련해 중학생이 됐지만 학비는 밀리고 머슴살이와 학업의 병행은 지옥 같았다. 온 몸에 술 냄새와 돼지 냄새를 풍기며 친구들에게 점심 도시락을 얻어 먹는 게 치욕스러웠다. 그래도 돼지우리에 영어단어를 걸어놓고 외울 정도로 열심히 공부했다. 덕분에 성적은 좋아 선생님에게서 5 · 16 장학금 대상자로 추천을 받았다. 하지만 신청요건인 '등록금납부영수증'이 없어 애를 태웠다. 그러던 어느 날 만취한 선생님이 한밤 중에 양조장으로 쳐들어왔다.

"어린 애를 머슴살이 시키면서 품삯 한번, 학비 한번 안 대주는 파렴치한들!"

유 원장은 그나마 머슴살이도 끝이구나 싶어 자살할 생각까지 했단다. 그 후 구박은 더 심해졌지만 체면 때문인지 밀렸던 두 학기 학비를 내줬고, 그 영수증으로 5 · 16 장학금을 받을 수 있었다. 덕분에 중학교 3년을 마쳤다. 그 4년의 머슴살이 상징이 액자 속의 청바지다. 주인 아저씨가 입다가 유 원장에게 준, 말하자면 머슴 유니폼이다. 그는 술에 삭고 찢어진 그 바지를 철사 줄로 얽어서 입고 다녔다. 그리고 중학교를 졸업하던 해, 그 고된 4년을 청바지에 담아 들고 양조장을 떠났다. 대전으로 진출한 그는 계란배달과 청소 등 닥치는 대로 일을 해 가면서 고교 시험준비를 했다. 보문고등학교에 응시했지만 낙방했다. 할 수 없이 후기인 대성고등학교에 시험을 쳐서 좋은 성적으로 합격했다.

학교는 장학금으로 다녔지만 생활이 문제였다. 독서실에서 청소와 심부름을 해가면서 더부살이를 했다. 학교에서는 쉬는 시간마다 선생님들 구두를 닦고 친구들의 머리를 깍아 차비와 책값을 벌었다. 담임 선생님의 소개로 입주 가정교사 자리를 얻기도 했다. 모처럼 잡은 가정교사의 기회를 놓치지 않기 위해 유 원장은 돈을 쪼개 중학교 학원까지 다녔다. 잘 가르치는 법을 배우기 위해서였다. 그는 "가르치는 것에 대한 기초가 생긴 시기"라고 말했다. 그가 더부살이를 했던 독서실은 학원을 겸한 곳이었다. 그곳에서 칠판도 닦아

주고 교실청소도 해 주며 친해진 학원강사가 대구에 일자리를 얻어 내려가게 됐다. 고등학교를 졸업한 뒤 대입원서를 살 돈조차 없어 방황하던 유 원장은 그 강사를 좇아 대구로 내려간다. 대구의 학원에서 우연히 대타로 강의를 하게 된 유 원장은 영어강사로서 재능을 발휘한다. 그걸 계기로 학원강사의 길로 들어서 인기를 얻었다. 군대(방위)를 마치고 다시 학원강사를 하던 그는 대구 최대 학원에 스카우트된다.

1977~1978년 당시 그의 월수입이 100만 원 정도였으니 고수입자였던 셈이다. 그 학원의 원장을 하던 모씨는 강사비의 3분의 2를 무조건 저축해야 돈을 모을 수 있다며 '원천징수'해 갔다. 고졸자라는 '약점' 때문에 늘 전전긍긍했던 유 원장은 뭐든 시키는 대로 했다. 결국 이 돈도 떼먹히는 바람에 그의 수년간 고생은 물거품이 됐다.

I 수입의 3분의 2는 무조건 저축했다. I

1978년 그는 서울 경동시장 앞에 있던 대우학원에 스카우트된다. 하지만 뜨거운 열정으로 시작한 서울생활은 냉혹했다. 그 해 3월 새벽 6시 10분, 그의 서울 첫 강의 수강생은 달랑 1명이었다. 그는 그 수강생에게 이렇게 말했다.

"비가 와도, 눈이 와도 꼭 나와야 한다. 학생이 안 나오면 나는 쓰레기통이라도 올려놓고 강의를 할 거다."

그 이후 지금까지 그는 단 1초도 지각한 적이 없을 만큼 철저한 강사생활을 했다. 덕분에 점차 명성을 얻었고, 월 평균 200~300만 원씩 벌어들였다. 알뜰히 돈을 모은 그는 1979년 33평형 잠실 진주아파트를 3,400만 원에 사들이고 식구들을 서울로 불러올렸다. 곧 이어 서울 최고의 학원으로 꼽히는 '대일학원'에 스카우트되기에 이르렀다. 일류 강사의 총 집결지였던 대일학원에는 명문대 출신 강사들이 수두룩했다. 거기서 '고졸자'로 버텨내기란 정말 힘겨웠다. 수강생들에게 인정받는 것 이외에는 도리가 없었다. 하루 8번 바쁜 강의일정 중에서도 유명강사의 강의를 빼 놓지 않고 좇아다녔다. 장점은 꼼꼼히 적었다가 자기 강의에 반영했다. '벤치마킹'이었던 셈이다. '유홍렬'이란 별명이 붙을 만큼 유머개발에도 노력을 기울였다. 성문기본영어 강의를 맡았던 그는 커다란 종이차트에 책 내용을 일일이 다 베껴 썼다.

다른 강사들이 한 문장씩 칠판에 썼다 지웠다 할 시간에 그는 맨 뒤에 앉은 학생까지 다 보일 수 있도록 그 차트를 걸어놓고 설명했다. '효율적인 강의방식'을 고안한 것이다. 때로는 명문대 영문학 석 · 박사들을 불러다 개인교습을 받아가며 부족한 부분을 메우기도 했다. 이런 노력 덕에 대일학원에 온 뒤 1년여 만에 그는 수강생 1등을 차지한다. 한 달에 수강생 4,200명 기록을 올린 적도 있었다. 잘 나가던 유원장은 1980년 과외금지령으로 또 다시 시련을 맞는다. 재수생만으로는 학원강사로 먹고 살기가 힘들었다. 1985년 대일학원 강사를 하면서 압구정동에 사무실을 빌려 재수생 학원을 본격적으로 시작했다. 하지만 날로 높아가는 임대료와 걸핏하면 들이닥치는 세무시찰에 시달렸다.

고민 끝에 이민 가 있는 미국 처가로 아내와 아이들을 보냈다. 혼자 남은 유 원장은 방송통신대를 다녀가며 강사생활을 계속했다.

1988년 그는 서울역 학원 밀집지역에 82평짜리 땅을 1억 2,600만 원에 사들였다. 부업으로 독서실을 차릴 요량이었다. 하지만 건축업자의 감언이설에 속아 판단착오로 목욕탕까지 지으면서 건축비가 올라가고 준공시점도 지연돼 4억 5,000만 원이나 빚을 지게 됐다. 그 사이 압구정동 임대 건물의 보증금은 매년 25%씩 인상돼 월 1,000만 원을 월세로 내야 하는 상황까지 이르자, 그는 '내 건물' 마련에 나선다. 1997년 8월, 그는 매물로 나온 신사동 지금의 학원건물을 16억 2,000만 원에 매입했다. 서울역 독서실과 목욕탕은 4억 5,000만 원에 팔아 빚을 청산했다. 살던 집을 팔고, 그동안 모은 돈을 싹싹 긁은 뒤 총 9억 원의 신규 대출을 보태 지금의 건물을 매입한 것이다. 3개월 만에 IMF가 오면서 부동산 가격은 폭락하고 대출금리는 치솟았지만 짠돌이 생활로 버텨냈다. 덕분에 현재 시가 25억 원짜리 건물을 지킬 수 있었다.

"늘 IMF라고 생각하며 산다."

그는 13년째 특수학원을 운영하고 있다. 특례입학 대상자들의 국내 대학입학을 돕는 일이다. 사실 학원 운영으로 벌어들이는 수입은 임대료 정도에 불과하다.

"학원을 접고 임대료로 편히 살까도 생각해 봤습니다. 하지만 구 소련지역과 스리랑카 등 동남아 오지에서 외화를 벌어들이는 분들을 생각하면 그럴 수가 없더군요. 그분들의 최대 고민이 자녀교육이거든요."

현재 그의 제1목표는 빚 청산이다. 몇 년 전 자동차회사에 다니는 친척의 간청으로 외제차를 한 대 구입했지만 버스를 타고 다닐 때가 훨씬 더 많다. 양조장 머슴시절 약속대로 술은 입에도 안 댄다. 빚을 빼고도 20억 원 이상의 재산을 가진 그지만 "늘 IMF라고 생각하며 산다"고 한다. 그의 취미는 집에 갖춰 놓은 편집기로 비디오 촬영 작품을 만드는 것이다. 은퇴한 뒤에는 아내와 함께 세계 각지를 여행하며 비디오 예술가로 사는 게 꿈이다. 그 꿈의 맨 밑바닥에는 '청바지'가 있다. 그 청바지는 유 원장의 표현대로 "고난이자 동시에 성공의 밑거름"이기 때문이다.

유 원장 '10억 원 모으기'의 결정적 전환점은 논현동 빌딩 구입이었다. 16억 2,000만 원에 사서 현재 시가가 25억 원에 달하니 8억 8,000만 원의 차익을 남긴 셈이다. 1997년 빌딩을 살 때까지만 해도 유 원장의 재산은 7억 원 정도였다. 독서실 겸 목욕탕 투자는 몇 년간 갚았던 이자를 고려하면 오히려 손해였다. 나머지는 '소처럼' 일해서 모은 재산이었다. 잠실 진주아파트 매입은 재테크의 절호의 기회였지만 동생 사업자금으로 조기에 팔아버린 뒤 10배나 올라 가슴 아팠던 기억도 있다.

사실 유 원장의 최대 자산은 '최악의 환경을 성공의 밑거름을 삼을 만한' 성실과 노력이다. 머슴살이하던 소년이 서울에서 손꼽히는 명강사로 성공한 비결을 유 원장은 이렇게 말한다.

"저는 남들보다 모자라다는 생각 때문에 끊임없이 고민하고 노력했죠. 다른 강사들이 '내가 최고'라고 자만할 때 저는 연구하고 배웠습니다. 대일학원에 간 뒤 5년여 동안 한 번도 강사실 소파에 앉아본 적이 없었을 정도였으니까요."

그는 오히려 재테크를 몰라 손해본 부분도 많다. 그래서 몇년 전부터 아예 은행에 맡기기 시작했다. 1999년부터 유 원장의 자산관리를 맡고 있는 신한은행 PB센터 고준석 부동산재테크 팀장은 "연리 10.6%짜리 비싼 대출을 금리 7%짜리 상품으로 바꿈으로써 연간 1,750만 원의 이자부담을 줄이고 대출금리보다 싼 이자를 받으며 붓고 있던 적금을 깬 뒤 자산구조를 대출갚는 데 주력하는 구조로 바꿨다"고 설명했다.

| 유 원장의 재산형성과정 |

1973년 고교 졸업. 첫 영어강의 경험
1977년 대구 최대 학원 영어강사로 스카우트
1978년 서울 대우학원 스카우트
1979년 서울 최고의 학원으로 꼽히던 대일학원 스카우트. 월 4,000명 이상의 수강생을 끌어 모으는 최고 인기강사로 부상. 잠실 진주아파트 33평형 3,400만 원에 매입
1980년 7월 30일 과외 금지조치로 학원 수입 급감
1982년 동생의 사업자금을 위해 잠실 진주아파트 매각
1983년 결혼과 함께 후암동 18평형 동자아파트를 1,200만 원에 매입
1985년 압구정동에 학원 개설
1988년 서울역 앞 82평짜리 대지를 1억 2,600만 원에 매입. 독서실 겸 목욕탕 운영. 건축과정에서 4억 5,000만 원의 빚을 지게 됨

1991년 대학 특례입학자 대입학원인 KOSEI & 신대일학원 시작

1997년 서울역 앞 독서실 겸 목욕탕 4억 5,000만 원에 매각. 신사동 사거리 부근에 지하 2층 지상 6층짜리 건물 16억 2,000만 원에 매입. 학원 이전

2003년 2월 현재 논현동 건물 시가 25억 원(부채 9억 원). 미국 버지니아주 볼티모어 자택 시가 25만 달러(약 3억 원). 정기예금 3억 원. 순자산 22억 원

10억을 모은 사람들

무조건 낮은 가격 쓰는 것은 금물

6년 동안 경매로 10억 원 번 정은경 사장의 투자성공기 … 밤엔 공부하고 낮에는 뛰어

"돈은 꼭 벌어야 하는데 방법이 없는 분에게 경매를 해보라고 권하겠어요. 하지만 만만하게 보면 큰일 납니다. 열심히 공부하고 분석하고 발품 팔아야죠. 1년 내내 고생스레 직장 다녀서 연봉 2,000만~3,000만 원 받는 것처럼 경매도 노력을 기울여야 그만큼 버는 거예요."

정은경(가명 · 41세) 사장은 경매 예찬론자다. 그녀에게 경매는 그냥 '재테크수단'이 아니다. 회사를 부도의 문턱에서 벗어나게 해준 '구세주'다. 그리고 지금은 회사자금의 윤활유역할을 톡톡히 해준다. 그래서 정 사장은 경매를 '자기 방어의 수단'이라고 말한다. 무슨 스토리길래 경매를 이렇게 얘기할까?

| 돈 벌려면 경매를 공부해라. |

"1997년 IMF위기 때였어요. 원청업체들이 줄줄이 쓰러지니 하청업체들도 대금을 못 받아 연쇄부도위기에 놓였죠. 우리 회사도 당장 어음이 안 도는 거예요. 안 되겠다 싶어서 채권을 행사하려고 보니 경매를 넣으라는 거예요. 그게 뭔가 싶어서 법원 담당과를 찾아가 봤더니 찬 바람만 쌩쌩 불더군요. 제대로 가르쳐주지도 않고……. 어떻게 하겠어요? 모르는데. 배워야죠."

정 사장은 당장 모 대학 부설 경매강좌에 등록했다. 3시간씩 1주일에 3번, 만만찮은 수업이었다. 낮에는 회사 꾸리느라 동분서주하고, 밤에는 강의 듣고, 주말에는 과제물 준비로 정신없이 보냈다. 과정이 거의 끝나가는데 뭔가 부족했다. 그래서 수강 동기생 중 10여 명을 추려봤다. 공부를 열심히 하는 사람들만 골랐다. 전문 분야도 안배했다. 법무사 · 세무사 · 회계사 · 은행 · 교수, 그리고 '연구소'를 만들었다. 이 열성 경매학생들은 매주 한 차례 세미나도 열고, 각자 골라온 경매물건을 서로 점검해줬다. 말하자면 '정보 품앗이'였다. 리스크를 최소화하기 위한 장치였다.

"첫 실전 경매물건은 연구소 사무실이었어요. 8,500만 원에 샀는데 지금 시가는 1억 5,000만~2억 원쯤 가죠."

정 사장은 강의가 끝날 무렵 배운 지식을 이용해 첫 경매를 시도했다.

"처음이라 복잡하지 않고 아주 쉬운 물건부터

시작했어요. 연립주택이었는데, 한 번 유찰돼 7,800만 원이었어요. 7,500만 원에 전세를 살고 있는 세입자가 있었는데, 확정일자를 받아둬서 채권 1순위였고요. 복잡할 게 없는 단순한 물건이었던 셈이죠. 세입자 돈 내주고 내보내면 되니까요."

쉬운 물건이라 경쟁자가 많을 것으로 보고 마음속으로 8,000만 원 정도를 생각했다. 그런데 막상 현장에 가 보니 생각보다 사람들이 많았다. 그래서 8,500만 원을 써서 낙찰받았다.

"사전답사를 가서 세입자도 만나보고, 시세도 알아봤거든요. 시세는 1억 2,000만 원이더군요. 세입자는 더 살고 싶다고 하고요. 8,500만 원에 사도 실제 내 돈은 1,000만 원이면 되잖아요. 더욱이 지하에 세를 줄 수 있도록 화장실과 부엌이 딸린 독채가 있더라고요."

정 사장은 지하를 1,500만 원에 세 놓았다. 결국 '내 돈'은 한 푼도 안 든 셈이다. 1년 후 팔았으니 양도세도 안 물었다. 판 가격은 1억 5,000만 원으로 무려 6,500만 원의 차익을 봤다. 하지만 말처럼 쉽게 되는 건 아니다. 우선 낙찰되기가 힘들다.

"입찰에서 2등은 꼴등이나 똑같아요. 1등 해서 낙찰되지 않으면 다 소용없죠."

| 작게 벌어도 만족할 줄 알아야 |

정 사장은 10건이면 3건 이상은 낙찰된다. 어려서부터 숫자감각이 뛰어나 현장에 온 사람들을 보면 대개 '감'이 온단다. 하지만 일반인들은 10건이면 1건 되기도 쉽지 않다.

"20건하다가 한 번도 낙찰 안 되니까 쓸데없이 그동안 돈과 시간만 버렸다며 다시는 안 한다고 분해하는 분들도 봤어요. 그렇게 쉽게 생각하면 중도에 포기하게 돼죠. 끈기와 인내심 없이는 경매로 성공하기 힘듭니다."

경매를 잘 하려면 욕심부터 버려야 한다. 옆에서 보니까 쉽게 돈 버는 것 같아 뛰어들었다간 큰코 다친다. 작게 벌어도 만족할 줄 아는 마음이 없이 무조건 가격을 적게만 쓰면 낙찰은 요원할 뿐이다. 정 사장은 지금까지 25건 정도의 경매를 했다. 이 가운데 10억 원이 넘는 물건은 연구소 회원들과 공동으로 사들이기도 했다. 그런 공동 건수가 3~4건을 넘는다. 회사 사무실도 경매로 사서 마련했다.

2001년 1억 4,000만 원에 샀는데, 지금 시세는 2억 5,000만 원이다. 또 8,200만 원에 산 사무실도 현재 1억 3,000만 원에 달한다. 지금까지 경매로 얻은 차익을 얼추 계산해 봐도 10억 원을 훨씬 넘는다. 하지만 그렇게 번 돈은 대부분 회사자금으로 들어갔다. 정 사장에게 경매는 돈 버는 목적이 아니라 사업의 보조수단이기 때문이다.

"똑같이 돈을 벌어도 사업으로 버는 쪽이 훨씬 훌륭하다고 생각합니다. 일단 직원들에게 일자리를 주고, 그 식구들을 먹여살리는 거잖아요. 훨씬 다이나믹하고 보람도 커요."

정 사장은 직원들에게 경매정보를 알려줘 내 집 마련을 도와줄 때가 기쁘다고 한다.

"사실 작은 회사라 월급을 많이 주진 못하거든요. 대신 내 집 마련을 원하는 직원들에게 경매를 가르쳐 주죠. 물건도 골라주고, 입찰 때 얼마 쓰라고 액수도 알려주고. 차익이 크진 않지만 시세보다 2,000만 원만 싸게 사도 그게 어디예요?"

경매를 배워서 또 좋은 게 있다. 받을 대금 못 받았을 때 법을 어떻게 이용하고, 어떻게 해야 효과적으로 받을 수 있는지 훤해졌다. 그래서 정 사장은 사업하는 사람들에게 "꼭 경매를 배우라"고 권한다.

"경매를 하려면 관련 법을 다 알아야 해요. 그러면 나를 방어하는 수단으로 활용할 수 있죠."

정 사장은 주말이면 물류센터로 쓸 경매물건을 찾느라 바쁘다. 법원사이트와 지지옥션(GGI), 인포뱅크(infobank) 등 경매전문사이트에도 들어가 물건을 뒤진다.

"인터넷 덕분에 일이 훨씬 쉬워졌어요. 법원사이트에 들어가면 모든 게 다 있죠. 집에 앉아서 등

기열람도 가능하고, 부동산정보망을 통해 시세확인도 가능하죠. 그렇게 확인 가능한 정보를 다 모은 뒤 그 지역에 사는 지인들에게 정보를 물어봅니다. 그리고 나서 확신이 서면 현장답사를 하죠."

정 사장은 한 번도 주식이나 다른 재테크를 해본 적이 없다. 한국 증시는 아직 합리적으로 움직이지 않아 도박 같기 때문이란다. 그럼 부동산은 뭐가 좋을까?

"정직하고 담백하잖아요. 강남 개발붐 때처럼 그냥 앉아서 돈방석에 앉던 시대는 지나갔어요. 연구하고 노력해야 하죠. 땀 흘린 만큼 대가가 돌아오는 것, 그게 부동산입니다."

I 정 사장 10억 만들기 연보 I

1981년 대학 입학
1982년 부친의 약국을 경영하면서 일식집 운영
1985년 대학 졸업. 독서실과 음식 체인점 창업
1988년 사업 청산. 가정주부로 변신
1995년 회사 설립
1997년 연쇄부도 위기. 모 대학 부설 경매강의 과정 등록. 경매공부 시작
1998년 과정 이수. 동기들과 연구소 설립. 첫 경매로 6,500만 원 차익
2001년 경매를 통해 회사 사무실 1억 4,000만 원에 매입. 현재 시가 2억 5,000만 원
2002년 새 법인 설립. 2개 회사 동시 운영 중
2003년 지난 5년간 25건의 경매로 10억 원 이상 차익 실현

I 세 가지 경매 성공법 I

정 사장이 말하는 성공적인 경매 투자법은 크게 세 가지다.

첫째, 물건에 대한 정보를 확실하게 파악해야 한다. 우선 내가 잘 아는 지역으로 한정한다. 부동산 정보와 가격 · 흐름을 완전히 알고 있어야 경매에서 성공할 수 있기 때문이다. 그 다음 토지 · 건물 · 상가 · 아파트 · 단독주택 · 빌라 중 한 분야를 고른다. 토지라면 건축법을 100% 숙지해야 올바로 시뮬레이션 해보고 이익이 될 만한 땅을 고를 수 있다. 자연녹지나 개발제한구역을 사놓고 법으로 금지된 건물을 계획했다간 돈만 날린다.

둘째, 경매물건을 정했으면 현장답사는 필수다. 서류로 정보를 파악한 뒤 경매에 참여하기 전에 반드시 현장에 가 봐야 한다. 시세 체크도 필수다. 시세를 체크할 때는 집을 파는 척하면서 내놓는 시세를 묻는다.

부동산에서는 내놓는 사람에게 싸게 부르고, 사는 사람에게 비싸게 말한다. 보수적으로 시세를 판단하려면 파는 가격을 기준으로 하는 게 좋다.

셋째, 등기부등본을 떼보고 법적인 권리자를 파악한다. 하지만 등본에도 안 나와 있는 실거주자가 있을 수 있다. 그건 주민등록등본을 떼보면 된다. 경매를 넣는 사람인데 권리를 알아보러 왔다고 하면 동사무소에서는 알려준다. 다음은 재주껏 세입자정보를 알아낸다. 배짱 좋게 직접 가서 만나볼 수도 있고, 동네 수퍼마켓에 들러 평을 들어볼 수도 있다. 그 정도 하고 나면 은행에 대출 가능한 금액과 금리조건을 미리 알아본다. 그리고 경매에 들어갈 돈을 계산한다. 이때 기준은 '최악의 시나리오'다. 예를 들어 권리자와 소송으로 가는 상황까지 가정해야 한다는 얘기다.

다음은 금액이다. 세입자를 내보내는 데 드는 돈, 수리비, 대출액수, 소송이 1~2년 정도 끌었을 때를 가정한 대출이자비용, 너무 바빠 직접 소송 준비를 하지 못할 경우 변호사비용도 생각한다. 명도소송 변호사비용은 대개 300만 원이다. 여기에 취득세 등 각종 세금도 넣는다. 그리고 나서 그 금액과 시세를 봤을 때 남는 차익이 순수히 떨어지는 이익이다. 세입자 내보내는 비용도 그렇다.

"만약 제가 경매를 통해 4,000만 원의 차익을 본다고 가정합시다. 세입자는 전세금에 대한 권리가 없어서 무일푼으로 쫓겨나게 생겼고요. 갑자기 오

갈 데 없어진 세입자들은 당연히 못 나가겠다고 버티겠죠. 이때 무조건 나가라고 하면 결국 소송까지 갈 수밖에 없어요. 저는 설득을 합니다. '법대로 하면 그냥 쫓겨난다. 대신 지금 나가면 1,000만 원을 주겠다. 집 구하는데 보태써라'는 식으로요."

정 사장이 말하는 경매 배우는 법은 우선 책을 읽고 강의를 듣는다. 추천 책은 「신 경매총람」과 「나는 이런 부동산으로 돈 번다」이다.

10억을 모은 사람들

재테크의 양대 축은 저축과 공부

10억 모은 사람들의 성공 비결 … 쓰기 전에 모으고, 자기계발 위해 끊임없이 투자

이코노미스트와 신한은행이 공동으로 기획한 '10억을 모은 사람들' 시리즈가 이번 호를 끝으로 막을 내린다. 이번 호에서는 그동안 소개된 사례들을 통해 그들은 과연 어떻게 10억 원을 벌게 됐으며, 재테크 방법의 공통점은 무엇인지, 어떤 독특한 노하우가 있었는지 알아본다. 당초 시리즈를 시작할 때 이코노미스트는 왜 '10억 원'을 기준선으로 삼았는지, 10억 원이 갖는 상징성은 무엇인지에 대해 설명했었다. 흔히 "돈 걱정 않고 살려면 얼마나 있어야 될까"라고 이야기할 때 많은 사람들이 희망하는 금액이 10억 원이었다. 그 정도 돈이면 아쉬운 소리 않고 살만하지 않겠느냐는 것이다. 이제 시리즈를 마치면서 그동안 소개된 사례들이 그러한 희망이 실천으로 옮겨지는 단초를 제공했기를 바라면서 10억 원 만들기에 성공한 사람들에게서 공통적으로 찾을 수 있는 메시지를 추려본다.

| 고생은 사서라도 해라. |

궁즉통(窮卽通)이라고 했던가? 정도의 차이는 있지만 10억 원 만들기에 성공한 사람들의 공통점은 돈의 필요성과 가치를 다른 사람들보다 절박하게 느꼈다는 데서 찾을 수 있다. 이제는 강남에서 어엿한 입시학원을 운영했던 유운규(49세)씨는 온몸에 술 냄새와 돼지 냄새를 풍겨야 했던 청소년기 양조장 머슴생활을 결코 잊지 못한다. 어려웠던 시절에 대한 기억이 한편으로는 오늘날 유씨가 있기까지 두고두고 성실과 노력을 견인하는 원동력이 됐다. 유씨는 안타깝게도 최근 심장마비로 유명을 달리했다.

빈농의 아들로 태어난 탓에 버스값이 없어 학창시절 내내 뿌연 먼지가 나는 등·하교길을 걸어다녀야 했던 김영일(44세) 하나씨이엔씨 사장은 "남보다 뒤처지는 인생은 살지 않겠다"는 당시의 쓰라린 다짐이 오늘날 성공의 토대가 됐다고 생각한다.

무일푼에서 7년간 10억 원을 모은 샐러리맨 A씨는 고등학교 때 집안이 기우는 바람에 눈물겨운 학생생활을 거쳐야 했지만, 지금은 그 때의 고생이 성공을 뿌리내리게 한 씨앗으로 기억된다. 그러나 성공의 동기를 만들기 위해 일부러 가난해질 수는 없는 법이다. "고생을 마다하지 않았고, 고생 속에서 지혜와 기회를 찾았다"는 그들의 메시지를 귀

담아듣고 실천하는 것만으로도 충분할 것이다. 그리고 10억 원을 모은 사람들은 돈보다는 지식의 중요성을 깨우친 사람들이다. 세계적인 패션 디자이너이자 기업가인 지오프리 빈은 “나는 비즈니스맨이라기보다는 예술가에 가깝다. 나는 한번도 돈에 대해 생각해 본 적이 없다. 아름다운 것이 돈을 만들기 때문이다”고 했다. 돈만을 좇아서는 결코 돈을 벌 수 없다는 이 단순한 원리를 10억 원을 만든 사람들은 이구동성으로 전하고 있다.

하루에 5개 이상의 신문과 경제전문지를 꾸준히 본다는 전직 은행원 출신의 이상기씨는 10년 전부터 하루 5시간 이상 읽고 생각하고 분석하는 노력을 게을리하지 않은 것을 성공의 원천으로 꼽는다. 이씨는 지금도 자신의 수입 중 10%는 책을 사는 데 투자한다. 트렌드를 읽을 줄 아는 눈을 기르기 위해서다.

“돈 버는 공부하는 데 투자를 아끼지 말아야 한다”는 이문수 솔로몬 상호저축은행 지점장은 경매를 배우기 위해 1주일에 60만 원 하는 강의는 물론, 법원 경매 담당자에게 과외까지 받을 정도로 열성을 보였다.

전자제품대리점으로 시작해 5개 사업체를 운영하는 강석 사장은 지금도 매주 토요일이면 창업 관련 스터디 그룹을 만들어 세미나도 하고 현장 탐방을 하는 노력을 아끼지 않는다.

“자기 경쟁력을 높이는 게 돈 버는 방법”이라는 하나씨이엔씨 김 사장의 말이나, 6년 동안 경매로 10억 원을 번 정 사장(41세)의 “1년 내내 힘들게 직장 다녀서 연봉 2,000만~3,000만 원 받는 것처럼 경매도 공부하고 노력을 기울여야 번다”는 말도 같은 맥락이다.

| 혼자서는 성공할 수는 없다. |

서점에 나와 있는 재테크 서적을 보면 돈을 벌기 위해선 배워야 할 게 이렇게 많나 하는 생각이 들 법도 하다. 어느 분야든 척척 박사인 팔방미인만이 돈을 벌 수 있을까? 그렇지만은 않다. 부족한 부분은 인적네트워크라는 훌륭한 수단으로 얼마든지 보완할 수 있기 때문이다.

4년 만에 10억 원을 번 샐러리맨 김필수씨는 주식, 채권, 부동산 등 영역을 가리지 않고 돈을 불렸다. 주식은 전문가 수준이었지만 부동산은 문외한이었던 그가 성공할 수 있었던 데는 도움을 받을 수 있는 부동산 전문가가 있었기 때문이었다.

아내의 퇴직금 3,500만 원으로 시작해 10년 만에 10억 원을 번 샐러리맨 김민철씨도 최근 부동산 대학원에 다니며 인적네트워크를 확대하고 있다. 샐러리맨이 재테크로 성공하려면 ‘지식과 종자돈’ 외에 인적네트워크가 필요하다고 강조하는 김씨는 “샐러리맨들은 정보를 얻기가 쉽지 않아 자신의 인적네트워크를 확대할 필요가 있다. 그래야 정보도 얻고 투자를 할 수 있다”고 말한다. 물론 인적네트워크의 근간에는 신뢰가 자리잡고 있어야 한다.

금속 인테리어 전문업체를 운영하는 김강 사장은 주변의 어려운 친구나 직원들에게 무이자로 돈을 빌려주곤 했다. 얼마 안 되는 은행 이자보다는 어려운 사람을 도와주는 게 더 의미 있다는 김 사장은 좋은 대인관계를 위해 투자하는 것도 재테크 전략 중 하나라고 말한다.

하나씨이엔씨 김 사장도 “오랜 기간 다져놓은 신뢰의 기초 위에서 큰 돈을 벌 수 있었다”며 “돈에 욕심 부리지 않고 신뢰부터 쌓은 것”이 사업 성공의 비결이라고 진단했다.

10억 원을 모으려면 저축의 중요성을 깨달아야 한다. 움켜쥐고 도통 남과 나눌 줄 모르는 이미지로 구두쇠가 그려지던 때가 있었다. 구두쇠와 근검절약의 경계선이 묘해지기도 했다. 그러나 돈을 모으는 데 있어 지출을 원천적으로 봉쇄하는 것만큼 확실한 방법이 없다는 것도 사실이다. 주위의 어려움에 너무 야박해서는 안 되겠지만 말이다.

| 제테크의 1순위는 저축 |

서울 강남구 신사동에서 식당을 경영하는 최화자 사장은 "은행에 돈을 넣어두고 찾지 않는 게 기본입니다. 넣어야 돈이 불어나지, 쓰는데 어떻게 돈이 불어날 수 있나요? 일단 저축부터 해야죠"라고 강조한다.

저축뿐 아니다. 생활의 규모에서 거품을 빼고 소비를 줄이는 자세도 10억 원을 만든 사람들에게서 어렵지 않게 찾아볼 수 있었다. 33평 아파트에 사는 A씨는 10억 원대 자산가인 데도 요즘 들어 아내와 딸을 포함해 세 식구가 살기에 아파트가 너무 호화로운 게 아닌가 하는 생각에 좀 더 싼 아파트로 이사가는 방안을 고려하고 있다.

A씨는 이보다 앞서 결혼을 할 때도 재테크 자금을 마련하기 위해 신부에게 "행복을 연기하자"며 당초 계획보다 아파트 평수를 절반 이상 줄여 신접살림을 차렸다.

샐러리맨 김필수씨도 지난 1995년 결혼한 이후 지금까지 전세로 살고 있다. 아이가 학교갈 때까지는 내 집을 마련하지 않을 계획이라는 김씨도 허세보다는 실속을 챙기는 쪽에 서 있다.

10억 원을 모은 사람들이 전하는 메시지는 비슷했지만 그들이 처한 환경이나 재테크 수단은 서로 달랐다. '돈을 벌려면 역시 자기 사업이 최고야'하는 인식을 비웃기나 하는 것처럼 회사생활을 열심히 하면서 재테크에서 수완을 발휘한 샐러리맨도 있었다. 또 어떤 사람은 부동산, 주식, 채권 등 각종 재테크 수단을 모두 활용하는 공격적인 모습을 보였다.

어떤 사람은 자기가 하는 본업 외에는 곁눈질을 하지 않았지만 똑같이 성공했다. 겉으로 보이는 사실과 조건만으로 어떤 사람이 돈을 벌고, 어떤 방법이 재테크의 왕도라고 재단하기는 힘들다는 얘기다. 다만, 이들의 삶을 바라보는 시각이나 생활태도, 돈에 대한 생각은 예외없이 하나의 원칙처럼 닮아 있었다는 점은 기억해야 할 것 같다.

'가난'은 재테크의 스승이다.

무일푼에서 7년간 10억 원 모은 샐러리맨 A씨

보증금 50만 원에 월세 6만 원짜리 자취방, 한 달에 25만 원으로 살아가는 고시생, 회사원 A씨의 1996년 초 생활모습이다. 지방 출신인 그는 고등학교 때 집안이 기울면서 눈물 겨운 서울의 대학생활을 보냈다. 달랑 1,000원으로 열흘을 버틴 적도 있었다. 약 7년 후인 2003년 1월, 그의 모습은 이렇다. EF소나타를 모는 강남의 33평형 아파트 거주자로 부동산 자산 8억 5,000만 원, 주식 8,000만 원, 현금 1억여 원 등 총 10억 원 이상의 자산가이다. 운 좋게도 1999~2000년 증시활황과 2002년 부동산시장 상승세를 제대로 탄 덕이 크다. 하지만 노력하는 사람만이 기회를 잡는 법이다. 올해 35세의 A씨의 '10억 원 모으기'는 20대부터 시작된 '살인적 지출봉쇄'에서 출발한다.

I '가난'은 재테크의 스승 I

1996년 그는 고시의 꿈을 접고 취직한다. 당시 그가 회사를 선택한 이유는 두 가지였다. 잠재력이 큰 첨단업종, 그리고 주택자금 1,000만 원 무이자 대출을 해주는 회사라는 점이었다. 그는 집에서 보태준 500만 원을 얹어 1,500만 원짜리 옥탑방 전세를 얻었다. 그리고 맹목적 저축에 돌입했다. 입사 당시 그의 기본급은 월 75만 원, 세전(稅前) 연봉이라야 1,800만 원 정도였다. 그 중 95%를 저축했다. 이를 위한 수칙으로 첫째, 회식은 절대 빠지지 않는다. 둘째, 저녁식사가 해결되는 야근은 되도록 많이 한다. 물론 열심히 일해서 회사에서 출세하겠다는 다짐도 한몫했다. 이듬해인 1997년, 그는 우리사주 5,000주를 매입했다. 후에 종자돈이 돼 준 투자였다. 한 해 뒤인 1998년, 그는 '종자철학'을 다질 기회를 맞는다.

"부동산 계약, 권리분석, 채권회수업무를 맡게 됐죠. 채권회수 때문에 분당지역의 아파트 등기부등본을 열람하는데 70~80%가 집을 담보로 빚을 지고 있더군요. 등기부등본이 깨끗한 집은 20%가 채 안 되더라고요."

그는 빚쟁이들일수록 생활이 호화롭고, 실속 있는 부자들은 오히려 검소하다는 점을 체득했다. 사시준비시절 얻은 법률지식에 부동산 실물공부가 맞물리면서 부동산 안목을 상당한 수준으로 끌어올린 때이기도 하다.

1999년 4월, 그는 가정을 꾸렸다. 결혼 직전 그는 신부와 함께 동원 가능한 총 재산을 계산해 봤다. 7,800만 원이었다. 그 돈으로 28평짜리 번듯한 아파트를 전세로 얻었다. 가계약을 하고 집에 돌아온 A씨는 곰곰이 생각했다.

'전 재산을 전세금으로 털어넣으면 앞으로 무슨 돈으로 재테크를 하지? 결혼하면 예전처럼 무식하게 저축하기도 어려울 텐데.'

다음날 A씨는 신부에게 "행복을 연기하자"고 제안했다. 나중의 더 큰 행복을 위해 지금 검소하게 출발하자는 얘기였다. 그래서 둘은 A씨가 살던 전세금 2,500만 원짜리 잠실 13평 아파트에서 신접살림을 시작한다.

혼수는 싱글침대를 내신할 더블침대가 전부였다. 대신 나머지 돈으로 주식 투자에 나섰다. A씨에게는 장외시장에서 눈여겨봐 뒀던 종목이 있었다. 강원랜드였다. 내국인이 유일하게 출입가능한 카지노는 '반드시 된다'고 생각했던 것이다.

| 종자돈이 모이면 내 집부터 마련하자. |

'잘 아는 우량주식 1~2종목에 집중한다.'

그가 주식 투자에서 지키는 원칙이다. 그는 재테크 원칙이 또 하나 있다.

'어느 정도 종자돈이 모이면 내 집 마련부터 한다.'

그래서 그는 결혼하던 해 송파구에 있는 아파트 분양권을 매입했다. 편의시설, 접근성, 자연환경, 교육 등 모든 면에서 서울 시내에서 송파구의 잠재력이 가장 크다고 판단했기 때문이다. 33평형 아파트를 분양가 2억 2,500만 원에 프리미엄 2,500만 원을 얹어 2억 5,000만 원을 주고 샀다.

"중도금을 내려면 갖고 있던 주식의 일부를 중간 중간 팔 수밖에 없었습니다. 결과적으로는 행운이었죠. 계속 갖고 있었다면 주가 급락으로 손해를 봤을 겁니다."

2001년은 그가 본격적인 재테크 공부를 시작한 해였다. 부서를 옮기면서 시간 여유가 좀 생긴 덕이었다. 당시 그의 관심은 부동산으로 옮겨갔다. 그동안 그의 주식 투자는 '우리사주나 장외시장 매입, 공모주 청약'으로 제한돼 있었다. 본격적인 자본시장 데뷔 이전에 투자해야 높은 수익률을 올릴 확률이 높다는 판단에서였다. 하지만 2001년은 이미 장외시장도 한물 가고, 증시도 싸늘히 식은 때였다. 그래서 주식은 한풀 접고 부동산 정보수집에 집중했다. 주말이면 관심지역에 직접 가서 현장조사도 벌였다. 그런 그에게 2002년부터 부동산 상승기라는 '감(感)'이 왔다. 그 해 7월, 그는 잠실에 14평형짜리 시영아파트를 2억 8,000만 원에 사들였다. 매각대금 마련을 위해 갖고 있던 강원랜드 주식도 팔았다. 시세차익은 5배나 됐다. 현재 그가 살고 있는 송파구 아파트는 5억 원, 잠실아파트는 3억 5,000만 원에 이른다. 아파트 차익만 총 3억 3,000만 원이나 본 셈이다. 여기에 그동안 금융기관에 모아 둔 돈이 1억여 원에 달한다. 그는 지금도 매년 최소한 3,000만 원 이상씩을 저축한다. 그의 연봉이 세전 5,000만 원쯤 되는데다 투자수익까지 합치면 그 정도는 가능하다. 맞벌이인 아내의 월급도 상당액이 '통장행'이다. 그런 그가 요즘 반성을 많이 하고 있다. 현재 아내·딸과 함께 세 식구가 살기에 33평은 너무 '호화로운 게 아닌가'해서다. 그래서 좀 더 싼 아파트로 이사가는 방안을 고려 중이다. 그의 가족이 요즘 쓰는 한달 평균 생활비는 약 300만 원이다. 그 중 보모비 등 두살배기 아들에게 90만 원쯤 들어가고, 실 생활비는 210만 원인 셈이다. 이처럼 생활비가 늘어난 것은 2000년 1단계 재산 불리기가 마감되고, 지난해부터는 2단계에 진입했기 때문이다.

"안 쓰고, 안 먹고, 무조건 모으는 게 1단계죠. 총자산 10억 원 가까이 되면서 1단계는 마무리됐습니다. 이제 주변에 어려운 사람들도 돕고, 외식도 하고 1년에 한번 해외여행도 가기 시작했습니다."

| 진정한 지혜는 고생에서 나온다. |

이제 그는 2단계에 들어갔다. 2단계는 돈을 버는 시스템을 구축하는 것이다. A씨는 요즘 상가에 관심이 많다. 저평가돼 있는 상가를 발굴, 리모델링으로 부가가치를 높여 임대하는 방식을 연구 중이다.

'투자에서 벌어들이는 소득이 급여소득을 초과하는 상태'가 5년 중기목표다. 40대는 '100억 원'을 모은다는 야심도 갖고 있다. "500만 원으로 시작해 7년여 만에 200배 이상 불렸으니 10억 원의 10배인 100억 원 만들기는 충분히 가능하다"고 자신한다.

3단계 목표도 있다. 50대에 1,000억 원대의 재산을 모아 사회사업을 하는 것이다. 그에게는 가슴 아픈 사연이 하나 있다. 고시공부에 매달려 힘겹게 살던 대학시절, 한 방에서 고생하던 동생이 교통사고로 세상을 떴다. 그때 이렇게 결심했단다.

"동생 몫까지 농도 짙게 행복하고, 그리고 뜻있게 살겠다."

그래서 그는 돈도 많이 벌고, 죽기 전에 '진하

게' 사회환원도 하고 싶다. 그는 자신의 재테크 최대 성공요인으로 운(運)과 함께 '대학시절의 가난'이라고 말했다. 그날 A씨와의 인터뷰 장소 엘리베이터에는 '진정한 지혜는 고생에서 나온다'는 격언이 붙어 있었다.

❙ A씨의 10억 만들기 ❙

1996년 1,500만 원. 취직. 회사의 1,000만 원 무이자 대출 + 자기 돈 500만 원으로 출발. 세전 연봉 1,800만 원 중 95% 저축

1997년 5,500만 원(대출 3,000만 원 포함). 회사로부터 무이자 대출받아 우리사주 5,000주 매입

1998년 1억 5,000만 원(대출액 총 4,400만 원, 아내 결혼자금 약 4,000만 원 포함). 연초 장외시장에서 회사 주식 추가 매입. 결혼자금 7,800만 원으로 강원랜드 등 장외시장 우량주 매입. 10월 송파구에 2억 5,000만 원에 33평형 아파트 분양권 매입

2000년 3억 원(부채 청산). 회사 주식 등 일부 주식 매각으로 4~5배 차익 실현. 일부 중도금을 내면서 주식 매각 매입 반복

2001년 4억 원. 일부 주식매매로 차익 실현. 재테크서 탐독 및 부동산 본격적인 연구 시작

2002년 6억 5,000만 원. 부동산 시장 집중조사. 7월 잠실 14평형 아파트 2억 8,000만 원에 매입. 강원랜드 주식 매각으로 5배 차익 실현. 5년짜리 비과세 저축 만기로 3,000만 원 목돈 마련

2003년 약 10억 원. 아파트 2채 시가 8억 3,000만 원. 보유 주식 시가 8,000만 원. 현금 1억 원

7년 간 약 10억 원 = 저축 1억 원 + 주식 시세차익 5억 5,000만 원 + 부동산 시세차익 3억 3,000만 원.

❙ 10억대 샐러리맨 A씨가 말하는 재테크 원칙 ❙

첫째, 직장생활 첫 3~5년은 무조건 저축하라.

되도록 젊은 시기에 빨리 승부를 내고, 돈 버는 시스템을 구축해 놓아야 한다. '빨리' 시작하는 것이 얼마나 중요한지는 숫자를 보면 확연하다. '60세까지 10억 원 모으기'를 20세에 시작할 경우 매월 69만 원씩 저축하면 된다(금리 5% 가정). 40세부터 시작하면 무려 252만 원씩 매달 저축해야 가능하다. 돈을 벌기 시작하는 직장생활 첫 3~5년 사이 되도록 결혼 전에 최대한 허리띠를 졸라매는 저축을 해야 한다. 그동안 3,000만~5,000만 원의 종자돈을 모아라. 결혼하고, 특히 애까지 생기면 '악착 같은 절약'에도 한계가 있다.

둘째, 내 집 마련이 최우선이다.

A씨는 생애 첫 승용차를 취업 5년차인 2000년에 샀다. 내 집 마련을 끝낸 후였다. 그가 내 집 마련을 최우선으로 꼽는 이유는 이렇다.

"부동산은 웬만하면 10% 이상 떨어지지 않습니다. 떨어져도 복원력이 큽니다. 특히 부동산 주기인 10년을 내다보고 살 집에 투자하면 주식 등 다른 어떤 자산보다 안정적인 투자대상이죠. 게다가 부동산에 묻어두면 돈을 헛되게 쓰지 않는다는 장점도 있습니다."

셋째, 정보를 입체적으로 수집하라.

A씨는 자신의 성공 요인 중 하나로 '뉴스 읽기'가 취미라는 점을 꼽는다. 그는 신문, 잡지, 인터넷을 통해 뉴스를 읽고 정보를 모으는 것을 즐긴다. 읽으면 생각하고, 관심이 가면 실사한다.

독서는 한 달에 한 권꼴로 한다. 그냥 읽는 게 아니라 '탐독'한다. 「부자 아빠, 가난한 아빠」는 총 6권을 모두 3번씩 읽었다. 재테크책은 기술보다 철학책을 읽는다. 데크닉은 상황에 따라 다르고 빨리 변하는데다가 전문가를 활용하면 된다. 하지만 돈에 대한 태도와 철학, 마음가짐은 스스로가 제대로 방향을 잡아야 한다. 그는 활자를 통해서만 정보를 얻는 게 아니다. 현장답사를 통해

살아 있는 정보를 수집한다. 그는 주말이면 가족과 함께 관심 있는 땅을 보러 다닌다.

"예컨대 청계산에 가서 좋은 공기 마시고, 토속 음식 먹고, 주변 부동산에서 정보도 얻습니다. 때로는 길가는 아주머니에게 주변 시세를 묻습니다. 그만큼 생생한 정보가 없거든요."

넷째, 씨앗을 많이 뿌려라.

씨앗을 10군데 뿌리면 1~2군데라도 수확을 거둘 수 있다. 하지만 씨앗을 뿌리지 않거나 한두 군데만 뿌리면 아예 거둘 수조차 없다.

"그 어떤 재테크도 절대선(善)은 없습니다. 10번 투자해 2번 성공했다면 아주 훌륭한 겁니다. 대개 그 성공 20%에서 대박이 터지는 경우가 많으니까요."

A씨도 주식 투자로 몇천만 원씩 손해본 적도 여러 번 있었다. 실패 없는 성공은 없다는 얘기다. 그래서 장기적으로 보고 눈앞의 이익이나 손실에 안달하지 말라고 강조한다.

다섯째, 아는 것에만 투자하라.

A씨는 제아무리 유망한 투자처라고 해도 자신이 모르는 곳에는 절대 투자하지 않는다.

"제가 생활하는 지역의 반경 1km 내에 주로 투자처를 물색하죠."

주식을 할 때도 자신이 몸담고 있는 주변 업종의 우량주식 1~2종목에 집중했다. 리스크를 최소화하기 위한 장치다. 일단 종목을 찍으면 바로 투자하지 않는다. 얼마간 관심 있게 지켜본다. 종목을 볼 때 기준은 두 가지다. 첫째, 캐시카우가 있는 회사인가, 둘째, 도덕성이 좋은가다. 평판은 그 회사에 다니는 사람들에게 회사가 어떤지 물어본다. 장기 투자를 할 때 이 두 가지를 지키면 실패율이 최소화된다.

참고문헌

권혁기. 「e-생생재테크 여행」. 더북스, 2007.

김종범. 「금융상품 완전정복」. 제플린북스, 2007.

김종선 · 김종오. 「금융과 재테크」. 비앤엠북스, 2006.

모응순. 「진짜 부자는 채권에 투자한다」. (주)고려원북스, 2007.

백영. 「촌놈의 행복한 재테크」. 그리고책, 2005.

손혁덕 외. 「한국에서 돈 버는 100가지 방법」. 이지북, 2003.

심영철. 「부자가 되려면 채권에 미쳐라」. 한국경제신문사, 2006.

이규금 · 김재욱. 「현대인의 재테크의 이해」. 도서출판대경, 2006.

이종환 · 최철규. 「(20대에 평생 고수익 올리는)금융과 재테크」. 리더스북, 2007.

한상언 · 이경숙. 「바보들은 적금통장만 믿는다」. 흐름출판, 2005.

Barbara D. Bovbjerg. *Social Security Financing : Implications of Government Stock Investing for the Trust Fund*. The Federal Budget and the Economy, 1998.

Bekaert, G. and R.J., Hodrick. "*Characterizing predictable components in excess returns on equity and foreign exchange markets*." Journal of Finance, vol. XLVII, June, pp.467~509, 1992.

Campbell, J.Y. and Y. Hamao. "*Predictable stock returns in the United States and Japan : A study of long-term capital market integration*." Journal of Finance, vol. XLVII, March, 1992.

Cumby, R.E. and J. Huizinga. "*Testing the autocorrelation structure of disturbances in ordinary least squares and instrumental variables regressions*." Econometrica, 1992.

Dickey, D.A., D.P. Hasza, and W.A. Fuller. "*Testing for unit roots in seasonal time series*." Journal of the American Statistical Association 79, pp.355~367, 1984.

Francis X. Cavanaugh. *The Truth about the National Debt : Five Myths and One Reality*. Harvard Business Press, 1996.

Gary Bennett. *Defined Benefit or Defined Contribution? Views of Government, Pension Provider, and Beneficiary*. Long Term Financing : A Korea/UK Perspective, 2000.

Meese. R.A. and K. Rogoff. "*Empirical Exchange Rate Models of The seventies : Do They Fit Out of Sample?*" Journal of International Economics 14, 1983.

Newey, W.K. and K.D. West. "*A simple, positive semi-definite, heteroskedasticity and autocorrelation consistent covariance matrix*." Econometrica 55, 1987.

Said, S.E. and D.A. Dickey. "*Testing for unit roots in autoregressive-moving average models of unknown order*." Biomertica, 1984.

Schwert, G.W. "*Tests for unit roots: A monte carlo investigation*." unpublished, 1987.

Simon Rigby. *Modern Fund Management : Meeting Client Needs. Long Term Financing : A Korea / UK Perspective*. 영국대사관과 금융감독원 공동주최 세미나. 9. 19, 2000.

Testimony Before the Special Committee on Aging. U.S. Senate by Associate Director of Income Security Issues Health, Education, and Human Service Division, General Accounting Office. April 22.

World Bank. *Averting the Old Age Crisis : Policies to Protect the Old and Promote Growth : Policies to Protect the Old and Promote Growth*. Oxford University Press, 1994.

네이버 http://www.naver.com/

모네타 http://www.moneta.co.kr/

미래에셋 http://miraeasset.com/

이머니 http://www.emoney.co.kr/

펀드닥터 http://www.funddoctor.co.kr/

펀드 투자하는 법 http://efund.cafe24.com/

100세 시대의 부자학

초 판 1쇄 발행 / 2008년 3월 22일
개정판 1쇄 발행 / 2016년 8월 31일
개정판 4쇄 발행 / 2025년 3월 28일

편저 최민서
발행처 형설출판사
경기도 파주시 회동길 37-23 · 전화 (031) 955-2361~4 · 팩시밀리 (031) 955-2341
발행인 장진혁
등록 라-제9호 · 1962년 5월 1일
홈페이지 http://www.hyungseul.co.kr
e-mail hs@hyungseul.co.kr

정가 28,000원

ISBN 978-89-472-8115-7 93320

이 도서의 국립중앙도서관 출판시도서목록(CIP)은 서지정보유통지원시스템 홈페이지(http://seoji.nl.go.kr)와 국가자료공동목록시스템(http://www.nl.go.kr/kolisnet)에서 이용하실 수 있습니다.(CIP제어번호 : CIP2016019751)